Informatik aktuell

Herausgeber: W. Brauer
im Auftrag der Gesellschaft für Informatik (GI)

Alfons Jammel (Hrsg.)

Architektur von Rechensystemen

12. GI/ITG-Fachtagung
Kiel, 23.-25. März 1992

 ITG

Springer-Verlag
Berlin Heidelberg New York
London Paris Tokyo
Hong Kong Barcelona
Budapest

Herausgeber

Alfons Jammel
Christian-Albrechts-Universität zu Kiel
Institut für Informatik und Praktische Mathematik
Olshausenstraße 40, W-2300 Kiel

CR Subject Classification (1991): C.1

ISBN 3-540-55340-1 Springer-Verlag Berlin Heidelberg New York
ISBN 0-387-55340-1 Springer-Verlag New York Berlin Heidelberg

Satz: Reproduktionsfertige Vorlage vom Autor
Druck- u. Bindearbeiten: Weihert-Druck GmbH, Darmstadt
33/3140-543210 – Gedruckt auf säurefreiem Papier

Vorwort

Die Architektur eines Rechensystems wird durch Konstruktionsmerkmale gegeben, die vornehmlich die Bereiche Rechnerarchitektur, Rechnerorganisation, Konfiguration und Betriebssoftware betreffen. Unter Betriebssoftware sind dabei das Betriebssystem und seine Abspaltungen wie Programmiersystem, Dateisystem, Fenstersystem und Kommunikationssoftware zu verstehen. Hardwareseitig sind, vom Aufbau der Hardwarekomponenten bis zum Rechnernetz, die Strukturen des Zusammenfügens und Zusammenwirkens der Komponenten angesprochen. Innerhalb dieses breiten Themenspektrums sind die Tagungen der Reihe "Architektur von Rechensystemen" den aktuellen Schwerpunkten und den sich abzeichnenden Richtungen gewidmet. In dem Bemühen, ein Bild des gegenwärtigen Forschungs- und Entwicklungsstandes wenigstens in Ausschnitten entstehen zu lassen, sind insbesondere Beiträge aufgerufen worden, die Architekturkonzepte hinsichtlich ihrer

- Orientierung an neuen Programmierparadigmen,
- Verwirklichung in heutigen Chiptechnologien ,
- Integrierbarkeit mit anderen Architekturen (Offenheit) und
- Parallelisierungsformen

behandeln.

Die stürmische Entwicklung der softwaretechnologischen Aufgaben hat neue Programmierparadigmen neben der imperativen Programmierung hervorgerufen. Folgte die imperative Programmierung der von Neumann Architektur, so wirken nun umgekehrt die neuen Paradigmen prägend auf die Rechnerarchitekturen ein. Mit dieser Entwicklung befaßt sich der erste Hauptvortrag der Tagung, der insbesondere die technologischen Auswirkungen und die Bedeutung des Funktionalen Programmierens für die industrielle Softwareentwicklung herausstellt. Die Vorträge der Sitzung über Deklarative Systeme behandeln Rechnerarchitekturen, die die direkte Ausführung funktionaler Programme erlauben.

Objektorientierte Programmierung ist das andere Paradigma, das heute große Aufmerksamkeit findet. Formen seiner Hardwareunterstützung werden in der Sitzung über Prozessor- und Systemarchitekturen beschrieben. In diese Sitzung gehören aber auch Überlegungen über Architekturerfordernisse des multimedialen Betriebs und spezielle RISC-Architekturfragen.

Im Bereich Dateisysteme und Datenbanken steht derzeit die Realisierung des Dienstleistungsangebots der Datenhaltung in Verteilten Systemen mit den Herausforderungen im Vordergrund, die sich unter den Stichworten Replikation und Heterogenität stellen. Der Vorschlag zur Erweiterung der Funktionalität der Massenspeicherschnittstelle dient der Überwindung der traditionellen Geschwindigkeitslücke zwischen Haupt- und Sekundärspeicher.

Optoelektronische Komponenten im rechnerinternen Datenverkehr und als Prozessorbausteine sind Gegenstand der beiden Sitzungen über Optocomputer. Die neuen Dimensionen, die optoelektronische Komponenten für prozessorinterne Verbindungsstrukturen wie Prozessorkopplungen eröffnen, werden zweifellos tiefgreifende Auswirkungen auf die Architektur von Prozessoren wie die Organisation von Multiprozessorsystemen haben. Im zweiten Hauptvortrag werden diese einschneidenden Entwicklungen besprochen.

Die Sitzungen Architektur Paralleler Systeme und Multiprozessorsysteme zeigen die Breite der Vorschläge und Ansätze für parallele Strukturen von massivparallelen Systemen bis zu Verteilten Systemen. Die Leistungsbewertung insbesondere der Verbindungsstrukturen und die Funktionalität der Koordinierungsmechanismen bilden die Schwerpunkte der Untersuchungen.

In der Sitzung Aspekte Verteilter Systeme stehen softwaretechnologische Fragen und Vorschläge im Vordergrund. Die Wichtigkeit von Schutz- und Sicherheitsfragen in Verteilten Systemen wird durch eine eigene, diesem Bereich gewidmete Sitzung unterstrichen.

Der dritte Hauptvortrag schließlich kommt aus der unmittelbaren Anwendung. Er beschreibt die charakteristischen Bedingungen und Eigenschaften der Systemarchitektur in der rauhen Anwendungsumgebung des Kraftfahrzeugs. Verläßlichkeit, Funktionsverteilung und strenger Kostenrahmen sind hier die bestimmenden Faktoren.

Mit dem Programmausschuß freue ich mich, daß für die eingeladenen Hauptvorträge führende Fachleute gewonnen werden konnten, und glaube, daß die behandelten Themenkreise Sprachdefinierte Rechnerarchitekturen, Optocomputer und Anwendungen prägenden Einfluß auf die Entwicklung der Architektur von Rechensystemen haben.

Vorbereitung, Gestaltung und Gelingen der Tagung hängt von der tatkräftigen Mitwirkung vieler Beteiligter ab. Zu danken ist dafür insbesondere

- den Trägergesellschaften GI und ITG, vor allem deren Geschäftsstellen, dem Fachbereich 3 "Technische Informatik und Architektur von Rechensystemen" der GI und dem Fachbereich 4 "Technische Informatik" der ITG,
- allen Autoren eingereichter Beiträge und den eingeladenen Vortragenden,
- den Mitgliedern des Programmausschusses,
- den hiesigen Mitarbeitern, die bei der Abwicklung der Tagung tatkräftig geholfen haben,
- den Institutionen, die die Tagung materiell und finanziell unterstützt haben
- und nicht zuletzt dem Verlag und der Druckerei, die trotz großer terminlicher Enge das Erscheinen des Tagungsbandes zur Tagung ermöglicht haben.

Allen Teilnehmern an der Tagung wünsche ich auch seitens des Programmausschusses, daß ihre Erwartungen erfüllt werden.

Kiel, im Januar 1992

A. Jammel

Inhaltsverzeichnis

Hauptvortrag II

Optocomputer

Architekturen Paralleler Systeme

Aspekte Verteilter Systeme

Hauptvortrag III

Schutz und Sicherheit

Multiprozessorsysteme

DECLARATIVE COMPUTING: A TECHNOLOGY DRIVER

Peter M. Kogge
Federal Sector Division
IBM Corp.
Owego, NY 13827

Abstract

Over the last 30 years the Declarative Computing paradigm in one form or another has been a continual source of highly publicised research, complex new programs, and vigorous claims of radical breakthroughs. Contrary to popular belief, however, there is significantly more than a shred of truth in these claims. In fact, many of the fundamental changes that have occurred in the way we approach the process of specifying and performing computation have been driven in a quiet but continuous way by advances in this area. This talk introduces briefly the key threads of the Declarative paradigm, with emphasis on the most novel characteristics not found in conventional computing. Trails are then drawn to many of today's "accepted" practices. Following this is a discussion of what the future of Declarative Computing may hold in store, and what may need to be addressed in such developments to broaden its inroads into "industrial strength" computing.

1.0 INTRODUCTION

Classical *Imperative Computing* involves specifying in great detail every single step needed to solve a problem. In contrast, *Declarative Computing* permits relatively broad specifications of the properties of the answer, and lets the computing engine proceed in any of a variety of ways that obey these constraints.

To a large extent, the conventional view about these two paradigms is that the classical model has served us well for forty years, and is getting better and better, and that the declarative model is the province of academicians who never code more than toy problems on strange machines of little or no practical interest. Further, the support software for typical languages of this type are slow, fragile, and ill-suited for real applications.

My goal for this talk is to at least partly dispell this notion. I will try to show that large chunks of what is making conventional computing "better and better" is in fact a direct outgrowth of declarative computing, and that many of the future advances for "industrial-strength" computing, especially in the parallel processing arena, are being proved today in the declarative research community.

This is not to say that what we see in the academic community will be exactly what we will be programming and designing "x" years for now. There are significant problems with pure implementations of declarative computing models that tend to make them unattractive to the computing community at large. I will also try to discuss what I believe are the most important of these, and give some thoughts on how current research might be directed to improve them.

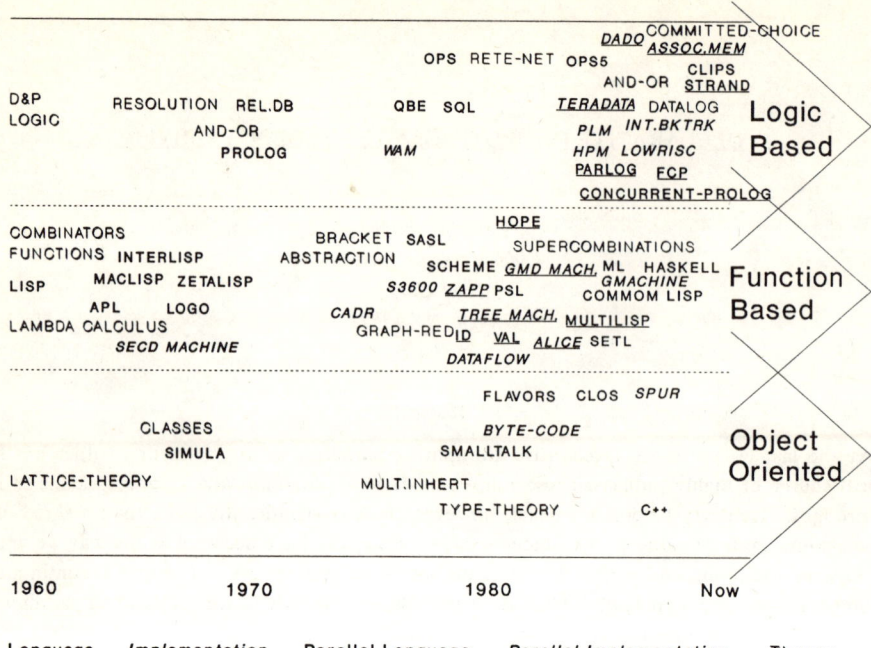

Figure 1. A Roadmap Through Declarative Computing

2.0 THE UNDERLYING MODELS

It is impossible to understand the pros and cons of declarative computing without first discussing what they are. Consequently what follows here are some brief discussions of the core basis underlying both the classical von Neumann model and three of the emerging declarative models, namely function-based, logic-based, and object-oriented.

2.1 von Neumann Computing

The classical von Neumann model is based the concept of a multi-cell *memory* where each cell has a unique *address* and can contain a fixed length series of bits which are interpreted as a *value*. At any one time exactly one of these cells may be accessed, either to read its value or change it. The whole of classical computing, from assembler to FORTRAN to C to Ada, deals one way or another with specifying the exact order that such cells are accessed.

Examples of this start with the concept of a *Program Counter* which sequences through either instructions or statements in a very predictable fashion. Elaborate rules then involve the *scope* and *extent* of how "variables" as seen by the program at different points of time are mapped into storage cells. Finally, the use of subprograms to improve the "modularity" of programs brings with it often hard to fathom mechanisms to transfer "access" to such cells from one module to another.

The effects of this on computing are significant. A major fraction of the effort involved with writing large programs is devoted to "debugging" the often dramatic effects that subtle inconsistencies in the actual ordering of memory changes can cause. Two programs which have the same structure, but invoke different functions at interior points, are two different programs. Elaborate hardware memory systems "speed up" the apparent time to acccess memory, but include complex circuitry to guarantee that the changes in memory seen by each instruction are in fact the ones that the programmer expects to be recorded from the "one at a time" model.

When attempts are made at executing the program in parallel, often heroic efforts are needed by a compiler to deduce which parts of this tightly integrated program are now separable, and equal efforts expended in the hardware to guarantee that when they are done in parallel that the results are the same as that from a simpler sequential form.

2.2 Function-Based Computing

A *function* is an entity which, when given some value as an input, computes some other unique value that has some predefined relationship to it. In classical imperative computing, functions are something that are programmed once and not changeable. They cannot be assigned to arrays, passed as parameters to other functions, or computed on the fly.

In contrast, in pure function-based computing, functions are not only "first class citizens" but are in fact the only citizens. There are no "objects" or "values" other than functions. There is no sense of time-sensitive "memory" whose contents must be strictly maintained.

All of these attributes give function-based computing some very unique characteristics.

To see how these develop, we start with a review of the mathematical origins of function-based computing, namely the *lambda calculus*. Figure 2 diagrams the complete syntax for a simple language based on it. This is a language of *expressions*, of which there are exactly three syntatic units:

- an *identifier* which is simply a placeholder for an object to be identified later

- a *function* which specifies:
  - one or more identifiers to be used as names for the formal arguments of the function
  - an expression which is returned when the function is evaluated

- a *composition* where two or more expressions placed next to each other are treated as a function (the leftmost expression) and its argument(s) (rightmost)

The only mechanism for doing computation in this system is *function application*, where one or more argument expressions are paired with the argument identifiers in a function expression, and then all (with minor exceptions) occurrences of those identifier in the function's body are replaced. This is called *substitution*.

It is important to contrast this idea of substitution with assignment in conventional languages. In this case, an identifier has absolutely nothing associated with it until the time of substitution, and then it is replaced in its entirety by the substitution value. Afterwards it is as if the identifier never existed. Ther is literally no way to assign a new value to it.

For this reason languages based on lambda calculus are often called *single assignment languages*.

Although conceptually simple, this sole method of computation is capable of expressing any mathematical object. In Figure 3, part (a), for example, shows the addition of the integers 2 and 3, while part (b) shows one representation of the factorial function.

The fact that pure lambda notation is not highly legible to humans for more than simple problems should not be taken as an irrevocable blot to its usefulness to programming. It is quite easy to expand the syntax into a more readable form such as shown in Figure 3(c) without any divergence from the

<identifier> == <letter>
<function> == (λ <identifier> | <expression>)
<application> == (<expression> <expression>)
<expression> == <identifier> || <function> || <application>

(a) Simple Syntax

To compute E = ((λ x | B) A), substitute A for x in B
  (written [A/x]B)
1a) if B = x then E = A
1b) if B = y, y<>x, then E = B
2) if B = (C D) then E = ([A/x]C [A/x]D)
3a) if B = (λ x | C) then E = B
3b) if B = (λ y | B), y<>x, and no free y's in A,
    then E = (λ y | [A/x]B)
3c) else E = (λ z | [A/x][z/y]B)

(b) Rules of Computation

Figure 2. Lambda Calculus in Review

mathematical core. Each of the syntatic constructs in this figure can be mapped trivially into a pure lambda equivalence.

Note in such definitions the frequent appearance of a call to a function within its own definition. This is called *recursion*, and is implemented in lambda calculus by a function that substitutes a copy of its argument (a function) back as an argument to the argument itself. This permits a function to not only specify useful work, but do so in a manner that replicates exact copies of itself at one or more points within its own definition.

It is also very easy to translate lambda notation into a prefix *list notation*, such as (F (G H) K), where the leftmost entity inside an pair of parenthesis is usually the function, and the rest are its arguments. This is in essence the basis for the LISP language.

Why is all this novel and important to computing? First, there is no distinction between an object and a function (the expresssion $(\lambda xy|x(x(x(y))))$ is both - see what happens when you apply it to any other number). This means that it is perfectly permissible for one function to not only take a function as an argument, but to return one as a result. In fact it is possible to build an evaluation function (Figure 4) which takes two arguments and computes the function that would result from their joint application. This includes computing what it itself would do when applied to arguments. In conventional terms this is a *self-interpreting interpretor*. It also means that we can thus extend or bootstrap the language by modifying the interpreter, and then feeding this new interpreter to the old one. This process can be repeated over and over with successsively more sophisticated interpreters.

The other key advance to come out of function-based computing is a formal approach to differences in evaluation sequences. Consider the expression (F (G H)). The expression F is to be treated as a function which accepts as its argument the result of applying G as a function to H. Now there are at least two ways of performing this two step evaluation. In *normal order evaluation* the entire expression (G H) is passed unevaluated into F and substituted for F's argument identifier. In *applica-*

$$0 = (\lambda \ sz \mid z)$$
$$1 = (\lambda \ sz \mid sz)$$
$$2 = (\lambda \ sz \mid s(sz))$$
$$3 = (\lambda \ sz \mid s(s(sz)))$$
. . .

$$2 + 3 = (\lambda wxyz \mid wy(xyz)) \ 2 \ 3$$
$$= 2 \ y \ (3 \ y \ z)$$
$$= (\lambda \ yz \mid 2 \ y \ (3 \ y \ z))$$
$$= (\lambda \ yz \mid 2 \ y \ (y \ (y \ (yz))))$$
$$= (\lambda \ yz \mid (\lambda \ sz \mid (s(sz)) \ y \ (y \ (y \ (yz))))$$
$$= (\lambda \ yz \mid y \ (y \ (y \ (y \ (yz)))))$$
$$= 5$$

(a) Adding 2 to 3

$(\lambda y \mid (\ (\lambda x \mid y(xx)) \ (\lambda x \mid y(xx)) \ )$
$(\lambda \ fn \mid (\lambda x \mid x \ (\lambda xy \mid y) \ (\lambda w \mid w(\lambda xy \mid y)(\lambda x \mid xy \mid x)) \ ) \ n \ (\lambda sz \mid sz)$
$(* \ n \ (f \ (- \ n \ (\lambda sz \mid sz)))))$ where $*$ and $-$ are fully expanded

(b) Factorial function in Lambda Calculus

letrec factorial(n) = if n=0 then 1 else n*factorial(n-1)

(c) Use of "Syntatic Sugar"

Figure 3. Math in Lambda Calculus

tive order evaluation (G H) is evaluated first before passing to F. This evaluated result is then substituted back into the function's body.

The results are subtle but important. Mathematics (the famous *Church-Rosser Theorem*) has shown that except for cases that may cause infinite loops both approaches will always give the same answer. The difference is in when and how often the argument expression (G H) is evaluated. Applicative order performs it once, before starting F. This single evaluated copy is used throughout the body of F without further work needed. Normal order, however, delays the evaluation of (G H) until it is needed, but then it repeats the evaluation every time the argument is referenced in F. If (G H) is used multiple times in F, then clearly applicative order is more appropriate. If it is used only once, then the two techniques are about even. However, if it is not used at all in the body of F (a circumstance which happens with great frequency when there are more than one arguments), then all the applicative order work is wasted, and normal order is more efficient computationally. Figure 4 includes an *apply* function for each approach.

A combination of the two approaches which has had tremendous impact on computing is *demand-driven evaluation*. In this mixture of the two approaches, the argument expression (G H) is left unevaluated but "packaged" in a function-like data structure called a *future, promise,* or *recipe*. This package is passed around as a single entity until it reaches some place where the value is really needed, at which point the value is "demanded." At this point the data structure is unpacked, and the computation it represents is restarted. The value returned is used not only as the desired value, but also replaces the original argument (G H) wherever it occurs. Thus the next time the expression is encountered, its computed value is then recalled and used directly without further work. The net result is the best of both applicative and normal order. The argument is evaluated at most once, and then only at the first time it is needed.

Lazy evaluation

```
eval(e) = if is-id(e) then e
          else if is-function(e)
              then create-function(get-id(e), eval(get-body(e)))
              else apply(get-function(e), get-argument(e))

apply(f,a) = if is-id(f) then create-application(f,eval(a))
  'Normal       else if is-application(f) then apply(eval(f),a)
   Order'           else eval(subs(a, get-id(f), get-body(f)))

apply(f,a) = if is-id(f) then create-application(f,eval(a))
             else let b = eval(a) in
 'Applicative          if is-application(f) then apply(eval(f), b)
   Order'              else eval(subs(b, get-id(f), get-body(f)))

subs(a,x,e) = if is-id(e) then if e=x then a else e
              else if is-application(e)
                  then create-application(subs(a,x,get-fcn(e)),
                                          subs(a,x,get-args(e)))
                  else let y=get-id(e) and c=get-body(e) in
                       if y=x then e else let z=new-id) in
                       create-function(z,subs(a,x,subs(z,y,c)))
```

Figure 4. An interpretor for Lambda Calculus

An important variation of this concept occurs when the object (G H) results in a complex object like an array or list. In such cases, *lazy evaluation* will proceed as above, but will compute only just enough of the total value to satisfy the immediate need. This is typically the first element of the list or array. The rest of the computation is repackaged in a variant of a promise called a *continuation* and saved for restart at a later time. This represents the ultimate in minimizing the amout of computation required. Many functional languages such as Scheme support such mechanisms directly. In conventional computing we call a somewhat simplified version of this concept *coroutining*.

2.3 Logic-Based Computing

Something even more mathematially basic than a function is a *relation*. If p is a relation, then p(a,b) represents a statement that the objects a and b are "related" in some fashion. Thus > (a,b) is equivalent to stating that the number a is "greater than" the number b.

It is also possible to treat a relation p as a boolean function which returns *true* if its arguments obey the relation p, and *false* if they do not. Placing a "¬" in front of an expression of the form p(a,b) then reverses this meaning.

An expression of either the form p(a,...,z) or ¬p(a,...,z) which is interpreted in this fashion is termed a *literal*.

In terms of computation, this idea of a literal relation can be used to express a highly declarative "program" as pictured in Figure 5. This program consists of a series of *rules* which state (or declares) all conditions under which different objects obey different relations. For any individual rule, if a set of objects, when substituted for the arguments if the *if* literals (the *antecedents*), make all of them true, then that same same set of objects, when substituted in an equivalent manner into the the *then* literals (the *consequents*), guarantees that those relations are then satisfied.

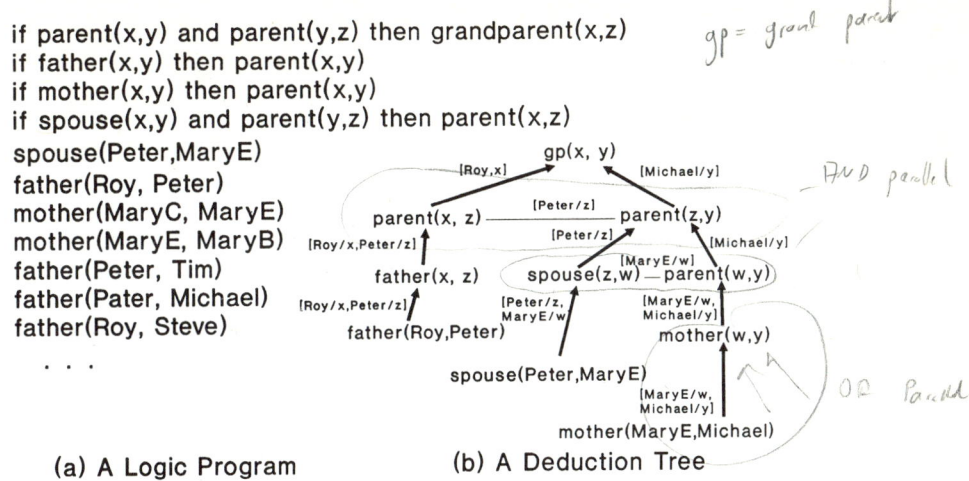

if parent(x,y) and parent(y,z) then grandparent(x,z)
if father(x,y) then parent(x,y)
if mother(x,y) then parent(x,y)
if spouse(x,y) and parent(y,z) then parent(x,z)
spouse(Peter,MaryE)
father(Roy, Peter)
mother(MaryC, MaryE)
mother(MaryE, MaryB)
father(Peter, Tim)
father(Pater, Michael)
father(Roy, Steve)

. . .

(a) A Logic Program **(b) A Deduction Tree**

Figure 5. A Logic Program

Note that such a program gives no indication of how to compute which objects satisfy which relations; it merely gives a test to use to verify that some particular choice does or does not. The actual process of "finding" the subsitution(s) that work is the province of an *inference engine*.

There are a wide variety of inference engines, each with its own characteristics on how mathematically complete it is about finding such substitutions. In general, however, they break into two roughly two categories. A *deductive* or *backwards chained* inference engine (Figure 6(a)) has as its given problem one or more literals whose arguments contain both constants and *identifiers*. The purpose of the inference engine is to determine (usually by some form of trial and error) what substitutions of values for the identifiers makes all of these *goal literals* true simultaneously. The rules in the program give tests to use for when a particular substitution satisfies a particular relation. A rule is applicable to a particular goal literal for which truth is not yet established, if its consequent matches (*unifies*) with the literal. In this case the antecedent (if any) takes the place of the original goal literal in terms of requiring a proof.

At each step, a successful unification produces as its result a substitution to be applied to the variables in the antecedent (just as in function application). A successful computation in such a system leaves behind a *deduction tree* (Figure 5) which shows the cascading of rules and substitutions.

As a note, an "unsuccessful" tree is one where at some point there is either no substitution that can be made to satisfy a rule, or the substitution that has been made to this point produces a mismatch somewhere. In either case, the typical response by the inference engine is to "unassign" one or more of the substitutions made so far, and try a different assignment. It is important to realize that this "erasure" of a substitution is radically different than conventional languages where a variable's value may change many times during a program's execution. In the latter case, the value assigned to a variable at one time directly affects the next value it receives, as in $x := x + 1$. In the former case, the value being erased can have absolutely no effect on any future computation (other than the fact that it did not work).

The premier programming language today based on this idea is PROLOG.

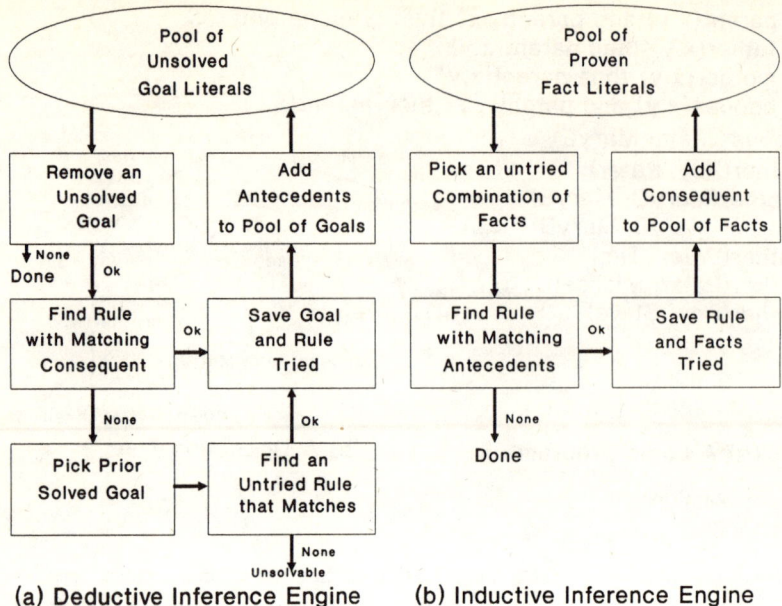

(a) Deductive Inference Engine   **(b) Inductive Inference Engine**

Figure 6. Inference Engines

The major alternative to this is an *inductive, forward chained*, or *production rule* inference engine. Here the rules are somewhat incomplete in that they do not identify in totality for some relations which sets of objects satisfy the relations, only how to deduce that they satisfy it given that the same objects satisfy some other (incompletely specified) relation. In this case the inference engine is given as a starting point a series of literals that are to be assumed to be true. This identifies more precisely what is to be assumed true about some of the incompletely specified relations.

The inference engive then proceeds to determine what else can be deduced from these assumptions. This is a highly repetitive process, where each time all the antecedent parts of a rule are found to unify with some set of known facts, the resulting substitution is then into the consequent and used as a further definition of the relation specified there. This is then turned around and used in another pass. The inference engine only stops when it can make no further deductions.

Sophisticated techniques such as the *Rete Net Algorithm* minimize the need for a complete regeneration of all combinations of existing facts. They form the basis of most modern production rule languages such as OPS and its derivatives.

As with function-based computing, logic-based computing has itself impacted computing in general in a significant way. First is in the explosive development of *expert systems* that use some version of the above inference engines to codify and apply the knowledge of a human expert in solving problems for which no obvious algorithms exist. Second, and perhaps of even more practical value, is the emergence of *relational data base* technology. Although predating logic programming per se by a few years, much of the fundamental basis is the same. Finally, logic programming has introduced the idea of a *logic variable*, that is not only single-assignment in that it can take at most one value, but also where whether or not the assignment has as yet taken place is visible to the inference engine and the program.

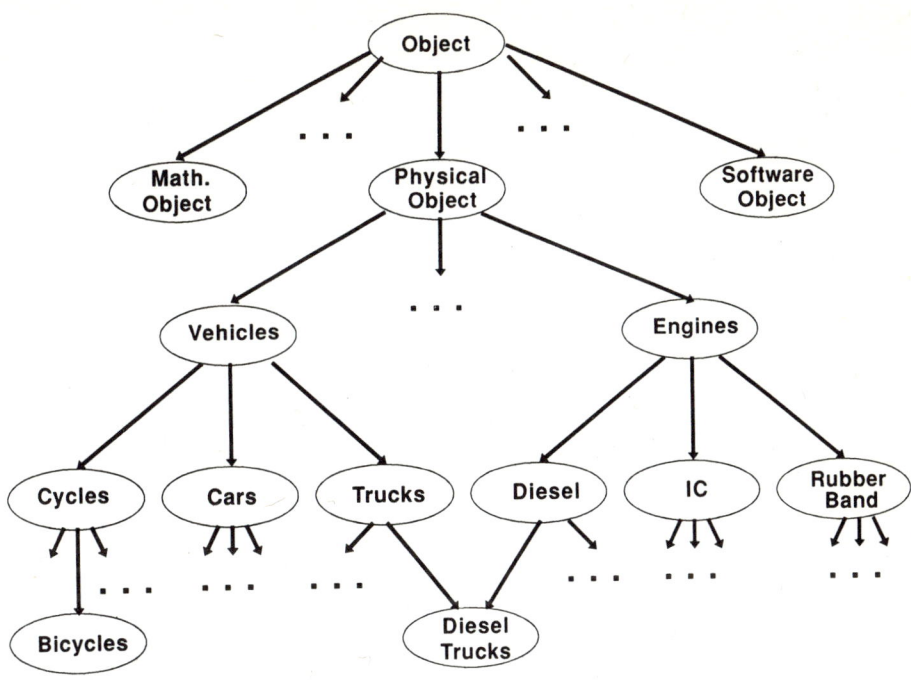

Figure 7. A Sample Class Hierarchy

2.4 Object-Oriented Computing

What happens when one combines the concept of a function as the primary way of performing computation with the idea of relations to express how different objects might interact? The result is the *object oriented* paradigm that is taking modern computing by storm. In this mode of computing, each object is known only by its name, and is accessible only by a set of functions (called *methods*) that are associated with the object. The only way to assign, read, or modify values is by providing arguments to one of these functions.

Objects in such a system are actually *instances* of a more general *type* that defines the nature of all such similar objects. If *a* and *b* are instances of *c*, then they form elements of the relation *is-a(a,c)* and *is-a(b,c)*. Further, this type may itself be an instance of a more general type (often called a *class*). This may repeat itself arbitrarily long, constructing tree-like *hierarchies* with some *universal class* as its root.

The methods in such a system are usually associated not with a final leaf instance, but with the higher types in the hierarchy. In general, a method associated with one type are automatically *inherited* by types and instances for which it is a parent. The only exception is if a lower level type or instance assigns a different definition to the name of a method. This new meaning takes precedence over that for the parent, but again only for that object and its children in the hierarchy.

It is also possible for an object to be an instance of two or more different classes higher in the hierarchy. In this case it can inherit methods from any of its parents. This is called *multiple inheritance*.

Finally, there is nothing here that prevents the same name from being used as a method for different classes at the same level in a tree, with different definitions, but all of which perform a similar action on an object of that class. Such a method is called a *polymorphic operator*. A simple example is a the "+ +" function which can increment a short integer, long integer, floating point, long floating point, complex, etc.

Examples of langauges which exhibit many of these properties are *SIMULA* from the late 1960s and *SMALLTALK* from the late 1970s, and C+ + of more recent times. In particular, many of the basic concepts for such systems were first demonstrated in bootstrapped extensions to languages like LISP (examples include *LOOPS*, *FLAVORS*, and *CLOS*).

The key difference in computation between this and more conventional systems is in the *navigation* needed to identify which method definition corresponds to the functions called out in an expression.

3.0 THEIR EFFECTS ON MODERN ARCHITECTURES

Although prototyped first in declarative languages, variations of all the above concepts can now be found in what is considered "state of the art" programming practices and language features. They have had an equally strong impact on computer architectures.

First, the advantages of recursion (a cornerstone of the original LISP - a contemporary of the original non-recursive FORTRAN) were so strong that virtually all future languages supported it. The mechanism needed to implement recursion efficiently is a *stack* onto which arguments for procedure calls, and the machine instruction address to return to at their completion, are placed. Given the existence of such a stack, much of the mechanisms for supporting imperative variables of block-oriented scopes and extents becomes straightforward.

Next, in compiling early function-based languages like LISP the concept of an *abstract machine* to use as an intermediate step from source to target was developed. This abstract machine is chosen to make translation from the source language quite simple. Often an interpreter of some sort for the target computer executes the "code" generated by the compiler for this abstract machine. For function-based languages this was the *SECD machine*, followed more recently by the *G-machine*. For logic-based languages the *Warren Abstract Machine* (or WAM) and variants has become wide spread. In the object-oriented area, many implementations of SMALLTALK even today use a machine independent *byte-coded* instruction set for its compiled output, with processor-specific interpretors to execute it.

Again this was a precursor to similar approaches for conventional languages. Early PASCAL systems, for example, were often implemented by compilers which generated an intermediate level of code for the *P-machine* - a clear relative of the SECD machine. In the early 1980's there were even direct silicon implementation for such machines - avoiding the interpretor entirely. More recently, many of the front end shell or preprocessing languages that are highly portable across many machines often use a similar approach.

Another outgrowth is the concept of *tagged memory* where each cell has space for both a value (such as in conventional memory) and a *tag*. This small additional tag field indicates the contents of the cell, and can run the gamut from how to interpret the bits stored in the value field (eg. integer, real, string, pointer,...) to whether or not the cell represents the placeholder for an identifier that has or has not received a value. It can also record whether or not this cell is still of value to some part of the computation, and if not, has it been "reclaimed" yet as part of a memory management process for future reuse.

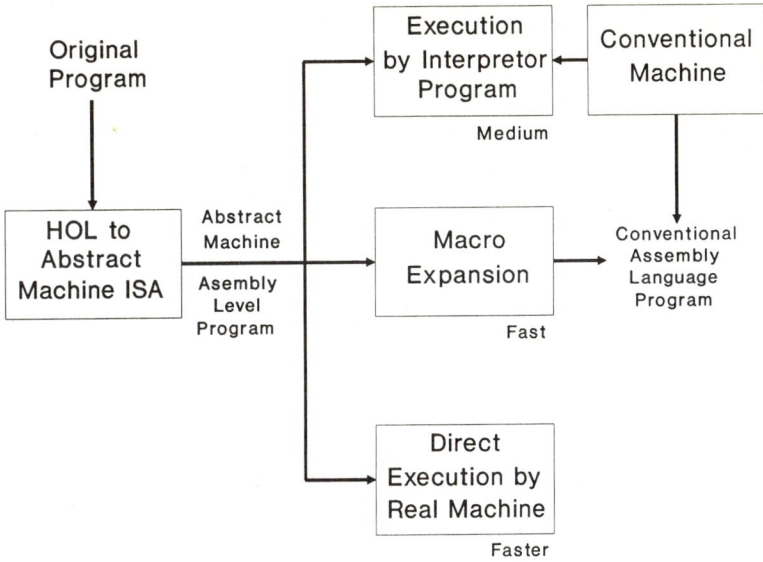

Figure 8. Abstract Machines

This technique has become pervasive in most machine architectures that support declarative languages, and has even found use in support for conventional languages like APL where the "type" of a variable may change dynamically during execution.

Next, the concept of demand-driven evaluation has helped influence the concept of a *process state* and efficient mechanisms for saving that state and restarting it at a later point.

Finally, at the core of all these computing paradigms one finds a common need for *searching* and *pattern matching*. In function-based computing, it is a search for all identifiers in an expression for which there are currently available substitutions. Logic computing is even more so driven, with very sophisticated pattern matching used to identify which literals in which rules match up with which facts or other literals. In object oriented computing, when a method is to be applied to an object there is a similar need to "compare up the tree" to find the first occurrence of a method definition whose name matches the one desired.

Implementing this pattern matching efficiently is at the heart of much of the current research into high performance machine architectures for declarative programming. The techniques used run the gamut from compile-time analysis and presorting of alternatives, through parallel processors with specialized instruction sets, to *associative memories* where each memory cell has with it a comparator and some status logic.

Much of the former turns out to be equally applicable to conventional languages and machines, and as such is becoming another standard tool in the advanced compiler technology toolset.

With associative memory systems, their highly parallel search capability often has the ability to dramatically reduce the time complexity of an operation, providing stunning increases in performance. In my own lab, for example, we have running examples of systems which have demonstrated an order of magnitude or more increase in performance from the selective use of associative memories.

4.0 STUMBLING BLOCKS - PERCEIVED AND OTHERWISE

There is a strong impression within the computing community that languages and systems based on a declarative base are largely irrelevant to the real world. When questioned, a variety of reasons why this impression is held are given. The following subsections address briefly two categories of these reasons: one based on misperceptions, and one based on some element of truth.

4.1 Perceived Obstacles

The list of misperceptions on the use of declarative computing is a long one, often based on technology as it existed a decade or more ago. Following is a brief list of some of the more major ones, and a brief statement of where the technology actually is today.

1. The notation employed in a typical declarative language is unreadable.

   Certainly for early languages this had some truth to it, but more modern declarative languages such as HOPE, ML, SMALLTALK, PROLOG, etc can be at least read rather clearly by typical programmers with perhaps a a short introduction. This is often because such languages have adopted notation similar to that of conventional languages, and because modern versions of conventional languages have also adopted many declarative attributes such as modular design, elegant use of recursion, "goto-less" programming, object-oriented methodology, etc.

2. Such languages are impossible to support without expensive, specialized machines.

   This is definitely not true today. The use of simple abstract machines as an intermediate target, and the same kind of compiler technology used for modern RISC computers, has made the most recent compiler support for such languages extremely competitive with that for conventional languages. In fact, when the application being programmed has characteristics that are directly supported by a declarative language, its implementation in such a language is often more efficient that trying to build the same mechanisms from the ground up in conventional languages. For example, consider an application that must perform a *generate-and-test* operation to search through multiple sets of alternatives, looking for one that matches some condition. Languages like PROLOG have not only efficient mechanisms for expressing such operations, but also can employ sophisticated compilation algorithms that can speed up the search process considerably. To do so in a conventional language often requires building a great deal of framework and superstructure which duplicates the built-in functions of the declarative language, but without the ability to use the modern declarative language's compiler optimization tricks.

   As a personal example, I routinely have seen PROLOG programs equal in performance to equivalent programs written in other languages, but with easily an order of magnitude less code.

3. Declarative languages are good only for symbolic applications.

   Again, modern compiler technology has routinely demonstrated LISP programs, for example, that execute highly numeric applications as efficiently as FORTRAN programs.

4. Such languages are not good for "systems programming."

   There are many cases, particularly for LISP, PROLOG, and SMALLTALK, where the complete operating environment seen by the user (often extending all the way down to the base hardware) is written in the same language.

5. They cannot communicate with programs written in other languages.

Again not true. Particularly with the more modern stack-oriented abstract machines, the equivalent of a "procedure call" in a declarative language is performed in a fashion where the amount of work needed to reformat to a call to a module written in a conventional language is quite small. In fact, I have seen several recent systems where the abstract machine used to support conventional languages is a subset of that for a declarative language, making the transition particularly easy. In addition, there is an increasing number of systems designed explicitly for *mixed mode programming* where "declarative" code governs overall program control and structure, and conventional programs invoked by this code do the nuts and bolts computation.

4.2 A More Relevant Impediment - Time

Perhaps the one comment given by people against declarative languages that does have a grain of truth is that they have no concept of time. In their purest form, function and logic-based programming state static relationships between functions (or relations) and their arguments. Once something is asserted to be true, it can never change.

While this simplifies mathematical analysis, In real life there are frequent situations, such as with databases or real time systems that of necessity must process a continuing flow of information, where time-ordered changes to the value of some object "must" occur.

It is possible in a purely declarative language to implement such systems, but usually by subterfuges such as bundling all the values that might undergo change as a function of time into a single *state object* which is passed as an argument to each and every function or relation, and returned as the result of its computation. If the function is to have as a side-effect a change of value in some object, it must at least seem to recompute the entire structure of the new system state, and return that as a result. This can get both tedious to program and inefficient to execute.

In practice, most real programming languages that are rooted in a declarative basis do provide hooks for time-sensitive changes (see Figure 9). This ranges from the inclusion in early LISPs of explicit assignment operators, to a well-specified ordering of the way individual literals in a PROLOG program are handled. In object-oriented languages in particular, objects do have changes made to their internal values all the time.

What is important about all these, however, is that as the languages get more modern, such time-sensitive dynamics are encapsulated in a more and more structured environment where it is much easier to keep the number of such assignments to a minimum, and to reason beforehand about the results of such assignments.

5.0 THE FUTURE

A question heard all the time about declarative computing is "When will there be a truly industrial-strength version?" I will attempt to answer that in three different ways.

First, as might be inferred from the above comments on misperceptions, such systems exist now. However, in my opinion it is unlikely that such systems will become widespread any time soon. The reason for this is simply inertia - there are so many more orders of magnitude of code (and programmer skill) invested in classical languages like COBOL, FORTRAN, or C, that is is foolish to expect that any new language or system to make much of an inroad.

The second way to answer the question is that the core aspects of "industrial-strength" declarative programming is already embedded in the most modern forms of conventional computing. Two key

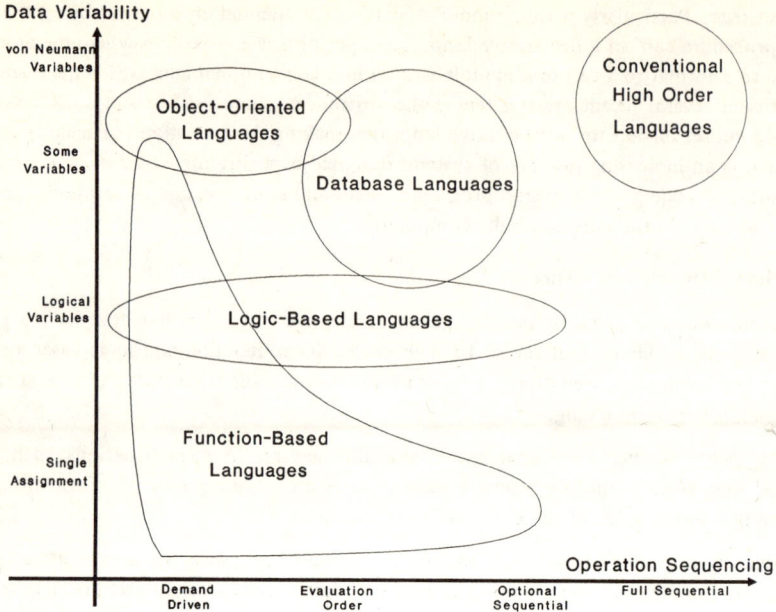

Figure 9. Declarative Languages and Time

examples are the C++ programming language and the widespread embedding of "SQL" interfaces in many real systems.

Finally, the third way to answer this question is that THE ONLY WAY we will make significant advances in industrial strength computing in general is to employ even more features from the declarative arena. Two examples will illustrate this: databases and parallel processing.

5.1 DATALOG and Object Oriented Databases

In the area of databases, it is rapidly becoming clear that relational technology, utilizing "flat" files, is insufficient for the future. First, the kinds of queries that real applications wish to make are rapidly outgrowing the limited logical power inherent in the mathematical base. For example, the ability to state *recursive queries*, where each answer from the query depends in some way on prior answers, is almost impossible to state in any elegant fashion.

Second, the objects to be stored in databases are rapidly becoming much more complex than today. Images, speech snippets, animated displays, complex data structures from designs, etc are all becoming important items for storage.

Finally, there is a growing need for *active databases* where the objects, or some aspect of the objects, perform some computation as they are accessed. *Planners, blackboards,* and other systems whose origins are in the "artifical intelligence" area are rapidly moving from the prototype stage to potential breakthrough applications.

At this point, providing such capabilities seems to require even more extensive infusion of declarative concepts. Enhancing the query capability of a database system to include more of predicate calculus and PROLOG-like features is rapidly moving database researchers in the direction of *datalog* systems. Extensions to object oriented techniques are clearly needed when the objects themselves become complex, with specialized access functions needed. The ability to provide at least some "self-modifying" or "self-interpreting" code in these functions may also become a necessity when the way the response to a query is computed may depend on either the data or the structure of the particular object being queried. The *actors* model of computation is a good example of this.

5.2 Parallelism

Perhaps the biggest impact of declarative computation is in handling parallelism. Today, imperative computing's "strong point," namely time-sensitive destructive assignment, is in fact the major difficulty in achieving high degrees of parallelism. Making sure that individual processors maintain consistent views of data, and that individual updates to such data is done in a fashion that guarantees consistency with a simple sequential model is often nearly impossible.

Help from the declarative world again arrives in many forms. First, the concept of functional composition from function-based languages permits description of array and other parallel operators in very compact forms, without recourse to explicit "DO LOOPS" and other constructs. This makes the compiler's job of detecting what can safely be done in parallel much easier.

As an example, many of the operators in APL allow the user to define matrix operations build from other matrix operations. The infamous *outer product* and *reduction* operators are representative, and have proved so powerful that the array language subset of the emerging *FORTRAN90* standard has a very similar capability.

Next, lazy evaluation, when taken to its logical extreme, provides a natural mechanism to define opportunities for *eager beaver* parallel computation of results. Expression evaluation leaves behind whenever possible a trail of encapsulated computations whose values are not needed immediately. Processors that have no other work to do can pick up on these objects and start the computations early. In fact, the whole area of *dataflow computing* is a direct outgrowth of this idea.

Object oriented languages and notation also offer a great deal of very natural parallelism. Given that the actual "values" of an object are hidden behind the methods associated with it means that different objects can be assigned to different processors, and computed upon in a parallel fashion. This minimizes the amount of logic and software overhead needed to maintain memory consistency and synchronization across processors.

Logic programs, particularly deductive, also offer a great deal of natural parallelism. Newer logic languages like PARLOG, Concurrent PROLOG, STRAND, etc. go out of their way to permit asynchronous solutions to different literals in a each rule, and different rules within a program. Such parallelism is termed *AND parallelism* and *OR parallelism* respectively, and is rapidly gaining in both real parallel implementations and demonstrated effectiveness.

Furthermore, the idea of a *logic variable* as one that either has no value or a single value which never changes, seems to be a core advance in providing synchronization between both logic and non-logic parallel programs. In such programs, an individual task, rule, or statement that needs to be synchronized with some other activity will use a logic variable as one of its inputs. As long as that variable has no value, the program element stalls. As soon as a value is given to the variable, the program may resume, with the value in that variable known to never change again.

These same logic variables can also supply a very clean communication mechanism between parallel program elements (see Figure 10). Basically, when one program element "produces" a result for another, it may package that value in a data structure that also contains a new logic variable to be

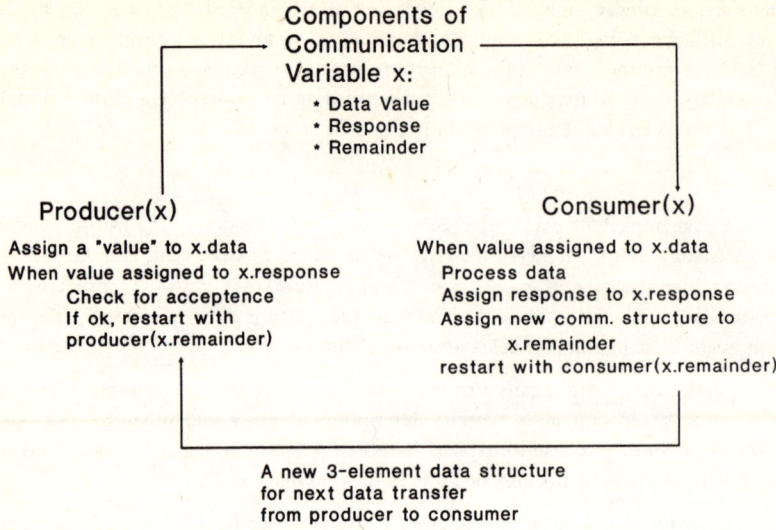

Components of
Communication
Variable x:
 • Data Value
 • Response
 • Remainder

Producer(x)

Assign a "value" to x.data
When value assigned to x.response
  Check for acceptence
  If ok, restart with
  producer(x.remainder)

Consumer(x)

When value assigned to x.data
  Process data
  Assign response to x.response
  Assign new comm. structure to
    x.remainder
  restart with consumer(x.remainder)

A new 3-element data structure
for next data transfer
from producer to consumer

Figure 10. Logic Variables as Communications Media

used by the "consuming" element to provide a response. After assigning this structure to the communication variable, the producer then stalls until it sees a value assigned to the response variable it embedded in the value.

In turn, the consuming program element can provide as its response value to the response variable both a code indicating the result of the operation, and yet another logic variable that the producer can use to provide a new value. This process can repeat indefinitely.

The programming langauges STRAND and PCN (Parallel Computing Notation - from Cal Tech) both provide such communication and synchronization mechanisms in forms where the real work of the computation is done by subprograms that are written in some conventional language like C or FORTRAN.

6.0 CONCLUSION

Declarative computing has a long and prestigous history studded with novel mathematical, language, and architectural advances. Contrary to conventional wisdom such advances have not been limited to the academic world alone, but have impacted directly on systems architectures for conventional computing applications. This talk has attempted to outline these impacts, with emphasis on the future. Although pure declarative systems as such may not become the direct mainstays of computing, there is strong reason to believe that in at least the key areas of database and parallel processing, concepts and mechanisms from declarative computing will become not only useful, but necessary.

It is the author's opinion that the best strategy to accelerate this process has two components. First, continued prototyping of new language features and concepts is essential. However, emphasis should be from the start on computing concepts not present on current systems, and on compilation approaches for conventional machines that would support them efficiently. It is not necessary, however, to develop complete new "all things to all people" languages (with lots of "syntatic sugar") to prove the viability of the basic concepts. Instead this is best done by tackling significant applications from a variety of disciplines, and showing with prototype tools in which areas the concepts appear most useful.

Such work should continue to be coupled with alternative machine architecture work. However, given the explosive growth in conventional microprocessor performance expected through the next decade, the emphasis here should be on those architectural techniques that offer a quantum leap in performance. As mentioned earlier, it is my belief that associative memory, for example, is one such technology. Simple 20%, or even 2x, kinds of gains are probably not relevant any longer.

The second part of the strategy emphasizes the embedding of these new concepts in systems based on conventional languages. This can itself occur in several ways. First is through specialized libraries. Second is the approach taken by the original C++ designers, where the C++ language is built so that the new features can be translated directly into C source code, from which standard compilers can take over. The third approach involves a "mixed language" paradigm, where a very simple new language embodying just the new constructs is given the capability of calling directly subprograms written in conventional languages. STRAND and PCN, as mentioned above, are excellent examples of this emerging class.

Any or all of these embedding approaches need to be followed by again significant applications field tests where the overall advantages of the new concepts are best demonstrated in real environments.

In summary, it is my belief that declarative computing has, and will continue to be, a critical player in computing in the large, and that it is up to us in the architecture and systems areas to recognize its special talents, and apply them appropriately.

7.0 REFERENCES

The first reference gives more detail on the topics addressed here, plus literally hundreds of more specific references. The other references are good starters for understanding different declarative models.

Kogge, P.M. (1991) *The Architecture of Symbolic Computers*, McGraw Hill, New York, NY.

Spring, G. and D.D. Friedman (1990) *Scheme and the Art of Programming*, McGraw Hill/MIT Press, Cambridge, MA.

Wikstrom, A. (1987) *Functional Programming Using Standard ML*, Prentice Hall, Englewood Cliffs, NJ

Sterling, L. (1990) *The Practice of Prolog*, MIT Press, Cambridge, MA

Goldberg, A. and D. Robison (1983) *Smalltalk-80: The Language and its Implementation*, Addison-Wesley, Reading, MA.

Tick, E. (1991) *Parallel Logic Programming*, MIT Press, Cambridge, MA

CAST
A Processor Architecture for the
Efficient Execution of Functional Programs

Claus Aßmann
Christian–Albrechts–Universität zu Kiel
Institut für Informatik
Preußerstraße 1 – 9
D – 2300 Kiel 1
ca@informatik.uni–kiel.dbp.de

Abstract

This paper presents a processor architecture which supports the execution of functional languages. The implementation of functional languages poses similar needs as conventional languages on computer architectures, but with some additions and slightly different weights. CAST is a general purpose 40-bit RISC[1] processor with a Harvard[2] architecture. It has a four–stage pipeline for efficient execution of programs. CAST has 128 general purpose registers in addition to four on–chip stacks with 32 elements each. The stacks represent a synthesis of pure stacks and variable sized register windows. Two stacks are easily interchangeable to support a fast subroutine call mechanism and efficient parameter passing. The tagged architecture supports runtime type–checking by means of a validation of operand types simultaneously with the execution of primitive functions. The versatile reduced instruction set with register–to–register, load/store, call and conditional branch instructions offers a powerful basis for an efficient implementation of functional languages. A TTL prototype implementation executes some benchmark programs similar fast as a RISC processor highly optimized C programs, despite a four fold slower cycle time.

1 Introduction

This paper presents a hardware architecture which supports the efficient execution of functional languages. Although functional languages have been of considerable interest, they have not yet reached wide–spread use in real applications. Firstly, this is due to a lack of acceptance of the programming style. Secondly, available implementations are either slow [7, 16], or they sacrifice some advantages of functional languages, e.g. the full support for higher–order functions and partial applications has been abandoned [8].

Other researchers thought that special computer architectures would be necessary to reach a processing speed comparable to compiled procedural languages on von Neumann machines. Only few special purpose machines were designed and even less eventually built, but they did not fulfill the expectations concerning efficiency. This was mainly due to the attempt to build high–level interpreters in hardware by means of micro programmed architectures [12].

D. Gärtner [4] proposes a reduction system π–Red$^+$ which performs high–level program transformations governed by the reduction rules of a full–fledged applied λ–calculus. π–Red$^+$ consists of an abstract machine *ASP* and a compilation scheme for the untyped reduction language OREL/2 [14].

---

[1]Reduced Instruction Set Computer
[2]i.e. separated instruction and data memory access paths

π–Red$^+$ performs compiled graph reduction. A program specified in OREL/2 generally consists of a set of recursively defined functions and a goal expression, similar to other functional languages.

Functional languages pose similar needs as conventional languages on processor architectures as some more recent investigations unveiled [9, 6]. However, they have slightly different needs which are:

- functional programs generally consist of more and smaller functions than even structured procedural programs,

- since functions conceptually consume their arguments and produce new results, dynamic memory management is required, and

- untyped functional languages require type–checking at runtime.

An efficient subroutine call and parameter passing mechanism can best be accomplished by a stack system. The arguments of function applications generally result from evaluations during program execution. These arguments are computed on a working stack. A separate runtime stack for argument frames allows for early release of arguments, which saves stack space and possibly graph memory. Instead of moving the argument frame from the working stack to the runtime stack, the stacks may simply be interchanged which is more efficient to implement. After the termination of a function application the situation for the outer function can be re–installed by again switching these stacks and moving the result of the inner function to the new working stack. Therefore, the current environment is the topmost of the runtime stack and no superfluous moves must be made.

The development of new computer architectures must be well justified since abstract machines supporting functional languages can be emulated on or compiled to conventional computers. Thus, a remarkable performance gain, easier programming or simpler (cheaper) hardware must be offered. The processor architecture CAST proposed here yields a significant performance gain and simplifies code generation. To support a fast subroutine call and efficient parameter passing mechanism, a system of four stacks is implemented, where two stacks are easily interchangeable. Runtime type–checking is supported by means of a tagged architecture, which validates operand types simultaneously with the execution of primitive functions. CAST is a general purpose 40-bit RISC processor with a Harvard architecture. It has a four–stage pipeline to speed up program execution. It has 128 general purpose registers in addition to four on–chip stacks with 32 elements each. The stacks are the main part of the architecture, they represent a synthesis of pure stacks and variable sized register windows. The versatile but small instruction set with register–to–register, load/store, call and conditional branch instructions offers a powerful basis for an efficient implementation of functional languages.

2 The Architecture of CAST

CAST is a 40-bit RISC processor with four stacks, 128 general purpose registers, a four–stage pipeline and tagged data. It has a Harvard architecture, a small instruction set of fixed length, and two delays slots for branch and load instructions.

2.1 The Stacksystem

2.1.1 Concept of a Stack

Typically, stacks are realized as conventional register files with special addressing hardware. A stack pointer identifies the topmost element of the stack, and is modified during a push or pop operation implicitly. Since a stack can grow beyond the size of on–chip storage, the bottom part is held in memory. The stack on the processor realizes a circular buffer for the top elements. In the following "on–chip stack" means the on–chip section of the stack, and "swap–area" the part held in memory, unless otherwise stated.

To map a stack onto a register file it is necessary to define the bottom element of the on–chip stack which is usually done by a *last-pointer*. In the following, instead of stack pointer the term *top-pointer* is used as a complement to *last-pointer*. Both are abbreviated as $TopPt$ and $LastPt$, respectively, in formulas. By convention, the stack grows to higher addresses, the top-pointer denotes the topmost element, the last-pointer points one cell below the bottom element of the on–chip stack, and N denotes the size of the on–chip stack. N should be a power of 2, thus allowing to use the last $j = log_2 N$ bits from the top-pointer to address the on–chip stack.

The basic stack operations — push or pop an element to or from the stack, respectively, and read or write the top of a stack — are not sufficient as a basis for an instruction set [2]. A more general approach incorporates the following operations:

1. read indexed: value := Stack[$TopPt - i$];
   special case: $i = 0$, read top element

2. write indexed: Stack[$TopPt - i$] := value;
   special case: $i = 0$, replace top element

3. create-frame: Stack[$TopPt + i$] := value, TopPt := $TopPt + i$;
   special case: $i = 1$ push

4. delete-frame: value := Stack[$TopPt - i$], TopPt := $TopPt - i$

The *delete-frame* operation is not a generalization of the pop operation. A closer look unveils that during a push operation the address of the stack access and the new value of the top-pointer are identical but they are different for a pop operation. Here the index is the top-pointer itself, but the new value for it is $TopPt - 1$. It does not matter whether the top-pointer addresses the topmost element or the free cell above it, or in which direction the stack grows. In either case one of the addresses does not match the new value of the top-pointer. However, there is a simple and elegant solution: A three address instruction consists of a destination and two source specifiers. The first source operand accesses the top element, the second the next element and this second address is taken as the new value for the top-pointer. The following example clarifies this:

```
value := Stack[TopPt] + Stack[TopPt - 1] , TopPt := TopPt - 1
```

The first operand is the top element of the stack, the other operand is the second to top element. The new value for the top-pointer is equal to the address of the second operand, so this is used for it. This simplifies the address generation hardware for the stack system.

2.1.2 Stack Overflow/Underflow

A *stack overflow* occurs when the on–chip stack capacity is exceeded. This can be detected by a comparison of the top-pointer, the last-pointer and the index i specified for a create-frame operation ($i = 1$ for push). Initially the top-pointer is set to 1 and the last-pointer to 0, placing a dummy element on the stack. There are two invariants which hold due to the conventions made above:

1. $TopPt > LastPt$

2. $TopPt - LastPt \leq N$

The number of used cells is $TopPt - LastPt$, so the number of free elements is $N - (TopPt - LastPt)$. Therefore, a stack overflow occurs iff $i > N - (TopPt - LastPt)$. There are different algorithms to handle this. The cut–back–k algorithm turned out to be very well suited during a lot of tests with different methods and was later found in [5]. It moves k elements from the on–chip stack to the swap–area if a stack overflow occurs.

If an index specified for a read access is greater than the number of valid on–chip stack elements, a *stack underflow* occurs, i.e. iff $i \geq TopPt - LastPt$.

The usage of the cut–back–k algorithm to handle stack spillings causes some problems with indexed read/writes. If the index i specifies an element which is currently not available in the on–chip stack, a trap is generated. The trap handler must now resolve this situation. The index has to be in the range from 0 up to $N - 1$. To access an element which is located more than $N - 1$ positions from the top, another instruction sequence must be used, which directly accesses the swap–area. Otherwise we have to distinguish two cases:

1. $0 \leq i < N - k$,

2. $N - k \leq i < N$: i is in the *critical region*.

The first situation is easy to handle, because there is enough space on the on–chip stack to load the desired element by means of the cut–back–k algorithm. In the latter situation less than k elements are free in the on–chip stack. Different solutions are possible, but hardware changes or modifications of the trap handler have severe drawbacks. The problem can completely be handled by a compiler: If an indexed access in the "critical region" must be generated, another code sequence should be issued. This involves an instruction, which ensures that the desired element is not located in the on–chip stack but in the swap area: simply a create-frame operation with $i = k$. Thus, the appropriate memory location can be accessed without any further problem. Such an access is likely to happen so infrequently that it cannot be justified to add any hardware resources or to change the trap handler, which would slow down the normal execution.

2.1.3 Implementation of the Stack System

In the following, "stack" denotes only the on–chip part of the stack, "register" denotes stack elements as well as general purpose ("normal") registers. The register file of CAST is a dual port memory with 256 cells. Each stack has a size of 32 elements, and the other 128 cells are used for general purpose registers. The register file is divided conceptually into five parts. The elements 0 to 127 are normal registers, and the stacks M, H, I and A reach from 128 to 255. Register 0 is hardwired to 0 as in most other RISC processors. The address of a register is therefore 8 bits wide. The address of a normal register consists of 7 bits, which is filled up with 0 in the most significant bit.

Two pointer define the active area for each stack. These are the *top-pointer*, which identifies the topmost element of a stack, and the *last-pointer*, which points one element below the bottom of the stack. Each stack is identified by its number, which is used to specify its top-pointer and last-pointer and contains the bits 6 and 7 of the register address. This number is mapped by a decoder *DecSt* to the actual internal stack number. A flag called *ZSt* is involved in this mapping. If it is 0, the decoder does not modify the number, otherwise the numbers two and three are exchanged. This allows switching the stacks A and I by simply inverting the *ZSt* flag.

An address of a stack element therefore consists of two parts: a 2-bit stack-number St and a 5-bit stack index i. The address in the register file is built as follows: 1 ! DecSt(St) ! (TopPt[DecSt(St)] $-i$)

A top-pointer is 5 bits, a last-pointer 32 bits wide. This is an implicit realization of the stacks as circular buffers. The last-pointer also defines the swap–area of each stack in memory. The contents of the 32-bit register points to the topmost element of that part of the stack which is held in memory.

Let i be the index of a read operation. In this implementation the top-pointers are only 5 bits wide to save chip area and to reduce cycle time, since a 5–bit subtraction is faster than one on 32 bits. Therefore, is it not possible to use the expressions give above for the detection of a stack over/underflow. Let i and j be natural numbers, then $i \mid_j$ denotes the last j bits of the binary representation of i. This way we can denote operations on a restricted bit range. Now the following equivalences hold for $j = log_2 N$ (on the left side, $StackPt$ denotes the 32-bit value of $TopPt$ with respect to the invariants from 2.1.2):

$$i \geq TopPt - LastPt \qquad \Leftrightarrow \quad i \mid_j \geq (TopPt \mid_j - LastPt \mid_j) \mid_j$$
$$i > N - (TopPt - LastPt) \quad \Leftrightarrow \quad i \mid_j \geq (LastPt \mid_j - TopPt \mid_j) \mid_j$$

Now we have two expression on 5-bit numbers, which can be used for the detection of stack overflow/underflow.

A load from memory must be used to access an element with $i \geq N$. It is quite difficult to determine the correct memory address for the element. With a 32-bit top-pointer the computation of the memory address is very easy, it is simply $TopPt - i$. Since a top-pointer is only 5 bits wide, this calculation gets a little bit more complicated. The 32-bit value of the top-pointer can be determined by

1. $TopPt \mid_j > LastPt \mid_j \Rightarrow StackPt = (LastPt - LastPt \mid_j) + TopPt \mid_j$

2. $TopPt \mid_j \leq LastPt \mid_j \Rightarrow StackPt = (LastPt - LastPt \mid_j) + TopPt \mid_j + N$

with respect to the known invariants.

2.2 Pipeline

CAST uses a four–stage pipeline to achieve a good performance. It is divided into the parts: instruction fetch, instruction decode and (register) operand fetch, execution, and write–back of the result. The only effects of the pipeline shown to the assembly programmer are two delay slots for branch and load instructions. Other pipeline interlocks are treated transparently by the processor. A code reorganizer (instruction scheduler) [11] takes care of the correct order of instructions according to the pipeline constraints.

2.3 No Condition Codes

CAST does not have condition codes, since they enlarge the processor state (introducing extra handling during traps) and it is difficult for the compiler to keep track of the modification of condition codes (preventing possible optimizations).

2.4 Tagged Data

Tagged data are used to support the implementation of generic operations. The type information is encoded in the stack element, and scalar data (like integer and boolean values) are directly accessible.

The version of tagged data used in CAST resembles the SPUR system [6, 15]. CAST uses 40-bit words which consist of 32-bit data fields and 8-bit tag fields. The hardware supports integer and boolean values and two types of lists by some special instructions which check the tag simultaneously with the execution of the operation and trap if they are not of the expected value. The trap handler can determine the type of the operands and start the appropriate program. All other tags can be freely used by software. This is supported by some instructions which extract and set the tag (see 2.7.5).

The tag of a result is normally the tag of the first source operand or a boolean tag, if a relational operation was performed.

2.5 Program Counter Unit

Most RISC processors with delayed–branches do not allow two consecutive branch instructions, since they are not able to restart such a sequence properly. Since CAST has two delay slots, a program counter for each stage of the pipeline is necessary to handle each possible trap in any combination of instructions correctly. Therefore, the program counter unit consists of the following registers: PCL1 contains the address of the instruction being fetched from instruction memory, PCL2 contains the next address in sequence, and the four registers of the PC–chain which are used to restart the normal program execution after a trap. The PC–chain is controlled by the so–called *NoFreeze* flag: if this flag is cleared, any further updates of the registers in the buffer are suppressed. This flag is cleared, if an exception is processed (see 2.8).

2.6 Memory Interface

CAST has a Harvard architecture, i.e. data and instruction memory are conceptually separated. All memory accesses are performed with full 40-bit words. All addresses are word addresses, therefore no alignment restrictions as in other system are necessary.

Since the timing of memory accesses does not fit into the four–stage pipeline, an asynchronous memory interface has been chosen. The execution of the next instructions continues if they do not depend on the result of an outstanding load or are memory accesses themselves. In either of the latter cases the pipeline is stopped and the processor waits for the end of the memory access.

Due to the pipelined operation of the processor, the result of a load operation cannot be available for the following two instructions. To simplify the memory interface and maximize throughput, the reorganizer puts at least two independent instructions after a load. There can be only one memory operation in progress at a time, no queues are maintained to simplify the design. The prototype implementation uses a dual port RAM as register file, therefore two (independents) write operations can be performed at the same cycle.

2.7 Instruction Set

A reduced instruction set contains at least the following instruction groups:

1. computational instructions, which operate on two source registers and store the result in a destination register,

2. conditional control flow instructions, and

3. instructions to access memory (load and store).

2.7.1 Register to Register Instruction

The basic operation in the processor is a register-to-register instruction of the following format:

$R_d := R_{s1}\ op\ R_{s2}$

This operation takes two source registers R_{s1} and R_{s2}, performs a dyadic operations *op* on them and stores the resulting value in R_d. As usual R_{s2} may be replaced by a small immediate constant.

With register 0 other instructions can be synthesized. using the above operations (where '#' denotes an immediate value):

$$
\begin{array}{lll}
\text{move} & R_d & := & R_s + R_0 \\
\text{increment} & R_d & := & R_d + \#1 \\
\text{decrement} & R_d & := & R_d - \#1 \\
\text{complement} & R_d & := & R_0 - R_s \\
\text{clear} & R_d & := & R_0 + R_0
\end{array}
$$

2.7.2 Specification of Operands

Besides the conventional register addresses for the specification of operands, stack accesses need to be realized in CAST. Therefore, at least 7 bits are required to specify an operand: either all 7 bits refer to a normal register (padded with 0), or they are split up in a 2-bit stack number and a 5-bit index. Additionally, a distinction between a conventional register and a stack access must be made in the instruction. Instead of using different instruction groups, another bit is used for this purpose, thus allowing the mixing of registers and stack elements in a single operation.

In destination position another distinction must be made: it is either possible to use an indexed write or a create-frame operation. This gives a total of nine bits to specify a destination. The two most significant bits determine, if a normal or special register (see below) is the destination, or a write indexed or a create-frame stack operation shall be performed. Source 1 is similarly encoded: instead create-frame a delete-frame operation may be specified. For source 2 a normal register, an indexed read or an immediate value can be specified.

This gives a total of 27 bits (3 * 9) to specify the three operands of a register–to–register instruction. With only 5 bits left in a 32-bit word, the instruction encoding is nearly impossibly without introducing some strange formats. Therefore, a 40-bit instruction width has been chosen, leading to a consistent 40-bit architecture. A register–to–register instruction has the following format:

39 37	36 28	27 24	23 18	17 9	8 0
PrimOpc	dest	special	AluOp	src1	src2

The first field "Primary Opcode" specifies the instruction type, the second the destination (according to above specifications), the `special` field will be discussed later on, `AluOp` denotes the operation of the ALU and `src1`, `src2` specify the source operands.

To generate 32-bit constants, two instructions must be used since a "normal" immediate value is only 8 bits wide. The upper 24 bits can be set with the *Set-Immediate-High* instruction (abbreviated *SImmH*).

2.7.3 Memory Access Instructions

The other instructions should fit quite well into the format of the register–to–register instruction, or at least introduce as few different formats as possible. The load instruction fits well into this format:
`dest := Mem[src1 AluOp src2]`

The register file is not capable of delivering three source operands in a single cycle. Therefore, the store instruction `Mem[src1 AluOp Imm] := src2` can be realized by taking the unused `dest` field of the instruction as an immediate value.

2.7.4 Control Flow Instructions

There are two different types of instructions to change the control flow. A conditional branch instruction:

`if src2 then pc := src1 op imm`

and a versatile call instruction:

`dest := pc , pc := src1 op src2`

Register 0 allows for the synthesis of all control flow instructions according to:

jump	$R_0 := pc$, $pc := pc$ +/- offset	
call	$R_d := pc$, $pc := pc$ +/- offset	
call	Stack[TopPt+1] := pc, $pc := pc$ +/- offset, TopPt := TopPt + 1	
return	$R_0 := pc$, $pc := R_s$	
return	$R_0 := pc$, $pc := $ Stack[TopPt], TopPt := TopPt - 1	

src1 must be either a register or the program counter itself for PC–relative branches. These two versatile instruction form a complete set for control flow handling. Additionally, a call instruction with an absolute address is supported. This is utilized by the code reorganizer [11], and fits very well into the instruction format: it is identical to that of *SImmH*.

2.7.5 Other Instructions

There is still one primary instruction code left, which can be used for additional instructions. These instructions are distinguished by the special field which is used as a "secondary opcode". Currently two instructions are implemented which are used to access tags and a third to stop the processor.

- *SetTag:* `dest := src2.(7:0) ! ( src1.val op src2.val)`

- *GetTag:* `dest := src1.tag ! ( ( 0 ! src1.tag) op src2.val)`

The *SetTag* instruction can be used to set the tag of a value to the least significant bits of the second source operand. Since this can be an immediate value, this instruction is well suited for the generation of tagged values. The *GetTag* instruction extracts the tag of the first source operand and performs an operation on it with the other source operand.

2.7.6 Special Registers

Special registers are

- the four top-pointers,

- the four last-pointers,

- the program counter (PCL1)

- the registers PCDecode, PCExecute and PCWrite of the PC–chain

Access to the stack management pointers is necessary during initialization and trap handling of overflow/underflow. PCL1 (see 2.5) is used for PC–relative branches and may only be used as src1. The registers of the PC–chain are solely used during exception handling as src1 (see 2.8).

2.7.7 The Special Field

There are many "specials" which must be handled by the instruction set. This includes the choice, whether an operation should check its operands to be of the correct type (integer or boolean), the stack switch, the selection of a branch predicate (branch if true or branch if false) and others. Instead of introducing new instructions for each "special", they are incorporated into the other instructions. They can be considered as side effects of the base instruction.

2.8 Exception Handling

Exceptions can be divided into two types: **traps** are caused by internal exceptional events like stack overflow or tag error; **interrupts** are external generated signals from other devices like memory controllers or DMA devices.

In CAST, the selection of an exception handler is done by a 5-bit vector number, which is shifted 5 bits to the left and filled up with leading zeros. This allows the usage of 32 instructions for each exception handler without any jump.

The interrupts in CAST are *Reset* and *Illegal Address* (data or instruction), but the exception handling can be easily expanded for further types. Interrupts are polled at the end of each cycle, traps are detected in the corresponding pipeline stage. Stack over/underflow traps may occur in the decode stage, but are delayed to the end of the execute stage to simplify trap handling. If an exception is raised, the following operations are performed:

- the flags *EnableTrap* and *NoFreeze* are cleared, thus disabling the PC–chain and further exceptions,

- the instructions in the pipeline stages *decode* and *execute* are annulled,

- the top-pointers and the *ZSt* flag are restored to their original values they had before the execution of the trapped instruction,

- the appropriate exception handler address is determined and processing continues at this address.

If there is more than one exception, the one with the highest priority is taken, whereas the others are discarded. Thus, the ignored exception must occur again to be recognized. This is an appropriate approach, since some exceptions occur only due to others, such that the handling of the first exception will remove their cause. For example a stack underflow can produce also an integer trap, because the stack element given to the tag check unit is not valid. The underflow handler will resolve the situation such that the integer trap does not reoccur. A stack move could produce a stack underflow and an overflow, which will be handled sequently. After the trap handler for the underflow has been executed (which has a higher priority than overflow traps), the instruction will be reexecuted and trap again, whereas the stack overflow will be treated.

The pipelining of the processor complicates the handling of exceptions. The state of computation should be changed only in the write–back stage of the pipeline, since exceptions are taken at the end of the execute stage. This cannot be accomplished without affecting functionality. The stack operations must be performed at the end of the decode stage to guarantee a useful behavior. This involves the top-pointers and the *ZSt* flag, which must be backed up for two cycles. If an exception occurs, the registers are restored from the second backup value, thus reestablishing the correct situation.

The exception handling mechanism is kept as simple as possibly to service the stack traps very fast. This is necessary for a competitive performance of the processor.

3 Evaluation

3.1 The Testbed System

π–Red$^+$ consists of a syntax–directed editor [1], a compiler ACG (Abstract Code Generator) and a simulator for the abstract machine ASP [4]. W. Bosy [3] wrote a compiler $LComp$ from the abstract machine code to a CAST assembler, which is modified by a code reorganizer written by F. Meißner [11] to meet the pipeline constraints of the hardware.

Since the abstract code generated by the first compiler ACG has in most cases zero–address format. the main work is a good transformation into three–address instructions.

The only major drawback found at the end of the implementation is the need of two delay slots for branches. Another drawback is the selected garbage collection scheme — reference counting — which is far too expensive in a software realization.

J. Noss [13] built CAST as a prototype with standard TTL ICs in wire–wrap technology. The prototype runs currently merely stable with 250ns cycle time since some ICs were only available in slower models than assumed in the simulation. However, the simulation tools show that the processor should at least run with a cycle time of 200ns, if the correct ICs are used.

3.2 Performance Results

3.2.1 The Test Programs

The test programs are the usual set of small benchmarks, which can be divided into two types:

1. some integer programs, which check the parameter passing mechanism and the handling of subroutine calls: Ackermann, Takeuchi, and Fibonacci.

2. some programs operating on lists, thus checking the handling of data structures: Treesort: sort by means of sorted trees, and Isort: sort by means of sorted lists,

3.2.2 Performance relative to SPARC and Kieburtz' G–machine

The performance results for the G–machine implementation as a RISC processor have been taken from [10], the results for the SPARC processor have been measured on a SPARCstation 1 [17], where the programs have been written in C and compiled with the highest optimization level available. The processor of the SPARCstation 1 has a cycle time of 50ns (20MHz Clock), the processor of Kieburtz has an estimated cycle time of 100ns, and the times for CAST are computed with 200ns cycle time. Kieburtz lists times for different evaluation strategies (lazy, strict and by value), where "by value" is always far better than the others (if the program allows such a reduction order). The comparison has been made for the best times found in the article mentioned above.

The performance figures (1) show that the SPARCstation cannot take advantage of its four fold better cycle time. The generated code for the integer programs is quite similar for SPARC and CAST. All programs are heavily recursive and each function has only few parameters and performs only a small amount of work. Therefore, the register windows of the SPARC processor are utilized badly, and many over/underflows must be handled, which slows down execution significantly.

Even though Kieburtz' processor has a two times better cycle time (which is only estimated), it can only reach for one program the execution speed of CAST. An explanation of this behavior is impossible without a deeper knowledge of the compiler and the generated code.

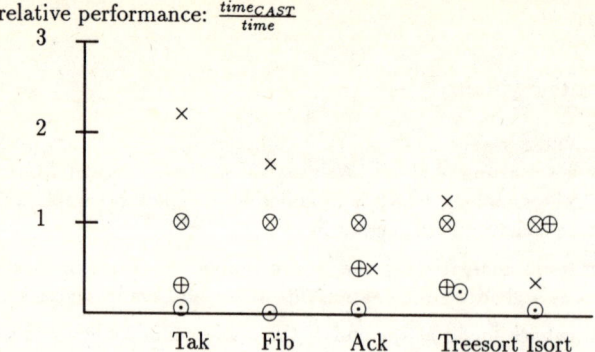

relative performance: $\frac{time_{CAST}}{time}$

× : C on SPARCstation 1
⊕ : Kieburtz' G–machine
⊗ : CAST
⊙ : Interpreter for abstract machine on SPARCstation 1
(higher values indicate better performance, e.g. SPARC is 1.5 times faster than CAST for fib).

Figure 1: Performance relative to CAST

4 Conclusion

A processor architecture has been presented, which significantly speeds up the execution of functional programs. This is mainly due to the enhanced stack architecture, which is a combination of a stack system and variable sized register windows. The tagged architecture supports the execution of "standard" programs without restricting the set of valid programs.

Currently the suitability of generation scavenging as a garbage collection scheme for CAST is investigated.

A VLSI implementation of this architecture could even beat many RISC processors due to the efficient usage of the available registers.

To build a complete system a memory management unit and floating point support must be added. Moreover, a multi processor version could be faster and easier to program than commercially available solutions.

References

[1] C. Aßmann. Ein syntaxgesteuerter Editor für eine funktionale Sprache. Master's thesis, Institut für Informatik und praktische Mathematik, Universität Kiel, 1987.

[2] C. Aßmann. A Hardware Architecture for the Efficient Execution of Functional Programs. internal paper, 1990.

[3] W. Bosy. Design und Implementierung eines Übersetzers für eine Hardware–Reduktionsmaschine. Master's thesis, Institut für Informatik und praktische Mathematik, Universität Kiel, 1991.

[4] D. Gärtner. π–Red$^+$: ein codeausführendes Reduktionssystem zur Transformation von Programmen eines angewandten λ–Kalküls. In *Architektur von Rechensystemen*, 1992. 12. GI/ITG Fachtagung.

[5] M. Hasegawa and Y. Shigei. High–Speed Top–of–Stack Scheme for VLSI Processor: a Management Algorithm and its Analysis. In *Proceedings of the 12th Annual International Symposium on Computer Architecture*, pages 48 – 54, 1985.

[6] M. Hill, S. Eggers, et al. Design Decisions in SPUR. *IEEE Computer*, pages 8 – 22, November 1986.

[7] F. Hommes. The internal structure of the reduction machine. Technical report, Gesellschaft für Mathematik und Datenverarbeitung, March 1977. Bericht ISF-77-3.

[8] T. Johnsson. Efficient compilation of lazy evaluation. In *Proceedings of the SIGPLAN '84 Symposium on Compiler Construction*, pages 58–69, 1984.

[9] R.B. Kieburtz. The G–machine: A fast graph-reduction evaluator. In J.-P. Jouannaud, editor, *Functional Programming Languages and Computer Architecture*, volume 201 of *Lecture Notes in Computer Science*, pages 400 – 413. Springer–Verlag, 1985.

[10] R.B. Kieburtz. Performance Measurement of a G–Machine Implementation. In J. H. Fasel and R. M. Keller, editors, *Graph Reduction*, volume 279 of *Lecture Notes in Computer Science*, pages 275 – 296. Springer–Verlag, 1986.

[11] F. Meißner. Implementierung eines Simulators und Meßsystems sowie eines Pipeline–Reorganizers für eine Hardware–Reduktionsmaschine. Master's thesis, Institut für Informatik und praktische Mathematik, Universität Kiel, 1991.

[12] D. A. Moon. Architecture of the Symbolics 3600. In *Proceedings of the 12th Annual International Symposium on Computer Architecture*, pages 76 – 83, June 1985.

[13] J. Noss. Realisierung des Reduktionsprozessors CAST in Hardware, 1991. private communication.

[14] H. Schlütter and E. Pless. Die Reduktionssprache OREL/2. Technical report, Gesellschaft für Mathematik und Datenverarbeitung, 1990.

[15] G. Taylor, P. Hilfinger, J. Larus, D. Patterson, and B. Zorn. Evaluation of the SPUR LISP Architecture. In *Proceedings of the 13th Annual International Symposium on Computer Architecture*, pages 444 – 452, 1986.

[16] D.A. Turner. Miranda: A non–strict Functional Language with Polymorphic Types. In J.-P. Jouannaud, editor, *Functional Programming Languages and Computer Architecture*, volume 201 of *Lecture Notes in Computer Science*, pages 1–16. Springer–Verlag, 1985.

[17] A. von Bechtolsheim and E. Frank. Sun's SPARCstation 1: A Workstation for the 1990s. In *IEEE Compcon Spring*, pages 184 – 188, 1990.

π–Red+ – ein codeausführendes Reduktionssystem zur Transformation von Programmen eines angewandten λ–Kalküls

Dietmar Gärtner

Christian–Albrechts–Universität Kiel,

Institut für Informatik,

Preußerstraße 1–9,

D–2300 Kiel 1.

Email: dg@informatik.uni–kiel.dbp.de

Überblick

Dieser Artikel beschreibt das interaktive codeausführende Reduktionssystem π–Red^+, das die Transformation von funktionalen Programmen entsprechend den Reduktionsregeln eines angewandten λ–Kalküls durchführt. Kern des Systems ist ein abstrakter Stackprozessor, der über ein System von vier Stacks verfügt. Zwei der Stacks sind per Instruktion "vertauschbar", um rekursive Funktionsaufrufe und die Übergabe von Parametern effizient auszuführen.

1 Einleitung

Die Vorteile von funktionalen gegenüber imperativen Sprachen liegen in deren einfachen und wohldefinierten Semantik. Diese stammt in der Regel direkt von einem unterliegenden formalen Kalkül, z.B dem λ–Kalkül [Chu41] oder der Kombinatorlogik [CF58]. Diese Kalküle definieren rein syntaktische Transformationen (β–Reduktionsregel, Kombinatorreduktionsregeln), mit denen die Bedeutung (Normalform) von Ausdrücken abgeleitet werden kann. Die Transformation von Programmen in gültige Programme durch wiederholte Anwendung von Reduktionsregeln macht auch bei "realen" funktionalen Systemen Sinn: die Programmausführung wird nachvollziehbar, das inkrementelle Erstellen und Testen von Programmen ermöglicht (*high level debugging*) und somit die Programmierung insgesamt erleichtert.

Die Akzeptanz für funktionale Sprachen und Programmierung ist außerhalb des universitären Bereiches eher gering. Dieses liegt u.a. daran, daß es mangels effizienter Implementierungen funktionaler Systeme kaum möglich ist diese universell einzusetzen, andererseits aber spezielle Einsatzgebiete noch nicht ausreichend aufgezeigt wurden.

Eine Möglichkeit funktionale Sprachen zu implementieren, besteht in der Compilation in Code für konventionelle Rechner. Meistens wird dabei auf die vollständige Realisierung einer Reduktionssemantik verzichtet, um eine möglichst effiziente Codegenerierung zu gewährleisten. Monomorphe oder polymorphe Typsysteme ermöglichen eine statische Typüberprüfung und somit einen erheblichen Effizienzgewinn gegenüber Systemen mit dynamischer Typüberprüfung. Sie haben jedoch zur Folge, daß eine partielle (schrittweise) Programmausführung unmöglich wird, da z.B. bei der Ausführung von primitiven Funktionen unterstellt wird, daß die Argumente vollständig ausgewertet und vom passenden Typ sind.

Die Auflösung von Namenskonflikten, die bei einer vollständigen Realisierung der β–Reduktionsregel des λ–Kalküls auftreten können, ist nicht effizient implementierbar. Deshalb werden funktionale

Programme oft durch *lambda–lifting* [Joh85] in Superkombinatoren [Hug82] transformiert und durch Superkombinatorreduktionen reduziert. Damit ist die Ausführung partieller Funktionsanwendungen nicht mehr möglich. Durch die unumkehrbare Compilation von Superkombinatoren in Code, können diese – für den Fall, daß sie Teil des Ergebnisses einer Programmausführung sind – nicht mehr als Hochsprachenausdrücke dargestellt werden. Dieses hat zur Folge, daß als Resultat von Programmausführungen nur Basiswerte oder Sequenzen von Basiswerten möglich sind (siehe z.B. die G–Maschine [Joh84]).

Das in diesem Artikel beschriebene Reduktionssystem π–Red^+ ist eine vollständige Realisierung eines ungetypten angewandten λ–Kalküls. Programme der Reduktionssprache KiR [KIR89] (bzw. OREL/2 [SP90]) werden in π–Red^+ in gültige Programme transformiert. Die Reduktion von Programmen erfolgt unter interaktiver Kontrolle des Benutzers. In einer dafür ausgelegten Programmierumgebung (ein syntaxgesteuerter Editor mit Kommandointerpreter [Gär87, Aßm87]) können beliebige (Teil–) Ausdrücke eines Programms selektiert und reduziert werden. Die Reihenfolge, in der Teilausdrücke reduziert werden, beeinflußt nicht die Bedeutung des Gesamtausdrucks. Auf Wunsch des Benutzers kann die Transformation auch schrittweise erfolgen. Alle Zwischenergebnisse von Reduktionssequenzen werden als gültige Hochsprachenprogramme präsentiert, die inspiziert, modifiziert und weiterreduziert werden können.

Um die beschriebenen Transformationen effizient auszuführen, werden Programme maschinenintern von einem Preprocessor in Superkombinatorgraphen transformiert und diese in Code compiliert. Die Codeausführung liefert einen (möglicherweise nur partiell) reduzierten Superkombinatorgraphen, der dann von einem Postprocessor in ein äquivalentes Hochsprachenprogramm umgeschrieben wird. Die Ausführung von vollständigen β–Reduktionen wird somit in die Pre– und Postprocessingphase verlagert, während in der eigentlichen Processingphase nur einfache Superkombinatorreduktionen durchgeführt werden.

Um eine effiziente Programmausführung zu gewährleisten, ohne jedoch Abstriche an dem universellen Konzept vorzunehmen, wurde vom Autor ein abstrakter Reduktionsprozessor ASP[1] entwickelt und die Compilation von KiR in abstrakten Code spezifiziert. ASP verfügt über ein System von vier Stacks. Um rekursive Funktionsaufrufe und die Übergabe von Parametern effizient ausführen zu können, sind zwei der Stacks per Instruktion vertauschbar. Diese werden abwechselnd als Argumentstack, auf dem sich das Argument*frame* der Funktion unter Auswertung befindet, und als Arbeitsstack, auf dem Zwischenergebnisse abgelegt und Argument*frames* für weitere Funktionsaufrufe eingerichtet werden, benutzt. Die vertauschbaren Stacks ermöglichen die Optimierung von (beliebigen) endrekursiven Funktionsaufrufen und die frühzeitige Freigabe von (Teil–) Argument*frames* (vor Beendigung des Funktionsaufrufs). Letzteres verringert den Speicherplatzbedarf von Programmausführungen erheblich. Desweiteren werden dynamische Typüberprüfungen durch ein *Tag*system für Daten– und Codeobjekte unterstützt.

π–Red^+ ist eine Weiterentwicklung des Reduktionssystems π–Red [KS85, SKZ89], das Reduktionssprachenprogramme direkt (d.h. durch Interpretation von Programmgraphen) ausführt. Beide Systeme besitzen die gleiche Funktionalität, die Programmausführung ist in π–Red^+ jedoch um einen signifikanten Faktor schneller.

Der Reduktionsprozessor ASP eignet sich für eine Realisierung in Hardware. C. Aßmann beschreibt in [Aßm91] die Architektur eines RISC–Prozessors, der wesentliche Merkmale des abstrakten Reduktionsprozessors ASP aufweist. Dieser verfügt über ein System von vier (Register–) Stacks, davon sind zwei vertauschbar, und unterstützt dynamische Typüberprüfungen.

2 Die Reduktionssprache KiR

KiR–Programme [KIR89] bestehen i.a. aus einer Menge von (rekursiven) Funktionsdefinitionen und einem sogenannten Startausdruck, der den zu reduzierenden Ausdruck darstellt. Dieses gilt auch

---

[1]Abstract Stack Processor

für die meisten modernen funktionalen Sprachen z.B. ML [MTH90], Miranda [Tur85] oder Haskell [HW90].

$$
\begin{aligned}
&\textbf{def} \\
&\quad f_1[x_{11}, \cdots, x_{1m_1}] = e_1 \\
&\quad \vdots \\
&\quad f_n[x_{n1}, \cdots, x_{nm_n}] = e_n \\
&\textbf{in } e_0
\end{aligned}
$$

Hierbei bezeichnen f_i die Funktionsnamen und x_{ij} die formalen Parameter der Funktionsdefinitionen. Die rechten Seiten der Funktionsgleichungen und der Startausdruck können weitere, lokale Funktionsdefinitionen obiger Art, sowie Funktionsanwendungen der Form

$$f[a_1, \cdots, a_n]$$

enthalten. Anonyme, nichtrekursive Funktionen können ebenfalls definiert werden und zwar als

sub $[x_1, \cdots, x_n]$ in e

und mit Hilfe eines universellen Applikators ap auf Argumente appliziert werden:

ap sub $[x_1, \cdots, x_n]$ in e to $[a_1, \cdots, a_m]$.

Die Bedeutung von Funktionsapplikationen ist mit Hilfe von β– und δ–Reduktionsregeln definiert. Ist f eine benutzerdefinierte Funktion mit formalen Parametern $x_1, \cdots, x_n$ und Rumpfausdruck e, dann werden Anwendungen von f auf Argumente wie folgt reduziert:

1. $f[a_1, \cdots, a_n] \quad \rightarrow e'$ (vollständige Funktionsanwendung)

2. $f[a_1, \cdots, a_{n+i}] \rightarrow$ ap e' to $[a_{n+1}, \cdots, a_{n+i}]$ (übersättigte Funktionsanwendung)

3. $f[a_1, \cdots, a_{n-i}] \rightarrow$ sub $[x_{n-i+1}, \cdots, x_n]$ in e' (partielle Funktionsanwendung)

Hierbei ist e' eine Instanz des Funktionsrumpfes e, in dem alle freien Vorkommen der formalen Parameter x_i durch die entsprechenden aktuellen Parameter a_i ersetzt sind. Anwendungen primitiver Funktionen werden nur dann ausgeführt, wenn ausreichend viele Argumente vorhanden sind und diese im Definitionsbereich der Funktion liegen. Nicht ausführbare Applikationen gelten als konstant und bleiben als solche erhalten.

3   Reduktion eines Beispielprogramms in π–Red^+

Die schrittweise Reduktion von Programmen in π–Red^+ wird anhand eines Beispielprogramms dargestellt. Die zweistellige Funktion Power definiert die Berechnung der N–ten Potenz ihres ersten Argumentes X.

```
def
   Power [ X , N ] = if ( N eq 0 )
                     then 1
                     else if ( ( N mod 2 ) eq 0 )
                          then Square [ Power [ X , ( N / 2 ) ] ]
                          else ( X * Power [ X , ( N - 1 ) ] )
in Power [ Z , 5 ]
```

Obwohl sowohl Square als auch der Aufrufparameter Z von Power freie Variablen sind, kann das Programm reduziert werden und zwar in einem Schritt zu:

```
( Z * def
        Power [ X , N ] = if ( N eq 0 )
                          then 1
                          else if ( ( N mod 2 ) eq 0 )
                               then Square [ Power [ X , ( N / 2 ) ] ]
                               else ( X * Power [ X , ( N - 1 ) ] )
        in Power [ Z , 4 ] )
```

und in weiteren vier Schritten zu:

```
( Z * Square [ Square [ ( Z * 1 ) ] ] ).
```

Alle Zwischenergebnisse sind gültige KiR–Programme und können nach Ermessen des Benutzers inspiziert, modifiziert und weiterreduziert werden.

4 Das Reduktionssystem π–Red^+

Die Ausführung eines KiR–Programms durchläuft in π–Red^+ vier Phasen:

1. Eine *Preprocessing*-Phase, während der das Programm aus der externen *String*– in eine interne *Graph*–Darstellung transformiert wird. Dabei werden offene λ–Abstraktionen (solche, die freie Variablen enthalten) durch *lambda–lifting* in Superkombinatoren transformiert und gebundene Variablen durch de Bruijn–Indizes (Nummernvariablen) [dB72] ersetzt. Die Einführung von Superkombinatoren ermöglicht die Verwendung von Superkombinatorreduktionen anstelle von β–Reduktionen und somit die Vermeidung von Namenskonflikten. Die Substitution von formalen durch aktuelle Parameter kann damit "naiv", d.h. ohne die Notwendigkeit Variablen umzubenennen erfolgen. Der Zugriff auf aktuelle Argumente ist durch indiziertes Lesen von Stackframes unter Benutzung der Nummernvariablen als Indizes realisierbar. Der erzeugte Graph enthält alle notwendigen Informationen (insbesondere benutzerdefinierte Variablen und Funktionsnamen), um in die externe KiR–Darstellung zurücktransformiert werden zu können.

2. Eine *Compilations*-Phase, in der der erzeugte Programmgraph in Code für den abstrakten Reduktionsprozessor *ASP* compiliert wird.

3. Eine *Processing*-Phase, in der das Programm, gesteuert durch die Codeausführung, mittels Superkombinator- und δ-Reduktionen reduziert wird, bis keine weiteren Reduktionsregeln mehr anwendbar sind.

4. Eine *Postprocessing*-Phase, in der der transformierte Programmgraph in die KiR–Darstellung zurücktransformiert wird, wobei evtl. vorhandene, vom Preprocessor erzeugte Superkombinatoren zurück in offene λ–Abstraktionen transformiert, benutzerspezifische Funktionsdefinitionen rekonstruiert und Nummernvariablen durch die originalen Variablennamen ersetzt werden. Da partielle Funktionsanwendungen auch auf oberster Ebene durchgeführt werden sollen, und der Processor (aus Effizienzgründen) nur Superkombinatorreduktionen durchführt, muß der Postprocessor auch evtl. vorhandene partielle Funktionsanwendungen durch vollständige β-Reduktionen durchführen.

Abbildung 1 veranschaulicht die Komponenten und Transformationsphasen von π–Red^+.

4.1 Eine einfache funktionale Sprache

Im folgenden werden die Transformationen, denen ein Programm in π–Red^+ unterworfen wird, anhand einer einfachen Sprache $\mathcal{MiniRed}$ erläutert. $\mathcal{MiniRed}$ ist ein um Konstanten, n–stellige Listen, n–stellige λ–Abstraktionen und Applikationen (mit Applikator @) ein *Coditional*-Konstrukt sowie wechselseitig rekursive Funktionsdefinitionen erweiterter λ–Kalkül:

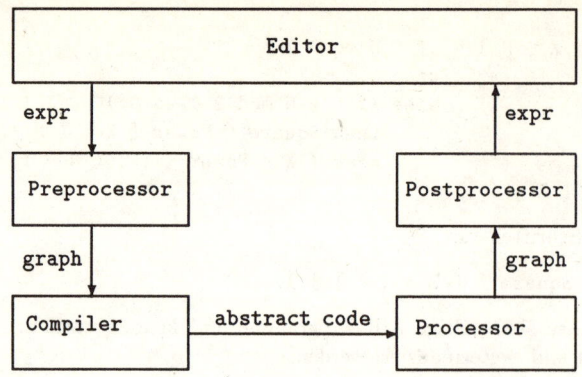

Abbildung 1: Das Reduktionssystem π–Red^+

$$e = x \mid c \mid <^n e_1 \cdots e_n \mid \lambda^n x_1 \cdots x_n.e \mid @^n e_0 \cdots e_n \mid cond^2 e_1 e_2 \mid lrec^n f_1 = e_1 \cdots f_n = e_n \ e$$

Die Übersetzung von KiR–Programmen in $\mathcal{M}ini\mathcal{R}ed$ wird bereits vom Editor vorgenommen und ist reversibel. Die Transformation von offenen λ–Abstraktionen in Superkombinatoren geschieht dadurch, daß die freien Variablen aus Funktionsdefinitionen abstrahiert (d.h. zu zusätzlichen formalen Parametern gemacht) und alle angewandten Vorkommen der Funktion durch Applikationen der Funktion auf die zusätzlichen freien Variablen ersetzt werden:

Für die Substitution sind nicht die Variablennamen selbst, sondern nur deren Bindungsniveaus relevant. Gebundene Vorkommen von Variablen können durch de Bruijn–Indizes ersetzt werden, die das Bindungsniveau angeben. Vorkommen der innersten Variablen x_n einer Abstraktion sub $[x_1, \cdots, n_n]$ in e werden zu #0 und Vorkommen der äußersten Variablen x_1 werden zu #n-1. Die Nummernvariablen können in der *Processing Phase* als Indizes für den Zugriff in Stackframes benutzt werden, die die aktuellen Argumente von Funktionen enthalten.

Maschinenintern werden $\mathcal{M}ini\mathcal{R}ed$–Programme als Graphen dargestellt. Dieses vereinfacht die syntaktischen Transformationen, die insbesondere der Pre– und Postprocessor aber auch der Processor auf Ausdrücken vornehmen. Abbildung 2 veranschaulicht das Erzeugen von Graphen an einem Beispiel.

4.2 Der Reduktionsprozessor *ASP*

Der Reduktionsprozessor *ASP* verfügt über ein Stacksystem bestehend aus vier Stacks, und zwar:

1. Arbeitsstack A, auf dem Zwischenergebnisse, die während der Auswertung von Funktionsanwendungen entstehen (temporär) abgelegt und Argumentframes für weitere Funktionsanwendungen eingerichtet werden.

2. Inkarnationsstack I, der oben das Argumentframe des Ausdrucks unter Auswertung enthält.

3. Returnstack R, auf dem Rücksprungadressen bei Funktionsaufrufen abgelegt werden und

4. Hilfstack H, der für Spezialaufgaben (z.B. *pattern matching*) benutzt wird.

Die Stacks A und I sind vertauschbar (*stackswitch*), d.h. sie können beide sowohl als Arbeits– als auch als Inkarnationsstack verwendet werden. Das *stackswitching* unterstützt die Parameterübergabe bei rekursiven Funktionsanwendungen und erleichtert die Optimierung von *tail–end*–Rekursionen, sowie die frühzeitige Freigabe von Funktionsargumenten, falls diese für die weitere Berechnung nicht mehr benötigt werden.

```
def
  Nats [ N ] = < N , Nats [ ( N + 1 ) ] >
in Nats [ 2 ]
```

$lrec^1$
$\quad Nats = \lambda^1 N. <^2 \#0 \ @^1 Nats \ @^2 + \#0 \ 1$
$@^1 Nats \ 2$

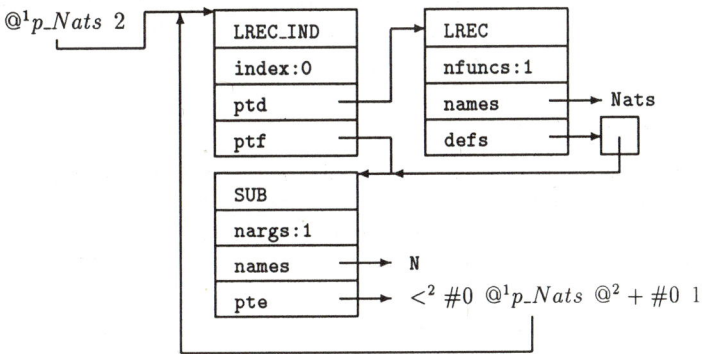

Abbildung 2: String– und Graphdarstellungen der Funktion Nats

Die Darstellungen von Programmausdrücken und die während der Ausführung erzeugten Daten werden in einem Datenspeicher (*Heap*) gehalten. Abbildung 3 zeigt eine schematische Darstellung des Reduktionsprozessors *ASP*.

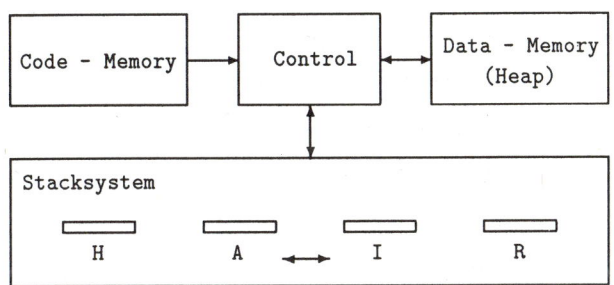

Abbildung 3: Der Reduktionsprozessor *ASP*

Der folgende Satz von elementaren Instruktionen des Reduktionsprozessors *ASP* ermöglicht die Übersetzung aller gültigen $\mathcal{M}ini\mathcal{R}ed$-Programme:

PUSH c   Legt die Konstante c auf dem Arbeitsstack A ab.

PUSHARG i   Legt den i–ten Eintrag des Inkarnationsstacks I auf dem Arbeitsstack A ab.

MKLIST n   Konstruiert aus den n obersten Elementen vom Arbeitsstack A eine n–stellige Liste (im *Heap*) und legt einen Verweis darauf auf A ab.

APPLY n   Appliziert das oberste Element des Arbeitsstacks A auf die n darunterliegenden. Ist die Applikation nicht ausführbar, so wird der entsprechende Applikationsgraph konstruiert. Bei benutzerdefinierten Funktionen wird vor dem Funktionsaufruf ein *stackswitch* durchgeführt (die Stacks A und I vertauscht). Dadurch wird erreicht, daß die aufgerufene Funktion ihre Argumente, die vorher auf A berechnet wurden, auf I vorfindet.

JFALSE l   Konsumiert eine Boolesche Konstante vom Arbeitsstack A und verzweigt, falls diese gleich *false* ist, zur Codesequenz l (bedingter Sprung).

FREE n   Entfernt n Elemente vom Inkarnationsstack I.

RTF   Beendet einen Funktionsaufruf. Das Ergebnis der Funktionsanwendung wird von Stack A auf Stack I bewegt und ein *stackswitch* durchgeführt. Die Rücksprungadresse wird vom Returnstack R geholt.

4.3 Übersetzung

Die Übersetzung wird beschrieben durch eine Funktion $\mathcal{C}$, die zwei Parameter erhält und zwar eine (möglicherweise leere) Sequenz von $\mathcal{MiniRed}$-Ausdrücken und die Anzahl m der formalen Parameter der zu übersetzenden Sequenz von Ausdrücken. Die Verkettung der Ausdrücke wird mit Hilfe des Infixoperators ":" (*cons*) dargestellt. Instruktionen werden durch ";" getrennt.

1. $\mathcal{C}\ m\ c : es$ $= \texttt{PUSH}\ c\ ;\ \mathcal{C}\ m\ es$

2. $\mathcal{C}\ m\ y : es$ $= \texttt{PUSH}\ y\ ;\ \mathcal{C}\ m\ es$

3. $\mathcal{C}\ m\ f : es$ $= \texttt{PUSH}\ f\ ;\ \mathcal{C}\ m\ es$

4. $\mathcal{C}\ m\ \#i : es$ $= \texttt{PUSHARG}\ m-i-1\ ;\ \mathcal{C}\ m\ es$

5. $\mathcal{C}\ m <^n e_1 \cdots e_n : es$ $= \mathcal{C}\ m\ e_1 : \cdots : e_n : lst^n : es$

6. $\mathcal{C}\ m\ lst^n : es$ $= \texttt{MKLIST}\ n\ ;\ \mathcal{C}\ m\ es$

7. $\mathcal{C}\ m\ @^n e_0 \cdots e_n : es$ $= \mathcal{C}\ m\ e_n : \cdots : e_0 : ap^n : es$

8. $\mathcal{C}\ m\ ap^n : es$ $= \texttt{APPLY}\ n\ ;\ \mathcal{C}\ m\ es$

9. $\mathcal{C}\ m\ \lambda^n x_1 \cdots x_n.e : es$ $= \texttt{PUSH}\ f\ ;\ \mathcal{C}\ m\ es\ ;\ \texttt{f} \rightarrow \mathcal{C}\ n\ e$

10. $\mathcal{C}\ m\ cond^2 e_1 e_2 : es$ $= \texttt{PUSH}\ c\ ;\ \mathcal{C}\ m\ es\ ;\ \texttt{c} \rightarrow \texttt{JFALSE}\ 1\ ;\ \mathcal{C}\ m\ e_1\ ;\ \texttt{l} \rightarrow \mathcal{C}\ m\ e_2$

11. $\mathcal{C}\ m\ lrec^n f_1 = e_1 \cdots f_n = e_n\ e_0 : es = \mathcal{C}\ m\ e_0 : es\ ;\ \texttt{f}_1 \rightarrow Comp\ e_1\ ;\ \cdots\ ;\ \texttt{f}_n \rightarrow Comp\ e_n$

12. $\mathcal{C}\ m\ \epsilon$ $= \texttt{FREE}\ m\ ;\ \texttt{RTF}$

Das Schema *Comp* ist definiert durch:

1. $Comp\ \lambda^n x_1 \cdots x_n.e$ $= \mathcal{C}\ n\ e$

2. $Comp\ e$ $= \mathcal{C}\ 0\ e$

Bemerkungen zur Übersetzung

1. Konstanten c, freie Variablen y (bzw. Verweise auf deren Darstellungen) sowie Funktionsidentifikatoren f (genauer: Verweise auf Darstellungen von Funktionsdefinitionen (Deskriptoren) inklusive der dafür generierten Codesequenzen) werden unmittelbar auf dem Arbeitsstack A abgelegt (PUSH c / PUSH y / PUSH f).

2. Die Instantiierung von Nummernvariablen $\#i$ erfolgt dadurch, daß die aktuellen Argumente mittels indiziertem Zugriff toprelativ vom Inkarnationsstack I gelesen, und auf dem Arbeitsstack A abgelegt werden (PUSHARG $m-i-1$).

3. Listen werden in Code übersetzt, der die Elemente e_i berechnet, gefolgt von einer Instruktion MKLIST n, die die Konstruktion der Liste (im Heap) durchführt. Das Symbol lst^n ist ein Hilfssymbol der Übersetzungsfunktion.

4. Applikationen werden in Code übersetzt, der zuerst die Argumente $e_n, \cdots, e_1$ (per Konvention von rechts nach links) und anschließend die Funktion e_0 auswertet. Die Anwendung einer Funktion auf n Argumente erfolgt mit der Instruktion APPLY n.

5. Für λ–Abstraktionen und Conditionals werden PUSH–Instruktionen generiert, die Referenzen auf deren Darstellungen (inklusive Code) auf dem Arbeitsstack ablegen. Die Rümpfe werden separat übersetzt.

6. Bei rekursiven Funktionsdefinitionen wird zuerst der Startausdruck (e_0) übersetzt, in dem die Funktionsnamen (wie auch in den rechten Seiten der Funktionsdefinitionen) durch Verweise auf Beschreibungen der Funktionsdefinitionen (inklusive deren Code) ersetzt wurden. Die Funktionsrümpfe werden anschließend übersetzt.

7. Ist die Sequenz der zu übersetzenden Ausdrücke leer (ϵ), d.h. die Übersetzung einer Funktion ist beendet, wird eine Instruktion FREE n generiert, die das Argumentframe (der Länge n) freigibt, gefolgt von einer Instruktion RTF, die den Funktionsaufruf beendet.

4.4   Optimierungen

Der von der Übersetzungsfunktion *Comp* generierte Code kann noch signifikant optimiert werden. Es ist insbesondere die universelle Instruktion APPLY, deren Vorkommen in der Mehrzahl der Fälle durch einfachere Instruktionen ersetzt werden können, die keine (oder einfachere) Interpretationschritte während der Ausführung erfordern. Desweiteren sind Codetransformationen möglich, die den Bedarf an Stack– und Heapplatz verringern. Die Tatsache, daß die aktuellen Argumente von Funktionsaufrufen stets oben auf dem Inkarnationsstack I liegen, und somit frei zugänglich sind, ermöglicht es, einen Teil der für die weitere Berechnung nicht mehr benötigten Argumente frühzeitig freizugeben und somit Stack– und Heapplatz einzusparen.

Totale Funktionsanwendungen

In der Regel stehen in Funktionsposition von Applikationen Identifikatoren primitiver oder definierter Funktionen, deren Stelligkeit gleich der Anzahl der Argumente ist. Die Überprüfung der Anzahl der vorhandenen und benötigten Argumente kann zur Ausführungszeit entfallen, wenn das Übersetzungsschema $\mathcal{C}$ speziellere Varianten der APPLY-Instruktion generiert, bzw. wenn Optimierungen an dem erzeugten Code vorgenommen werden.

1. PUSH pf^n : APPLY n $\equiv$ DELTA pf^n

2. PUSH f^n : APPLY n $\equiv$ BETA f^n

Die Instruktion DELTA pf führt primitive Funktionsanwendungen durch. Die Argumente werden, falls sie im Definitionsbereich der primitive Funktion pf liegen, konsumiert und dafür das Funktionsergebnis auf dem Arbeitsstack abgelegt. DELTA vermeidet das explizite Ablegen der primitiven Funktion auf den Arbeitsstack und die Überprüfung der Anzahl der vorhandenen Argumente. Damit entfallen zur Ausführungszeit alle interpretativen Schritte (bis auf dynamischen Typüberprüfungen, die in einem ungetypten System wie $\pi-Red^+$ unvermeidbar sind). Die Instruktion BETA leitet die Ausführung definierter Funktionen ein. Dieses schließt einen *stackswitch* ein, so daß die Funktionsargumente, die sich vorher auf dem Arbeitsstack A befanden, der Funktion auf dem Inkarnationsstack I präsentiert werden. Der Code der Funktion wird per *subroutine call* aufgerufen, die Rücksprungadresse auf dem Returnstack R abgelegt. Durch das *stackswitching* wird (ohne Argumentframes zu kopieren) erreicht, daß die aktuellen Argumente von Funktionsaufrufen während der gesamten

Auswertung des Funktionsrumpfes oben auf dem Inkarnationsstack liegen und frühzeitig freigegeben werden können, falls sie für die weitere Berechnung nicht mehr benötigt werden.

Frühzeitige Freigabe von Argumenten

Da die aktuellen Argumente von Funktionsanwendungen stets oben auf dem (aktuellen) Inkarnationsstack I liegen, ist es möglich Argumentframes kontinuierlich abzubauen, falls Teile davon für die weitere Berechnung nicht mehr benötigt werden. Dieses spart Stack- und Heapplatz (da die Stacks Verweise auf Heapobjekte enthalten können) und ermöglicht eine elegante Optimierung von *tail-end*-Rekursionen. Das folgende Beispiel illustriert einen solchen Fall. Gegeben sei die Definition einer Funktion f der Gestalt

$$\text{lrec } f = \lambda^n x_1 \cdots x_n. \cdots @^m g\, e_1 \cdots e_m \text{ in } e_0.$$

Anwendungen der Funktion f auf n Argumente resultieren in einer Anwendung der (nichtprimitiven) Funktion g auf m Argumente.

Das Übersetzungsschema $\mathcal{C}$ liefert für f Code der Form:

```
f → ··· PUSH g ; APPLY m ; FREE n ; RTF
```

Die Argumente von f können bereits vor dem Aufruf von g freigegeben werden, was die folgende (gleichwertige) Codesequenz berücksichtigt:

```
f → ··· FREE n ; PUSH g ; APPLY m ; RTF
```

Der Aufruf der Funktion g ist nun ein *tail-end* Aufruf und kann, wie im folgenden Teilabschnitt beschrieben, zu einem Sprung optimiert werden. Die Instruktion FREE kann stets vor solche Instruktionen gezogen werden, die nicht auf den Inkarnationsstack I zugreifen (ausgenommen Sprünge).

Tail–End–Rekursionen

Tail-end Aufrufe stellen die "letzte Aktion" der Auswertung eines Funktionsrumpfes dar. Durch Vorziehen der Instruktion FREE n in der oben angegebenen Codesequenz für die Funktion f vor die Instruktion PUSH g, wird der Aufruf der Funktion g zu einem *tail-end*-Aufruf. Somit hat das *return* der Funktion g, einen Rücksprung auf das *return* der Funktion f zur Folge. Die Ausführung von Sequenzen von *return*-Instruktionen kann vermieden werden, indem *tail-calls* zu Sprüngen (*tail-jumps*) optimiert werden:

1. BETA f^n : RTF $\equiv$ JTAIL f^n

2. PUSH f^n : APPLY n : RTF $\equiv$ JTAIL f^n

Die Instruktion JTAIL f^n, führt einen *stackswitch* durch und verzweigt zum Code der (n-stelligen) Funktion f^n, ohne jedoch eine Rücksprungadresse auf dem Returnstack R abzulegen.

Es tritt jedoch eine Komplikation auf. Dadurch, daß mit jeder JTAIL-Instruktion ein RTF wegoptimiert wird, entfällt auch der von RTF durchgeführte *stackswitch*. Bei der Ausführung von Codesequenzen der Form:

```
JTAIL ··· JTAIL ··· RTF
```

deren mit $\cdots$ abgekürzten Teile keine Funktionsaufrufe und Rücksprünge (möglicherweise jedoch weitere JTAIL-Instruktionen) enthalten, würde im Falle einer ungeraden Anzahl von JTAIL's durch RTF ein überflüssiger *stackswitch* durchgeführt, was zur Folge hätte, daß das Funktionsergebnis anschließend auf dem falschen Stack läge. Da statisch nicht entschieden werden kann, wie oft JTAIL-Instruktionen in Sequenzen obiger Art ausgeführt werden, kann das beschriebene Problem nur dadurch gelöst werden, daß die JTAIL-Instruktionen dynamisch gezählt werden, um bei einer ungeraden Anzahl den *stackswitch* der Instruktion RTF zu unterdrücken. Glücklicherweise ist nicht die Gesamtanzahl der JTAIL–Instruktionen von Interesse, sondern nur, ob es eine gerade oder ungerade Anzahl ist. Dieses kann mit einem modulo–2–Zähler festgestellt werden. Die Implementierung dieses Zählers kann so erfolgen, daß ein Bit der obersten Returnadresse auf Stack R reserviert (*tail–flag*) und bei jedem ausgeführten *tail–jump* invertiert wird (siehe auch Abbildung 4). Normale Funktionsaufrufe BETA f legen Returnadressen mit ungesetztem *tail–flag* auf R ab.

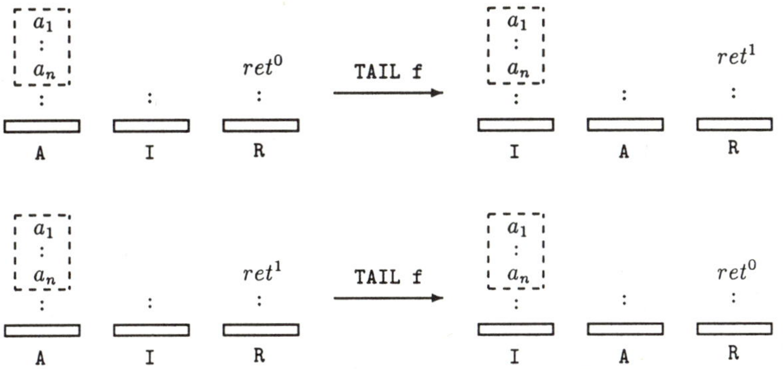

Abbildung 4: *Tail–Sprünge mit stackswitch und Invertierung des Tail–Flags*

Bei der Ausführung der Instruktion RTF muß nun abgeprüft werden, ob das *tail–flag* gesetzt ist. Ist dieses nicht der Fall, d.h. es wurde eine gerade Anzahl von *tail–jumps* ausgeführt, so bewegt RTF wie bisher das Funktionsergebnis von Stack A auf Stack I und führt einen *stackswitch* durch, andernfalls unterbleibt beides und es wird nur ein einfacher Rückkehrsprung ausgeführt.

4.5 Beispiel

Die Funktionsweise des Reduktionsprozessors wird am Beispiel einer einfachen Funktion Nats illustriert, die die Berechnung aller natürlicher Zahlen, beginnend mit einer vorgegebenen spezifiziert.

```
letrec
    Nats[N] = <N,Nats[(N+1)]>
in Nats[2]
```

Nats ist zwar eine nichtterminierende Funktion, der Reduktionszählmechanismus garantiert jedoch die Terminierung nach Ausführung einer vom Benutzer vorgegebenen Anzahl von Reduktionsschritten.

Die Codegenerierung liefert für den Startausdruck und die Funktionsdefinition die (optimierte) Codesequenz:

PUSH 2; BETA c_Nats; EXIT; c_Nats → PUSHARG 0; PUSH 1; MOVE; ADD; BETA c_Nats; MKLIST 2; RTF

Hierbei bezeichnet c_Nats die Anfangsadresse des Codes der Funktion $Nats$.

Die Ausführung eines Reduktionsschrittes wird in Tabelle 1 veranschaulicht. In der linken Spalte werden die ausgeführten Instruktionen aufgelistet und die restlichen Spalten geben den Zustand der Berechnung nach Ausführung der jeweiligen Instruktion an. Durch (A) bzw. (I) wird angezeigt, welcher der beiden Stacks $S1$ bzw. $S2$ der jeweils aktuelle Arbeits– bzw. Inkarnationsstack ist. Der Reduktionszähler (redcnt) hat initial den Wert 1. Die Instruktion BETA c_Nats führt einen Funktionsaufruf durch, wobei die Stacks A und I vertauscht werden und der Reduktionszähler um 1 (auf 0) vermindert wird. Die folgenden vier Instruktionen erzeugen das erste Element der Ergebnisliste bzw. berechnen das Argument für einen weiteren rekursiven Aufruf der Funktion Nats. Dieser wird jedoch von der folgenden Instruktion BETA c_Nats nicht durchgeführt, da der Reduktionszähler abgelaufen ist. Stattdessen wird der Applikationsgraph ($@^1$ p_Nats 3) konstruiert und (als Verweis) auf A abgelegt. MKLIST 2 konstruiert eine zweistellige Liste und RTF beendet den Funktionsaufruf, wobei das Ergebnis von von Stack A auf Stack I bewegt und ein *stackswitch* durchgeführt wird (das Ergebnis liegt anschließend auf dem "neuen" A-Stack). EXIT beendet die Codeausführung und liefert als Resultat einen Verweis auf die Graph–Darstellung von $<^2$ 2 $@^1 p\_Nats$ 3.

Nr.	*Instruktion*	$S1$	$S2$		R	redcnt
1	PUSH 2	2 (A)	(I)		(R)	1
2	BETA c_Nats	2 (I)	(A)	^EXIT	(R)	0
3	PUSHARG 0	2 (I)	2 (A)	^EXIT	(R)	0
4	PUSH 1	2 (I)	1 2 (A)	^EXIT	(R)	0
5	MOVE	(I)	2 1 2 (A)	^EXIT	(R)	0
6	ADD	(I)	3 2 (A)	^EXIT	(R)	0
7	BETA c_Nats	(I)	($@^1$ p_Nats 3) 2 (A)	^EXIT	(R)	0
8	MKLIST 2	(I)	($<^2$ 2 ($@^1$ p_Nats 3)) (A)	^EXIT	(R)	0
9	RTF	($<^2$ 2 ($@^1$ p_Nats 3)) (A)	(I)		(R)	0
10	EXIT	($<^2$ 2 ($@^1$ p_Nats 3)) (A)	(I)		(R)	0

Tabelle 1: Reduktion der Funktion Nats.

Der somit konstruierte Graph enthält noch einen Verweis auf den Codedeskriptor (p_Nats). Dieser wird vom Postprocessor durch die Definition der Funktion Nats ersetzt. Das Ergebnis des Postprocessings ist schließlich das Programm:

```
< 2 , def
      Nats [ N ] = < N , Nats [ ( N + 1 ) ] >
      in Nats [ 3 ] >.
```

5   Schlußbemerkungen

In diesem Artikel wurde das Reduktionssystem π–Red^+ vorgestellt, das einen angewandten λ–Kalkül vollständig realisiert. Programme der Reduktionssprache KiR werden in π–Red^+ (auf Wunsch schrittweise) in gültige KiR–Programme transformiert. Kern von π–Red^+ ist ein abstrakter Stackprozessor ASP, der über ein Stacksystem von vier Stacks verfügt. Zwei der Stacks sind per Instruktion vertauschbar, wodurch rekursive Funktionsaufrufe und die Parameterübergabe an Funktionen effizient unterstützt werden können. Die Compilation von KiR–Programmen in abstrakten Code erfolgt so, daß durch die Codeausführung ein Programmgraph konstruiert wird, der in die externe KiR–Darstellung übersetzt werden kann. Die Implementierung von ASP als Softwaresimulator brachte bereits einen Effizienzgewinn von einem signifikanten Faktor gegenüber dem interpretierenden System π–Red.

C. Aßmann beschreibt in [Aßm91] den Entwurf eines Hardwareprozessors CAST, der wesentliche Merkmale von ASP aufweist. Die Übersetzung von abstraktem Code in CAST–Code beschreiben [Bos91] und [Mei91]. CAST wird zur Zeit als Labormuster mit Standardbausteinen realisiert.

Literatur

[Aßm87]   C. Aßmann. Ein syntaxgesteuerter Editor für eine funktionale Sprache. Master's thesis, Institut für Informatik und praktische Mathematik, Universität Kiel, 1987.

[Aßm91]   C. Aßmann. CAST: A Processor Architecture for the Efficient Execution of Functional Programs. to appear, 1991.

[Bos91]   W. Bosy.   Design und Implementierung eines Übersetzers für eine Hardware–Reduktionsmaschine. Master's thesis, Institut für Informatik und praktische Mathematik, Universität Kiel, 1991.

[CF58]   H.B. Curry and R. Feys. *Combinatory Logic*. North Holland, 1958.

[Chu41]   A. Church. The Calculi of Lambda Conversion. *Annals of Mathematic Studies*, 6, 1941.

[dB72]   N. G. de Bruijn. Lambda–Calculus Notation with Nameless Dummies. A Tool for Automatic Formula Manipulation with Application to the Church–Rosser–Theorem. *Indigationes Matematicae*, 34:381–392, 1972.

[Gär87]   D. Gärtner. Ein syntaxgesteuerter Editor für eine Reduktionssprache mit Konstruktorsyntax. Master's thesis, Institut für Informatik und praktische Mathematik, Universität Kiel, 1987.

[Hug82]   R.J.M. Hughes. Super–Combinators – A new Implementation Technique for Applicative Languages. In *ACM Conference on LISP and Functional Programming*, pages 1–10, August 1982.

[HW90]   P. Hudak and P. Wadler. *Report on the functional programming language HASKELL*, April 1990. Version 1.0.

[Joh84]   T. Johnsson. Efficient compilation of lazy evaluation. In *Proceedings of the SIGPLAN '84 Symposium on Compiler Construction*, pages 58–69, 1984.

[Joh85]   T. Johnsson. Lambda Lifting: Transforming Programs into Recursive Equations. In J.-P. Jouannaud, editor, *Functional Programming Languages and Computer Architecture*, volume 201 of *Lecture Notes in Computer Science*, pages 190 – 203. Springer–Verlag, 1985.

[KIR89]   *The Kiel Reduction Language, User's Guide*, June 1989. Preliminary Version.

[KS85]   W.E. Kluge and C. Schmittgen. The π–System – A Concept for High–Performance Reduction Systems. In *1st Autumn Workshop on Reduction Machines*, September 1985.

[Mei91]   F. Meißner. Implementierung eines Simulators und Meßsystems sowie eines Pipeline-Reorganizers für eine Hardware–Reduktionsmaschine. Master's thesis, Institut für Informatik und praktische Mathematik, Universität Kiel, 1991.

[MTH90]   R. Milner, M. Tofte, and R. Harper. *The Definition of Standard ML*. The MIT Press, 1990.

[SKZ89]   C. Schmittgen, W.E. Kluge, and R. Zimmer. π–RED – An Interactive Reduction System Based on a Full–Fledged λ–Calculus. In D. DeGroot and P. Biswas, editors, *ISCA Workshop on Architectural Support for Declarative Programming*, May 1989.

[SP90]   H. Schlütter and E. Pless. Die Reduktionssprache OREL/2. Technical report, Gesellschaft für Mathematik und Datenverarbeitung, 1990.

[Tur85]   D.A. Turner. Miranda: A non–strict Functional Language with Polymorphic Types. In J.-P. Jouannaud, editor, *Functional Programming Languages and Computer Architecture*, volume 201 of *Lecture Notes in Computer Science*, pages 1–16. Springer–Verlag, 1985.

Schnelle Ein-/Ausgabe für RISC Mikroprozessoren

C. Hardewig

Technische Universität Braunschweig
Institut für Datenverarbeitungsanlagen
Hans Sommer Straße 66
3300 Braunschweig

H.Ch. Zeidler

Universität der Bundeswehr Hamburg
—Technische Informatik—
Holstenhofweg 85
2000 Hamburg 70

Überblick

Bedingt durch ihre hohe Rechenleistung sind RISC–Prozessoren in der jüngeren Vergangenheit im Bereich allgemeiner Anwendungen sehr erfolgreich. In diesem Zusammenhang erscheinen Untersuchungen sinnvoll, unter welchen Voraussetzungen diese hohe Leistung auch speziellen Anwendungen zugänglich gemacht werden kann. Diese Anwendungen liegen im sogenannten *Embedded*-Bereich und umfassen die Steuerung und Regelung von Systemen; sie weisen oft Echtzeitanforderungen auf und werden häufig durch Mikrocontroller bearbeitet. Darüberhinaus benötigen sie eine effiziente Schnittstelle zu I/O-Komponenten.

Es werden verschiedene Ein-/Ausgabe Mechanismen vorgestellt und die Konsequenzen ihres Einsatzes in RISC–Prozessoren diskutiert. Anschließend wird ein Bewertungsmodell vorgestellt, mit dem die Effizienz solcher Ein-/Ausgabe Mechanismen quantitativ bewertet werden kann. Ergebnisse solcher Bewertungen werden beispielhaft vorgestellt und die Konsequenzen aus diesen Ergebnissen werden diskutiert.

1 Einführung

Nach den ersten Veröffentlichungen Anfang der achtziger Jahre und der zunächst zögerlichen Einführung in den Markt haben RISC-Architekturen in den letzten Jahren einen sehr starken Einfluß auf die Entwicklung von Rechensystemen genommen. Sie werden überwiegend für Hochleistungstischrechner (Workstations) eingesetzt und damit hauptsächlich für Aufgaben verwendet, die unter dem Begriff *General Purpose Computing* zusammengefaßt werden können.

Wesentliche Eigenschaften dieses Mikroprozessorkonzepts sind seine hohe Rechenleistung, die u.a. auf einem hohen Befehlsdurchsatz durch Verwendung von internem Befehls-Pipelining basiert, sowie sein einfacher Aufbau mit nur wenigen Befehlen und Adressierungsarten. Für eine effiziente Hochsprachenunterstützung sind hochoptimierende Compiler unverzichtbar.

Neben dem General Purpose Computing gibt es heute immer mehr Einsatzmöglichkeiten, die unter dem Begriff *Embedded Control* zusammengefaßt werden können. Darunter sind Anwendungen zu verstehen, die nicht reprogrammierbar sind und oft keine oder nur eine einfache Mensch/Maschine-Schnittstelle fordern (LCD-Display, Taster); sie finden sich hauptsächlich im Steuerungs- und Überwachungsbereich. Die Lösung von zumindest Teilen der Aufgaben in Echtzeit ist dabei eine wichtige Forderung an die Leistungsfähigkeit des Systems. Anwendungsbeispiele in diesem Bereich sind Laserdrucker und Farbscanner, aber auch Disketten- und Plattenlaufwerke. Oftmals müssen dabei die Prozessoren auf Ereignisse von Sensoren reagieren und Steuerungsaufgaben mit Hilfe von Aktuatoren bewältigen. Dazu sind meist besondere Peripheriekomponenten wie A/D-D/A-Wandler, Timer, serielle und parallele Schnittstellen u.a. notwendig. Es bietet sich daher an, für solche Anwendungen Microcontroller einzusetzen. Die heute verwendeten 8- und 16-Bit Systeme werden überwiegend in Assembler programmiert, um einen möglichst optimalen Code zur Erfüllung von kritischen Zeitbedingungen erzeugen zu können.

Mittlerweile zeichnen sich prozessorgesteuerte Anwendungen im *Embedded*-Bereich ab, die mit den heutigen 8- und 16-Bit Systemen nicht mehr bewältigt werden können. Dabei handelt es sich um Applikationen mit hoher Komplexität, scharfen Zeitbedingungen (hard real time systems, siehe [Stan88]), komplexer Fließkomma-Arithmetik u.a.. Oftmals sind dies auch Anwendungen, die bislang verteilt und dezentral gelöst wurden und nunmehr durch eine leistungsfähige Zentraleinheit bearbeitet werden sollen. Durch die gestiegene Komplexität wird der Aufwand bei Verwendung einer reinen Assemblerprogrammierung unverhältnismäßig hoch; es soll daher die Möglichkeit einer effizienten Implementierung in einer Hochsprache vorhanden sein. Leistungsfähige 32-Bit Systeme mit einer effizienten Hochsprachenunterstützung können die gestellten Aufgaben lösen. Demnach bietet sich grundsätzlich auch der Einsatz von RISC-Architekturen an.

Im Rahmen einer Studie werden an der Technischen Universität Braunschweig (Institut für Datenverarbeitungsanlagen) und der Universität der Bundeswehr Hamburg (Technische Informatik) die Voraussetzungen untersucht, unter denen am Markt vorhandene RISC-Prozessoren als Prozessorkern für Microcontroller verwendet werden können. Dabei steht im Zentrum der Untersuchungen die Fragestellung, wie zunächst ganz allgemein Echtzeitanforderungen effizient unterstützt werden können. Zwei Bereiche sind hier besonders zu betrachten: die Anbindung von I/O-Komponenten und das Interruptverhalten bezüglich der Antwortzeiten. Eine weitere Fragestellung betrifft die effiziente Hochsprachenunterstützung der beiden Bereiche.

Im folgenden soll die Frage einer effizienten Anbindung von I/O-Komponenten an einen RISC-Prozessorkern behandelt werden. Dazu werden zunächst die prinzipiellen Möglichkeiten beschrieben und klassifiziert. Danach wird eine Realisierung vorgestellt und ein Verfahren beschrieben, solche Anbindungen zu bewerten. Probleme, die sich für eine wirkungsvolle Unterstützung einer solchen Anbindung durch eine Hochsprache ergeben, werden aufgezeigt.

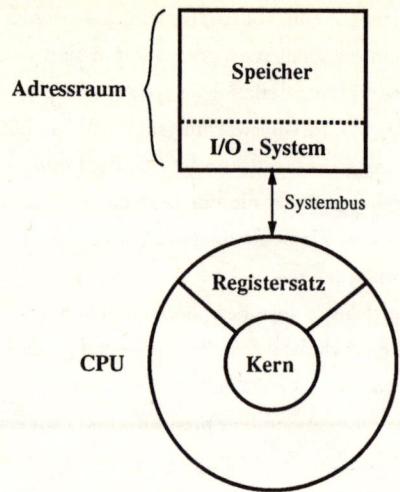

Bild 2.1: Speicherbezogene Auswahl von I/O–Komponenten

2 Klassifizierung von I/O–Verfahren

In Anlehnung an die Adressierung der I/O-Komponenten in einem System sind für den Datentransport generell zunächst zwei Verfahren üblich, die als speicherbezogene und isolierte Ein–/Ausgabe bekannt sind. Aus letzterem lassen sich Ableitungen entwickeln.

Für die weiteren Betrachtungen werden aus der Sicht des Prozessors die verschiedenen I/O-Komponenten bzw. deren Schnittstellen zum System vereinfacht als ein Satz von Registern aufgefaßt. Dabei ist die Zuordnung von einzelnen Registern zu den Komponenten unbedeutend. Außerdem werden on–chip I/O-Komponenten unterstellt.

2.1 Speicherbezogene Ein–/Ausgabe

Bei dem in Bild 2.1 dargestellten Modell für die speicherbezogene Ein–/Ausgabe (memory mapped I/O) wird ein Teil des zur Verfügung stehenden Adreßraums des Mikroprozessors für die I/O-Komponenten reserviert. Die einzelnen Register werden wie Speicherzellen des Hauptspeichers angesprochen und ausgewählt. Der Zugriff auf die einzelnen I/O-Register kann als ausreichend schnell angenommen werden, so daß keine Wartezyklen eingefügt werden müssen. Diese Methode wird von verschiedenen Mikroprozessoren (z.B. Motorola) verwendet.

Im Zusammenhang mit RISC-Prozessoren ergeben sich bei einer speicherbezogenen Auswahl von I/O-Komponenten Probleme, die zu einer Leistungsminderung führen.

RISC-Prozessoren verfügen im allgemeinen über einfach strukturierte Kommunikations-

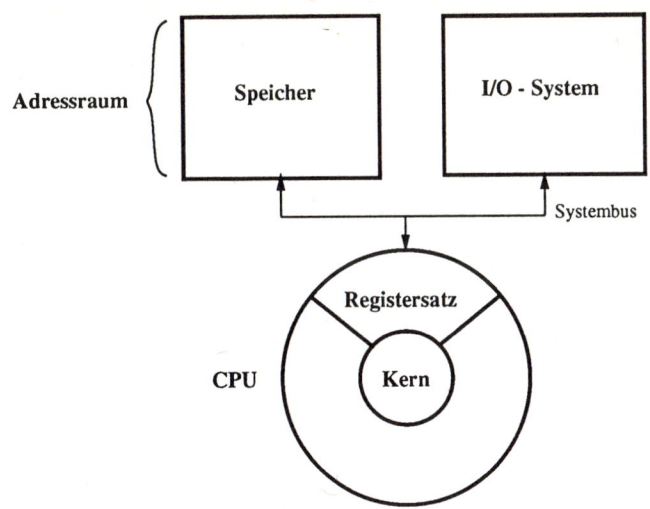

Bild 2.2: Isolierte Auswahl von I/O–Komponenten

schnittstellen mit der Peripherie. Dabei herrscht die sog. Load/Store–Architektur vor, d.h. der gesamte Datenverkehr zwischen Prozessor und Speicher wird über den Systembus mit speziellen Befehlen (Load bzw. Store) abgewickelt; Verarbeitungsbefehle arbeiten nur mit Operanden, die in internen Registern zur Verfügung stehen. In der Regel benötigen Speicherzugriffsbefehle jedoch mehr Ausführungszeit als die meisten anderen Befehle, weil zum einen eine Adreßberechnung durchgeführt werden muß und zum anderen der Zugriff selbst — bei entsprechend langsamem Speicher — zusätzliche Wartezyklen kostet. Während letzteres mit schnellen Cache–Speichern gelöst werden kann, führt erstere Tatsache zu einer suboptimalen Auslastung der internen Befehls–Pipeline (pipeline interlocks), die den erwarteten hohen Befehlsdurchsatz reduziert. Zusätzliche Wartezyklen können entstehen, wenn durch Datenabhängigkeiten auf die Bereitstellung von Operanden für Verarbeitungsbefehle gewartet werden muß.

Wegen dieser Load/Store–Architektur muß bei der speicherbezogenen Ein–/Ausgabe auch der Zugriff auf eine I/O–Komponente über Load/Store–Befehle abgewickelt werden. Dies bedeutet, daß es für jeden I/O–Zugriff wegen der bereits beschriebenen Mechanismen zu Pipeline–Interlocks kommen kann. Selbst bei einer Verlängerung der Befehlspipeline zur Vermeidung solcher Interlocks müßten für den I/O–Transfer zusätzliche Load/Store–Befehle ausgeführt werden.

Bei RISC–Prozessoren sollte demnach nach Lösungen gesucht werden, welche die Verwendung von Load/Store–Befehlen zur Ein–/Ausgabe vermeiden. Die Annahme der Verwendung von "on–chip" Komponenten erleichtert diese Aufgabe.

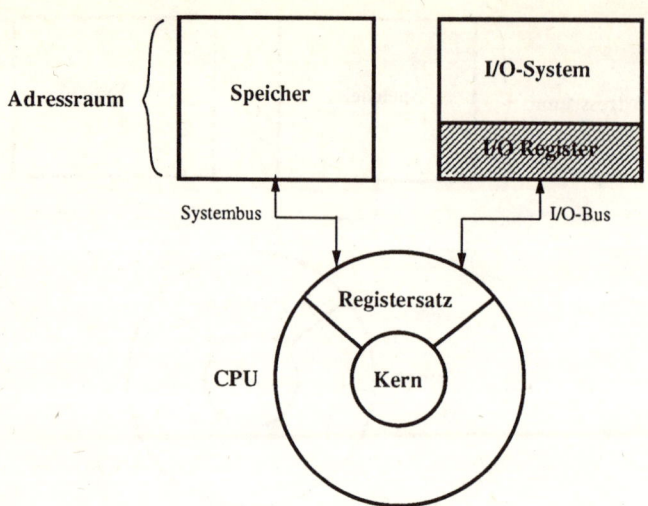

Bild 2.3: Individuelle I/O–Schnittstelle — Quasi "Load/Store"

2.2 Isolierte Ein–/Ausgabe

Bei der isolierten Ein–/Ausgabe (isolated I/O) wird über besondere Prozessorbefehle auf die I/O-Komponenten zugegriffen (Bild 2.2). Dabei besteht zum einen die Möglichkeit, für jede der I/O-Komponenten einen eigenen Befehl oder Befehlssatz zur Steuerung des Datentransfers zu definieren. Es kann aber auch vom Befehlssatz des Prozessors je ein Befehl zum Lesen und ein Befehl zum Schreiben zur Verfügung gestellt werden (z.B. IN- und OUT–Befehl). Die Unterscheidung der einzelnen I/O–Komponenten erfolgt dabei über Kurzadressen, die implizit im Befehlswort angegeben werden. Auf diese Weise kann auf eine Adreßberechnung verzichtet werden.

Im Zusammenhang mit RISC scheint ein isoliertes Zugriffsverfahren für den Datentransfer von bzw. zu I/O–Komponenten effizientere Möglichkeiten zu bieten als ein speicherbezogenes Verfahren, da auf die Ausführung von zeitaufwendigen Load/Store–Befehlen verzichtet werden kann. Daher werden im folgenden die Möglichkeiten der Implementierung eines isolierten I/O–Systems für einen RISC–Prozessor untersucht.

2.2.1 Individuelle I/O–Schnittstelle — Quasi "Load–Store"

Bei dieser Variante wird das I/O-System als ein Registersatz betrachtet, auf den über einen individuellen I/O-Bus zugegriffen wird (Bild 2.3). Wegen der geringen Zahl von Registern, die unterschieden werden müssen, können in diesem Fall Kurzadressen verwendet werden; zeitaufwendige Adreßberechnungen können entfallen. Der eigentliche Datentransfer wird nicht über Load/Store–Befehle durchgeführt, sondern die verwendeten Befehle

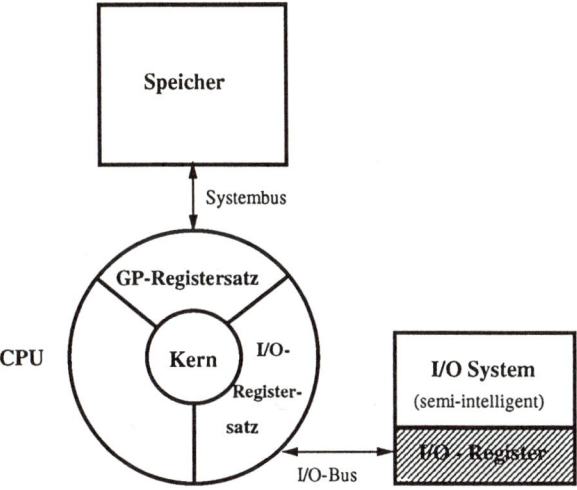

Bild 2.4: Individuelle I/O–Schnittstelle — Implizite Übertragung

haben eher den Charakter von Registertransferbefehlen, die schneller ausgeführt werden können. Mit einer solchen Lösung läßt sich der Zugriff auf eine I/O-Komponente — verglichen mit einem speicherbezogenen Zugriff — beschleunigen. Der für einen Transfer notwendige Befehl kann im Zeitraster von Verarbeitungsbefehlen durchgeführt werden.

2.2.2 Individuelle I/O–Schnittstelle — Implizite Übertragung

Der zur Verfügung stehende Registersatz des Prozessors wird bei dieser Variante linear erweitert. Jedes Register dieses I/O–Registersatzes ist fest einem Register des I/O–Systems zugeordnet und mit diesem verbunden (Bild 2.4). Daten, die zu einer I/O-Komponente übertragen werden sollen, werden zunächst in den entsprechenden Registern der Erweiterung gespeichert. Der eigentliche Transfer zur I/O erfolgt unabhängig von anderen Prozessoraktivitäten über einen separaten Bus; die einzelnen I/O-Komponenten können dabei als ein vollständig unabhängiges Teilsystem betrachtet werden. Nach einem Transfer ist jedes Datum einmal im I/O–System selbst und einmal in dem entsprechenden Register der Erweiterung vorhanden. Die Register der Erweiterung können wie normale Prozessorregister angesprochen werden. Sie können demnach auch Operanden für logische und arithmetische Befehle zur Verfügung stellen. Vorteil einer solchen Lösung ist aus der Sicht des Prozessors ein effizienter Transfermechanismus; allerdings bedeutet er einen erheblichen Mehraufwand, da der I/O–Registersatz doppelt implementiert werden sowie zusätzlicher Aufwand für eine Transfer-Steuerlogik betrieben werden muß.

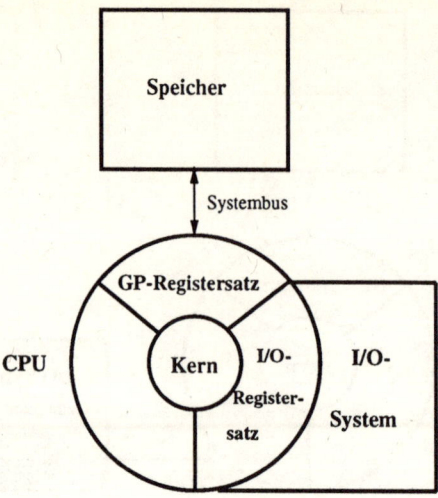

Bild 2.5: Individuelle I/O–Schnittstelle — Integriertes I/O–System

2.2.3 Individuelle I/O–Schnittstelle — Integriertes I/O–System

Ähnlich wie bei der zuvor beschriebenen Variante wird hier der Registersatz des Prozessors ebenfalls linear erweitert. Die Register dieser Erweiterung entsprechen dabei jedoch direkt den Registern der I/O–Komponente (Bild 2.5). Neben der einfachen Struktur sind als Vorteile einer solchen Schnittstelle der schnelle Zugriff auf I/O–Komponenten und die Verwendung der Werte direkt als Befehlsoperanden zu nennen. Nachteil einer solchen Lösung sind notwendige Eingriffe in die Befehlsdecodierung, die zu Inkompatibilitäten führen können.

3 Implementierung der I/O–Schnittstellen

Zur Überprüfung der Leistungsfähigkeit der verschiedenen Erweiterungen wurden die einzelnen Varianten in einer real existierenden RISC–Architektur simuliert; die Wahl fiel dabei auf die Scalable Processor ARChitecture von Sun (SPARC), weil sie als offenes System eine einfache Erweiterung ermöglicht sowie wegen ihrer weiten Verbreitung Systemsoftware wie Compiler u.a. auch als Sourcecode erhältlich ist. Als einschränkende Vorgabe wurde eine Aufwärtskompatibilität zur bestehenden Struktur angenommen.

Die bestehende Struktur wurde um einen I/O–Registersatz mit 32 I/O–Registern erweitert, und es wurden Schnittstellen nach den oben beschriebenen Verfahren implementiert. Während eine speicherbezogene I/O–Schnittstelle bereits bei der ursprünglichen Struktur vorhanden ist, wurden lineare Erweiterungen des Registersatzes wegen der ge-

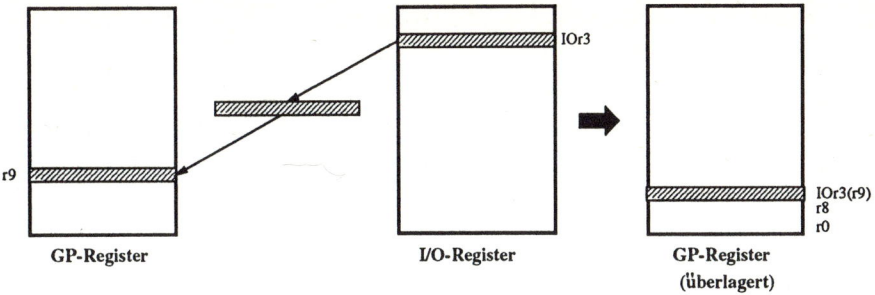

GP-Register   I/O-Register   GP-Register
                                       (überlagert)

Bild 3.1: Überlagerung von General Purpose Registern durch I/O–Register

forderten Kompatibilität auf Maschinenbefehlsebene mittels eines Überlagerungsmechanismus nachgebildet, der im folgenden beschrieben werden soll.

3.1   Überlagerung von General Purpose Registern

Befehlsworte von SPARC–Implementierungen erlauben für Operanden von Verarbeitungsbefehlen die Unterscheidung von 32 Registeradressen. Das Programmiermodell stellt somit 32 Register zur Verfügung, so daß bei einer Erhöhung der Registerzahl bei den genannten Kompatibilitätsvorgaben nur eine Überlagerung einzelner Register möglich ist. Dazu wird ein zusätzlicher Befehl implementiert, der die Überlagerung einzelner General Purpose Register (GPR) durch I/O–Register erlaubt (Bild 3.1).

Die Ausführung des Befehls

switch %r9,%IOr3

überlagert das GPR der Adresse **%r9** mit dem I/O–Register **%IOr3**. Alle folgenden Zugriffe auf die Registeradresse **%r9** betreffen somit nicht mehr das General Purpose Register dieser Adresse, sondern vielmehr das I/O–Register; es kann als Operand für Rechenbefehle angesprochen werden, der Aufwand für einen Transfer reduziert sich zu Null.

Der alte Zustand kann wiederhergestellt werden, indem der Befehl

switch %IOr3,%r9

ausgeführt wird. Der Umschaltvorgang benötigt lediglich einen Takt, im Falle von Datenabhängigkeiten zwei Takte; diese sind jedoch durch geeignete Optimierungsstrategien des Compilers bzw. Assemblers vermeidbar.

Da im *Embedded Control*–Bereich oftmals Anwendungen bezüglich der Zahl der Zugriffe auf **verschiedene** I/O–Komponenten eine große Lokalität aufweisen, ist dieses Verfahren besonders schnell für Anwendungen, bei denen innerhalb eines Kontextes nur auf eine geringe Zahl von verschiedenen I/O–Registern häufig zugegriffen werden muß. Geeignete Unterstützung durch den Hochsprachencompiler muß daher vorgesehen werden.

4 Bewertung einer RISC–Architektur im Echtzeitbetrieb

Die im vorangegangenen Abschnitt beschriebenen Implementierungen von I/O–Schnitt-stellen wurden nicht in konkrete SPARC–Hardware eingefügt. Es wurde vielmehr ein Si-mulationswerkzeug in C erstellt, welches die Auswirkungen der verschiedenen Modifikatio-nen auf die Ausführungszeit, die Befehlsverteilung und die Auslastung der Befehlspipeline auf Registertransferebene nachbildet.

4.1 Simulationswerkzeug

Bild 4.1 zeigt das Blockdiagramm des Simulators. Den Kern bildet die Befehlspipeline eines SPARC–Prozessors mit den Stufen Fetch, Decode, Execute und Write. Jede die-ser Pipelinestufen wird durch einen unabhängigen Prozeß unter Unix nachgebildet, alle Prozesse werden von einem Steuerprozeß (Main Task) gesteuert und überwacht. Zum Austausch von Daten verwenden die Prozesse untereinander die Unix–Interprozesskom-munikationsmechanismen.

Der Simulator ist in der Lage, Lastprogramme in SPARC–Maschinencode auszuführen, wobei auch die Bearbeitung von in einer Hochsprache (C) mit Standardwerkzeugen erstell-ten Programmen möglich ist; somit können die Hochsprachenunterstützung des Prozessors im allgemeinen sowie die durch die verschiedenen Erweiterungen entstehenden Anforde-rungen an die Softwareentwicklungswerkzeuge untersucht werden. Darüberhinaus ist es

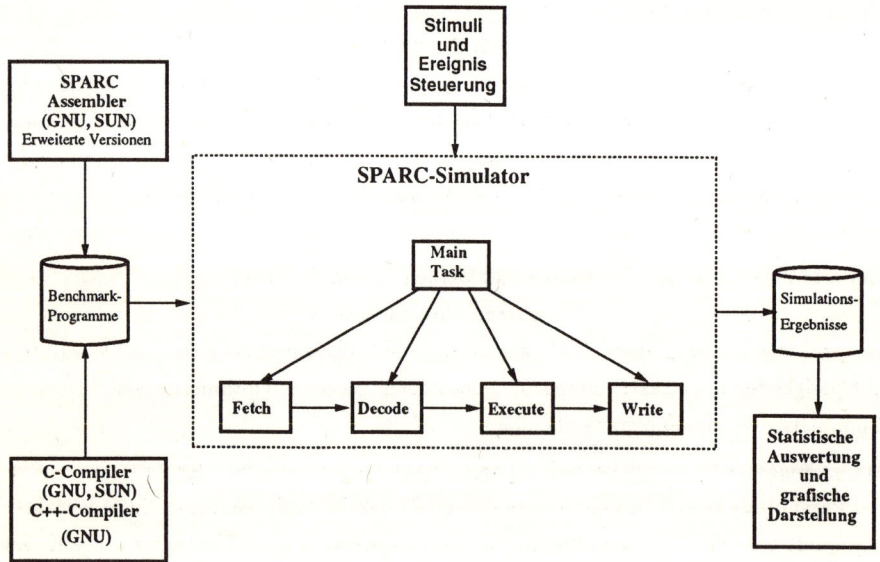

Bild 4.1: Blockdiagramm des Simulators

möglich, zu dedizierten Takten asynchrone Unterbrechungen zu erzeugen sowie von außen interne Prozessorregister zu modifizieren; letztere Möglichkeit wird zur direkten Veränderung von I/O–Registern benutzt, so daß I/O–Komponenten emuliert werden können. Die Ergebnisse eines Simulationslaufes werden aufgezeichnet und mit zusätzlicher Software statistisch ausgewertet und grafisch dargestellt. Aus den Ergebnissen werden Erkenntnisse über die Auslastung der Befehlspipeline, die Befehlsverteilung und über die Ausführungszeit gewonnen. Die bei der Auswertung gewonnenen Erkenntnisse werden in zusätzliche Optimierungen an Hardware und Software umgesetzt.

4.2 Ergebnisse

Da auf vollständige Anwendungen für 32–Bit Mikrocontroller nicht zugegriffen werden konnte, wurden Ausschnitte von Anwendungen sowie Algorithmen und Funktionen als Lastprogramme simuliert, die Teile von typischen Applikationen mit Echtzeitanforderungen darstellen und in einer Hochsprache implementiert wurden. Dabei wurden die verschiedensten Einsatzgebiete (Elementaroperationen, trigonometrische Funktionen, DSP, Sprach– und Bildverarbeitung, Sortieren und Suchen etc.) abgedeckt. Die Lastprogramme wurden mit verschiedenen Optimierungsstufen (Compiler– und Handoptimierung) und Erweiterungen der Struktur simuliert. Bild 4.2 zeigt als Beispiel den Verlauf der Pipelineauslastung für eine Addition von zwei 5x5 Matrizen aus Festkomma–Werten für die Fälle a) Speicherbezogene I/O, ohne Optimierung und b) Individuelle I/O, handoptimiert. Aufgetragen ist dabei die prozentuale Auslastung der Pipeline über die Simulationszeit. Gemäß dem in [Erns91] verwendeten Verfahren wird zum Erhalt eines kontinuierlichen Verlaufs der Auslastung für jeden Wert der Kurve eine Filterfunktion verwendet. Der Filter summiert die im gewählten Zeitintervall (welches im Kopf des jeweiligen Kurvenbildes mit "Filter Width" angegeben ist) aufgetretenen Pipelineinterlocks und normiert diesen Wert auf die Intervallbreite. Läßt man die Filterbreite auf die Zahl der insgesamt simulierten Takte wachsen, so ergibt sich die durchschnittliche Auslastung der Pipeline bezogen auf die Simulationsdauer.

Ein Maß für die Qualität einer Erweiterung ist zum einen, um wieviele Takte die Ausführung einer bestimmten Anwendung bei gleichbleibender Funktionalität reduziert werden kann und zum anderen, ob gleichzeitig dabei die Auslastung der Pipeline verbessert werden kann. Das in Bild 4.2 gezeigte Beispiel stellt den Idealfall für den durch eine Erweiterung erzielbaren Leistungsgewinn dar. Hier wurde sowohl die Auslastung drastisch erhöht, als auch die gesamte Ausführungszeit um ca. den Faktor 30 reduziert. Die erzielbaren Ergebnisse sind jedoch stark vom Datentyp (Festkomma oder Gleitkomma, einfache oder doppelte Genauigkeit) und von der Datenstruktur (Einzelwert, Vektor oder komplexe Struktur) abhängig. So kann zum Beispiel bei SPARC–Prozessoren für den Fall einer Matrix von Gleitkommawerten doppelter Genauigkeit eine speicherbezogene I/O–Schnittstelle gegenüber einer isolierten I/O bessere Ergebnisse liefern. Die Ursache dafür

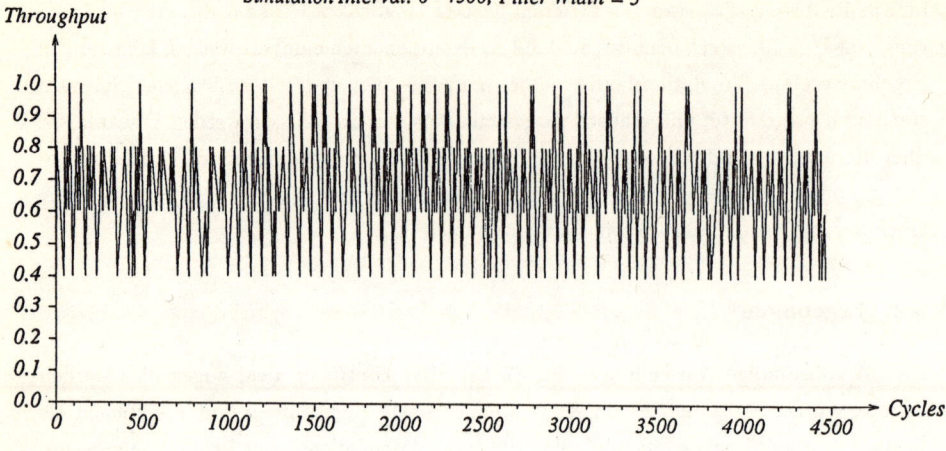

a)

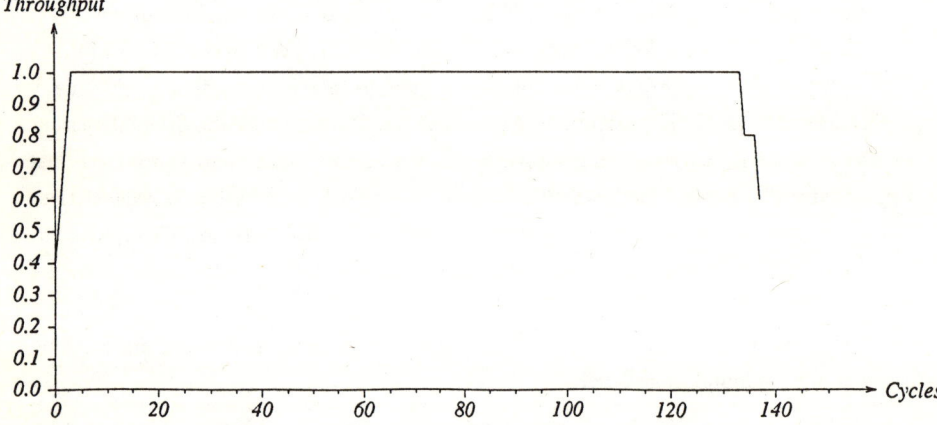

b)

Bild 4.2: Pipelineauslastung für eine Matrixaddition

a) Speicherbezogene I/O, ohne Optimierung

b) Individuelle I/O, handoptimiert

ist in der suboptimalen Schnittstelle zwischen Prozessor und Gleitkomma–Coprozessor zu suchen, weil die Daten über den Speicher ausgetauscht werden müssen.

Neben den Bewertungen der verschiedenen Erweiterungen und Veränderungen der bestehenden Prozessorstruktur ergaben die durchgeführten Simulationen weitere, nur im mittelbaren Zusammenhang mit den durchgeführten Untersuchungen stehende Ergebnisse. So konnte zum Beispiel festgestellt werden, daß in der Realität für die untersuchten Anwendungen nur eine geringe durchschnittliche Pipelineauslastung bei durch einen Hochsprachencompiler erzeugten Programmen erreicht wird. Betrachtet über den gesamten Satz von bisher simulierten Funktionen ergab sich lediglich eine mittlere Auslastung von 53% bei voller Compileroptimierung; vom RISC–Ziel, einen Durchsatz von einem Befehl pro Takt zu erreichen, ist man in der Realität noch weit entfernt. Ebenso wurde deutlich, daß für die betrachteten Algorithmen noch ein erhebliches Potential für weitere Optimierungen vorhanden ist; bei einer Applikation konnte durch die Entfernung von redundantem Code, der trotz voller Optimierung durch den Compiler noch vorhanden war, eine Beschleunigung um nochmals über 100% erzielt werden.

Die beobachteten Phänomene gelten unabhängig vom verwendeten Compiler über alle simulierten Funktionen; zur Verfügung standen die Compiler von Sun und GNU. Speziell für die Bedürfnisse von Echtzeitanforderungen müssen die bestehenden Compiler zusätzliche Optimierungsverfahren erhalten. Darüberhinaus sind Erweiterungen von Hochsprachen zur Erfassung von Zeitbedingungen, wie sie ansatzweise bereits bei ADA ([ShGo90]) zu finden sind, notwendig.

4.3 Ausblick und weitere Arbeiten

Zur Zeit werden umfangreiche Simulationen mit den oben beschriebenen Algorithmen und Funktionen durchgeführt. In der Zukunft sollen die bei den Simulationen gewonnenen Erkenntnisse über Optimierungsverhalten und Optimierungsverfahren sowie die Hochsprachenunterstützung bei Ein–/Ausgabesituationen zu einem neuen Hardware/Software–System führen, welches den speziellen Problemstellungen und Anforderungen von Echtzeitanwendungen an Hardware und Software Rechnung trägt. Die derzeit durchgeführten Forschungsarbeiten sind eine wichtige Voraussetzung zur Definition der Anforderungen an ein solches System.

Danksagung

Die Autoren möchten sich an dieser Stelle bei der Philips GmbH Hamburg für die finanzielle Unterstützung bedanken, die eine Durchführung der Forschungsarbeiten überhaupt erst ermöglichte.

Literatur

[Bode88] Bode, A. (Herausgeber); 'RISC–Architekturen', BI Wissenschaftsverlag, 1988

[HaZe91a] Hardewig, C; Zeidler, H.Ch.; 'High Speed I/O Interfacing of SPARC', Euro-SPARC Workshop, London, May 1991

[Cypr91] Cypress Semiconductor Corp.; 'SPARC RISC Users Guide', Cypress Semiconductor Corporation, 1991

[TaSe83] Tamir, Y.; Sequin, C.H.; 'Strategies for managing the register file', IEEE Transactions on Computer, Vol.C–32, No. 11, Nov. 1983, pp. 977–983

[Stan88] Stankovic, J.; 'Misconceptions about Real Time Computing', IEEE Computer, 10/88, pp. 10–19

[ShGo90] Sha,L.; Goodenough, J.; 'Real Time Scheduling Theory and ADA', IEEE Computer, 4/90, pp. 53–62

[Erns91] Ernst, R.; 'Long Pipelines in Single–Chip Digital Signal Processors — Concepts and Case Study', IEEE Transactions on Circuits and Systems, Vol.38, No. 1, 1991, pp. 100–108

Der assoziative Universalprozessor AM³: Architektur, Befehlssatz und objekt-orientiertes Programmierinterface

Klaus Waldschmidt, Mario Schulz
J.W.Goethe-Universität Frankfurt
Technische Informatik
Robert-Mayer-Str. 11-15, D-6000 Frankfurt 11
Tel. +49 69 798 8363

Zusammenfassung

Der Prozessor AM³ stellt eine heterogene Architektur dar, die aus einer Kombination des von Neuman Konzeptes mit assoziativen SIMD Elementen besteht. Die vorliegende Arbeit behandelt die Architektur, den Befehlssatz und ein objekt-orientiertes Interface zur Programmierung des assoziativen Universalprozessors AM³ (Associative Microprogrammable Multi-Purpose Monoprozessor)[1].

Neben den von Standardmikroprozessoren her bekannten Operationen und Adressierungsarten sind mit diesem Prozessor auch Befehle zur Kontrolle paralleler Such- und Vergleichsoperationen in einem Assoziativspeicher implementierbar. Dadurch ist die Vielseitigkeit eines "von Neumann"-Universalprozessors mit der Leistungsfähigkeit vollparalleler Operationen in einem Archtitekurkonzept vereint. Die Möglichkeiten paralleler Datenverarbeitung, die sich aus der assoziativen Verarbeitung expliziter Parallelität ergeben, sind damit integraler Bestandteil der Befehlssatzarchitektur des Hauptprozessors.

1 Einleitung

An die moderne Signal- und Datenverarbeitung werden heute zunehmend höhere Anforderungen, wie z.B. Echtzeit-Verarbeitungsfähigkeit, gestellt.

Für die zugrundeliegenden Rechnerarchitekturen bedeutet dieser Anwendungsbereich, daß sie zum einen über eine hohe arithmetische Leistungsfähigkeit und zum anderen über flexible und leistungsfähige Entscheidungsoperationen verfügen müssen. Die Anforderungen sind häufig nicht nur skalar, sondern erfordern leistungsfähige Matrix- und Vektoroperationen. Schleifen sind in den Algorithmen vielfach vorhanden und müssen parallelisiert werden, um die bekannten "bottlenecks" zu vermeiden.

Universelle "von Neumann" Prozessoren sind für diese Anwendungen häufig nicht geeignet. Parallele MIMD-Architekturen als Ensembles von "general purpose" Prozessoren (z.B. Transputer) sind eine gute Alternative. Sie sind insbesondere während der Systementwicklungsphase zur Systememulation geeignet und vorteilhaft. Hat jedoch die Systementwicklung einen gewissen Reifegrad erreicht, dann ist eine "special purpose"- oder "application specific"-Hardware (ASIC) oft effizienter. Beispiele für Architekturen, die dann in Frage kommen, sind reguläre Arrays oder "specific micro-coded"-processors.

Die Vielfalt möglicher paralleler Architekturvarianten ist sehr groß. Moderne Synthesesysteme versuchen aus der Spezifikation, resp. dem Algorithmus, heraus eine möglichst optimale Abbildung auf eine geeignete Zielarchitektur vorzunehmen. Hierzu müssen jedoch die Zielarchitekturen ausreichend gut verstanden sein, über effiziente Befehlssätze verfügen und gut programmierbar sein. Besonders problematisch in dieser Beziehung sind heterogene Architekturen, die aus einer Kombination zweier oder mehrerer Architekturvarianten bestehen.

---

[1]Die Arbeit wird im Rahmen von ProChip (Förderkennzeichen TV89263) gefördert.

In diesem Beitrag soll im ersten Teil die Architektur des assoziativen Prozessors AM³ sein Befehlssatz sowie die Möglichkeiten zur Realisierung eines assoziativen Speicherfeldes hoher Kapazität kurz besprochen werden. Möglichkeiten der Einbindung eines neuronalen ASICS in die heterogene Architektur werden ebenfalls kurz erläutert.

Im zweiten Teil dieses Beitrages wird eine objekt-orientierte Programmierschnittstelle in C++ für einen assoziativen Prozessor behandelt. Der Prozessor AM³ dient hierfür exemplarisch als Zielarchitektur. Dadurch wird es ermöglicht, ein Anwenderproblem in einer objektorientierten Sprache (C++) zu formulieren und auf einem assoziativen Prozessor zur Ausführung zu bringen. In diesem Zusammenhang wird auch ein Konzept vorgestellt, den Assoziativspeicher als virtuellen Speicher zu behandeln und damit mehrere Objekte im Assoziativspeicher zu bearbeiten.

2 Der Prozessor AM³

Der Prozessor AM³ (Associative Microprogrammable Multipurpose Mono-Processor) ist eine derartige heterogene Zielarchitektur. Sie ist eine Monoprozessorarchitektur und verbindet einen sequentiellen, befehlszählergetriebenen Zugriff auf ortsadressierte Speicher mit einem parallelen, inhaltsorientierten Zugriff auf Assoziativspeicher (CAM). Die Daten können je nach beabsichtigter Verarbeitungsweise partitioniert und im ROM/RAM-Bereich für sequentiellen Zugriff oder im CAM-Bereich für parallelen Zugriff abgelegt werden.

Auf diese Weise können eingebettete Schleifen parallelisiert und Suchvorgänge verschiedener Art deutlich beschleunigt werden. Insbesondere bei Algorithmen der Musterverarbeitung, bei vielen Klassifikationsaufgaben und im Bereich der symbolischen Datenverarbeitung kann die inhärente Parallelität des Assoziativspeichers ausgenutzt werden. Entscheidungsoperationen lassen sich effizient ausführen und mit numerischen Operationen kombinieren. Applikationen für assoziative Prozessoren sind in der Literatur vielfältig beschrieben, solche Anwendungsbeschreibungen und deren Bewertung finden sich beispielsweise in [Par91], [O+89], [Wal87] und [Str88].

Bild 1 stellt das Prinzipbild der Architektur des AM³ dar. Es entspricht im Grunde einer modifizierten Harvard-Architektur mit 2 Bussystemen. Das Bussystem für den ortsadressierten Programm- und Datenspeicher ist vom assoziativen (inhaltsorientierten) Bussystem getrennt [S+89]. Die Zentraleinheit ist derzeit noch in Bit-slice-Technik (AM 29xx) realisiert. Dies hat den Vorteil, daß der Befehlssatz durch Mikroprogrammierung angepaßt werden kann [MB80]. Dies ist notwendig, da der AM³ als Testbett zur Untersuchung der Parallelisierung von Algorithmen durch assoziative Funktionen und zur Implementierung der Programmierschnittstelle benutzt werden soll. Die flexible Mikroprogrammierung unterstützt dabei die für den Assoziativspeicher notwendigen großen Wortbreiten.

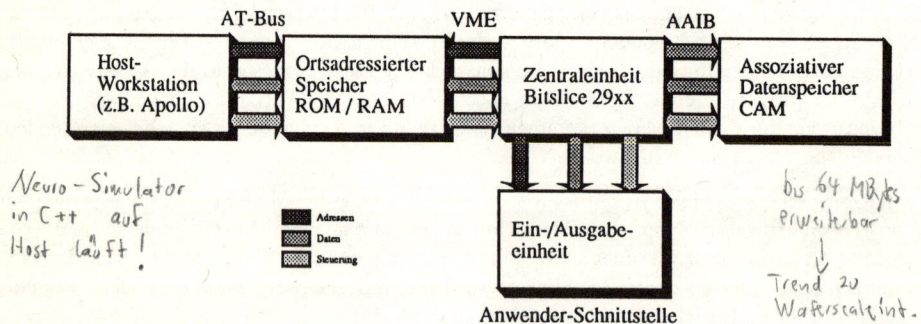

Bild 1: Heterogene Architektur des assoziativen Universalprozessors AM³ mit Host-Workstation

Eine effiziente Verbindung des AM³ mit einer Host-Workstation erfolgt durch Ausführung des orts-adressierten Programm- und Datenspeichers als "Dual Port-RAM" (Bild 1).

Für das heterogene 2 Prozessorensystem ergeben sich hiernach 2 grundsätzliche Betriebsweisen

1. In der Programmentwicklungsphase dient die Host-Workstation als als Softwarebasis für die Cross-Entwicklungstools.

2. Nach der Anwendungsprogrammierung über die Host-Workstation wird der assoziative Prozessor abgetrennt und als "stand alone"-Prozessor betrieben.

Aus diesem Grunde erfolg-te auch die Verbindung mit der Host-Workstation über ein "Dual-Port-RAM" und nicht über den Systembus. Die He-terogenität des Systems und damit die Breite möglich-er assoziativer Anwendungen kann noch erhöht werden, in-dem über die Workstation die Architektur eines Neuronalen Netzes (Neuronales ASIC) an-geschlossen wird (Bild 2).

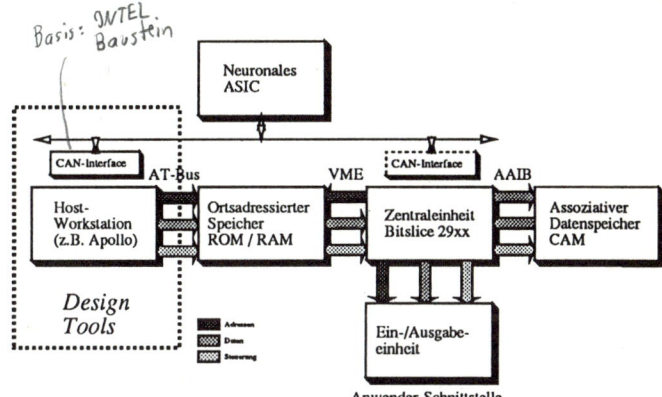

Bild 2: Heterogene Architektur des assoziativen Universalprozessors AM³ mit Host und neuronalem ASIC

Damit ist das Neuronale Netz in eine Systemumgebung eingebunden und kann aus einer höheren Ebene heraus programmiert werden. Anwendungen und Algorithmen, die eine verteilte oder kom-binierte Verwendung von Neuronalem Netz, Assoziativspeicher und/oder sequentiellen Zugriff auf ortsadressierte Speicher erfordern, lassen sich mit dieser Architektur gut analysieren, bewerten und implementieren. Die Schnittstelle zwischen Workstation (Apollo) und Neuronalem ASIC [WSN90], das im IMS Stuttgart konzipiert wurde, ist auf der Basis des CAN Busses [Bos87] realisiert. Da-durch ist die heterogene Architektur insbesondere auch zur Untersuchung automobiler Anwendungen einsetzbar.

Die hauptsächlichen Einsatzgebiete der vorgestellten Architektur des AM³ werden bei den Anwen-dungen liegen, in denen im Algorithmus Teile des expliziten Parallelismus mit rein sequentiellen Teilen abwechseln

Die parallele Ausführung der explizit parallelisierbaren Teile des Algorithmus im Assoziativspeicher des AM³ bewirkt eine deutliche Reduzierung der Ausführungszeit und des Programmcodes. Durch die Verbindung des parallelen Assoziativteiles und des sequentiellen ortsadressierten Teiles in einer modifizierten Harvard-Mono-Architektur ergibt sich ein sehr kleiner Kommunikations- und Koope-rationsoverhead.

Ein weiteres wichtiges Anwendungsgebiet ist das der Datenverarbeitung im Sinne einer Datenreduk-tion. Bei der Verarbeitung von Signalen sehr vieler Quellen resp. Sensoren kann parallel über den Assoziativspeicher eine Auswahl der für den nächsten Schritt notwendigen Signale vorgenommen werden und anschließend die (sequentielle) Verarbeitung (Numerische Verarbeitung, Entscheidungs-operationen) auf der reduzierten (relevanten) Datenmenge vorgenommen werden.

3 Assoziativspeicher / Neuronales Netz

Für Assoziativspeicher hoher Kapazität und hoher Funktionalität sind in den letzten Jahren mehrere erfolgversprechende Arbeiten veröffentlicht worden.

Parhami [Par91] schlägt vor, assoziative Basisblöcke (BBSAM) in ein oder mehrdimensionalen Topologien (Array, Baum) zu kaskadieren und auf diese das Pipeline-Prinzip anzuwenden. Dadurch entstehen assoziative "wave front" Architekturen, die beliebig expandierbar sind. Weitere Vorschläge betreffen RAM-Emulationen und Parallel/serielle Lösungen [Wal87]. Für die Realisierung sehr hoher Kapazitäten wird die Verwendung modifizierter dynamischer RAM's im Sinne einer Emulation vorgeschlagen [Rie91].

Für die AM^{3}Architektur wurde eine Emulation mit statischem RAM konzipiert. Durch die Verwendung modifizierter Binärbäume als Datenstruktur [DSW90] läßt sich gegenüber einer reinen wortseriellen Lösung eine deutlich verringerte Zugriffszeit erzielen. Bei gleichmäßiger Maskierung ist die Zugriffszeit nur noch der Komplexität $O(n^{\alpha})$ äquivalent, wobei n die Anzahl der Knoten und α den Maskierungsgrad darstellen. Der Speicher ist bis zu einer assoziativen Kapazität von 64 MB ausbaubar.

Darüberhinaus wurden Konzepte entwickelt, die durch Einsatz zusätzlicher Fehlertoleranz- und Testmaßnahmen auch für eine "Wafer-scale-Integration" geeignet sind [DW91].

Die Technologie und Architektur von Assoziativspeichern selbst für hohe Speicherkapazitäten ist daher heute kein unüberwindliches Problem mehr. Eine ebenso wichtige Problematik ist die Systemeinbindung dieser Speicher und ihrer Funktionalität in die (Mikro-)Prozessor-Architekturen. Dieses soll am Beispiel des AM^3 demonstriert werden.

4 Befehlssatzarchitektur des AM^3

Für die Behandlung der Befehlssatzarchitektur eines Assoziativprozessors und der assoziativen objektorientierten Programmierung (Kap. 5) wird die modifizierte Harvard-Architektur des AM^3 nach Bild 1 zugrundegelegt. Die Befehlssatzarchitektur kann danach in zwei Teile gegliedert werden:

- den Basisbefehlssatz, der sich auf die Befehle und Adressierungsarten der "von Neumann" Struktur beschränkt und damit vollständig unabhängig vom Typ und der Funktionsweise des angeschlossenen Assoziativspeichers ist und

- der assoziativen Befehlssatzarchitektur, deren Operanden durch die Mechanismen inhaltsorientierter Adressierung bestimmt werden können.

4.1 Der Basisbefehlssatz

Die Basis des AM^3 Prozessors bilden die bipolaren Bitslice-Bausteine der 29xx Familie von AMD. Der Basisbefehlssatz realisiert im wesentlichen die in dieser Befehlssatzarchitektur konventionellen und bekannten Elemente. Der Basisbefehlssatz [Ble90] wird daher hier auch nicht weiter behandelt. Als Bindeglied zwischen dem vollparallelen Assoziativspeicher und dem sequentiell arbeitenden Steuerprozessor ist eine 64 Elemente umfassende Registerdatei eingesetzt.

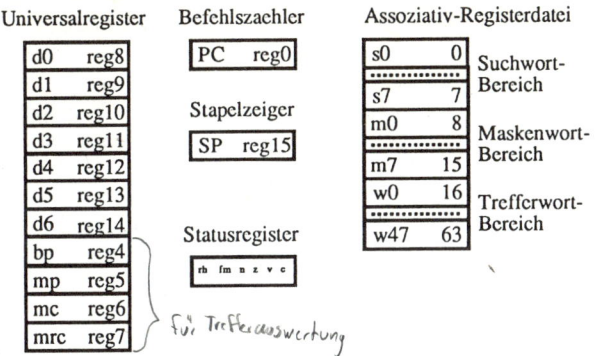

Eine direkte Verbindung zwischen dem Bussystem des Assoziativspeichers und dem Standardbus der "von Neumann" Architektur besteht nicht. Ebenso wie die RALU ist auch die Registerdatei in der Wortbreite kaskadierbar. Das Hauptziel der Registerdatei besteht darin, den Engpaß des Standardbussystems beim Datenaustausch mit dem Assoziativspeicher zu beheben. Mit den 64 Elementen der Registerdatei wird das Bindeglied zum angeschlossenen Assoziativspeicher geschaffen.

Bild 3: Das Registermodell der sequentiellen Architektur

4.2 Das assoziative Befehlssatzkonzept

Die wichtigsten Funktionen des Assoziativspeicherteiles sind Such- und Vergleichsvorgänge, die zur Parallelisierung von Algorithmen herangezogen werden können. Die Steuerung dieser Vorgänge in dem angeschlossenen Assoziativspeicher ist daher die naheliegendste Aufgabe. Sie schließt auch Kontroll- und Organisationsaufgaben wie z.B. Initialisierungen, Verwaltung der verbliebenen Speicherkapazität und die Übernahme von Treffern nach assoziativen Suchoperationen mit ein. Darüberhinaus besteht in der arithmetisch-logischen Weiterverarbeitung inhaltsadressierter Daten eine wichtige Aufgabenstellung. In diesem Zusammenhang sollte auch das Wiedereinschreiben der modifizierten Werte in den Assoziativspeicher möglich sein. Aufgabe der assoziativen Befehlssatzarchitektur ist es, sinnvolle Primitiven zur Steuerung derartiger Abläufe zu entwickeln. Grundlage für Funktionsumfang, Leistung und Effizienz eines Assoziativprozessors ist der verwendete Assoziativspeicher, der natürlich auch die Befehlssatzarchitektur prägt. Dieser Assoziativspeicher verfügt über einen festgelegten Satz assoziativer Befehle.

Aus der Aufgabenstellung wurde die Forderung nach einer Verbindung inhaltsadressierter Operanden mit konventionellen ALU-Operationen formuliert. Elemente dieser Inhaltsadressierung sind dabei neben Such- und Maskenargumenten auch Relationen wie beispielsweise <, = oder ≤. Die Vorgehensweise, eine Relation und eine gewünschte ALU-Operation im Opcode der Spezialbefehle (Maschinenbefehle) zu spezifizieren, würde zu einem sehr komplexen Befehlssatz führen.

Die Anzahl der notwendigen Opcodes beträgt in diesem Falle

$$A_i = A_f * A_{op}$$

$A_{op} =_{DF}$ Anzahl der ALU-Operationen
$A_f =_{DF}$ Anzahl möglicher Relationen

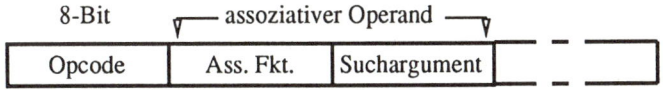

Bild 4: Codierung assoziativer Adressierungsarten

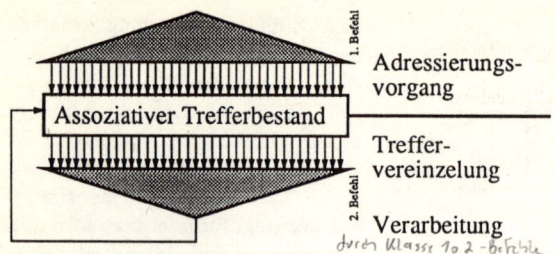

1. Befehl

Adressierungs-
vorgang

Treffer-
vereinzelung

2. Befehl

Verarbeitung
durch Klasse 1 o 2 -Befehle

*Bild 5: Verteilung inhaltsadressierter Operationen auf
mehrere Befehle*

Der Befehlsvorrat kann kompakter gehalten werden, wenn die Verarbeitung inhaltsadressierter Daten auf Instruktionen aus 2 Befehlsklassen verteilt wird. Dabei sind die Elemente dieser Befehlsklassen beliebig miteinander kombinierbar.
Der Vorgang der assoziativen Suche mit anschließender Weiterverarbeitung der Ergebnisse wird in die folgenden Teiloperationen zerlegt:

- Der Adressierungsvorgang

  Eine Klasse von Maschinenbefehlen dient der Erzeugung eines Trefferbestandes im Assoziativspeicher. Die bei der Suche anzuwendende Relation ist im Opcode codiert, den Suchschlüsseln stehen die assoziativen Operandenfelder zur Verfügung.

- Die Treffervereinzelung mit Weiterverarbeitung durch das Rechenwerk

  Durch den Opcode ist die Art der Weiterverarbeitung gegeben. Über die Operandenfelder können ebenfalls beteiligte "von Neumann"- oder Assoziativoperanden spezifiert werden.

Die Anzahl der erforderlichen Befehle ist jetzt lediglich noch der Addition der Anzahl der Relationen und ALU-Operationen proportional.

$$A_i = A_f + A_{op}$$

Es werden 4 Befehlsklassen definiert:

Klasse	2. Operand 1. Quelle	1. Operand 2. Quelle + Ziel	3. Operand Trefferziel	mnemo
0	v. Neumann	v. Neumann		
1	v. Neumann	*Trefferbestand*	Zwischenpuffer	sa
2	*Trefferbestand*	v. Neumann		as
3	*unteres S/M*	*oberes S/M*	DP-RAM ∨ Regf.	aa

Von Neumann

Menge x Skala = Menge

Menge x Skala = Skala

Mengenoperation

Alle Instruktionen des Basisbefehlssatzes sind Klasse-0-Befehle.

Hybride Befehle, die einen "von Neumann" und einen assoziativen Operanden verarbeiten, sind in den Klassen eins und zwei zusammengefaßt. Der assoziative Operand wird also durch einen zuvor erzeugten Trefferbestand im Assoziativspeicher repräsentiert, anstatt in irgendeiner Form im Befehl selbst codiert zu sein. Mit den Klasse-3-Befehlen wird der Adressierungsvorgang durchgeführt. Dementsprechend handelt es sich bei den Eingabeoperanden um eine bzw. zwei Such- und Maskenwortkombinationen aus der Registerdatei. Bei Bedarf können Klasse-3-Befehle auch eine Trefferausgabe mit einschließen, wodurch sie auch zur Durchführung vollständiger Suchvorgänge geeignet sind.

Unter einem "von Neumann"-Operanden wird ein einzelner skalarer Wert verstanden, auf den mit Hilfe der üblichen Adressierungsarten (Register-direkt, Speicher-direkt, Unmittelbar etc.) zugegriffen werden kann. Bei den hybriden Befehlen sind für derartige Operanden grundsätzlich alle definierten Adressierungsarten zugelassen, da hier der Standard-Adressierungsmechanismus verwendet wird. Zur Verdeutlichung des Klassenschemas sind alle assoziativen Operanden kursiv dargestellt. Die Spalte 'mnemo' enthält eine Mnemonic-Nachsilbe, durch welche die Mitglieder der entsprechenden Klasse gekennzeichnet sind. Das Klassenkonzept des Befehlssatzes sowie Aufbau und Wirkungsweise des Programmiermodells sind weitgehend unabhängig vom Funktionsumfang des Assoziativspeichers.

Die Ergänzungen des bereits beschriebenen Programmiermodells bestehen aus dem assoziativen Sonderregistern, zwei Modusbits und einigen zusätzlichen Bedingungen (Conditioncodes). Die verschieden Betriebsarten sind in [Ble90] ausführlich behandelt.

Die 4 assoziativen Sonderregister und die 7 Universalregister sind für alle Klasse-0-Befehle verwendbar. Klasse-3-Befehle üben im Rahmen des assoziativen Befehlssatzkonzepts zwei Funktionen aus. Im Lesemodus realisieren sie einen vollständigen assoziativen Suchvorgang einschließlich der Trefferübernahme. Im Haltemodus werden Trefferbestände im Assoziativspeicher erzeugt, die durch hybride Klasse-1-oder Klasse-2-Befehle weiterverarbeitet werden können.

Das 3-Adreß-Format hat folgenden Aufbau

SA = Suchargument

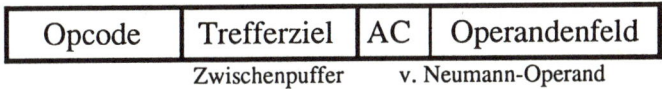

Opcode	unteres SA $_1$	oberes SA $_2$	Trefferziel

Bild 6: Schematischer Aufbau des Klasse-3-Befehls

Klasse-2-Befehle (Bild 9) führen Verknüpfungen von einem zuvor erzeugten assoziativen Trefferbestand und einem "von Neumann" - Operanden aus. Das Ergebnis wird in dem "von Neumann" - Operanden abgelegt.

Das Befehlsformat ist folgendermaßen gestaltet:

Opcode	Trefferziel	AC	Operandenfeld
	Zwischenpuffer		v. Neumann-Operand

Bild 7: Der schematische Aufbau der Klasse-2-Befehle

Die hybriden Klasse-1-Befehle (Bild 8) verknüpfen einen "von Neumann" - Operanden mit jedem Element eines zuvor erzeugten Trefferbestandes im Assoziativspeicher. Die Ergebnisse dieser Verknüpfungen ersetzen im Assoziativspeicher ihre jeweiligen Ursprungswerte.

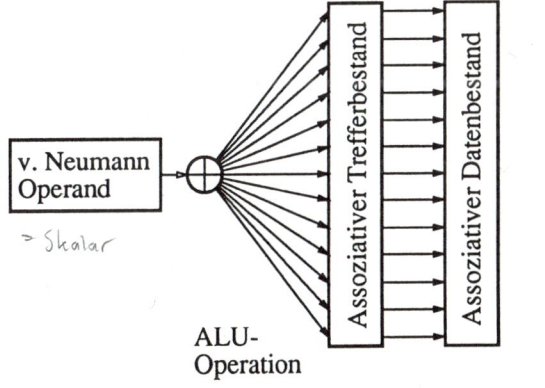

Bild 8: Wirkungsweise der Klasse-1-Befehle

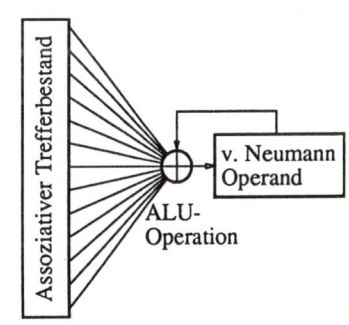

Bild 9: Wirkungsweise der Klasse-2-Befehle

Das Befehlsformat ist spiegelbildlich zu dem der Klasse-2-Befehle aufgebaut.

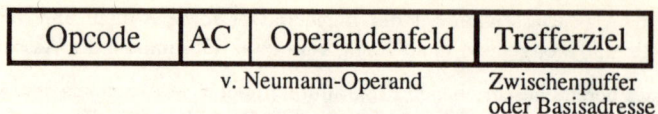

Opcode	AC	Operandenfeld	Trefferziel
		v. Neumann-Operand	Zwischenpuffer oder Basisadresse

Bild 10: Schematischer Aufbau der Klasse-1-Befehle

Die hybriden Befehle vereinigen den Trefferauslesevorgang mit einer elementaren ALU-Operation auf jedem Treffer. Für komplexere, aus mehreren Einzeloperationen bestehende Verarbeitungen, besteht die Möglichkeit, Treffervereinzelung und Weiterverarbeitung durch einzelne Maschinenbefehle zu programmieren.

5 Programmierung des assoziativen Prozessors

Selbstverständlich ist bei der Entwicklung von neuen Hardwarekonzepten nicht das Hardwaredesign allein der entscheidende Faktor zur Programmierung akzelerierter Anwendungen. Gleichermaßen wichtig ist die Existenz einer geeigneten Programmierschnittstelle, die die Hardware dann auch dem Anwendungsprogrammierer mit einer benutzerfreundlichen Oberfläche zur Verfügung stellt.

Eine solche Schnittstelle zur Hardware kann nur eine höhere Programmiersprache sein. Um eine solche Schnittstelle zu definieren, stehen eine Reihe von Möglichkeiten zur Verfügung:

- Eine konventionelle Sprache wird durch Routinen einer Bibliothek erweitert, so daß die Funktionen des Prozessors durch Funktionsaufrufe erreicht werden können. (C, Pascal, ...).

- Man schafft eine völlig neue Sprache, die genau auf die Zielhardware abgestimmt ist. (SETL [S+86], Tripelsprachen [FR69])

- Eine existierende Sprache wird syntaktisch und semantisch erweitert, um den Anforderungen der Zielhardware mit entsprechenden Konstrukten Rechnung zu tragen. (Pascal/A [Stü85], Pascal/R [LS87])

Jede dieser drei Möglichkeiten hat ihre Vor- und Nachteile. Die Schnittstelle über Bibliotheksroutinen ist leicht und vor allem auch portabel zu implementieren, dies geht jedoch zu Lasten der Anwendungsprogrammierung. Schafft man andererseits spezielle Sprachen oder Sprachderivate, vereinfacht sich die Handhabung der Hardware wesentlich, man muß dann aber auch einen hohen Aufwand für den Übersetzer investieren. Gleichzeitig verringert sich bei speziellen Sprachen auch die Akzeptanz durch die Programmierer.

Der objektorientierte Ansatz zur Programmierung bietet hier eine Lösung an. Eine objektorientierte Sprache hat syntaktische Konstrukte zur Einkapselung von Daten, eng verbunden mit diesen Daten sind auch die Funktionen zu deren Manipulation (Methoden).

Transferiert man diese generellen Aussagen zu objektorientierten Sprachen in die Welt der Programmierung assoziativer Rechner, ist dann die Definition von assoziativen Objekten möglich. Die Standardoperatoren der Sprache sind auf diese Objekte anwendbar und initiieren eine Operation im assoziativen Rechner. Man verbindet so den Vorteil einer Spracherweiterung mit der hohen Portablität von Objektbibliotheken, ohne eine Compileradaption in Kauf nehmen zu müssen.

5.1 Assoziative Objekte in C++

Zur Programmierung des assoziativen Prozessors AM³ wurde die Sprache C++ [Str86] gewählt, sie steht auf der an den Prozessor angebundenen Workstation wie auch auf zahlreichen anderen Rechnern in gleicher Weise zur Verfügung. Als GNU-C und GNU-C++ Compiler stehen portable und frei verfügbare Übersetzer zur Verfügung. Der GNU Compiler ist zudem leicht auf neue Prozessortypen anpaßbar, er benutzt zur Codeerzeugung eine Maschinenbeschreibung des Zielrechners. Das folgende Bild 11 zeigt die Struktur der über den assoziativen Prozessor gelegten Softwareschichten:

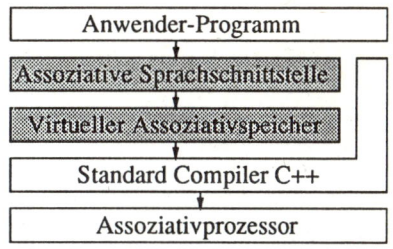

Bild 11: Schnittstellenebenen zum Assoziativprozessor

Neben der Definition der Sprachschnittstelle hat die Objektbibliothek noch eine weitere Aufgabe. Die bisher in der Verantwortung des Anwenders liegende Verwaltung des Assoziativspeichers wird von einer Laufzeitbibliothek übernommen. Da diese Verwaltung in ihrer Funktion der Anwendung von virtuellem Speicher bei Rechnern mit ortsadressiertem Speicher ähnlich ist, soll auch hier der Begriff virtueller Assoziativspeicher verwendet werden. Durch die Einführung von einer virtuellen Zugriffsschicht auf die Hardware wird eine Erweiterung der Funktionalität des Assoziativspeichers erreicht, die den assoziativen Adressraum vertikal und horizontal erweitert und die Objekte logisch voneinander trennt.

Beide Teile der Anwendungsschnittstelle (im Bild 11 grau unterlegt) sollen in den beiden folgenden Kapiteln näher erläutert werden.

5.2 Virtueller Assoziativspeicher

Auch ein Assoziativspeicher unterliegt hinsichtlich seiner Größe engen Schranken, die sich aufgrund des Hardwareaufwandes noch restriktiver auswirken, als dies bei ortsadressiertem Speicher der Fall ist. Neben der Anzahl der speicherbaren Worte tritt im Falle des inhaltsadressierten Speichers noch eine weitere Schranke hinzu. Während sich ein Objekt in konventionellem Speicher problemlos über mehrere konsekutive Speicherworte erstrecken kann, muß der assoziative Speicher solche Teile von Objekten so anordnen, daß die Effizienz der parallelen Operationen nur unwesentlich beeinträchtigt wird. Weiterhin sind auch disjunkte Objekte des Anwendungsprogrammes nicht mehr ohne weiteres durch ihre relative Ortsadresse voneinander unterscheidbar, hier müssen andere Methoden greifen. Generell werden also folgende Anforderungen an eine Speicherverwaltung für assoziativen Speicher gestellt:

- Gleichzeitige Speicherung mehrerer disjunkter Objekte der Applikation in einem Speicher.

- Verbreiterung der Speicherworte ohne Verlust parallel ausführbarer Operationen.

- Auslagerung von Objekten in Massen- oder Hauptspeicher.

5.3 Indizierung von Assoziativspeichern

In gleicher Form, wie der Inhalt konventioneller Speicher durch ein Tupel (Adresse, Datum) erreichbar ist, läßt sich auch für den Assoziativspeicher durch Indizierung ein logischer Adressraum erzeugen. Dazu wird das gespeicherte Wort in (Index, Deskriptor) geteilt. Der Index muß durch eine Teilung in drei Subindizes den Zugriff auf die atomaren Deskriptoren ermöglichen:

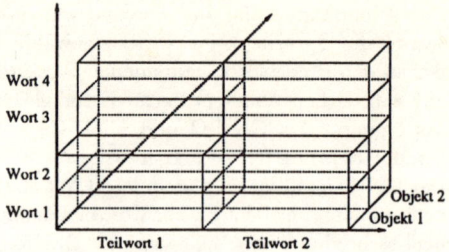

Bild 12: Unterteilung in einen 3-dimensionalen Adressraum

Objektindex Eindeutige Kennung eines Objektes der Programmiersprache.

Wortindex Kennung eines innerhalb eines Objektes gespeicherten Wortes.

Teilwortindex Aufspaltung der zu speichernden Worte in kleinere, in den Deskriptorteil passende Worte.

Die Aufspaltung in einen dreidimensionalen Adressraum führt dann zum Beispiel zu der in Bild 13 dargestellten Speichernutzung.

Da die im Prozessor AM³ eingesetzten Assoziativspeicher ihre Datensätze automatisch sortieren, wurden die Teilindizes linksbündig justiert. Sie beginnen von links in der Reihenfolge Objektindex, Wortindex und Teilwortindex. Um die Breite des Deskriptorteiles nicht unnötig zu reduzieren, werden variable Indexbreiten zugelassen, dies schließt auch Indexbreiten von Null mit ein. Die resultierende Speicherstruktur wird in Bild 14 dargestellt.

Es ist offensichtlich, daß das Auslesen des Speichers immer noch sehr effizient abgewickelt werden kann. Die Komplexität dieser Operation steigt nur um den Aufwand der Wiedervereinigung der Teilworte.

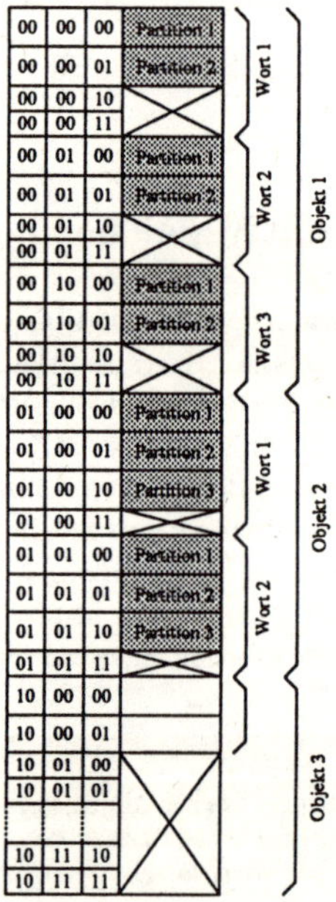

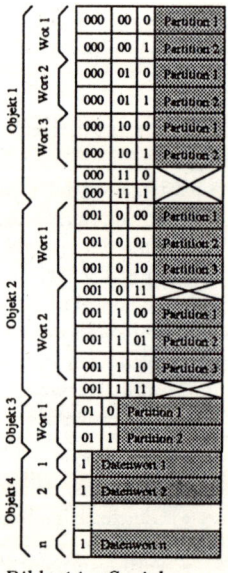

Bild 13: Äquidistante Indizierung

Bild 14: Speicherung mit variablen Indexbreiten

Am Beispiel der Identitätsoperation soll die Komplexität von Suchoperationen dargestellt werden. Führt man die Suche für jedes Teilwort getrennt durch, entstehen auch für jedes Teilwort Treffermengen. Vergleicht man diese Treffermengen auf gleiche Wortindizes, erhält man genau dann einen Gesamttreffer, wenn die Anzahl identischer Wortindizes der Anzahl der Teilworte entspricht. Eine solche Vorgehensweise läßt sich in die Speicherhardware verlagern. Wenn man Schiebeoperationen auf dem Treffervektor zuläßt und diesen Treffervektor anschließend mit neuen maskierten Suchoperationen verknüpft, erhöht sich der Aufwand für die Suche nur um die Anzahl der Teilworte.

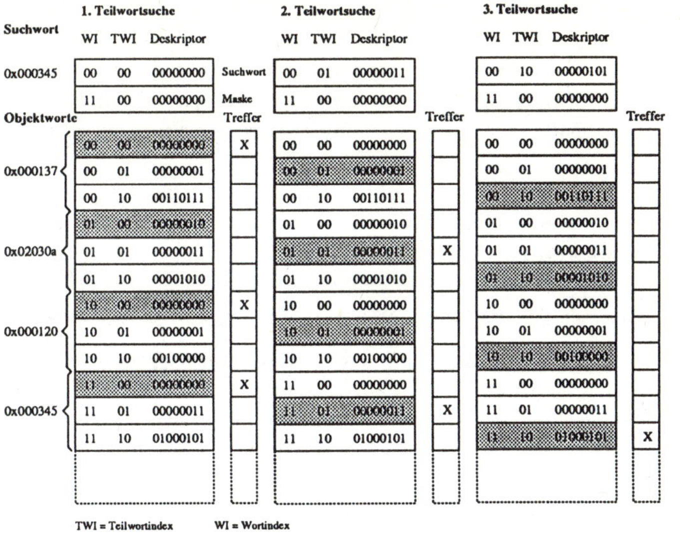

Bild 15: Mehrstufige Identitätsoperation

	1. Teilwortsuche WI	TWI	Deskriptor	Treffer		2. Teilwortsuche WI	TWI	Deskriptor	Treffer		3. Teilwortsuche WI	TWI	Deskriptor	Treffer
Suchwort 0x000345	00	00	00000000		Suchwort	00	01	00000011			00	10	00000101	
	11	00	00000000		Maske	11	00	00000000			11	00	00000000	
Objektworte														
0x000137	00	00	00000000	X		00	00	00000000			00	00	00000000	
	00	01	00000001			00	01	00000001			00	01	00000001	
	00	10	00110111			00	10	00110111			00	10	00110111	
0x02030a	01	00	00000010			01	00	00000010			01	00	00000010	
	01	01	00000011			01	01	00000011	X		01	01	00000011	
	01	10	00001010			01	10	00001010			01	10	00001010	
0x000120	10	00	00000000	X		10	00	00000000			10	00	00000000	
	10	01	00000001			10	01	00000001			10	01	00000001	
	10	10	00100000			10	10	00100000			10	10	00100000	
0x000345	11	00	00000000	X		11	00	00000000			11	00	00000000	
	11	01	00000011			11	01	00000011	X		11	01	00000011	
	11	10	01000101			11	10	01000101			11	10	01000101	X

TWI = Teilwortindex   WI = Wortindex

Bild 15: Mehrstufige Identitätsoperation

5.4 Syntax und Semantik der Objektbibliothek

Die Objektbibliothek wird jedem Anwendungsprogramm als Header-Datei hinzugebunden, sie definiert die auf die Hardware abzubildenden Objekte und die darauf anzuwendenden Operatoren. Diese Operatoren werden letztendlich auf Funktionsaufrufe abgebildet, die in einer Laufzeitbibliothek zur Verfügung gestellt werden. So ist sowohl eine Laufzeitbibliothek vorhanden, welche die assoziativen Operationen der Hardware nachbildet, als auch eine Bibliothek, die die assoziativen Befehle direkt nutzt. So kann also ein Anwendungsprogramm auf jedem Rechner laufen und getestet werden. Es läuft jedoch nur unter Ausnutzung der parallel arbeitenden assoziativen Befehle, wenn es für den Assoziativprozessor AM^3 übersetzt und gebunden wurde.

Die Sprache C++ kann die in ihr definierten Operatoren überladen, d.h. mit einer Bedeutung für verschiedenen Argumenttypen versehen. Auch andere Sprachen haben solche Mehrfachbedeutungen, so hat bespielsweise der Operator "+" eine Bedeutung zur Durchführung von Additionen der Parametertypen $\in Z$ und $\in Q$. In C++ kann ein solches Überladen der Standardoperatoren auch für die selbst definierten Objekte erfolgen. Es könnte es sich dann zum Beispiel im Falle eines assoziativen Objektes bei einer Addition um eine parallele Addition auf alle selektierten Elemente des Objektes handeln. Syntaktisch würde eine derartige Addition immer noch

```
AssObjekt += Summand;
```

notiert werden, ausgeführt wird in diesem Fall jedoch eine selbstdefinierte Funktion, die sich mit einer beliebigen Semantik belegen läßt.

Die Sprachschnittstelle soll an einigen Programmierbeispielen erläutert werden. Der Zuweisungsoperator "=" sollte wie eine mathematische Mengenzuweisung funktionieren. So kann auch mit:

```
A_AssObjekt = B_AssObjekt;    // Beide Mengen gleich
B_AssObjekt = Element;        // B enthaelt nur ein Element
```

die erwartete Zuweisungsoperation initiiert werden, jedoch muß die Schreibweise

```
B_AssObjekt = { Element1, Element2 };
```

verändert werden. Hier wurde ersatzweise das assoziative Objekt wie eine Datei betrachtet, was ja auch durch die Hardware nahegelegt wird. Die Schiebeoperatoren "$\ll$" und "$\gg$" werden für solche, einen Datenstrom repräsentierende Objekte, üblicherweise zur Ein- und Ausgabe verwendet. So steht:

```
AssObjekt << &Element1 << &Element2;
AssObjekt >> &Element1 >> &Element2;
```

für das Ein-, bzw. Auslesen von Elementen in oder aus Mengen.

Wiederum nur ganz kurz betrachtet werden soll die Selektion, das eigentliche "Anstoßen" einer assoziativen Operation in der Hardware. Der übliche Operator zur Selektion ist "[ ]", häufig verwendet für Zugriffe auf Felder. Dieser Operator wird hier so überladen, daß er auf ein assoziatives Objekt angewendet eine Reihe assoziativer Argumente annimmt. So entspricht:

$$\{X | X \in AssObjekt \land ug \leq X \leq og\} \ (ug, og =_{DF} Untere-, ObereGrenze)$$

einer Schreibweise in C++ von:

```
AssObjekt[ug <= X <= og]
```

oder, in einer weiteren Notation:

```
AssObjekt[BL(ug, og)]
(BL = Between Limits Operation)
```

Diese Art der Beschreibung existiert für alle im Assoziativspeicher implementierten Operationen. Die Arbeit mit der Hardware vereinfacht sich erheblich, da die Umsetzung in Operationsketten für den Assoziativspeicher von einer dem Anwender transparenten Verwaltungsschicht übernommen wird.

6 Schlußbemerkungen

Es wurde die Architektur, der Befehlssatz und ein objektorientiertes Programmierinterface in C++ für den assoziativen Universalprozessor AM³ beschrieben. Der Prozessor vereint die Vielseitigkeit eines "von Neumann"-Universalprozessors mit der Leistungsfähigkeit vollparalleler assoziativer Operationen in einem (Mono-)Architekturkonzept. Der Prozessor AM³ ist in einer Prototypen-Version erstellt und ein C-Compiler für ihn adaptiert. Die C++ Oberfläche wurde bisher auf einem in Software modellierten Assoziativspeicher getestet. Die Portierung auf die AM³-Architektur ist vorgesehen.

Der AM³ ist auch aufgrund seiner Mikroprogrammierbarkeit hervorragend als Testbett zur Akzeleration von Algorithmen geeignet. Unterschiedliche Applikationen, die Funktionalität verschiedener großintegrierter Assoziativspeicherkonzepte, sowie Hochsprachenkonzepte für Assoziativprozessoren können implementiert und untersucht werden. Darüberhinaus lassen sich auch Entscheidungsoperationen, die in komplexen arithmetischen Operationen eingebettet sind, zur effizienten assoziativen Verarbeitung evaluieren.

∎

Literatur

[Ble90] Andreas Bleck. Erstellung eines Befehlssatzes für einen mikroprogrammierbaren Assoziativprozessor. Diplomarbeit, Johann Wolgang Goethe-Universität, Fachbereich Informatik, Frankfurt am Main, 1990.

[Bos87] Bosch GmbH. *Das optimierte Bus-System für die Datenübertragung im Kraftfahrzeug*, 1987.

[DSW90] Mohsen Darianian, Christian Schönfeld, and Klaus Waldschmidt. Ein Assoziativspeicherfeld hoher Kapazität im Slice-Prozessor AM^3. In *Tagungsband ITG/GI-Fachtagung: Architektur von Rechensystemen*, Berlin, Offenbach, 1990. vde Verlag.

[DW91] Mohsen Darianian and Klaus Waldschmidt. Ein fehlertoleranter und testfreundlicher Assoziativspeicher mit optimierter Datenspeicherung. In *5. E.I.S.-Workshop an der Technischen Universität Dresden*, number 188 in GMD - Studien, 1991.

[FR69] J. A. Feldman and P. D. Rovner. An algol based associative language. *CACM*, 12, Aug 1969.

[LS87] P. C. Lockemann and J. W. Schmidt. *Datenbank–Handbuch*. Springer–Verlag, Berlin, Heidelberg, 1987.

[MB80] John Mick and Jim Brick. *Bit-Slice Microprocessor Design*. McGraw–Hill Book Company, New York, 1980.

[O$^+$89] J. V. Oldfield et al. Content-addressable memories applied to execution of logic programs. In *IEE Proceedings*, volume 136, 1989.

[Par91] Behrooz Parhami. The mixed serial/parallel approach to vlsi search processors. In *Proceedings of the 24th Hawaii International Conference on System Sciences*, Los Alamitos, CA, 1991. IEEE Computer Society Press.

[Rie91] Peter Rieckhoff. *Relationale Datenbankarchitektur mit Assoziativspeicher*. Dissertation, Technische Universität Berlin, 1991.

[S$^+$86] J. T. Schwartz et al. *Programming with Sets – An Introduction to SETL*. Springer–Verlag, Berlin, 1986.

[S$^+$89] Mario Schulz et al. An associative microprogrammable bit-slice-processor for sensor control. In *Proceedings of 3rd CompEuro*, Hamburg, 1989.

[Str86] Bjarne Stroustrup. *The C++ Programming Language*. Addison–Wesley Co., Reading, MA, 1986.

[Str88] Michael Strugala. *Ein assoziativer Koprozessor: Entwurf, Realisierung und Beispielanwendung zur Akzeleration von CAD-Verfahren*. Dissertation, Johann Wolgang Goethe-Universität, Fachbereich Informatik, Frankfurt am Main, 1988.

[Stü85] Heinrich J. Stüttgen. *A Hierarchical Associative Processing System*. Springer–Verlag, Berlin, Heidelberg, 1985.

[Wal87] Klaus Waldschmidt. Associative processors and memories: Overview and current status. In *Proceedings of CompEuro*, Hamburg, 1987.

[WSN90] F. Warkowski, L. Spaanenburg, and J. Nijhuis. A neural asic for real-time prototyping. In *Parallel Processing in Neural Systems and Computers*. North–Holland, Amsterdam, New York, 1990.

Architectural Considerations for Integrating Video in a Workstation

Katrin Braun

Siemens AG, ZFE IC K

Otto-Hahn-Ring 6

8000 München 83

0. Abstract

The increased use of digital video in today's workstations in the context of multimedia applications poses a whole new class of problems to the architectures of workstations. Digital video data requires large bandwidthes as well as extensive computational power. The focus of future computer systems will not only be on the central processing unit but also on display capabilities. Therefore a new architecture is proposed, which takes into account the resulting data rates and the need for image processing requirements. Aspects of the I/O architecture are also considered.

Acknowledgements

This paper describes work carried out by the author at the Massachussets Institute of Technology at the Laboratory for Computer Science. I would like to thank Chris Lindblad for the continuous support and valuable discussions, Prof. David Tennenhouse for hosting my stay, as well as Joel Adams, Michael Geiger, for valuable suggestions to improve this paper.

I. Introduction

With the multimedia revolution hitting most desktop computer systems, new hardware and software architectures have to be developed and investigated to support new data types. The integration of audio and video components demands new data types and user interface paradigms, requirements for the system architecture change completely.

The major challenge for multimedia systems is the integration of real time video data coming from a whole range of sources: videophones, storage media, analog VCR or camera outputs etc. Each type of video link needs to be treated differently. An analog source has to be synchronized with and overlayed on the display signal or digitised and loaded into the frame buffer. An incoming videophone signal has to be decompressed and also loaded into the frame buffer, whereas the outgoing signal has to be digitised, compressed and then transmitted over the network. Image or video files which have to be stored on or retrieved from the disk need to be compressed or decompressed.

These various uses of video data can be associated to different applications. Table I.1 lists different applications and associates requirements to these applications. Looking at the table above, multimedia applications using video, each have very different requirements. Basically they can be divided into two categories: analog and digital. Applications which only use analog video will not be taken into account in the following considerations. Technology to integrate analog video in desktop systems is available today, whereas technology for integrating digital video is still a long way from being ubiquitous.

Applications using digital video usually include one or more of the following processing steps:

- analog/digital conversion
- retrieval and decompression
- compression and storage
- compression and decompression associated with network transmission
- editing of video data
- displaying of video data

usage / requirement	analog video in window	digital video in window	tele-conferencing	authoring	edit analog	edit digital	multi-media mail
analog video input	X			X	X		
analog video output				X	X		
digital video retrieved		X		X		X	X
dig. video stored				X		X	X
compression			X			X	X
decompress.		X	X	X		X	X
image processing						X	
network transfer		X	X				X

Table I.1: Classification of Video Usage Within a Computer

The central part of all manipulation of video data is the data transfer within the system. In the following parts the data rates in question will be analysed and a concept to transfer and process them will be developed.

II. The Challenge of Integrating Digital Video

In this section some numbers are derived on what it means to integrate video in a work-station. It is assumed that a video runs at 24 frames per second, TV or VCR resolution is approximated with 640 by 480 Pixels. Another issue is color resolution. A true color system works with 24 Bits per pixel. High end applications demand a color resolution of 24 bits per pixel, whereas in general purpose applications 8 bits per pixel are sufficient. In table II.1 the required data rates are given for different spatial and color resolutions.

As already mentioned 640x480 is about equal to television resolution. 320x240 is the kind of resolution one would use for videophone applications or a video window running in parallel to other applications. 160x120 pixels allows a stamp sized window. This could be used on video menus and in applications using several video windows at once. 1280x1024 represents full resolution of a standard workstation screen.

Resolution	Data Rate (MBytes/s)	Factor Ethernet Bandwidth	Factor Disk Bandwidth	Factor ISDN Bandwidth
160 x 120	0.45	~ 1	0.3	~ 56
320 x 240	1.8	4.5	~ 1	225
640 x 480	7.2	18	~ 4.5	900
1280 x 1024	32	80	~ 21	4000

Table II.1: Video Data Rates, 8 bits / Pixel

(normale Farbauflösung)

Resolution	Data Rate (MBytes/s)	Factor Ethernet Bandwidth	Factor Disk Bandwidth	Factor ISDN Bandwidth
160 x 120	1.35	~ 3.4	0.9	~ 170
320 x 240	5.4	13.4	~ 3.5	675
640 x 480	21.6	54	~ 21	2700
1280 x 1024	96	240	64	12000

Table II.2: Video Data Rates, 24 bits / Pixel

The "factor" column denotes the discrepancy between the required data rate and the available bandwidth on Ethernet (about 0.4 MBytes/s) and for disk transfer (about 1.5 MByte/s) are listed. ISDN supports a bandwidth of 64 kbit/s on one chanel. At the moment only transfers over Ethernet and access to the disk are of interest. Applications using ISDN are a special case, one can easily see by the factor of compression they require. Surely it is not realistic to use ISDN to transfer video data with a resolution of more than 320 x 240.

The factors revealed by comparing the available bandwitdth of Ethernet and for disk access with the needed bandwidth for video data imply three necessities: compression, faster disk access and faster networks.

Compression technology allows a lossy compression ratio of up to 50-60:1 for moving pictures eg. with MPEG and of up to 20-25:1 for still images eg. with the JPEG algorithm. Lossless compression with JPEG only reaches a factor of 2:1. Lossy compression solves most bandwidth problems up to a resolution of 640x480. Yet some assumptions made here are certainly not always fulfilled: The application running the video is the only one to access either the disk or the network. Multitasking systems and multiuser networks require bandwidth for either several applications and/or several users at one time. Internal workstation buses can deliver about 5-10 MBytes/s realistically. This can also pose a problem when several video sources become active at once or when data is being compressed/decompressed in one place in the system and generated or displayed at another place. This implies that raw video data should only occur very close to the display and that therefore compression and decompression of data should take place only near the display.

Another important issue for video is timing. Once sufficient bandwidth is available to transport and display the video, it has to be insured, that images are displayed with a constant frame rate. It is not tolerable, that due to the system load the video is displayed with a frame rate of 30 frames/s and some time later it is displayed with a rate of 15 frames/s. Synchronisation mechanisms have to be provided to ensure display at a constant frame rate. Audio also has to be synchronised to the video output. It represents additional bandwidth for the data stream, but this does not affect the situation significantly since data rates used by audio are comparably small to those used by video.

III. How Much Bandwidth Is Really Available?

In the last chapter theoretical numbers for available bandwidth were given. To validate these numbers, a program which displayed a five second video sequence on the screen was used and the resulting frame rates were evaluated. The video data was either retrieved from disk or system memory and displayed on the machines own screen or on one of another machine. The following cases were evaluated:
- reading the data from the disk and displaying it on the screen of the same machine
- reading data from the disk and displaying it on the screen of an X-terminal connected by Ethernet
- reading data from system memory and displaying it on the screen of the same machine
- reading data from memory and displaying it on the screen of an X-terminal connected by Ethernet.

Each case allows to evaluate a different aspect of the transfer processes taking place within the workstation or over the net. The measured rate is that of the number of frames displayed in one second. The experiment was carried out for three different resolutions: 160x120, 320x240 and 640x480 with a color resolution of 8 bits/pixel. To be able to spot the occuring bottlenecks better an X-Terminal with a fast network interface and one with a slower network interface (older machine of the same company) was used. The results are

Resolution:	640 x 480		320 x 240		160 x 120	
Location of data:	data on disk	data in memory	data on disk	data in memory	data on disk	data in memory
no network transfer	1.9frames/s (0.58 MB/s)	7.8 frames/s (2.3 MB/s)	7.5 frames/s (0.58 MB/s)	32 frames/s (2.5 MB/s)	31 frames/s (0.6 MB/s)	125 frames/s (2.4 MB/s)
fast network IF	1 frames/s (0.31 MB/s)	2 frames/s (0.62 MB/s)	5 frames/s (0.38 MB/s)	9 frames/s (0.69 MB/s)	19 frames/s (0.36 MB/s)	33 frames/s (0.63 MB/s)
slow network IF	0.4 frames/s (0.12 MB/s)	0.4 frames/s (0.12 MB/s)	1.5 frames/s (0.12 MB/s)	1.5 frames/s (0.12 MB/s)	6 frames/s (0.12 MB/s)	6 frames/s (0.12 MB/s)

Table III.1: Displayed Frames per Second

listed in table III.1.

These rates indicate a clear difference to the theoretical values derived in the previous part. To be able to analyse the results it is important to know how the data is processed in each case. When the video is being displayed on the same machine it is stored on, the data is first copied into system RAM and then onto the screen. In the case where the data is transferred over the network, it is first copied from the disc into system RAM, then transfered over the network, stored in system RAM of the second machine and copied onto the screen. In the last case, image data is already resident in system RAM and only has to be copied onto the screen (see figure 1).

Data transfer of the displayed images has to be optimised, i.e. unnecessary copying from one point in the system to another has to be avoided. Intelligent DMA processors have to deal with these issues. The main processor should not be concerned with the data transfer.

As the tests show, the achieved bandwidthes are about 0.6 MBytes/s for the disk, 0.7 MBytes/s for Ethernet (fast interface) and about 2.5 MBytes/s for transfer out of memory. The slow network interface of the one machine used represents a definite bottleneck to data transfer capacity. Copying the data from the disk into memory costs quite a bit of bandwidth for the transfer process. Network transfer lowers the overall bandwidth even though the overall capacity allows a data rate of this dimension. These losses must therefore be caused by handling the data within the system.

When looking at the different resolutions, data rates decrease almost steadily, while the resolution increases. This is influenced by the arrangement of the image file on the disk. If it was not stored in one chunk, and different tracks have to be accessed, reading from the disk becomes slower. Storing of image data has to be optimised on the disk, i.e. files should be stored in a contiguous manner. File systems also need to be optimised to handle image data. One might wonder why displaying images is still quite slow, when copying directly out of memory. This is caused by the mechanism which X uses. The data is copied from memory into display memory instead of being displayed directly. If the program had used a sort of back- or side door of X, displaying images would have been much faster. This fact demon-

Display on the same machine

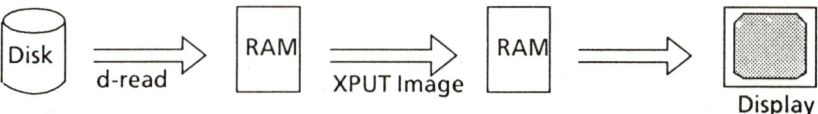

Display on another machine

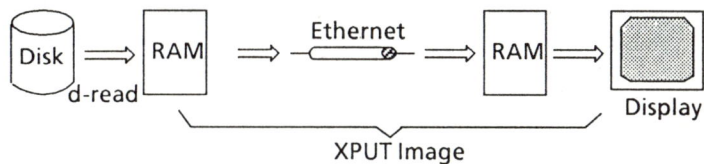

Figure 1: Data transfer schemes

strates the necessity for an optimised X-video extension or for an implementation of a video application which bypasses X mechanisms.

Another observation that was made running these tests, is that the frame rate of the displayed image is not at all constant. The rates which are shown in table III.1 are average rates. Image display would stall for a short time or go faster at another time, depending on the status of the system.

Which conclusions can be derived from these observations?

Data rates produced by the MPEG compression algorithm (about 1.15 MBit/s without audio data 1.5 Mbits/s with audio) are feasable in systems of today. For higher quality needs improvements have to be made in disk bandwidth and on the network side. Systems architectures have to be optimized to accomodate video data. Another aspect to be considered is the load on the overall system from other processés running. These tests were performed without any other processes running at that time. Sufficient room has to be left in the bandwidth to accomodate additional processes.

Additionally it has to be ensured that the compression module does not run dry or get its data too fast. The system must garantee a constant display rate.

IV. Architecture of Current Workstations

Workstations on the market today all have quite similar architectures. The central components like the central processor, system cache, system memory, DMA-support and an I/O bus interface are integrated on a motherboard. External add-ons to the workstation like the disk, network controllers etc. are connected via a specialised I/O bus, see figure 2.

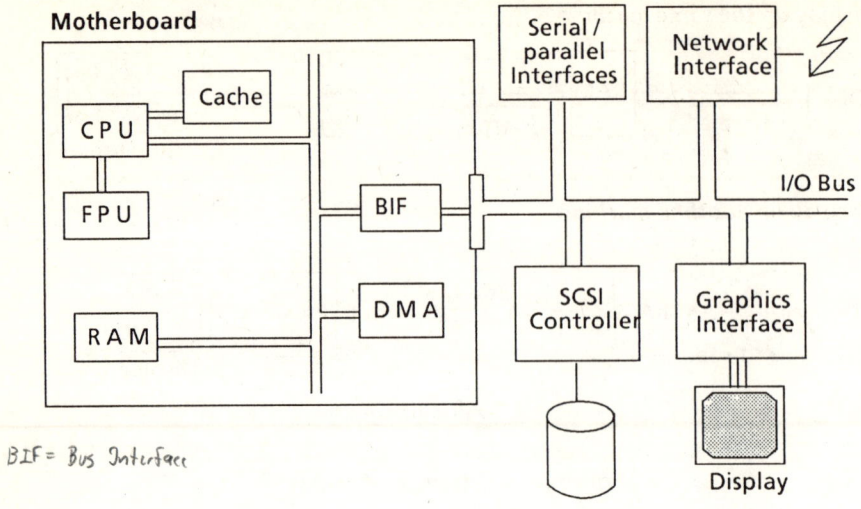

Figure 2: Reference architecture for current workstations

Available I/O busses typically support peak bandwidthes of 80-100 MBytes/s. Realistic values ususally vary around 30-40 MBytes/s of transferred data [AND 91].

Graphics controllers or accelerators and video modules are connected to the I/O bus. Currently graphics controllers which are included in systems can heavily influence the performance of the workstation by using the I/O bus more or less heavily. This depends mostly on the level the interface was definded on. If only high level graphics commands are transferred over the bus, the available bandwidth on the bus is not influenced decisively. On the other extreme, depending on where the logical graphics interface is located on the pixel level system performance can quickly be decreased because the main CPU has to calculate the value of each pixel and then much bandwidth on the I/O bus is used to transfer the pixels.

When adding a video module the demands for bandwidth increase even more. Since the DMA processor on the motherboard is always involved in data transfers the memory bus is consumed and this represents a heavy load on the complete system.

Several attempts have been made to integrate video modules in workstations to date. These attempts can be classified in different approaches: the analog, the decoupled and the closely coupled version.

In the analog version, the video and the graphics signal are completly seperated from the graphics signal. The video signal is either only synched with the display signal or digitised and processed like any other pixel data. Just before going into the display the analog signal from the video module and the one from the graphics module are overlayed. In the case, where the video signal remains analog throughout the whole process only windows of a fixed size can be supported and nothing can be edited. In the second case, where the video

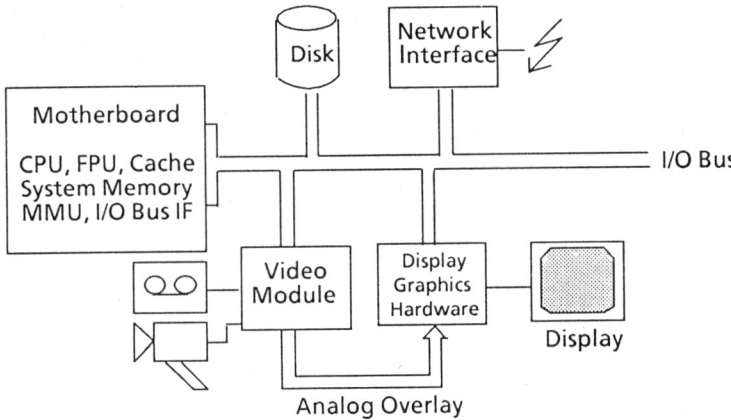

Figure 3: Analog Overlay

is digitised, it can also be processed. The size of the window can be changed and signal processing algorithms can be applied. The altered information can usually be stored. A

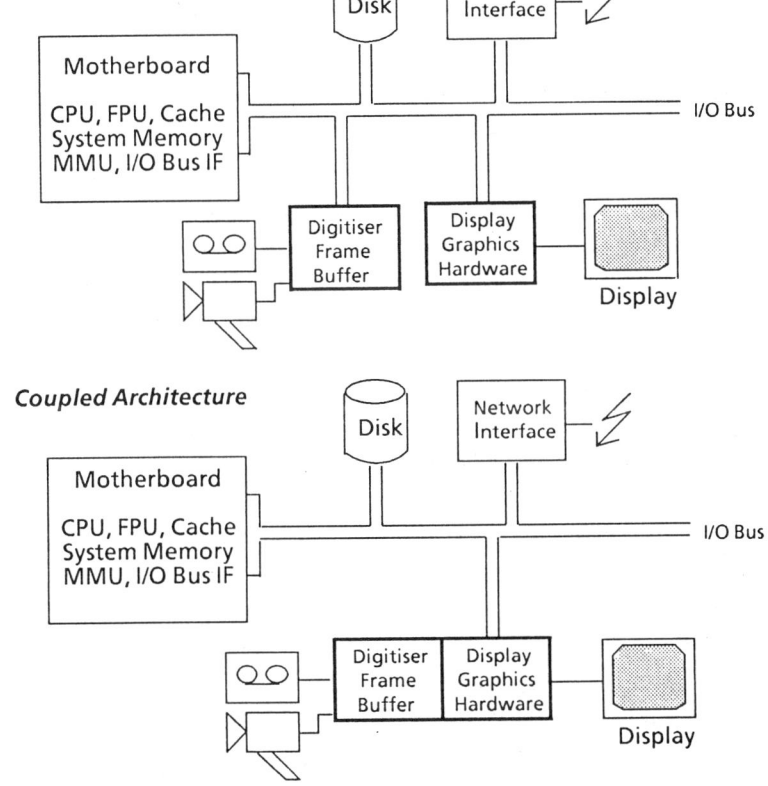

Figure 4: Digital decoupled and coupled architectures

variety of PC video cards use either one of these approaches. The analog approach avoids problems with the transfer of digital video data, but the flexibility given with digital video is not available.

In the digital version some overhead is created by the fact that the digital analog converters have to be implemented both on the graphics and the video boards.

In the decoupled approach the incoming video signal is digitised and transfered over the bus to the frame buffer or the graphics module. One example for this implementation method is the VideoPix card from SUN Microsystems. This architecture is not expensive to implement, since it is only connected to the regular bus, and requires no doubling of hardware effort. A definite drawback are the large video data rates created on the I/O bus. The third implementation type is a closely coupled digital architecture. The graphics controller is integrated with the video digitiser. Both the graphics output and the digital video port write into one frame buffer. It is possible to display the video information and/or to process it. In new versions of these products, compression hardware such as the JPEG chip is integrated. This architecture allows powerful processing of video data, without overloading the I/O bus. However flexibility is missing in such a configuration.

In the following parts a practical example of video within a workstation will be examined and a new architecture for integrating video in a workstation will be suggested.

V. Architectural concepts to accomodate video data

In the section III various bottlenecks within a workstation were spotted and analysed. In this part concepts for removing these bottlenecks will be investigated. The conclusions derived from the experiments were that compression of video data is inevitable in multimedia systems and that the system architecture has to be optimised for the integration of video.

Compression

Transferring raw video data within the system will use up all available system resources. It is therefore important to keep bandwidth load low within the system. This can only be achieved by only allowing raw video data streams close to the frame buffer. Special compression hardware has to be integrated into the system. The display module and the compression hardware have to be closely coupled and connected by a dedicated high bandwidth link.

The compression module should be capable of processing different kinds of algorithms for different applications. These should include the px64 standard for picture phone and teleconferencing applications, the JPEG coding standard for continuous tone still color images, the CCITT Group 3 and 4 fax standards and the MPEG compression scheme for video and accompanying audio data. Image processing functionality is also part of the compression module's tasks. Image processing capabilities are necessary to be able to do transcoding of video between various standards and the input format of the frame buffer. Other applications include scaling of the images, scene analysis etc.

Since most compression schemes are very similar in the components they use, it should soon be possible to build a module which is fast enough to compress / decompress video data in real time. Advancing one step further, a digital signal processor optimised for image processing should be able to support all kinds of applications using video data.

One very important feature for multimedia applications which is not yet being supported by any digital signal processor is multi-threading. Many multimedia applications display and process several video sources at once. This has to be supported by the hardware. The requirements listed in this paragraph are surely not fulfillable today since processor performance does not allow this, but it surely will be possible in the near future. Evaluation systems available today built of several processors could provide the right information on how to design this kind of processors in the future.

In order that the data for the graphics and the video module do not collide both need an interface towards the system bus. In this way both modules can run independently without interfering each other and room is left to design a scaleable system (see figure 5).

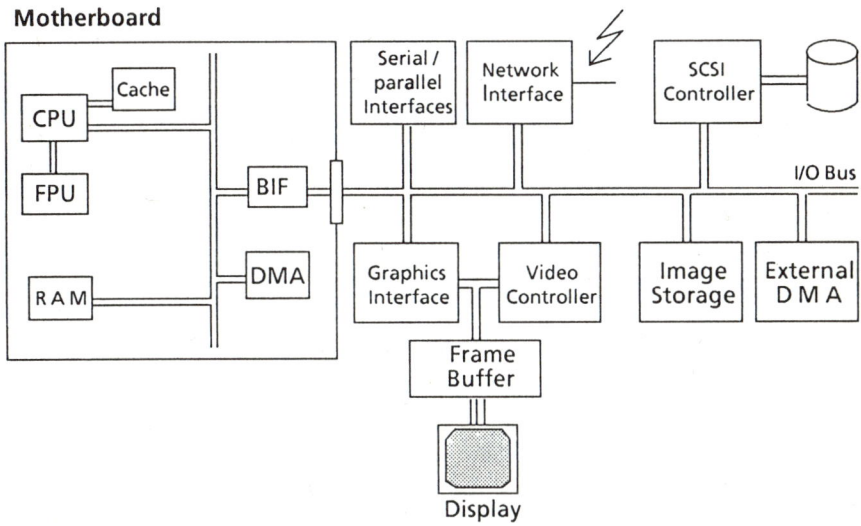

Figure 5: Modified workstation architecture

Data is mostly transferred from either the graphics controller or the image controller to the frame buffer to be displayed on the screen. Sometimes synthetic image data e.g. created for an animation need to be compressed and later on stored on a mass storage device. In this case data is being transfered from the graphics controller to the video processor. In another case data from a video or any other image input device need to be edited. This time the data coming in from an external source are decompressed, converted into an object repre-sentation and then need to be processed by the graphics controller. These different kinds of usages of data paths, suggest the use of a high-bandwidth pixel bus, since pixel data need to be transfered bidirectionally. The frame buffer should be separable from both the graphics module and the imaging module. This does not mean that it could not reside on either the graphics or the imaging board(s), but each module should be able to access it.

The pixel bus which has been introduced at this point needs to be supported by a master. Since we are dealing with very high data rates the path must be optimised. This can be done by a specially designated module, the image data. In this architecture the graphics as well as the video module possess their own image memory, where current image information is stored. The resolution supported in these modules is actually higher than the complete screen resolution. In this memory the complete content of each window is stored, regardless of invisible parts. The window controller is responsible of loading the right information into the frame buffer. The size of the frame buffer corresponds exactly to the resolution of the screen. This concept prevents that too much data is transfered on the pixel bus. It also accelerates the moving of windows since the complete content of each window is readily available at all times. The suggested architecture is displayed in figure 6.

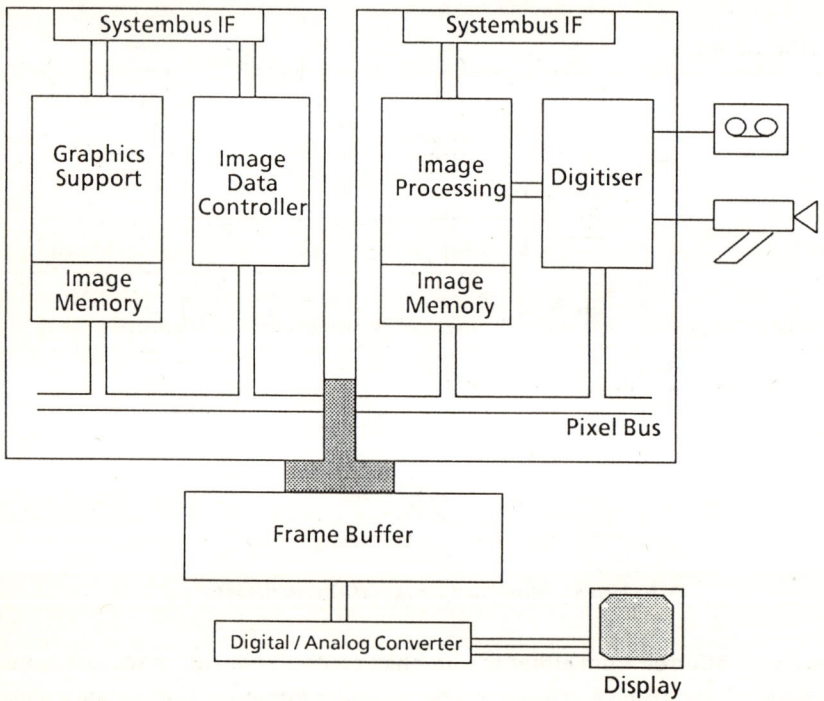

Figure 6: Architecture of the display modules

The transfer rate, which is maximally needed to transport the data at a sufficient speed, is the screen resolution multiplied by 24 (the eye does not notice changements that are made faster than that), multiplied by the number of bits which are used for each pixel to represent the color. The case where every pixel on the screen is changed at the same time happens very rarely, probably only when displaying a full resolution animation. The average needed transfer rate on the pixel bus would be much lower. For a screen of 1280 x 1024 Pixels with true color (24 bits) a maximal data rate of 96 MBytes/s is needed. Implying a width of the data bus of 24 bits this is a realistic data rate which could be reached.

To be able to store large video files a separate storage medium is usually used. Most activities going on at the moment focus on CD-ROM technology, since this is a dense and cheap medium. Compression algorithms are aimed at using the available bandwidthes from CD-ROM's, about 1.5 Mbit/s. If better image quality is needed, faster storage medium has to be used as for example, the traditional hard disk. Since image data represents a large bandwidth an optimal data transfer architecture has to be implemented. This implies, that the memory bus should not get involved, when video data is transfered from a storage medium or the network to the display module. DMA support should be given systemwide to all modules. This implies a multicontrol environment which also has to be supported by the operating system. CPU performance will not decrease when video data is being transfered, if data transfer can take place completely independent from the main processor.

The DMA processor also has to know the datatype "video" and its requirements. Since it is very important that video is displayed at a very constant speed the data always has to be available at the right time. The DMA processor has to ensure that the video processor is fed with a well dimensioned data stream. It has see to it that the video processor does not run dry in the process of decoding neither that its buffers overflow resulting in the loss of data.

The processor which implements the window manager must be an intelligent DMA processor, which achieves data rates that are enough for transfering all available data into the frame buffer.

Operating system mechanisms have to be available to be able to control the display of video. These have to include timing services to control the frame rate with which a video is displayed, to compensate for system problems in data transfer (e.g. skip a frame, when data are not available fast enough or queue frames when data are arriving too fast) and the organisation of files on the storage media in order to grant optimal retrieval. A first step in this direction was made by Apple's system software package "Quick Time". The general model of a video application on the software side should be organised as shown in figure 7. On the application side (or client side speaking in X terminology) the he application code is running. This could be a database program for example. This code generates graphics and

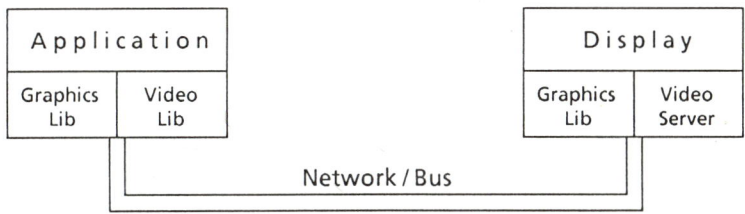

Figure 7: Software architecture of a video application

video commands which are treated separatly. Display commands are sent to the display unit and processed by a graphics and a video server. The video library of the server should be implemented with high-level commands, in order not to increase communication load between the display unit and the main CPU unnecessarily. The video server itself should be responsible for retrieving image data from the disk and displaying it.

One inherent danger is posed by this software architecture: the data gets copied too often. It became apparent in chapter 3 that copying the data from the client to the server slowed down the display of the images decisively. Initial approaches are being made at the moment (e.g. the X Image Extension, XIE) to optimise the copying of data by allowing some image rendering functionality in the server. All decoding and encoding has to take place in the video server suggested. The client should only have to deal with raw data, when he explicitly needs to.

VI. Conclusion

A new architecture was proposed for integration of video in a workstation. To support the large data rates created by video the bus and I/O architecture has to be optimised. A special module to handle the processing of video data was also suggested. The presumptions made in this paper are based on the architecture of current workstations and on how they are expected to develop in the next number of years. In the long term, architectures will surely change decisively. Bandwidthes becoming available within workstations will be able to support several video streams. This will make the transportation of raw video data within the system feasible. It will no longer be necessary to connect the frame buffer, the graphics and the video module closely together. Compression will then only be necessary for the storage of data and the transmission over long distances. It can then be done completely independant of the display system. New degrees of freedom will be available. The proposed architecture takes this into account and can be adjusted to future architectures by a modular approach.

Literature

[AND 91]   Warren Andrews: "Will Performance Win over Sophistication in Workstation Buses?", Computer Design, Febuary 1, 1991

[CAR 91]   David Carver: "XVideo Extension, Protocol Description, Version 1, Release 3", Jan. 18 1991

[CHI 90]   Leonardo Chiarglione: "Coding of Moving Pictures and Associated Audio", ISO/IECJTC1/SC2/WG11 N0031

[DAI 91]   Cinthia Dai: "UNIX Workstations Ease Load of Image Management", the SUN Observer, May 1991

[JWE 91]   John Weber: "XIE, a Proposed Standard Extension to the X11 Window System", 5th Annual X Technical Conference, Boston, Jan. 14-16 1991

[MSS 91]   C. Müller-Schloer, E.Schmitter (Hrsg.): "RISC-Workstation Architekturen", Springer Verlag Berlin, 1991

[SEI 91]   Charles Seiter: "The Big Squeeze", MACWORLD, January 1991

[WAL 91]   Gragory K. Wallace: "The JPEG Still Picture Compression Standard", Communications of the ACM, April 1991

Ein Hardware-Monitor
zur Durchsetzung von Zugriffsschutz
in objektorientierten Systemen

Karol Czaja, Jörg Kaiser, Uwe Kleinhans

Gesellschaft für Mathematik und Datenverarbeitung mbH
Postfach 1240, Schloß Birlinghoven
D-5205 St. Augustin 1
Tel.: 02241-142556
e-mail: czaja@gmdzi.gmd.de

Überblick

Die Erfahrungen mit objektorientierten Systemen haben gezeigt, daß oft für eine Anwendung sehr viele kleine Objekte mit einer durchschnittlichen Größe von 50 bis 350 Bytes benötigt werden. Da Objekte ihrer Natur nach unabhängige Einheiten mit unterschiedlichen Zugriffsrechten sind und oft durch mehrere Prozesse gemeinsam benutzt werden, ist die Durchsetzung der Korrektheit der Objektzugriffe besonders wichtig. Dies leisten für die kleinen Objekte die meisten konventionellen Memory Management Units (MMU) nicht. Sie führen die Prüfungen auf der Basis von Seiten durch. In dieser Arbeit stellen wir den von uns ertworfenen Hardware-Monitor vor, der die Speicherzugriffe nebenläufig und unabhängig von einer vorhandenen MMU überprüft und nur in Ausnahmefällen das System beeinflußt. Er ist relativ einfach in jedes System zu integrieren.

1. Einleitung

Der objektorientierte Ansatz ist heute als geeignetes Mittel zur Strukturierung komplexer Systeme allgemein anerkannt. Objektorientierte Rechnerarchitekturen haben das Ziel durch Unterstützung von Objekten auf der Hardwareebene oder auf einer unteren Betriebssystemschicht, Objekte allen darüberliegenden Schichten als universelle Form der Datenabstraktion zur Verfügung zu stellen. Dabei soll durch Verringerung der "semantischen Lücke" zwischen den sprachlichen Ausdrucksmitteln zur Formulierung eines Programms und dem durch die Architektur bereitgestellten Daten- und Berechnungsmodell die Sicherheit und Zuverlässigkeit dieser Systeme erhöht werden. Spezielle Prozessoren wie der Intel iAPX432 [Int-81], Rekursiv [Har-88] und MONADS [Kee-89] realisieren das Objektkonzept weitgehend in Hardware. Da konventionelle Betriebssysteme die speziellen Eigenschaften dieser Architekturen nicht ausnutzen können, sind eigenständige Betriebssystementwicklungen gemacht worden, wobei die Hardware-Architektur des Systems bereits viele Betriebssystemfunktionen bereitstellt. Dies hat allerdings zur Folge, daß die Softwarebasis, die für konventionelle Rechner besteht, nicht ohne weiteres genutzt werden kann. Hinzu kommt, daß der Leistungsvorteil, der prinzipiell durch eine auf objektorientierte Anwendungen zugeschnittene Architektur gegeben ist, zusammenschrumpft, da die konventionellen Prozessoren eine wesentlich größere Leistungssteigerung als die obigen erfahren [Coc-91].

Objektorientierte Systeme auf der Sprachebene können auf gängigen Systemen mit guter Effizienz implementiert werden. Es gibt jedoch eine Reihe von Gründen, Objekte als universelle Abstraktion auf der

Systemebene bereitzustellen.

- Jede Sprache hat ihr spezifisches Objektmodell, so daß eine gemeinsame Benutzung von Objekten aus unterschiedlichen Sprachen heraus nicht möglich ist (Multilinguale Umgebung).

- Die Sprache sichert nicht die Persistenz der Objekte, wenn ein Programm beendet ist.

- Zugriffsschutz von gemeinsam benutzten Objekten kann nicht in der Sprachebene durchgesetzt werden.

Es muß bei der Durchsetzung dieser Systemeigenschaften genau analysiert werden, welche Funktionen sich dabei vorteilhaft durch Betriebssystemsoftware realisieren lassen und welche eine Unterstützung durch die Hardware erfordern. Hardware-Unterstützung ist dann notwendig, wenn eine Software-Realisierung einen nicht akzeptablen Leistungsverlust bedeutet. Dies ist für die Durchsetzung des Zugriffsschutzes der Fall. Es ist eine bisher praktizierte Vorgehensweise, daß gerade dieses Problem einfach durch das "Weglassen" gelöst wird, was zu den bekannten Sicherheitsmängeln existierender Systeme führt. Eine notwendige Voraussetzung für die Durchsetzung der Korrektheit der Objektzugriffe ist, daß zur Laufzeit für alle Speicherzugriffe überprüft wird:

- ob die benutzte Adresse in einem erlaubten Bereich liegt und

- ob die Zugriffsrechte nicht verletzt sind.

In den MMUs (Memory Management Units) der meisten konventionellen Systeme werden diese Prüfungen auf der Basis von Seiten (Pages) durchgeführt. Die Erfahrungen mit den objektorientierten Betriebssystemen StarOS [JCD-79], Hydra [WLH-81], iMAX [Kah-81], der Programmiersprache Smalltalk [Ung-84] und objektorientierten Datenbanksystemen haben jedoch gezeigt, daß Objekte im Durchschnitt relativ klein sind (50 bis 350 Bytes). Bedingt durch die geringe Größe der Objekte werden für eine Anwendung entsprechend viele Objekte benötigt. Im Speicher wird jedem Objekt ein Segment passender Größe zugeordnet. Aus Gründen der Effizienz und des verfügbaren Speicherplatzes ist die Belegung der großen Pages (1-4 Kbytes) mit jeweils einem kleinen Objekt nicht akzeptabel. Vielmehr müssen auf einer Seite mehrere kleine Objekte untergebracht werden, sog. Clusterpage [Com-91]. Die Gruppierung von kleinen Segmenten wird in konventionellen Systemen praktiziert und ist auch zweckmäßig, da in diesen Systemen die zusammen abgelegten Segmente der gleichen Schutzumgebung angehören und mit gleichen Rechten zugegriffen werden dürfen. Die Anwendung dieses Verfahrens in objektorientierten Systemen, in denen Objekte ihrer Natur nach unabhängige Einheiten mit unterschiedlichen Zugriffsrechten sind, ist dagegen problematisch. Objekte werden oft von verschiedenen Prozessen gemeinsam benutzt (shared objects), wobei die Zusicherung der Korrektheit der Speicherzugriffe besonders wichtig ist. Die Gruppierung kleiner Objekte impliziert daher die Notwendigkeit, die Speicherzugriffe auch auf der Basis kleinerer Speicherbereiche als der einer Seite zu überprüfen. Da dies bei jedem Speicherzugriff durchgeführt werden muß, kommt aus Effizienzgründen nur eine hardwaremäßige Realisierung in Frage. Dies leisten aber die meisten Rechner nicht. Ihre MMUs sind in der Lage, die Prüfungen nur auf der Basis von Seiten durchzuführen oder sie gehen, wie im Falle der segmentorientierten Architektur der Mikroprozessoren i80x86, nicht effizient mit einer großen Anzahl kleiner Objekte um. Aus diesem Grund sind die objektorientierte Systeme auf der Basis konventioneller Rechner, wie Comandos [Com-91] oder Clouds [DLA-87], nicht in der Lage, den Zugriffsschutz von Objekten durchzusetzen. Es gibt zwar spezielle MMUs, die auch kleine Objekte unterstützen, wie MUTABOR [Kai-88]. Sie sind aber schwer in Systeme zu integrieren, deren Prozessoren mit On-Chip-MMU und On-Chip-Caches ausgestattet sind.

In dieser Arbeit stellen wir unsere Lösung des beschriebenen Problems dar. Die Hauptidee ist es, die Prüfungen der Speicherzugriffe innerhalb der Pages von der Adreßübersetzung zu trennen. Wir haben dafür einen HW-Monitor entworfen, der die Speicherzugriffe nebenläufig und unabhängig von einer vorhandenen MMU überprüft und nur in Ausnahmefällen das System beeinflußt. Durch die weitgehende Unabhängigkeit von den MMUs ist diese Einheit relativ einfach in jedes System zu integrieren.

Im folgenden gehen wir zuerst näher auf die Möglichkeiten der Durchsetzung des Zugriffsschutzes für kleine Segmente in konventionellen Rechnern ein. Im Abschnitt 3 stellen wir das Konzept unseres Hardware-Monitors dar. Die mit seiner Verwaltung verbundenen Probleme werden im Abschnitt 4 betrachtet. Im Abschnitt 5 wird sein Entwurf vorgestellt. Die unterschiedlichen Mikroprozessoren besitzen verschiedene Funktionalität (On-Chip-MMU, On-Chip-Caches), wodurch die Integration des Monitors in verschiedene Systeme auf einige Probleme stößt. Diese werden im Abschnitt 6 abgehandelt. Die Arbeit schließen wir mit der Darlegung der Vorteile des Monitor-Konzeptes gegenüber anderen Ansätzen und einem Ausblick.

2. Kontrolle kleiner Segmente in existierenden Systemen

In diesem Abschnitt befassen wir uns mit zwei in Frage kommenden Alternativen für die Unterstützung kleiner Speichersegmente in existierenden Systemen und begründen, warum sie nicht effizient sind.

Eine Lösung für die Bereitstellung von Segmenten stellen die Mikroprozessoren i80386/486 [Int-86] mit ihrem Segmentierungs-Mechanismus dar, der die Benutzung von Segmenten beliebiger Größe bis 4 Gbytes erlaubt. Diese Prozessoren bieten aber eine durch die Breite des Segment-Indexes beschränkte Anzahl der möglichen Segmente in einer Zugriffsumgebung (8k global und 8k lokal) und eine durch die Segment-Register stark eingeschränkte Anzahl der direkt zugreifbaren Segmente an (maximal 6, aber in der Regel nur 3: ein Code-, ein Data- und ein Stack-Segment). Dies ist für eine konventionelle Anwendung meistens auch ausreichend (z.B. bei UNIX benutzt eine Task grundsätzlich nur 3 bis 4 Segmente). Ein Working Set einer objektorientierten Anwendung beinhaltet dagegen eine wesentlich größere Anzahl der unabhängigen Segmente. Solche Anwendungen verursachen auf i80386/486 wegen der häufigen Umspeicherung der Segment-Register einen großen Verwaltungsaufwand. Eine Erweiterung der Architektur dieser Prozessoren um zusätzliche Segment-Register stellt auch keine wirkliche Alternative für ihre Anpassung an objektorientierte Systeme dar. Abgesehen von den Kosten einer großen Anzahl schneller On-Chip-Register würde ihre Verwaltung bei Prozeßwechseln und die notwendige Verlängerung aller virtuellen Adressen zur Verlangsamung des Systems führen.

Eine Möglichkeit, die Kontrolle kleiner Speicherbereiche in einer seitenorientierten Speicherverwaltung durchzusetzen, ist die Verkleinerung der Seiten auf 256 oder 512 Bytes, was z.B. die MMUs von Motorola in 680x0 [Mot-87] ermöglichen, und die Unterbringung eines Objektes pro Page. Dann sind aber alle Pages so klein. Dies führt zu einem großen Leistungsverlust durch wesentlich längere Table-Walks, die notwendige Verwaltung größerer Tabellen und größeren Aufwand beim Austausch der Pages mit der Festplatte. Dazu fällt dann die Speicherausnutzung (Verhältnis der Größe der Nutzdaten zum verbrauchten Speicherplatz) aufgrund der internen Fragmentierung schlechter aus als beim Packen mehrerer Objekte auf eine Page, da wegen der variablen Objektgröße auf Pages viel Platz ungenutzt bleibt.

Somit stellen die beschriebenen Alternativen keine zufriedenstellende Lösung dar, insbesondere, da sie auf die zwei Mikroprozessor-Familien beschränkt sind. Ohne ein neues Konzept für die HW-Erweiterung der vorhandenen Rechner läßt sich das Problem, die Korrektheit der Speicherzugriffe auf kleine Objekte zu sichern, nur sehr ineffizient lösen.

3. Konzept eines Hardware-Monitors

Unsere HW-Einheit stellt einen Monitor dar, der die Aufgabe hat, die Speicherzugriffe zu kontrollieren, ohne direkt in den Adressierungspfad eingebunden zu sein. Er überprüft die Speicherzugriffe nebenläufig und unabhängig von einer vorhandenen MMU. Nur im Falle einer Ausnahmesituation greift er aktiv in das System ein. Die weitgehende Unabhängigkeit von einer MMU ermöglicht eine einfache Integration des Monitors in unterschiedliche Systeme. Seine Anbindung zeigt die Abb. 1.

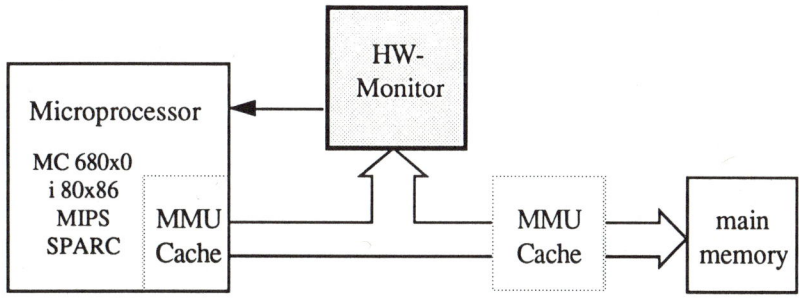

Abb. 1: Die Integration des HW-Monitors in existierende Systeme

Der Monitor ist an den externen Bus des Prozessors angeschlossen. Bei jedem Speicherzugriff liegt auf diesem Bus eine Adresse, die entweder eine virtuelle Adresse oder falls sie schon durch die On-Chip-MMU übersetzt wurde, eine physikalische ist. In beiden Fällen identifiziert sie jedoch eindeutig ein Speichersegment, ohne daß sie ein Segment-ID beinhaltet. Wir gehen dabei davon aus, daß die Generierung dieser Adresse in der Software (Compiler, Laufzeit- und Betriebssystem) und evtl. in der MMU korrekt durchgeführt wurde.

Der Monitor besitzt für jedes zu schützende Segment einen Satz von Informationen bzgl. seiner Basisadresse, Größe und Zugriffsrechte, der als Eintrag bezeichnet wird. Aufgrund der Adresse auf dem Speicherbus und der Art des Zugriffs (Read/Write/Execute), die auch auf dem Bus zu erkennen ist, führt der Monitor die notwendigen Prüfungen durch. Um die Funktionsweise des Monitors näher zu beschreiben, stellen wir in der Abb. 2 die einfachste Realisierung des Monitors mit einem Eintrag vor.

Zur Vereinfachung der Realisierung haben wir angenommen, daß für ein Segment, das über die Seitengrenzen hinausgeht, jeweils eine getrennte Eintragung für jede von ihm benutzte Seite erfolgt. Ein Eintrag besteht dann aus der Seitenadresse, dem unteren und oberen Offset innerhalb dieser Seite, den Zugriffsrechten sowie einem Valid-Bit. Er wird in einem Register abgespeichert. Bei jedem Speicherzugriff wird einmal durch den Vergleich auf Gleichheit festgestellt, ob die Eintragung für die zugegriffene Seite gültig ist. Nebenläufig dazu wird überprüft, ob der Offset der Adresse innerhalb der Segmentgrenzen liegt und ob die Zugriffsrechte nicht verletzt sind. Falls eine dieser Bedingungen nicht erfüllt ist, wird ein Fehler angezeigt und seine Beschreibung in einem Register abgespeichert. Ein fehlender Eintrag im Monitor bzw. ein falscher Zugriff führen somit zum Abbruch des aktuellen Speicherzugriffes und zum Start einer Ausnahmesituation-Behandlung.

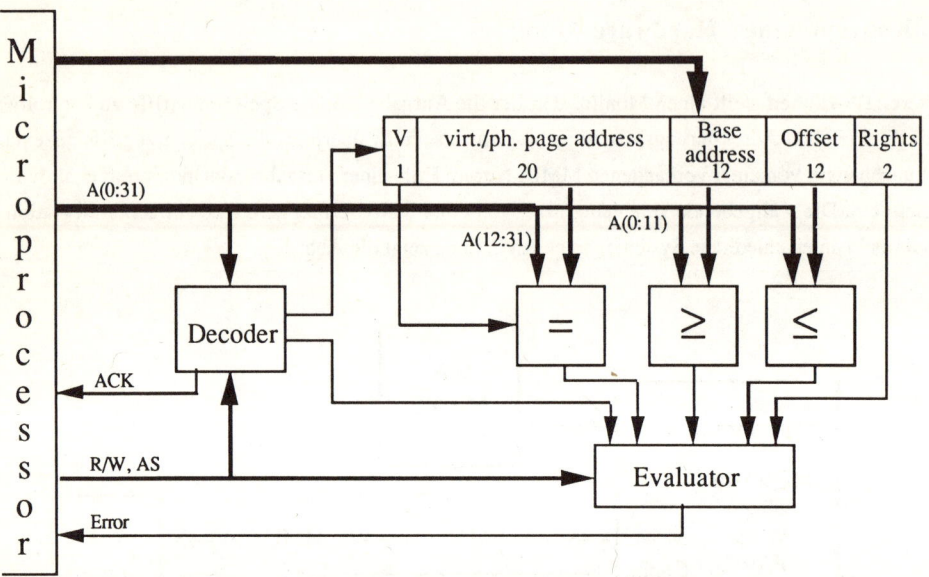

Abb. 2: Blockschaltbild des Monitors mit einem Eintrag

In diesem Abschnitt haben wir den Monitor mit einem Eintrag beschrieben, um das Konzept zu erläutern. Der eigentliche Entwurf unseres Monitors wird im Abschnitt 5 vorgestellt. Er besitzt eine große Anzahl von Einträgen. Auf die Probleme bei der Integration des Monitors, die durch die Attribute der modernen Mikroprozessoren, wie On-Chip-MMU und On-Chip-Caches auftreten können, gehen wir im Abschnitt 6 ein.

4. Verwaltung des HW-Monitors

Zur Überwachung der Zugriffe zu Speichersegmenten benötigt der Monitor die Adressen der Segmentgrenzen und die Zugriffsrechte. Diese Informationen muß entweder das Betriebs- oder das Laufzeitsystem an den Monitor weiterleiten. Er wird also vom Mikroprozessor geladen. Die schnellste und einfachste Methode, die Daten zwischen dem Prozessor und dem Monitor auszutauschen, ist es, wenn der Prozessor auf den Monitor wie auf seinen Arbeitsspeicher zugreift. Dazu muß für den Monitor ein individueller Bereich im Adreßraum des Prozessors reserviert werden und in die Zugriffsumgebung des Prozesses (Kontext), der den Monitor verwaltet, abgebildet werden. Alle Speicherzugriffe mit Adressen aus diesem Bereich werden vom Monitor als Zugriffe auf ihn interpretiert. Der Monitor wird somit mit expliziten Schreibzugriffen auf die entsprechenden Speicheradressen geladen. Diese Vorgehensweise ist in fast allen Systemen realisierbar. Eine Ausnahme ist nur denkbar, wenn kein freier Adreßbereich vorhanden sein sollte. Dann können die Zugriffe zum Monitor als I/O bzw. Coprozessor-Operationen realisiert werden. Daraus resultiert die Forderung nach einer flexiblen Schnittstelle des Monitors.

Im Falle, daß der Monitor einen Fehler gemeldet hat, braucht die Software, die diese Situation behandelt, seine Beschreibung. Dazu wird der Monitor vom Prozessor ausgelesen.

Bei der Verwaltung des Monitors sind zwei Voraussetzungen zu erfüllen. Erstens muß sichergestellt werden, daß die Zugriffe zum Monitor geschützt sind und nur durch privilegierte Operationen ausgeführt werden dürfen. Zweitens soll diese Verwaltung die Leistung des Systems möglichst wenig beeinträchtigen. Zwischen diesen zwei Forderungen besteht ein Trade-Off.

Es ist zwischen einer geschützten Operation und einem geschützten Zugriff auf den Monitor zu unterscheiden. Der Zugriff zum Monitor ist sicher, wenn der Monitor selbst erkennen kann, daß er durch eine privilegierte Operation ausgeführt wurde. Diese Forderung wird am einfachsten erfüllt, wenn die Verwaltung des Monitors nur im System-Modus erlaubt wird, da die Operationen im System-Modus als sicher anzunehmen sind und sie bei den meisten Prozessoren auf ihrem externen Bus angezeigt werden. Dieser Modus wird entweder durch eine Ausnahmesituation oder durch einen System-Call erreicht. Eine Ausnahmesituation ergibt sich aufgrund eines fehlenden Eintrages im Monitor. Ihre Behandlung verursacht jedoch einen großen Aufwand bei jeder Eintragung. Dieser läßt sich stark reduzieren, wenn das Laden des Monitors mit den Angaben über ein Segment vor dem Zugriff auf dieses Segment erfolgt. Diese Operation muß aber geschützt werden, indem sie als System-Call ausgeführt wird. Da auch die Invoke-Operation, mit der die Ausführung einer typspezifischen Operation auf einem Objekt ausgelöst wird, als privilegierte Operation realisiert werden muß, bietet sich an, das Laden des Monitors als Teil dieser Operation zu implementieren. Dann beträgt der zusätzliche Aufwand für das Laden nur einige Speicherzugriffe.

Um den Aufwand des Aufrufs eines System-Calls für die Invoke-Operation zu sparen, wird sie in einigen objektorientierten Systemen im User-Modus ausgeführt. In einem solchen Fall kann der Schutz durch die Notwendigkeit des Vorzeigens eines "Schlüssels" erreicht werden. Dieser kann z.B. eine von dem Kern veränderbare Adresse des Monitors sein. Das Raten dieser Adresse wird unterbunden, indem nach einem unerlaubten Ladezugriff diese Operation abgebrochen wird und entsprechende Maßnahmen eingeleitet werden. Diese Lösung kann auch beim Anschluß an Prozessoren, die den System-Modus auf ihrem externen Bus nicht anzeigen, benutzt werden.

Die Aufgabe der Verwaltung des Monitors kann entweder das Betriebs- oder das Laufzeitsystem übernehmen. Darauf gehen wir in dieser Arbeit nicht näher ein.

5. Entwurf des Monitors

Der im Abschnitt 3 beschriebene Monitor mit einem Eintrag läßt sich zwar nach sehr einfachen Strategien verwalten, der Aufwand dafür ist jedoch sehr groß. Der Monitor muß nämlich bei jedem Zugriff auf ein anderes Segment erneut geladen werden. Diese Situation kommt bei einer objektorientierten Anwendung sehr oft vor. Seine Trefferrate ist daher vergleichsweise gering: 45 - 60% [Cza-87]. Da der Wechsel des Zugriffs von einem auf ein anderes Objekt nicht explizit angezeigt wird, ist er nur durch einen fehlenden Eintrag erkennbar. Die dann jedesmal auszuführende Behandlung der Ausnahmesituation verursacht einen großen Aufwand. Die Implementierung des Monitors mit einem Eintrag ist somit wegen des großen Verwaltungsaufwandes beim Laden nicht zu empfehlen. Dieser Einsatz würde aus Effizienzgründen die Verwendung des Segment-Mechanismus beim i80x86 nicht übertreffen können.

Wir haben daher einen Monitor entworfen, der Einträge für eine große Anzahl von Segmenten abspeichert, so daß der Working Set einer Anwendung unterstützt werden kann und in der Regel kein erneutes Laden notwendig ist. In einer Anwendung gibt es sowohl Segmente, die durch den Monitor überwacht werden müssen, als auch solche, die schon ausreichend durch die Kontrolle der Seiten in der MMU geschützt werden. Der Monitor muß aber Einträge für die ganze Zugriffsumgebung besitzen, da sonst die Kontrolle der Segmente, deren Einträge aufgrund Platzmangels im Monitor verdrängt wurden, nicht gewährleistet werden kann. Wenn für eine Adresse kein Eintrag vorhanden ist, kann der Monitor nicht entscheiden, ob eine erneute Eintragung notwendig ist oder ob das zugegriffene Segment nicht überwacht werden soll. Das Verdrängen von Einträgen läßt sich auch nicht vermeiden, da die Anzahl der Segmente in einem Kontext beliebig groß sein kann. Maßnahmen, die die Erkennung des Fehlens eines Eintrages und eine erneute Eintragung realisieren, verursachen einen unangemessen großen zusätzlichen Aufwand.

Eine große Anzahl von Einträgen läßt sich mit einem schnellen Speicher bereitstellen. Bei einem Speicherzugriff muß dann ein Eintrag für das zugegriffene Segment selektiert werden. Dafür ist ein sequentielles Durchsuchen aller Einträge zu langsam. Die schnellste Methode ist die Auswahl eines Eintrages mit Hilfe der zu überprüfenden Adresse. Dies ist unproblematisch, solange nur ein Eintrag pro Seite benötigt und die Seitenadresse für die Adressierung benutzt wird. Die Bereitstellung mehrerer Einträge pro Seite bereitet aber schon große Schwierigkeiten. Da die einzelnen Segmente einen beliebigen Platz auf einer Seite einnehmen können, ist bei mehreren Segmenten auf einer Seite eine eindeutige Auswahl eines Segment-Eintrages aufgrund der Adresse nicht mehr möglich. Um mehrere Einträge pro Seite zu erlauben, von denen einer schnell selektiert und überprüft wird, müßte der Monitor für jedes Segment der Seite parallel vergleichen können, ob eine angegebene Adresse in den Segmentgrenzen liegt. Dafür wäre eine von der Anzahl der pro Seite zu unterstützenden Segmente abhängige Zahl von Speicherbänken und Vergleichswerken notwendig. Der Monitor dieser Art benötigt somit einen großen Hardware-Aufwand, insbesondere weil die einzelnen Einträge relativ lang sein müssen. Er ist auch durch die feste Anzahl der Segment-Einträge pro Seite sehr unflexibel.
Daher haben wir einen anderen Ansatz für die Bereitstellung mehrerer Einträge pro Seite gewählt, der die Plazierungfreiheit der Segmente innerhalb der Seiten einschränkt. Bei unserem Entwurf sind wir von der Verwendung der auf dem Markt angebotenen Speicher-Bausteine ausgegangen. Das Blockschaltbild dieses Monitors zeigt die Abb. 3. Die Auswahl und die Benennung der Leitungen entspricht dem Anschluß an die Mikroprozessoren MC 680x0.

In unserem Ansatz werden die Seiten (hier 4 Kbytes) in Blöcke mit einer festen Größe von 64 Bytes aufgeteilt. Segmente können eine beliebige Anzahl dieser Blöcke belegen. Der Status eines jeden Blocks wird durch zwei Bits in dem Teil 'Block-Map' abgespeichert. Sie geben die Zugriffsrechte für diesen Block an (No Access, Read Only, Write, Execute Only). Mit Hilfe von 256k Einträgen, wofür zwei RAM-Bausteine 256k x1 benötigt werden, kann somit die Belegung im Speicher der Größe von 16 Mbytes festgehalten werden. Da der Adreßraum größer ist, muß die Zuordnung einer Adresse zu einem Eintrag überprüft werden. Dazu dient der Teil 'Tag&Match', der diese Kontrolle auf der Basis von Seiten durchführt. Dadurch braucht er deutlich weniger Einträge. Er besteht aus einem schnellen RAM-Speicher mit 4k Einträgen, in dem ein Valid-Bit, die 12 MSBits der Seitenadresse und die 6 MSBits des Prozeß-IDs als Tag abgelegt werden, und einem integrierten Komparator zur Trefferermittlung. Er ist als Baustein vorhanden. Jeder Eintrag in 'Tag&Match' enthält noch ein Clusterpage-Bit zur Feststellung, ob auf dieser Seite kleine Segmente abgelegt sind. Nur für diese Seiten wird auch der adressierte Eintrag in 'Block-Map' ausgewertet. Im Gegensatz zu 'Tag&Match', der Einträge für die Seiten der ganzen Zugriffsumgebung festhält, braucht so 'Block-Map' Einträge nur für die Blöcke zu enthalten, die mit den zu schützenden Segmenten belegt sind.

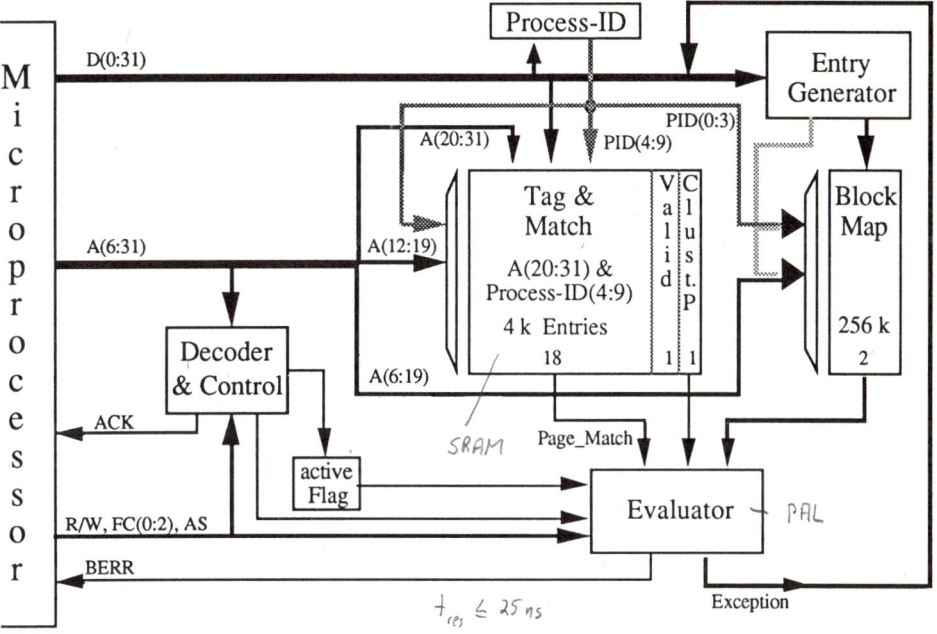

Abb. 3: Blockschaltbild des Monitors

Bei einem Speicherzugriff wird nebenläufig ein Eintrag in 'Tag&Match' und einer in 'Block-Map' adressiert und ausgewertet. Ein Fehler tritt auf, falls in 'Tag&Match' kein gültiger Seiteneintrag vorhanden ist oder für eine Clusterpage die im Eintrag in 'Block-Map' angegebenen Rechte verletzt wurden. Dann setzt der Monitor ein Buserror-Signal (BERR), mit dem der aktuelle Speicherzugriff abgebrochen wird. Die Generierung dieses Signals kann bei der Verwendung der existierenden Bausteine unterhalb von 25ns erfolgen (eine Stufe der SRAM-Bausteine: 15ns + ein PAL-Baustein: 8ns), so daß die Zeitbedingungen der z.Zt. schnellsten Mikroprozessoren erfüllt sind und eine Verzögerung des Speicherzugriffs nicht notwendig ist. Für Mikroprozessoren, die dieses Signal nicht vorsehen, wird zum Anzeigen eines Fehlers eine unmaskierte Unterbrechung verwendet.

Der Monitor unterstützt mehrere Prozesse. Er speichert dafür in einem Register den Prozeß-ID (PID) des aktiven Prozesses und in jedem Eintrag in 'Tag&Match' die 6 MSBits von PID des Prozesses, in dem dieser eingetragen wurde. Die 4 LSBits werden für die Adressierung der Einträge verwendet, wodurch die Einträge in 16 gleiche Bereiche aufgeteilt werden. Durch solche Bildung der Adressen können für objektorientierte Anwendungen bessere Trefferraten erzielt werden [Cza-87]. Bei jedem Zugriff werden die 6 MSBits aus dem PID-Register mit dem entsprechenden Teil des adressierten Eintrages verglichen, wodurch die eindeutige Zuordnung eines Eintrages zu einem Prozeß gesichert wird. Somit müssen Einträge eines suspendierten Prozesses nicht gelöscht werden, sondern können nach seiner Aktivierung wieder benutzt werden, vorausgesetzt, sie wurden bis dahin nicht durch Einträge anderer Prozesse verdrängt. Auch das Löschen der Einträge eines terminierenden Prozesses ist nicht notwendig, da neue Prozesse einen freien PID bekommen. Nachdem alle PID vergeben wurden, werden die Einträge auf einmal gelöscht. In einem Multitasking-System kann dadurch der Verwaltungsaufwand sehr stark reduziert werden.

Anwendungen, die die Eigenschaften des Monitors nicht nutzen, sollen durch seine Integration in ein System keine Leistungseinbußen erleiden müssen. Der Monitor wird für sie ausgeschaltet. Dafür haben wir ein 'active Flag' vorgesehen. Um eine unbefugte Deaktivierung des Monitors zu verhindern, muß sichergestellt werden, daß das 'active Flag' nur durch eine privilegierte Operation modifiziert werden darf. Die Entscheidung, ob der Monitor aktiviert oder deaktiviert werden soll, wird jeweils beim Prozeß-Wechsel getroffen. Der Schutz dieser Operation ist durch ihre Ausführung im Kern garantiert. Um den Aufwand bei der Verwaltung des Monitors noch weiter zu verringern, kann die Überwachung auf Zugriffe im User-Modus beschränkt werden.
Die Verwendung der 'Block-Map' hat zur Folge, daß für ein großes Segment viele Einträge gemacht werden müssen. Um zu vermeiden, daß der Prozessor dafür mehrere Schreibzugriffe ausführen muß, haben wir eine einfache Schaltung, den 'Entry Generator' entworfen, der die Eintragungen in 'Block-Map' automatisch anhand der Segmentgrenzen durchführt.

Der vorgestellte Monitor unterstützt bis 64 Segmente pro Seite. Er kann gleichzeitig Einträge für mehrere Zugriffsumgebungen mit einer Größe bis 1 Mbytes festhalten, so daß sehr hohe Trefferraten zu erwarten sind (über 99% [Cza-87]). Er läßt sich mit relativ kleinem Hardware-Aufwand implementieren (10 Standard-Chips). Seine Antwortzeiten sind so kurz, daß auch die schnellsten Mikroprozessoren ohne Verzögerung ihrer Speicherzugriffe überwacht werden können. Zu einer Mehrbelastung des Systems kommt es nur wegen der Notwendigkeit der Verwaltung des Monitors (Laden als ein Teil der Invoke-Operation, Behandlung der Ausnahmesituationen, Aktualisierung bei Prozeß-Wechsel). Wir schätzen sie auf unter 10%. Durch die Aufteilung der Seiten in Blöcke muß eine geringfügige Verschlechterung der Speicherausnutzung wegen interner Fragmentierung der Blöcke in Kauf genommen werden. Die Verletzung der Segmentgrenzen innerhalb eines Blocks läßt sich nicht erkennen, wodurch aber kein Nachteil im Hinblick auf die Sicherheit entsteht, da ein Block stets zu einem Segment gehört.

6. Integration des Monitors in unterschiedliche Mikroprozessor-Systeme

Beim Entwurf des Monitors haben wir das Ziel verfolgt, daß er in möglichst vielen Systemen einsetzbar sein sollte. Die modernen Mikroprozessoren sind mit On-Chip-MMU und On-Chip-Caches ausgerüstet. Dadurch werden auf dem externen Prozessorbus physikalische Adressen benutzt und die einzelnen

Speicherzugriffe sind nicht mehr sichtbar. Im folgenden stellen wir dafür grob die Lösungsansätze vor, da die Einzelheiten stark von der Art des Mikroprozessors abhängen.

1) On-Chip-MMU

Falls die MMU auf dem Mikroprozessor-Chip integriert ist, sind für den Monitor auf dem externen Bus nur physikalische Adressen sichtbar. Zur Überprüfung dieser Adressen muß er also mit den physikalischen Segmentgrenzen geladen werden. Die dafür verantwortliche Routine kennt aber nur die virtuellen Adressen. Für dieses Problem gibt es abhängig von der Funktionalität des Mikroprozessor-Chips zwei Lösungen. Falls die einer virtuellen Seitenadresse zugeordnete physikalische Adresse aus dem TLB (Translation Lookaside Buffer, z.B. R3000) auslesbar ist, kann diese Operation vor dem Laden des Monitors zur Ermittlung der physikalischen Segmentgrenzen benutzt werden. Dabei reicht die physikalische Seitenadresse, da der Offset innerhalb der Seiten durch die Adreßübersetzung unverändert bleibt. In der zweiten Lösung wird dem Monitor durch einen expliziten Zugriff angekündigt, daß der nächste Zugriff auf die Grenzadresse eines zu überwachenden Segments erfolgt. Der Monitor braucht dann für die Eintragung nur die auf dem Bus gesetzte physikalische Adresse zu übernehmen. Die Ausführung dieser beiden Zugriffe muß atomar stattfinden. Der Monitor muß diese Art des Ladens unterstützen. Die Wahl einer der beiden Alternativen hängt davon ab, ob für einen Prozessor die Ermittlung der physikalischen Seitenadresse oder die Durchsetzung der Atomarität einfacher ist. Es muß dafür gesorgt werden, daß die Monitoradressen vom TLB nicht übersetzt werden.

2) On-Chip-Caches

Ein zweites Problem bei der Monitor-Integration tritt bei der Benutzung von On-Chip-Caches auf, weil die einzelnen Speicherzugriffe für den Monitor nicht mehr sichtbar sind. Er kann die Speicherzugriffe nur beim Laden der Caches und beim Zurückschreiben der Daten kontrollieren. Das Laden der Caches erfolgt in Blöcken fester Größe, sog. 'Lines', deren Größe typischerweise 16 Bytes beträgt. Da sie kleiner als die Größe der durch den Monitor überwachten Blöcke (64 Bytes) ist, gehen Lines nicht über die Blockgrenzen hinaus, so daß für alle Adressen einer Line der gleiche Eintrag im Monitor gilt. Beim Laden lassen sich daher die Segmentgrenzen problemlos kontrollieren. Daran ändert auch die Übertragung der Daten im Burst-Modus nichts, in dem die Adresse pro Line nur einmal gesetzt wird.

Schwieriger ist die Überwachung der Zugriffsrechte. Wir gehen hier davon aus, daß die Verwaltung der On-Chip-Caches richtig implementiert ist, so daß z.B. die gemeinsame Benutzung von Daten im Cache in mehreren Prozessen nicht möglich ist. Solange für eine ganze Seite nur Lesezugriffe erlaubt sind werden Schreibzugriffe durch die MMU verhindert. Wenn dagegen für eine Seite Schreibrechte eingetragen sind, muß der Schutz vor Schreibzugriffen für die einzelnen Segmente innerhalb dieser Seite durch den Monitor erfolgen. Ob auf ein Segment unerlaubt ein Schreibzugriff erfolgt ist, kann der Monitor erst beim Zurückschreiben der Daten vom Cache in den Arbeitsspeicher erkennen. Solange ein Cache im 'Write-Through'-Modus betrieben wird, sind die Schreibzugriffe für den Monitor direkt sichtbar und er kann sie verhindern. Wenn der Cache nach dem 'Write Back'- oder 'Buffered Write Through'-Prinzip arbeitet, wird das Zurückschreiben der veränderten Daten verzögert, so daß inzwischen noch andere Operationen stattgefunden haben konnten. Dann kann der Abbruch wegen der Erkennung eines fehlerhaften Zugriffs zu einem inkonsistenten Zustand der Anwendung führen und es muß mit einem erhöhten Aufwand bei seiner Wiederherstellung gerechnet werden.

Für die On-Chip-Caches muß beachtet werden, daß die Zugriffe zum Monitor nicht in den Caches hängenbleiben. Der Adreßbereich des Monitors muß als 'non-cacheable' deklariert werden.

7. Zusammenfassung und Ausblick

Das Problem der Überwachung der Zugriffe zu kleinen Speichersegmenten wurde in der Vergangenheit stark vernachlässigt, gewinnt aber insbesondere in objektorientierten Systemen an Bedeutung. Immer mehr Anwender sind bereit, dafür auch Leistungseinbußen und höhere Kosten ihres Systems in Kauf zu nehmen. In dieser Arbeit haben wir den von uns dafür entworfenen Monitor vorgestellt. Innovativ bei diesem Einsatz ist es, die Prüfung der Speicherzugriffe von der Adreßübersetzung, die von den konventionellen MMUs durchgeführt wird, zu trennen. Dies hat den Vorteil, daß diese Kontrolle keine Verlangsamung der Speicherzugriffe verursacht und unser Monitor einfach in existierende Systeme auf der Basis unterschiedlicher Prozessoren zu integrieren ist. Der Aufwand für seine Verwaltung ist relativ gering. Das wird erreicht, indem einerseits er Einträge für mehrere große Zugriffsumgebungen abspeichert, so daß sehr hohe Trefferraten erreicht werden (über 99%) und andererseits die Eintragungen als ein Teil anderer privilegierter Operationen (z.B. Invoke) vor dem ersten Zugriff auf ein Objekt durchgeführt werden. Für die Implementierung der Verwaltungsoperationen ist in der Regel keine Änderung der vorhandenen Software wie Betriebs- und Laufzeitsystem, sondern nur eine Erweiterung notwendig.

Unser Monitor kann als ein kleines Board diskret mit mehreren Standard-Chips oder als ein VLSI-Chip realisiert werden. Dieses Board bzw. der Chip können an den externen Bus eines konventionellen Mikroprozessors angeschlossen werden. Diese Vorgehensweise wird bei der Verwendung externer (Off-Chip) Caches praktiziert. Das Konzept des Monitors eignet sich auch gut für seine Integration innerhalb der On-Chip-MMU eines Mikroprozessors. Durch seine Anbindung an die vorhandene MMU braucht er nicht mehr die Treffer für Seiten zu ermitteln. Dies macht schon der vorhandene TLB. Da die On-Chip-TLBs relativ klein sind, braucht er dann auch wesentlich weniger Einträge für das Festhalten der Belegung der Speicherblöcke zu haben. Dadurch wird seine Komplexität stark reduziert, so daß er akzeptabel wenig Chip-Fläche beanspruchen wird (z.B. 8 Kbit RAM-Speicher bei einem TLB mit 64 Einträgen).

Das HW-Design des Monitors ist abgeschlossen und wir werden einen Prototyp implementieren. Der gegenwärtige Schwerpunkt unserer Arbeit liegt in der Prüfung, wie der Monitor durch Betriebssysteme, die Objekte bereitstellen, genutzt werden kann, so daß selbständige kleine Objekte bereitgestellt werden. Es ist geplant, den Monitor zu emulieren, um die Kosten der erhöhten Sicherheit in Form des Leistungsverlustes durch seine Verwaltung genauer ermitteln zu können. Wir arbeiten daran, den Monitor auch für andere Aufgaben zu verwenden. Er kann einfach zu einer Erweiterung der Funktionalität des Systems, wie z.B. die Synchronisation der gemeinsamen Benutzung von Objekten, benutzt werden, wofür in anderen Systemen großer Aufwand betrieben werden muß. Durch die Überwachung der Speicherzugriffe kann er auch einen großen Teil der Hardware-Fehler [MQS-90] erkennen. Wir haben vor, seinen Einsatz für die Fehlererkennung näher zu untersuchen.

8. Literatur

Coc-91   P. Cockshott
          Evaluation of an Objekt Oriented Computer, Final Report on Rekursiv Project
          Tech. Report: Dept of Computer Science, University of Strathclyde, 1991

Com-91   Comandos Consortium
          A Guide to the Comandos Platform; Description of Comandos-2 Architecture
          Esprit Project 2071 - Deliverable D1-T2.2, March 1991

Cza-87   K. Czaja
          Entwurf eines Translation Lookaside Buffers für objektorientierte Architekturen
          GMD-Studie Nr. 117, GMD, St. Augustin, 1987

DLA-87   P. Dasgupta, R.J. LeBlanc Jr., W.F. Appelbe
          The Clouds Distributed Operating System
          Functional Description, Implementation Details, and Related Work
          Tech. Report: GIT-ICS-87/42, GIT, Georgia, 1987

Har-88   D.M. Harland
          REKURSIV - Object-Oriented Computer Architecture
          Ellis Horwood, 1988

Int-81   Intel iAPX432 General Data Processor Architecture Reference Manual
          Intel Corp., Aloha, Oregon, 1981

Int-86   Intel: 80386 Hardware Reference Manual
          Intel Corp., Santa Clara, California, 1986

JCD-79   A.K. Jones, R.J. Chansler, I. Durham, K. Schwans, S.R. Vegdahl
          StarOS, a Multiprocessor Operating System for the Support of Task Forces
          Proc. 7th Symposium on Operating System Principles, 1979

Kah-81   Kahn et al
          iMAX: A Multiprocessor Operating System for an Object-Based Computer
          Proc. 8th Symp. on Principles on Oper Syst., Dec. 1981

Kai-88   J. Kaiser
          MUTABOR, A Coprocessor Supporting Memory Management
          in an Object-Oriented Architecture
          IEEE Micro, Vol. 8, No. 5, October 1988, 30-46

Kee-89   J.L. Keedy
          The MONADS-PC System
          Universität Bremen, Institut für Mathematik und Informatik, Juni 1989

Mot-87   Motorola: MC68030 Enhanced 32-Bit Microprocessor User´s Manual
          Motorola Inc., 1987

MQS-90   H. Madeira, G. Quadros, J. Silva
          Experimental evaluation of a set of simple error detection mechanisms
          Microproc. and Microprogra., Vol. 30, Aug. 1990, 513-520

Ung-84   D. M. Ungar
          Generation Scavenging: A Non-disruptive High Performance Storage Reclamation Alg.
          ACM Software Eng. Notes/SIGPLAN Notices, Software Eng. Symp. Practical Soft.
          Development Environments, Pittsburgh, 1984, 157-167

WLH-81   W.A. Wulf, R. Levin, S.P. Harbinson
          HYDRA/C.mmp: An Experimental System
          McGraw-Hill, 1981

Autonome Replikationssteuerung für verteilte Systeme

Franz Vojik und Uwe M. Borghoff *

Institut für Informatik, Technische Universität München
Postfach 20 24 20, D–8000 München 2

Überblick — Durch die Replikation von Dateien kann die Verfügbarkeit und in eingeschränktem Maße die Leistung eines verteilten Dateisystems erhöht werden. Aufwendige Synchronisationsverfahren und ein erhöhter Aufwand während des Mehrkopien-Schreibzugriffs setzen einem hohen Replikationsgrad allerdings Schranken. Es ist daher sinnvoll, den Replikationsgrad nicht statisch festzulegen, sondern ihn dynamisch anzupassen. In dieser Arbeit wird eine Methode vorgestellt, bei der die einzelnen Rechner autonom über den Grad der Replikation entscheiden. Ferner werden die notwendigen Algorithmen erläutert und deren Korrektheit gezeigt.

Computing Reviews Classification — C.2.4, D.4.3, D.4.5, D.4.7, H.2.4

1 Einleitung

Verteilte Dateisysteme spielen eine immer wichtiger werdende Rolle innerhalb der Informatik. Hohe Installationszahlen von Lokalen Rechnernetzen auf der einen Seite, und der immer breitere Einsatz von Weitverkehrsnetzen auf der anderen Seite, führten in den letzten Jahren zu einer Flut von verteilten Dateisystemprojekten. In [7] sind mehr als hundert solche Projekte katalogisiert.

Vorteile von verteilten Dateisystemen gegenüber zentraler Datenhaltung sind die Verfügbarkeit der Dateien und in eingeschränktem Maße die Leistung im System. Durch eine Vervielfältigung (*replication*) von Dateien kann die Verfügbarkeit drastisch erhöht werden, da die Wahrscheinlichkeit, noch mindestens eine Kopie zu erreichen, steigt, je mehr Kopien von einer Datei existieren. Die Leistung sinkt bei schreibenden Zugriffen, da der Aufwand für den Mehrkopien-Schreibzugriff mit dem Replikationsgrad wächst.

Unglücklicherweise treten in einem verteilten System u.a. folgende zwei Fehlertypen auf. Einzelne Rechner können abrupt abstürzen und somit jede aktuelle Bearbeitung beenden. Ferner ist der zugehörige Arbeitsspeicherinhalt nicht mehr zugänglich. Der zweite Fehlertyp ist der Ausfall der Kommunikationsverbindung. Ein Leitungsrauschen bzw. ein temporärer Ausfall von einzelnen Kommunikationskomponenten können hierzu die Ursache sein. Besonders problematisch beim Ausfall der Kommunikationsverbindung ist das Entstehen einer Partitionierung des Netzes, da Rechner einer Partition i.a. nicht unterscheiden können, ob die Rechner der anderen Partition ausgefallen sind oder ob nur die Verbindung zu ihnen unterbrochen wurde. Handelt es sich um ein verteiltes System mit Replikation, muß z.B. sichergestellt werden, daß höchstens in einer Partition schreibend auf die Dateien zugegriffen werden kann. Eine der wichtigsten Forderungen an ein verteiltes System mit Replikation ist nämlich die gegenseitige Konsistenz der Dateien (*mutual consistency*).

Äußerst beliebt ist der Einsatz von Votierungsverfahren zur Nebenläufigkeitskontrolle. Bei den Votierungsverfahren erhält jeder Rechner ein Stimmrecht für seine Dateien. Um konkurrierende Zugriffe und andere kritische Operationen auf allen beteiligten Rechnern korrekt zu synchronisieren, wird vor der Durchführung einer solchen Operation eine Abstimmung (*voting*) initiiert. Erhält der

---

*e-mail: {vojik,borghoff}@informatik.tu-muenchen.de

Zugreifer eine notwendige Mehrheit an Stimmen, das sogenannte *Quorum*, so kann seine Operation korrekt durchgeführt werden. Ein positives Votum für konkurrierende Zugriffe darf selbstverständlich jeweils nur ein Zugreifer erhalten. Eine Übersicht über die dazu notwendigen Steuerungsmechanismen für eine Vielzahl unterschiedlicher Votierungsverfahren findet sich in [5].

Abschnitt 2 resümiert die bisherigen Arbeiten auf dem Gebiet der replizierten verteilten Dateisysteme unter besonderer Beachtung der autonomen Replikationssteuerung. In Abschnitt 3 stellen wir unsere Methode zur dynamischen Veränderung des Replikationsgrads vor und zeigen in Abschnitt 4 deren Korrektheit. Abschnitt 5 schließlich faßt die Ergebnisse zusammen.

2 Bisherige Arbeiten

In [3] stellen Barbara *et al.* die autonome Erhöhung bzw. Verminderung der Stimmenzahl beim sogenannten *Dynamischen Votieren* vor. Nach Ausfällen oder Wiedereingliederungen von Rechnern oder Kommunikationskomponenten entscheiden die Rechner selbst über ihre eigene Stimmenzahl. Die Idee hierzu stammt von Davčev und Burkhard [8].

Pu führt die *Regeneration* von Dateien ein [19]. Die Regeneration dient einer Erhöhung der Verfügbarkeit replizierter Dateien im Eden-System, einem objekt-orientierten, verteilten Betriebssystem [2]. Pu's Regenerationsprotokoll erzeugt immer dann neue Dateikopien, wenn bestehende Kopien unerreichbar geworden sind. Im Eden-System ist dies besonders einfach, weil Partitionierungen ausgeschlossen werden. Das Lesen kann ermöglicht werden, solange noch mindestens eine aktuelle Dateikopie existiert. Das Schreiben dagegen wird ausgesetzt, wenn die anfängliche Zahl von Dateikopien nicht regeneriert werden kann. Long *et al.* [13, 14] sowie Noe und Andreassian [15] erreichen eine Verbesserung dieser u.U. schlechten Schreibverfügbarkeit durch die Verwendung der Regeneration beim Gewichteten Votieren als auch beim Dynamischen Votieren (siehe auch [12]). Das jüngste votierungsbasierte Regenerationsverfahren stammt von Adam und Tewari [1]. Ihr Algorithmus kombiniert die Vorteile der Votierungsverfahren mit den Vorzügen der Regeneration. Dabei toleriert das Verfahren, im Gegensatz zu Pu's Ansatz, sowohl Rechnerabstürze als auch Netzpartitionierungen. Das verteilte Betriebssystem LOCUS [18] löst das Konsistenzproblem in der nichtkommerziellen UCLA-Version durch eine Mehrheitsentscheidung und in der kommerziellen Version durch ein schlichtes *primary-copy*-Verfahren.

Van Renesse und Tanenbaum stellen in [20] eine Lösung vor, bei der ausgefallene Rechner durch sogenannte *Ghosts* ersetzt werden. Ein Ghost ist eine Dateikopie, die nur Informationen über die Stimmenzahl und die Versionsnummer des abgestürzten Rechners besitzt, jedoch keine Daten. Aus dieser Eigenschaft resultiert, daß ein Ghost nicht an Lesequoren teilnehmen kann, da er keine Leseanfragen beantworten kann. Das Verfahren arbeitet nur korrekt, wenn nicht einzelne Leitungen in einem Netz-Segment ausfallen. Einen ähnlichen Ansatz bietet Pâris in [16]. Er kennt zwei Arten von Kopien: *Witnesses*, die keine Daten enthalten, und normale Dateikopien. Ziel dieses Ansatzes ist, den Aufwand für Änderungen und den benötigten Speicherplatz zu minimieren. Witnesses dürfen im Unterschied zu Ghosts auch an Abstimmungen über Leseoperationen teilnehmen; es muß jedoch eine vollständige Kopie mit der aktuellen Version am Quorum beteiligt sein. Im Falle einer Partitionierung kann die zukünfige Verfügbarkeit erhöht werden, indem ein Witness zu einer vollständigen Kopie erweitert wird. Durch *Voting With Bystanders*, das Pâris in [17] vorstellt, werden Witnesses durch Rechner ohne Kopien ersetzt. Wie bei Ghosts dürfen keine Partitionierungen innerhalb eines Segments auftreten.

Unser Ansatz unterscheidet sich von Barbara *et al.* [3] dadurch, daß, zusätzlich zur Änderung der Stimmverteilung, jeder Rechner selbst über das Anlegen und Löschen einer Dateikopie entscheiden kann. Er stellt im Gegensatz zu [16] und [20] auch keine Anforderungen an das zugrundeliegende Kommunikationsnetz, um Inkonsistenzen zu vermeiden. Gegenüber der Regeneration von Pu [19] bietet das vorgeschlagene Verfahren die Robustheit auch bei einer Partitionierung des Netzes.

3 Autonome Replikationssteuerung

In diesem Abschnitt stellen wir unsere Methode zur autonomen Veränderung des Replikationsgrads vor. Dabei bestimmen die Rechner selbständig darüber, ob sie eine Dateikopie anlegen oder eine vorhandene Dateikopie löschen.

Bei der Replikation von Dateien befindet man sich im Zielkonflikt zwischen erhöhter Verfügbarkeit und schnellerem Zugriff einerseits und dem Problem der Konsistenzerhaltung andererseits. Ein geringer Replikationsgrad erleichtert die Gewährleistung der Konsistenz, ein hoher Replikationsgrad erhöht die Zugriffsgeschwindigkeit auf die Dateien. So haben Messungen bei LOCUS gezeigt, daß ein Zugriff auf lokale Dateien nur halb soviel CPU-Zeit benötigt wie der Zugriff über das Rechnernetz. Zusätzlich ist die Zeit für die Datenblockübertragung zu berücksichtigen. Da in einem Rechnernetz in den seltensten Fällen keine Veränderungen im Zugriffsverhalten erfolgt, erscheint es sinnvoll, sich den wechselnden Anforderungen anzupassen und den Replikationsgrad dynamisch zu verändern.

Eine mögliche Lösung dieses Problems lautet wie folgt: treten viele Lesezugriffe auf eine Datei auf, so erhöht man zeitweise die Kopienzahl und nimmt dabei den möglicherweise erhöhten Aufwand zur Konsistenzerhaltung in Kauf. Wenige Lesezugriffe führen im Gegenzug zu einer Verminderung der Kopienzahl; es vermindert sich somit auch der Aufwand für die Konsistenzerhaltung. In LOCUS wird das Erzeugen von Kopien durch den Benutzer initiiert oder anhand von Attributen gesteuert. In unserem System ist der Auslöser für die Veränderung der Kopienzahl ausschließlich die Lese-Zugriffshäufigkeit. In einem verteilten Dateisystem gibt es im wesentlichen drei Möglichkeiten, die Anzahl der Kopien zu verändern: die Steuerung durch eine zentrale Instanz, durch einen Gruppenkonsens, oder autonom durch jeden zugreifenden Rechner.

Zentrale Instanz: Jeder Rechner schickt die lokalen Zugriffsmuster an eine ausgezeichnete Instanz, die diese Informationen sammelt, bewertet, darauf aufbauend ihre Entscheidungen trifft und Anweisungen an die betroffenen Rechner schickt. Die Zentrale entscheidet über die Anzahl der Dateikopien und über deren Plazierung. Bei diesem Lösungsansatz ist darauf zu achten, daß die Kommunikation mit der Zentrale nicht zu einer vermehrten Belastung des Netzes führt. Zusätzlich ist die Auswahl der Zentrale sorgfältig durchzuführen; sie sollte sehr ausfallsicher und möglichst über mehrere Verbindungen erreichbar sein. Tritt trotzdem der Ausfall ein, muß eine Übernahme der Aufgaben durch einen anderen Rechner vorgesehen sein. Ein Vorteil dieses Verfahrens ist die Berücksichtigung globaler Aspekte bei den Entscheidungen und die einfache Realisierung der Konsistenzerhaltung und Zugriffskontrolle. In [6] wird ein Lösungsansatz für die zentrale Optimierung vorgestellt.

Gruppenkonsens: Eine Gruppe von Rechnern entscheidet gemeinsam über den Ort und die Zahl der Dateikopien. Meist sind dies Rechner, die in einer Partition des Rechnernetzes liegen. Aus den Mitgliedern dieser Gruppe wird ein Wortführer (*coordinator*) gewählt, der das weitere Vorgehen bestimmt. Fortan ähnelt das Vorgehen dem bei der zentralen Steuerung; d.h. Daten werden gesammelt, ausgewertet und die getroffenen Entscheidungen an die betroffenen Rechner übermittelt. Der Wortführer stimmt sich mit den Gruppenmitgliedern ab und teilt ihnen die neue Plazierung der Dateikopien mit. Verfahren zur Bestimmung des Wortführers stellt Garcia-Molina in [10] vor. Ein Vorteil gegenüber der zentralen Steuerung ist, daß im Prinzip jeder Rechner die Steuerung übernehmen kann. Zusätzlich zu den Nachteilen der zentralen Steuerung existiert das Problem, daß in manchen Situationen kein Wortführer gefunden werden kann [9].

Autonomer Ansatz: Jeder Rechner entscheidet bei diesem Verfahren selbst, ob er eine Kopie anlegen oder löschen will. Er muß sich natürlich mit anderen Rechnern koordinieren, um die Konsistenz der Dateien zu gewährleisten und seine Entscheidung mitzuteilen. Diese Lösung impliziert, daß keine Berechnungen über die optimale Plazierung der Dateien angestellt werden müssen bzw. können. Ein Vorteil dabei ist, daß keine lokalen Informationen an einen Wortführer weitergegeben werden müssen, wie etwa Zahl der Lese- und Schreibzugriffe auf die

Dateien, freier Speicherplatz, u.ä. Wie bei vielen anderen Systemen liegt der Vorteil der Dezentralisierung in einer größeren Parallelität und höheren Fehlertoleranz. Demgegenüber steht die Tatsache, daß globale Optimierungskriterien hier nicht berücksichtigt werden.

Unser autonomer Ansatz unterscheidet sich von den in Abschnitt 2 vorgestellten Lösungen dadurch, daß jeder Rechner die neue Stimmverteilung selbst berechnet. Eine Nebenbedingung sind die Ober- und Untergrenzen der Kopienzahl. Diese werden entweder vom Systemverwalter oder von den Benutzern festgelegt.[1]

Die Lösung der gestellten Aufgabe teilen wir in zwei Bereiche: die Algorithmen zur Änderung der Kopienzahl und die Strategien zur Initiierung von Änderungen. Zum ersten Teil gehört die Frage nach der Synchronisation der Zugriffe und Änderungsoperationen, da während und nach einer Änderung keine Inkonsistenzen durch unerlaubte Zugriffe auftreten dürfen. Der zweite Teil beschäftigt sich mit der Frage, wann Änderungen sinnvoll sind und den größten Nutzen für das System erzielen. Falls eine lokale Kopie angelegt wird, vermindert sich der Kommunikationsaufwand im Netz für zukünftige Zugriffe. Diesen Einsparungen stehen jedoch die Kosten für das Kopieren der gesamten Datei gegenüber. Bei schreibenden Zugriffen ist eine Erhöhung des Kommunikationsaufwands zu verzeichnen.

Im Idealfall sollte bei einem verteilten Dateisystem der Ausfall eines Rechners nur bewirken, daß dessen lokale Dateien nicht verfügbar sind. Verwendet man jedoch einen Rechner als Synchronisationspunkt (siehe *Current Synchronization Site* CSS bei LOCUS [18]), so bedeutet dessen Ausfall nicht nur den Verlust einer Kopie, sondern der gesamten Datei. Bei den Votierungsverfahren ist jedoch im Gegensatz zu Synchronisationspunkten eine Kopie solange verfügbar, solange eine Mehrheit für den Zugriff zustande kommt. Jeder Dateikopie-Inhaber besitzt ja eine bestimmte Anzahl von Stimmen für die Zugriffe auf die Datei. Fällt nun dieser Rechner aus, so sind nur diese Stimmen verloren.

Konkurrierende Zugriffe auf eine Datei werden durch Setzen von Lese- und Schreibsperren synchronisiert; das Setzen der Sperren erfolgt durch ein Votierungsverfahren, das für Lese- und Schreiboperationen unterschiedliche Quoren verwendet. Wir nennen sie Schreibquorum (s_quorum) und Lesequorum (l_quorum) einer Datei. Dieses Verfahren bietet die Möglichkeit, mehrere Leseoperationen gleichzeitig zu gestatten.[2] Gemäß Gifford [11] müssen folgende Bedingungen erfüllt sein (all_votes entspricht der Gesamtstimmenzahl aller Dateikopie-Inhaber):

$$s\_quorum + s\_quorum \; > \; all\_votes$$
$$l\_quorum + s\_quorum \; > \; all\_votes$$

Die Quoren und die aktuelle Stimmverteilung für eine Datei müssen einerseits im eigenen Rechner gespeichert und andererseits den Dateikopie-Inhabern mitgeteilt werden, da sich bei einer Veränderung der Kopienzahl diese Werte ebenfalls verändern. Für diese Informationen vergeben wir eine Versionsnummer, die bei einer Veränderung inkrementiert wird. Zur Darstellung verwenden wir eine Datenstruktur, die wir *Stimmvektor* (kurz: *SV*) nennen. Sie enthält die Versionsnummer des Stimmvektors (*vector_version*), die Quoren für die Lese- und Schreiboperationen und die Anzahl der Stimmen der Rechner, die eine Kopie besitzen. Abb. 1 zeigt den Aufbau eines Stimmvektors, wenn n Rechner eine Kopie besitzen.

Bei jeder Anforderung einer Sperre für einen Datenblock wird der lokale Stimmvektor übertragen. Der Empfänger vergleicht diesen Stimmvektor mit seinem eigenen. Ist der empfangene Vektor neuer, aktualisiert der Empfänger seinen eigenen Vektor. Besitzt er jedoch selbst die aktuelle Version, übermittelt er seinen Stimmvektor zusammen mit der Antwort.

In unserem System müssen zwei Arten von Operationen synchronisiert werden: (a) Zugriffsoperationen auf die Dateien durch Anwenderprogramme und (b) Operationen zum Verändern der

---

[1]Eine zentrale Instanz legt somit nur noch die Minimal- bzw. Maximalzahl der Kopien als auch die Anfangsallokation der Dateien fest.

[2]Sinnvollerweise gilt deshalb: $l\_quorum \leq s\_quorum$

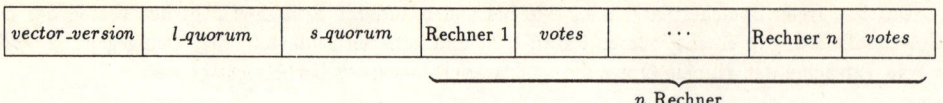

| vector_version | l_quorum | s_quorum | Rechner 1 | votes | ... | Rechner n | votes |

$$\underbrace{\hspace{8cm}}_{n \text{ Rechner}}$$

Abb. 1. Aufbau des Stimmvektors für eine Datei

Kopienzahl durch die einzelnen Rechner. Zur Synchronisation von Zugriffsoperationen verwenden wir herkömmliche Lese- und Schreibsperren auf Datenblockebene. Zur Synchronisation von Operationen der Art (b) verwenden wir einen neuen Sperrentyp: die *Vektorsperre*. Die Vektorsperre verhindert gleichzeitiges Verändern der Kopienzahl, was zu einer Inkonsistenz beim Stimmvektor (Stimmverteilung und Quoren) führen könnte; außerdem könnten die Ober- und Untergrenzen für den Replikationsgrad verletzt werden. Eine Vektorsperre kann gesetzt werden, wenn das sogenannte *Vektorquorum* erreicht ist. Das Vektorquorum ist immer größer oder gleich dem verwendeten Schreibquorum.

Lese- und Schreibsperren sperren einzelne Datenblöcke und sind mit der Vektorsperre verträglich, da sie nicht konkurrieren. Tab. 1 zeigt die Verträglichkeit der einzelnen Sperren.

	Vektorsperre	Lesesperre	Schreibsperre
Vektorsperre	nicht verträglich	verträglich	verträglich
Lesesperre	verträglich	verträglich	nicht verträglich
Schreibsperre	verträglich	nicht verträglich	nicht verträglich

Tab. 1. Verträglichkeitsmatrix der Sperren

Vor einem Zugriff auf eine Datei d benötigt der zugreifende Rechner r_z ein Quorum für seinen Sperrenwunsch. Er übermittelt daher seinen Stimmvektor SV_{r_z} zusammen mit dem Sperrentyp an alle Rechner R_d, die seiner Meinung nach (aufgrund des eigenen Stimmvektors) eine Kopie der Datei d besitzen. Jeder Rechner r_d aus R_d, der einem Zugriff zustimmt, setzt die gewünschte Sperre und übermittelt seinen eigenen Stimmvektor SV_{r_d} an Rechner r_z. Der zugreifende Rechner aktualisiert jeweils seinen eigenen Stimmvektor. Konnte das zum Sperrentyp gehörende Quorum erreicht werden, besitzt r_z sowohl die aktuelle Version des Stimmvektors als auch die Berechtigung zum Zugriff. Konnte das notwendige Quorum nicht erreicht werden, prüft r_z, ob sein eigener Stimmvektor zumindest aktualisiert wurde. In diesem Fall wiederholt er den Abstimmungsvorgang. Andernfalls veranlaßt er die Freigabe der gewährten Sperren.

```
function Sperrenanforderung (sperrentyp, d) : boolean;
begin
start:  sende (SV_{r_z}, sperrentyp) an R_d gemäß SV_{r_z};
        foreach (r_d ∈ R_d der zustimmt)
        do if (vector_version(r_d, d) > vector_version(r_z, d)) then
              SV_{r_z} ← SV_{r_d}
              changed ← true;
           endif;
        done;
        if (Quorum nicht erreicht) then
          if (changed) then goto start;
          else Sperrenfreigabe veranlassen;
               return (false);
          endif;
        else return (true);
        endif;
end
```

Der Zugriff auf die Datei d kann wie folgt skizziert werden:

```
function Dateizugriff (sperrentyp, d) : boolean;
begin
        if (¬Sperrenanforderung (sperrentyp, d)) then return (false); endif ;
        Zugriff auf Datei d;
        Sperrenfreigabe veranlassen;
        return (true);
end
```

Für die autonome Veränderung des Replikationsgrads werden auf jedem Rechner die Dateizugriffe protokolliert. Greift ein Rechner oft lesend auf entfernte Dateien zu, kann er selbst entscheiden, ob er eine lokale Dateikopie anlegen will; dazu muß er jedoch zuerst die Zustimmung der Mehrheit der Dateikopie-Inhaber einholen. Bei der Berechnung des neuen Stimmvektors (Stimmen der einzelnen Rechner und die Quoren) müssen die beiden Korrektheitsbedingungen für Votierungsverfahren (siehe oben) berücksichtigt werden.

Falls der maximale Replikationsgrad bereits erreicht ist, kann keine Erhöhung erfolgen; ansonsten ermittelt der Rechner den neuen Stimmvektor und fordert die Vektorsperre an. Erhält er die notwendige Stimmenzahl, kann er die Sperre wieder freigeben und mit dem Kopiervorgang beginnen. Der neue Dateikopie-Inhaber kann während des Kopiervorgangs an den Abstimmungen über Dateizugriffe teilnehmen. Solange er den Datenblock für einen Dateizugriff noch nicht besitzt, lehnt er eine Sperrenanforderung ab. Sobald der benötigte Block vorhanden ist, verhält er sich wie andere Dateikopie-Inhaber.

```
function Erhöhung (d) : boolean;
begin
        if (rep_grad(d) == max_repgrad(d)) then return (false); endif ;
        berechne neuen Stimmvektor;
        if (¬Sperrenanforderung (vektorsperre, d)) then return (false); endif ;
        Sperrenfreigabe veranlassen;
        kopiere Datei d;
        return (true);
end
```

Wurde auf replizierte Dateien eine gewisse Zeit nicht zugegriffen, können die Rechner selbst entscheiden, ob sie ihre Dateikopie löschen, wenn der minimale Replikationsgrad noch nicht erreicht ist.[3] Zunächst berechnet er den neuen Stimmvektor, fordert eine Vektorsperre an (bei diesem Vorgang wird auch der Stimmvektor auf seine Aktualität überprüft). Ist die Dateikopie zur Konsistenzerhaltung zwingend nötig, muß der Rechner vor dem Löschen der Kopie die verbleibende „Mehrheit" aktualisieren. Hierbei kann das Erniedrigungsprotokoll aus [4] verwendet werden.

```
function Verminderung (d) : boolean;
begin
        if (rep_grad(d) == min_repgrad(d)) then return (false); endif ;
        berechne neuen Stimmvektor;
        if (¬Sperrenanforderung (vektorsperre, d)) then return (false); endif ;
        if (lokale Kopie aus Konsistenzgründen notwendig) then
            aktualisiere verbleibende „Mehrheit";
        endif ;
        Sperrenfreigabe veranlassen;
        lösche Kopie der Datei d;
end
```

Offensichtlich benötigt ein verteiltes Dateisystem mit autonomer Replikationssteuerung eine Reihe von Erweiterungen gegenüber herkömmlichen Systemen (siehe Abb. 2).

---

[3]Sieht man als Auslöser nicht nur die Zugriffshäufigkeit auf entfernte Dateien, sondern auch den Ausfall eines Rechners, so kann dieses Verfahren zusätzlich zur Erhöhung der Verfügbarkeit dienen. Jedoch ist in diesem Fall eine Überwachungskomponente für die Rechner des Dateisystems notwendig. Eine solche Komponente wird ebenfalls bei Votierungsverfahren mit Ghosts [20] und Witnesses [16] benötigt, die wir bereits kennengelernt haben.

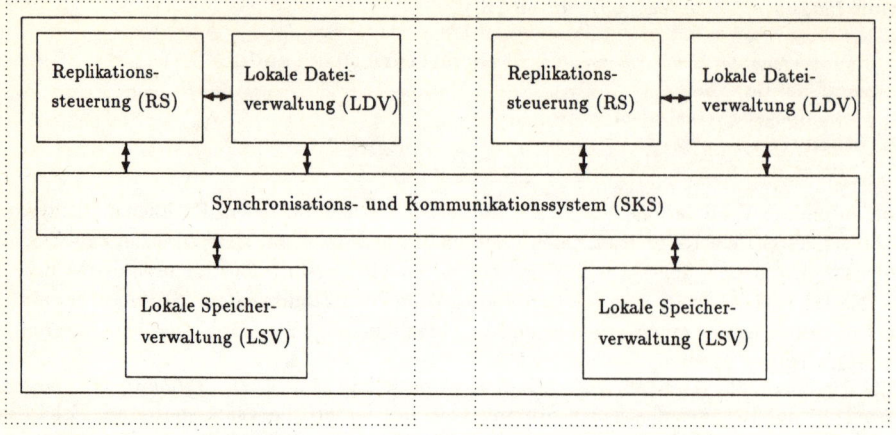

Abb. 2. Aufbau des verteilten Dateisystems für zwei Rechner

Lokale Dateiverwaltung (LDV): Die LDV realisiert die Schnittstelle für die Anwenderprogramme und koordiniert die konkurrierenden, lokalen Zugriffe. Jeder Rechner fordert nur eine Lese- bzw. Schreibsperre für einen Datenblock an. Dies genügt, da Datenblöcke lokal gepuffert werden können und somit für alle Programme verfügbar sind. Lokale Konkurrenz bei Lese- und Schreibzugriffen wird hier entdeckt und behandelt. Die LDV protokolliert die Zugriffe auf die Dateien und teilt diese Aufzeichnungen auf Anfrage der Replikationssteuerung mit. In der LDV erfolgen die Zugriffe auf den lokalen Hintergrundspeicher, jedoch nur nach Anforderung und Gewährung einer entsprechenden Sperre durch die Synchronisationskomponente.

Replikationssteuerung (RS): Die RS entscheidet, welche Datei kopiert und welche Dateikopie gelöscht wird. Die Information über Häufigkeit der Zugriffe erhält diese Komponente von der LDV. Sie kann eine Kopie auf der lokalen Platte löschen oder eine Kopie auf der lokalen Platte anlegen. Die Replikationssteuerung fordert eine Vektorsperre an, wenn sie die Kopienzahl verändern will und gibt anschließend der LDV den Auftrag, die Datenblöcke zu kopieren oder zu löschen. Diese Komponente stellt keine Dienste zur Verfügung; sie holt nur von anderen Komponenten Informationen ein und gibt Aufträge zum Kopieren und Löschen von Dateien weiter.

Synchronisations- und Kommunikationssystem (SKS): Das SKS synchronisiert die Dateizugriffe in unserem Dateisystem und steuert die Kommunikation zwischen den Rechnern. Für die Replikationssteuerung und die Lokale Dateiverwaltung entsteht der Eindruck, daß sich das SKS über alle Rechner des Dateisystems erstreckt. Tatsächlich existiert auf den einzelnen Rechnern jeweils nur eine Instanz; diese kommunizieren über ein Synchronisationsprotokoll miteinander.

Lokale Speicherverwaltung (LSV): Die LSV führt die Operationen auf der lokalen Platte aus: Lesen und Schreiben von Datenblöcken sowie Setzen und Freigeben von Sperren auf den Blöcken.

Das Kopieren einer Datei bedeutet gegenüber dem blockweisen Zugriff einen erhöhten Kommunikationsaufwand. Deshalb ist es sinnvoll, das Anlegen und Löschen einer Kopie nach einer vorgegebenen Strategie vorzunehmen. Kriterien für diese Strategien sind unter anderem die Art (ausführbares Programm, Datei mit gewöhnlichen Daten) und die Größe einer Datei.

Falls oft lesend auf eine systemweite Datei zugegriffen wird, kann eine lokale Kopie in Erwägung gezogen werden. Bei großen Dateien sollten wir eine höhere Schranke für den Kopiervorgang setzen als bei kleineren Dateien. Beim Löschen einer Kopie kann die umgekehrte Strategie verfolgt werden: kleinere Dateien löschen wir früher als große Dateien.

Bei der Veränderung der Kopienzahl muß jeweils der neue Stimmvektor berechnet werden. Dabei sind folgende Gesichtspunkte relevant: kann der Rechner, der die Kopie anlegt, eine Mehrheit erhalten? Inwieweit werden die restlichen Rechner beeinflußt? Die neuen Stimmen der Rechner sollten so gewählt werden, daß mindestens in einer Partition ein (Schreib-) Quorum erreichbar ist. Sinnvollerweise ist das die Partition, die die Veränderung durchführt.

Für die Erhöhung oder Verminderung der Kopienzahl können wir keine allgemeingültige Strategie angeben. Diese Strategie müßte sich auf konkrete Rechnernetzcharakteristiken und den aktuellen Zustand des Rechnernetzes stützen. Wir wollen in dieser Arbeit lediglich zeigen, daß die Erhöhung bzw. Verminderung der Kopienzahl ohne Einfluß auf die Korrektheit des verteilten Dateisystems ist. Den Beweis hierzu führen wir im nachfolgenden Abschnitt.

4 Korrektheit

Bei einem erfolgreichen Zugriff eines Rechners auf eine Datei darf aus Konsistenzgründen nur der aktuelle Stimmvektor verwendet werden.

Ohne Erhöhung bzw. Verminderung der Kopienzahl ist obige Forderung und somit die Konsistenz gemäß Votierungsstrategie trivialerweise erfüllt. Nachfolgend beweisen wir:

Satz: *Bei einem erfolgreichen Zugriff auf eine Datei, deren Kopienzahl verändert wurde, verwendet der zugreifende Rechner stets den aktuellen Stimmvektor.*

Beweis: Teil 1 — Unpartitioniertes Netz.
Zunächst führen wir einige Bezeichnungen ein:

R_d = Rechnermenge, die vor der Änderung eine Kopie der Datei d besitzt.

r_a = Rechner, der die Änderung der Kopienzahl vorgenommen hat.

R_a' = Rechnermenge, die an der Abstimmung für die Änderung teilgenommen hat.

R_a = $R_a' \bigcup \{r_a\}$, d.h. Rechnermenge, die den aktuellen Stimmvektor kennt.

r_z = Rechner, der nach der Änderung der Kopienzahl auf die Datei d zugreift.

R_z = Rechnermenge, die mit einem veralteten Stimmvektor an der
Abstimmung über die Sperre für r_z teilnimmt.

Annahme für den Widerspruchsbeweis: Der Rechner r_z erhält aufgrund **alter** Stimmvektoren den Zugriff auf die Datei d (die Rechner in R_z erreichen ein Quorum). Also gilt: $R_a \bigcap R_z = \emptyset$.

Da der Rechner r_a für die Änderung der Kopienzahl den damalig aktuellen Stimmvektor verwendet hat, gilt wegen der Überschneidung der Quoren: $R_a \bigcap R_z \neq \emptyset$. Beim Zugriff auf die Datei erhält r_z mindestens von einem Rechner den aktuellen Stimmvektor (gemäß Algorithmus für Dateizugriff): d.h. $vector\_version(r_z, d) = \max_{r \in R_a}(vector\_version(r, d)) = \max_{r \in R_d}(vector\_version(r, d))$.

Dies ist im Widerspruch zur Annahme, daß die Rechner in R_z ein Quorum mit dem alten Stimmvektor erreichen. Vielmehr erhält der zugreifende Rechner r_z mindestens von einem Rechner den aktuellen Stimmvektor. $\square$

Beweis: Teil 2 — Partitioniertes Netz.
Auch hier führen wir zunächst einige Bezeichnungen ein.

P_T = Menge der Partitionen zum Zeitpunkt T.

p_i = i-te Partition im Dateisystem.

R_{p_i} = Rechnermenge in p_i.

Für die Beweisführung von Teil 2 benötigen wir einige Hilfssätze.

Lemma 1 *Besitzen zwei Partitionen die gleiche Version des Stimmvektors, so kann höchstens in einer Partition die Kopienzahl verändert werden.*

Beweis: Das Rechnernetz sei in die Partitionen p_1 und p_2 unterteilt. Wir können zwei Fälle unterscheiden: (1) in keiner Partition ist ein Quorum erreichbar, um die Kopienzahl zu verändern. (2) es ist ein Quorum erreichbar. Der erste Fall gilt, falls ein oder mehrere Rechner ausgefallen sind. Trivialerweise ist der Hilfssatz in diesem Fall bewiesen. Zu zeigen bleibt somit der zweite Fall. Wir bezeichnen die Stimmen in den einzelnen Partitionen folgendermaßen: $v_{p_1} = \sum_{r \in R_{p_1}} votes(r, d)$ und $v_{p_2} = \sum_{r \in R_{p_2}} votes(r, d)$. Folglich gilt: $v_{p_1} + v_{p_2} \leq all\_votes(d)$ und $s\_quorum(d) + l\_quorum(d) > v_{p_1} + v_{p_2} \geq v_{p_1}$. O.B.d.A. sei in p_1 das Schreibquorum erreichbar, d.h.: $v_{p_1} \geq s\_quorum(d)$. Wir können demnach folgende Ungleichung ableiten: $l\_quorum(d) > v_{p_2} \geq 0$. In p_2 ist kein Quorum erreichbar. Nur in p_1 kann folglich die Kopienzahl verändert werden. □

Wir beweisen nun die Verallgemeinerung von Hilfssatz 1 für mehrere Partitionen.

Lemma 2 *Besitzen mehrere Partitionen die gleiche Version des Stimmvektors, so kann höchstens in einer Partition die Stimmenzahl verändert werden.*

Beweis: (Induktion über die Anzahl der Partitionen)
Induktionsbeginn: $n = 2$: bewiesen durch Hilfssatz 1.
Induktionsschritt: $n \rightarrow n + 1$: Der Übergang erfolgt durch Unterteilung einer Partition. Dabei sind mehrere Fälle zu beachten:

1. Eine Minderheitspartition p_i wird unterteilt. In diesem Fall können die beiden neuen Partitionen ebenfalls kein Schreibquorum erreichen.

2. Die Mehrheitspartition p_j ($= p'_j \cup p''_j$) wird unterteilt: $v_{p'_j} = \sum_{r \in R_{p'_j}} votes(r, d)$ und $v_{p''_j} = \sum_{r \in R_{p''_j}} votes(r, d)$.
   Es sind zwei Fälle zu betrachten:

   (a) $v_{p'_j} < s\_quorum(d) \wedge v_{p''_j} < s\_quorum$. Weder in der Partiton p'_j noch in der Partition p''_j ist das Schreibquorum erreichbar.

   (b) O.B.d.A. sei $v_{p'_j} \geq s\_quorum(d)$. Gemäß Induktionsannahme ist kein weiteres Schreibquorum möglich. Nur in der Partition p'_j ist ein Schreibquorum erreichbar.

   Im gesamten System ist in höchstens einer Partition ein Schreibquorum erreichbar. Die restlichen Partitionen erreichen kein Quorum. □

Wir setzen nun voraus, daß die Partitionen nur durch eine Trennung, aber nicht durch eine Vereinigung entstanden sind. Durch diese Einschränkung können wir zunächst einfacher die Korrektheit der Zugriffe beweisen.

Lemma 3 *Existieren mehrere Partitionen mit unterschiedlichen Versionen des Stimmvektors, die nur durch Trennung entstanden sind, so kann in einer Partition, die nur veraltete Stimmvektoren besitzt, nicht zugegriffen werden. Für einen erfolgreichen Zugriff wird stets der aktuelle Stimmvektor verwendet.*

Beweis: (Induktion über die Zahl der Partitionen)
Induktionsbeginn: n = 2:

1. O.B.d.A besitze Partition p_2 keine aktuelle Version des Stimmvektors.

(a) Die Kopienzahl wurde **vor** der Trennung verändert. Nicht alle Rechner erhielten den aktuellen Stimmvektor; einer oder mehrere dieser Rechner wurden abgetrennt und bilden p_2. Da vor der Trennung die Rechner in p_2 alleine gemäß dem ersten Teil des Beweises kein Quorum erhalten, ist dies nach der Teilung ebenfalls nicht möglich.

(b) Die Kopienzahl wurde **nach** der Trennung verändert. Da p_1 die aktuelle Version des Stimmvektors besitzt und gemäß Hilfssatz 2 nur in höchstens einer Partition Veränderungen vorgenommen werden können, ist die Version in p_2 veraltet; in p_2 kann nicht zugegriffen werden.

2. p_1 und p_2 besitzen aktuelle SV. Da gemäß Hilfssatz 2 nur in einer Partition die Kopienzahl verändert werden kann, ist dieser Fall nur durch Trennung nach der Veränderung möglich. Rechner mit veralteten SV erreichen ein Quorum nur, wenn ein Rechner mit dem aktuellen SV zustimmt. Dadurch erhält der Zugreifer den aktuellen SV. Ein Quorum wird in p_1 oder p_2 nur erreicht, wenn die Rechner dieser Partitionen gemäß dem aktuellen SV genügend Stimmen besitzen.

Induktionsschritt: $n \to n + 1$: Eine neue Partition entsteht durch Unterteilung einer bereits bestehenden Partition p_i.

1. eine Partition p_i, die nur veraltete SV besitzt, wird unterteilt.
Demgemäß erhalten die beiden neuen Partitionen ebenfalls kein Quorum.

2. eine Partition p_i mit aktuellen SV wird unterteilt. Dadurch erreichen die restlichen Partitionen die gleichen Quoren wie zuvor; insbesondere erhalten die Partitionen mit veralteten SV kein Quorum (folgt aus Hilfssatz 2). Für die beiden neuen Partitionen p_i' und p_i'' gibt es zwei Fälle:

(a) O.B.d.A. besitzt p_i' nur veraltete SV. Vor — und damit auch nach — der Trennung erreichen Rechner mit veralteten SV alleine kein Quorum. In p_i'' kann gemäß dem aktuellen SV zugegriffen werden, wenn genügend Stimmen vorhanden sind.

(b) In p_i' und p_i'' sind alte und aktuelle SV vorhanden. Die Rechner ohne aktuellen SV besitzen nach Voraussetzung alleine nicht genügend Stimmen und benötigen Rechner mit dem aktuellen SV. Ein Zugriff kommt nur zustande, wenn gemäß aktuellem SV eine Partition genügend Stimmen besitzt. □

Nun betrachten wir auch die Partitionen, die durch eine Vereinigung entstanden sind. Zu jedem Zeitpunkt vereinigen sich nur jeweils zwei Partitionen. Dies erreichen wir, indem wir die Beobachtungszeitintervalle verfeinern, bis in jedem Zeitintervall nur eine Vereinigung zweier Partitionen stattfindet.

Lemma 4 *Vereinigen sich zwei Partitionen, so wird in der neuen Partition für eine erfolgreiche Operation stets der aktuelle Stimmvektor verwendet.*

Beweis: (Induktion)
Induktionsbeginn: die Partitionen p_1 und p_2 sind nur durch Trennung entstanden.

1. beide Partitionen besitzen die gleiche Version des Stimmvektors.

2. die Partitionen besitzen unterschiedliche Versionen.

(1) Falls beide Partitionen einen veralteten Stimmvektor besitzen, so können die Rechner weder in den einzelnen Partitionen noch in der Vereinigung ein Quorum erreichen (Hilfssatz 3). Besitzen beide Partitionen den aktuellen Stimmvektor, so ist ein Zugriff möglich, wenn die Rechner der Vereinigung genügend Stimmen besitzen. Somit verbleibt der zweite Fall.
(2) O.B.d.A. besitze p_1 den neueren und p_2 den älteren Stimmvektor. Gemäß Hilfssatz 3 kann ein Rechner in einer Partition mit einer niedrigeren Versionsnummer nicht zugreifen. Für einen Zugriff in p_2 werden Kopien-Inhaber aus p_1 benötigt.

1. der Zugriff erfolgt durch einen Rechner aus p_1 mit einem aktuellen Stimmvektor.

2. der Zugriff erfolgt durch einen Rechner aus p_2 mit einem veralteten Stimmvektor. Da die Partitionen nur durch Trennung entstanden sind, benötigen die Rechner mit dem veralteten Stimmvektor die Stimmen der Rechner mit dem neuen Stimmvektor. Gemäß den Algorithmen für Dateizugriffe erhält der Rechner aus p_2 eine neue Version des Stimmvektors, falls die Anforderung einer Sperre von Kopie-Inhabern aus p_1 beantwortet wird. Es sind zwei Fälle zu unterscheiden:

    (a) ein Quorum wird nicht erreicht, wenn $R_{p_1} \cup R_{p_2}$ gemäß neuem Stimmvektor die notwendige Stimmenzahl nicht erreichen kann.

    (b) ein Quorum wird erreicht, wenn $R_{p_1} \cup R_{p_2}$ gemäß neuem Stimmvektor die notwendige Stimmenzahl erreichen kann.

Induktionsschritt: beliebige Partitionen vereinigen sich.

Wir müssen nur Partitionen betrachten, die sich bereits vereinigt haben. Wurden keine Veränderungen vorgenommen, so verwenden alle Rechner gemäß Voraussetzung den aktuellen Stimmvektor. Wurde in einer Partition die Kopienzahl verändert, erreichten die Rechner dort gemäß dem aktuellen Stimmvektor das Schreibquorum. Alle zustimmenden Rechner besitzen den aktuellen Stimmvektor; die restlichen Rechner erreichen alleine kein Quorum. Zwei Partitionen, die sich vereinigen, erreichen somit entweder kein Quorum oder verwenden den aktuellen Stimmvektor. □

Nun können wir den Beweis für Teil 2 unseres Satzes führen. Für die Partitionen gilt: $\forall p_i, p_j \in P_T : i \neq j \Rightarrow R_{p_i} \cap R_{p_j} = \emptyset$, d.h. die Partitionen sind disjunkt. Im Beweis unterscheiden wir zwei Fälle.

1. Jeder Rechner kennt den aktuellen Stimmvektor.

2. Es gibt mindestens eine Partition, in der alle Rechner den aktuellen Stimmvektor nicht kennen.

    Gemäß Hilfssatz 3 kann in Partitionen, die nur durch Trennung entstanden sind, nur mit dem aktuellen Stimmvektor eine Operation durchgeführt werden. Haben sich zwei Partitionen vereinigt, verwenden die Rechner in der neuen Partiton nach Hilfssatz 4 ebenfalls nur den neuen Stimmvektor.

Also verwendet der zugreifende Rechner bei einem erfolgreichen Zugriff auf eine Datei, deren Kopienzahl verändert wurde, stets den aktuellen Stimmvektor.

Damit ist Teil 2 und somit der Satz bewiesen. □

5 Zusammenfassung

In diesem Artikel stellten wir einen autonomen Ansatz für die dynamische Veränderung der Dateikopienzahl in einem verteilten Dateisystem vor. Dieser Ansatz unterscheidet sich von anderen Lösungen dadurch, daß die Rechner die Entscheidung, wann und welche Dateien kopiert oder gelöscht werden, autonom treffen. Zur korrekten Synchronisation von Dateizugriffen und Änderungen der Kopienzahl benutzten wir ein Votierungsverfahren und formulierten die notwendigen Algorithmen. Ferner erläuterten wir die zusätzlich benötigten Komponenten eines verteilten Dateisystems mit autonomer Replikationssteuerung. Schließlich führten wir einen Korrektheitsbeweis und zeigten damit, daß unsere Methode die Konsistenz des verteilten Dateisystems nicht gefährdet.

Die vorgestellte Methode ist tolerant gegenüber Leitungs- und Rechnerausfällen. Die Dezentralisierung der Entscheidungsfindung erhöht die Robustheit und Verfügbarkeit des verteilten Dateisystems. Als weiteres Ziel unserer Arbeit sehen wir die Entwicklung konkreter Strategien und deren Analyse anhand von Simulationen.

Literatur

[1] Adam, N.R., Tewari, R.: Regeneration with Virtual Copies for Replicated Databases. Proc. 11th IEEE Int. Conf. on Distributed Computing Systems, Arlington, TX, Mai 1991. New York: IEEE

[2] Almes, G.T., Black, A.P., Lazowska, E.D., Noe, J.D.: The Eden System: A Technical Review. IEEE Transactions on Software Engineering 11:1, 43–59 (Jan. 1985)

[3] Barbara, D., Garcia-Molina, H., Spauster, A.: Increasing Availability Under Mutual Exclusion Constraints with Dynamic Vote Reassignment. ACM Transactions on Computers 7:4, 394–426 (Nov. 1989)

[4] Borghoff, U.M.: Voting and Relocation Strategies Preserving Consistency among Replicated Files. In: Abiteboul, S., Kanellakis, P.C. (eds.): Proc. 3rd Int. Conf. on Database Theory (ICDT '90), Paris, France, Dez. 1990. Lecture Notes in Computer Science 470. Berlin, Heidelberg, New York: Springer-Verlag, S. 318–332

[5] Borghoff, U.M.: Fehlertoleranz in verteilten Dateisystemen: Eine Übersicht über den heutigen Entwicklungsstand bei den Votierungsverfahren. Informatik-Spektrum 14:1, 15–27 (Feb. 1991)

[6] Borghoff, U.M.: Towards an Optimal Design of Distributed File Systems. Inst. für Informatik, Techn. Univ. München, Germany, Technischer Bericht TUM–I9122, Jul. 1991

[7] Borghoff, U.M.: Catalogue of Distributed File/Operating Systems. Berlin, Heidelberg, New York: Springer-Verlag, 1991

[8] Davčev, D., Burkhard, W.A.: Consistency and Recovery Control for Replicated Files. Proc. 10th ACM Symp. on Operating Systems Principles, Orcas Island, WA, Dez. 1985. ACM SIGOPS Operating Systems Review 19:5, S. 87–96

[9] Fischer, M.J., Lynch, N.A., Paterson, M.S.: Impossibility of Distributed Consensus with One Failure. Journal of the ACM 32:2, 374–382 (Apr. 1985)

[10] Garcia-Molina, H.: Elections in a Distributed Computing System. IEEE Transactions on Computers 31:1, 48–59 (Jan. 1982)

[11] Gifford, D.K.: Weighted Voting for Replicated Data. Proc. 7th ACM Symp. on Operating Systems Principles, Austin, TX, Nov. 1979. New York: ACM, S. 150–161

[12] Huang, C.-L., Li, V.O.K.: Regeneration-Based Multiversion Dynamic Voting Scheme for Replicated Database Systems. Proc. 10th IEEE Int. Conf. on Distributed Computing Systems, Paris, France, Mai 1990. New York: IEEE, S. 370–377

[13] Long, D.D.E., Carroll, J.L., Stewart, K.: The Reliability of Regeneration-Based Replica Control Protocols. Proc. 9th IEEE Int. Conf. on Distributed Computing Systems, Newport Beach, CA, Jun. 1989. New York: IEEE, S. 465–473

[14] Long, D.D.E., Pâris, J.-F.: Regeneration Protocols for Replicated Objects. Proc. 5th IEEE Int. Conf. on Data Engineering, 1989. New York: IEEE, S. 538–545

[15] Noe, J.D., Andreassian, A.: Effectiveness of Replication in Distributed Computer Networks. Proc. 7th IEEE Int. Conf. on Distributed Computing Systems, Berlin, Germany, Sep. 1987. New York: IEEE, S. 508–513

[16] Pâris, J.-F.: Voting with Witnesses: A Consistency Scheme for Replicated Files. Proc. 6th IEEE Int. Conf. on Distributed Computing Systems, Cambridge, MA, Mai 1986. New York: IEEE, S. 606–612

[17] Pâris, J.-F.: Voting with Bystanders. Proc. 9th IEEE Int. Conf. on Distributed Computing Systems, Newport Beach, CA, Jun. 1989. New York: IEEE, S. 394–401

[18] Popek, G.J., Walker, B.J. (eds.): The LOCUS Distributed System Architecture. Cambridge, MA, London, UK: MIT Press, 1985

[19] Pu, C., Noe, J.D., Proudfoot, A.: Regeneration of Replicated Objects: A Technique and Its Eden Implementation. IEEE Transactions on Software Engineering SE–14:7, 936–945 (Jul. 1988)

[20] Renesse van, R., Tanenbaum, A.S.: Voting With Ghosts. Proc. 8th IEEE Int. Conf. on Distributed Computing Systems, San Jose, CA, Jun. 1988. New York: IEEE, S. 456–461

Architekturansätze zur Unterstützung heterogener Datenbanken

Karl-Ludwig Butsch
Erhard Rahm

Universität Kaiserslautern
Fachbereich Informatik
Postfach 3049
6750 Kaiserslautern

Abstract:

Die ständig zunehmende Verbreitung von Datenbanken verlangt eine geeignete Unterstützung eines koordinierten Zugriffs auf heterogen strukturierte Datenbestände. Trotz der Notwendigkeit einer Kooperation beim Zugriff auf mehrere Datenbanken soll die Autonomie der beteiligten Datenbanken weitgehend erhalten bleiben. Verteilte Datenbanksysteme bieten hierfür keinen geeigneten Ansatz, da sie Homogenität und eine enge Zusammenarbeit der Datenbankverwaltungssysteme verlangen. Wir klassifizieren für den Zugriff auf heterogene Datenbanken besser geeignete Systemarchitekturen und stellen ihre kennzeichnenden Eigenschaften heraus. Insbesondere vergleichen wir verschiedene Arten von verteilten DC-Systemen sowie föderativen Mehrrechner-Datenbanksystemen. Als Vetreter zweier wichtiger Architekturansätze stellen wir die Systeme von Sybase und Ingres vor, die den derzeitigen Stand der Technik in kommerziell erhältlichen Produkten kennzeichnen.

1. Einführung

Traditionellerweise erfolgt die Datenbankverarbeitung mittels zentralisierter Datenbanksysteme (DBS), bestehend aus einer Datenbank und einem Datenbankverwaltungssystem (DBVS). Ein "direkter" Zugriff auf die Datenbank wird möglich durch Verwendung der jeweiligen Anfragesprache des DBVS (z.B. SQL), wobei auf die im DB-Schema definierten Objekte Bezug zu nehmen ist. Da diese Schnittstelle für den Endbenutzer i.a. zu komplex ist, werden in der kommerziellen Datenverarbeitung meist sogenannte Transaktionssysteme eingesetzt, welche eine hohe (maskenorientierte) Schnittstelle anbieten und bei denen Anwendungsfunktionen durch vordefinierte Transaktionsprogramme realisiert werden [Me88]. Die Datenbankzugriffe erfolgen in diesem Fall über die Transaktionsprogramme, welche von dem Endbenutzer lediglich mit den aktuellen Parametern zu versorgen sind. Die Verwaltung der Programme erfolgt durch eine eigene Systemkomponente des Transaktionssystems, dem sogenannten TP-Monitor. Der TP-Monitor kontrolliert die Ausführung der Programme und realisiert die Kommunikation von Programmen mit Terminals sowie mit dem DBVS. TP-Monitor und die Menge der Transaktionsprogramme werden auch als DC-System bezeichnet.

Der ständig wachsende Einsatz von Datenbanksystemen führte dazu, daß vor allem in größeren Unternehmen und Institutionen eine Vielzahl von Datenbanken vorliegt, auf die ein gemeinsamer Zugriff zunehmend unterstützt werden muß [LMR90, SL90, Th90, SW91]. Diese Datenbanken wurden in der Regel unabhängig voneinander entwickelt und können auf verschiedenen Rechnern vorliegen. Die Datenbanken sind i.a. heterogen, d.h. es können unterschiedliche Datenmodelle (z.B. relationales, CODASYL- oder hierarchisches Datenmodell) und unterschiedliche DBVS vorliegen, so daß bei den Anfragesprachen, Integritätsbedingungen oder den verwendeten Verfahren zur Transaktionsverwaltung (Synchronisation, Recovery) große Abweichungen möglich sind. Selbst wenn alle beteiligten DBVS identisch sind, kann eine *semantische Heterogenität* vorliegen, wenn dieselbe Information in mehreren Datenbanken in verschiedener Weise repräsentiert ist (z.B. könnten die Adressen von Personen teilweise redundant in zwei relationalen Datenbanken gespeichert sein, wobei die Speicherung in Relationen verschiedenen Namens erfolgt und unterschiedliche Attribute mit abweichenden Datentypen verwendet werden). Daneben ist Heterogenität natürlich auch bezüglich der Hardware, der Betriebssysteme, Kommunikationsprotokolle sowie der TP-Monitore möglich.

Eine geeignete Unterstützung heterogener Datenbanken sollte es einem Benutzer ermöglichen, innerhalb einer Transaktion auf mehrere Datenbanken mit einer einheitlichen Anfragesprache zuzugreifen. Insbesondere sollten dabei trotz der Verteilung und Heterogenität die üblichen Transaktionseigenschaften [HR83] der Atomarität (Alles-oder-Nichts-Eigenschaft), der Serialisierbarkeit und der Permanenz erfolgreicher Änderungen durch entsprechende Commit-, Synchronisations- und Recovery-Protokolle gewährleistet werden. Weiterhin ist es wünschenswert, daß die Involvierung mehrerer Datenbanken nicht nur dem Endbenutzer, sondern auch dem Anwendungsprogrammierer verborgen bleibt, so daß der Datenbankzugriff und die Programmierung wie im zentralen Fall möglich ist (Verteilungstransparenz, "single system image"). Sofern Replikation von Daten vorliegt, sollte auch diese möglichst automatisch durch die beteiligten Datenbanksysteme gewartet werden (Replikationstransparenz). Eine wichtige Rahmenbedingung, die die Erfüllung dieser Anforderungen erheblich erschwert, ist die Forderung nach einer hohen Autonomie der beteiligten Datenbanksysteme. Insbesondere wird der Aufbau der Datenbanken in lokalen Schemata beschrieben, die unabhängig voneinander entwickelt wurden und die jederzeit ohne Rücksichtnahme auf andere Datenbanken angepaßt werden können (Design-Autonomie). Semantische Heterogenität entsteht zum großen Teil durch diese in der Praxis wichtige Art der Autonomie. Weitere Autonomieforderungen betreffen die lokale Administrierbarkeit (Vergabe von Zugriffsrechten, Festlegung von Speicherungsstrukturen, u.ä.) sowie die lokale Entscheidung darüber, in welchem Umfang externe Zugriffe auf die lokale Datenbank zugelassen werden sollen [SL90]. Von eher untergeordneter Wichtigkeit - im Gegensatz zu homogenen verteilten Transaktionssystemen - sind Anforderungen hinsichtlich einer hohen Durchsatzleistung sowie einer hohen Verfügbarkeit [HR86].

Verteilte Datenbanksysteme (VDBS) [BEKK84, CP84, ÖV91] stellen keinen geeigneten Ansatz zur Unterstützung von Heterogenität und Autonomie der lokalen Datenbanken dar. VDBS gehen davon aus, daß eine einzige logische Datenbank, welche durch ein einziges konzeptuelles DB-Schema beschrieben ist, vorliegt und auf mehrere Rechner verteilt wird. Da dieses gemeinsame Schema von allen Rechnern unterstützt wird, kann volle Verteiltransparenz (und Replikationstransparenz) gegenüber den Benutzern und Anwendungsprogrammen erreicht werden. Insbesondere kann eine DB-Operation praktisch auf jedem Rechner gleichermaßen gestartet werden, so daß die beteiligten DBVS bei der Abarbeitung eng zusammenarbeiten müssen, was Heterogenität kaum zuläßt und die Autonomie erheblich einschränkt. Weiterhin ist die Autonomie der einzelnen Rechner/DBVS stark beeinträchtigt, da Schemaänderungen, Vergabe von Zugriffsrechten, etc. global koordiniert werden müssen.

Ziel dieses Aufsatzes ist es, die zur Erfüllung der genannten Anforderungen besser geeigneten Systemarchitekturen einzuordnen und gegenüberzustellen. Eine Klassifikation verteilter Transaktionssysteme [Ra91], welche in Kap. 2 kurz zusammengefaßt wird, läßt erkennen, daß verschiedene Arten von verteilten DC-Systemen und sogenannter föderativer Datenbanksysteme als vielversprechendste Alternativen anzusehen sind. Diese Ansätze werden auch in Kap. 2 beschrieben und qualitativ bewertet. Zur Verdeutlichung des "State-of-the-Art" in kommerziell verfügbaren Systemen werden die Ansätze von Sybase und Ingres zur Unterstützung heterogener Datenbanken in den Kapiteln 3 und 4 dargestellt. Dabei repräsentiert der Ingres-Ansatz ein Beispiel eines föderativen DBS, während die Sybase-Funktionalität der eines verteilten DC-Systems entspricht.

2. Systemarchitekturen für den Zugriff auf heterogene Datenbanken

In Unterkapitel 2.1 fassen wir zunächst die in [Ra91] vorgestellte Klassifikation verteilter Transaktionssysteme zusammen. Danach werden in 2.2 und 2.3 verschiedene Arten von verteilten DC-Systemen sowie föderativer DBS mit Hinblick auf die Unterstützung heterogener Datenbanken gegenübergestellt.

2.1 Klassifikation verteilter Transaktionssysteme

Als primäres Klassifikationsmerkmal wurde in [Ra91] die Rechnerzuordnung von Systemfunktionen, also der DBVS und TP-Monitore, verwendet. Hierzu wurde zwischen horizontal und vertikal verteilten Transaktionssystemen unterschieden. Bei *horizontal verteilten Transaktionssystemen* liegt eine Replikation von Systemfunktionen vor, so daß jeder Rechner die gleiche Funktionalität hinsichtlich der Transaktionsbearbeitung aufweist. Dies bedeutet, daß in jedem der beteiligten Rechner ein TP-Monitor und ein DBVS vorliegt und an der Transaktionsverarbeitung teilnimmt. Allerdings wird keine Homogenität der Rechner gefordert; vielmehr können verschiedene TP-Monitore und DBVS auf den einzelnen Rechnern laufen und heterogene Betriebssysteme und Rechner-Hardware vorliegen. Dagegen erfolgt bei den *vertikal verteilten Transaktionssystemen* eine Partitionierung der Systemfunktionen auf Front-End- und Back-End-Rechner (Server), welche zu einer funktionalen Spezialisierung der Rechner führt. Beispiele dieser Systemklasse sind Workstation-/Server-Systeme, bei denen gewisse Funktionen zur Transaktionsverarbeitung auf Workstations vorgelagert werden, sowie DB-Maschinen, bei denen eine Auslagerung der DB-Verarbeitung auf Back-End-Rechner erfolgt.

Sowohl bei horizontal als auch bei vertikal verteilten Transaktionssystemen kann die Verteilung auf mehreren Ebenen des DC-Systems oder des DBVS erfolgen, ebenso lassen sich beide Verteilformen kombinieren. Wird die Verteilung im DC-System realisiert, z.B. durch Aufruf entfernter Unterprogramme oder Weiterleiten von DB-Operationen, sprechen wir von einem *verteilten DC-System*. Die Verteilformen auf DBVS-Ebene werden kollektiv als *Mehrrechner-Datenbanksysteme* bezeichnet (da der Begriff "Verteilte Datenbanksysteme" schon mit einer eingeschränkteren Bedeutung belegt ist, s.o.). Weiterhin wird zwischen integrierten und föderativen Mehrrechner-DBS unterschieden. Integrierte Mehrrechner-DBS realisieren eine verteilte DB-Verarbeitung auf einer einzigen logischen Datenbank, die durch ein gemeinsames DB-Schema beschrieben ist. Föderative DBS dagegen bestehen aus einer Menge weitgehend unabhängiger DBVS, die jeweils eine eigene logische Datenbank verwalten, die in einem lokalen (privaten) DB-Schema beschrieben ist. Es soll eine begrenzte Kooperation ("Interoperabilität" [LMR90]) unterstützt werden, jedoch unter Wahrung einer möglichst hohen Autonomie der beteiligten DBVS.

Verteilte Datenbanksysteme zählen zur Klasse der horizontal verteilten, integrierten Mehrrechner-DBS. Zu dieser Klasse gehören auch sogenannte DB-Sharing-Systeme [Ra89], bei denen keine Partitionierung der Datenbank vorgenommen wird, sondern jeder Rechner direkt auf alle Platten und damit die Datenbank zugreifen kann ("Shared Disk"). Eine weitergehende Behandlung integrierter Mehrrechner-DBS findet sich in [HR86]; hier werden sie nicht weiter betrachtet, da sie zur Unterstützung heterogener Datenbanken nicht geeignet sind.

2.2 Verteilte DC-Systeme

Bild 1 zeigt den Grobaufbau von horizontal und vertikal verteilten DC-Systemen. In beiden Fällen erfolgt die rechnerübergreifende Kommunikation innerhalb einer Transaktion ausschließlich zwischen den jeweiligen TP-Monitoren. Die DBVS dagegen sind voneinander unabhängig, so daß ein hohes Maß an Heterogenität und Autonomie bei den Datenbanksystemen in einfacher Weise erreicht wird. Bei den DBVS sind nahezu keine Erweiterungen im Vergleich zum zentralisierten Fall erforderlich, da sämtliche DB-Aufrufe von der lokalen DC-Komponente gestellt werden und im DBVS keine weitere Aufteilung vorgenommen wird.

Diese Einschränkung impliziert, daß jede DB-Operation eines Transaktionsprogrammes vollständig auf einer der Datenbanken abzuarbeiten ist, d.h. die DB-Operation ist das feinste Verteilgranulat das von verteilten DC-Systemen unterstützt wird. Operationen, welche Daten verschiedener Rechner betreffen, müssen explizit ausprogrammiert werden (z.B. Join-Berechnung zwischen Relationen mehrerer Rechner). Desweiteren sieht der Anwendungsprogrammierer i.d.R. mehrere DB-Schemata, d.h. es wird keine Verteilungstransparenz geboten (s.u.). Darüber hinaus bieten die DBVS keine Unterstützung zur Wartung von Daten-Replikation oder semantischer Heterogenität; diese Probleme müssen daher von dem DB-Benutzer (Programmierer) gelöst werden.

Die TP-Monitore müssen ein gemeinsames Zweiphasen-Commit-Protokoll [BEKK84, CP84] unterstützen, um die Alles-oder-Nichts-Eigenschaft einer verteilten Transaktion zu garantieren. Die DBVS sind an dem verteilten Zweiphasen-Commit über die TP-Monitore indirekt beteiligt. Eine mögliche Erweiterung gegenüber zentralisierten DBS besteht also darin, daß ein lokales DBVS eine Commit-Initiierung "von außen" unterstützen muß. Viele zentralisierte DBVS besitzen jedoch bereits diese Funktionalität, da i.d.R. ein lokal verteiltes Commit mit dem TP-Monitor vorgenommen wird, um das Datenbank-Commit mit dem DC-Commit (Sichern der Ausgabenachricht) zu koordinieren. Im verteilten Fall wird damit jedoch eine Verringerung der lokalen Autonomie in Kauf genommen, da der Commit-Koordinator auf einem anderen Rechner residieren kann, dessen Ausfall den Zugriff auf lokale Daten möglicherweise für unbestimmte Zeit blockiert.

Im Falle von vertikal verteilten DC-Systemen sollte die Commit-Koordinierung in keinem Fall auf den Front-End-Rechnern (PCs, Workstations) erfolgen, da diese als inhärent unzuverlässig einzustufen sind (z.B. Abschalten der Front-End-Station durch den Benutzer während einer Transaktion, u.ä.). In diesem Fall sollte die Aufgabe der Commit-Koordinierung auf einen der Server-TP-Monitore übertragen werden.

Die Serialisierbarkeit der Transaktionsverarbeitung ist gewährleistet, wenn jedes der beteiligten DBVS ein Sperrverfahren zur Synchronisation einsetzt und die Sperren bis zum Commit hält (Zweiphasen-Sperrprotokoll). Da die Verwendung solcher Sperrverfahren Standard in existierenden DBVS ist, ergeben sich hier i.d.R. keine neuen Probleme. Allerdings kann es zu globalen Deadlocks kommen, die nur mit einem Timeout-Verfahren aufgelöst werden können, wenn keine Erweiterung der DBVS zur Mitteilung von Wartebeziehungen eingeführt werden soll. Die Unterstützung des Timeout-Ansatzes erfordert eine (einfache) Erweiterung der lokalen DBVS, wenn zur Auflösung lokaler Deadlocks ein anderes Verfahren verwendet wurde (z.B. explizite Erkennung von Deadlocks).

Da der TP-Monitor für die Kommunikation von Transaktionsprogrammen mit den Endbenutzern sowie dem DBVS verantwortlich ist, werden sämtliche Eigenschaften der eingesetzten Kommunikationsmechanismen dem Programmierer verborgen (Kommunikationsunabhängigkeit). Dies gilt in verteilten DC-Systemen auch für die Kommunikation zwischen TP-Monitoren. Wenn unterschiedliche TP-Monitore eingesetzt werden

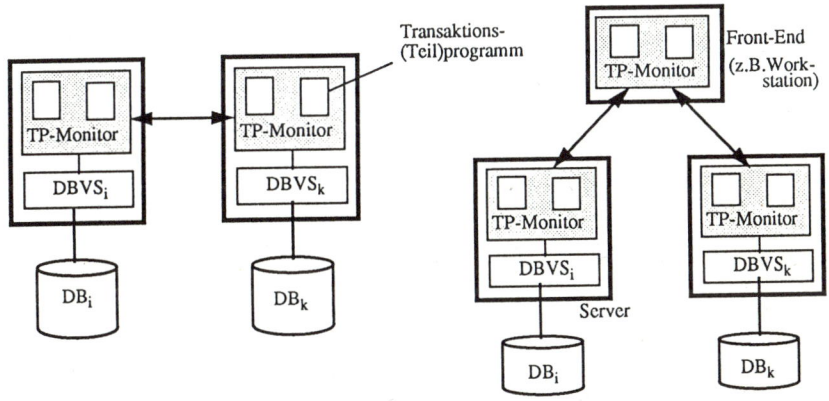

Bild 1a) Horizontal verteiltes DC-System   Bild 1b) Vertikal verteiltes DC-System

sollen, ist die Bereitstellung einer gemeinsamen (normierten) Anwendungsschnittstelle (Application Program Interface, API) wünschenswert, um die Erstellung von Anwendungen zu erleichtern bzw. deren Portabilität zu erhöhen. Darüber hinaus erfordert die Kooperation zwischen heterogenen TP-Monitoren die Verwendung gemeinsamer Protokolle, insbesondere zur Transaktionsverwaltung (Zweiphasen-Commit). Dazu wird in existierenden Systemen meist auf das SNA-Protokoll LU 6.2 von IBM zurückgegriffen [Gr83, Du89]. Es bietet u.a. Funktionen für die Kommunikation zwischen Programmen sowie zur Transaktionsverwaltung. Das verteilte Commit-Protokoll, das sich über mehrere Aufrufstufen erstrecken kann, wird automatisch ausgeführt und entweder implizit (durch Beendigung der Transaktion) oder explizit gestartet. Eine sehr ähnliche Funktionalität wie LU6.2 wird von dem künftigen OSI-Standard TP (Transaction Processing) angeboten [Up91], jedoch stehen reale Implementierungen noch aus.

Zur Realisierung einer verteilten Transaktionsbearbeitung im DC-System kommen im wesentlichen zwei Alternativen in Betracht [Me87, HM90, Ra91]: eine Verteilung auf Ebene der Transaktionsprogramme mit Aufruf von entfernten Teilprogrammen ("verteilte Programmierung") sowie eine Verteilung auf Ebene der DB-Operationen.

Verteilte Programmierung (Remote Procedure Call, RPC)

In diesem Fall kann auf eine entfernte Datenbank durch Aufruf eines Unter- bzw. Teilprogrammes an dem entsprechenden Rechner zugegriffen werden. Jedes Teilprogramm kann nur lokale Daten eines Rechners referenzieren, wenn keine weitere Verteilung auf DBVS-Ebene erfolgt. Verteilungstransparenz kann für den Anwendungsprogrammierer i.a. nicht erreicht werden, da er die verfügbaren Teilprogramme anderer Rechner kennen muß, um sie korrekt aufzurufen. Gegebenenfalls sind zur Realisierung einer verteilten Anwendung auch eigens Teilprogramme für entfernte Datenbanken zu entwickeln, wobei dann die jeweilige Anfragesprache und Schemainformationen benutzt werden müssen. Zudem werden in existierenden DC-Systemen (UTM-D von Siemens, CICS von IBM) entfernte Unterprogramme (via RPC) zum Teil anders als lokale aufgerufen. Aufgabe der beteiligten TP-Monitore ist die Weiterleitung der entfernten Aufrufe/Antworten sowie die Unterstützung eines verteilten Commit-Protokolles.

Im vertikal verteilten Fall ergibt sich bei dieser Kooperationsform eine Unterscheidung zwischen Front-End- und Server-Transaktionsprogrammen (Bild 1b). Für Programme auf der Front-End-Seite besteht eine eingeschränkte Flexibilität, da sie nicht direkt mit den Server-DBVS kommunizieren, sondern nur Teilprogramme auf den Servern aufrufen können. DB-bezogene Schemainformationen sind nur auf den Back-End-Rechnern sichtbar.

Die Realisierung der RPCs kann prinzipiell vom TP-Monitor ins Betriebssystem verlagert werden. Dieser sich abzeichnende Entwicklungstrend wird durch die zunehmende Verbreitung des DCE-Standards (Distributed Computing Environment) der OSF (Open Software Foundation) unterstützt. OSF DCE definiert eine Reihe von Betriebssystem-Basisdiensten zur Kooperation in heterogenen Systemen, darunter die Realisierung einer verteilten Dateiverwaltung, Directory-Funktionen und von RPCs [Cy91, Se91]. Einige neuere TP-Monitore wie Encina nutzen bereits die DCE-Dienste zur RPC-Abwicklung, allerdings erweitert mit einer Transaktionssemantik ("transaktionsgeschützter RPC") [Sp91]. Im MIA-Projekt (Multivendor Integration Architecture) soll eine herstellerunabhängige Architektur zur verteilten Transaktionsbearbeitung über transaktionsgeschützte RPCs realisiert werden, wobei auch die Prozeduraufrufe im Rahmen eines normierten APIs vereinheitlicht werden.

Verteilung von DB-Operationen

Hierbei werden DB-Befehle von den TP-Monitoren zwischen Rechnern ausgetauscht, mit der Einschränkung, daß jede DB-Operation nur Daten eines Rechners referenzieren darf (keine Kooperation zwischen den DBVS). Das feinere Verteilgranulat gestattet mehr Flexibilität für externe Datenzugriffe als bei der verteilten Programmierung, jedoch auf Kosten eines potentiell höheren Kommunikationsaufwandes. Verteilungstransparenz kann nicht erzielt werden, da bei der Formulierung der DB-Operationen explizit auf das entsprechende DB-Schema Bezug genommen werden muß (der tatsächliche Ort der Datenbanken kann durch Verwendung logischer Namen verborgen werden, nicht jedoch die Unterscheidung mehrerer Datenbanken und ihrer Schemata). Bei einer vertikalen Verteilung werden die Transaktionsprogramme vollständig auf Front-End-Seite ausgeführt; die DB-Operationen können auf Server-Seite über einen TP-Monitor an die DBVS weitergereicht werden.

Die Weiterleitung von DB-Operationen muß jedoch nicht notwendigerweise durch den TP-Monitor erfolgen, sondern kann auch durch andere Kommunikationskomponenten oder (im Falle einer horizontalen Verteilung) direkt durch die beteiligten DBVS realisiert werden. Entscheidend ist lediglich das Verteilgranulat "DB-Operation" und die damit verbundene Restriktion, daß pro Operation nur Daten eines DBVS/Rechners referenziert werden können. Diese Funktionalität wird auch vom DBVS DB2 von IBM unterstützt, wobei jedoch Änderungen in einer Transaktion auf einen Knoten beschränkt sind und nur andere IBM-DBVS mit SQL-Unterstützung beteiligt sein können.

Im Fall heterogener DBVS müssen Unterschiede in den Anfragesprachen, Datenmodellen, Zeichendarstellungen, etc. überbrückt werden, da ansonsten u.a. mehrere Anfragesprachen in einem Programm verwendet werden müßten. Das bereitzustellende normierte API sollte daher insbesondere auch eine einheitliche DB-Anfragesprache zur Formulierung der DB-Operationen umfassen, wozu derzeit nur SQL in Betracht kommt. Eine bestimmte SQL-Version ist bereits Teil des API (CPI genannt) der IBM Systemarchitektur SAA, das eine Interoperabilität zwischen verschiedenen IBM-Plattformen unterstützt. Daneben liegt bereits seit 1987 ein erster ISO-Standard für SQL vor, wobei existierende Implementierungen allerdings eine Vielzahl von Abweichungen zum Standard aufweisen. Dies liegt zum Teil an Unzulänglichkeiten des derzeitigen Standards [Da89]; für die geplanten Folgeversionen SQL2 und SQL3 ist eher mit einer Verschärfung des Problems zu rechnen. Die Herstellervereinigung X/Open definiert ein API, in dem u.a. eine Teilmenge von SQL vorgesehen ist, die von den meisten SQL-Implementierungen unterstützt wird. Trotz dieser Standardisierungsbemühungen werden auch künftig noch DB-Gateways benötigt werden, z.B. um den Zugang zu Nicht-SQL-DBS wie IMS zu ermöglichen.

Um die Übertragung von DB-Operationen/Anfrageergebnissen zwischen heterogenen Rechnern zu erleichtern, wurde der ISO-Standard RDA (Remote Database Access) entwickelt [Pa91, La91]. Damit soll insbesondere die Notwendigkeit einer großen Anzahl von Gateways zur Konvertierung von Daten- und Nachrichtenformaten zwischen heterogenen Systemen umgangen werden. RDA unterstützt dabei eine einheitliche Schnittstelle zur Übertragung von DB-Operationen sowie für Funktionen wie Verbindungskontrolle und Transaktionsverwaltung. Das RDA-Kommunikationsprotokoll spezifiziert ferner die genauen Nachrichtenformate und die erlaubten Reihenfolgen aller Nachrichten. RDA setzt die Verwendung eines einheitlichen APIs (SQL) voraus und verwendet die Dienste anderer ISO-Protokolle (TP) zur Durchführung der Transaktionsverwaltung.

2.3 Föderative Mehrrechner-Datenbanksysteme

In diesem Fall erfolgt die Kooperation zwischen den DBVS der Rechner. Die DC-Systeme der Rechner können unabhängig voneinander arbeiten und verschiedene TP-Monitore benutzen.

Föderative Mehrrechner-DBS streben nach größerer Knotenautonomie im Vergleich zu den integrierten Systemen, wobei die beteiligten DBS entweder homogen oder heterogen sein können. Ähnlich wie bei den verteilten DC-Systemen verwaltet jedes DBVS eine eigene logische Datenbank, die durch ein lokales konzeptuelles Schema beschrieben ist. Allerdings soll jetzt der Zugriff auf externe Daten durch eine begrenzte Kooperation der DBVS unterstützt werden, falls dies von dem "Besitzer" der Daten zugelassen wird. Die Menge kooperierender DBS wird auch als *Föderation* bezeichnet; prinzipiell kann ein DBS an mehreren Föderationen beteiligt sein, falls diese anwendungsbezogen definiert werden. Im Vergleich zu verteilten DC-Systemen soll eine höhere Integrationsstufe erreicht werden, indem ein einheitliches Datenmodell bzw. eine gemeinsame Anfragesprache "nach außen" angeboten werden. Damit soll es auch möglich werden, innerhalb einer DB-Operation auf Daten verschiedener Datenbanken zuzugreifen. Wenn möglich sollen ferner Verteilungs- und Replikationstransparenz sowie Mechanismen zur Behandlung semantischer Heterogenität angeboten werden.

Nach [SL90] kann man grob zwischen eng und lose gekoppelten föderativen DBS unterscheiden, welche unterschiedliche Integritätsstufen anstreben. In beiden Fällen wird davon ausgegangen, daß jedes lokale konzeptuelle DB-Schema in ein Schema eines kanonischen Datenmodells überführt wird, das von allen beteiligten DBVS unterstützt wird (diese *Schema-Translation* ist natürlich nur im Falle heterogener Datenmodelle erforderlich). Für das kanonische Datenmodell bietet sich der relationale Ansatz mit SQL oder ein sogenanntes semantisches Datenmodell mit größerer Ausdrucksmächtigkeit an (z.B. erweitertes Entity-Relationship-Modell). Aufbauend auf dem kanonischen DB-Schema legt jedes DBVS innerhalb eines *Export-Schemas* fest, welche Datenbereiche in welcher Weise von externen Benutzern einer Föderation referenziert werden dürfen (Bild 2). In *eng gekoppelten föderativen DBS* wird durch eine sogenannte Schemaintegration [BLN86] aus den Export-Schemata für jede Föderation ein föderatives DB-Schema abgeleitet (die Anzahl zugelassener Föderationen kann auf 1 begrenzt sein). Der Benutzer des föderativen DBS arbeitet entweder auf dem föderativen Schema oder auf darauf abgeleiteten externen Schemata (Sichten), die nur die ihn betreffenden DB-Bereiche umfassen. Bei *lose gekoppelten föderativen DBS* wird auf eine Schemaintegration sowie föderative Schemata verzichtet, sondern die externen Schemata werden direkt auf den Export-Schemata definiert. Dabei wird i.a. die Unterscheidung mehrerer Datenbanken aufrechterhalten.

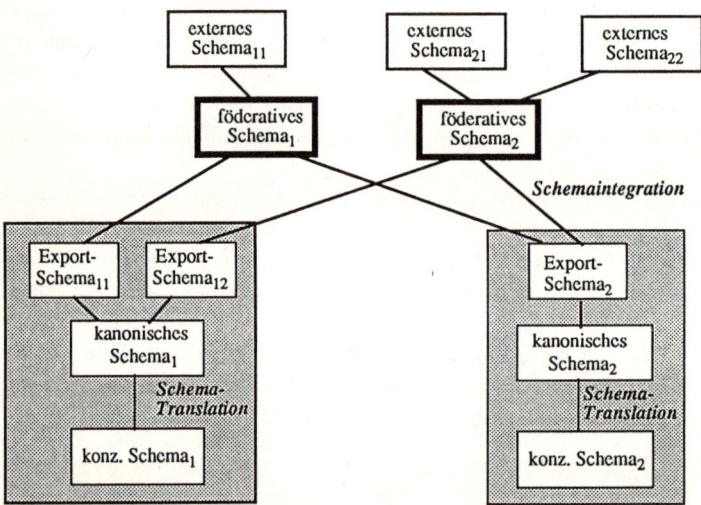

Bild 2: Schemaarchitektur eines eng gekoppelten föderativen DBS (nach [SL91])

Ziel der Schemaintegration ist, die Unterscheidung mehrerer Datenbanken sowie eventuell vorhandener Redundanz für den Benutzer zu verbergen und damit Verteilungs- und Replikationstransparenz zu erzielen. Weiterhin soll semantische Heterogenität eliminiert werden, indem die unterschiedliche Repräsentation derselben Information umgangen wird. Hierzu müssen u.a. Namens- und Typkonflikte erkannt und durch Wahl einer einzigen Repräsentation im föderativen Schema behoben werden; zur Abbildung zwischen föderativem und lokalen Schemata sind geeignete Transformationen zu spezifizieren. Obwohl die Unterstützung eines kanonischen Datenmodells die Schemaintegration erleichtert, kann dieser Prozeß höchstens teilweise automatisiert werden, da derzeitige Datenmodelle keine vollständige Spezifikation der Semantik zulassen. Die Schemaintegration ist daher weitgehend manuell (unterstützt durch geeignete Werkzeuge) seitens eines Datenbank-Administrators vorzunehmen. Ähnliches gilt für die Ableitung der kanonischen DB-Schemata aus den lokalen konzeptuellen Schemata (Schema-Translation).

Die Verfechter der lose gekoppelten föderativen DBS (auch Multi-DBS genannt) vertreten die Ansicht, daß eine vollständige Schemaintegration i.a. nicht möglich ist und semantische Konflikte am besten durch den DB-Benutzer aufgelöst werden [LMR90]. Außerdem reduziert die Definition föderativer Schemata die Autonomie der lokalen DBVS, da lokale Schemaänderungen ggf. wieder global zu koordinieren sind. Daher wird an der Benutzerschnittstelle die Unterscheidung mehrerer Datenbanken beibehalten, jedoch eine Anfragesprache ("multidatabase language") bereitgestellt, die u.a. DB-übergreifende Operationen zuläßt sowie Hilfsmittel zur Konversion zwischen verschiedenen Datentypen anbietet.

Die Diskussion zeigt, daß föderative DBS erhebliche Erweiterungen in den DBVS erfordern, insbesondere zur Unterstützung von Schema-Translation und Schemaintegration. Weiterhin sind Erweiterungen bei Query-Verarbeitung und -Optimierung notwendig, um globale Anfragen in mehrere lokal ausführbare Teiloperationen zu zerlegen und die Ergebnisse zu kombinieren. Ein aktives Forschungsgebiet ist auch die globale Transaktionsverwaltung, wenn in den beteiligten DBVS unterschiedliche Synchronisations- und Recovery-Verfahren verwendet werden sollen. Derzeitige Systementwicklungen gestatten oft nur lesenden Zugriff auf externe Daten.

3. Systembeispiel 1: Sybase

Die Systemarchitektur von Sybase beruht auf dem allgemeinen Client/Server-Ansatz (Bild 3). Transaktionsprogramme (Clients) und DBVS (Server) können dabei auf verschiedenen Rechnern vorliegen. Insbesondere ist es möglich, die Anwendungen auf Workstations laufen zu lassen, so daß eine vertikale Verteilung der Transaktionsverarbeitung unterstützt wird. Innerhalb einer Transaktion können mehrere Sybase-DBVS (und DBVS anderer Hersteller, s.u.) aufgerufen und auf die von ihnen verwalteten Datenbanken zugegriffen werden. Das Werkzeug "Sybase Tools" bietet eine interaktive Benutzerschnittstelle, welche die Formulierung von Ad-Hoc-Queries, Reportgenerierung etc. unterstützt [Sy89a].

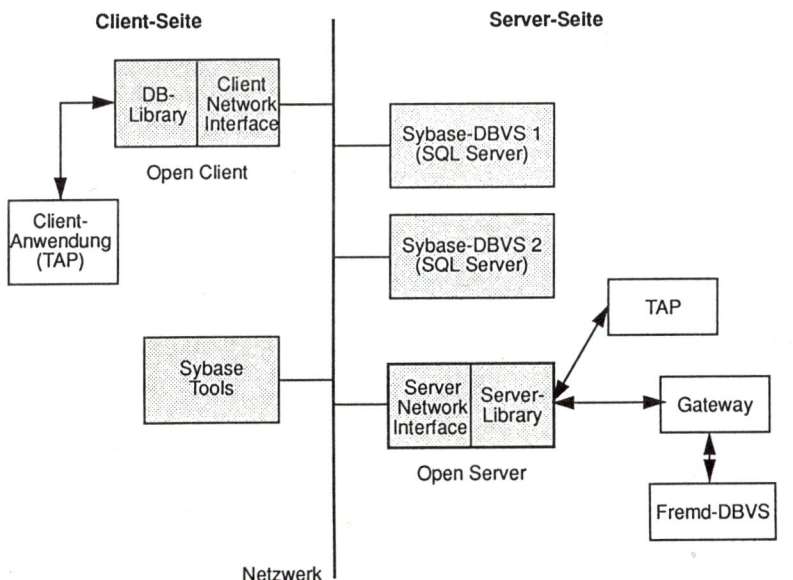

Bild 3: Systemkomponenten beim Einsatz von Sybase

Das DBVS von Sybase ("SQL Server" genannt [Sy89b]) basiert auf dem relationalen Datenmodell und bietet ein Zweiphasen-Commit-Protokoll nach außen hin an. Zur Kommunikation zwischen Anwendungen und dem SQL-Server bietet Sybase zwei Möglichkeiten. Zum einen können wie üblich DML-Befehle an das DBVS übergeben werden, wobei die Einschränkung besteht, daß jede Operation vollständig auf einer Datenbank (von einem DBVS) abzuarbeiten ist. Zum anderen können sogenannte "stored procedures" aufgerufen werden. Diese Prozeduren werden in einer eigenen Programmiersprache (Transact-SQL) definiert und vom Sybase-DBVS verwaltet. Transact-SQL unterstützt neben SQL-Befehlen auch lokale Programmvariablen und allgemeine Kontrollstrukturen (IF, WHILE, etc.). Beim Aufruf der Prozeduren ist es möglich, Parameter zu übergeben; als Ergebnis werden entweder berechnete Werte oder/und eine Menge von Tupeln (Ergebnis der DB-Operationen) zurückgeliefert. Innerhalb der Prozeduren ist es möglich, weitere "stored procedures" aufzurufen, die zu einem anderen SQL-Server gehören können. Diese Kooperation zwischen den DBVS entspricht einer horizontalen Verteilung der Transaktionsverarbeitung durch Aufruf von Teilprogrammen.

Bei Sybase sind Teile der DC-Funktionen im DBVS integriert, wie eine Netzwerkschnittstelle zur Kommunikation und die Verwaltung von Anwendungsprogrammen (stored procedures). Auf Anwenderseite wird die Kommunikation mit Servern über eine Systemkomponente "Open Client" realisiert, die als Front-End-TP-Monitor aufgefaßt werden kann. Open Client enthält ebenfalls eine Netzwerkschnittstelle (client network interface), welche eine Unabhängigkeit von physischen Eigenschaften des Kommunikationsnetzwerkes und Rechner-Hardware gewährleistet. Daneben werden den Anwendungsprogrammen über eine spezielle Bibliothek (DB-Library) höhere Dienste zum Verbindungsaufbau mit Servern, zur Übertragung von DB-Operationen, zum Aufruf von Server-Transaktionsprogrammen (Remote Procedure Call) sowie zur Transaktionsverwaltung (Zweiphasen-Commit, s.u.) angeboten. Die DB-Library repräsentiert somit ein API.

Um den Zugriff auf DBVS anderer Hersteller ("Fremd-DBVS") zu ermöglichen, führte Sybase 1989 die Systemkomponente "Open Server" ein (Bild 3). Diese Komponente ist in der Lage, DB-Operationen und Prozeduraufrufe von Client-Anwendungen (Open Client bzw. Sybase Tools) entgegenzunehmen und an Server-Anwendungen (Transaktionsprogramme) oder Fremd-DBVS weiterzugeben. Aus Sicht der Client-Anwendungen erfolgt die Kooperation mit einem "Open Server" wie mit dem Sybase-DBVS. Server-Anwendungen können die Dienste des Open Server (Server Library) zur Kooperation mit den Client-Anwendungen nutzen. Zum Zugriff auf Fremd-DBVS werden daneben noch Gateways benötigt, die u.a. Unterschiede in den Anfragesprachen ausgleichen und eine Behandlung auftretender Fehler durchführen können. Sybase bietet u.a. ein Gateway zu IBM's DBVS DB2 sowie eine spezielle Version des Open Servers zur Kopplung mit dem TP-Monitor CICS [Du90, Sy90].

Zur Sicherstellung der Alles-oder-Nichts-Eigenschaft verteilter Transaktionen unterstützt Sybase ein verteiltes Zweiphasen-Commit-Protokoll an der Anwendungsschnittstelle (DB-Library). Diese Funktionalität ist jedoch z.Zt. auf verteilte Transaktionen auf Sybase-Datenbanken beschränkt. Außerdem liegt die Kontrolle der Commit-Verarbeitung in der derzeitigen Realisierung [Sy90] weitgehend in der Verantwortung des Anwendungsprogrammierers, so daß Programmfehler zur Inkonsistenz der beteiligten Datenbanken führen können! Insbesondere fungiert die Anwendung als Commit-Koordinator und muß beide Commit-Phasen durch explizite Aufrufe an die an der Transaktion beteiligten Server initiieren. Wird einer der Server bei der Commit-Behandlung "vergessen" oder ihm ein falsches Commit-Ergebnis mitgeteilt, ergeben sich inkonsistente Datenbankzustände.

Ein weiteres Problem ist, daß die Anwendungen i.a. auf Workstations ausgeführt werden, die für die Commit-Koordinierung als zu unsicher einzustufen sind (unbestimmte Ausfalldauer während der Commit-Behandlung möglich). Um zumindest den aktuellen Stand des Commit-Protokolls auf einer "sicheren" Seite zu vermerken, unterstützt Sybase die Einrichtung eines Commit-Services auf einem der Server. Allerdings liegt es wieder in der Verantwortung des Programmierers, diesen Service einzurichten und ihm das Commit-Ergebnis mitzuteilen (der Commit-Service protokolliert daraufhin die Commit-Entscheidung). Nur im Fehlerfall (Server-Ausfall, Timeout) wenden sich die involvierten Datenbank-Server an den Commit-Service, um den Zustand der Transaktion zu erfragen. In einer späteren Version soll das Commit-Protokoll vollständig durch den Commit-Service ausgeführt werden.

Die Diskussion zeigt, daß Sybase die Funktionalität eines verteilten DC-Systems aufweist, wobei beide Aufrufgranulate (DB-Operationen und Teilprogramme) unterstützt werden. Eine Koopera-tion auf DBVS-Ebene erfolgt nur zwischen Sybase-DBVS und ist beschränkt auf den Aufruf entfernter Teilprogramme (stored procedures) sowie die Commit-Behandlung. Eine verteilte Ausführung von DB-Befehlen wird ebensowenig unterstützt wie die Gewährleistung von Verteilungs- oder Replikationstransparenz.

4. Systembeispiel 2: Ingres

Das relationale Datenbanksystem Ingres unterstützt ebenfalls mehrere Formen einer verteilten Transaktions-verarbeitung. Mit der Kommunikationskomponente *Ingres/Net* wird eine vertikale Verteilung möglich, bei der Anwendungen auf Front-End-Rechnern durch Verschicken einzelner DB-Operationen auf das Ingres-DBVS auf einem Server zugreifen können. Ein Zugriff auf Fremd-DBVS ist über Ingres/Net auch möglich, wobei dann Anfragen und Datenformate über ein DB-Gateway anzupassen sind. Seit der Ingres-Version 6.3 kann von einer Anwendung aus auf mehrere Datenbanken zugegriffen werden. Ein verteiltes Zweiphasen-Commit wird dabei nur in rudimentärer Weise unterstützt, da die Anwendung als Commit-Koordinator fungiert und beide Commit-Phasen explizit starten muß. Weiterhin ist die Anwendung in diesem Fall für das Sichern des Commit-Ergebnisses verantwortlich. Damit ist die Konsistenz der beteiligten Datenbanken in noch stärkerem Maße als bei Sybase durch Workstation-Ausfälle und Fehler in den Anwendungsprogram-men gefährdet.

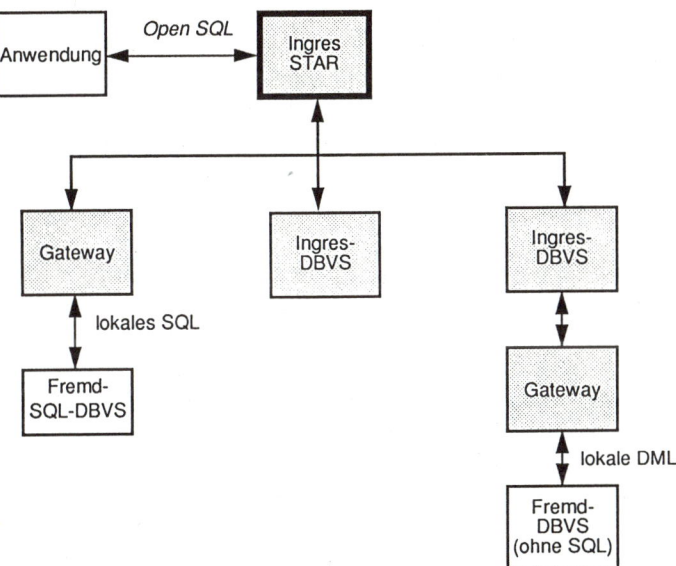

Bild 4: Ingres/Star im Ingres-Systemverbund

Der skizzierte Zugriff auf mehrere, möglicherweise heterogene Datenbanken über Ingres/Net entspricht einer Verteilung im DC-System mit DB-Operationen als Verteilgranulat. Daneben bietet Ingres jedoch auch eine Verteilung auf DBS-Ebene durch die Systemkomponente *Ingres/Star* an. Diese Komponente macht Ingres zu einem (eng gekoppelten) föderativen Mehrrechner-DBS, da sie es ermöglicht, innerhalb einer DB-Opera-tion auf mehrere Datenbanken zuzugreifen. Wie in Bild 4 skizziert kann dabei sowohl auf Ingres-Datenbanken als auf Datenbanken unter der Kontrolle von Fremd-DBVS zugegriffen werden. Die Kommunikation zwischen Ingres/Star und den Fremd-DBVS erfolgt dabei über geeignete Gateways (s.u.). Nicht gezeigt in Bild 4 sind die Ingres/Net-Komponenten, die in jedem der beteiligten Rechner zur Kommunikationsunterstützung vorliegen müssen.

Ingres/Star erlaubt die Definition mehrerer DB-Föderationen, wobei zu jeder Föderation ein föderatives Schema spezifiziert wird. Die Definition der föderativen Schemata setzt eine einheitliche Schemabeschreibung der lokalen Datenbanken als Menge von Relationen voraus (seitens der beteiligten Ingres-DBVS bzw. der Gateways). Das föderative Schema legt dann im wesentlichen nur für jede Datenbank die Relationen fest, die an der Föderation beteiligt sein sollen. Die Existenz mehrerer, möglicherweise heterogener Datenbanken kann somit dem Ingres-Benutzer vollkommen verborgen werden (Verteilungstransparenz). Für den Zugriff auf heterogene Datenbanken (über das föderative Schema) bietet Ingres als gemeinsame Anfragesprache (Programmierschnittstelle) "Open SQL" an, welche aus einer Untermenge der gebräuchlichsten SQL-Dialekte gebildet wurde. Anfragen, die sich auf mehrere lokale Datenbanken beziehen (z.B. Joins), werden von Ingres/Star in mehrere Teiloperationen zerlegt, die auf den lokalen Datenbanken ausführbar sind (globale Query-Optimierung); die Teilergebnisse werden ebenso von Ingres/Star zusammengefaßt und an den Benutzer zurückgegeben. Um den Anwendungen eine einheitliche Fehlerbehandlung auch beim Zugriff auf heterogene Datenbanken zu ermöglichen, wurde eine Menge generischer Fehlercodes festgelegt, die sowohl vom Ingres-DBVS als den von Ingres angebotenen Gateways zu Fremd-DBVS unterstützt werden.

Ingres unterstützt zwei Arten von Gateways in Abhängigkeit davon, ob das Fremd-DBVS SQL unterstützt oder nicht [SB90]. Für SQL-DBVS (z.B. DB2) erfolgt im Gateway eine Umsetzung von "Open SQL" auf das lokale SQL in der einen Richtung und die Versorgung des generischen Fehlercodes in der anderen Richtung. Weiterhin muß, falls erforderlich, eine Typanpassung der Daten in beide Richtungen vorgenommen werden. Der andere Typ von Ingres-Gateways wird für (nicht-relationale) DBVS benötigt, die SQL nicht unterstützen (z.B. für IMS). Hier wird das Fremd-DBVS im wesentlichen nur als Dateisystem verwendet, auf das ein Ingres-DBVS zur Bearbeitung der SQL-Anweisungen aufgesetzt wird (Bild 4). Diese Art der Kopplung kann naturgemäß nur eine geringe Leistungsfähigkeit aufweisen und dürfte auf Lesezugriffe beschränkt sein, da bei Änderungen Modellbedingungen des zugrundeliegenden Datenmodells verletzt werden könnten (z.B. hierarchische Abhängigkeiten zwischen Satztypen).

In der derzeitigen Realisierung von Ingres/Star bestehen noch eine Reihe von Einschränkungen in der Funktionalität. Insbesondere wird nur eine sehr begrenzte Art der Schemaintegration unterstützt, die sich im wesentlichen auf die Vereinigung lokaler Schemafragmente beschränkt (keine Behandlung semantischer Heterogenität). Weiterhin ist die Autonomie der lokalen Datenbanken relativ begrenzt, da eine enge Zusammenarbeit zwischen Ingres/Star und den lokalen Ingres-DBVS (bzw. Gateways) zur verteilten Query-Verarbeitung und für den Zugriff auf lokale Schemainformationen notwendig ist. Andererseits kann Ingres/Star bei Beschränkung auf Ingres-DBVS auch als konventionelles verteiltes Datenbanksystem angesehen werden, bei der die verteilte Datenbank durch mehrere lokale Datenbanken repräsentiert ist. Eine Einschränkung in diesem Fall ist, daß Relationen das feinste Verteilgranulat darstellen und keine Replikation unterstützt wird. Diese Begrenzungen sollen in einer künftigen Version entfallen.

5. Zusammenfassung

Die rapide zunehmende Speicherung von Informationen in immer mehr Datenbanken verlangt eine geeignete Unterstützung eines koordinierten Zugriffs auf heterogen strukturierte Datenbestände. Trotz der Notwendigkeit einer Kooperation beim Zugriff auf mehrere Datenbanken soll die Autonomie der beteiligten Datenbanken weitgehend erhalten bleiben. Verteilte Datenbanksysteme bieten hierfür keinen geeigneten Ansatz, da sie die Beschreibung des gesamten Datenbestandes innerhalb eines konzeptuellen Datenbankschemas und eine enge Zusammenarbeit der Datenbankverwaltungssysteme (DBVS) beim DB-Zugriff verlangen. Wie in Kap. 2 dargestellt kommen im wesentlichen verteilte DC-Systeme sowie föderative Mehrrechner-DBS als System-architekturen für den Zugriff auf heterogene Datenbanken in Betracht.

Verteilte DC-Systeme bieten den Vorteil, daß bestehende DBVS nur geringfügig zu erweitern sind, um innerhalb einer Transaktion auf mehrere heterogene Datenbanken zuzugreifen. Im wesentlichen genügt dazu, daß die DBVS die Initiierung eines verteilten Zweiphasen-Commit von "außen" akzeptieren und einen Timeout-Mechanismus zur globalen Deadlock-Behandlung verwenden. Die Kommunikation innerhalb der Transaktion erfolgt weitgehend durch das DC-System (TP-Monitor), wobei entweder einzelne Teilprogramme (Remote Procedure Call) oder DB-Operationen als Aufrufeinheiten zwischen Rechnern in Betracht kommen. Diese Ansätze können gegenüber dem Anwendungsprogrammierer keine Verteiltransparenz bieten; zudem ist die Ausführung jeder DB-Operation auf eine Datenbank begrenzt. Aufgabe des TP-Monitors ist die Durchführung eines verteilten Commit-Protokolls sowie das Verbergen von Heterogenität in der Rechner-Hardware und in der Kommunikationsumgebung. Soll dem Anwender gegenüber Heterogenität bei den DBVS (Anfragesprache, Datentypen, etc.) verborgen werden, sind geeignete Gateways bereitzustellen, die eine gemeinsame DB-Schnittstelle unterstützen. Eine solche Funktionalität wird z.B. von Sybase geboten (Kap. 3), wenngleich dort die Commit-Durchführung noch zum Großteil in der Verantwortung der Programmierer liegt. Die TP-Monitore CICS von IBM, UTM von Siemens oder Tuxedo von AT&T unterstützen eine verteilte Transaktionsausführung (durch Aufruf entfernter Teilprogramme) und realisieren das Commit-Protokoll bereits vollständig innerhalb der Systemsoftware.

Föderative DBS unterstützen einer weitergehende Kooperation zwischen den DBVS und nehmen damit zwangsweise eine geringere Autonomie der beteiligten DBVS in Kauf. Sie bieten an ihrer Schnittstelle zu den Anwendungen eine einheitliche Anfragesprache zum Zugriff auf heterogene Datenbanken, mit der es insbesondere auch möglich wird, innerhalb einer DB-Operation mehrere Datenbanken zu referenzieren (verteilte Join-Berechnung u.ä.). Externe Transaktionen dürfen nur auf solche Daten zugreifen, die in einem Export-Schema deklariert sind. Während bei lose gekoppelten föderativen DBS die Existenz mehrerer Datenbanken sichtbar bleibt, streben eng gekoppelte föderative DBS eine vollkommene Verteiltransparenz durch Definition von föderativen DB-Schemata an. Ein großes Problem dabei ist das Verbergen semantischer Heterogenität, was durch eine sogenannte Schemaintegration erreicht werden soll. Inwieweit diese Problematik in voller Allgemeinheit gelöst werden kann, ist noch Gegenstand aktueller Forschungsanstrengungen. Existierende Systeme wie Ingres/Star (Kap. 4) bieten nur eine eng begrenzte Unterstützung zur Schemaintegration.

118

Literatur

BEKK84   Bayer, R., Elhardt, K., Kießling, K., Killar, D.: Verteilte Datenbanksysteme - Eine Übersicht über den heutigen Entwicklungsstand. Informatik-Spektrum 7 (1), 1-19 (1984)

BLN86   Batini, C., Lenzirini, M., Navathe, S.B.: A Comparative Analysis of Methodologies for Database Schema Integration. ACM Computing Surveys 18 (4), 323-364 (1986)

Br91   Braginsky, E.: The X/OPEN DTP Effort. Proc. 4th Int. Workshop on High Performance Transaction Systems, Asilomar, CA (Sep. 1991)

CP84   Ceri, S., Pelagatti, G.: Distributed Databases: Principles and Systems. McGraw-Hill, 1984.

Cy91   Cypser, R.J.: Communications for Cooperative Systems. Addison-Wesley (1991)

Da89   Date, C.J.: A Guide to the SQL Standard, 2nd edition. Addison Wesley (1989)

Du89   Duquaine, W.: LU 6.2 as a Network Standard for Transaction Processing. In: Lecture Notes on Computer Science 359, Springer-Verlag (1989)

Du90   Duquaine, W.: Mainframe DBMS Connectivity via General Client/Server Approach. IEEE Data Engineering 13 (2), 34-39 (1990)

HM90   Härder, T., Meyer-Wegener, K.: Transaktionssysteme in Workstation/Server-Umgebungen. Informatik Forschung und Entwicklung 5, 127-143 (1990)

HR83   Härder, T., Reuter, A.: Principles of Transaction-Oriented Database Recovery. ACM Computing Surveys 15 (4), 287-317 (1983)

HR86   Härder, T., Rahm, E.: Mehrrechner-Datenbanksysteme für Transaktionssysteme hoher Leistungsfähigkeit. Informationstechnik 28 (4), 214-225 (1986)

Gr83   Gray, J.P. et al.: Advanced Program-to-Program Communication in SNA. IBM Systems Journal 22 (4), 298-318 (1983)

La91   Lamersdorf, W.: Remote Database Access: Kommunikationsunterstützung für Fernzugriff auf Datenbanken. Informatik-Spektrum (Das aktuelle Schlagwort) 14 (3), 161-162, (1991)

LMR90   Litwin, W., Mark, L., Roussopoulos, N.: Interoperability of Multiple Autonomous Databases. ACM Computing Surveys 22 (3), 267-293 (1990)

Me87   Meyer-Wegener, K.: Transaktionssysteme - verteilte Verarbeitung und verteilte Datenhaltung. Informationstechnik 29 (3), 120-126 (1987)

Me88   Meyer-Wegener, K.: Transaktionssysteme. Teubner-Verlag (1988)

ÖP91   Özsu, M.T., Valduriez, P.: Principles of Distributed Database Systems. Prentice Hall (1991)

Pa91   Pappe, S.: Datenbankzugriff in offenen Rechnernetzen. Springer-Verlag, Reihe "Informationstechnik und Datenverarbeitung" (1991)

Ra89   Rahm, E.: Der Database-Sharing-Ansatz zur Realisierung von Hochleistungs-Transaktionssystemen. Informatik-Spektrum 12 (2), 65-81 (1989)

Ra91   Rahm, E.: Klassifikation und Vergleich verteilter Transaktionssysteme, Univ. Kaiserslautern, Fachbereich Informatik, 1991

SB90   Simonsen, D., Benningfield, D.: INGRES Gateways: Transparent Heterogeneous SQL Access. IEEE Data Engineering 13 (2), 40-45 (1990)

Se91   Semich, W.: The Distributed Connection: DCE. Datamation, 28-30 (Aug. 1, 1991)

SL90   Sheth, A.P., Larson, J.A.: Federated Database Systems for Managing Distributed, Heterogeneous, and Autonomous Databases. ACM Computing Surveys 22 (3), 183-236 (1990)

Sp91   Spector, A.: Open, Distributed Transaction Processing with Encina. Proc. 4th Int. Workshop on High Performance Transaction Systems, Asilomar, CA (Sep. 1991)

SW91   Schek, H.-J., Weikum, G.: Erweiterbarkeit, Kooperation, Föderation von Datenbanksystemen. Proc. BTW-91, Informatik-Fachberichte 270, Springer-Verlag, 38-71 (1991)

Sy89a   SYBASE SQL Toolset. Technical Overview. Sybase Inc. (1989)

Sy89b   SYBASE SQL Server. Technical Overview. Sybase Inc. (1989)

Sy90   SYBASE Connectivity. Technical Overview. Sybase Inc. (1990)

Ta91   Takagi, A.: Multivendor Integration Architecture and its Transaction Processing. Proc. 4th Int. Workshop on High Performance Transaction Systems, Asilomar, CA (Sep. 1991)

Th90   Thomas, G. et al.: Heterogeneous Distributed Database Systems for Production Use. ACM Computing Surveys 22 (3), 237-266(1990)

Up91   Upton, F.: OSI Distributed Transaction Processing. An Overviw. Proc. 4th Int. Workshop on High Performance Transaction Systems, Asilomar, CA (Sep. 1991)

Einbindung einer intelligenten Massenspeicher-schnittstelle in Unix

K.-R. Riemschneider, H. Ch. Zeidler
Universität der Bundeswehr Hamburg

Überblick

Es wird ein Lösungsansatz aufgezeigt, der die Einbindung einer intelligenten Massenspeicher-schnittstelle in Unix ohne Veränderung der Struktur des Betriebssystemkerns ermöglicht. Damit wird ein hohes, logisches Niveau der Schnittstelle angeboten, so daß von einem Controller komplexe Funktionen ausgeführt werden können und so die dort peripher angesiedelte "Intelligenz" nutzbar wird. Sowohl übliche Betriebssystemaufgaben der Massenspeichersteuerung und der File(system)verwaltung als auch bisher in Anwenderprozessen ablaufende Routinen können dem intelligenten Massenspeichersystem übertragen werden.

Am Beispiel einer Suchfunktion wird dargelegt, wie komplexe neue Fileoperationen von einer parallel arbeitenden, potentiell spezialisierten Hardware durchgeführt werden können. Solcherart problemspezifisch bereitgestellte Funktionen führen zur Erhöhung der Leistungsfähigkeit des Gesamtsystems und zu komfortabler Anwenderprogrammierung.

1 Motivation und Einführung

Der Unterschied zwischen Sekundär- und Hauptspeichergeschwindigkeit ist in der jüngeren Vergangenheit keinesfalls geringer geworden; insofern sind Verbesserungen der Geschwindigkeiten des Massenspeichersystems weiterhin gefordert. Steigerungen der Platten- und Controllerleistungen sind in der Vergangenheit stets von den sonstigen Verarbeitungsleistungen überholt worden; darüber hinaus ist eine generelle Überwindung des Zugriffszeitverhältnisses aus physikalisch/technischen Gründen nicht zu erwarten. Andererseits werden durch neue Anwendungen (z.B. Multimedia) stärkere Anforderungen erwachsen.

Da hieraus ein Engpaß für eine große Klasse von Anwendungen resultiert, sind strukturelle Verbesserungen - wie Parallelität und Spezialisierung - an dieser Stelle besonders notwendig. In diese Richtung weisen aktuelle Entwicklungen verschiedener Hersteller.

Die vorliegende Untersuchung reiht sich in verschiedene Anstrengungen ein, die durch ein konventionelles Betriebssystem praktisch festgeschriebene "semantische Lücke" (/Sch89/) zwischen Massenspeicher-Steuerprimitiven und Nutzeranforderungen logischer Art zu schließen. Die heute technologisch mögliche Anhebung des Niveaus des Massenspeicherzugangs mit Hilfe von "Intelligenz" im Controller bedarf der Überwindung dieser Festschreibung. Das Schließen dieser Lücke bildet einen Ansatzpunkt für die oben genannten strukturellen Verbesserungen. Gleichzeitig können damit wohlstrukturierte Systeme geschaffen werden.

Ein intelligenter Massenspeicher verfüge über einen beliebigen Massenspeicher, dessen Controller jedoch komplexe Aufgaben durchführen kann. Die Verwaltung von Massenspeichern stellt einen zentralen Teil der Aufgaben eines Standard-Betriebssystems dar. Es wurden Möglichkeiten untersucht, einen Teil dieser Betriebssystemaufgaben und weitere geeignete Aufgaben aus den Anwendungen in intelligente Peripherie auszulagern. Die Ausführung dieser Subaufgaben erfolgt durch gesonderte Hardware-Funktionseinheiten, deren Struktur spezifisch optimiert werden könnte.

Da die Akzeptanz von Hardwareentwicklungen weitgehend von der Anwendbarkeit bewährter und allgemein anerkannter Software bestimmt wird, kam als Grundlage für die Untersuchung nur ein Standardbetriebssystem in Frage. Insofern war Unix System V Release 3.2 geeignet.

Dabei sollte entsprechend dem File(system)konzept als einem der grundlegenden Unix-Konzepte die vorgesehene Schnittstelle Unix/Massenspeicher das Niveau von Operationen über Files haben. Die "Intelligenz" der anzuschließenden Funktionseinheit sollte in der Umsetzung von Unix-üblichen und neuen, komplexen Fileoperationen auf das Niveau der physischen Daten bestehen, während die "physische Arbeit" der Funktionseinheit in der Durchführung der Operationen über den physischen Daten bestehen sollte. Dieser Vorgang soll durch die "höhere" Schnittstelle verdeckt sein.

Am praktischen Beispiel (einer einfachen Suchfunktion) wird gezeigt werden, wie eine ausgelagerte, parallel zu bearbeitende Subaufgabe einzubinden wäre. Die hierzu notwendige Hardwareeinheit wurde durch einfache Simulation von einem Standardrechner nachgebildet. Zur darüber hinausgehenden Realisierung von spezifischer Massenspeicherverwaltungs-, Such- und Datenbank-Hardware liegen bereits frühere Forschungsergebnisse vor.

2 Problemdiskussion

2.1 Einbindungsproblem

Die Unix-Systemintegration einer intelligenten Massenspeicherkomponente könnte zunächst durch **aufwendige Änderung der File-, Prozeß- und Pufferverwaltung** erfolgen. Eine derartige Lösung würde - nach sehr großem Aufwand - zu einer neuen Variante des Unix-Systems führen, die aber insbesondere die Pflicht zur ständigen "pflegebedürftigen" Versionsnachführung zum Ausgangssystem zur Folge hätte.

Daher scheidet eine wesentliche Veränderung des Unix-Kerns aus den möglichen Vorgehensweisen aus. Vielmehr wird nach einer Möglichkeit der **Einbindung** gesucht, d.h. nach einem Verfahren, das im Sinne einer (ergänzenden oder ersetzenden) Konfiguration des Unix-Systems anzusehen ist und von dem eine gute Versions-Dauerhaftigkeit erhofft werden kann.

Für die weiteren Erläuterungen werden nachfolgende Begriffe festgelegt:

- Die intelligente Massenspeicher-Funktionseinheit soll, Hardwarekomponenten und darauf implementierte Software einschließend, <u>Filecontroller</u> (FC) heißen. Ein oder mehrere Massenspeichergeräte werden als Bestandteil des Filecontrollers betrachtet und nicht ausdrücklich erwähnt. Der Filecontroller soll herkömmliche Massenspeichersysteme ergänzen oder vollständig ablösen können, muß also auch Fähigkeiten im Zusammenhang mit der virtuellen Speicherverwaltung und zur Gewährleistung des Boot-Vorgangs neben den Fileoperationen berücksichtigen.

- Die Softwarekomponenten, die zur Ankopplung des Filecontrollers dienen und auf dem Unix-Rechner zur Realisierung des Standardumfangs von File- und Filesystemoperationen ablaufen, werden <u>Unix-Adapter</u> (UA) genannt.

- Die Softwarekomponenten, die auf dem Unix-Rechner ablaufen und zur Ankopplung des Filecontrollers bezüglich der über den Standardumfang hinausgehenden Aufgaben aus den Anwenderprogrammen dienen, heißen <u>Zusatzfunktionstreiber</u>.

Während der Unix-Adapter durch den betreffenden Teil der bestehenden Systemrufe zu erreichen ist, erwächst aus der Ablehnung, den Kernel zu verändern, und dem Ziel, vielfältige Anwenderaufgaben via Betriebssystem auszulagern, augenscheinlich der Widerspruch, **neue Funktionen ohne neue Systemrufe** zu schaffen.

Dieser Widerspruch läßt sich jedoch auflösen, indem man die zusätzlichen Funktionen aus Anwendersicht in speziellen logischen Geräten anordnet. Diese logischen Geräte werden durch die Zusatzfunktionstreiber gebildet. Dem Anwender gibt man die Betrachtungsweise vor, daß sich die Daten eines Files in einem Gerät mit einer speziellen Eigenschaft befinden. Diese Eigenschaft besteht dann darin, genau die aus dem Anwenderprogramm ausgelagerte[n] Operation[en] neben den regulären Fileoperationen über diesen Daten zuzulassen.

Zu diesem Zweck sollen alle diese logischen Geräte über eine Funktion verfügen, die dem Anwenderprogramm erlaubt, genau die Daten eines der regulären Files als Daten im Gerät logisch anzuordnen, kurz: Das (z.B. Such-)Gerät wird dem File "aufgesetzt".

Der Filecontroller realisiert die auszulagernde Funktion über einem regulären File in seinem Inneren. Dieses File wird identifiziert und der Ablauf der Operation im Filecontroller von einem Filecontroller-Kommando gestartet. Dieses Kommando wird vom Zusatzfunktionstreiber auf Grund eines Gerätesteuer-Systemrufs des Anwenderprogramms mit passenden Argumenten erteilt. Der Treiber wiederum übernimmt in geeigneter Weise die Rückgabewerte des Filecontrollers und gibt sie an den Anwenderprozeß weiter.

Diese Verfahrensweise bezüglich neuartiger Aufgaben des Massenspeichersystems erlaubt, den Unix-Kern unangetastet zu belassen (z.B. keine neuen Systemrufe) und den Umfang der vorhandenen Operationen über den regulären Files nicht zu verändern. Der Unix-Adapter kann unabhängig von zusätzlichen Funktionen entwickelt werden. Die Treiber für zusätzliche Funktionen können ebenfalls unabhängig voneinander entwickelt und konfiguriert werden, wobei die jeweils dazu passenden Komponenten (Hard-/Software) des Filecontrollers konfigurierbare Bestandteile sein können.

Als Nachteil gegenüber einer Lösung mit neuen Fileoperationen, die zudem die unerwünschte Veränderung des Kerns darstellen würden, ergibt sich dann die Notwendigkeit, alle nicht regulär üblichen Operationen und Parameter in die Argumente des Gerätesteuer-Systemrufs einzubringen. Außerdem ist für das Öffnen und Schließen eines Gerätes und für die logische Zuordnung regulärer Files zum Gerät ("Aufsetzen") bzw. für die Beendigung dieser Zuordnung zusätzlicher Aufwand notwendig.

Außerdem paßt ein solcher Ansatz in die Unix-Philosophie, für ein Gerät genau eine Teilmenge der Fileoperationen zu erlauben, aber deren Semantik geräteabhängig variabel zu belassen.

Insgesamt genügt die Konzeption - Unix-Adapter - Filecontroller - Zusatzfunktionstreiber verbunden mit der Verfahrensweise des "Aufsetzens" der Maßgabe von Einbindung ohne Veränderung und läßt trotzdem die anfangs motivierten Verbesserungen in erheblichem, flexiblem Umfang zu.

2.2 Verteilte Filesysteme

Bei der Suche nach höheren Anschlußpunkten der File(system)verwaltung fallen die netzwerktransparenten, verteilten Filesysteme auf. Beachtet man den generellen Unterschied zum Filecontroller, der darin besteht, daß die verteilten Filesysteme auf **mehreren Unix-Maschinen** arbeiten, so ist insbesondere die Lösung auf dem **lokalen** Unix-System von vergleichendem Interesse. Nicht relevant ist hierzu die Frage, wie auf dem angeschlossenen Unix-System die Anforderungen bedient werden.

Für den Anschluß an das lokale System gibt es drei Lösungsprinzipien: den Remote-Systemruf, den Remote-Prozedurruf oder die Newcastle-Connection.

Das Lösungsprinzip des **Remote-Systemrufs** besteht darin, für die Anforderungen an das ferne Filesystem Systemrufe auf der angeschlossenen Unix-Maschine auszulösen. Der Entscheidungsvorgang, ob bei einem Systemruf des Nutzers der Systemruf an eine angeschlossene Maschine weitergeleitet oder ob der Systemruf durch das eigene Filesubsystem des Kernel behandelt wird, erfolgt zwischen Systemruf-Interface und File(system)verwaltung in einem Remote-Filesystem-Handler. Die Anlehnung daran mußte aus zwei Erwägungen entfallen:

Es wird keine Möglichkeit gesehen, ein dem Remote-Filesystem-Handler entsprechendes Modul in ein verfügbares Unix-System - wie anfangs diskutiert - als Konfiguration einzubinden und außerdem würde dieses Lösungsprinzip die "Intelligenz" des Filecontrollers auf das Niveau eines Unix-Systemrufs heben und stark an Unix-ähnliche Verfahren binden. Dafür müßte dann ein für eine Massenspeicherverwaltung nicht notwendiger Überbau an Betriebssystemeigenschaften realisiert werden, der einem Betriebssystemprozessor nahe käme. Bei einem verteilten Filesystem hingegen ist dieser Überbau Bestandteil des Unix auf der entfernten Maschine.

Das Lösungsprinzip des Remote-Prozedurrufs setzt auf derselben Schnittstelle wie der vorgeschlagene Unix-Adapter, dem später erläuterten Filesystemtypschalter, auf. Es entsteht der Distributed-Unix-Filesystemtyp, bestehend aus einer Menge durch Konfiguration anzuschließender Funktionen. Die wesentliche Funktionalität dieser Routinen wird auf dem angeschlossenen Unix-System realisiert, die lokalen Funktionen organisieren nur die dazu notwendige Kommunikation. Im untersuchten System war der Umfang dieser Funktionen kleiner als der für konventionelle Filesysteme, "diskless"-Systeme wurden nicht betrachtet. Infolgedessen ist es nicht möglich, Gerätefiles auf dem fernen Filesystem anzusiedeln und dieses Filesystem als Filesystem des "Gerätes" anzugeben, auf dem die Pipes residieren sollen. Die besonderen Routinen, um ein Filesystem dieses Typs als Wurzelfilesystem einzuhängen (mount), sind nicht vorhanden. Der Ersatz des Netzwerkanschlusses in diesen Funktionen durch einen Anschluß zum Filecontroller bedeutet - ohne weitere Maßnahmen - den Verlust der Netzwerkfähigkeit und bindet wiederum stark an die ursprüngliche Funktionalität.

Diese Einschränkungen schließen eine Benutzung von Variationen dieser Funktionen aus. Die Remote-Prozedurrufe belasten auf Grund geringerer Komplexität der Funktionen das Netz häufiger, deshalb wurden Mischformen der ersten beiden Prinzipien realisiert.

Neben den beiden den Kernel berührenden Methoden verbleibt eine der Newcastle-Connection vergleichbare Lösung, die den Zugriff auf den Filecontroller oberhalb des Kernel organisieren würde. Es wurde eine neue Systemruf-Bibliothek geschrieben, die als Bestandteil jedes Prozesses die Anforderungen danach sortiert, ob sie an das lokale oder an das ferne System gerichtet sind. Die an das ferne System gerichteten Anforderungen werden mit einem geeigneten Protokoll an einen Netzwerk-Gerätetreiber übergeben.

Weil bei dieser Lösung der Kernel bis auf die Konfiguration eines Treibers zum Netzwerkanschluß nicht verändert werden muß, kann die Entwicklung auf dem Niveau der Anwenderprogrammierung in komfortabler, stabiler Umgebung erfolgen. Bei Übernahme dieser Variante erfolgt keine System-Einbindung im engeren Sinne; dagegen sprechen aber vor allem prinzipielle Nachteile. Es müßten die auf dem Unix-System verfügbaren Programme neu mit der zu schaffenden Bibliothek übersetzt werden oder der Zugang zu Files auf dem Filesystem des Filecontrollers bliebe auf ausschließlich die eigenen Programme beschränkt. Außerdem müßte das System immer ein konventionelles Filesystem neben dem Filecontroller besitzen. Ähnlich wie beim Lösungsprinzip des Remote-Systemrufs wird die "Intelligenz" des Filecontrollers auf dem Niveau des Unix-Systemrufs erforderlich. Zusätzlich wächst der Platzbedarf der Prozesse, da eine Zwischenpufferung von Filedaten statt im Kernel im Prozeßraum erfolgen müßte, und letztlich kann die Lage eines Files im Newcastle-angeschlossenen Filesystem vor dem Nutzer nicht verborgen werden.

Eine Verfahrensweise entsprechend der Newcastle-Connection wäre nur denkbar, wenn der Filecontroller nur die von einem speziellen Programmsystem (z.B. Datenbank-Kern) berührten Files hält. Neben der Bibliothek wäre ein Treiber nötig, der die Kommunikation mit dem Filecontroller organisiert. Das Newcastle-Prinzip erscheint versionsbeständig.

Obwohl beim Remote-Prozedurruf prinzipiell möglich, war im untersuchten System kein entferntes Swapgerät realisiert (Geschwindigkeit des Netzes) und mit Ausnahme des Prinzips des Remote-Prozedurrufs wurde der weitere "selbständige" Filesystemzugriff der Prozeßverwaltung (z.B. Anlegen von Core-Files) nicht beachtet; deshalb konnte im untersuchten Standard-System nicht auf herkömmliche Plattensysteme verzichtet werden.

3 Lösungsansatz

3.1 Umgebung

Zur Orientierung zeigt Abb. 1 noch einmal einen Überblick des Kernelaufbaus. Im folgenden wird der Ersatz des unterhalb des Filesystemtypschalters liegenden Teils angestrebt. Zur Systematisierung der Arbeit des Filesubsystems in Zugriffsebenen läßt sich ein Schichtenmodell angeben (Abb. 2).

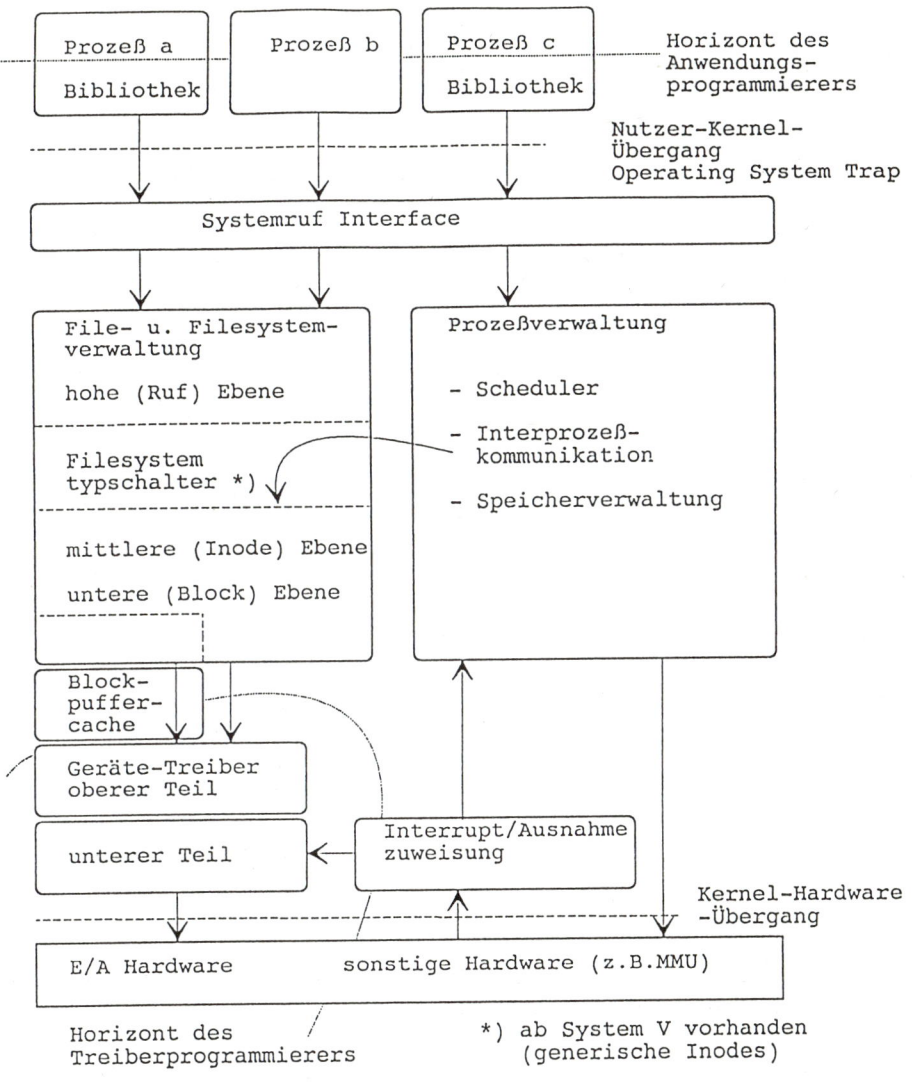

Abb. 1 Grobansicht des Unix-Kernel

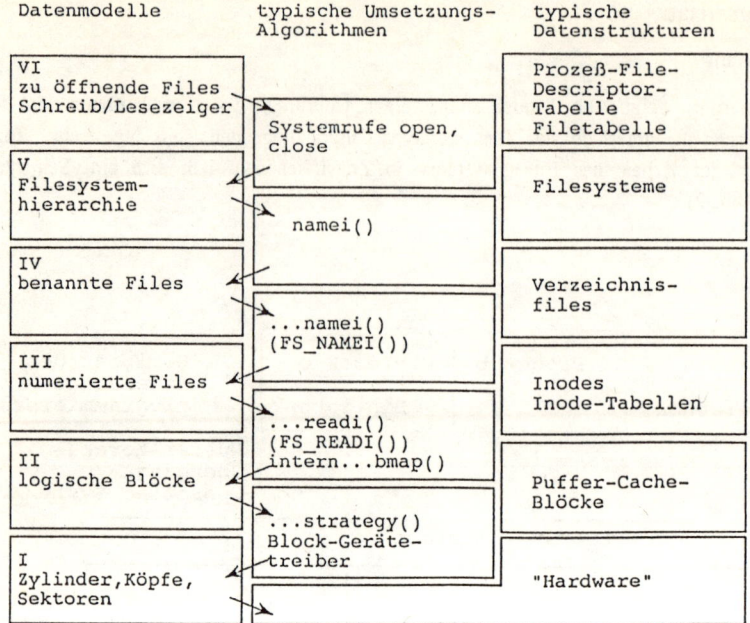

Abb. 2 Zugriffsebenen im Unix-Kernel

3.2 Filesystemtypen

Um verschiedenartige Filesysteme in einem Unix-System gleichzeitig zu ermöglichen und um ein Prinzip der Netzwerkeinbindung (Remote-Prozedurruf) zu realisieren, wurden im System V ab Version 3 Filesystemtypen eingeführt.

Hierzu wurde eine Menge abstrakter Operationen { fs_...() } definiert, die von physischen Besonderheiten wie Blockgrößen oder Struktur der Verzeichnisfile-Einträge usw. nicht mehr bestimmt werden. Sie sind im Niveau (etwas) unterhalb der Unix-Systemrufe angeordnet.

Es wurden ingesamt 28 abstrakte Operationen des Filesystems festgestellt, von denen einige im folgenden beispielhaft aufgeführt sind:

fs_access() prüft die Rechte eines Files in einem Filesystem unabhängig vom Filesystemtyp.

fs_allocmap() stellt einen Verweis von einem File zu einer Blockliste her, um direktes
Paging für exec() zu erlauben.

fs_fcntl() bedient die File-Sperr-Mechanismen (Record locking) für den Systemruf
fcntl().

fs_ifree() gibt Disk-Inodes des Filesystems frei.

fs_iput() gibt einen Disk-Inode des Filesystems frei.

fs_iread() liest den Disk-Inode eines Filesystems aus und schreibt die Verwaltungsdaten auf
den In-Core-Inode und die Inode-Zusatzstruktur.

fs_itrunc() löscht alle Daten (nicht die Verwaltungsdaten) eines Files.

fs_iupdat() aktualisiert die Fileverwaltungsdaten eines Disk-Inodes, setzt die Zeiteinträge.

fs_mount() hängt (Systemruf mount) ein Filesystem jedes Typs ein.

`fs_namei()` sucht oder manipuliert Einträge in einem Verzeichnisfile des Filesystems.

`fs_readi()` liest eine Anzahl Bytes aus einem File auf einen Puffer des Anwenderprozesses.

`fs_readmap()` liest Seite(n) von einem File unter Benutzung einer Blockliste.

`fs_setattr()` setzt die Attributelemente in der Inode-Zusatzstruktur.

`fs_statf()` liest den Filestatus aus dem Disk-Inode eines File.

`fs_statfs()` liefert den Filesystemstatus eines Filesystems.

`fs_writei()` schreibt eine Anzahl Bytes in ein File des Filesystems.

Für jeden Filesystemtyp wird eine Teilmenge dieser abstrakten Operationen in konkrete, seinen Gegebenheiten entsprechende Funktionen umgesetzt. Diese Teilmenge unterliegt der Namenskonvention, statt `"fs_"` das identifizierende Präfix des Typs einzusetzen und den Rest des Namens passend zu übernehmen, so ist z.B. `s5init()` die konkrete Realisierung der abstrakten Operation `fs_init()` für den Standardfilesystemtyp des Systems V. Eine weitergehende Interpretation der abstrakten Operationen stellen die in /Rie90/ beschriebenen Funktionen des Unix-Adapters { `ua...()` } dar. Die für jeden Typ verschiedenen, konkreten Funktionen einer abstrakten Operation realisieren eine gleichartige Oberfläche und (von außen betrachtet) die gleiche Funktionalität.

Ein Objekt (Filesystem) wird also einer Klasse (Filesystemtyp) durch die klassifizierende Eigenschaft zugeordnet. Diese Eigenschaft besteht darin, daß genau eine Teilmenge konkreter Funktionen und keine andere Abbild der abstrakten Funktionen ist und damit (erfolgreich) anwendbar ist. Die selbständige, passende Umsetzung gewährleistet das Konzept der generischen Inodes und den Filesystemtypschalter.

3.3 Inode-Formen

Der Begriff Inode (Index-Knoten) ist aus Unix-Systemsicht untrennbar mit dem Begriff File verbunden. Jedes File wird durch einen Inode repräsentiert, der die für die Verwaltung des Files im Filesystem notwendigen Informationen enthält und dessen Daten direkt oder indirekt lokalisiert.

Das vorliegende System realisiert das Konzept der generischen Inodes, d. h. jedes File besitzt je einen Inode der folgenden drei Formen: Der In-Core-Inode beinhaltet alle Filesystemtyp-unabhängigen Informationen, welche ein zur Zeit benutztes File im Hauptspeicher benötigt. Die **Inode-Zusatzstruktur** enthält alle Filesystemtyp-abhängigen Verwaltungsinformationen für ein zur Zeit benutztes File, während der **Disk-Inode** die statische, auf dem Massenspeicher aufbewahrte Form der Verwaltungsinformationen eines Files darstellt.

Der In-Core-Inode enthält Verweise auf den zugehörigen Disk-Inode und die Inode-Zusatzstruktur und wird in eine In-Core-Inode-Tabelle eingetragen. Wird vom Kernel als Folge eines Systemrufs oder aus "inneren" Gründen auf ein bisher unbenutztes File zugegriffen, so wird einer dieser Einträge durch einen Aufruf `iget()` als Repräsentant des Files für die danach erfolgenden Zugriffe belegt. Diese Zugriffe erlangen danach Zugang zu diesem Eintrag über die File-Descriptor-Tabellen und die Filetabelle. Mit Hilfe eines filesystemtyp-abhängigen Aufrufs `...ialloc()` wird eine Inode-Zusatzstruktur aus der Tabelle der Inode-Zusatzstrukturen dieses Filesystemtyps an den In-Core-Inode angehängt. Wird das File nicht mehr benutzt, so kann der In-Core-Inode mittels eines Aufrufs `iput()` wieder freigegeben werden, ebenso die Inode-Zusatzstruktur abhängig vom Filesystemtyp mit `...iput()`.

Die generische Eigenschaft des In-Core-Inode im System V ergibt sich dadurch, daß in ihm der für die Auswahl der passenden Operationen notwendige Index des Filesystemtyps, zu dem das File gehört, festgelegt wird und daß eine, dem Typ entprechend aufgebaute und über einen Zeiger angehängte, Inode-Zusatzstruktur weitere Daten enthält.

3.4 Filesystemtypschalter

Der Filesystemtypschalter ist eine zweidimensionale Tabelle von Startadressen der konkreten Funktionen der Filesytemtypen, welche die abstrakten Operationen realisieren.

Die erste der Dimensionen entsteht durch die Zuordnung der abstrakten Operationen `fs_....`.

Die zweite Dimension ist durch die Zuordnung zu einem in der Konfiguration festgelegten Index für jeden Filesystemtyp bestimmt. Die beiden Dimension werden durch ein Feld von Datenstrukturen gebildet, die in der Lage sind, (Funktions-)Startadressen für die Umsetzung je eines Satzes abstrakter Operation aufzunehmen. Die Abmaße der Tabelle sind starr, der Grad der Füllung, also die Anzahl der Filesystemtypen, wird durch die Konfiguration bestimmt. Nicht für jeden Filesystemtyp sind sämtliche konkreten Funktionen vorhanden bzw. wirksam vorhanden, was für Filesysteme solcher Typen einschränkende Besonderheiten verursacht. Betätigt wird der Filesystemtypschalter vom `fstyp`-Eintrag des In-Core-Inode (benutzt wird auch eine typgebundene Komponente der Zusatzstruktur). Dieser Eintrag ist der Index in der zweiten Dimension, d.h., der zu verwendende Filesystemtyp wird von einem In-Core-Inode bestimmt. Für viele der abstrakten Operationen sind Makros verfügbar, die deren Benutzung vereinfachen.

Das Belegen der Filesystemschaltertabelle erfolgt durch Konfigurieren des Systemkerns.

4 Erweiterungen

4.1 Unix-Adapter

Den Unix-Adapter bilden die Softwarekomponenten, welche zur Ankopplung des Filecontrollers dienen, um die Unix-üblichen, von Systemrufen benötigten Fileoperationen zu realisieren. Der Begriff "Adapter" wurde benutzt, um die besondere Funktionalität zu kennzeichnen. Sie ist andersartig und umfangreicher als die durch den Begriff "Treiber" für Unix streng vorgegebene (/EgT90/).

Während die Treiberoberfläche eines blockorientierten Gerätes die Zugriffsebene II (Abb. 2) realisiert, wird vom Treiber eines zeichenorientierten Gerätes auf der Zugriffsebene III Datenzugang ermöglicht. Erst das Konzept der Gerätefiles gewährleistet den Zugang auf der Zugriffsebene VI. Die Unix-Adapter-Funktionen werden z.T. das Niveau der Zugriffsebene IV erreichen. Während also ein Treiber ein Gerät auf dem Niveau von logischen Blöcken oder eines Files anschließt, schließt der Unix-Adapter (mindestens) ein Filesystem an den Unix-Kern an (Abb. 3). Der Unix-Adapter stellt damit die Realisierung des Filesystemtyps des Filecontrollers dar.

Der Unix-Adapter besteht aus Funktionen, die die abstrakten Operationen für den Filecontroller geeignet umsetzen, d.h. sie auf die Filecontroller-Kommandos transformieren. Hierbei unterscheiden sich die Filecontroller-Kommandos wesentlich von Funktionen eines Filesystemtyps, so daß nicht auf die Kommunikationsvorgänge reduziert werden kann. Auf Grund der gleichen Besetzung der abstrakten Operationen durch konkrete Funktionen wie beim Standard-Filesystemtyp des Systems V ist auch die Benutzung von Gerätefiles als Bestandteile des auf dem Filecontroller residierenden Filesystems möglich. Spezielle Gerätefiles, die im Filesystem des Filecontrollers residieren sollen, setzen aus der Sicht des Anwenderprogrammierers die aus den Prozessen herausgelösten Aufgaben um. Die Zusatzfunktionstreiber verwirklichen die Kommunikation mit dem Filecontroller bezüglich dieser neuen Aufgaben. Diese, durch besondere Filecontroller-Kommandos ausgelösten Vorgänge, können (weitgehend) parallel ablaufen.

Die vollständige Besetzung läßt es zu, den Filesystemtyp des Filecontrollers (wie den Standardtyp) als einzigen zu benutzen, also herkömmliche Massenspeichergeräte vollständig abzulösen. Sowohl die Spezifikation als auch ein Implementierungsvorschlag der Unix-Adapter-Funktionen liegen vor.

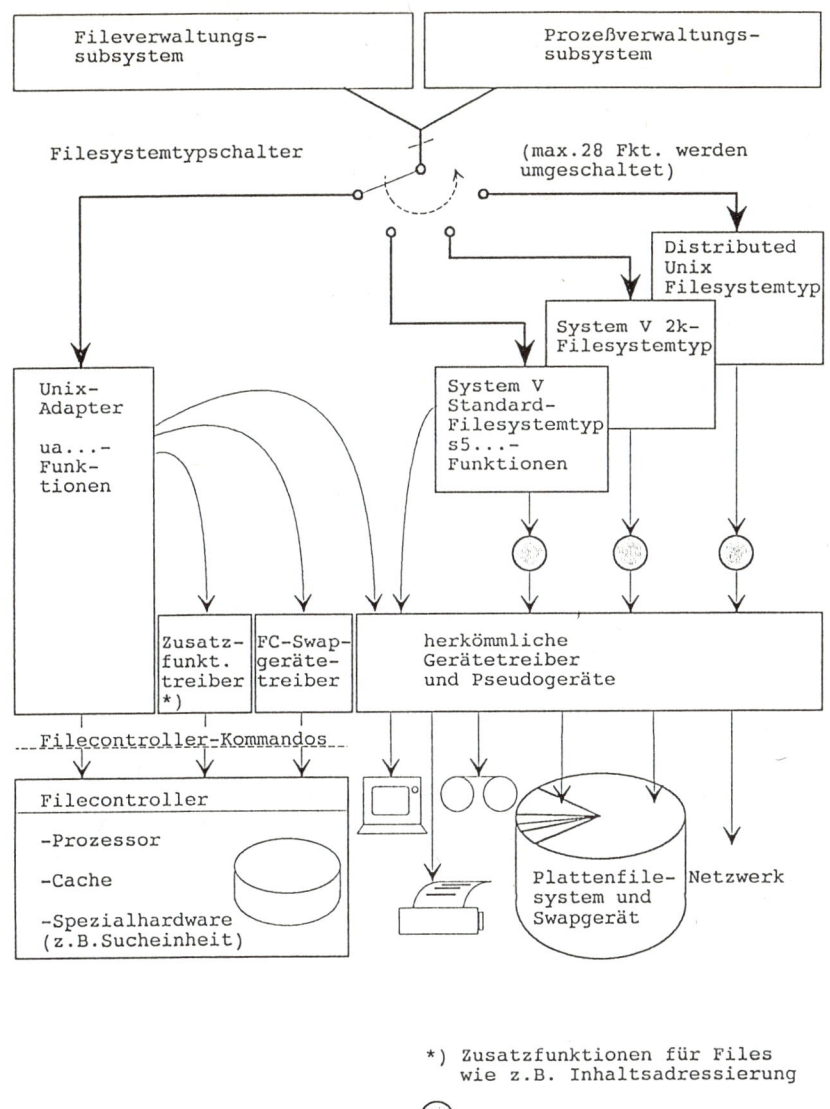

Abb. 3 Die Umschaltung auf den Unix-Adapter im Kernel

4.2 Filecontroller-Kommandos

Für die Operationen des Filesystems, die der Unix-Adapter verwirklicht, wurden die folgenden Filecontroller-Kommandos vorgesehen: Der Filecontroller wird durch das Kommando FCOPEN unter Beachtung der Zugriffsrechte geöffnet und durch das Kommando FCCLOSE geschlossen. Freie Files des Filecontrollers werden durch das Kommando FCIALLOC "besetzt". Gelesen werden können eine Anzahl Bytes aus einem File des Filecontrollers mittels FCREADI, geschrieben durch das Kommando FCWRITEI. Das Kommando FCITRUNC löscht alle Filedaten (nicht die Verwaltungsdaten) eines Files und FCIUPDAT aktualisiert die Verwaltungsdaten eines Files auf dem Filecontroller. Das Lesen der Verwaltungsdaten eines Files erfolgt durch das Kommando FCIREAD. Daneben wird der Filecontroller über Kommandos verfügen, die der Filesystemkonsistenzprüfung und -wartung dienen. Hinzu kommen außerdem die Kommandos, welche von den Zusatzfunktionstreibern erteilt werden. Diese Kommandos bilden die Oberfläche konfigurierbarer Komponenten des Filecontrollers und führen die aus den Anwenderprogrammen herausgelösten Aufgaben aus.

4.3 Struktur der Verwaltungsdaten

In einem konventionellen Filesystem sind bestimmte Blöcke für Verwaltungsdaten reserviert, im Filecontroller gibt es dazu äquivalent reservierte Files, z.B. statt Urlader/Bootblock das Urfile und statt des (nur noch teilweise benötigten) Superblocks ein Superfile. Ein bestimmtes File wird für das Wurzelverzeichnis des Filesystems des Filecontrollers reserviert.

Der Bereich der i-Liste (Bereich der Disk-Inodes auf dem Massenspeicher) hat auf dem Filecontroller kein nach außen zugängliches Äquivalent. Die Fileverwaltungsdaten werden durch die Filecontroller-Kommandos vermittelt. Die interne Organisation der jedem File zugeordneten Fileverwaltungsdaten kann im Filecontroller beliebig vorgenommen werden. Es gibt kein nach außen sichtbares Äquivalent für Indirekt-Blöcke. Die Organisation der physischen Anordnung der Filedaten geschieht ausschließlich Filecontroller-intern. Zur Realisierung des für den virtuellen Speicher notwendigen Swapgerätes wird ein Swapfile fester (konfigurierbarer) Größe reserviert. Der Zugang zum Swapfile erfolgt **nicht** über den Unix-Adapter, sondern über einen dafür zu schaffenden Treiber. Dieser wird an der Schnittstelle zum Unix-Kernel die Eigenschaften eines blockorientierten Gerätes aufweisen, und diese auf die oben genannten Filecontroller-Kommandos umsetzen. Der so geschaffene Zugang wird nur für das Swapfile angewandt, um der Steuerung des virtuellen Speichers zu genügen.

Die Konsistenzprüfung und die Filesystemwartung können auf Grund der Nichtverfügbarkeit der Strukturen auf dem Datenträger des Filecontrollers nicht mehr durch Anwenderprogramme durchgeführt werden, die das Massenspeichergerät unter Nichtbeachtung des darauf befindlichen Filesystems behandeln. Dies bedeutet, daß der Filecontroller über vergleichbare, durch gesonderte Filecontroller-Kommandos auszulösende Verfahren in seinem Steuerprogramm verfügen muß. Diese gesonderten Filecontroller-Kommandos werden von einem zu schaffenden "Wartungs"-Treiber erteilt. Er ermöglicht, den Filecontroller wie ein Gerät zu behandeln, auf dem ein Anwenderprogramm Operationen vornimmt. Hierdurch sollen Aufgabenbereiche wie Initialisierung, Filesystemreparatur oder -verdichtung sowie eventuelles Down-Loading von Software-Komponenten für spezielle Aufgaben realisiert werden.

5 Anwendungsbeispiel

Der geschilderte Lösungsweg erweiterter Dateifunktionalität durch "aufgesetzte" logische Geräte wurde für eine beispielhafte Anwendung erprobt. Dazu war ein Unix-Gerätetreiber mit den Merkmalen der Zusatzfunktionstreiber zu entwickeln und zu installieren sowie der Filecontroller durch Simulation auf einem Standardrechner nachzubilden. Außerdem war eine ausreichende physische Verbindung herzustellen.

Als Beispiel wurde im Zusammenhang mit einem inhaltsadressierten Zugriff die Zeichenfolgeerkennung (exact pattern matching) über nichtstrukturierten Dateien gewählt, wie es z.B. bei Text-Retrieval-Systemen angewandt wird. Mit Hilfe eines Gerätesteuerrufs erfolgt das Positionieren des Schreib-Lese-Zeigers auf den nächsten Treffer nach der aktuellen Position. Es wurden einige kurze Programme geschrieben, welche die Sicht des Anwendungsprogrammierers bei der Benutzung ausgelagerter Routinen zeigen.

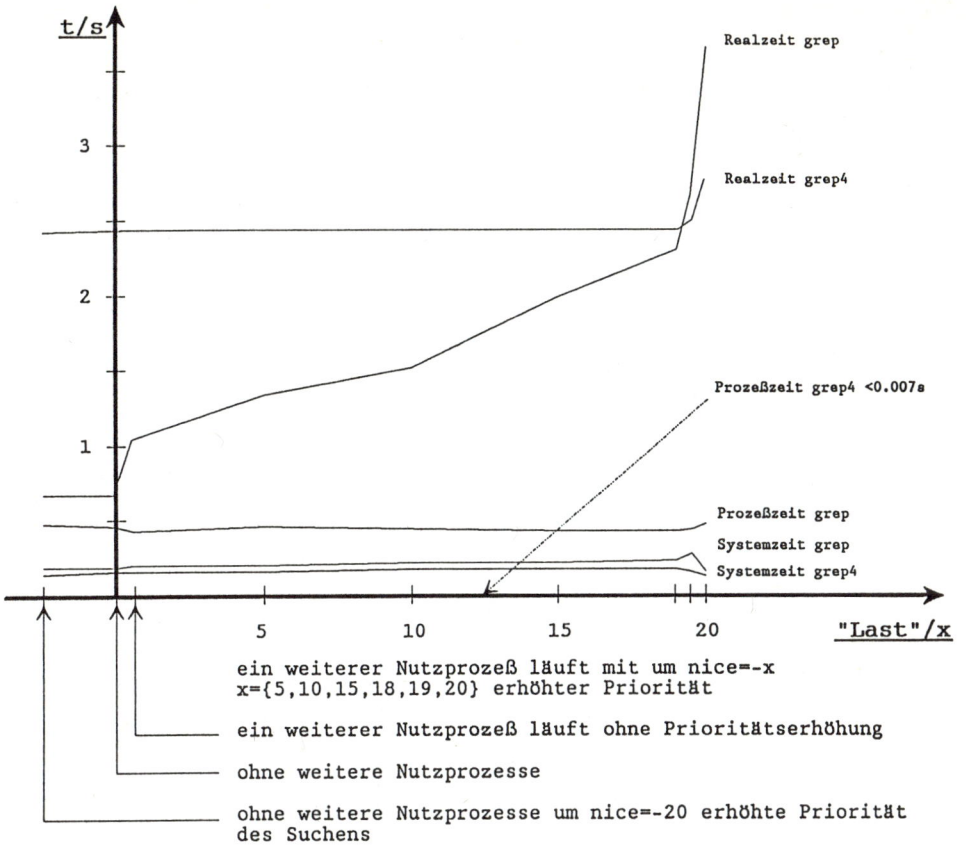

Abb. 4 Zeitverhalten eines Suchbeispiels

Die vergleichsweise wenigen auszuführenden Anweisungen machen deutlich, daß zumindest erhebliche Prozeßzeit eingespart werden kann. Der Aufwand anteiliger Systemzeit des Prozesses ist durch die Art und Anzahl von Fileoperationen und ganz wesentlich von der Kommunikationsgeschwindigkeit zum Filecontroller bestimmt.

Eine qualitative Abschätzung des Zeitverhaltens unter simulierter, reproduzierbarer Last kann Abb. 4 entnommen werden; hierbei ist "grep4" eine vereinfachte Version des bekannten "grep"-Originals, welche eine passende ausgelagerte Suchfunktion benutzt (siehe /Rie90/).

Es zeigt sich, daß bei zeitlich konkurrierenden Nutzprozessen sogar die nichtspezialisierte (etwa gleich schnell ablaufende) Aufgabenverlagerung aus einem Prozeß leistungssteigernd wirken kann, selbst wenn ein Anwenderprogramm die vorhandene Parallelität zur CPU nicht explizit nutzt. Der beschleunigte allgemeine Prozeßfortschritt kommt mittelbar auch dem auslagernden Prozeß zeitlich zugute. Um allerdings quantitative, praktisch bedeutsame Aussagen zu erlangen, muß die Filecontroller-Simulation in einem nächsten Schritt durch eine Realisierung ersetzt und eine leistungsfähige physische Verbindung (/Kre88/, /IPI86/) gewählt werden.

6 Perspektiven

Die Spezifikation eines neuen Filesystemtyps für einen intelligenten Massenspeicher ermöglichte ein Niveau der Steuerung dieses Systems durch das Betriebssystem, das u.a. auch für die Lösung der Aufgabenstellung "Suche" geeignet ist.

Der entwickelte Ansatz geht jedoch über das Einbinden einer Suchkomponente im engeren Sinne hinaus. Nach gleichem Schema können auch andere Aufträge ausgelagert und über Zusatz-funktionstreiber zugänglich werden. Ebenso sind Auslagerungen von anderen Operationen über Dateien denkbar, z.B. Sortieren, Indizieren, Datenkompression und -dekompression, Garbage Collection bei strukturierten Filedaten oder Transformationen von Dateien, die grafische Daten enthalten. Vorstellbar wäre auch, in einem File an beliebiger Stelle löschen oder einfügen zu können, ohne die bisher erforderlichen Kopiervorgänge auf Anwenderprozeßniveau vornehmen zu müssen. Bei geeigneter Datenorganisation braucht hierbei im Filecontroller nur geringfügig kopiert zu werden.

Im Filecontroller selbst könnten Maßnahmen zur verstärkten Konsistenzsicherung, z.B. Transaktionsprinzip, redundante Speicherung (Spiegeln, Parität o.ä.) oder gezieltes, selbständiges Backup "ohne Wissen" des Betriebssystems ablaufen. Darüberhinaus könnten an den Filecontrol-ler Komponenten angeschlossen werden, die ohne Beteiligung des Unix-Systems Zugang zum Massenspeicher erhalten und damit z.B. nicht dessen zeitlichen Bedingungen unterliegen. Eine Anwenderbibliothek könnte den Aufsetzvorgang und die Benutzung des Gerätesteuer-Systemrufs verbergen.

Eine Leistungssteigerung wird allein schon durch Beschleunigung der ursprünglichen Fileopera-tionen mit Hilfe intelligenter Massenspeicher (Cache-Strategien, Diskarrays) erreicht werden können. Hierbei werden die "logischen" Informationen über die Filesystemstruktur, ähnlich wie für die Block-Puffer-Strategien des Unix-Kerns, nutzbar. Ein Read-Look-Ahead-Verfahren könnte dann beispielsweise nicht (nur) nach der physischen Anordnung, sondern nach der im File vorgenommenen ablaufen. Die wesentlichen Vorteile der Anhebung des Zugangsniveaus erbringt jedoch eine Auslagerung von Anwenderroutinen.

So wurde mit dem Konzept **Unix-Adapter - Filecontroller - Zusatzfunktionstreiber** ein Ansatz aufgezeigt, durch dessen vertretbar aufwendige Umsetzung intelligente Massenspeicher dem Anwender verfügbar gemacht werden könnten.

7 Literatur

/Bac86/   Bach, Maurice J.: The Design of the Unix Operating System; Prentice Hall 1986
/Det91/   Dettweiler, David: Massenspeicher im Feld; iX Heft 4, S.67-71 1991
/EgT90/   Egan, Janet I.; Teixera, Thomas J.: Unix Device-Treiber; Addison-Wesley 1990
/IPI86/   N.N.: IPI Intelligent peripheral Interface (ANSI X3.129-1986 .. X3.132-1986); American National Standards Institute; New York 1986
/Kre88/   Kreyßig, Jürgen: Hardware zur Unterstützung einer transaktionsorientierten Datenverwaltung; Diss. TU Braunschweig 1988
/KSZ88/   Kreyßig, J.; Schukat, H.; Zeidler, H.Ch.: Transaktionsorientierte Daten-verwaltung in einem intelligenten Disk Controller; Proc. 10. GI/ITG-Fachtagung Architektur und Betrieb von Rechensystemen; Springer 1988
/Rie90/   Riemschneider, Karl-Ragmar: Untersuchung zur Einbindung eines assoziativen Massenspeichers in ein Standard-Betriebssystem; Dipl. TU Braunschweig 1990
/Sch89/   Schukat, Horst: Sprachentwurf für ein I/O-Subsystem zum inhaltsorientierten Zugriff; Diss. TU Braunschweig 1989
/Zei89/   Zeidler, H. Ch.: Intelligent access to mass memories; Proc. COMPEURO 1989

Architectural Implications of Optical Computing

Miles Murdocca
Department of Computer Science
Rutgers University, Hill Center
New Brunswick, NJ 08903, USA
murdocca@cs.rutgers.edu

1. Introduction

All-electronic computers need greater performance than can be achieved for many applications, and for this reason, optical processing technology is considered. Optical logic gates are not likely to perform faster than electronic logic gates in the foreseeable future, but the speed of the switching devices does not limit the overall performance of current digital computers. Computers have increased in performance by a factor of 10 every decade (Figure 1), for the same cost, since the 1950s (Hennessy and Patterson, 1990). The major contributor to this increase in performance for a fixed cost is the increase in density of active components on a single integrated circuit (IC). Density is achieved by shrinking the component sizes (the sizes of the transistors) and by packing components closer together. Smaller components translate to faster switching speeds for transistors, but faster transistors do not necessarily lead to faster computers.

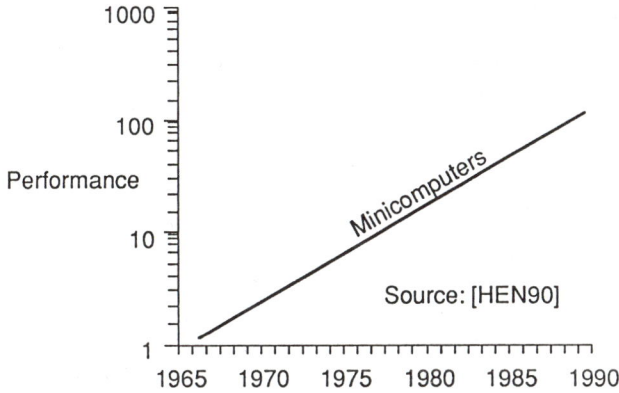

Figure 1: *Computer performance increases by a factor of 10 every 10 years.*

As the density of electronic circuits increases, the size of the bonding pads that connect a chip to the outside of the package remain the same, and so the density of pads remain the same as well. As more components are packed into a chip, there is a greater need to communicate to and from the chip, yet the ratio of pins to active logic elements actually decreases. In terms of complexity, the number of pins grows linearly $O(N)$ as the component count grows as a power of two $O(N^2)$. In addition, since the size of the bonding pads remains virtually unchanged, the speed of communication to and from IC's remains unchanged even though the speed of the switching components within a chip increases.

An optical approach to interconnection that makes use of free-space optical interconnects allows three-dimensional access to an IC as illustrated in Figure 2, and thus the use of optics can improve a fundamental limitation caused by conventional electronic packaging.

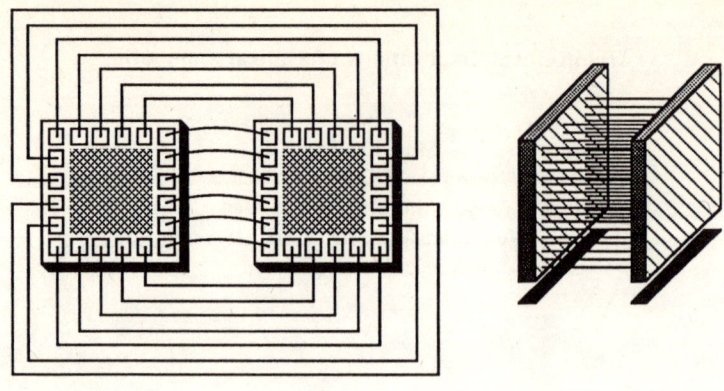

Edge connected electronic chips   Surface connected optical chips

Figure 2: *Conventional electronic integrated circuits are connected through their edges (left), while an optical approach supports parallel access to the circuitry (right).*

There are a number of motivations for considering optical computing. Limitations of electronics and advantages of optics were explored at a recent optical computing workshop held in Colorado (Jordan, 1988). Limitations of electronics include:

- Electromagnetic interference at high speed
- Distorted edge transitions
- Complexity of metal connections
- Drive requirements for pins
- Large peak power levels
- Impedance matching effects

Electromagnetic interference arises because the inductances of two current carrying wires are coupled. Sharp edge transitions must be maintained for proper switching but higher frequencies are attenuated greater than lower frequencies, resulting in sloppy edges at high speeds. The complexity of metal connections on chips, on circuit boards, and between system components affects connection topology and introduces complex fields and unequal path lengths. This translates to signal skews that are overcome by slowing the system clock rate so that signals overlap sufficiently in time. Large peak power levels are needed to overcome residual capacitances, and impedance matching effects at connections require high currents which result in lower system speeds.

Advantages of using free-space optics for interconnection include:

- High connectivity through imaging
- No physical contact for interconnects
- Non-interference of signals
- High spatial and temporal bandwidth
- No feedback to the power source
- Inherently low signal dispersion

High connectivity can be achieved by imaging a large array of light beams onto an array of optical logic devices. There is no need for physical interconnects (unless fibers or waveguides are used) so that connection complexity is simplified and drive requirements are reduced. Optical signals do not interact in free space, which means that beams can pass through each other without interference. This allows for a high density of signals in a small volume. High bandwidth is achieved in space because of the non-interference property of optical signals, and high bandwidth is achieved in time because propagating wavefronts do not interact. There is no feedback to the power source as in electronics, so that there are no data-dependent loads. Finally, inherently low signal dispersion means that the shape of a pulse as it leaves its source is virtually unchanged when it reaches its destination.

Given that optics offers some advantages over conventional electronics for computing, methods for realizing an optical processor are explored here. An optical computing model is presented, and a sample digital circuit is described that is mapped onto the model. The later sections explore architectural aspects of optical computing.

2. An Optical Logic Gate

In order to realize an optical computer, there is a need for optical switching devices. The self-electrooptic effect device (SEED) (Miller *et al.*, 1985) is based on an electrically coupled optical modulator and detector pair. The device is made up of approximately 1200 alternating layers of GaAs and GaAlAs in an 8μm thick quantum well structure placed inside a PIN photodiode detector as shown in Figure 3.

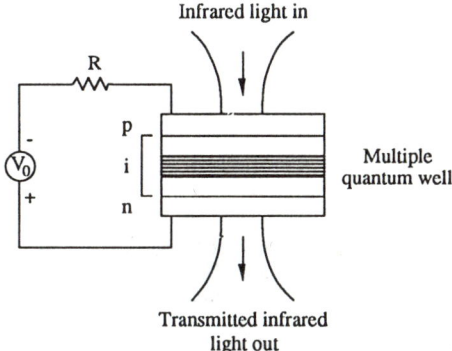

Figure 3: *Schematic showing the structure of the SEED.*

When light is applied to the detector, a current is generated that reduces the potential across the quantum well. When a strong enough current is created, the positive feedback allows the device to retain its state after the light source is removed. One of the operating modes of the device is to pass light of low intensity and to absorb light of high intensity, implementing negating logic. The electrical properties of the device make it easy to use in a laboratory setting, and since communication is handled optically, the system speed of a computer made up of these devices is limited only by the device speed. Expected operating rates are several hundred megahertz, although current devices operate only in the tens of megahertz due to the lack of sufficient optical power at 850nm from a single laser source.

The symmetric self-electrooptic effect device (S-SEED) (Lentine *et al.*, 1987) is a more recent version of the SEED which is used in optical processor testbeds at AT&T Bell Laboratories, Boeing Aerospace, and in the United States Air Force's Photonics Center at Rome Laboratory/Griffiss AFB. For the S-SEED, a SEED replaces the resistor shown in Figure 3, and this SEED is used as a load for the complementary SEED.

The operation of the S-SEED is shown in Figure 4. The photocurrent generated by P_{in1} together with the external bias V_0 determines the effective bias on the second SEED. An input optical power P_{in2} puts the second device in a high-absorption state. A state of low absorption in the first SEED reduces the effective bias voltage on the second SEED to zero, and P_{in2} on the second SEED switches the device into high absorption. Optical bistability exhibited by this device is shown in the left side of Figure 4.

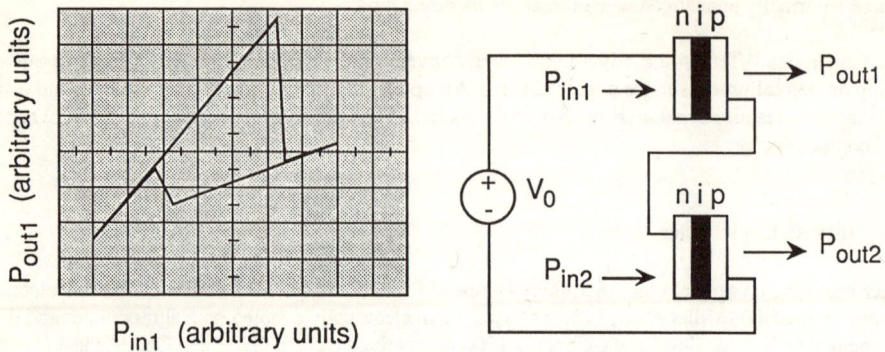

Figure 4: *S-SEED operation.*

When light beams of equal intensities are imaged onto the two SEEDs, one SEED transmits (reflects) and the other SEED absorbs. If the power is lowered in both input beams together, then the state of the S-SEED is unchanged. The S-SEED will switch only when the photocurrent in one SEED exceeds the other.

A 16x8 array of S-SEEDs is shown in Figure 5. The shape of the array is square because two SEEDs make up each S-SEED.

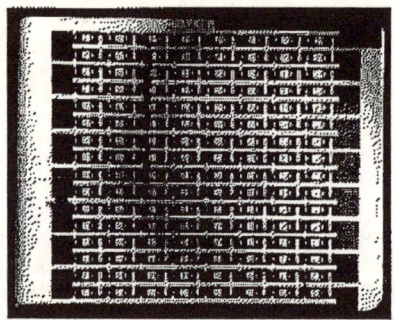

Figure 5: *A 16 x 8 array of S-SEED devices. Center-to-center spacing is 40μm.*

3. An Optical Interconnect

Optical interconnects have been proposed and demonstrated for various levels in the computer hierarchy. System-to-system interconnects using fibers are currently in use over great distances in long distance telecommunication networks. Free-space propagation of light through the atmosphere has also been considered for shorter distances, on the order of a few kilometers, as a backup for microwave repeaters in telecommunication applications. One problem with this scheme is that flocks of geese can block the backup link.

System-to-system fiber interconnects within a campus or building are in common use, and offer the advantages of low weight and high bandwidth communication when compared to conductors such as copper. At these distances, communication is typically handled with fibers, although free-space infrared (IR) links are used in some office environments. An advantage of IR links over fiber links is that devices connected to a network can be moved without disturbing network cables.

Board to board interconnects over just a few tens of centimeters are used in AT&T's 5ESS private branch exchange (PBX) switch (Ambekar *et al.*, 1987). Fibers carry information between boards, and account for a small fraction of the volume of the switch, although optoelectronic conversion circuitry and drive circuitry for the fibers fill approximately 1/3 of each board. There is some controversy over whether board-to-board interconnects with fibers at this small scale are cost-effective. Currently, it appears that the use of fibers for board-to-board interconnects may be at or near the break-even point for cost *vs*. performance, although this may not be true for free-space interconnects.

A significant cost in creating conventional electronic computers is in the complexity of the wiring topology. At one extreme, two integrated circuits (ICs) may need to cross as many as 100 or more connections on a circuit board, which results in 100x100 = 10,000 vias (vertical connections between two levels of a board). This forces a greater separation between ICs than if some other interconnection scheme is used. An example of a free-space optical approach that connects one board to another has been proposed (Dickinson and Prise, 1990) in which each chip with outgoing lines is electrically connected to modulator chips, which mate with detector chips on the same board or on another board, so that communication between ICs is handled optically. This allows for greater density on boards, although arbitrary interconnection patterns can be difficult to accommodate optically due to the short focal lengths of the lenses. This property is typical when introducing optics into successively lower levels in the computer hierarchy with linear imaging systems: the more primitive the level, the more regular are the optical interconnects. Note that in general, metal interconnects scale in the opposite manner: irregular at the low level, and regular at the high level. This property does not necessarily apply when short focal lengths can be accommodated, for example, as in the POEMs (Kiamilev *et al.*, 1989) chip-to-chip approach to interconnecting fine grain processing elements (PEs) which is discussed below.

An argument can be made that the payoff for optical interconnects is for connections that are on the order of a few millimeters (Feldman *et al.*, 1988) or longer in terms of speed and power for conventional electronic very large scale integration (VLSI). However, optical interconnects have been applied at the logic gate level, and systems have been demonstrated for fibers (Benner *et al.*, 1991) and for free-space optics (Prise *et al.*, 1991). The break-even distance depends on the technology under consideration and the speed of operation, but is typically on a large enough scale (several millimeters) to preclude the use of optical interconnects at the gate level if an optimal speed/power ratio is needed. However, there are a few advantages of using free-space optics at the gate level, such as simplicity in system fabrication and gate-level reconfiguration, and for these reasons, computing with gate-level optical interconnects is discussed here.

One method of interconnecting optical logic gates has been used for S-SEEDs. Figure 6 shows a schematic diagram of the optical crossover interconnect (Jahns and Murdocca, 1988). An array of input beams is split into two identical copies. One copy is imaged onto a mirror and is reflected back through the system to the output plane, while the other copy is permuted according to the period of the prism array. The combined copies are displaced slightly with respect to each other so that each copy is independently masked in the output plane, which customizes the interconnect for specific functions. The interconnection pattern that the prism array achieves is shown in the panel on the right.

From an architectural point of view, the crossover provides a method of gate-level interconnection in which arbitrary functions must be mapped onto a regular structure. A 3-to-8 decoder is shown in Figure 7 for crossovers with varying periods and for logic gates operating in OR and NOR mode. Dual-rail logic is used for the three inputs, so that each input variable and its complement are present. A single output position from eight possible positions is enabled, depending on which one of the $2^3 = 8$ input patterns is used.

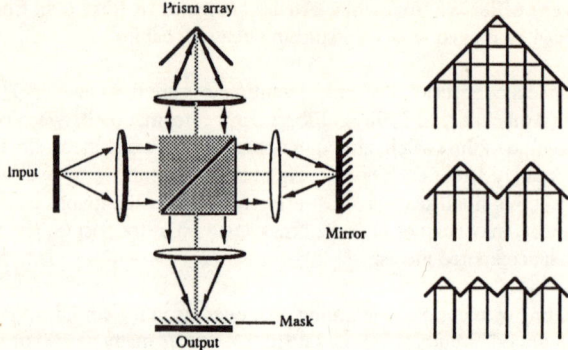

Figure 6: *Optical crossover interconnect. A two-dimensional array of input beams is split into two identical copies. One copy is imaged onto a mirror and is reflected back through the system to the output, while the other copy is imaged onto a prism array that permutes the beams according to its period. Connection paths achieved with different prism array periods are shown in the right panel.*

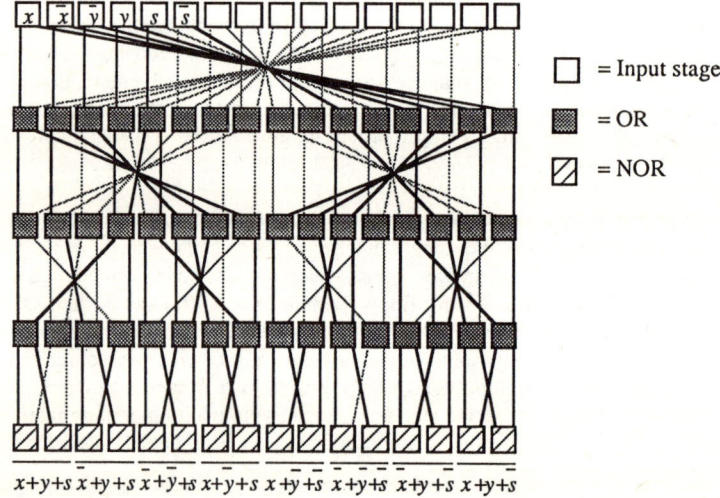

= Input stage

= OR

= NOR

$x+y+s \quad x+y+s \quad x+\bar{y}+s \quad x+y+s \quad \bar{x}+y+s \quad x+y+s \quad \bar{x}+y+s \quad x+y+s$

Figure 7: *A 3-to-8 decoder using a regular interconnection scheme. Solid lines indicate positions where light is allowed to pass, and lightly shaded lines indicate where light is blocked by fixed masks. Signals flow from the top to the bottom, and pass through four different crossover interconnects. Total gate count is $16 \times 4 = 64$. The bottom stage is not included in the count since it is the top stage of a succeeding circuit.*

4. A Model for a Digital Optical Computer

A model of a digital optical computer that has been demonstrated at AT&T (Prise *et al.*, 1991) is shown in Figure 8. The model consists of alternating arrays of optical logic gates and free-space regular interconnects. Masks in the image planes block light at selected locations so that the interconnects are customized to perform specific logic functions such as a 3-to-8 decoder. The system is fed back onto itself and an input channel and an output channel are provided. Feedback is imaged with a single row vertical shift so that data spirals through the system, allowing a different section of each mask to be used on each pass. Signals travel orthogonal to the device substrates.

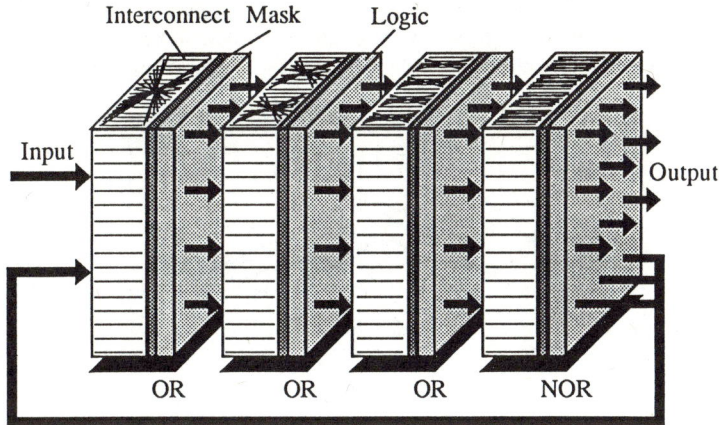

Figure 8: *AT&T model of a digital optical computer.*

Consider a four stage system of the form shown in Figure 8 that makes use of S-SEED arrays that are 16 logic gates wide. The first three stages operate in OR mode and the fourth stage operates in NOR mode. A strict fan-in and fan-out of two is observed. The top interconnection stage for the decoder shown in Figure 7 is implemented in the leftmost interconnection stage shown in Figure 8. Masks in the image planes block the lightly shaded connections, thus customizing the interconnect. The signals are then imaged onto the top row of an array of S-SEEDs that is 16 logic gates wide, and the regenerated signals then travel to the second interconnection stage shown in Figure 8. The four levels of the decoder are implemented in one pass through the system. More complex functions are realized by imaging the feedback path with a vertical shift so that different levels of the masks are used on each pass. A number of circuit designs of various levels of complexity have been created by the author (Murdocca, 1990) which provides evidence that the model offers sufficient computational power for some applications.

5. Regular *vs.* Irregular Interconnects

A small amount of flexibility in the optical system can have a large effect on the size and shape of digital optical circuits. Consider again the 3-to-8 decoder shown in Figure 7, which is 16 logic gates wide and four levels deep (the bottom row is not counted since it is the top row of the succeeding circuit), making a total of 16x4 = 64 logic gates. If fan-in and fan-out are increased from two to four, and irregularity is allowed in the interconnects, then the same function can be achieved in an 8x1 = 8 gate circuit as shown in Figure 9. A savings of a factor of eight in gate count is achieved, and latency (circuit depth) is reduced from four to one. Thus an irregular interconnection scheme, and a fan-in/fan-out of greater than two, offer significant improvements to circuit breadth and depth. However, this observation is made without considering the typically increased complexity of the underlying optics, and it is this additional complexity that has traditionally driven gate-level interconnection to conform to regular interconnection topologies such as in the AT&T processors.

6. Tolerance to Fabrication Defects

For the optical computing model presented in Section 4, all of the gate-level connections are in free space, which is virtually free of faults. When a processing defect renders a device on an array inoperative, the remainder of the array may still be used. The regular interconnection strategy causes some devices to become landlocked due to the blocking nature of the interconnection networks. Device yield can be improved by lining up faulty devices with positions that are not used in the circuit. Thus, greater chip sizes and poorer yields can be used than electronic technologies allow since processing defects can be corrected after fabrication.

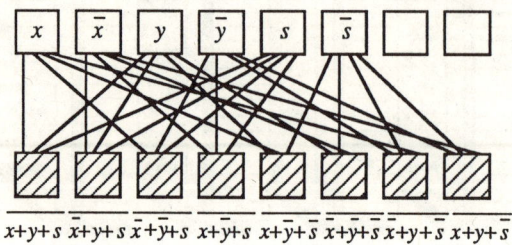

Figure 9: *A 3-to-8 decoder using irregular interconnects and an arbitrary fan-in and fan-out. Total gate count is 8x1 = 8. The bottom stage is not included in the count since it is the top stage of the succeeding circuit.*

Figure 10 illustrates the process of bypassing a fault (crosshatched pattern) by interchanging arrays so that the logic fault lines up with one of the unused positions (highlighted with rectangles).

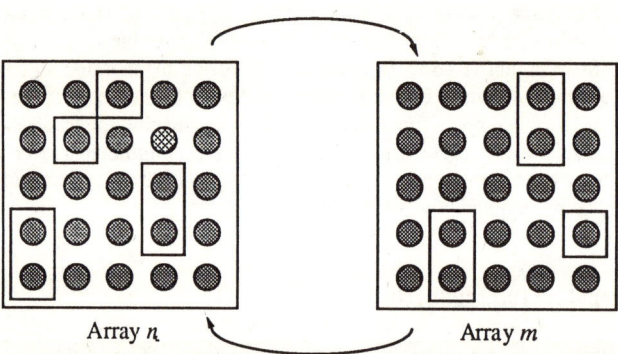

Array n   Array m

Figure 10: *Faults are avoided by interchanging arrays that have unused logic gates, in order to align faulty devices with the unused locations.*

If there are no unused logic gates, then a number of redundant logic gates can be interspersed at random locations throughout a device array. Smith's method of fault avoidance (Smith, 1991) focuses on reorienting and translating arrays so that defects coincide with redundant positions in the arrays. A bipartite matching algorithm has been created for deciding how to orient the arrays so that the best match is made between the available arrays and the system to be constructed. As an example of Smith's work, consider an optical computer that makes use of 10 optical logic arrays of size 32x32, with an average of approximately one device fault per array. The design density is a measure of the number of available logic gates that are actually used, since some percentage is wasted due to the redundancy requirement. Here,

80% design density is considered. A greedy approach tries to match an array with a given slot in the system by taking an array from a bin and trying it at one location, and if the match fails, then the array is discarded and another is tried. This approach allows 53% of the arrays to be used. If rotation by 180° is allowed, as well as translation by one position vertically and horizontally, and the best fit is found between an array and the empty slots within the machine, then 91% of the arrays are utilized. Figure 11 summarizes some of Smith's findings.

Related work by the author investigates the problem of redesigning interconnection masks to route around faults, which allows for large fault densities. With this approach, greater flexibility is allowed by altering the masks, which is a considerably simpler task than generating fault-free device arrays. The redesign process permutes inputs and outputs of subcircuits to route around faults. Figure 12 shows a sample of data taken from the author's study for a simple 2-to-4 decoder. Inputs at the top and minterms at the bottom of each circuit are permuted in order to bypass faults. Lightly shaded squares represent operational logic devices and heavily shaded squares represent defective devices. Lightly shaded lines represent masked connections. Two simultaneous faults are considered for the upper 24 logic gates in this sample. 87% of the faults are correctable for this case, and for three faults, over half of all fault combinations are correctable. Thus, yield for device arrays can be significantly higher than for electronic circuits, and conversely, the area of an array can be arbitrarily large, without undue regard for the likelihood of processing defects.

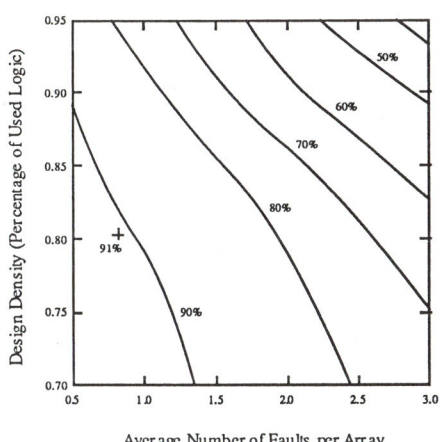

Average Number of Faults per Array

Figure 11: *Contour plot showing utilization for avoiding faults by rotating, translating, and exchanging arrays.*

7. Implications of Reconfigurable Interconnects

For conventional computer architectures, some portion of a digital circuit is nearly always underutilized. However, if some information is known about a computation regarding the complexity of logic that is needed before it is used, then greater efficiency can be realized through a mechanism that reconfigures the circuit during operation. Consider the simple four function arithmetic unit shown in Figure 13. Only one of the four available units for addition, subtraction, multiplication, and division is used at any one time, but the physical hardware for all four functions must be continuously present when static interconnection networks are used. However, a reconfigurable approach can potentially be more efficient by eliminating the decoder circuitry and eliminating the hardware for the unused three functions (indicated by the highlighted region). The elimination of underutilized logic reduces the depth and width of the circuit, which results in a faster, more compact computer.

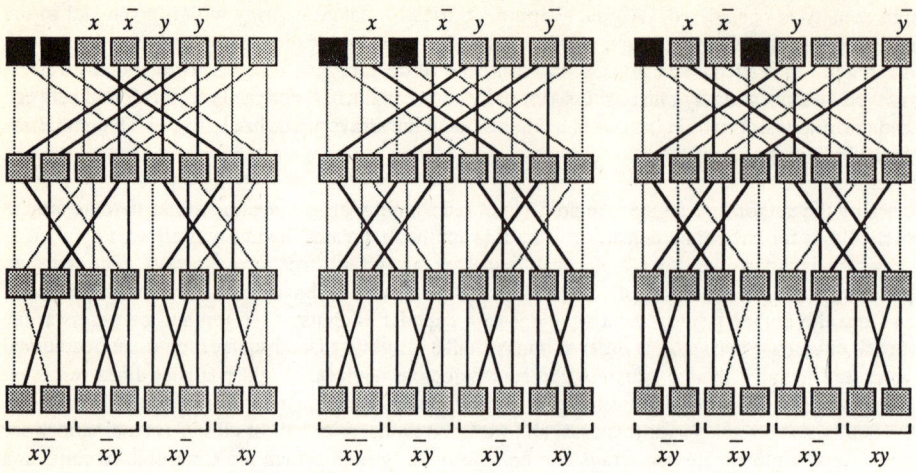

Figure 12: *Portion of exhaustive analysis of redesign for bypassing two-fault combinations.*

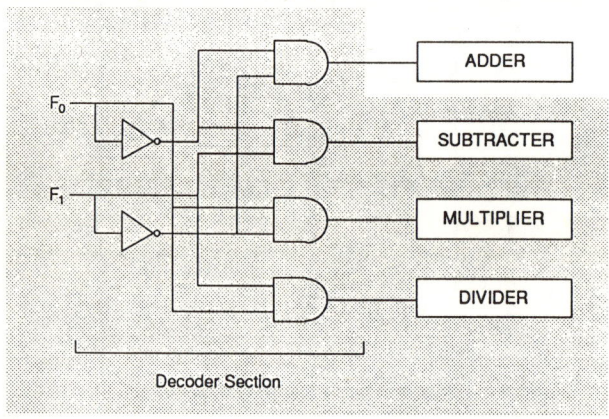

Figure 13: *Block diagram of a four-function arithmetic unit. The decoder translates a logical encoding (F_0 and F_1) into a spatial location. That is, for each binary pattern applied at F_0, F_1, exactly one arithmetic unit is enabled.*

The situation shown in Figure 13 applies to reconfigurable interconnects at the gate level, but reconfiguration can be applied at more than one level in a computer. The programmable optoelectronic multiprocessor (POEM) model (Kiamilev *et al.*, 1989) is based on wafer scale integration of optoelectronic PEs and reconfigurable free-space optical interconnects as illustrated in Figure 14. Electrical interconnects are used for local interconnection within PEs, and holographic optical elements (HOEs) are used for interconnection among PEs. The POEMs approach is considered to be more energy efficient and potentially faster and denser than its all-electronic and all-optical counterparts since it balances electronics and optics for interconnection at the break-even point, which is argued to be a few millimeters for current very large scale integration (VLSI) technology according to arguments in (Feldman *et al.*, 1988) as suggested earlier. An advantage of using reconfigurable interconnects among PEs is that the effective diameter of an interconnection network can be reduced when compared with a multistage interconnection network.

In one configuration that makes use of reconfigurable interconnects for the POEMs approach, a fixed number of interconnection patterns are stored externally, such as in a photorefractive material (Ford *et al.*, 1990) and are imaged into the system on demand. The order of execution is not determined until the time of execution, since the ordering depends on data and intermediate results. Although the total size of the computer may be larger than when static interconnection networks are used, the main processing section of the computer is reduced, which is a general goal in conventional computer design.

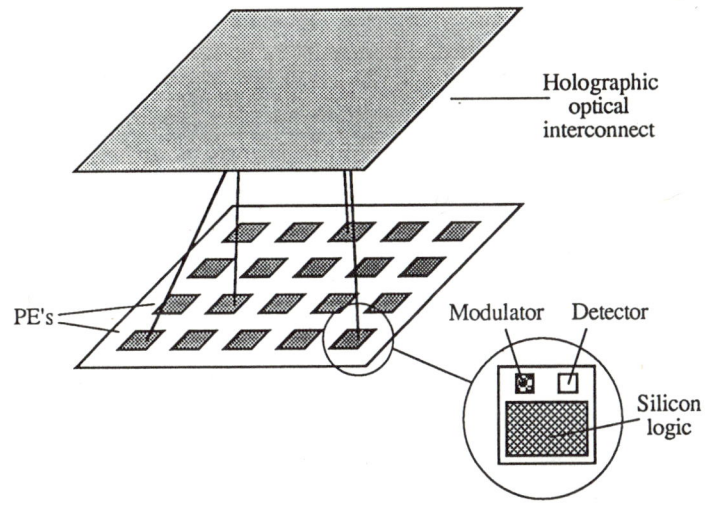

Figure 14: *Model of the UCSD programmable optical multiprocessor (POEM) approach. Arrays of electronic processing elements (PEs) are interconnected holographically (Kiamilev et al., 1989).*

8. Conclusion

An optical computing model that is used in the AT&T optical processors was presented. Methods for implementing logic functions were discussed, and tradeoffs in interconnection, such as the break-even point for optical/electronic interconnects, were summarized. Architectural implications of optical computing were explored, such as fault avoidance and reconfigurable interconnects. The conclusions are made that free-space interconnection is more tolerant to fabrication defects than fixed electronic interconnection, and that reconfigurable interconnects reduce the diameter of interconnection networks.

The author's work is jointly supported by the Air Force Office of Scientific Research and the Office of Naval Research under grant N00014-90-J-4018. The reconfigurable interconnect work has been supported by the Strategic Defense Initiative Office under contract F49620-91-C-0055 which is administered through the Air Force Office of Scientific Research.

9. References

Ambekar, S. M., W. E. Hamilton, and T. E. Cole, "Systems Packaging," *AT&T Technical Journal*, 66, (4), 81, (1987).

Benner, A. F., J. Bowman, T. Erkkila, R. J. Feurstein, V. P. Heuring, H. F. Jordan, J. Sauer, and T. Soukup, "Digital optical counter using directional coupler switches", *Applied Optics*, **30**, no. 29, pp. 4179-4189, (Oct. 10, 1991).

Dickinson, A. and M. E. Prise, "Free-space optical interconnection scheme," *Applied Optics*, **29**, no. 14, pp. 2001-2005, (May 10, 1990).

Feldman, M. R., S. C. Esener, C. C. Guest, and S. H. Lee, "Comparison between optical and electrical interconnects based on power and speed considerations," *Applied Optics*, **27**, (9), pp. 1742-1751, (May 1, 1988).

Ford, J. E., S. H. Lee, and Y. Fainman, "Application of photorefractive crystals to optical interconnection," *Proc. SPIE*, **1215** (paper 16), (Jan. 1990).

Hennessy, J. L., and D. A. Patterson, *Computer Architecture: A Quantitative Approach*, Morgan Kaufmann Publishers, pp. 3-5, (1990).

Jahns, J. and M. J. Murdocca, "Crossover Networks and their Optical Implementation," *Applied Optics*, **27**, pp. 3155-3160, (Aug. 1, 1988).

Jordan, H. F., "Report of the workshop on all-optical, stored program, digital computers," Technical Report, Department of Electrical and Computer Engineering, University of Colorado at Boulder, (1988).

Kiamilev, F., S. Esener, R. Paturi, Y. Fainman, P. Mercier, and S. H. Lee, "Programmable opto-electronic multiprocessors and their comparison with symbolic substitution for optical computing," *Optical Engineering*, **28** (4), pp. 396-409, (1989).

Lentine, A. L., H. S. Hinton, D. A. B. Miller, J. E. Henry, J. E. Cunningham, and L. M. F. Chirovsky, "The symmetric self-electrooptic effect device," *Conference on Lasers and Electrooptics*, **14**, 249, postdeadline paper, (1987).

Miller, D. A. B., D. S. Chemla, T. C. Damen, T. H. Wood, C. A. Burrus, A. C. Gossard and W. Wiegmann, "The quantum well self-electrooptic effect device: optoelectronic bistability and oscillation and self-linearized modulation," *IEEE Journal of Quantum Electronics*, **QE-21**, 1462, (1985).

Murdocca, M., *A Digital Design Methodology for Optical Computing*, The MIT Press, (1990).

Prise, M. E., N. C. Craft, M. M. Downs, R. E. LaMarche, L. A. D'Asaro, L. M. F. Chirovsky, and M. J. Murdocca, "Optical digital processor using arrays of symmetric self-electrooptic effect devices," *Applied Optics*, **30**, no. 17, pp. 2287-2296, (Jun. 10, 1991).

Smith, D., "Fault avoidance for fixed-interconnect optical computers," *Applied Optics*, (Dec. 10, 1991), to appear.

Realisierung eines 8-bit-parallelen optoelektronischen Backplanes mit kreisförmigen Lichtleiterplatten

J. Jiang

Universität-GH-Duisburg, Fachbereich Elektrotechnik, Fachgebiet Nachrichtentechnik,
Bismarckstr. 90, D-4100 Duisburg 1

Überblick

Die steigende Taktfrequenz der Prozessoren und die kurze Zugriffszeit der Speicherbausteine stellen hohe Anforderungen an die Übertragungsleitungen künftiger Rechensysteme. Herkömmliche elektronische Leitungen können diese Anforderungen langfristig nicht erfüllen. Optische Übertragungstechnik bietet hier einen möglichen Ausweg. In dieser Arbeit werden das Konzept eines parallelen optoelektronischen Backplanes und seine Realisierung beschrieben. Die Leistungsfähigkeit dieses Backplanes wird analysiert.

1   Einleitung

Die meist eingesetzten Rechner basieren auf der von-Neumann-Struktur [1]. Sie bestehen im wesentlichen aus drei Einheiten: der zentralen Recheneinheit (CPU), dem Speicher und dem Verbindungsweg, der in Bild 1-1 als Bus dargestellt ist. Die CPU verarbeitet die Daten aus dem Speicher in sequenzieller Folge. Die Daten werden über den Verbindungsweg zwischen der CPU und dem Speicher hin und her transportiert. Die Wichtigkeit des Verbindungswegs wird dadurch ersichtlich.

Der Verbindungsweg wird in den Rechensystemen oft durch sogenannte Busse realisiert. Es handelt sich um eine Realisierungsform, bei der die Subsysteme eines Rechners über gemeinsame Übertragungsleitungen verbunden sind [2]. Zur gleichen Zeit darf nur ein einziges Subsystem die Aufsicht über den Bus haben und ein einziges Subsystem darf Daten über den Bus senden. Diese Verbindungsstruktur zeichnet sich durch geringen Hardware-Aufwand aus und findet daher in Single- und Multiprozessorsystemen Anwendung [3], [4].

Die Anforderungen an den Bus wird von den Eigenschaften der Subsysteme mitbestimmt, die über den Bus verbunden sind und daher Busteilnehmer genannt werden. Die erzielte hohe Integrationsdichte der logischen Gatter auf der Siliziumbasis bedeutet hohe Taktfrequenz bei den Prozessoren und kurze Zugriffszeit bei den Speichern. Laut einer Prognose [5] wird im Jahr 2000 die Taktfrequenz der Mikroprozessoren 250 MHz betragen.

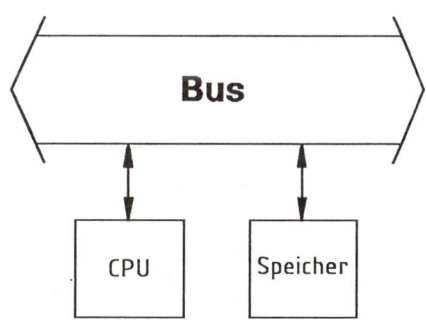

Bild 1-1:   Ein einfacher von-Neumann-Rechner

Für die rechnerinternen galvanischen Verbindungssysteme ergeben sich durch diese Entwicklung folgende Probleme [6], [7]:

a) Übertragungsbandbreite
Die galvanischen Verbindungsleitungen können die erforderlichen Übertragungsbandbreite nicht zur Verfügung stellen.

b) Leitungslänge
Bei zunehmender Leitungslänge von On-Chip-Verbindungen zu Chip-to-Chip- und Board-to-Board-Verbindungen muß entweder die Übertragungsgeschwindigkeit reduziert oder hoher Aufwand betrieben werden.

c) Nebensprechen
Die kapazitive Kopplung der eng verlegten Leitungen verursacht bei zunehmender Übertragungsfrequenz starkes Nebensprechen.

d) Verlustleistung
Zum Betreiben der Übertragungsleitungen bei hoher Frequenz wird weit mehr Energie aufgewendet als zum Schalten von logischen Gattern [6]. Die dadurch entstandene Wärme ist ein weiteres Problem. Dieses Problem wirkt auf der Chip-Ebene weit stärker und spielt mit dem zunehmenden zur Verfügung stehenden Platz eine geringere Rolle [8].

e) Taktschräglage (clock skew)
Sie wird durch die planare Aufbautechnik von den unterschiedlichen Leitungslängen hervorgerufen.

Die hier aufgelisteten Probleme sind auf die physikalischen Eigenschaften der Übertragungsleitungen beschränkt. Zusätzlich entstandenen Probleme auf anderen Protokoll-Ebene [2] werden in dieser Arbeit nicht behandelt.

Zur Lösung der oben angesprochenen Probleme existieren bereits einige Konzepte und Realisierungen mit Hilfe der optischen Verbindungssysteme, z. B. [9]-[16]. Einen Überblick über die Arbeiten in den 80er -Jahren findet man in [17] und [18].

In dieser Arbeit wird ein Konzept für ein paralleles optoelektronisches Bussystem und seine Realisierung als optoelektronisches Backplane in einem minimalen Rechensystem vorgestellt. Das Konzept eignet sich besonders für den Einsatz als Backplane für Board-to-Board-Verbindungen. Es kann aber auch für Verbindungen auf der Chip-to-Chip-Ebene eingesetzt werden. Die Realisierung und die Untersuchung wurden vorzugsweise für Board-to-Board-Verbindungen durchgeführt, da die Leitungslängen größer sind und die benötigten Bauelemente zur Verfügung standen.

In Kap. 2 wird das Konzept für ein paralleles optoelektronisches Backplane vorgestellt und erläutert. Die Auswahl der Komponenten eines minimalen Rechensystems mit dem vorgestellten optoelektronischen Backplane und die Realisierung des Rechensystems werden in Kap. 3 beschrieben. Um die Leistungsfähigkeit des Backplanes zu demonstrieren wurde ein einzelner Übertragungskanal mit breitbandigem optischem Sender und Empfänger aufgebaut. Dieser Aufbau wird in Kap. 4 dargestellt. In Kap. 5 folgen eine kurze theoretische Analyse für die Optimierung der Übertragungseigenschaften und ein Ausblick. Zum Abschluß ist die Zusammenfassung.

2 Konzept eines parallelen optoelektronischen Backplanes mit kreisförmigen Lichtleiterplatten

Zum Konzept-Entwurf wird eine kreisförmige Lichtleiterplatte mit dem reellen Brechungsindex n_1, dem Durchmesser D und der Dicke b betrachtet. Die Lichtleiterplatte grenzt oben und unten an ein anderes Medium mit dem reellen Brechungsindex n_2, wobei $n_2 < n_1$ gilt. Werden eine optische Sendediode (z.B. eine licht-emittierende Diode LED) und eine optische Empfangsdiode (z.B. eine Photodiode PD) so an den Umfang der Lichtleiterplatte angebracht, daß die optischen Achsen beider Dioden zum Mittelpunkt gerichtet sind, und geht man davon aus, daß die Strahlstärke der Sendediode und die winkelabhängige Empfindlichkeit der Empfangsdiode im Bereich $\pm \frac{\pi}{2}$ zu den optischen Achsen ungleich Null sind, so kann bei beliebiger Positionierung der LED und PD am Plattenumfang ein optisches Signal zwischen den Dioden übertragen werden (Bild 2-1).

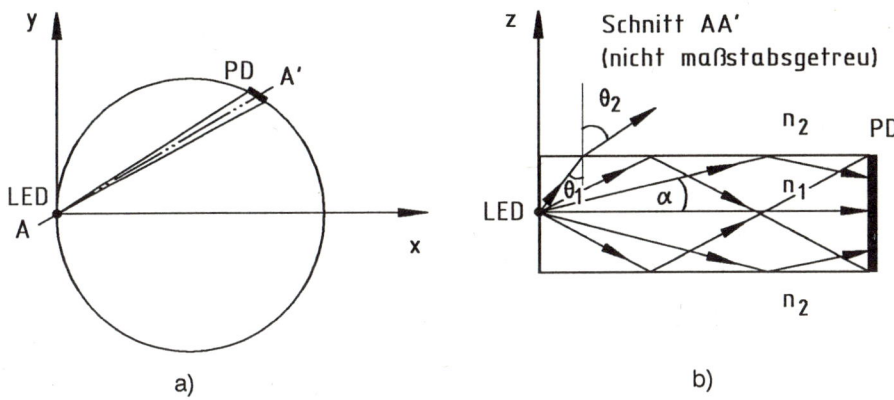

Bild 2-1: a) Eine kreisförmige Lichtleiterplatte mit einer Sende- und einer Empfangsdiode
            b) Schnitt durch die Lichtleiterplatte (nicht maßstabsgetreu)

Für spätere Beschreibung werden die normierte Strahlstärke der Sendediode und die winkelabhängige Empfindlichkeit der Empfangsdiode als Richtcharakteristiken definiert.

Zu dem Anteil der optischen Leistung, der über den direkten Weg von der Sendediode zur Empfangsdiode übertragen wird, kommt eine Anzahl solcher Leistungsanteile hinzu, die durch Totalreflexionen an den beiden Übergängen der verschiedenen optischen Medien auf die Empfangsdiode treffen. Es folgt aufgrund der Bedingung für die Totalreflexion nach dem Snellius'schen Gesetz,

$$\frac{\sin \theta_1}{\sin \theta_2} = \frac{n_2}{n_1} = n_{21} \tag{2.1}$$

so daß im Winkelbereich

$$|\alpha| \leq \alpha_t = \arccos\left(\frac{n_2}{n_1}\right) \tag{2.2}$$

die optische Strahlung totalreflektiert wird.

Da die Positionierung der optischen Sende- und Empfangsdioden am Plattenumfang beliebig ist und diese Dioden gegeneinander vertauschbar sind, ist die Lichtleiterplatte wegen des Prinzips der Busübertragung als eine optische Busleitung funktionell gut geeignet. Werden eine Vielzahl solcher Platten aufeinander gestapelt und die einzelnen Platten mit einer optischen Isolationsschicht versehen

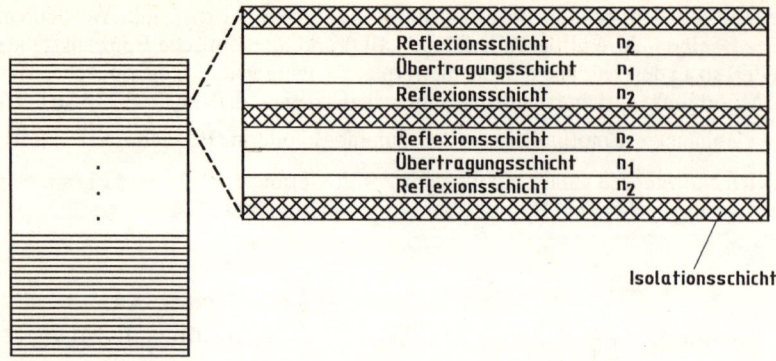

Bild 2-2:   Seitenansicht des parallelen optischen Bussystems OPPS mit Detail

(Bild 2-2), so lassen sich parallele optische Bussysteme mit einer beliebigen Anzahl von Busleitungen zusammenstellen.
Eine solche Konstruktion wird
hier wegen ihrer Aufbaustruk-
tur OPPS (Optisch Paralleler
PlattenStapel) genannt.

Der OPPS eignet sich wegen
seiner Struktur besonders gut
für den Einsatz als optoelektronisches Backplane. Einen möglichen Aufbau zeigt Bild 2-3.
Hier werden eindimensionale
LED- und PD-Arrays als Sen-
de- und Empfangsdioden vorgesehen. Die Busteilnehmer
stellen u. a. Prozessor-, Spei-
cher- und Graphik-Boards dar.

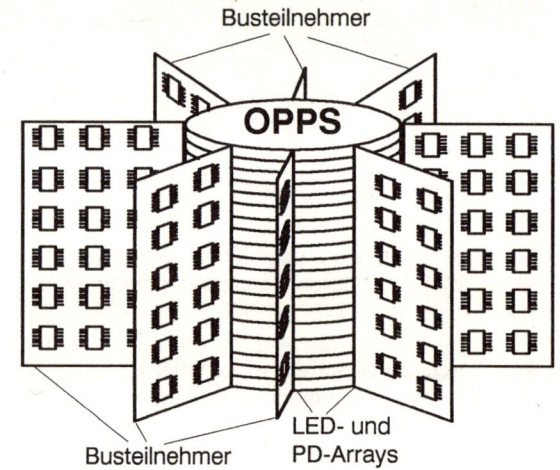

Bild 2-3:   Schematische Darstellung eines Rechnersystems
mit OPPS als optisches Backplane

Die optische Empfangsleistung reicht nicht zur direkten Ansteuerung der elektronischen logischen
Gatter. Zusätzlicher Aufwand ist vor allem auf der Empfangsseite erforderlich, um das von der
Empfangsdiode umgewandelte elektrische Signal zu verstärken.

3   Realisierung eines minimalen Rechensystems mit optoelektronischem Backplane

3.1   Auswahl der Komponenten und Subsysteme

Dem im Kap. 2 vorgestellten Konzept entsprechend sollte ein Rechensystem realisiert werden. Da es
hier um die Bestätigung des Konzeptes ging, wurde ein minimales Rechensystem festgelegt. Es
handelte sich um ein Einprozessor-System der SISD-Klasse (Single Instruction-Single Data). Das
System bestand aus 3 Subsystemen:

— einem Prozessor-Board, das im System die Aufsicht über den Bus hatte,

— einem Laufwerk-Kontroller-Board, das die Schnittstelle zum Massenspeicher bildete und

— einem Graphik-Board, an dem ein Datensichtgerät angeschlossen war.

Die Subsysteme waren in der ursprünglichen Form über ein galvanisches Backplane verbunden. Das Backplane setzte sich aus 4 Teilbussen zusammen:

— dem bidirektionalen 8-bit-parallelen Datenbus,

— dem unidirektionalen Adreßbus,

— dem Versorgungsbus, über den die Subsysteme mit der elektrischen Energie versorgt wurden und

— dem Taktbus, über den die Synchronisationstakte den Subsystemen zugeführt wurden.

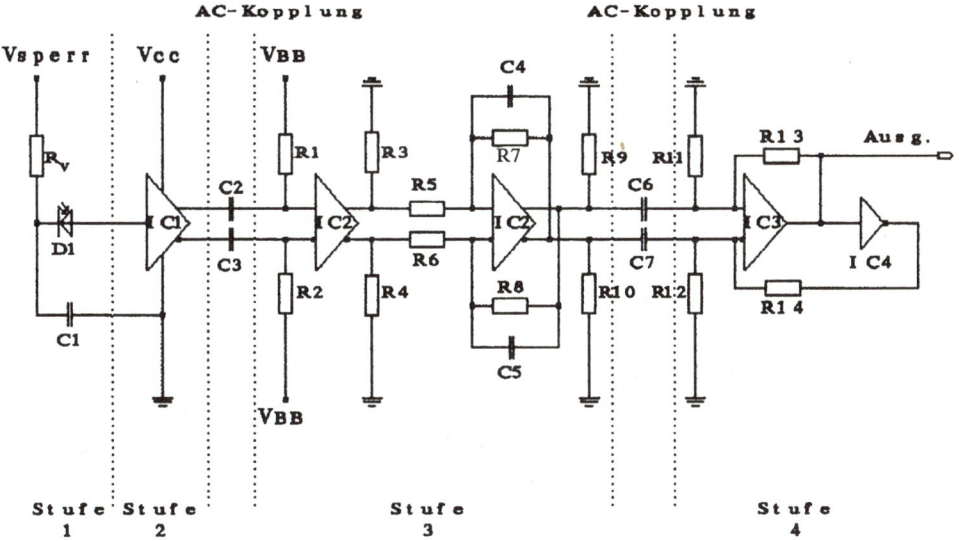

V_{BB} liegt an Pin 10 des MC10116 an

$V_{sperr} = 30,3 V$	$R1 = R2 = 1 k\Omega$
$V_{cc} = 4,65 V$	$R3 = R4 = R9 = R10 = 560 \Omega$
D1 = SFH217	$R5 = R6 = 100 \Omega$
C1 = 10 nF	$R7 = R8 = 1,5 k\Omega$
C2 = C3 = 100 nF	$R11 = R12 = 1,5 k\Omega$
C6 = C7 = 1 nF	$R13 = R14 = R_V = 47 k\Omega$
IC1 = NE5212	IC3 = 1/2 SN75107
IC2 = 1/3 MC10116	IC4 = 1/6 74LS04

Bild 3-1: Schaltbild eines optischen Empfängers nach [21] für das optoelektronische Backplane

Durch die Vorgabe des Rechensystems und die zu übertragende Datenrate wurden die erforderlichen Komponenten bestimmt. Da keine preiswerte LED- und PD-Arrays zur Verfügung standen, mußten diskrete LEDs und PDs eingesetzt werden.

Auf der Sendeseite wurden LEDs der HLMP-K150 Serie [19] aus AlGaAs verwendet, die in sichtbarem Rot abstrahlten und eine für diese Anwendung gut geeignete Richtcharakteristik besitzten. Sie sind bis 10 MHz modulierbar und können bei der Treiberstromstärke von 20 mA die Strahlungsleistung von 4-8 mW abgeben. Ihr Wirkungsgrad ist weit niedriger als infrarote LEDs (IREDs). Sie wurden dennoch bevorzugt eingesetzt, da der Demonstrationseffekt durch das Sichtbar-Machen der Daten-übertragung für das Auge deutlicher ist als beim Einsatz von IREDs.

Empfangsseitig bildeten Silizium-PDs SFH 217 [20] die Eingänge für die optischen Datensignale. Die lichtempfindliche Flächen der PDs sind 1 mm^2 groß und sind in Epoxyharz eingegossen. Diese PDs besitzen eine spektrale Empfindlichkeit von 0.43 A/W für die Emissionswellenlänge der Sendedioden und die Bandbreite von 100 MHz. Ein integrierte Transimpedanzverstärker wandelte den Photostrom in Spannung um. Zwei Spannungsverstärker und schließlich ein Schmitt-Trigger brachten das Ein-gangssignal wieder auf den logischen Pegel für weitere Verarbeitung (Bild 3-1 und [21]).

Als Lichtleiterplatten wurden PMMA(Polymethylmetacrylat)-Platten mit dem Durchmesser von 100 mm und der Dicke von 1.5 mm verwendet. Der Brechungsindex von PMMA betrug 1.49 bei der Emissionswellenlänge der Sendedioden.

3.2 Aufbau des Rechensystems

Aufgrund des enormen Platzbedarfs durch den Einsatz von diskreten Komponenten für den Aufbau der optoelektronischen Interface-Kar-ten, die die Aufgabe der Signalum-wandlungen hatten, konnten nicht alle Teilbusse des galvanischen Back-planes optisch realisiert werden. Der anspruchvollste Teilbus im System war der Datenbus, da er Daten bidi-rektional übertrug und die Datensi-gnale beliebige Muster besitzen durften. Deshalb wurde der galvani-sche 8-bit-parallele bidirektionale Datenbus durch das auf OPPS ba-sierte optoelektronische Backplane ersetzt. Die anderen Teilbusse wur-den weiter galvanisch ausgeführt. In Bild 3-2 ist die Konfiguration des mi-nimalen Rechensystems mit dem 8-bit-parallelen optoelektronischen Backplane OPPS dargestellt.

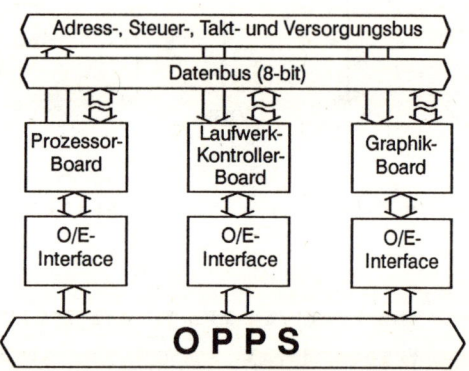

Bild 3-2: Konfiguration eines minimalen Rechner-systems mit dem optoelektronischen Backplane OPPS als der 8-bit-parallele bidirektionale Datenbus

Bild 3-3 zeigt eine Photographie des Labor-Aufbaus. Der Unterschied der Brechungsindizes von PMMA ($n_1 = 1.49$) und Luft ($n_0 = 1.0$) bildete den optischen Übergang. Optische Isolation zwischen den Platten waren nicht erforderlich, da die 3 Interface-Karten weit voneinander entfernt waren und der Einfluß des optischen Nebensprechens auf die Übertragung unbemerkbar war.

Bild 3-3: Photographie des Rechnersystems mit dem optoelektronischen Backplane OPPS

Die Datenübertragung zwischen den Prozessor- und Laufwerk-Kontroller-Boards funktionierte über das optoelektronische Backplane OPPS wie über das galvanische Backplane. Zwischen den Prozessor- und Graphik-Boards gab es Synchronisationsprobleme, die wahrscheinlich auf die unterschiedlichen Laufzeiten der galvanisch übertragenen und der optisch übertragenen Daten zurückzuführen waren.

4 Aufbau eines optischen breitbandigen Buskanals mit konventionellen Bauelementen

Es wurde ein weiterer Labor-Aufbaute realisiert, um die Einsatzfähigkeit des optoelektronischen Backplanes OPPS für hohe Datenrate zu demonstrieren. Dabei wurden nur eine einzige Lichtleiter-platte , ein optischer Sender und ein optischer Empfänger verwendet, da es hier um die Datenrate, nicht aber um die Parallelität ging.

Eine breitbandige IRED des Typs MFOE 1202 [22] wurden nach einem Vorschlag aus [23] mit einem ECL(emitter-coupled logic)-kompatiblen Treiber betrieben. Die Bandbreite des optischen Senders wurde mit 70 MHz gemessen. Die IRED war urprünglich als Sendediode für Glasfaserübertragung vorgesehen. Sie besitzt deshalb für die effiziente Ankopplung an die Glasfaser eine Kugellinse zur Fokusierung der Strahlung. Die Kugellinse war für den Einsatz in OPPS allerdings störend und wurde deshalb vor dem Einbau entfernt.

Der optische Empfänger wurde nach der Schaltung eines ECL-Glasfaser-Empfängers in [24] aufge-baut. Seine Bandbreite betrug 100 MHz. Mit dieser Sender-Empfänger-Kombination konnten digitale Signale bis 140 Mbit/s optisch übertragen werden.

Die verwendete Lichtleiterplatte war nach wie vor aus PMMA und 1.5 mm dick, der Durchmesser betrug hier jedoch 200 mm.

Ein Wortgenerator gab eine ECL-Datensequenz auf den Eingang des optischen Senders. Das durch den Sender umgewandelte optische Datensignal wurde in die Lichtleiterplatte eingekoppelt und an

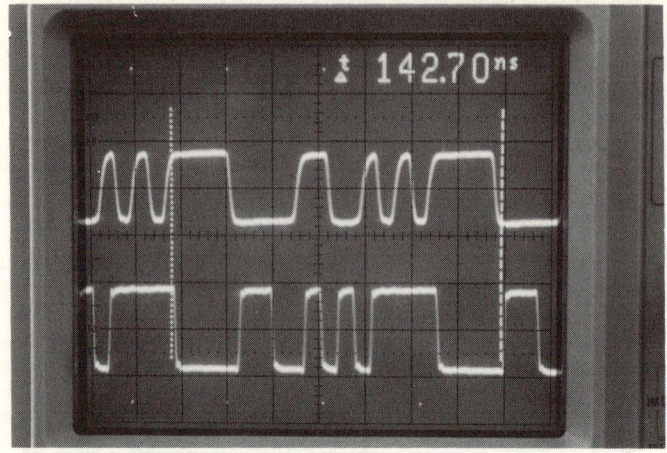

Bild 4-1: Meßergebnis an einer Lichtleiterplatte, dargestellt auf
dem Oszilloskop.
Oben: Eingangsdaten aus dem Wortgenerator;
Unten: Die empfangenen Daten .
Datenrate: 140 Mbit/s (zwischen den zwei Marken sind
20 bit)

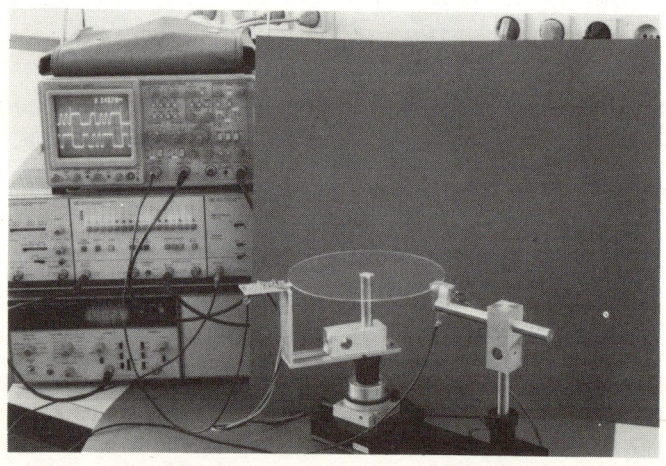

Bild 4-2: Photographische Darstellung des Aufbaus für ein optisches breitbandiges Übertragungssystem mit einer
kreisförmigen Lichtleiterplatte

einer beliebigen Stelle des Plattenumfangs mit dem optischen Empfänger detektiert. Der Ausgang des
Empfängers war an einem breitbandigen Oszilloskop angeschlossen. Die empfangenen Daten sind mit
den zugehörigen Eingangsdaten des Wortgenerators in Bild 4-1 dargestellt. Bild 4-2 zeigt die Photographie der Aufbaus.

5 Diskussion und Ausblick

Ob Daten über das optoelektronische Backplane OPPS richtig übertragen werden, hängt stark von der empfangenen Strahlungsleistung ab. Zur Berechnung der Strahlungsleistung wird eine virtuelle Empfangsfläche eingeführt. Auf dieser Fläche findet man alle Strahle wieder, die durch Totalreflexionen an den oberen und unteren Übergängen zu den Reflexionsschichten (Brechungsindex n_2) und auf den direkten Wegen ohne Reflexion auf die Empfangsdiode treffen. Als Beispiel ist in Bild 5-1 ein über Totalreflexion übertragener Strahl in der realen Empfangsfläche und in der virtuellen Empfangsfläche dargestellt. Wird von einer rechteckförmigen planaren empfindlichen Fläche der Empfangsdiode ausgegangen, wie es in Bild 5-1 dargestellt ist, so kann man durch Integration über die gesamte virtuelle empfindliche Fläche die empfangene Strahlungsleistung in Abhängigkeit von den bekannten Parametern bestimmen. Im allgemeinen ist diese Bestimmung numerisch durchzuführen.

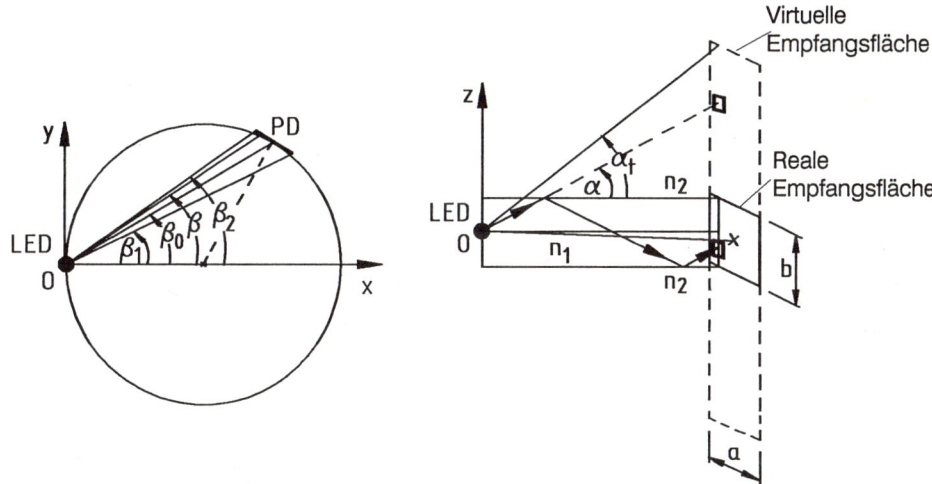

Bild 5-1: Virtuelle Empfangsfläche (nicht maßstabsgetreu)

Zu den bekannten Parametern gehören

— die Materialkonstanten der Lichtleiterplatten wie der Brechungsindex n_1 und der Dämpfungskoeffizient α_A,

— der Brechungsindex n_2 der Reflexionsschichten (s. Bild 2-2),

— die Strahlstärke $I(\alpha, \beta)$ der Sendediode, die von den Winkeln α und β abhängen,

— der Durchmesser D der Lichtleiterplatten,

— der Winkel β_0, der durch die Positionen der Sende- und Empfangsdiode am Umfang der Lichtleiterplatte bestimmt ist und

— die Breite a der Empfangsdiode.

Nach einigen Zwischenrechnungen [25] erhält man die gesamte empfangene Strahlungsleistung $P(\beta_0)$ als zweifaches Integral

$$P(\beta_0) = \int\limits_{-\alpha_t}^{+\alpha_t} \int\limits_{\beta_1}^{\beta_2} I(\alpha,\beta) \cdot \exp\left(\frac{-\alpha_A \, D \, \cos^2\beta_0}{\cos\alpha \, \cos(2\beta_0-\beta)}\right) \cdot \cos\alpha \cdot d\alpha \cdot d\beta \qquad (5.1)$$

mit den Integrationsgrenzen α_t aus der Gleichung (2.2) und β_1 und β_2 aus folgenden Gleichungen

$$\beta_1 = \beta_0 - \arcsin\frac{a \cdot \cos\beta_0}{\sqrt{a^2 + 4 \cdot D^2 \cdot \cos^2\beta_0 + 4 \cdot D \cdot a \cdot \sin\beta_0 \cdot \cos\beta_0}} \qquad (5.2)$$

$$\beta_2 = \beta_0 + \arcsin\frac{a \cdot \cos\beta_0}{\sqrt{a^2 + 4 \cdot D^2 \cdot \cos^2\beta_0 - 4 \cdot D \cdot a \cdot \sin\beta_0 \cdot \cos\beta_0}} \qquad (5.3)$$

Wird die Strahlstärke der Sendediode als konstant in den Winkelbereichen $\left(-\dfrac{\pi}{2} \le \alpha \le +\dfrac{\pi}{2}\right)$ und $\left(-\dfrac{\pi}{2} \le \beta \le +\dfrac{\pi}{2}\right)$ angenommen, gilt also

$$I(\alpha,\beta) = I_0, \qquad (5.4)$$

so erhält man mit Gl. (5.1) für die empfangene Strahlungsleistung

$$P(\beta_0) \approx \frac{2\,a\,I_0}{D} \sin\alpha_t$$

$$= \frac{2\,a\,I_0}{D}\left(1 - \frac{n_2^{\,2}}{n_1^{\,2}}\right)^{\frac{1}{2}} \qquad (5.5)$$

Das Ergebnis aus der Gleichung (5.5) bedeutet, daß ein optischer Empfänger an jeder beliebigen Position des Plattenumfangs die gleiche Stahlungsleistung empfängt. In diesem Fall ist die Anforderung an die Dynamik des Empfängers sehr gering und man kann optische Empfänger mit hoher Empfindlichkeit aufbauen.

Aufgrund der kreisförmigen Plattenstruktur wird der maximale Signallaufweg um den Faktor $1/\pi$ reduziert, was eine Reduzierung der Signallaufzeit um denselben Faktor bedeutet.

Für den künftigen Einsatz sind Sendedioden- und Empfangsdioden-Arrays möglichst mit integrierten Treiber- und Verstärker-Schaltungen gefordert. Die aktuellen Forschungsergebnisse diesbezüglich zeigen eine sehr ermutigende Tendenz [26]-[29].

6   Zusammenfassung

Zur Lösung des Problems bei der schnellen Datenübertragung in Rechensystemen, besonders auf der Backplane-Ebene, ist das Konzept mit OPPS vorgeschlagen. Zur Bestätigung seiner Einsatzfähigkeit ist ein minimales Rechensystem mit OPPS als 8-bit-paralleles bidirektionales optoelektronisches Backplane realisiert. Mit einer breitbandigen optischen Sender-Empfänger-Kombination ist die Übertragung mit der Datenrate von 140 Mbit/s an einer Lichtleiterplatte mit dem Durchmesser von 200 mm erfolgt. Ein Ansatz zur optimalen Übertragung der Strahlungsleistung im vorgestellten System OPPS ist hergeleitet.

7   Danksagung

Dem Leiter des Fachgebiets Nachrichtentechnik Herrn Prof. Dr.-Ing. H. Luck danke ich für die Möglichkeit zur Durchführung dieser Arbeit. Mein Dank gilt auch Herrn Prof. Dr.-Ing. P. Laws, Leiter der Forschungsgruppe "Optische Signalverarbeitung", für die vielen sachlichen Diskussionen.

8   Literatur

[1]   Burks, A. W.; Goldstine, H. H.; von Neumann, J.: "Preliminary Discussion of the Logical Design of an Electronic Computing Instrument", in "Collected Works of John von Neumann", Vol. 5, Macmillan, New York, 1963, S. 34-79

[2]   Färber, G.: Bussysteme. R. Oldenbourg Verlag, München, 1987

[3]   Dawson, W. K.; Dobinson, R. W.: "A framework for computer design", IEEE Spectrum, October 1986, S. 49-54

[4]   Conte, G.; Corso, D. D.: Multi-Microprocessor Systems for Real-Time Applications. D. Reidel Publishing Company, Dordrecht, Holland, 1985

[5]   Gelsinger, P.; Gargini, P.; Parker, G.; Yu, A.: "Microprocessors circa 2000", IEEE Spectrum, October 1989, S. 43-47

[6]   Keyes, R. W.: "Physical Limits in Digital Electronics", Proceedings of the IEEE, Vol. 63, No. 5, May 1975, S. 740-767
       Keyes, R. W.: "Fundamental Limits in Digital Information Processing", Proceedings of the IEEE, Vol. 69, No. 2, February 1981, S. 267-278

[7]   Borrill, P. L.: "High-speed 32-bit buses for forward-looking computers", IEEE Spectrum, July 1989, S. 34-37

[8]   Ayliffe, P. J.; Parker, J. W.; Robinson, A.: "Comparison of optical electrical data interconnections at the board and backplane levels", Proceeding SPIE, Vol. 1281, 1990, S. 2-15

[9]   Cathey, W. T.; Smith. B. J.: "High concurrency data bus using arrays of optical emitters and detectors", Applied Optics, Vol. 18, No. 10, 15 May 1979, S. 1687-1691

[10]   Goodman, J. W.; Leonberger, F. I.; Kung, S. Y. and Athale, R.: "Optical Interconnections for VLSI Systems", Proceedings of the IEEE, July 1984, Vol. 72, No. 7, S. 850-866

[11]   Clymer, B. D.; Goodman, J. W.: "Optical clock distribution to silicon chips", Optical Engineering, October 1986, Vol. 25, No. 10, S. 1103-1108

[12]   Hase, K. R.: "Computer-internal optical bus system with light-guiding-plate", Proceedings of IOOC-ECOC '85, Italy, October 1-4, 1985, Vol. 1, S. 597-600

[13]   Haugen, P. R.; Rychnovsky, S.; Husain, A.; Hutcheson, L. D.: "Optical interconnects for high speed computing", Optical Engineering, October 1986, Vol. 25, No. 10, S. 1076-1085

[14]   Hutcheson, L. D., Haugen,P. R.; Husain, A.: "Optical interconnects replace hardwire", IEEE Spectrum, March 1987, S. 30-35

[15]   Sauer, F.: "Fabrication of diffractive-reflektive optical interconnects for infrared operation based on total internal reflection", Applied Optics, 15 January 1989, Vol. 28. No. 2, S. 386-388

[16]   Tzang, D. Z.: "Optical interconnections in digital systems- Status and prospects", Optics & Photonocs News, October 1990, S. 23-29

[17]   Goodman, J. W.: "Optical interconnections in the '80s", Optics & Photonics News, December 1990, S. 21-23

[18]   Gaulfield, H. J.; Gheen, G.(Editors): Optical Interconnections, in Selected Papers on Optical Computing, SPIE, Vol. 1142, 1989

[19]   Hewlett Packard: Optoelectronics Designer's Catalog 1988-1989

[20]   Siemens: Si-Fotodetektoren und IR-Lumineszenzdioden, Datenbuch 1985/1986

[21]   Jansen, M.: Aufbau der optoelektronischen Interface-Karten für das Demo-Modell des optisch parallelen Bussystems OPPS. Studienarbeit am Fachgebiet Nachrichtentechnik der Universität Duisburg, Prof. Dr.-Ing. P. Laws, März 1991

[22]   Motorola Semiconductors: Optoelectronics Device Data, 1988

[23]   Kressel, H.: Semiconductor Devices for Optical Communication. Springer-Verlag, Berlin, 1980, S. 175

[24]   Philips Bauelemente: Fiber-Optic Communication Data and Apllications, 1988, S. 3-72

[25]   Jiang, J.: Ein Beitrag zur Entwicklung der parallelen optischen Bussysteme für rechnerinterne Kommunikation. Dissertation, Universität Duisburg, Duisburg, 1991

[26]   Von Lehmen, A. C.; Banwell, T. C.; Cordell, R.; Chang-Hasnain, C.; Mann, J. W.; Harbison, J.; Florez, L.: "High speed operation of hybrid CMOS vertical cavity surface emitting laser array", Electronics Letters, Vol. 27, No. 13, 20th June 1991, S. 1189-1191

[27]   Sakano, T.; Noguchi, K.; Matsumoto, T.: "Novel free-space optical inteconnetion employing array devices," Electronics Letters, Vol. 27, No. 6, 14th March 1991, S. 515-516

[28]   Wieland, J.; Melchior, H.: "Optical Receivers in ECL for 1 GHz Parallel Links", SPIE, Vol. 1389, 1990, S. 659-664

[29]   Zou, W. X.; Merz, J. L.; Fu, R. J.; Hong, C. S.: "Ultralow threshold strained InGaAs-GaAs quantum well lasers by impurity-induced disordering", Electronics Letters, Vol. 27, No. 14, 4th July 1991, S. 1241-1243

Anwendbarkeitsanalyse eines rechnerinternen Bussystems mit optisch parallelen Streifenleitern (OPSP)

U. Kraemer

Universität -GH- Duisburg

Fachbereich Elektrotechnik

Fachgebiet Nachrichtentechnik

Bismarckstr. 90

D-4100 Duisburg 1

Überblick

Die steigenden Anforderungen an die Datentransferraten zwischen Baugruppen eines Rechnersystems zwingen dazu, bei Verwendung von galvanischen Bussystemen mit Datentransferraten bis zu maximal 50 MBit/s zu operieren. Weitere Steigerungen der Leistungsfähigkeit einzelner Komponenten (z.B. durch Erhöhung der CPU-Taktfrequenzen) stellt die galvanische Verbindungstechnik für Bussysteme vor unlösbare Probleme. Zunächst wird ein optisches Bussystem zur Kopplung von Rechnerbaugruppen mittels paralleler Streifenleiter vorgestellt. Die Rechnerbaugruppen bestehen dabei aus einzelnen Leiterplatten mit optoelektronischen Koppelelementen. Es wird gezeigt, daß die vorgeschlagene Lösung zur optischen rechnerinternen Datenübertragung für Datentransferraten > 1 GBit/s pro Buskanal ermöglicht. Schwerpunktmäßig wird die Eignung des vorgeschlagenen Prinzips für praktische Rechnersysteme anhand der dort bestehenden Forderungen an Bussysteme

- großes Fanout des aktiven Bauelementes,

- kleine Einzelbitfehlerrate für den Buskanal,

- lösbare Verbindungen zum Aufbau flexibler Systeme ,

- geringer Justageaufwand für eine einfache Verbindungstechnik sowie

- geringe Leistungsaufnahme der Treiberbausteine

analysiert.

1. Einleitung

Die Entwicklung der letzen Jahre zur Steigerung der Integrationsdichte sowie zur Erhöhung der Taktrate integrierter Bausteine hat zu deutlichen Leistungssteigerungen vor allem bei Prozessoren und Peripheriebausteinen von Rechnersystemen geführt. Die Taktrate heute üblicher Prozessorfamilien liegt z.B. schon bei 66 MHz [z.B. CPUs der HP-PARISC-Architektur]. Die Entwicklung von Prozessoren mit Taktraten um 100 MHz ist innerhalb der nächsten Jahre zu erwarten. Die mit diesen Taktraten verbundenen hohen Datentransferraten stellen auf einem Chip bei kurzen Verbindungsweglängen der Substratleiterbahnen, bzw. Bondtechniken ein handhabbares Problem dar. Diese hohen Transferraten sind aber nur noch bedingt zwischen einzelnen Chips realisierbar. Zwischen

Subsystemen, bestehend aus mehreren Chips auf einer Leiterplatte, sind diese Datentransferraten für offene galvanische Bussysteme nicht mehr zu realisieren.

Die Entwicklungen von Cache- und Pipelining-Konzepten für Prozessoren [R4000, SPARC] lassen die Kommunikation schneller Chips über langsamere Datenbusse zu. Mit den angesprochenen Tendenzen bei künftigen Prozessoren und immer größeren Forderungen an die zu transportierenden Datenmengen für Multimediaapplikationen [1] wird jedoch die Diskrepanz zwischen der Leistungsfähigkeit galvanisch realisierter Bussysteme und dem Leistungsbedarf der Prozessor- und Input/Output-Chips immer größer werden.

Optische Bussysteme bieten hier Auswege zum Aufbau leistungsfähigerer Bussysteme an. Der Einsatz optischer und optoelektronischer Bauelemente als Ersatz galvanischer Verbindungstechniken bedarf allerdings jeweils einer Analyse bezüglich der Funktionalität sowie einer Leistungsbilanz und Kostenabschätzung der optoelektronischen Komponenten für das zu realisierende System. Im folgenden wird schwerpunktmäßig die Tauglichkeit des an der Universität -GH- Duisburg entwickelten optischen Bussystems mit parallelem Streifenleiter (OPSP) anhand der Einzelbitfehlerrate (BER), des Montage- und Justageaufwandes und einer Leistungsbetrachtung im optoelektronischen Wandlerbereich untersucht.

2. Ein Bussystem mit optisch parallelem Streifenleiter

Die Charakterisierung eines rechnerinternen Bussystems, für das im folgenden eine optoelektronische Realisierung vorgestellt wird, sei durch folgende Eigenschaften definiert:

- Anzahl der empfangenden Teilnehmer am Bus (Fan-Out) > 10
- lokaler rechnerinterner Bus mit einer Maximallänge im Meter-Bereich
- Datentransferrate > 100 MBit/s
- Einzelbitfehlerrate (BER) < 10^{-12}
- Kompatibilität zu vorhandener Leiterplattentechnik
- Modulares System durch Steckverbinder.

Ein solches Bussystem sollte mindestens 120 Datenübertragungskanäle, bestehend aus

- einem 64-Bit breiten Datenbus,
- einem 32-Bit breiten Adressbus und
- diversen Signalisierungsleitungen

aufweisen.

Gebräuchliche parallele galvanische Bussysteme sind z.B. der VME-Bus und der EISA-Bus. Das im folgenden beschriebene Bussystem ersetzt jeden galvanischen Buskanal eines solchen Bussystem durch einen optischen Streifenleiter mit optoelektronischen Koppelelementen. Die prinzipielle Anordnung einer solchen optischen Backplane mit Laserdiodenarrays und Photodiodenarrays zeigt Bild 2-1.

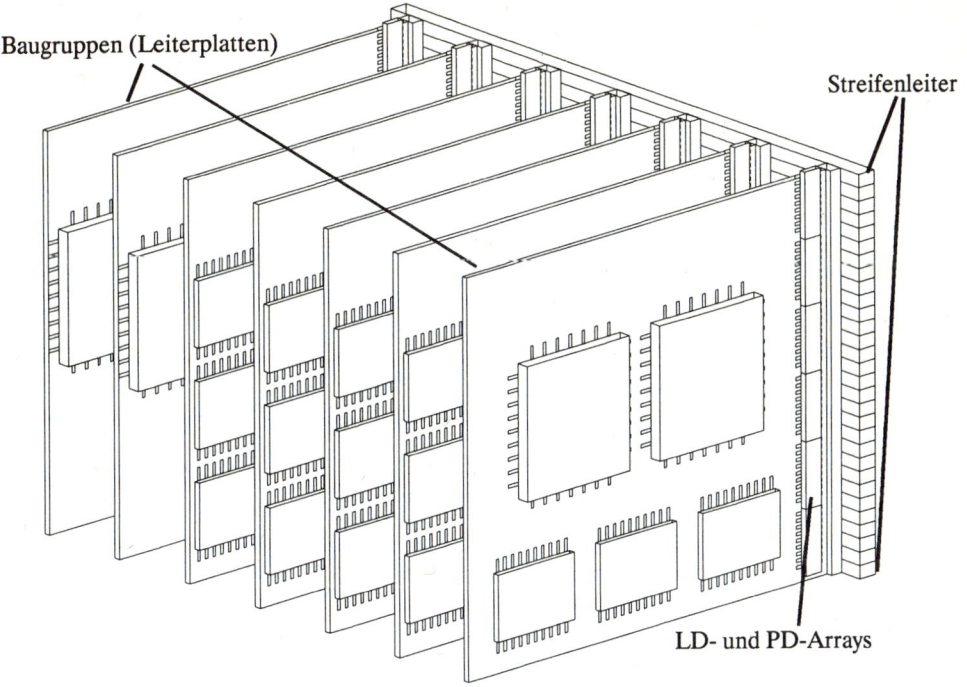

Bild 2-1: Bussystem mit optischer Backplane aus Streifenleitern

Das obige Bild zeigt eine Rechnerkonfiguration bestehend aus verschiedenen Leiterplatten, die jeweils einzelne Rechnerkomponenten wie RAMs und CPUs tragen. Treiberchiparrays und eine geeignete Koppeltechnik der optoelektronischen Bauelemente an die Streifenleiter übernehmen die Funktion galvanischer Steckverbinder.

In Bild 2-2 wird eine mögliche Konfiguration zur Kopplung der optoelektronischen Bauelemente an die Streifenleiter vorgestellt. Hier besteht eine Kombination zur Strahlemittierung und Strahldetektion aus zwei Strahlquellen und einem Strahldetektor. Die Strahlquellen werden geneigt auf den Streifenleiter montiert, der Strahldetektor liegt plan auf der Streifenleiteroberfläche auf.

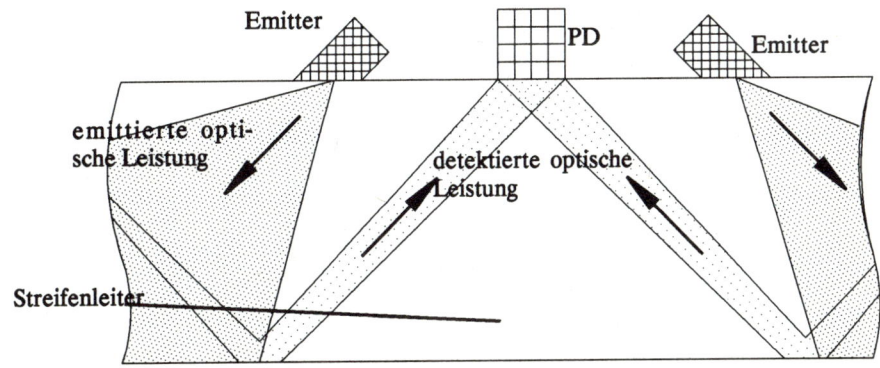

Bild 2-2: Koppelstelle zwischen Streifenleiter und optoelektronischen Bauelementen

3. Optoelektonische Komponenten und Koppeltechniken

Entscheidend für die Einsatzfähigkeit des vorgestellten Bussystems sind

- eine verlustarme Führung der optischen Signale im Bus,

- eine gleichmäßige Aufteilung der optischen Leistung auf alle Busteilnehmer (geringe Dynamik),

- ein hoher Wirkungsgrad, sowie eine geringe Bauteilzahl und

- eine einfache lösbare Verbindungstechnik zwischen Bus und optoelektronischen Wandlern.

Zur Beschreibung der optischen Übertragungseigenschaften des Streifenleiters sei auf [3] und [4] verwiesen. Die Auswahl der geeigneten optoelektronischen Wandler und die jeweils notwendigen Treiberbausteine richten sich nach den Anforderungen des aufzubauenden Bussystems (Datentransferrate geforderte BER). Die Kriterien zur Bauteilwahl für OPSP werden zunächst diskutiert.

3.1 Optoelektronische Wandler für OPSP

Der Treiberbaustein der Strahlemitter wird je nach angestrebter Datenübertragungsbitrate auszuwählen sein. Für Bussysteme mit einer Übertragungsrate bis zu 20 MBit/s reichen bereits Kombinationen von LEDs als Emitter und Open-Collector-TTL-Bausteinen als Treiber aus [9]. Der geringe Wirkungsgrad der LEDs (< 10%)läßt zwar schon bei niedrigen Datenübertragungsraten den Einsatz von Laserdiodenarrays sinnvoll erscheinen, jedoch sind die Kosten für einen LD-Treiber mit erforderlicher Schwellstromregelung zu hoch. Für Datentransferraten > 20 MBit/s kommen nur noch Laserdioden als Strahlemitter für OPSP in Frage.Die bei Datentransferraten > 100 MBit/s übliche ECL-Technik läßt die Verwendung der Differenzverstärkergrundstruktur dieser Logikfamilie als Treiber für Laserdioden zu [7][8](siehe Bild 3.1-1).

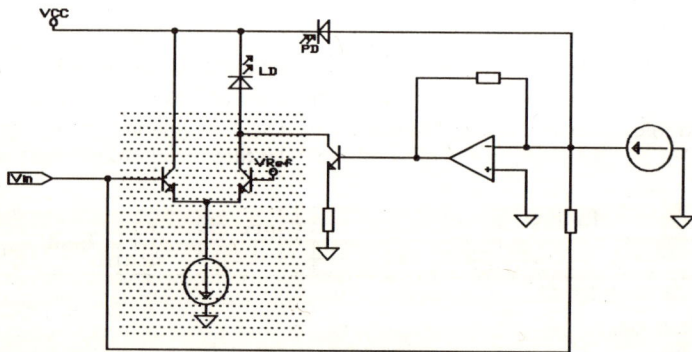

Bild 3.1-1 Laserdiodentreiber mit ECL-Differenzverstärker (Schraffurbereich) und Stromregelung

Auf der Empfangsseite sind PIN- oder Avalanche-Photodioden in Verbindung mit integriert aufge-bauten Empfängerverstärkern zu verwenden. Für Übertragungsbandbreiten < 100 MHz eignen sich FET-Verstärkerstufen, bei Bandbreiten > 100 MHz sind Verstärkerstufen in Bipolartechnik aufgrund des geringeren Rauschens zu bevorzugen [5][6].

3.2 Kopplung der optoelektronischen Wandler an OPSP

Zur Kopplung der optoelektronischen Bauelemente (LED, LD und PD) an die Streifenleiter wird im folgenden die Anordnung nach Bild 2-2 untersucht. Durch die Emitteranordnung mit 45°-Neigung der Emitter wird ohne weitere optische Koppelelemente die Strahlleistung im Streifenleiter in Richtung der Längsausdehnung der Streifen gelenkt. Die Strahlausbreitung innerhalb des Streifens erfolgt durch Totalreflexion an den Streifenoberflächen. Bild 3.2-1 zeigt mehrere Streifenleiterquerschnitte mit einem Kernmaterial des Brechungsindex n_1 (dunkle Schraffurbereiche) und einem Mantelmaterial des Brechungsindex n_2(helle Schraffurbereiche) wobei für n_2 gilt:

$$n_2 < n_1 \qquad\qquad (3.2\text{-}1)$$

Die Kombination der Streifenleiter führt bei einer Anordnung der Streifen nach Bild 3.2-1 zur optisch parallelen Streifenleiterplatte.

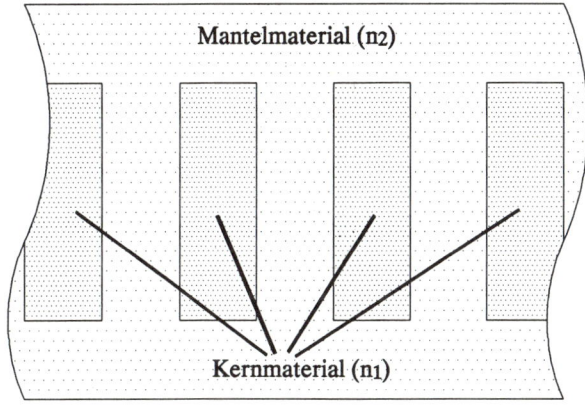

Bild 3.2-1 Querschnitt mehrerer Streifenleiter (n_1) im Mantelmaterial (n_2)

An den Koppelstellen der Strahlemitter und Detektoren wird die Mantelung des Streifens abgetragen. Typische Querschnittabmaße eines verwendeten Streifenleiters für OPSP liegen bei 1mm * 9mm.

Die Wahl eines Strahlemittertyps mit einem Öffnungswinkel > 20° sorgt im Streifenleiter bereits nach wenigen Reflexionen für eine Gleichverteilung der optischen Strahlleistung über dem Streifenleiter-querschnitt. Der Öffnungswinkel von 20° wird bereits von Laserdioden ohne zusätzliche Optik zur Strahlaufweitung erreicht.

Bei einer Anordnung der optoelektronischen Bauelemente nach Bild 2-2 ergibt sich eine geringe Anzahl an notwendigen Bauelementen. Die Strahlemitter bedürfen bei einem Verkippwinkel von 45° gegenüber der Flächennormalen der Streifenleiterfläche keiner weiteren strahlführenden oder strahl-ablenkenden Bauelemente. Die planare Ankopplung des Strahldetektors nach Bild 2-2 erfordert ebenfalls keine weiteren optischen Bauelemente. Zur Vermeidung eines Luftspaltes zwischen optoelektronischen Komponenten und dem Streifenleiter wird ein Gel eingesetzt. Der Brechungsindex des Gels sollte in der Größenordnung des Brechungsindex des Streifenleiters liegen. Die Justagetoleranzen für Strahlemitter und Strahldetektor liegen bei der Montage nach Bild 2-2 für x-y-z-Verschiebungen im Bereich von 0,1 mm. Diese Toleranzbedingen lassen sich einfach mit feinmechanischen Arbeitsgängen gewährleisten.

4. Ergebnisse

Die im folgenden dargestellten Meß- und Simulationsergebnisse beziehen sich auf einen OPSP-Aufbau mit 50 Buskanälen und einer Datentransferrate von 20 MBit/s pro Buskanal.

Im Laboraufbau wurde eine Infrarot-LED mit der in Bild 4-1 gezeigten Strahlcharakteristik verwendet. Die Strahlcharakteristik der zwei senkrecht zueinander stehenden Schnitte durch die räumliche Charakteristik wurde in einer Inversionsflüssigkeit aufgenommen, die dem Brechungsindex des Kernmaterials eines Streifenleiters entspricht. Somit ist für den Fall der Ankopplung des Emitters an den Streifenleiter nach Bild 2-2 die Strahlcharakteristik im Streifenleiter als Fernfeldbeschreibung bekannt.

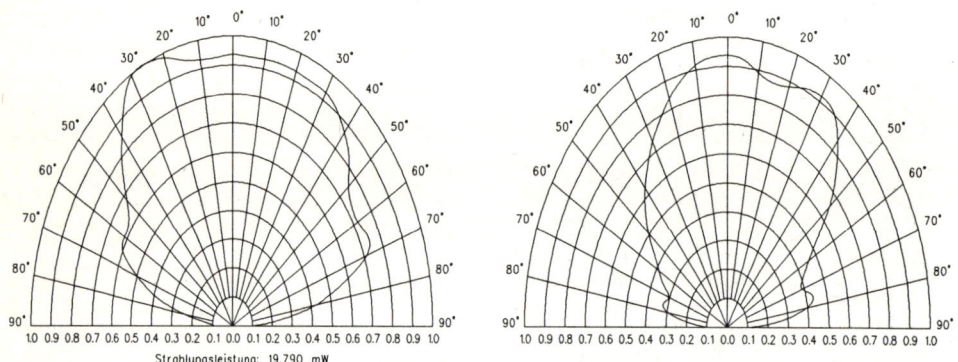

Bild 4-1: Schnitte der Strahlcharakteristik der Infrarot-LED (I_f = 30mA, P_{opt} = 19,79 mW)

Zunächst wurde für den Fall der konstanten Leistungseinstrahlung einer LED in einen Streifenleiter die am Detektor ankommende optische Signalleistung gemessen. Die Simulation des Vorgangs und die Meßergebnisse für eine Streifenleitergeometrie zeigt Bild 4-2. Die Geometrie- und die optischen Daten des Streifens zu Bild 4-2 lauten: n_1 = 1,483, n_2 = 1, Querschnittshöhe = 9mm und Querschnittsbreite = 1mm. Berechnet und gemessen wurde die empfangene optische Leistung für verschiedene Distanzen zwischen Strahlemitter und Strahldetektor. Die Simulationen in Bild 4-2 zeigen die empfangene optische Leistung für verschiedene Verkippwinkel des Emitters gegenüber der Flächennormalen der Streifenleiteroberfläche (alpha = 30°, 45°, 60°). Auffallend ist der geringe Einfluß der Verkippung auf die am Empfänger detektierte Leistung. Dies bedeutet für den praktischen Aufbau einer Koppelstelle nach dem vorgeschlagenen Verfahren einen erlaubten Montagefehlwinkel von alpha < ± 15°.

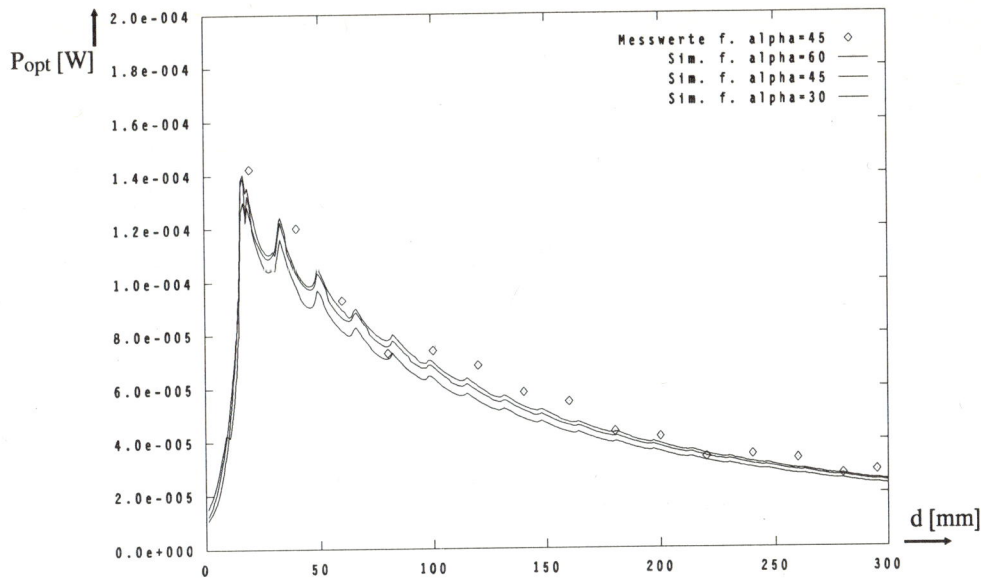

Bild 4-2: Messergebnisse und Simulation für konstante LED-Emission (alpha = 30°, 45° und 60°)

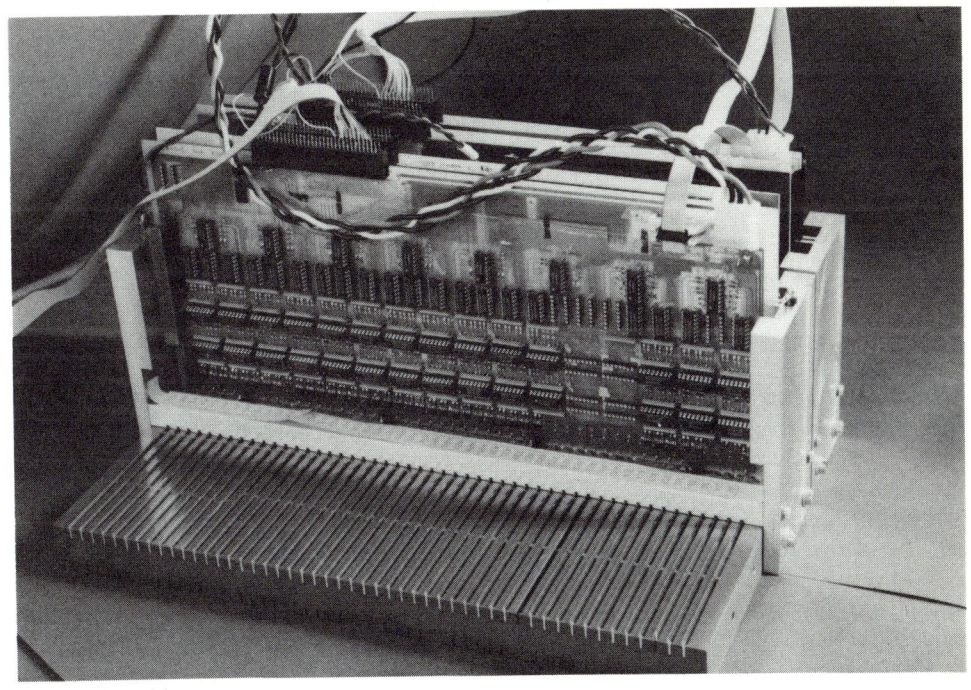

Bild 4-3: Laboraufbau eines OPSP-Systems mit 50 Kanälen

Für eine angestrebte Datenübertragungsrate von 20 MBit/s pro Buskanal wurde ein OPSP-System mit 50 Buskanälen aufgebaut und untersucht (siehe Bild 4-3).

Die Bestimmung der Eigenschaften in Bezug auf die Dispersion optischer Pulse wurde anhand von Rechteckimpulsen der Breite 1ns untersucht. Bild 4-4 zeigt die am Detektor ankommenden Pulse in verschiedenen Entfernungen zum Strahlemitter (100mm, 200mm und 300mm).

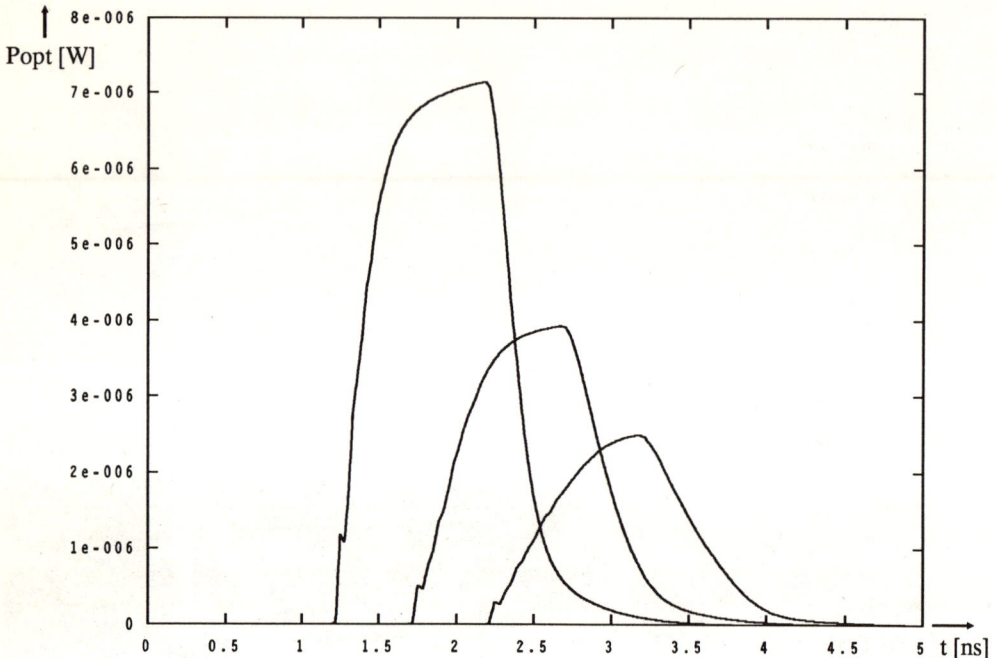

Bild 4-4: Rechteckpulse des Emitters in verschiedenen Entfernungen vom Emitter detektiert

Ein Augendiagramm eines Kanals des Aufbaus von Bild 4-3 zeigt Bild 4-5.

Erste Simulations- und Messergebnisse an Streifenleitern nach Bild 3.2-1 zeigen, daß sich Buskanäle bis zu einer Länge von 1m betreiben lassen. Die Anzahl der Busteilnehmer kann bis zu 30 betragen. Da die Streifenleiterstruktur von OPSP der von galvanischen Backplanes entspricht, ist ein Ersatz herkömmlicher Backplanes durch OPSP möglich. Bis auf die erforderlichen optoelektronischen Wandler sind keine Zusatzbauelemente notwendig, so daß herkömmliche Baugruppen (Leiterplatten) ohne Neudesign mit OPSP betrieben werden können. Die Toleranzforderungen an die mechanischen Komponenten eines OPSP-Steckverbindersystems entsprechen denen, die bereits heute bei galvanischen Backplanes benötigt werden. Bei der optisch parallelen Streifenleiterplatte werden die Busteilnehmer galvanisch entkoppelt. Dies führt zu erheblich verbesserter elektomagnetischer Verträglichkeit (EMV).

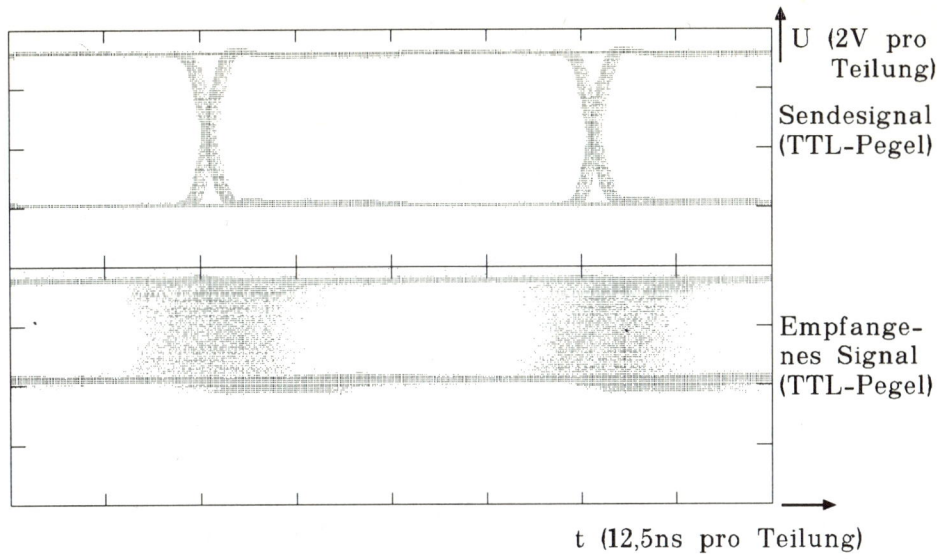

U (2V pro Teilung)

Sendesignal (TTL-Pegel)

Empfangenes Signal (TTL-Pegel)

t (12,5ns pro Teilung)

Bild 4-5 : Augendiagramm der Signalspannungen einer Übertragungsstrecke für 20MBit/s nach Bild 4-3

5. Zusammenfassung

Die Leistungsbilanz für die optische Backplane mit OPSP läßt nach ersten Untersuchungen den Betrieb von mehr als 30 Busteilnehmern zu. Hier sind noch weitere Arbeiten zur Bestimmung des Fan Out der Strahlemitter notwendig.

Bei Zugrundelegung einer Streifenbreite von weniger als 1mm lassen sich kompakte optische Backplanes mit Kanalzahlen > 100 realisieren. Die Datentransferrate kann bei einer BER $< 10^{-12}$ nach ersten Simulaionen mehr als ein GBit/s pro Buskanal betragen.

Die in Bild 2-2 gezeigte Kopplung der optoelektronischen Bauelemente an die optische Backplane läßt den kostengünstigen Aufbau vielkanaliger Bussysteme zu, da die Anzahl der benötigten Bauelemente gering ist und keine bei optischen Verbindungen sonst üblichen Fokusier- und Justierarbeiten notwendig sind. Dadurch läßt sich ein Steckverbindersystem mit geringen Toleranzmaßforderungen aufbauen. Ein solches optoelektronisches Bussystem läßt den Aufbau flexibler Rechnersysteme in einer Steckkartentechnik zu.

Die aufzubringende Leistung zum Betrieb eines optischen Bussystems ist bei Verwendung von Laserdioden mit Schwellströmen < 10mA geringer als bei vergleichbaren galvanischen Hochgeschwindigkeitsbussystemen.

Das vorgestellte System (OPSP) läßt den Aufbau kostengünstiger lokaler Bussysteme für Datentransferraten > > 100MBit/s zu. Als weiterer Vorteil des Bussystems ist die galvanische Entkopplung der Rechnerkomponenten (Leiterplatten) zu werten.

6. Literaturverzeichnis

[1]   Arch c. L., Digital Video in the PC Environment, McGraw-Hill, New York 1989

[2]   Groh W., "Overtone Absorption in Macromolecules for Polymer Optical Fibers", Makro-mol.Chem. 189, 2861-2874 1988

[3]   Jiang J., Kraemer U., "Two new developments for optoelectronic bus systems", Tagungsbeitrag zur ECO4 '91, Den Haag, 11.-15. März 1991

[4]   Jiang J., Kraemer U., Zwei neue Entwicklungen zu optischen Backplanes, Tagungsbeitrag zur ELMAT '91/ AME '91, Essen, 22.-24. Januar 1991

[5]   Personick S. D., Receiver Design for Optical Fiber Communication Systems, Proc. IEEE, Vol. 65 (1977) No. 12, 1670-1678

[6]   Wieland J., Melchior H., Optical Receivers in ECL for 1GHz Parallel Links, Spie Vol. 1389 International Conference on Advances in Interconnection and Packaging (1990)

[7]   Kressel H. (Editor), Shumate P.W., DiDomenico M. Jr., Lightwave Transmitters, Topics in Applied Physics Volume 39, Semiconductor Devices for Optical Communication, Springer Verlag (1987), Heidelberg

[8]   Ross D.A., Optoelektronik Bauelemente und Abbildungen, Oldenbourg Verlag (1982), München Wien

[9]   Unger H.-G., Optische Nachrichtentechnik, Komponenten und Systeme, Hüthig Verlag (1984), Heidelberg

[10]   Winstel G., Weyrich C., Optoelektronik I, Lumineszenz- und Laserdioden, Springer Verlag (1981), Berlin

Architekturkonzepte für massiv-parallele opto-elektronische Rechnersysteme

D.Fey,   K. Zürl,   A. Hetzner
Physikalisches Institut der Universität Erlangen-Nürnberg
Abt. V, Angewandte Optik
Staudstr. 7
8520 Erlangen, FRG

Überblick

Die Effizienz von Parallelrechnern ist bei Anwendungen mit hohem Kommunikationsanteil entscheidend durch die Leistung der Interprozessorkommunikation bestimmt. Die Verwendung optischer Verbindungen verspricht die Überwindung dieses "Flaschenhalses", da auch bei sehr hohen Taktraten noch eine hohe Störsicherheit und Wechselwirkungsfreiheit der optischen Signale gewährleistet ist.

Durch die optische Realisierung der Übertragungswege ergeben sich Anforderungen an die gesamte Architektur eines Rechensystems, die sich mit der Entwurfsphilosophie beim Aufbau massiv-paralleler SIMD-Rechnersysteme decken: Die Verwendung möglichst einfach aufgebauter und in sehr großer Zahl vorhandener Prozessorelemente.

In der vorliegenden Arbeit wird in einer Bottom-Up-Strategie gezeigt, wie ausgehend von der Architektur eines opto-elektronischen Prozessorelementes und den Möglichkeiten Ebenen solcher Prozessorelemente optisch miteinander zu koppeln, massiv-parallele opto-elektronische Rechnerstrukturen entworfen werden können. Kernstück ist dabei ein integrierter opto-elektronischer Baustein, der aus einer Reihe identisch aufgebauter Prozessorelemente besteht. Letztere stellen im wesentlichen rekonfigurierbare Leitwerke dar, was ein Höchstmaß an Flexibilität ermöglicht.

Diese Flexibilität läßt sich sowohl beim Aufbau der Prozessorebenen innerhalb einer SIMD-Architektur als auch für die Realisierung des darin benötigten Verbindungsnetzwerkes nutzen. Demonstriert wird diese Vorgehensweise bei der Implementierung von Systolischen Feldern und der Berechnung numerischer Funktionen durch Bitalgorithmen, bei denen aufgrund vieler Transportbefehle durch optische Übertragungswege ein qualitativer Zeitgewinn zu erwarten ist.

1   Motivation und Einleitung in die Digitale Optik

Ziel der Digitalen Optik ist die Realisierung des Übergangs von elektronischen zu optischen oder opto-elektronischen Techniken, um die wachsenden Kommunikationsbedürfnisse in digitalen Rechnersystemen zu befriedigen. Mit Digitaler Optik bezeichnet man eine Technologie zur Verarbeitung, zum Transport sowie zur Speicherung digitaler durch Intensität, Polarisation oder Phase des Lichtes codierte Information.

Während im Bereich der optischen Massenspeicherung und der Datenkommunikation über lange Strecken bereits kommerziell einsetzbare Erfolge zu verzeichnen sind, als Beispiel hierfür können optische Massenspeichermedien und die Verwendung von Glasfasertechnik angeführt werden, erfolgt die Verarbeitung von Daten immer noch elektronisch. Der Grund hierfür liegt derzeit am Fehlen zuverlässig arbeitender optischer Gatter. Eine Mustersubstitutionslogik[1] genannte Technik [Bren86], die anstrebt die Verarbeitung weitgehend auf optischem Wege durchzuführen, befindet sich derzeit noch im experimentellen Aufbaustadium.

Um sowohl von den Stärken der Optik als auch der Elektronik zu profitieren, schlagen wir eine hybride, funktional arbeitsteilige Architektur vor, in der der Datentransport durch Optik und die Datenverarbeitung durch Elektronik vorgenommen wird. Dieses hybride Architekturkonzept dient als Grundlage für den Aufbau einer massiv, parallel arbeitenden SIMD-Feldrechnerstruktur. Einen ähnlichen Ansatz verfolgen [Kiam89] et al., die vorschlagen, sequentiell angeordnete, aus einfach aufgebauten Prozessorelementen bestehende Waferscheiben optisch mit Hologrammen zu verbinden.

All diesen hybriden Ansätzen ist das Bestreben gemein, die Vorteile der Optik mit den Vorteilen der Elektronik zu verbinden. Diese sind im Falle der Optik gegeben durch die hohen Informationsdichten einer optischen Abbildung und der geringen Wechselwirkung optischer Signale untereinander, was den Aufbau einander kreuzender Verbindungen erlaubt. Die Vorteile der Elektronik bestehen in der großen Integrationsdichte der Logikgatter. Ferner ist der Energiebedarf elektronischer Gatter geringer als bei optischen Gattern, was geringere Kühlleistungen oder höhere Packungsdichten gestattet.

Die in solchen Systemen eingesetzten opto-elektronischen Gatter[2] sind zu zwei-dimensionalen Matrizen zusammengefaßt. Dies ist eine Grundvoraussetzung, um den natürlichen Parallelismus der optischen Abbildung einer Datenebene durch optische Bauteile, wie beispielsweise einer Linse oder einem Hologramm, am besten auszunutzen.

Digitale Optik ist somit charakterisiert durch die Verwendung zweier Grundkomponenten [StPr88]:

i) Zwei-dimensionale optische oder opto-elektronische Gatterebenen, die durch
ii) Module für parallel-optische Verbindungen gekoppelt werden.

Um den Entwurf von Architekturen möglichst einfach zu gestalten, wird der Einsatz regulär aufgebauter Gatterebenen und regulärer Verbindungstopologien angestrebt. Mit regulärer Topologie sind dabei nicht nur parallele optische Verbindungen zwischen den Gatterebenen gemeint, sondern insbesonders reguläre Verbindungsmuster mit kreuzenden Leitungen, wie z.B. der Perfect Shuffle, nutzen die Vorteile der Optik gegenüber der Elektronik [LoSt86].

Der angestrebte reguläre Aufbau der Gatterebenen führt zu identischen und nach Möglichkeit zahlreich vorhandenen Gruppen von Gattern. Diese stellen einfache Prozessorelemente (PEs) dar, die alle nach dem SIMD-Prinzip operieren. Zu erwartende Fortschritte bei der Mikrostrukturierung von Optik und den in einer Gatterebene als Licht-/Stromschnittstelle verwendeten Photo- und Laserdioden wird die optische Koppelung von sehr vielen PEs ermöglichen. Alternativ ist denkbar, anstelle vieler einfacher PEs, komplexer aufgebautere Prozessoren zu integrieren und diese über Licht/-Stromwandler sowie optischen Verbindungsmodulen miteinander zu koppeln. Damit verringert sich aber die Anzahl PEs, die auf einem Chip untergebracht werden können, und man würde damit den Vorteil der Optik, den Aufbau massiv-paralleler Strukturen mit sehr vielen kreuzenden Verbindungen, nicht nutzen.

---

[1] beruht auf der Erkennung und Ersetzung von in zwei-dimensionalen Datenebenen vorliegender optisch codierter Information.

[2] Opto-elektronische Gatter bedeutet hier elektronisch realisierte logische Gatter einschließlich der notwendigen Konvertierung von Strom in Licht und umgekehrt

Die erwähnten aufgeführten Randbedingungen beim Entwurf opto-elektronischer Rechnerstrukturen führen zu einem Architketuransatz wie er auch beim Aufbau bekannter Feldrechnerstrukturen wie dem DAP [PaLi90] oder dem MasPar [Blan90] verfolgt wurde. Diese zeichnen sich durch die massive Parallelität einfacher PEs aus. Durch den Einsatz optischer Verbindungen kann die Effizienz in solchen Systemen gesteigert werden.

Im folgenden wird eine Architektur für ein opto-elektronisches PE vorgeschlagen und dessen funktionale Mächtigkeit und Integrationsfähigkeiten untersucht (Kap. 2). Es werden weiterhin verschiedene Möglichkeiten vorgestellt, PE-Ebenen miteinander optisch zu koppeln. Dies bildet die Grundlage für den Entwurf von Systemkonzepten für massiv-parallele opto-elektronische Feldrechnerstrukturen (Kap. 3), für die Anwendungen aus den Bereichen Systolischer Felder und der Implementierung von Bitalgorithmen zur Berechnung numerischer Funktionen gezeigt werden (Kap. 4).

2   Struktur eines Prozessorelementes

Das in diesem Kapitel vorgestellte PE kann außer in massiv, parallelen opto-elektronischen Strukturen auch als Schaltelement in optischen Verbindungsnetzwerken eingesetzt werden. Jedes PE besitzt dafür, ähnlich wie bei PLA-Bausteinen, ein durch programmierbare Disjunktive Normalformen (DNF) rekonfigurierbares Leitwerk.

In Kap. 2.1 wird kurz die für ein opto-elektronisches PE notwendige Strom/Licht- bzw. Licht/Stromkonvertierung behandelt. Ausgehend von einer formalen Beschreibung in 2.2 wird die Architektur eines PEs und dessen Programmierung in 2.3 gezeigt. Für den Aufbau paralleler Rechnerstrukturen ist die in 2.4 behandelte Integrationsfähigkeit dieses PEs entscheidend.

2.1   Integrierte Detektion und Emission von Licht

Photodioden, die Licht in Strom umwandeln, können problemlos sowohl in Silizium als auch in Gallium-Arsenid integriert werden. Lichtmodulatoren, wie Laser- und Leuchtdioden, können nicht in Silizium integriert werden und müssen entweder in einer hybriden Technologie, die sich auf Silizium und Gallium-Arsenid stützt, oder im Falle schneller Anwendungen durch Gallium-Arsenid-Technologien realisiert werden. Aufgrund günstigerer Abstrahlungseigenschaften und einem höheren Wirkungsgrad wird man den Einsatz von Laserdioden anstelle von Leuchtdioden anstreben.

2.2   Formaler Aufbau eines Prozessorelementes

Der Aufbau eines PEs wird im folgenden als endlicher, deterministischer Automat beschrieben. Jedes PE kann als Schaltwerk (s. Abb. 1) aufgefaßt werden, daß die Eingänge $I_1, I_2, ..., I_n$ und die Ausgänge $O_1, O_2, ..., O_n$ besitzt. Das "Gedächtnis" des Schaltwerkes wird in den Flip-Flops $M_1, M_2, ..., M_m$ gespeichert.

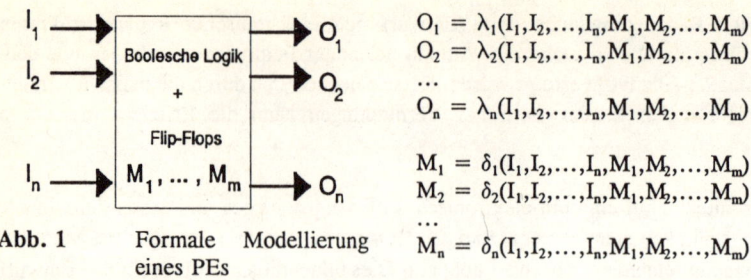

$$O_1 = \lambda_1(I_1,I_2,\ldots,I_n,M_1,M_2,\ldots,M_m)$$
$$O_2 = \lambda_2(I_1,I_2,\ldots,I_n,M_1,M_2,\ldots,M_m)$$
$$\ldots$$
$$O_n = \lambda_n(I_1,I_2,\ldots,I_n,M_1,M_2,\ldots,M_m)$$

$$M_1 = \delta_1(I_1,I_2,\ldots,I_n,M_1,M_2,\ldots,M_m)$$
$$M_2 = \delta_2(I_1,I_2,\ldots,I_n,M_1,M_2,\ldots,M_m)$$
$$\ldots$$
$$M_n = \delta_n(I_1,I_2,\ldots,I_n,M_1,M_2,\ldots,M_m)$$

Abb. 1 Formale Modellierung eines PEs

Weiterhin handelt es sich bei einem PE um ein synchrones Schaltwerk, d.h. nach erfolgter Eingabe der Signale I_i zu einem durch den Takt definierten Zeitpunkt T liegen die Ergebnisse an den Ausgängen O_i zum Zeitpunkt $T+1$ vor. Die Abbildungen λ und δ sind in dem vorliegenden Fall stets Summen-Produkt-Formen, d.h eine Konjunktion oder eine Disjunktion mindestens zweier Konjunktionen.

$$\lambda_i = \sum_m \left(\prod_k I_k \cdot \prod_l M_l \right) \quad , \delta_i \quad \text{analog} \tag{1}$$

Durch die Ausrichtung auf Summen-Produkt-Formen erhalten wir größere Flexibilität bei der Abbildung der Funktion eines PEs in Hardware, als beispielsweise bei der Beschränkung auf den Befehlsvorrat eines minimalen RISC-Prozessors, den man sich alternativ für die obigen Funktionen λ und δ vorstellen kann. Darüber hinaus vereinfacht sich die Programmierung wenn das funktionale Verhalten einzelner PEs durch eine, stets Summen-Produkt-Form aufweisende, disjunktive Normalform (DNF) spezifizierbar ist. Insbesondere die Funktion von Zellen auf Bitebene arbeitender systolischen Felder läßt sich durch eine Wahrheitstafel beschreiben, aus der die DNF ableitbar ist.

2.3 Programmierung eines Prozessorelementes

Die durch die Realisierung des Schaltwerks mit Summen-Produkt-Formen erworbene Flexibilität setzt voraus, daß die Summen-Produkt-Formen für verschiedene Anwendungen programmierbar sind. Die hier gewählte Art der Implementierung von Summen-Produkt-Formen erinnert an die während der Entwurfs- und Testphase zum Entwurf von Schaltwerken verwendeten Programmable Logic Design Bausteine. Im Gegensatz zu diesen Bausteinen soll die Auswahl der Konjunktionen bzw. Disjunktionen in den hier vorgestellten PEs nicht über das Durchschmelzen von Leitungen oder dem Aufbringen von Ladung an Feldeffekttransistoren erfolgen [TI90]. Stattdessen wird eine Produkt-Summen-Form durch den Inhalt von auf dem Chip befindlichen Registern programmiert. Abb. 2 zeigt den Aufbau eines PEs, bestehend aus n optischen Ein- und Ausgängen, dem m Bit breiten internen Zustandsspeicher, s Konjunktionsblöcken (UND-Blöcke) und m+n Disjunktionsblöcken (ODER-Blöcke).

Jede Konjunktion wird durch eines von s Selektionsregister S_i (Abb. 2) bestimmt, wobei s die maximal mögliche Anzahl an Konjunktionen in einem PE ist. Jeder potentiell möglichen Variablen in einer Konjunktion und jeder Negation davon ist ein Bit in dem Selektionsregister zugeordnet. Eine Konjunktionsvariable ist entweder ein externes Lichtsignal I_i, das in einen Photostrom konvertiert wurde, oder ein interner Zustand M_i. Eine logische 1 in einem Bit von S_i bewirkt, daß die dem Bit zugeordnete Variable für die Konjunktion ausgewählt wird. Bleibt das Bit ungesetzt, wird die entsprechende Variable in der durch das Selektionsregister definierten Konjunktion nicht benutzt. Die Auswahl der Variablen erfolgt durch eine ODER-Operation des invertierten Selektionsbits mit der zugehörigen Variablen bzw. deren

169

Negation (Abb. 2). Diese Verknüpfung bewirkt, daß durch eine in einem Bit des Selektionregisters enthaltene logische 1 die zugehörige Eingangsvariable, im Falle einer eingetragenen 0 eine 1 an ein UND-Gatter mit 2·(n+m) Eingängen weitergeleitet wird (s. Abb. 2).

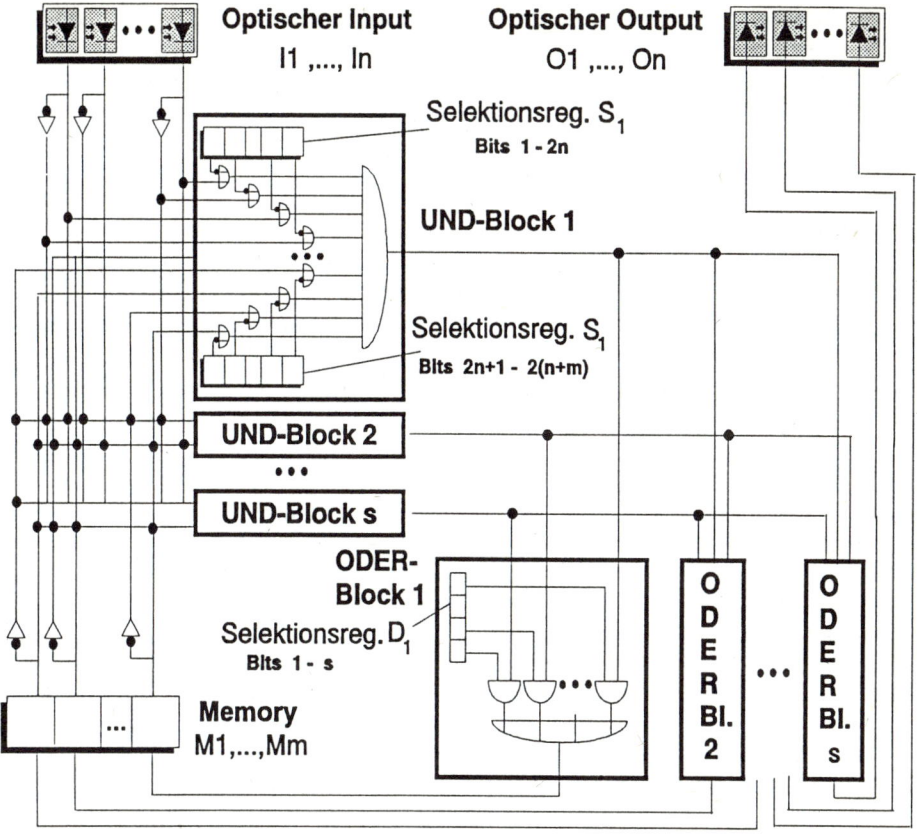

Abb. 2   Funktionaler Aufbau eines Prozessorelementes

Auf diese Weise erhält man am Ausgang des UND-Gatters das Ergebnis der gewünschten Konjunktion. Folgendes Beispiel demonstriert die Vorgehensweise.

Beispiel: Auswahl der Konjunktion $I_1 \cdot \overline{M}_2$

m = n = 2   Zwei optische Eingänge und zwei interne Zustände
Inhalt des Selektionsregisters S = (1 0 0 0 0 0 0 1)$_2$,
Bit 1 korrespondiert mit I_1, Bit 2 mit (not I_1), Bit 3 mit I_2, Bit 4 mit (not I_2)
Bit 2n+1 mit M_1, Bit 2n+2 mit (not M_1), Bit 2n+3 mit M_2, Bit 2n+4 mit (not M_2)

$$(\overline{S}_1 \vee I_1)\cdot(\overline{S}_2 \vee \overline{I}_1)\cdot(\overline{S}_3 \vee I_2)\cdot(\overline{S}_4 \vee \overline{I}_2)\cdot(\overline{S}_5 \vee M_1)\cdot(\overline{S}_6 \vee \overline{M}_1)\cdot(\overline{S}_7 \vee M_2)\cdot(\overline{S}_8 \vee \overline{M}_2)$$
$$= I_1\cdot1\cdot1\cdot1\cdot1\cdot1\cdot1\cdot\overline{M}_2 = I_1\cdot\overline{M}_2$$

(2)

Eine analoge Methode wird zur Auswahl der in einer Disjunktion benötigten Konjunktionen verwendet. Wiederum werden mit Hilfe eines Selektionsregisters D_i die vorab ermittelten Ergebnisse der Konjunktionen durch bitweise UND-Operationen mit den Ausgängen der Konjunktionsblöcke ausgewählt und auf ein ODER-Gatter mit s Eingängen geleitet. Das Ausgangssignal dieses ODER-Gatters ist dann das Resultat der Summen-Produkt-Form. Dieses Signal bewirkt entweder eine Änderung des internen Speichers oder wird als ein in Licht zu konvertierendes optisches Ausgangssignal benutzt (s. Abb. 2). Damit jedes interne Zustandsbit und jeder optische Ausgang mit einem Signal versorgt wird, benötigt man insgesamt m+n ODER-Blöcke.

2.4   Parallelisierungsgrad der Prozessorelemente pro Chip

Nachdem der funktionale Aufbau eines PE geklärt wurde, wird der Grad der Parallelität abgeschätzt, d.h die Anzahl an PEs, die man in einem System nutzen kann. Dazu wird im folgenden der Flächenbedarf eines PEs in Abhängigkeit von der Anzahl der optischen Ein-/Ausgänge, der Größe des internen Speichers und der benötigten Logikgatter ermittelt. Da es sich um eine VLSI-Implementierung handelt, stehen für die Logik hohe Integrationsdichten zur Verfügung, abzüglich des Platzbedarfes für die integrierte Licht-/Stromkonvertierung. Der Platzbedarf für in Silizium integrierte Photodioden beträgt derzeit in einem opto-elektronischen Schaltelement, welches in Verbindungsnetzwerken eingesetzt wird, 15Ox15O μm [ZüSt91]. In der nächsten Generation erscheinen 1Ox1O μm machbar, die theoretische Grenze liegt bei der Wellenlänge des Lichtes. Werden die optischen Ausgänge durch Gallium-Arsenid Laserdioden realisiert, die auf der Siliziumgrundfläche in dafür vorgesehene Vertiefungen eingesetzt werden könnten, benötigt man dafür ca. 10^4 μm^2. Für die Realisierung der internen Speicher erweisen sich die häufig beim Einsatz von MBit-Speichern verwendeten dynamischen RAMs als ungünstig, da diese zusätzlichen Platzbedarf für die Implementierung der Refreshzyklen und den beim Auslesen der Speicher notwendigen Verstärker (Sense Amplifier) erfordern. Interne Speicherbits werden deshalb besser mit statischen RAMs verwirklicht, die aus mindestens 4 rückgekoppelten Transistoren bestehen, welche in Silizium ca. 1OO μm^2 Fläche benötigen. Berücksichtigt man einen Fehlerfaktor von 25 % bedarf es bei 4 Transistoren 5OO μm^2 pro Speicherbit. Die Anzahl benötigter Transistoren für ein logisches UND-Gatter bzw. ODER-Gatter beträgt g+2, wenn g die Anzahl der Gattereingänge festlegt [Keye87]. Im weiteren rechnen wir mit G, der Gesamtanzahl an Transistoren in allen Gattern eines PEs. Als Ergebnis erhalten wir für den geschätzten Flächenbedarf eines PEs folgende Formel.

$$A_{PE} = (E \cdot 10^2 + S \cdot 10^4 + G \cdot 10^2 + F \cdot 500) \cdot Geo \qquad [\mu m^2] \qquad (3)$$

E: # optische Eingänge, S: # optische Ausgänge,
G: # Gattereingänge an allen Gattern, F: # Flip-Flops, Geo: Geometriefaktor

Der Faktor Geo berücksichtigt den Platzbedarf für die Verdrahtung, Taktzuführung, Spannungsversorgung etc. und beträgt ungefähr 2.

Im Fall eines 1-Bit-Volladdierers mit 2 optischen Ein-/Ausgängen, 7 Konjunktionen und 2 Disjunktionen, die im Modell von Abb. 2 insgesamt ca. 340 Gattereingänge ergeben, sowie einem 1-Bit-Speicher zur Registrierung des Übertragsbits, erhält man eine Fläche von ca. O.1 mm² pro PE. Bei einer Chipkernausdehnung von 1x1 cm² bekommt man 1OOO 1-Bit-Volladdierer auf einem Chip unter. Bei einem Platzbedarf von 1.5x1.5 cm² pro Chip im Falle einer Aneinanderreihung kann man auf einer Fläche von 15Ox15O cm² 1OOx1OO Chips anordnen. Dadurch erhält man $10x10^6$ aus 1-Bit-Volladdierern bestehende PEs.

Mit dem erwähnten Chip erhält man ein sehr flexibles, an die optischen Randbedingungen angepaßtes

Element, daß die Manipulation von Daten in opto-elektronischen Systemen zuläßt. Man kann diesen Baustein sowohl als 2x2-Kreuzschienenverteiler programmieren und damit als Schaltelement in Sortier- und Verbindungsnetzwerken [ZüSt91] verwenden, als auch in opto-elektronischen SIMD-Rechnerstrukturen einsetzen, die sich an massiv-parallele Konzepte orientieren. Die Frequenz mit der solch ein Baustein getaktet werden kann, liegt bei ca. 100 MHz, d.h. eine Summen-Produkt-Form benötigt 10 ns. Durch optische Verbindungsmodule lassen sich mehrerer solcher Bausteine kombinieren, in der der durch die elektronische Kommunikation entstehende "Flaschenhals" vermieden werden kann.

3. Aufbau einer opto-elektronischen SIMD-Feldrechnerstruktur

Grundidee für den Aufbau massiv-paralleler Architekturen ist die planare und räumliche Aneinanderreihung mehrerer opto-elektronischer Logikbausteine, die eine Reihe von PEs, wie sie in Kap. 2 vorgestellt wurden, enthalten. Alle Anwendungen die einen Bedarf an umfangreichem Datentransfer zwischen den Ebenen aufweisen, können von den in Abschnitt 3.1 vorgestellten optischen Koppelungsmöglichkeiten profitieren. In Abschnitt 3.2 werden verschiedene aus opto-elektronischen Logikelementen und den in 3.1 aufgezeigten optischen Verbindungen aufgebaute Systemkonfigurationen vorgestellt.

3.1 Optische Verbindung von Prozessorelementebenen

Die Abbildung des von einer PE-Ebene abgegebenen Lichtes kann durch eine Linse, durch ein aus vielen, kleinen Linsen bestehendem Feld, durch ein Hologramm oder mittels eines Glasfaserbündels auf die Empfänger-PEs realisiert werden.

Bei der Abbildung mit einer Linse muß der Empfänger im Bild des Senders justiert werden. Alle von der Senderebene ausgehenden Strahlen werden parallel abgebildet, weshalb sich auf den ersten Blick diese Art einer optischen Verbindung nur für die Koppelung von PE-Ebenen mit parallel verlaufenden Zwischenverbindungen eignet. Durch ein mit Mikrolinsen bestücktes Feld - in dem für jedes Paar von Lichtemitter/-empfängern eine separate Linse verwendet wird - können prinzipiell kreuzende Verbindungen realisiert werden. Eine Möglichkeit sind ferner Hologramme, in denen einzelne Facetten optische Verbindungen zwischen beliebigen Emitter/Empfängerpaaren herstellen. Dies ist auch mit einem Glasfaserbündel möglich, bei dem die Strahlung eines Emitters durch je eine Faser auf einen Lichtempfänger geleitet wird. Glasfasertechnik wird jedoch eher bei längeren Übertragungsstrecken eingesetzt.

Da in den folgenden Konzepten geringe Abstände zwischen PE-Ebenen vorgesehen sind, ist hierbei die Freiraum-Optik mit Hologrammen oder Linsenarrays die zu bevorzugendere Lösung.

3.2 Massiv parallele opto-elektronische SIMD-Architekturen

Im folgenden stellen wir zwei Architekturkonzepte vor und untersuchen deren Parallelisierung. Das eine Konzept besteht aus einem durch planare Aneinanderreihung opto-elektronischer Logikelemente entstandenen großen Logikblock und einem u.a aus Spiegeln realisierten optischen Verbindungsmodul. Die Spiegel dienen dazu, die Lichtdatenebene wieder auf den Logikblock zurückzukoppeln (s. Abb. 3). Solche Architekturen eignen sich vor allem für eine opto-elektronische Realisierung von Systolischen Feldern (s. Kap. 4), deren Leistung entscheidend von hohen Datentransferraten abhängt [HwBr84]. Aus den in 2.4 ermittelten Größen können, bei einer $15x15\ cm^2$ großen Ausdehnung der Logikebene (d.h. 100 Chips) und einem 2x4 Pixelraster innerhalb der Datenebene pro PE, (d.h. 8 optische Ein-/Ausgänge) 5000 systolische Zellen mit ca. 9000 Transistorfunktionen pro PE implementiert werden. Dabei hat ein PE $2mm^2$ Fläche und übernimmt die Funktion einer systolischen Zelle mit 8 Ein-/Ausgängen. Der Zeitbedarf bis

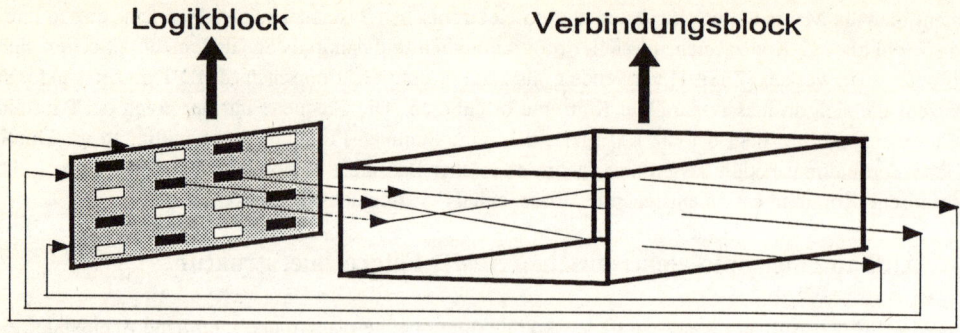

Abb. 3   Aufbau opto-elektronisch realisierter systolischer Strukturen

zur Rückkopplung wird im wesentlichen durch die Zeit bestimmt, die das Logikmodul benötigt, also 10ns, da die Dauer der optischen Abbildung aufgrund des geringen Abstandes der PE-Ebenen vergleichsweise vernachlässigbar ist.

Ein anderes Architekturprinzip sieht die räumliche, hintereinander gestaffelte Anordnung großer Logikebenen vor. Korrespondierende Pixelfelder in den verschiedenen Ebenen können dabei den Bits eines Zahlenwertes zugeordnet werden, der die physikalische Größe eines Gitterpunktes darstellt (Abb. 4). Diese Größe kann beispielsweise die Temperatur an diesem Gitterpunkt in einer zweidimensionalen Fläche oder auch, wenn man an Bildverarbeitung denkt, die Lichtintensität innerhalb eines zweidimensionalen Bildes wiedergeben. Am Ende dieser Anordnung befindet sich ein optisches Verbindungsnetzwerk welches die Daten an eine bestimmte Position innerhalb des Gitters verschickt. Die gesamte Architektur kann dabei in den einzelnen Ebenen nach dem Fließbandprinzip arbeiten.

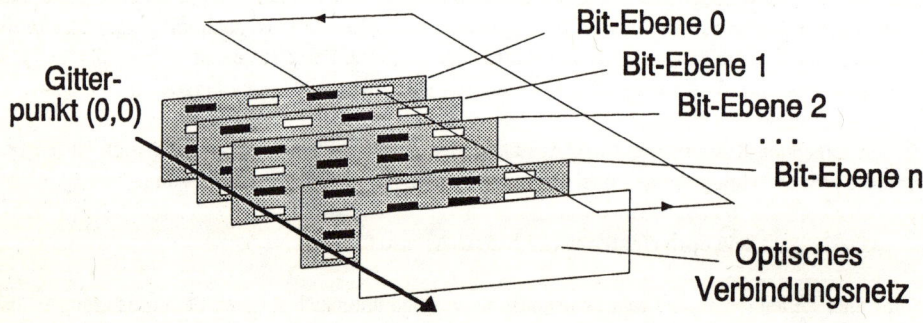

Abb. 4   Aufbau opto-elektronischer Feldrechnerarchitekturen organisiert nach Bit-Ebenen

4 Algorithmische Anwendungen

Im folgenden werden verschiedene auf bestimmte Klassen von Algorithmen zugeschnittene opto-elektronische Architekturen gezeigt.

4.1 Systolische Felder

Systolische Felder, eine Unterklasse der SIMD-Feldrechnerstrukturen, stellen aufgrund ihrer strukturellen Eigenschaften ein hilfreiches Konzept für den Aufbau massiv paralleler Rechnerstrukturen in der Digitalen Optik dar. Die Zellen eines systolischen Feldes sind funktional identisch, besitzen beschränkten Fan-In/Fan-Out und haben gleichmäßige Verbindungsstruktur, was den in Kap. 1 aufgestellten Randbedingungen nach regulär aufgebauten Gatterebenen und Verbindungsmodulen entgegenkommt. Systolische Felder entfalten ihre Leistung mittels hoher Datendurchsätze, die schnelle und zahlreiche Verbindungen voraussetzen. Gerade hier kann die Optik ihre Stärken ausspielen.

Abb. 5 zeigt ein systolisches Arithmetikfeld, was aufgrund der geringen Hardwareanforderungen als geeignet für eine optische Arithmetikeinheit mit Mustersubstitutionslogik erachtet wurde [FeBr91]. Dies gilt auch für den hier verfolgten opto-elektronischen Ansatz. Jede einzelne Zelle des Feldes stellt einen steuerbaren 1-bit-Volladierer bzw. Subtrahierer dar und ist für ein bestimmtes Bit der Operanden zuständig. Das Steuersignal D, im Falle einer Division identisch mit dem Qoutientenbit Q_i, bestimmt ob die Zelle eine Addition bzw. Subtraktion ausführen soll oder nicht. In jeder Zeile des Feldes erfolgt bei Wortbreite N eine N Taktzeiten dauernde Ripple-Carry-Addition bzw. -Subtraktion, d.h. die Ermittlung der Carry-Bits C wird sequentiell innerhalb einer Zeile von links nach rechts durchgeführt (Abb. 5). Die Bildung der Summe S dagegen geschieht im N+1.Takt parallel beim Übergang von einer Zeile in die darunterliegende, in der erneute Addition bzw. Subtraktion möglich ist. Dies wird notwendig bei Multiplikation bzw. Division, die auf sukzessive Addition bzw. Subtraktion zurückgeführt werden. Die in Abb. 5 zu sehenden Signale E und F dienen der Kodierung einer der vier auszuführenden arithmetischen Operationen. Die Bits des zweiten Operanden B werden im N+1.Takt an die rechte untere Nachbarzelle gereicht, um die bei Multiplikation und Division notwendige Verschiebung des B-Operanden zu gewähren. Das Signal M ist das Multiplikatorbit, welches im Falle einer Multiplikation die 1-bit Addition steuert. Falls alle Zeilen ausgelastet sind, wird jedesmal nach Abarbeitung einer Zeile, am unteren Rand des Feldes das Ergebnis einer arithmetischen Operation ausgegeben. Bei guter Auslastung wird dabei die Ausführungszeit für eine Division bzw. Multiplikation auf die Dauer einer Ripple-Carry-Addition reduziert. Bei 16-bit Wortlänge der Operanden geschieht dies in ca. 160 ns.

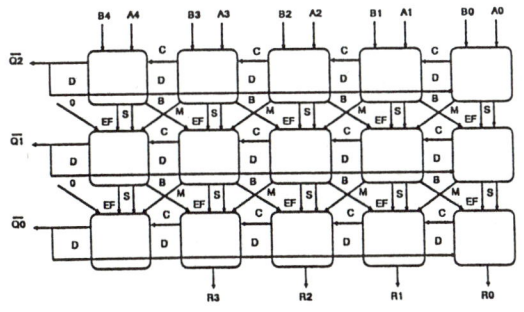

EF=00 add   EF=01 sub
EF=10 mul   EF=11 div

$$C = BC+AC\bar{F}+AB\bar{F}+\bar{A}CF+\bar{A}BF$$

$$D = \bar{E}+ME\bar{F}+\bar{B}CEF+ABEF+ACEF$$

$$S = A\bar{D}+A\bar{B}\bar{C}+ABC+\bar{A}BCD+\bar{A}\bar{B}\bar{C}D$$

$$B = BE$$

$$E = E \ , \ F = F$$

$$M = ME\bar{F}$$

Abb. 5   Systolisches Arithmetikfeld

Abb. 6 zeigt das Ergebnis einer Simulation des Arithmetikfeldes für drei Operatoren. Jede systolische

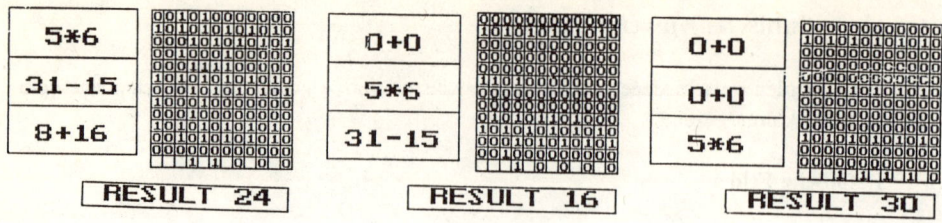

Abb. 6   Datenabarbeitung im Systolischen Arithmetikfeld

Zelle wurde auf ein 2x4-Raster abgebildet. Am unteren Rand des Arrays kommt im eingeschwungenen Zustand zu jedem Taktzeitpunkt ein Ergebnis heraus.

Das Prinzip der Abbildung eines systolischen Feldes in eine opto-elektronische Architektur geschieht folgendermaßen. Die Logik der einzelnen Zellen wird durch ein OPTO-PLA aus Kap. 2 realisiert. Ein optisches Verbindungsnetzwerk realisiert die Kommunikation der Zellen. Mit Hilfe eines weiteren OPTO-PLA-Bausteines wird die durch das systolische Feld vorgegebene "Verdrahtung" realisiert. Verbindungen mit unterschiedlichen Verzögerungen werden wie folgt behandelt. Wiederum mit Hilfe eines, in diesem Fall als Zähler programmierten, OPTO-PLA Bausteines wird die eingehende Lichtinformation zwischengespeichert. Zu den entsprechenden Taktzeitpunkten wird für den nächsten Verarbeitungsschritt das Licht wieder an das Eingangslogikfeld zurückgeleitet.

4.2   Bitalgorithmen

Bei der Berechnung numerischer Probleme werden in herkömmlichen Rechenanlagen elementare Funktionen wie Quadratwurzel, Logarithmus, Exponentialfunktion meist durch Reihenentwicklungen gelöst. Dafür sind ca. 10-12 Gleitpunktmultiplikationen erforderlich. Bei opto-elektronischen Architekturen mit einfachen aufgebauten PEs, die auf Bit-Ebene arbeiten, lassen sich diese Funktionen schneller und leichter mit sogenannten Bitalgorithmen berechnen. Die Berechnung wird dabei auf vergleichsweise einfach auszuführende Operationen wie Addition, Schiebebefehle, Vergleichsabfragen und Tabellenzugriff zurückgeführt [Chen72], [Erha90]. Dadurch liegen die Berechnungszeiten für diese Funktionen bei 0.8-3 Gleitpunktmultiplikationszeiten. Insbesondere die Realisierung der Shiftoperationen durch festverdrahtete Optik verspricht eine zusätzliche Effizienzsteigerung. Grundidee des Verfahrens ist dabei die iterativ durchgeführte gleichzeitige Berechnung zweier Werte x und y, wobei x sich einer bekannten Größe und y automatisch der gesuchten Lösung nähert. Zum Beispiel strebt bei folgender Iterationsvorschrift x gegen 1 und y gegen den Logarithmus von x_0.

$$x_{i+1} \le 1: \; y_{i+1} = y_i - \ln(a_{i+1}); \quad x_{i+1} = x_i + (x \; shr(i+1))$$
$$x_{i+1} > 1: \; x_{i+1} = x_i; \; y_{i+1} = y_i \qquad\qquad\qquad\qquad (5)$$

Die Logarithmen der Werte a_i, die von der Form $1+2^{-i}$ sind, werden in einer Tabelle gespeichert. Ein einzelnes PE, daß für eine bestimmte Bitposition des zu berechnenden Wertes verantwortlich ist, erhält in jeder Iteration i die entsprechenden Bitwerte von x_i, y_i, $\ln(a_i)$ und der um i Positionen nach rechts verschobenen Größe $xshr_i$.

Abb. 7 zeigt das Architekturkonzept. Die Bitpositionen der eben beschriebenen Größen seien vertikal von unten bei Bitposition 0 beginnend, nach oben bei Bitposition n endend, gespeichert. Ein opto-elektronischer Logikbaustein, wie am Ende von Kap. 2 beschrieben, der als 1-bit-Volladdierer programmiert ist, sorgt für die Addition von x mit dem um i Positionen verschobenen Operanden xshr. Nach erfolgter Addition wird von der Pixelposition, die der 1.Stelle vor dem Dezimalpunkt entspricht, an alle PEs dessen Inhalt optisch übertragen. Damit kann jedes PE selbständig entscheiden, ob der Vergleich $x_i >$ 1 bzw. $x_i < 1$ zutrifft oder nicht. In Abhängigkeit dieses Vergleichs werden von einem weiteren opto-elektronischen Chip die Zuweisungen aus Gleichung (5) durchgeführt. All diese Operationen lassen sich durch einfache Summen-Produkt-Formen beschrieben, da jedes PE nur auf Bit-Ebene operiert. Die notwendigen Rechtsshifts werden durch optische Hardware übernommen (Abb. 7). Dafür sind zwei unterschiedliche Extremlösungen denkbar. Einmal kann mit mehreren Strahlengängen gearbeitet werden, wobei in jedem Strahlengang einer der m durchzuführenden Schiebeoperationen beispielsweise mittels eines Hologramms realisiert ist. Durch abschließende Zählerlogik wird nur der Strahlengang Licht weitersenden, der in dem entsprechenden Takt der aktuelle ist. Diese Lösung erfordert bei vielen durchzuführenden Schiebeoperationen viel optische und opto-elektronische Hardware. Eine andere Lösung sieht vor das einem PE zugeordnete Pixelfeld zu vergrößern. Jedem Pixelelement ist dabei eine Schiebeoperation zugeordnet. Am Ende der Vergleichsoperation werden abhängig von der aktuellen Iterationsstufe die Bits von x_i an ein bestimmtes Pixelfeld gebracht, welches durch ein Hologramm eine optische Leitung zum i.ten Nachbar-PE führt (Abb. 7). Der Nachteil dieser Lösung besteht in dem relativ großen Bedarf an Pixelelementen. Letztendlich wird der Aufbau dieses Schiebemoduls in Abhängigkeit von der verfügbaren Hardware ein zwischen den beiden Extrema angesiedelter Kompromiß sein.

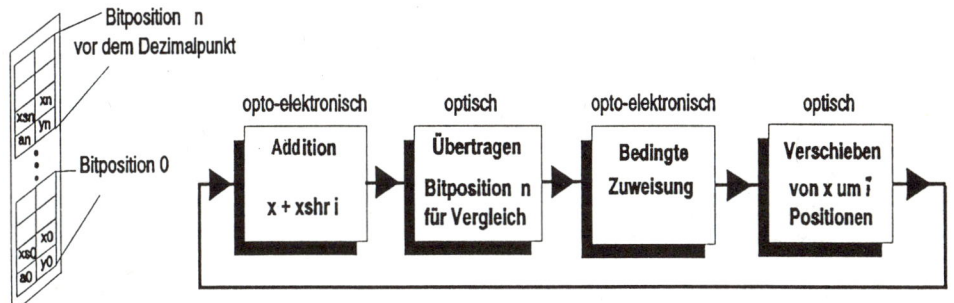

Abb. 7   Architektur des implementierten Bitalgorithmus

Die Implementierung anderer Bitalgorithmen für Exponentialfunktion, Reziprokwertberechnung, Quadratwurzel sowie Sinus und Cosinus erfolgt auf analoge Weise. In Abhängigkeit externer Kontrollinformation werden all diese Funktionen berechnet. Mit Hilfe optischer bzw. opto-elektronischer Module werden Addition, Schiebeoperationen und bedingte Zuweisung ausgeführt. Die hier vorgestellten opto-elektronischen Parallelarchitekturen werden aufgrund der Bitebenenstruktur ihrer Gatterebenen einen bit-orientierten Speicher aufweisen, über die der notwendige Tabellenzugriff erfolgt. Die optische Realisierung des Datentransfers verspricht dabei eine Effizienzsteigerung.

Literatur:
[Blan90]   T. Blank,
'The MasPar MP-1 Architecture',
Proceedings of the IEEE Compcon Spring, Februar 1990

[Bren86]   K.H. Brenner, A. Huang, N. Streibl,
'Digital Optical Computing with Symbolic Substitution Logic',
Applied Optics 25, 3054 (1986)

[Chen72]   T.C. Chen,
             'Automatic Computation of Exponentials, Logarithms, Ratios, and Square Roots',
             IBM Journal Res. Develop., Vol. 7, pp. 380-388

[Erha90]   W. Erhard,
             'Parallelrechnerstrukturen',
             Teubner-Verlag, Stuttgart, 1990

[FeBr91]   D. Fey, K.H. Brenner,
             'Digital Optical Arithmetic based on Systolic Arrays and Symbolic Substitution Logic',
             Int. Journal of Optical Computing, Vol. 1, 153-167 (1991)

[HwBr84]   K. Hwang, F.A. Briggs,
             'Computer Architecture and Parallel Processing',
             McGraw-Hill, New York, 1984

[Keye87]   R.W. Keyes,
             'The Physics of VLSI Systems',
             Addision-Wesley, 1987

[Kiam89]   F. Kiamilev, S.C. Esener, R. Paturi, Y. Fainman, C.C. Guest, S.H. Lee,
             'Programmable Optoelectronic Multiprocessors and their Comparison with Symbolic
             Substitution Logic for Digital Optical Computing'
             Optical Engineering 28 (4), 396-409 (1989)

[LoSt86]   A. Lohmann, W. Stork, G. Stucke,
             'Optical Perfect Shuffle',
             Appl. Optics 27, 2915 (1988)

[PaLi90]   D. Parkinson, J.Litt, Editors
             'Massively Parallel Computing with the DAP',
             Pitman, London, 1990

[StPr88]   N. Streibl, M.E. Prise,
             'Digital Optics - Architecture and System Requirements',
             Physica Status Solidi 150, 477 (1988)

[TI90]   Texas Instruments, The PLD Data Book,

[ZüSt91]   K. Zürl, N. Streibl,
             'Optoelectronic Array Interconnections',
             submitted to Optical Quantum Electronics

Parallelrechnernetzwerke mit zyklischer Topologieumschaltung

Volker Hatz, Stephan Teiwes, Thomas Beth

Institut für Algorithmen und Kognitive Systeme
Universität Karlsruhe
Am Fasanengarten 5
W-7500 Karlsruhe 1

Überblick

Als Verbindungsnetzwerke für Parallelrechner haben sich heute Hyperwürfel und Gitterstrukturen weitestgehend durchgesetzt. Doch damit werden die Engpässe, die bei starkem Datenverkehr zwischen Prozessoren auftreten können, nur wenig entschärft. Wir zeigen, wie man unter Einsatz eines neuartigen Permutationsbausteins Netzwerke mit bemerkenswerten Eigenschaften beschreiben kann. Er findet in Netzwerken, die auf Hypergraphen basieren, einen wichtigen Einsatzbereich. Hier hat man bisher z. B. Bussysteme verwendet (vgl. [5]). Simulationsergebnisse und Anmerkungen zu einer von uns vorgenommenen Implementierung ergänzen die theoretischen Betrachtungen.

Einführung

Monoprozessoren und Vektorrechner stoßen mit fortschreitender Technologie zunehmend an die theoretischen Grenzen ihrer Leistungsfähigkeit. Nun gibt es aber viele Probleme, die nach einer immensen Rechenleistung verlangen. Dazu gehören neben rein wissenschaftlichen Rechnungen z. B. auch Simulationen der realen Welt (Flug-/Fahrsimulatoren, aber auch Klimasimulationen), visuelle Anwendungen (realistische Computergraphiken) und rechnerunterstützte Entwurfssysteme (CAD) in den Ingenieurwissenschaften. Aus diesem Grund ist der Trend zum Parallelrechner ungebrochen.

Die Leistung eines Parallelrechners hängt bedeutend davon ab, wie geschickt seine Prozessoren durch ein Netzwerk miteinander verknüpft sind. In Multiprozessorsystemen wurden bereits diverse Netzwerke realisiert, doch von keinem konnte man bisher sagen, daß es für allgemeine Anwendungen annähernd optimal funktioniert.

Im folgenden befassen wir uns deshalb mit dem Entwurf von Netzwerken, bei denen Leitungen in einem Zeitscheibenverfahren benutzt werden, d. h. mit *gemultiplexten Verbindungsnetzwerken*. Unser Ziel ist eine Architektur, die sich durch einen geringen „Abstand" der Prozessoren untereinander auszeichnet, wobei die Anzahl der Prozessoranschlüsse trotzdem klein bleibt. Dies führt zu kurzen Kommunikationszeiten und erleichtert damit die Kooperation unter Prozessoren.

Herkömmliche Verbindungsnetzwerke

Die einfachste Netzstruktur ist ein *Bus*, an den alle Prozessoren gekoppelt sind. So ein Bussystem hat mehrere für Parallelrechner gravierende Nachteile. Es können jeweils nur zwei Prozessoren zugleich kommunizieren, die Adressierung muß über den Bus erfolgen und zudem ist auch noch ein Zuteilungsverfahren notwendig, das bei gleichzeitigen Kommunikationswünschen den Bus zur Kollisionsvermeidung entsprechend arbitriert. Diese Probleme, zusammen mit der naturgemäß beschränkten Kapazität, machen den Bus als (alleiniges) Verbindungsnetzwerk für Parallelrechner uninteressant.

Eine weitverbreitete Topologie für Verbindungsnetzwerke stellt der *Torus* dar. Diese zweidimensionale Gitterstruktur zeichnet sich durch vier Prozessoranschlüsse und eine gute Nachbar-Nachbar-Kommunikation aus. Die Leitungen des Torus müssen nicht explizit adressiert werden, da es nur Punkt-zu-Punkt Verbindungen gibt. Folglich treten auch keine Kollisionen auf den Leitungen auf, und die Gesamtnetzwerkkapazität übertrifft die des Bussystems um ein Vielfaches.

Der *Hyperwürfel* kommt vor allem in massiv parallelen Rechnern zum Einsatz. Bekannt wurde er durch die Intel Rechner ([11]) und durch die Connection Machine ([8]). Analog zum Torus gibt es im Hyperwürfel nur Punkt-zu-Punkt Verbindungen. Ein Vorteil des Hyperwürfels besteht in seinem geringen Netzwerkdurchmesser von log(#Prozessoren). Nachteilig ist hingegen die mit der Dimension wachsende Anzahl von Prozessoranschlüssen.

Theoretisch betrachtet erscheint der *vollständige Graph* als Verbindungsstruktur zwischen Prozessoren optimal. Er garantiert geringsten Netzwerkdurchmesser und höchste Übertragungskapazität. Doch steigt mit großer Prozessoranzahl die Zahl der Verbindungsdrähte und Prozessoranschlüsse quadratisch, so daß eine praktische Realisierung kaum in Frage kommt.

Bei geringen Prozessoranzahlen läßt sich anstelle eines vollständigen Graphen ein *Kreuzschienenverteiler* einsetzen, der die Zahl der Anschlüsse auf 1 reduziert. Allerdings kann ein Kreuzschienenverteiler nur jeweils eine Permutation einstellen. Er ist also in den pro Zeitpunkt möglichen Kommunikationsaufträgen eingeschränkt. Sein interner Verdrahtungsaufwand verhält sich ebenfalls quadratisch zur Anzahl der Anschlüsse, weshalb ein Netzwerk nicht durch einen einzigen Kreuzschienenverteiler ersetzt werden kann.

Tabelle 1 zeigt einige wichtige Parameter der genannten Netzwerke.

Der Rotor-Baustein

Wir wollen nun eine alternative Lösung zum Kreuzschienenverteiler entwickeln. Ausgangspunkt ist wiederum der vollständige Graph K_n über n Knoten. Im folgenden stellen wir eine Zerlegung des K_n vor, die die Grundlage eines neuartigen Kommunikationsbausteins bildet. Dieser Baustein ist in der Lage zwischen $n-1$ fest gewählten Teilgraphen, deren Summe K_n ist, zyklisch umzuschalten.

Um die gewünschte Zerlegung des K_n graphentheoretisch beschreiben zu können, benötigen wir

Netzwerktyp	#Prozessoren	#Proz.Anschlüsse	Durchmesser
Bus	n	1	1
Torus	n	4	$\sqrt{n}$
Hyperwürfel	$n = 2^d$	d	d
vollständiger Graph	n	$n-1$	1

Tabelle 1: Parameter herkömmlicher Netzwerke

Abbildung 1: Mechanische Veranschaulichung der 1-Faktorisierung

den Begriff des *1-Faktors*. Ein 1-Faktor eines Graphen G ist ein maximaler regulärer Teilgraph von G vom Grad 1. Ergibt die Summe von kantendisjunkten 1-Faktoren G selbst, so nennt man den Graphen G 1-faktorisierbar.

Jeder vollständige Graph K_n, mit n gerade, ist 1-faktorisierbar (vgl. [3]). Für die Kantenmengen E_{F_i} der 1-Faktoren F_i eines vollständigen Graphen K_n ergibt sich folgende Berechnungsvorschrift:

$$E_{F_i} := \{\{i, n-1\}\} \cup \left\{ \{(i-j) \bmod (n-1), (i+j) \bmod (n-1)\} \mid j = 1, \ldots, \frac{n}{2}-1 \right\}.$$

Auf diesen Kantenmengen operiert ein Automorphismus ϕ:

$$\phi: F_i \quad \rightarrow \quad F_{(i+1) \bmod (n-1)}$$
$$\phi: \{i, j\} \quad \mapsto \quad \begin{cases} \{(i+1) \bmod (n-1), (j+1) \bmod (n-1)\} & \text{für } j \in \mathbb{Z}_{n-1} \\ \{(i+1) \bmod (n-1), n-1\} & \text{für } j = n-1. \end{cases}$$

Durch wiederholte Anwendung von ϕ ergeben sich alle 1-Faktoren von K_n. Somit erhält man eine effiziente Methode, den vollständigen Graphen zu zerlegen sowie zwischen den einzelnen 1-Faktoren umzuschalten. Tabelle 2 zeigt spaltenweise die Kantenmengen am Beispiel des K_8. Die mechanische Interpretation der 1-Faktoren verdeutlicht Abbildung 1man keinen Routingalgorithmus benötigt.. In einer Grundstellung gibt es entsprechend dem 1-Faktor F_0 Verbindungen zwischen den folgenden Punkten: 1 und 6, 2 und 5, 3 und 4 sowie zwischen 0 und 7. Die Anwendung des Automorphismus ϕ auf F_0 ist identisch zu einer $\frac{1}{7}$-Drehung der Scheibe, wonach eine Verbindung zwischen den Punkten 0 und 2, 3 und 6, 4 und 5 sowie zwischen 1 und 7 besteht. Nach sieben „Drehungen" (ϕ^7) wird wieder die Grundstellung (F_0) erreicht, gleichzeitig entspricht jede Stellung einem der sieben 1-Faktoren. Man kann sich leicht veranschaulichen, daß diese Interpretation auch im allgemeinen Fall Gültigkeit behält.

Ein VLSI-Design, das 1-Faktoren in Form von Leitungen realisiert und getaktet zwischen 1-Faktoren umschaltet, kann man benutzen, um die Prozessoren eines Parallelrechners zu verknüpfen.

Faktor #	0	1	2	3	4	5	6
Kante 0	{3,4}	{4,5}	{5,6}	{6,0}	{0,1}	{1,2}	{2,3}
Kante 1	{2,5}	{3,6}	{4,0}	{5,1}	{6,2}	{0,3}	{1,4}
Kante 2	{1,6}	{2,0}	{3,1}	{4,2}	{5,3}	{6,4}	{0,5}
Kante 3	{0,7}	{1,7}	{2,7}	{3,7}	{4,7}	{5,7}	{6,7}

Tabelle 2: Partition des K_8

Dabei wird analog zum Kreuzschienenverteiler nur ein Anschluß pro Prozessor benötigt. In einem Zeitscheibenverfahren stellt der Baustein alle Kanten des vollständigen Graphen zur Verfügung. Entsprechend der mechanischen Interpretation des Zerlegungsprinzips wird er *Rotor* genannt. Da die Kommunikationsmöglichkeiten heutiger Prozessoren ohnehin nur eingeschränkt schnell sind, wäre es bei einer geeigneten Ansteuerung und einer hohen Umschaltfrequenz der 1-Faktoren sogar möglich, die Zerlegung des K_n weitestgehend für die Prozessoren transparent zu machen. Gleiches erzielt man, wenn das Prinzip des Rotors dazu benutzt wird, einen Kreuzschienenverteiler zu arbitrieren. Eine mögliche Ausführungsvariante dieser Lösung wurde in [4] dargestellt. Dort werden die 1-Faktoren benutzt, um die Kollisionsfreiheit der Einstellung des Kreuzschienenverteilers sicherzustellen.

In [1] steht der Aufbau und das Layout eines Rotors in VLSI-Technologie näher beschrieben. Um eine möglichst hohe Umschaltfrequenz zu erreichen, erscheint eine optische Realisierung des Rotors besonders erstrebenswert. Wir wollen nun zwei Ideen präsentieren, wie ein optischer Rotor funktionieren könnte. Die beiden Ansätze nutzen völlig unterschiedliche Kommunikationsprinzipien aus — einerseits eine optische Freiraumkommunikation mittels Hologrammen und andererseits eine Buskommunikation im FDM-Betrieb (Frequency Division Multiplexing).

Hologramme sind für die optische Verbindung von Prozessoren interessant, da sie als statische Netzwerke fungieren können. Der Rotor repräsentiert jedoch kein statisches, sondern ein dynamisches Netzwerk, das zwischen den 1-Faktoren eines vollständigen Graphen umschaltet. Es besteht nun die Möglichkeit, den Rotor durch mehrere holographische Verbindungselemente zu realisieren, die separat angesteuert werden müssen.

Abbildung 2 zeigt eine facettenartige Struktur von Hologrammen, wobei jedes einzelne Hologramm die Verbindungen eines 1-Faktors herstellt. Probleme ergeben sich hier bei der zeitlich getrennten Ansteuerung der einzelnen Facetten. Eine Lösung besteht möglicherweise darin, jeder Datenquelle soviele räumlich gerichtete Laserdioden zur Verfügung zu stellen, wie es Hologrammfacetten gibt. Dann können die Datenquellen im Zeitmultiplexbetrieb die räumlich getrennten optischen Verschaltungselemente ansprechen. Schwierigkeiten bei einer Fertigung bereitet dabei sicherlich die präzise Ausrichtung der Laserdioden auf die Hologrammfacetten. Es ist auch denkbar, den Datenquellen jeweils nur eine Laserdiode zuzuordnen und deren Licht durch ein optisches Ablenksystem auf die verschiedenen Facetten zu leiten. Leider sind solche (elektro- bzw. akustooptischen) Ablenksysteme noch zu langsam — die Schaltzeiten liegen im Bereich von Mikrosekunden.

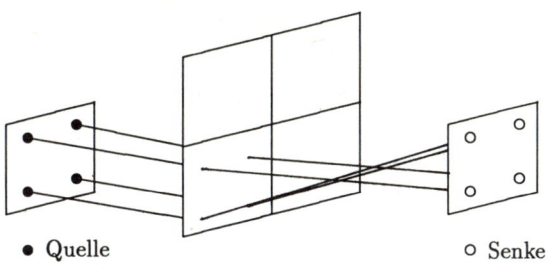

● Quelle   ○ Senke

Abbildung 2: Eine optische Realisierung des Rotors

Unsere zweite Implementierungsidee eines optischen Rotors geht davon aus, daß jede Datenquelle über eine breitbandige Laserdiode und einen dahinter positionierten ansteuerbaren Bandpaßfilter verfügt. Fabry-Perot-Zellen eignen sich besonders als extrem schmalbandige ansteuerbare Filter für FDM-Übertragungssysteme [6].

Speziell zur Realisierung eines optischen Rotors ordnen wir jeder Datenquelle eine zeittaktabhängige Frequenz zu. Da der Rotor Vollduplexbetrieb zuläßt, bekommen folglich jeweils zwei Kommunikationspartner ein Frequenzpaar, um den Datenaustausch abzuwickeln. Gemäß der Rotorberechnungsvorschrift werden dann pro Zeittakt die Sende- und Empfangsfrequenzen der Kommunikationspartner festgelegt. Beziehen wir dies auf die mechanische Deutung der 1-Faktoren in Abbildung 1, so entspricht jedem Frequenzpaar eine Kante zwischen zwei Punkten (Prozessoren). Die Datenübertragung zwischen Quellen und Senken geschieht zum Beispiel durch gegenüberliegende kleine Reflexionsstreugitter, die die gebündelten Strahlen einer jeweiligen Quelle auf alle Senken verteilen.

Implementierungsaufwand des Rotors in CMOS-Technologie

Mit dem Kreuzschienenverteiler gibt es bereits ein Bauteil, das den vollständigen Graphen schalten kann. Er hat jedoch einige Nachteile. So erfordert das Einstellen einer Permutation der symmetrischen Gruppe S_n die Übertragung von $O(n \log n)$ Bit. Ferner müssen die übertragenen Daten daraufhin geprüft werden, ob eine Permutation vorliegt (ggf. muß eine Rückmeldung erfolgen).

Allein aus diesen beiden Gründen ist das Steuerwerk eines solchen Bausteins platzaufwendig. Weiterhin benötigt man eine $n \times n$-Matrix von Schaltelementen, um die Permutationen tatsächlich einstellen zu können. Die Schaltelemente selbst erfordern Speicherglieder, die die eingestellte Permutation repräsentieren.

Dem Rotor genügt wiederum eine $(n-1) \times (n-1)$-Matrix von Schaltelementen. Diese kommen ohne Speicherglieder aus, da sie von einem globalen Schieberegister angesteuert werden. Wie auch beim Kreuzschienenverteiler reichen Transmissionsgatter als Schaltelemente aus. Der Aufwand für das Steuerwerk des Rotors ist somit minimal. Einschließlich einer „Grundverdrahtung" benötigt der Kern eines Rotorbausteins mit 16 Anschlüssen eine Fläche von weniger als 2 mm^2 (2 μ CMOS-Prozeß).

Technologie	Anschlüsse	Maße in $\mu \times \mu$	Fläche (mm^2)
2 μ, CMOS	4	251×267	0,067
2 μ, CMOS	8	609×663	0,404
2 μ, CMOS	16	1315×1435	1,887
2 μ, CMOS	32	2747×2979	8,183

Tabelle 3: Flächenbedarf des Rotorbausteins

Da pro Schaltelement eines Kreuzschienenverteilers ein Speicherglied anfällt, kann man davon ausgehen, daß die Fläche eines Kreuzschienenverteilers mindestens viermal so groß ist, wie die eines Rotors mit gleicher Anzahl an Ein- und Ausgängen.

Design-Maschinen

Parallelrechner mit der Möglichkeit einer zyklischen Topologieumschaltung, also z. B. Rechner, die den Rotor als Grundelement verwenden, wollen wir als *Design-Maschinen* bezeichnen. Eine Design-Maschine (vgl. [2]) besteht aus einer Menge von Prozessoren und einer Menge von Schaltelementen (i. d. R. Rotoren). Letztere schalten zyklisch zwischen verschiedenen Topologien T_i um.

Definition 1 *Eine* Design-Maschine *mit s verschiedenen Topologien ist ein Tupel*

$$(P, R, H, T_0, \ldots, T_{s-1}).$$

Hierbei ist P die Menge der Prozessoren, R die Menge der Rotoren, wobei jeder Rotor s+1 Anschlüsse besitzt, H eine auf dem Graphen $(T_0 \cup \ldots \cup T_{s-1})$ operierende Automorphismengruppe und die T_i sind die im Multiplexverfahren auftretenden Topologien, auch Topologieinstanzen genannt.

Der Name *Design-Maschine* liegt darin begründet, daß wir zunächst nur Maschinen betrachtet hatten, die über Blockdesigns definiert waren (vgl. [2], [7]).

Die Automorphismengruppe H wird in die Beschreibung mit aufgenommen, da sie die möglichen Operationen auf dem Netzwerk beschreibt. Des weiteren kann man an H erkennen, welche Gruppen auf dem Netzwerk operieren und daraus schließen, welche Netzwerke in die Design-Maschine eingebettet sind.

Auch herkömmliche Netzwerke lassen sich mit einem solchen Tupel erfassen. In dieser Taxonomie ist ein Torus vom Typ

$$(\mathbb{Z}_n \times \mathbb{Z}_n, \{\}, C_n \times C_n, T_T),$$

wobei C_n die zyklische Gruppe der Ordnung n ist und T_T für die Topologie des Torus steht.

Diese Taxonomie ist nicht ausreichend, um einen Rechner hinreichend zu beschreiben. Hierzu wäre es nötig noch mehr Maschinenparameter zu erfassen, wie z. B. die Wortbreite der Prozessoren, die Bandbreite der Verbindungen, etc. Für unsere Zwecke benötigen wir diese Werte aber nicht, da nur Netzwerktypen klassifiziert werden sollen und nicht Rechner im allgemeinen.

Betrachtet man die herkömmlichen Netzwerke, so läßt sich hier und im übrigen bei allen auf Hypergraphen basierenden Netzwerken der Rotor-Baustein sinnvoll einsetzen. Wir führen dies im folgenden an den Beispielen Bus, Torus und Hyperwürfel genauer aus.

Der Rotor-Baustein verwirklicht im Gegensatz zum Bus ein Zeitscheibenverfahren, bei dem mehrere Leitungen gleichzeitig geschaltet werden. Um dieses Zeitscheibenverfahren zu realisieren, benötigt man einen Taktanschluß am Rotor-Baustein sowie eine Synchronisation mit den Prozessoren, damit selbige die Zeitscheiben erkennen können. Unter diesen Voraussetzungen liegt ein *Mehrfachbus* mit einem zeitabhängigen Zuteilungsverfahren vor. Wird ein Bus mit n Anschlüssen durch einen Rotor mit n Anschlüssen ersetzt, so ergibt sich eine Kommunikationsstruktur mit nominell höherer Bandbreite, d. h. es können mehr Daten zur gleichen Zeit übertragen werden. Dennoch bleibt die günstige Eigenschaft eines Bussystems, nur einen Prozessoranschluß zu benötigen, erhalten.

Der Torus ist ein wesentlich interessanteres Netzwerk, welches ebenfalls mit Hilfe des Rotor-Bausteins sinnvoll umstrukturiert werden kann. Hierzu bindet man alle Prozessoren einer Zeile sowie alle Prozessoren einer Spalte an je einen Rotor an, wie in Abbildung 3 dargestellt. Alle Rotoren werden gemeinsam getaktet, so daß sie zu jedem Zeitpunkt identische 1-Faktoren realisieren. Eine solche Struktur ist eine Design-Maschine der Form

$$DM(\mathbb{Z}_n \times \mathbb{Z}_n, 2\mathbb{Z}_n, R_n \times R_n, T_0, \ldots, T_{n-2}),$$

mit der Rotorgruppe R_n.

Innerhalb eines $n \times n$-Torus benötigt man hierzu $2n$ Rotor-Bausteine mit je n Anschlüssen. Die Anzahl der Prozessoranschlüsse reduziert sich auf die Hälfte, also auf 2. Allerdings geht die Stärke des Torus, die schnelle Kommunikation direkter Nachbarn, verloren. Bei Kommunikationsaufträgen über längere Distanzen können wir einen Pluspunkt für den Rotortorus verbuchen. Weiter entfernte Prozessoren sind im Originaltorus nur über lange *Speichern-und-Weiterreichen*-Ketten zu erreichen, womit unnötig viele Prozessoren behindert werden. Beim „Rotortorus" liegt dagegen höchstens ein Prozessor vermittelnd zwischen zwei kommunizierenden Prozessoren.

Mit einem geschickten Routingalgorithmus läßt sich das Kommunikationsverhalten eines solchen Torus übrigens noch verbessern. Dazu müßten dann allerdings wieder weitere Prozessoren in die Speichern-und-Weiterreichen-Kette aufgenommen werden. Diese könnten dann benutzt werden, um schneller zur Zielspalte/-zeile zu gelangen. Im ungünstigsten Fall muß ein Prozessor $n - 2$ Schritte warten, bis er sein Datum absenden kann. Durch das beschleunigte Verfahren kann er dies nach spätestens $\frac{n}{2} - 1$ Schritten tun. Somit kommt ein Paket nach maximal n Schritten beim Empfänger an. Dieser Wert entspricht dem des Originaltorus.

Als weiteres Netzwerk wurde der Hyperwürfel genannt. Auch hier läßt sich der Rotor-Baustein als Konstruktionselement einsetzen. Man betrachte hierzu Abbildung 5. Bei herkömmlichen, auf einem d-dimensionalen Hyperwürfel beruhenden Rechnern werden die Knoten des Würfels durch Prozessoren mit d Anschlüssen besetzt. Ersetzt man die Knoten jedoch durch Rotoren mit $d+1$ Anschlüssen, wie in Abbildung 5 gezeigt, dann genügt ein Prozessoranschluß und es entsteht eine Design-Maschine der

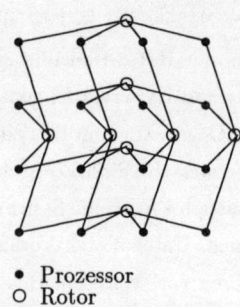

• Prozessor
○ Rotor

Abbildung 3: Rotoren im Torus

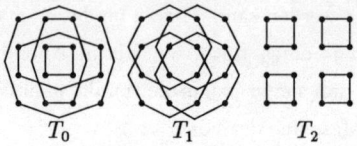

T_0 T_1 T_2

Abbildung 4: Topologien im Torus

Form

$$DM(\times_{i=1}^{d} \mathbf{Z}_2, \times_{i=1}^{d} \mathbf{Z}_2, \times_{i=1}^{d} C_2, T_0, \ldots, T_{d-1}).$$

Bei synchroner Taktung der Rotoren kann in jedem Zeitschritt in eine andere Dimension gewechselt und während einer Umdrehung jede Dimension erreicht werden. Die Anzahl der benötigten Schritte sowie der generelle Routingalgorithmus (Quelle XOR Ziel =: Routingmaske) bleiben unbeeinflußt. Allerdings wird auch kein Kapazitätsgewinn wie beim Bus erreicht. Einen geringen Vorteil erzielt man bei den häufig verwendeten logarithmisch-reduzierenden Algorithmen; hier benötigt man keinen Routingalgorithmus. Bei der logarithmischen Reduktion (vgl. Abbildung 7) werden die verarbeiteten Daten in die nächste Dimension weitergereicht, bis alle Dimensionen durchlaufen sind. Ein Rotor dreht nun in d Zeitschritten durch alle Dimensionen und ist von daher für das Routen dieser Daten prädestiniert. Typische Operationen dieser Art sind Maximum-/Minimumsuche oder Summenbildung.

Ein allgemeines Problem der zuvor genannten Konstruktionen besteht darin, daß die Anzahl der Rotoranschlüsse gerade sein muß. Das ist beim Bus für n gerade und beim Hyperwürfel ($n = 2^d$) für d ungerade der Fall. Diese Netzwerke sind somit nur in Zweierinkrementen (bzgl. der Seitenlänge bzw. Dimension) erweiterbar.

Wie bereits erwähnt, kann der Rotor bei allen auf Hypergraphen definierten Netzwerken eingesetzt werden. Die aus der Kombinatorik bekannten Blockdesigns erzeugen ebenfalls Hypergraphen. In [2] und [7] wurde die Konstruktion solcher Netzwerke bereits besprochen. Einige Ergebnisse aus

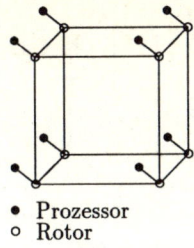

• Prozessor
○ Rotor

Abbildung 5: Rotoren im Hyperwürfel

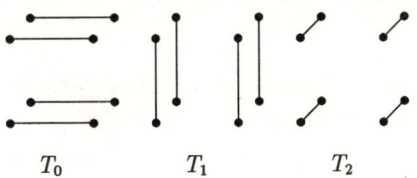

T_0 T_1 T_2

Abbildung 6: Topologien im Hyperwürfel

dieser Arbeit werden in Tabelle 4 zitiert. Hierbei gibt n die Anzahl der Prozessoren, a die Anzahl der Prozessoranschlüsse und d_r den *räumlichen Durchmesser* des Netzwerks an. Er ist durch die Anzahl der zu durchquerenden Rotoren gegeben. Weitere Werte in der Tabelle sind ausgewählte Simulationsergebnisse, wobei s die Anzahl der im Mittel benötigten Schritte zur Auslieferung eines Pakets bei der Durchführung zufälliger Permutationen der Pufferinhalte bezeichnet. Der Wert s_K entspricht dem Wert s für Netzwerke, bei denen die Rotoren durch einen Kreuzschienenverteiler ersetzt werden.

Simulationsergebnisse

Ein von uns erstelltes Simulationsprogramm dient zur Simulation verschiedener Design-Maschinen, aber auch von Torus und Hyperwürfel. Die Tabellen 5 und 6 zeigen die von uns ermittelten mittleren

#Prozessoren n	a	d_r	s	s_K
13	4	1	6	1,32
111	4	2	13	1,38
1210	4	2		
99463	4	2		

Tabelle 4: Ausgewählte Werte von Design-Maschinen

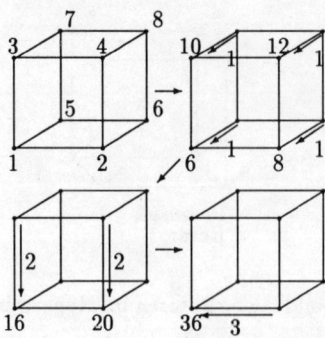

Abbildung 7: Summenbildung durch logarithmische Reduktion im Hyperwürfel

Verzögerungswerte für ein Paket. Diesen Daten liegt eine Netzwerksimulation zugrunde, bei der Pakete binomialverteilt zu festen Zeitpunkten das Netzwerk betreten, geroutet werden und auch verlassen. Die Anzahl der Schritte für ein Paket ist dann identisch mit der Anzahl der Zeitpunkte, die sich das Paket im Netz befunden hat. K-Rotortorus und K-Rotorwürfel bezeichnen die Netzwerke, bei denen anstelle eines Rotors ein Kreuzschienenverteiler eingesetzt wird.

Tabelle 5 kann man entnehmen, daß der Rotortorus im Mittel ungefähr doppelt soviele Schritte für die Übermittlung eines Pakets benötigt wie der Torus. Unter Berücksichtigung der Tatsache, daß ein Prozessor im Rotortorus nur 2 Anschlüsse statt 4 benötigt, ist diese Relation zu rechtfertigen. Außerdem ist die Speichern-und-Weiterreichen-Kette beim Rotortorus auf einen vermittelnden Prozessor beschränkt, womit die Prozessorbelastung durch die Kommunikation anderer Prozessoren vermindert wird. Nachteilig ist der Effekt, daß der Rotortorus bei einer etwas geringeren Last als der Torus bereits blockiert; dies ist in der Tabelle durch den Eintrag „—" gekennzeichnet.

Betrachtet man nun die Werte für den K-Rotortorus, so findet man hier sehr gute Werte vor. Die Netzwerke blockieren nicht, und die Anzahl der Schritte für die Übertragung eines Pakets ist deutlich niedriger als beim Torus.

In Tabelle 6 sind die Werte für würfelbasierte Netzwerke angegeben. Es fällt auf, daß der Rotorwürfel mit nur einem Prozessoranschluß überfordert ist. Dagegen zeigen K-Rotorwürfel und Hyperwürfel etwa gleiche Leistung und das bei nach wie vor nur einem Anschluß an jedem Prozessor.

Implementierung

Bisher haben wir nur eine Zeile eines Rotortorus implementiert. Als Prozessoren dienten Transputer des Typs T425, für den Rotor verwendeten wir ein von uns in 2μ-CMOS-Technologie implementiertes ASIC. Dieses arbeitet passiv, d. h. die übertragenen Daten werden in keiner Weise geändert noch gespeichert. Die Länge der Zeitscheiben kann beliebig über die Taktfrequenz variiert werden, jeder Taktimpuls schaltet auf den nächsten 1-Faktor um. Hierbei beträgt die maximale Umschaltfrequenz mehr als 25 MHz.

Netzwerk	Last 20%	Last 40%	Last 60%	Last 80%	Last 100%
Torus 4 × 4	3,4	3,5	3,9	4,2	4,9
Rotortorus 4 × 4	7,8	8,0	9,6	10,3	—
K-Rotortorus 4 × 4	1,7	1,8	1,8	1,9	1,9
Torus 8 × 8	5,3	5,9	7,0	—	
Rotortorus 8 × 8	9,8	11,1	—		
K-Rotortorus 8 × 8	3,1	3,2	3,4	3,5	3,7
Torus 12 × 12	7,6	9,6	—		
Rotortorus 12 × 12	13,9	—			
K-Rotortorus 12 × 12	4,5	4,7	5,0	5,2	5,6

Tabelle 5: Mittlere Paketverzögerung in torusbasierten Netzwerken

Netzwerk	Last 20%	Last 40%	Last 60%	Last 80%	Last 100%
Hyperwürfel 2^5	3,7	3,8	3,9	4,0	4,3
Rotorwürfel 2^5	11,1	—			
K-Rotorwürfel 2^5	2,2	2,5	2,8	3,3	4,5
Hyperwürfel 2^7	4,6	4,8	4,9	5,2	5,5
Rotorwürfel 2^7	14,8	—			
K-Rotorwürfel 2^7	4,6	4,8	4,9	5,2	5,5

Tabelle 6: Mittlere Paketverzögerung in würfelbasierten Netzwerken

Zur Synchronisation der Rotoren mit den Transputern verwenden wir deren Event-Logik. Messungen haben ergeben, daß die maximale Reaktionszeit (von Event bis zum Senden auf einem Link) etwa 3,64 μs beträgt. Bei einer Paketlänge von 32 Byte und bidirektionalem Datenverkehr berechnet sich die Umschaltfrequenz somit zu ca. 28500 Hz (bei bidirektionalem Verkehr sinkt die Übertragungsrate eines Transputers auf 1175 KByte/s). Ein „Sicherheitsintervall" von 5 μs pro Übertragung wurde bereits eingerechnet. Legt man einen Rotorbaustein mit 4 Anschlüssen zugrunde, resultiert daraus eine unidirektionale Übertragungsrate von 298 KB/s zwischen zwei beliebigen Transputern. Die Rotorbandbreite errechnet sich zu #Stellungen·#Transputer·298 KB/s=3576 KB/s.

In der Transputerfamilie gibt es einen Kreuzschienenverteiler C004 (vgl. [9]). Er könnte als einzige verfügbare Alternative statt des Rotors eingesetzt werden. Leider besitzt der C004 einige negative Eigenschaften. So beträgt sein Rekonfigurationszeit ca. 5 μs. Dazu kommt die Synchronisation mit den Transputern, die den gleichen Aufwand wie beim Rotor erfordert. Ein weiterer Nachteil ist die Verringerung der Bandbreite durch den C004, denn er verzögert jedes Bit um 87 ns. Bei unserer Implementierung des Rotors sind dies nur 20 ns. Zudem kann ein C004 nicht über die Datenleitungen konfiguriert werden, womit er für den Betrieb in einem dynamisch rekonfigurierten Rechner praktisch ausscheidet.

Zusammenfassung

Es wurden Parallelrechnerverbindungsnetzwerke mit zyklischer Umschaltung der Topologie vorgestellt. Gegenüber rekonfigurierbaren Rechnern bietet diese zyklische Umschaltung den Vorteil, daß sie als solche schneller ist. Außerdem benötigt der vorgestellte Rotor-Baustein weniger Gatter und Fläche als ein herkömmlicher Kreuzschienenverteiler (z. B. des Typs C004).

Wesentliche Ziele, die mit Design-Maschinen erreicht werden, sind die Reduzierung der Prozessoranschlüsse, die Beschränkung des Netzwerkdurchmessers auf kleine Werte (durch Einführung eines Multiplexverfahrens) sowie die Reduzierung der Speichern-und-Weiterreichen-Ketten.

Aus technologischer Sicht ist eine optische Realisierung des Rotors wünschenswert, gleichzeitig erhielte man damit die gewünschte hohe Umschaltfrequenz. Der ständige Fortschritt auf dem Gebiet elektrooptischer Bausteine läßt hoffen, daß wir in naher Zukunft die hier vorgestellten Netzwerke effizient implementieren können.

Literatur

[1] T. Beth, V. Hatz, „A Restricted Crossbar Implementation and its Applications", ACM SIGARCH Computer Architecture News, Vol.19, December 1991.

[2] T. Beth, V. Hatz, „Design Machines — A New Class of Interconnection Networks", eingereicht bei IEEE International Parallel Processing Symposium 1992.

[3] T. Beth, D. Jungnickel, H. Lenz, „Design Theory", B.I.-Wissenschaftsverlag, 1985.

[4] H.-C. Chi, Y. Tamir, „Decomposed Arbiters for Large Crossbars with Multi-Queue Input Buffers", in Proceedings of 1991 IEEE International Conference on Computer Design, Cambridge, 1991, S.233–238.

[5] W. K. Giloi, „SUPRENUM: A trendsetter in modern supercomputer development", Parallel Computing, Vol.7, 1988, S.283–296.

[6] W. J. Gunning, „Electro-Opticaly Tuned Spectral Filters: A Review", Optical Engineering, Vol.20, 1981, S.837–845.

[7] V. Hatz, T. Beth, „Transputersysteme für topologieunabhängige Programmierung", Transputer-Anwender-Treffen 1991, Aachen, erscheint in Springer Informatik Fachberichten.

[8] D. Hillis, „The Connection Machine", MIT Press, 1985.

[9] inmos, „Transputer Reference Manual", Prentice Hall, 1988.

[10] U. Raabe, M. Lobjinski, M. Horn, „Verbindungsstrukturen für Multiprozessoren", Informatik-Spektrum, 11, 1988, S.95–106.

[11] D. A. Reed, R. M. Fujimoto, „Multicomputer Networks", MIT Press, 1987.

Communication Performance of Advanced Transputer Networks for Universal Message-Passing

Axel Klein
Siemens AG, ZFE ST SN 2
Otto-Hahn-Ring 6
8000 München 83

Abstract

The new generation of transputer components provides advanced communication function-ality and performance supporting large systems of parallel processors and virtually full con-nectivity at high bandwidth and with short delays. We present the results of performance investigations carried out in the context of the ESPRIT PUMA project, which predict and compare the communications performance of various network topologies, sizes and routing schemes for non-local communication patterns in order to assess the suitability of transput-er networks for general-purpose computing and their scalability of performance with the network size. The results have been largely obtained through simulation, in combination with an extended analytical model for the assessment of very large networks. As a conclu-sion we found the Clos-type multistage networks together with an adaptive routing scheme to be the most universal solution for scalable high performance under non-local communi-cation load.

1. Introduction

In order to scale parallel computer systems into the range of hundreds or thousands of nodes without running into a memory bandwidth bottleneck, distributed memory architec-tures are commonly regarded to be the appropriate solution. In the same way, although other communication paradigms may be more desirable from a programmer's viewpoint, message-based communication is currently regarded to make the most efficient use of dis-tributed memory machines.

While in special purpose machines message communication can be optimized by the appli-cation specific choice of the network topology, by an optimal mapping of communicating processes to adjacent processors or by a pipelined, systolic communication scheme, the in-terconnect system of parallel machines for general purpose use can (and should) not rely on such regularity properties of its target applications, because they are either not present at all or differ widely between the various application types. Such general purpose or universal message-passing systems require instead a network which supports arbitrary communica-tion patterns equally well with a minimum of contention, and which is able to scale its per-formance with the network size closely to the theoretical optimum: i.e. linear increase of (sustained) throughput and (only) logarithmical increase of message delay.

The appearance of commodity communication components, which support flexible and fast message routing in networks of any desired shape and size and which can be employed in arbitrary numbers to achieve any required throughput level (restricted only by the commu-nication bandwidth of the terminal nodes), greatly facilitates the task of constructing such networks. In ESPRIT Project 2701 (PUMA, *Parallel Universal Message-passing Architectures*), such a communication component is currently being developed by Inmos as a dynamic pack-et router for the communication links of the new T9000 generation of transputers, the C104 switch which dynamically connects any number of virtual channels on 32 physical links with a peak bandwidth of 10 MByte/s per link and a sub-microsecond switching delay [3].

Since there is a huge design space for networks built from these switches, detailed knowl-edge is required on the relation between architectural parameters and the target evaluation criteria such as cost, performance and scalability, in order to guide the design decisions for a universal message-passing network properly. Therefore, it was another major task in the PUMA project to investigate and show up these relations and derive corresponding recommendations for system designers. This paper is intended to give an overview of these investigations and present its main results.

Basing on the new C104 switch and its anticipated properties, such as dynamic packet switching, wormhole routing, interval labelling and universal routing [3], we classified, specified and investigated the spectrum of relevant network structures for universal message-passing systems, which comprised

▸ to define a range of regular and scalable topology classes and their main configuration variants with respect to cost and performance, and to specify the corresponding deadlock-free routing schemes to be implemented with the given mechanisms,

▸ to identify the characteristic performance criteria and produce performance predictions for the considered networks and a wide range of network sizes and load cases,

▸ to determine the scaling behaviour of performance and cost with the network size,

▸ to comparatively evaluate the topology classes and configuration variants with respect to performance, scalability and cost/performance ratio.

In the subsequent sections we describe the design space investigated and the investigation methods used, present the main results on performance, cost and scaling properties for the various networks individually and comparatively, and discuss the use of non-deterministic routing schemes to support universal scalability. As a result, we propose a novel, adaptive routing mechanism which has been included into the C104 specifications.

2. Network Structure Alternatives

In order to make sufficiently detailed performance evaluations of network topologies and configuration variants, the evaluation space had to be restricted in a reasonable way. This restriction was guided pragmatically by criteria of technical construction, which requires regularity, modularity and a sufficient range of size scalability, and of compatibility with the interval routing mechanism [5], which requires the existence of an optimal or near-optimal, deadlock-free labelling scheme. This did, for example, exclude the fully connected networks of switches which cannot be scaled beyond 272 ports, or the direct butterfly networks which cannot be labelled in a well-balanced way. We therefore restricted our investigations to three major topology classes: the indirect multistage networks of the Clos-type, and the direct network classes of binary n-cubes and fixed-dimension grids. For regularity reasons, the considered configuration variants were restricted to those with uniform link width (when multiple links were used), and we did not permit unconnected links (except the border links of the grid structures) in order to provide a fair comparison base of performance and cost between the different networks.

Although transputers have four links each, it is sufficient to consider networks with only one link per terminal node, as is done in the following investigations. Since "good" networks, which are able to scale their throughput (almost) linearly with the number of terminal links, necessarily have to increase the number of switches more than proportionally, the full communication bandwidth per transputer can most cost-efficiently be used by a replication of the entire network for each of the four transputer links rather than by a four-fold increase of the single-network size. This advantage still holds when taking into account the cabling cost, as has been shown in [2]. Such a replication additionally introduces an easy way to circumvent link or switch failures and to separate priority communication from other traffic.

Indirect Networks

As indicated above, we consider the class of Clos-type multistage networks (in the following briefly termed Clos networks), where each switch of the first and last stage is connected with each switch of the center stage. The main advantage of this construction is, that multiple paths exist between any pair of terminal nodes, which are determined by the number of switches in the center stage, and which can be fully exploited by the routing scheme without creating deadlocks. Since the size of the center stage switches has to grow with the number of first stage switches, the three-stage limit (for networks built from 32-way crossbars) is reached with 32 first stage switches. For larger systems the center stage switches must be constructed recursively as multistage sub-networks.

Due to the bidirectional nature of the link connections and the C104's capability to independently switch unidirectional virtual channels, the logical multistage network can be folded at the center stage and mapped to $(s+1)/2$ layers of physical switches (where s is the number of logical stages). Fig. 1 shows a 3-stage Clos network built from two layers of C104 switches, where the input and output links of the terminal ports are connected as bidirectional links to the switches of the first layer which corresponds to the first and last stage of the logical 3-stage network.

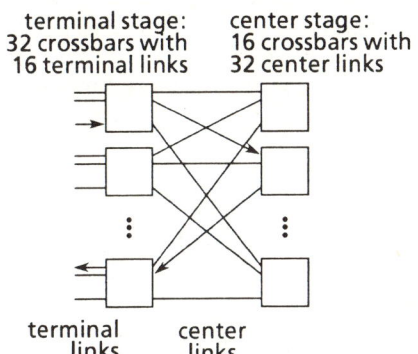

terminal stage: center stage:
32 crossbars with   16 crossbars with
16 terminal links   32 center links

terminal   center
links   links

Fig. 1:   3-stage Clos network with routing example

The example is shown with an equal number of links on both, the terminal and the center side of the first layer switches. Configuration variants can, however, easily be generated by varying the ratio between the terminal and center links of the first layer switches (link ratio $a:b$). While a higher number of center links leads to a higher number of (redundant) center stage switches and hence, less contention and higher throughput can be expected at the expense of increased network cost, a higher number of terminal links per switch reduces the number of remaining center links and represents a cheaper network with reduced performance. It should be noted that the more expensive networks with less terminal links per switch also reach their 3-stage limit of 32 first layer switches for a smaller network size or, in other words, must add further switch layers at smaller size increments.

By adding layers of switches, the Clos networks can, in principle, be scaled to arbitrary sizes (although the physical connection between the most distant switches of adjacent stages will set a technical limit to such an expansion). By varying the link ratio, the network throughput for a given size can be scaled to any required level up to the full crossbar performance. In the extreme case, however, this will require a huge number of switches which scales with the square of the network size like a full crossbar.

Interval routing [5] is the basic routing mechanism of the programmable switching device C104, providing a simple way to configure the universal switch components for any desired network topology. Nevertheless, care must be taken to design the routing tables in a way that leads to valid, deadlock-free and optimal routing schemes. In order to achieve optimal performance for arbitrary communication patterns, it is also desirable to distribute the traffic (and hence, the destination address space) equally over the equivalent paths of the network.

Interval labelling for the Clos-type networks is straightforward for the output links leading from the center stage towards the terminal outputs, provided that the terminal outputs are numbered consecutively. Since for the route from the terminal inputs towards the center stage all outputs can be arbitrarily chosen, an optimally balanced labelling scheme is achieved by equally dividing the complementary address interval over the center links (see [1] for details). This kind of routing is deadlock-free by passing the logical stages in strictly increasing order and using separate links for each logical stage.

The random and adaptive routing mechanisms of the C104 can be efficiently exploited in Clos networks by routing arbitrarily from the first to the center stage and continue deterministically from there. In this way a dynamically even distribution of packets over all center switches is achieved regardless of the destination pattern. This is discussed in more detail in section 5 of this paper. Deadlocks cannot occur in these schemes, because the stages are still passed in ascending order. In the random case, however, packets are always routed through all stages and do not exploit possible shortcuts implemented by the deterministic or adaptive routing scheme.

Direct Networks

Direct Networks are described by graphs where each node is composed of one switch with one or more transputers connected to it by one link each (terminal links of the switch). The remaining links of the switch are connected between adjacent nodes to form the edges of the graph. Edges may consist of multiple links which need not be distinguished in the graph topology, but only present a performance parameter. In a regular network topology, all nodes provide the same number of edges (*node degree*) and all edges have the same link width. While the topology class is determined by the topology of edges between nodes, the configuration variants are distinguished by the number of terminal links per node (*node size*) and the number of links per edge (*link width*). In the same way as for the indirect networks, the configuration variants allow to adapt a given topology to specific performance or cost constraints. Taking into account our restriction to configurations without unconnected links (for comparison purposes), we obtain a unique relation between the two configuration parameters. Fig. 2 presents the general model of a network node and its parameters.

The two most important classes of direct network topologies (as they have been used in many real system implementations) are the binary n-cubes or hypercubes and the k-ary n-cubes or grids. Although binary n-cubes can be regarded as a subclass of k-ary n-cubes, we view them as separate classes distinguished by the fact, that the latter (termed as grids) are scaled in size through variation of the width k for any fixed selection of the dimension n, while the former (termed as cubes) are scaled by their dimension.

Since the number of links per switch is bounded, so is the number of edges per node which sets an upper limit to the dimension of a cube. For small node size and link width this does not impose a severe restriction: cubes with up to 32000 nodes can be built with double links

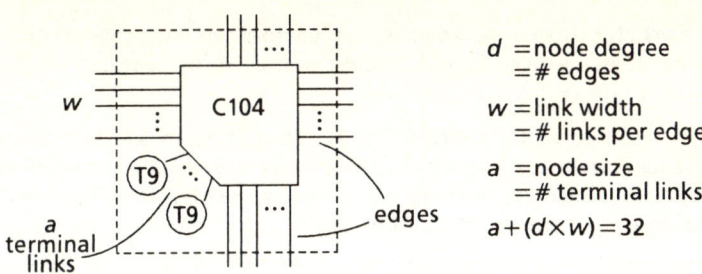

Fig. 2: Direct network node and its configuration parameters

per dimension. It does, however restrict the possibility to scale the performance of a cube for given large size by extending its link width. Grids of low dimension, on the other hand, can be scaled to arbitrary sizes due to their fixed node degree and can have larger absolute link width, but they are also performance-limited for large sizes since they would need to increase their link width with growing size in order to maintain their performance level.

The requirement for deadlock-free interval labelling leads to the restriction that grids must leave their border edges unconnected, i.e. the routing scheme can not make use of link cycles in each dimension, which effectively excludes the popular torus-grids from further consideration. Except for this restriction, the cubes and grids can be labelled to obtain an optimal and deadlock-free deterministic routing scheme [1]. In order to make use of the C104's random routing mechanism to implement Valiant's two-phase routing scheme [8] (which attempts to achieve a balanced distribution of communication traffic across all links and thus to equalize packet delays) deadlocks must be excluded by using separate sets of links for each routing phase. In this way, two-phase random routing (also termed universal routing) is restricted to network configurations with a link width of at least two, with different links being (statically) assigned for each routing phase. A fair comparison with other routing schemes would of course require the use of duplicated links in both cases. In section 5 we report simulation results for such a comparison.

3. Performance Evaluation Approach

In order to achieve our objective to determine the relation between the topology and configuration parameters and the performance, cost and scalability properties of the considered networks, we carried out an extensive performance analysis by means of simulation and analytical modelling. The simulations were performed with a proprietary, event-driven simulator tool [7], where the networks were modelled on the level of the packet transfer protocol and the corresponding features of the new transputer links and switch components. Hence, the dynamic effects of routing, buffering, flow control and internal or external contention are taken into account with sufficient accuracy to produce realistic performance predictions. Since runtime constraints of the simulator did not permit simulations with much more than thousand ports, analytical models which were fitted to the simulation results for smaller networks served to extend these results beyond the simulator limits.

Our investigations aimed at the suitability of networks for universal message-passing, where "universal" denotes the ability to cope with arbitrary communication patterns which are not particularly matched with the network topology. This ability can most effectively be tested (and compared) with sustained, non-systematic load patterns (e.g. random load), or with systematic but non-local and unbalanced patterns (e.g. permutations or hot-spot patterns). Networks (or routing schemes) which perform well for these extreme cases, can reasonably be expected to do so for most realistic applications without requiring to find an optimal mapping of processes to processors.

The network size was initially varied in the range of 32 to 512 terminal links. In order to evaluate the performance scalability with network size, we have to consider scaling classes for each topology which are determined by specific configuration parameters. For the Clos networks it seems natural to fix the link ratio and scale the size through the number of switches per stage (with multiple links where possible) and through the number of stages. The link ratio (16:16, 8:24 etc.) therefore determines a scaling class. For the direct grid or cube networks, scaling classes are defined by a fixed node size a (the number of terminal links per switch, which corresponds to the number a of terminal links per first stage switch in the Clos network). Grids are then scaled through their linear length in each dimension, with a fixed node degree and equal fixed link width per edge, while cubes are scaled through an increasing node degree. Due to our restriction to configurations where all links per switch are utilized, the link width of cubes must be reduced with the growing dimension. This is in contrast with the standard scaling scheme for cubes (used in most technical implementations) where edges of equal link width would be added for each dimension. In order to achieve this with given switches of fixed degree, however, the link width must be determined by the maximum dimension, and in smaller configurations the unused dimensions are left free. Hence, our scaling scheme achieves better performance for the small configurations by utilizing these free links to extend the link width.

Our choice of the configuration parameters for the comparison of different network topologies was guided by the consideration of equivalent network cost according to a simple cost model. This model takes into account the number of all switch components and the number of cables and connectors needed between subsystems of given size, assuming a reasonable relation between switch and cable cost. A comparative cost analysis of our network variants revealed an approximate cost equivalence of 16:16 Clos networks with $a = 10$ or $a = 8$ cubes and grids (depending on the network size), and of 8:24 Clos networks with $a = 4$ cubes and grids. More detailed results on network costs and cost/performance comparison are given in [2].

In the following we present and explain performance predictions and comparisons for the considered network topologies and configuration variants which were obtained for a random load pattern under the topology-specific deterministic routing schemes indicated in section 2. These results represent the fundamental performance characteristics of networks for universal use. In section 5 we then focus on the performance effects of specific load patterns with sustained systematic contention and the use of non-deterministic routing schemes.

4. Performance Results for Random Communication

In the random load pattern used for this investigation, all terminal nodes are permanently feeding packets into the network at a fixed production rate and with randomly determined destinations from the entire address space. The performance criteria for our evaluation were the maximum sustained throughput (per port) which corresponds to the maximum load production rate the network is able to serve without constantly increasing the input queues, and the average packet delay occuring for a given fixed production rate.

Fig. 3 shows the maximum sustained throughput per link for different scaling classes of multistage and direct networks over a range of 32 to 512 ports, determined by simulation of the

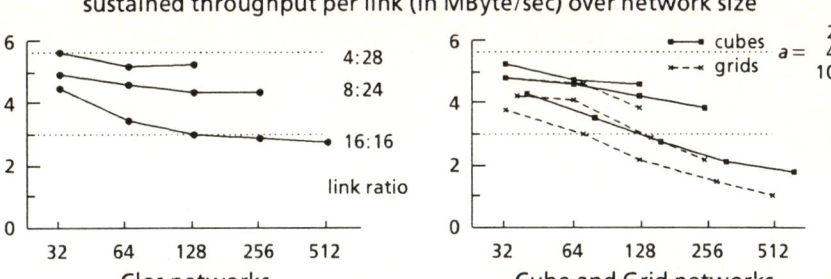

Fig. 3: Network throughput for sustained random load and various network configurations

random load pattern. It can be seen that the throughput values vary between 1 and 5.6 MBytes/s depending on the configuration parameters and the network size. The wide difference from the nominal link bandwidth of 10 MBytes/s is partly due to protocol overheads and random destination conflicts in the load pattern, this can be seen from the theoretical full-crossbar throughput at 5.6 MBytes/s. Only further deviations from this level can be attributed to internal contention. It is obvious that the more expensive networks, using more switches and links for the same network size, achieve higher sustained throughput. With respect to performance scalability with network size, it can be observed that the multistage networks (particularly for the expensive 8:24 and 4:28 classes) decrease only slightly in their throughput per link, while the direct networks show much steeper slopes in their throughput curves.

This effect can be explained by the intuitive perception, that constant throughput per terminal link with increasing network size requires a super-proportional increase of network resources (switches and links) to compensate for both, the higher load and the higher diameter of the network. The Clos networks with a link ratio of 16:16 or less do scale their switch number in this way, i.e. proportional to the network size for a fixed number of stages and with an additional logarithmic factor for each additional stage. The cubes and grids in our scaling scheme, however, add switches and links only in a fixed proportion with terminal links and thus do not compensate for the increasing path length. Since the path length grows faster for the grids than for the cubes, the grids' throughput also decreases faster with the network size. The alternative scaling scheme for cubes indicated above would increase the number of (utilized) links with the diameter as required and thus achieve better performance scaling, but this would change the curves of Fig. 3 by degrading their left wing rather than upgrading the right one.

Fig. 4 shows the average packet delay for random load at a moderate production rate of 1 MByte/s. This includes the transmission time of 3.4 μs for a 32-byte packet (plus header) over the 10 MByte/s links. It can be observed that the delay increases very slowly with network size for multistage and cube networks, where it remains below 8 μs for up to 512 nodes (i.e. at a total network throughput of 0.5 GByte/s), while it increases much faster for the low-dimensional grids. A fast increase of packet delay occurs in particular, when the load production rate approaches or surpasses the maximum sustained throughput (i.e. at network saturation), which is the case for the large, cheap configurations with a limit throughput of 1 MByte/s or below. Investigations of various networks at a load production rate corresponding to their respective maximum sustained throughput revealed a packet delay of about 12 μs (for 512 ports) independently of the network topology and configuration.

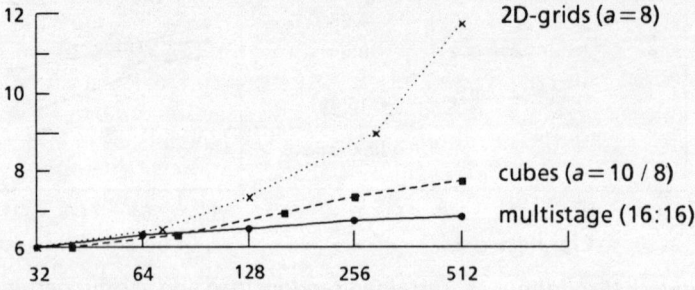

packet delay (μsec) over network size

Fig. 4: *Average packet delay for sustained random load at 1 MByte/s*

Since future parallel systems can be expected to contain much more than 512 nodes, we also extended our scalability investigations up to the range of 16000 nodes through the previously mentioned analytical methods. Fig. 5 shows the results for the performance scaling of the limit throughput for random communication load in Clos networks of various cost classes and for different routing mechanisms. It can be seen that the 8:24 Clos network achieves a nearly linear throughput scaling over a wide size range, but it must be noted that this is a very expensive network configuration for the large network sizes requiring a vast amount of switches and cables (7 switching stages beyond 2048 nodes). Interestingly, a substantial performance and scalability improvement can be observed for the case of adaptive routing even under random load. The advantages of non-deterministic routing schemes are further discussed in the following section for the special case of systematic communication patterns.

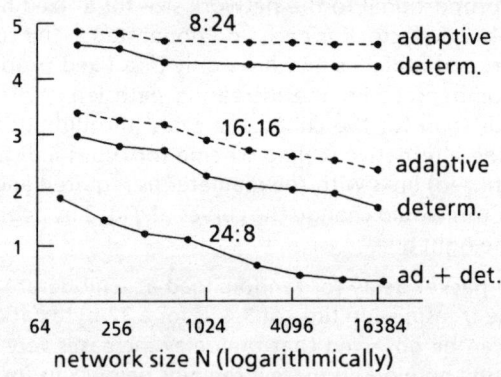

sustained link throughput in MByte/sec

Fig. 5: *Scaling behaviour of limit random throughput for multistage networks*

5. Systematic Communication Patterns and Non-Deterministic Routing

The random load patterns considered so far exposed the effects of non-systematic contention under constant high traffic conditions, which is a major performance characteristic determining the communication behaviour in many other load cases as well. Real applications do also frequently involve regular communication patterns which lead to systematic bottlenecks (hot spots) at certain links in the network. In such cases, packets are routed to the hot spot faster than they can be served by the destination link, and thus a saturation tree emerges. This is a well-known effect in the case of external hot-spots (destination conflicts). A similar effect, however, does arise when packets for different destinations must be routed through the same internal channel due to the pre-determined routing scheme, although other possible routes remain idle. In principle, this situation can only be improved by permitting various routes for the same sender/receiver pair, i.e. by non-deterministic routing schemes which dynamically utilize the available resources of the network in a uniform way.

Non-Deterministic Routing Schemes

One such approach is the *two-phase routing* or *universal routing* method [8] where each packet is first routed to some randomly determined intermediate node before it is forwarded to its original destination. In this way, any systematic routing pattern is destroyed and internal hot-spots do not occur. Internal contention is not completely prevented, but it is equally distributed over the entire network which thus behaves like in the case of random load. Since each packet must be routed through the network twice, the total network load is doubled and so is the packet delay for communication patterns without internal contention or with random behaviour. Hence, two-phase routing trades in best case performance for improved worst case performance in order to achieve a better balanced and more predictable behaviour for arbitrary load.

Two-phase routing is supported by the C104 switches through their capability to generate random address headers for passing packets and to strip off such headers on reaching the intermediate destination [6]. In direct networks such as grids or cubes, it is necessary to use separate sets of links for each routing phase in order to avoid deadlock. The duplicated links also provide the sufficient bandwidth to compensate for the extended path length, so that a desired throughput level can be maintained. In the Clos networks, the desired effect of an equal distribution of all packets over all links in the network to minimize internal contention can be more easily achieved by routing randomly from the network entry to the center stage and continuing deterministically from there. This corresponds to the two phases of the previous scheme, but maintains the number and sequence of routing stages and hence, does not require duplicated links to prevent deadlock. The path length each packet has to pass is the number of (logical) stages, which is a slight increase compared with the deterministic routing scheme where some packets may take a shortcut without passing the center stage.

From the simple and favourable application of random routing to multistage networks we derived a further optimization of the routing scheme which maintains the good properties of random routing for the Clos networks, but prevents random contention and utilizes shortcuts. It is a locally adaptive scheme where the route towards the center stage is selected randomly among the idle links only (when all links are busy, one of them is selected arbitrarily). For easier implementation the random selection can be approximated by a round-robin selection scheme. In certain cases of permutation load which lead to maximum contention with the deterministic routing, the adaptive scheme is able to completely resolve the contention and achieve the maximum possible link throughput [1]. As a consequence of the approving results, the proposed *group adaptive routing* mechanism has been included into the specifications of the C104 packet router component [3].

It should be noted that the adaptive routing scheme can also be exploited in direct networks by selecting adaptively among the multiple links of the edge determined by the routing algorithm. Since the link width in reasonable grid or cube configurations is restricted to small numbers, the advantage gained from the dynamic adaption is less than for the Clos networks where it can be chosen between 16 or even 24 center links.

Simulation Results for Unbalanced Permutation Patterns

In order to clearly exhibit the performance effects of the non-deterministic routing schemes for regular communication patterns with systematically sustained internal contention, we performed a set of simulations for the various topologies and routing schemes over a range of different sustained permutation patterns of communication. the results of which are shown in Fig. 6. In all cases, a fixed permutation pattern is chosen and applied for continuous communication in the three given network topologies (for 512 nodes and the 16:16 cost class). This corresponds to sustained, regular inter-process communication without topology-specific mapping of communicating processes to neighbouring processors.

Max. sustained link throughput in MByte/s

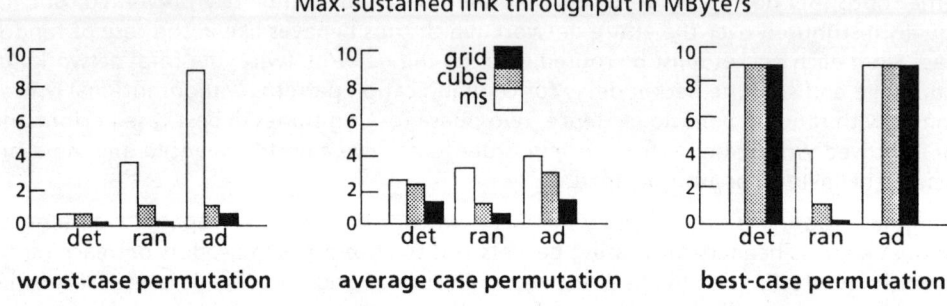

Fig. 6: Performance effect of non-deterministic routing on systematic internal contention

The worst-case permutation is chosen for each topology and its respective labelling scheme in the way that a maximum number of packets has to compete for the same link. In general, alternative labelling schemes could be found to improve the situation for this specific permutation, but it must be noted that such a relabelling according to a known communication pattern is essentially equivalent to the process mapping problem and should better be avoided in really universal systems. Hence, the worst-case performance can be considered as one extreme of the relevant performance spectrum. The other extreme, of course, is a permutation which already is optimally mapped on the network topology by relating only such pairs of nodes which are connected to the same switch. For the average case, we chose a permutation pattern randomly from the space of all possible permutations and then applied it as a fixed regular pattern for sustained communication.

It must be noted that the maximum sustained throughput for permutation patterns can in principle reach higher values than for random load, because no destination conflicts occur. As can be seen from Fig. 6, this optimum throughput of about 9 MByte/s is actually achieved in certain cases, in particular with the Clos network and adaptive routing, where for the (selected) worst-case pattern internal contention is completely resolved. Of course, this cannot be expected in general, as the average case shows, but we strongly emphasize the fact that the adaptive routing scheme still achieved the highest throughput values for all load and topology cases.

Another important observation from the results shown in Fig. 6 is that both non-deterministic routing schemes obtained a better performance for the Clos than for the cube and grid networks. This effect has different reasons for the two routing schemes. In the case of random routing the direct networks can utilize only half the link width for each phase, while in the Clos network all links towards the center stage can be used for the random selection. In the adaptive case for the Clos network, the same rather large group of links is available for adaptive selection, while the direct networks (especially for the larger network sizes) only have a moderate link width to select from.

The most important effect of the random routing scheme is the equalization of performance regardless of the load pattern. This can be clearly seen from Fig. 6 where the random routing scheme has very similar throughput profiles for all permutation cases while the other routing schemes lead to vast performance differences depending on the load pattern. Hence, random routing allows a better predictability of performance in universal systems where the communication patterns are not known a-priori. It must be noted, however, that in all cases the adaptive routing scheme obtained the better results and therefore, the predictable performance of random routing presents a lower bound for the adaptive throughput limit.

In Fig. 5 of the previous section it has been shown that adaptive routing also has a positive performance impact for random load patterns. This is due to the fact that even some of the random internal contention can be resolved by the adaptive mechanism. Note, that in this case the application of the random routing scheme would lead to an adverse effect. It cannot produce a more balanced distribution of the already randomly distributed network traffic, but still takes the longer paths through the networks and thus increases the network load unnecessarily. Hence, adaptive routing is a particularly good choice for systems with both, random and regular communication, or with dynamically changing communication patterns.

Further Investigations

We have also investigated the behaviour of transputer networks in the presence of external hot-spots, i.e. systematic destination conflicts at a given node as they commonly occur in situations of global synchronization. It turned out that - as in most other systems investigated elsewhere - the well-known tree saturation effect leads to a breakdown of network throughput regardless of the network topology and routing scheme, but that the network configurations with the higher maximum sustained random throughput (hence, the Clos network with adaptive routing) do recover slightly faster after the end of the hot traffic phase. A more significant aspect of these investigations was the insight that the adverse performance effect of hot traffic within a subsystem can be effectively restricted to that subsystem by a proper network partitioning scheme and does not impair the performance within other subsystems. These results have been reported in some more detail in [4].

6. Summary

We have presented a wide range of performance investigation results for the most relevant network topologies and configurations for scalable, universal, transputer-based systems. It has been proven that transputer networks with C104 switches are able to achieve impressive performance at reasonable cost, e.g. more than 4 MByte/s sustained random throughput per port up to 1000 network ports with less than 15 µs average packet delay can be obtained at the cost of less than one switch per terminal port. With the non-deterministic routing mechanisms and in particular, the newly developed adaptive routing scheme, it is possible to resolve systematic internal contention effectively and thus achieve good and well-scalable performance for realistic communication patterns without the need for a topology-specific application mapping.

As our main conclusion we have found the multistage networks of the Clos-type together with the adaptive routing scheme to be the most favourable structure for C104-based scalable, universal networks. The main reasons for this recommendation are

▸ the Clos networks achieve the highest throughput and lowest delay under random load (compared with direct networks like cubes and grids) and can be configured to obtain an approximately linear throughput scaling with the network size

▸ the Clos networks have a favourable cost/performance ratio and exploit the non-deterministic routing schemes most efficiently

▸ the adaptive routing scheme copes well with all kinds of regular or random load patterns and is therefore optimally suited for universal communication.

Acknowledgements

This work has partly been supported by the EEC under ESPRIT project EP2701 (PUMA). The author would like to express his special thanks to Holm Hofestädt and Erwin Reyzl, who performed most of the investigations reported in this paper and helped improving and revising its contents.

References

[1] H. Hofestädt, A. Klein, E. Reyzl: *Performance Benefits from Locally Adaptive Interval Routing in Dynamically Switched Interconnection Networks*; Proc. 2nd Europ. Conf. on Distr. Memory Computing (EDMCC2), Munich, April 1991, pp. 193-202

[2] H. Hofestädt: *Preis-/Leistungsvergleich verschiedener skalierbarer Netzwerkklassen*; presented at 2. PASA-Workshop "Parallele Systeme und Algorithmen", Paderborn, Oktober 1991

[3] INMOS Ltd.: *The T9000 Transputer Products Overview Manual*; Inmos Databook Series, 1991

[4] A. Klein: *Interconnection Networks for Universal Message-Passing Systems*; Proc. ESPRIT Conference 1991, Brussels, November 1991

[5] J. van Leeuwen, R.B. Tan: *Interval Routing*; The Computer Journal 30 (4) 1987, pp. 298-307

[6] D. May, P. Thompson: *Transputers and Routers: Components for Concurrent Machines*; Proc. Japanese Occam User Group, 1990

[7] E. Reyzl, H. Eckardt: *Performance Evaluation for High-Performance Interconnection Networks*; Proc. 11. ITG/GI-Fachtagung "Architektur und Betrieb von Rechensystemen", Munich, March 1990, pp. 275-287

[8] L.G. Valiant: *A scheme for fast parallel communication*; SIAM J. on Computing, 11, 1982, pp. 350-361

Fehlerbehebung, Sicherung und Nebenläufigkeit in Verteilten Systemen

Ralf Schumann

Universität Bonn
Institut für Informatik
Römerstr. 164
D-5300 Bonn
e-mail: schumann@kiti.informatik.uni-bonn.de

Überblick

Abhängigkeiten zwischen Berechnungen führen dazu, daß die Aufgaben der Fehlerbehebung und der Sicherung in Verteilten Systemen sehr komplex werden. Insbesondere stellt sich nun die Frage nach der Terminierung der Commit/Abort-Protokolle. Auf der Basis einer redundanten Speicherung von Abhängigkeiten zwischen Berechnungen wird diskutiert, wie Nebenläufigkeit zwischen Berechnungen einzuschränken ist, um eine effiziente Fehlerbehebung und Sicherung zu erzielen. Dabei zeigt sich, daß effiziente Protokolle zur Fehlerbehebung und Sicherung möglich sind, ohne daß Berechnungen wie im Transaktionskonzept isoliert voneinander ablaufen müssen.

1. Einleitung

Ein wichtiges Problem in Verteilten Systemen besteht darin, die Modifikationen einer Berechnung im Fehlerfall durch ein Abort-Protokoll rückgängig zu machen und im fehlerfreien Fall gegenüber Stellenfehlern durch die Ausführung eines Commit-Protokolls zu sichern [Gray-78]. Im Transaktionskonzept wird diese Problematik dadurch wesentlich vereinfacht, daß Transaktionen bei der Fehlerbehebung und Sicherung durch restriktive Synchronisation isoliert voneinander ablaufen [BeHG-87].

Ein wesentliches Ziel universeller Verteilter Systeme besteht jedoch darin, auch eine hohe Nebenläufigkeit zu ermöglichen [Mull-89]. Die Studie eines drei Jahre andauernden Projekts [ABHM-85] mit experimentellen Ergebnissen als auch analytische Untersuchungen [KiYa-88] lassen einen erheblichen Leistungsgewinn des Systems vermuten, wenn Berechnungen Ergebnisse nebenläufiger Berechnungen benutzen können, die noch nicht durch die Ausführung des Commit-Protokolls gesichert sind. Diese Daten werden als "uncommitted data" bezeichnet. Die Benutzung von "uncommitted data" führt wie im verallgemeinerten Transaktionskonzept zu Abhängigkeiten zwischen Berechnungen, die vom System im verteilten Recoverygraphen gespeichert werden können [NGJK-85]. Diese Abhängigkeiten werden lokal auf der Stelle gespeichert, auf der diese entstehen. Ein Beispiel für einen Recoverygraphen (RG) zeigt Abbildung 1:

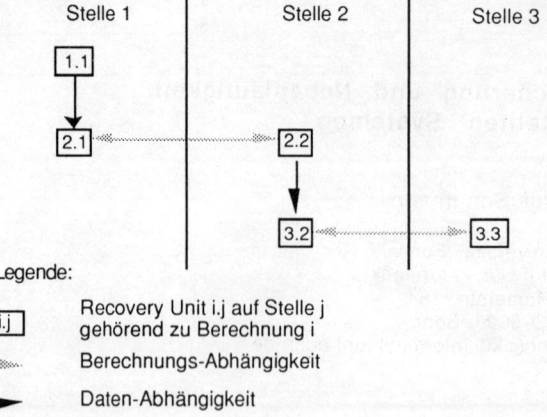

Legende:

`i.j`	Recovery Unit i.j auf Stelle j gehörend zu Berechnung i
....▒▒...	Berechnungs-Abhängigkeit
──▶	Daten-Abhängigkeit

Abbildung 1: Abhängigkeitsspeicherung im Recoverygraphen

Auf jeder besuchten Stelle wird eine Berechnung durch eine Recovery Unit (RU) repräsentiert. Zwischen RUs werden zwei Arten von Abhängigkeiten unterschieden: Berechnungs-Abhängigkeiten und Daten-Abhängigkeiten. Eine Berechnungs-Abhängigkeit verbindet alle RUs, die zu einer Berechnung gehören. Eine Daten-Abhängigkeit beschreibt die Tatsache, daß die Berechnung, die zur Ziel-RU gehört, uncommitted data benutzte, die von der Berechnung erzeugt wurden, welche durch die Quell-RU repräsentiert wird. Die lokalen RG der einzelnen Stellen sind unabhängig voneinander und nur über Berechnungs-Abhängigkeiten miteinander verbunden, die Stellengrenzen aufgrund der Verteiltheit der entsprechenden Berechnungen überschreiten. In dem obigen Beispiel besuchte die verteilte Berechnung 3 die Stellen 2 und 3. Auf jeder dieser Stellen wird die Berechnung durch ihre RU repräsentiert (3.2 und 3.3). Die Berechnung 3 hängt direkt von der Berechnung 2 ab. Dies folgt aus der Tatsache, daß eine Daten-Abhängigkeit auf Stelle 2 zwischen den RUs 2.2 und 3.2 existiert. Berechnung 2 hängt direkt von Berechnung 1 ab, da eine eine Daten-Abhängigkeit auf Stelle 1 zwischen den RUs 1.1 und 2.1 existiert. Somit hängt Berechnung 3 auch indirekt von Berechnung 1 ab, was für Berechnung 3 jedoch auf Stelle 2 nicht sichtbar ist.

Abhängigkeiten zwischen Berechnungen führen zu neuen, schwerwiegenden Problemen bei der Sicherung und Fehlerbehebung. Wird eine Berechnung B in den Zustand committed überführt, so müssen auch alle Berechnungen, von denen B direkt oder indirekt über eine Daten-Abhängigkeit abhängt, in den Zustand committed überführt werden. Wird eine Berechnung in den Zustand aborted überführt, so müssen auch alle abhängigen Berechnungen in den Zustand aborted überführt werden. Dazu müssen nun die Mengen der von einer Protokollausführung betroffenen Berechnungen bestimmt werden. Eine Möglichkeit besteht darin, dies auf der Basis des Recoverygraphen iterativ während der Ausführung der Protokolle durchzuführen [NeKK-86].

Wird in dem obigen Beispiel auf Stelle 3 die Zustandsüberführung von Berechnung 3 in den Zustand committed verlangt, so propagiert Stelle 3 dieses Ereignis mittels dem Senden einer Nachricht zu Stelle 2. Die Stelle 2 stellt aufgrund der vorhandenen Daten-Abhängigkeit fest, daß auch Berechnung 2 in den

Zustand committed überführt werden muß. Da Berechnung 2 auch die Stelle 1 besuchte, ist diese auch über den Sicherungsvorgang zu informieren. Die analoge Problematik tritt bei der Ausführung des Abort-Protokolls auf: wird auf Stelle 1 die Berechnung 1 in den Zustand aborted überführt, so wird auf Stelle 1 aufgrund einer vorhandenen Daten-Abhängigkeit festgestellt, daß auch die Berechnung 2 betroffen ist. Dann wird Stelle 2 mittels einer Nachricht über den Abort-Vorgang informiert wird. Stelle 2 bestimmt die weitere betroffene Berechnung 3 und propagiert dieses Ereignis zu Stelle 3. Somit hat eine iterative Berechnung von Abhängigkeiten während der Protokollsausführung für die entsprechenden Protokolle im Vergleich zum Standard-Transaktionskonzept zusätzlich zu sendende Nachrichten und eine wesentliche Erhöhung ihrer Komplexität zur Folge.

Darüberhinaus stellt sich grundsätzlich die Frage nach der Terminierung der Commit/Abort-Protokolle. Um eine Berechnung B in den Zustand committed überführen zu können, besteht eine notwendige Voraussetzung darin, daß B und alle Berechnungen, von denen B abhängt, beendet sind. Durch unkontrollierte Entstehung von Abhängigkeiten ist es jedoch möglich, daß kein Zeitpunkt existiert, zu dem alle zu betrachtenden Berechnungen beendet sind. Dann kann ein Fehler einer einzigen aktiven Berechnung dazu führen, daß alle Berechnungen in den Zustand aborted überführt werden. In diesem Fall geht sämtliche durchgeführte Systemaktivität verloren. Dieses bisher in der Literatur nicht-bekannte Problem wird im folgenden als "Infinite Backward Expansion" bezeichnet.

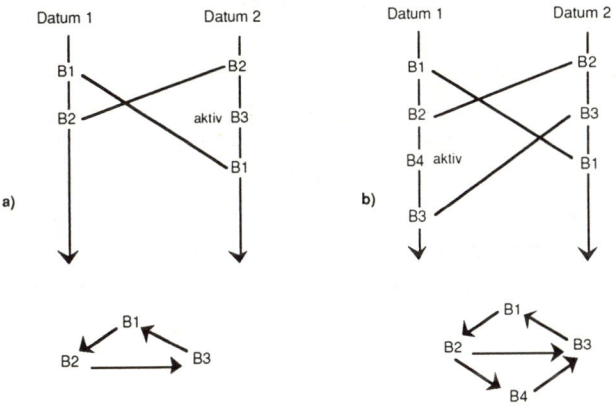

Abbildung 2: Infinite Backward Expansion mit Zyklen zwischen Berechnungenn

Anhand von Abbildung 2 wird veranschaulicht, wie ein **unendlicher Zyklus** zwischen Berechnungen auftreten kann, in dem eine einzige aktive Berechnung verhindert, daß die Effekte von Berechnungen gesichert werden können. Zunächst wird in Abbildung 2a angenommen, daß die Berechnungen B1 und B2 in dieser Reihenfolge den Wert von Datum 1 lesen und modifizieren. Somit ist B2 abhängig von B1. Nun greife B2 zuerst auf Datum 2 zu. Bevor nun B1 auch auf Datum 2 zugreift und ein Zyklus zwischen B1 und B2 auftritt, greift B3 auf Datum 2 zu. Weiter sei nun angenommen, daß B1 und B2 beendet werden und daß B3 aktiv ist. Nun existiert ein Zyklus zwischen den Berechnungen 1, 2 und 3, in dem Berechnung 3 aktiv ist.

Analog dazu greife wie in Abbildung 2b ersichtlich eine Berechnung B4 vor B3 auf Datum 1 zu. Somit vergrößert sich der Zyklus um die aktive Berechnung 4. Durch diese fortgesetzte Vorgehensweise kann ein unendlicher Zyklus zwischen Berechnungen existieren, in der eine einzige aktive Berechnung die Sicherung aller anderen Berechnungen verhindert.

Das Problem, daß eine aktive Berechnung immer die Sicherung der Effekte von Berechnungen verhindert, kann auch bei zyklenfreien Abhängigkeiten auftreten. Dies wird in Abbildung 3 veranschaulicht. Dazu wird eine Berechnungn B1 betrachtet, die in den Zustand committed überführt werden soll. Kurz vor ihrem Ende greift B1 auf ein Datum zu, daß von der noch aktiven Berechnung B2 modifiziert wurde und wird nachfolgend beendet. Damit hängt B1 von B2 über eine Daten-Abhängigkeit ab. Da B1 von B2 abhängt und B2 noch aktiv ist, kann B1 nicht in den Zustand committed überführt werden. Nun kann sich B2 kurz vor ihrem Ende von der aktiven Berechnung B3 abhängig machen u.s.w..

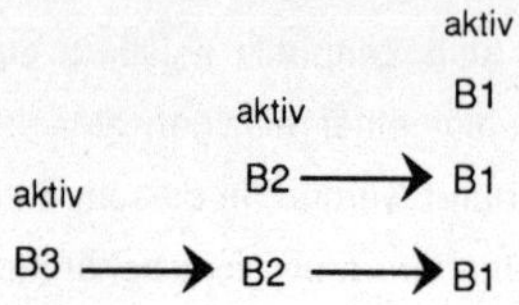

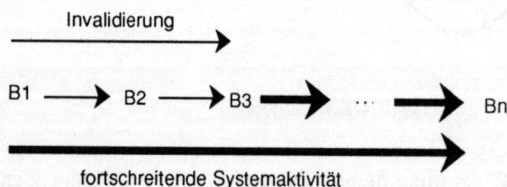

Abbildung 3: Infinite Backward Expansion ohne Zyklen zwischen Berechnungen

Bei der Fehlerbehebung ergibt sich auch ein neues Problem, denn während der Ausführung des Abort-Protokolls können weitere Berechnungen im Verteilten System von Berechnungen abhängig werden, die aber nachfolgend selbst wieder von der Ausführung des Abort-Protokolls betroffen sind und folglich invalidiert werden. Abhängig von verschiedenen Geschwindigkeiten der Ausführung des Abort-Protokolls (Propagierung des Abort-Ereignisses) und der Erzeugung neuer Aktivität in Form von zusätzlichen abhängigen Berechnungen ist es möglich, daß das Abort-Protokoll nicht terminiert. Dies wird im folgenden als das Problem des "Infinite Forward Expansion" bezeichnet und in Abbildung 4 veranschaulicht.

Invalidierung

B1 $\longrightarrow$ B2 $\longrightarrow$ B3 $\longrightarrow$ $\cdots$ $\longrightarrow$ Bn

fortschreitende Systemaktivität

Abbildung 4: Infinite Forward Expansion

In Abschnitt 2 wird beschrieben, wie jeder Berechnung B direkt die Menge der Berechnungen zugeordnet werden kann, von denen B abhängt. Dies entspricht einer redundanten Speicherung von Abhängigkeiten und ist die Basis für effiziente Commit/Abort-Protokolle. Dann wird diskutiert, in wieweit

Nebenläufigkeit zwischen Berechnungen einzuschränken ist, um "Infinite Backward Expansion" und "Infinite Forward Expansion" auszuschließen. In Abschnitt 3 wird beschrieben, wie die in Kapitel 2 beschriebenen Verfahren in Verteilten Systemen implementiert werden können. Abschnitt 4 enthält eine Zusammenfassung und Abschnitt 5 beinhaltet das Literaturverzeichnis.

2. Effiziente Fehlerbehebung und Sicherung

Zunächst wird beschrieben, wie ein aufwendiges Commit-Protokoll trotz existierender Abhängigkeiten zwischen Berechnungen ausgeschlossen werden kann. Dazu wird aufgezeigt, wie jeder Berechnung B die Menge aller Berechnungen zugeordnet werden kann, von denen B abhängt. Dies entspricht einer **redundanten Speicherung** von Abhängigkeiten. Es ist erwähnenswert, daß es dazu nicht erforderlich ist, die Nebenläufigkeit zwischen Berechnungen einzuschränken. Ist i eine Berechnung, so gelte active(i) genau dann, wenn sich i im Zustand aktiv befindet. Analog dazu gelte completed(i), genau dann, wenn die Berechnung i beendet, aber noch nicht durch die Ausführung des Commit-Protokolls gesichert ist.

Jeder Berechnung i werden zunächst die Mengen DV und DepSet zugeordnet: DV(i) beinhaltet die Menge der nächsten, aktiven Berechnungen j, von denen die Berechnung i über Daten-Abhängigkeiten abhängt. Dies umschreibt die Tatsache, daß auf dem Abhängigkeitspfad von j zu i keine andere aktive Berechnung liegt. Befindet sich eine Berechnung i im Zustand completed, so kann diese selbst keine weiteren Operationen ausführen und folglich selbst keine weiteren Abhängigkeiten erwerben. Die Menge DepSet(i) beinhaltet die Berechnungen, die auf dem Pfad von einer in DV(i) enthaltenen Berechnung zur Berechnung i liegen. Dies bedeutet in anderen Worten, daß DepSet(i) die Menge DV(i) und alle Berechnunegn im Zustand completed auf allen Pfaden von DV(i) zu der Berechnung i enthält.

Erwirbt eine Berechnung j eine Abhängigkeit zu einer Berechnung i, so erbt j die Abhängigkeitsmenge von i, d.h. DepSet(j) = DepSet(j) $\cup$ DepSet(i). Bezüglich der Menge der nächsten, aktiven Vorfahren von j sind bei der Erwerbung von Abhängigkeiten zwei Fälle zu unterscheiden: Gilt active(i), so wird i in die Menge der nächsten Vorfahren von j aufgenommen, d.h. DV(j) = DV(j) $\cup$ {i}. Gilt completed(i), so erbt die Berechnung j die Menge der nächsten, aktiven Vorgänger der Berechnung i, d.h. DV(j) = DV(j) $\cup$ DV(i).

Im allgemeinen kann sich die Menge DV(i) dadurch vergrößern, daß i selbst neue Abhängigkeiten erwirbt, oder daß eine in DV(i) enthaltene Berechnung j mit DV(j) $\neq \emptyset$ in den Zustand completed übergeht. Die Menge DV(i) kann schrumpfen, wenn eine in DV(j) enthaltene Berechnung j mit DV(j) = $\emptyset$ in den Zustand completed übergeht.

Entsprechend zu DV(i) sei DN(i) für die nächsten, aktiven Nachfolger von i definiert. Die Idee zur redundanten Speicherung von Abhängigkeiten besteht darin, für Berechnung i nach deren Überführung in den Zustand completed die Mengen DepSet(i) und DV(i) auf dem Pfad bis zu allen nächsten, aktiven Nachfolgern von i, die durch DN(i) beschrieben werden, zu propagieren. Die Abhängigkeitsmenge einer

Berechnung i ist aufgrund dieser Vorgehensweise dann redundant gespeichert und fest, abgekürzt durch RD(i), wenn i beendet ist und keine nächsten, aktiven Vorgänger besitzt. Dies wird folgendenmaßen beschrieben: RD(i) ↔ [completed(i) und DV(i) = ∅].

Ist die Abhängigkeitsmenge einer Berechnung i redundant gespeichert, so enthält DepSet(i) die vollständige Menge der Berechnungen, von denen i abhängt. Alle Berechnungen, die dann in der Abhängigkeitsmenge DepSet(i) enthalten sind, sind beendet. Anhand eines einfachen, in Abbildung 5 dargestellten Beispiels wird das vorgestellte Konzept der redundanten Speicherung veranschaulicht:

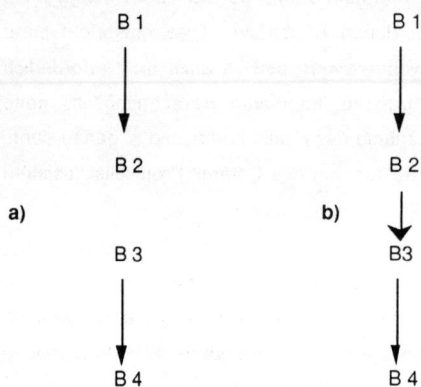

a)   b)

Abbildung 5: Beispiel für die redundante Speicherung von Abhängigkeiten

Abbildung 5.a) zeigt vier Berechnungen B1, B2, B3 und B4. Berechnung 2 hängt von Berechnung 1 ab, und Berechnung 4 hängt von Berechnung 3 ab. Es sei zunächst angenommen, daß sich alle Berechnungen im Zustand active befinden. In diesem Fall gilt DV(1) = DepSet(1) = ∅, DV(2) = DepSet(2) = {1}, DV(3) = DepSet(3) = ∅, DV(4) = DepSet(4) = {3}. Nun sei wie in Abbildung 5.b) dargestellt angenommen, daß die Berechnung 3 eine Abhängigkeit zu Berechnung 2 erwirbt. Dann gilt DepSet(3) = DV{3} = {2}. Jetzt wird angenommen, daß die Berechnung 3 in den Zustand completed übergeht. Dies führt für Berechnung 4 zu einer Änderung in der Menge der nächsten, direkten Vorgänger. Es gilt nun DV(4) = {2} und DepSet(4) = {2, 3}. Geht nun Berechnung 2 in den Zustand completed über, so hat dies Auswirkung auf die beiden Berechnungen 3 und 4: Es gilt DV(4) = {1}, DepSet(4) = {1, 2, 3}, DV(3) = {1} und DepSet(3) = {1, 2}. Mit der Zustandüberführung der Berechnung 1 in den Zustand completed ist die Abhängigkeitsmenge der Berechnungen 1, 2 und 3 redundant gespeichert.

Die Propagierung von Abhängigkeiten kann aufgrund der Struktur des Recoverygraphen zu zusätzlichen Nachrichten führen, wenn die betroffenen Berechnungen verteilt sind. Zyklische Abhängigkeiten zwischen Berechnungen verursachen einen erhöhten Aufwand, da eine Berechnung, die an dem Zyklus beteiligt ist und als letzte der an dem Zyklus beteiligten Berechnungen beendet wird, die Menge DepSet zu allen an dem Zyklus beteiligten Berechnungen propagiert.

Im folgenden wird diskutiert, wie Nebenläufigkeit zwischen Berechnungen zur Lösung von "Infinite Backward Expansion" und "Infinite Forward Expansion" einzuschränken ist. Dazu können Verfahren zur Nebenläufigkeitskontrolle, die aus dem Datenbankbereich stammen, benutzt werden. Verfahren zur Nebenläufigkeitskontrolle stellen die Serialisierbarkeit von Berechnungen (Transaktionen) sicher. Unter einer serialisierbaren Ausführung einer Menge ineinander verzahnter Berechnungen versteht man eine serielle Ausführung, die den selben Effekt hat [BeHG-87]. Man unterscheidet optimistische und pessimistische Verfahren. Optimistische Synchronisationsverfahren lassen zunächst unsynchronisierten Zugriff auf Daten zu und überprüfen erst am Ende einer Berechnung, ob Serialisierbarkeit verletzt wurde. Im Falle einer Verletzung des Konsistenzkriteriums wird die Berechnung in den Zustand aborted überführt. Somit sind Zyklen zwischen Berechnungen durch die Benutzung von optimistischen Synchronisationsverfahren möglich. Pessimistische Synchronisationsverfahren, wie dies Zeitmarken- und Lockingverfahren sind, lassen von vorneherein nur serialisierbares Systemverhalten zu und schließen Zyklen zwischen Berechnungen aus.

Beim klassischen Timestamp-Verfahren erhält jede Transaktion vor Beginn ihrer Ausführung einen Timestamp (Zeitmarke) [Reed-78]. Alle Zeitmarken, die das System vergibt, sind eindeutig und bilden eine monoton streng wachsende Folge. Den Transaktionen wird somit a priori eine Serialisierungsreihenfolge über die vergebenen Zeitmarken aufgeprägt. Diese Ordnung ist bezüglich jedes Zugriffs auf ein Datum einzuhalten. Greift eine Transaktion, deren Zeitmarke der vorgegebenen Ordnung widerspricht, auf ein Datum zu, so wird diese Transaktion in den Zustand aborted überführt.

Beim Locking gibt es keine vor Beginn von Berechnungen festgelegte Ordnung auf der Menge aller Berechnungen [EGLT-76]. Diese Ordnung entsteht dynamisch an den entsprechenden Daten. Bevor eine Berechnung auf ein Datum zugreift, muß sie für das Datum entsprechend des beabsichtigten Zugriffs einen Lock (Sperre) beantragen und erhalten. Im Unterschied zu Timestamp-Verfahren, wo bei Konflikten eine Transaktion in den Zustand aborted überführt wird, werden beim Locking Konflikte durch Blockierung der aufrufenden Transaktion aufgelöst. Um Serialisierbarkeit von Transaktionen durchzusetzen, ist Zwei-Phasen Locking notwendig. In ihrer ersten Phase, der Wachstumsphase, kann eine Transaktion Locks für Daten erwerben, ohne jedoch schon Locks freizugeben. Danach kann die Transaktion in ihrer Schrumpfungsphase nur noch Locks freigeben, ohne jedoch neue Locks erwerben zu können. Der Lockpunkt ist ein logisches Ereignis, daß zwischen dem Erhalt des letzten Locks und vor der Freigabe des ersten Locks auftritt. Die Serialisierungsreihenfolge der Menge der Transaktionen entspricht der Reihenfolge, in der Transaktionen ihren Lockpunkt erreichen. Somit verhindert eine Transaktion Zugriffe anderer Transaktionen auf die von ihr modifizierten Daten, solange sich diese aus ihrer Sicht in keinem endgültigen Zustand befinden.

Nun wird zunächst das Problem des "Infinite Forward Expansion" im Zusammenhang mit der redundanten Speicherung von Abhängigkeiten zwischen Berechnungen diskutiert. Dabei sind zwei Einflußgrößen zu betrachten: Dies sind die dynamisch entstehenden Abhängigkeiten zwischen Berechnungen, die einer fortschreitenden Systemaktivität entsprechen und die fortschreitende redundante Speicherung von Abhängigkeiten. Dies veranschaulicht die nachfolgende Abbildung 6:

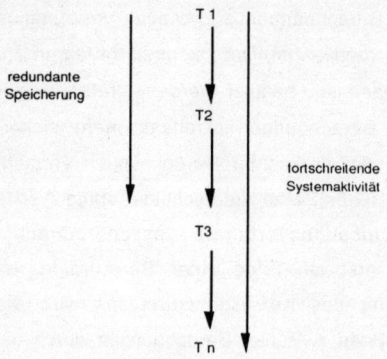

Abbildung 6: Zusammenhang zwischen redundanter Speicherung und fortschreitender Systemaktivität

Die Möglichkeit für "Infinite Forward Expansion" ist ausgeschlossen, wenn sichergestellt ist, daß eine Berechnung B erst dann eine Abhängigkeit zu einer Berechnung B´ erwerben kann, wenn die Abhängigkeitsmenge von B´ bereits redundant gespeichert ist. Zur Begründung ist zunächst anzumerken, daß Abhängigkeiten zwischen Berechnungen durch gemeinsame Benutzung von Daten entstehen. Die Daten befinden sich auf Stellen im Verteilten System, wobei die Anzahl der Stellen im Verteilten System endlich ist. Die Information über die Zustandsüberführung einer Berechnung in den Zustand aborted kann nach endlicher Zeit allen Stellen mitgeteilt werden. Sei nun die Zustandsüberführung von B´ in den Zustand aborted auf allen Stellen bekannt. Bevor eine Berechnung B eine Abhängigkeit zu einer Berechnung B´ erwirbt, kann überprüft werden, ob sich B´ im Zustand aborted befindet. Ist dies der Fall, so wird die Entstehung der Abhängigkeit nicht zugelassen. In anderen Worten bedeutet dies, daß für die Verhinderung von "Infinite Forward Expansion" der Vorgang der redundanten Speicherung mit dem Fortschreiten der Systemaktivität zu **synchronisieren** ist. Somit läßt sich "Infinite Forward Expansion" nicht alleine durch den Vorgang der redundanten Speicherung verhindern. Umgekehrt bedeutet dies, daß "Infinite Forward Expansion" auftreten kann, wenn sich die forschreitende Systemaktivität nicht synchron zu der redundanten Speicherung von Abhängigkeiten entwickelt. Folglich ist "Infinite Forward Expansion" insbesondere bei der Verwendung von optimistischen Synchronisationsverfahren möglich. Darüberhinaus ist dieses Problem auch bei der Verwendung von Zeitmarkenverfahren möglich, da diese zu jedem Zeitpunkt die Entstehung von Abhängigkeiten zulassen, solange der entstehende Abhängigkeitsgraph zyklenfrei bleibt.

Im folgenden wird der Fall diskutiert, daß als pessimistisches Synchronisationsverfahren Zwei-Phasen Locking verwendet wird. In diesem Fall zeigt sich, daß die Systemaktivität und die redundante Speicherung von Abhängigkeiten synchron zueinander sind. Zunächst wird erläutert, daß eine Berechnung nach Erreichung ihres Lockpunkts von keiner weiteren Berechnung abhängig werden kann: nachdem der Lockpunkt einer Berechnung erreicht ist, ist die Zugriffsumgebung der Berechnung auf diejenigen Daten beschränkt, für die die Berechnung bereits Locks hält. Da Abhängigkeiten zwischen Berechnungen nur durch die Benutzung von "uncommitted data" entstehen und da das Eintragen von Abhängigkeiten aus Effizienzgründen mit dem Erwerb eines Locks erfolgt, kann eine Berechnung nach

Erreichung ihres Lockpunkts von keiner weiteren Berechnung abhängig werden. Die gleiche Argumentation gilt für alle Berechnungen, von der die betrachtete Berechnung abhängt, da diese Berechnungen auch alle ihren Lockpunkt erreicht haben müssen.

Deshalb gilt: erreicht eine Berechnung B ihren Lockpunkt, so ist die Menge der Berechnungen, von denen B abhängt, **statisch**. Somit ist "Infinite Forward Expansion" ausgeschlossen. Aufgrund der Zyklenfreiheit zwischen Berechnungen und aufgrund der aufgezeigten Zweiphasigkeit ist ebenfalls das Problem "Infinite Backward Expansion" gelöst. Eine wichtige Konsequenz ist auch, daß aufgrund der Benutzung von Zwei-Phasen Locking es folglich nicht notwendig ist, die Abhängigkeitsmenge einer Berechnung zu propagieren. Wenn Lp(i) die Tatsache beschreibt, daß die Berechnung i ihren Lockpunkt erreicht hat, so gilt aufgrund des vorgestellten Verfahrens zur redundanten Speicherung:

$RD(i) \leftrightarrow Lp(i)$.

3. Implementierung im Verteilten System

Neben der obigen prinzipiellen Betrachtung der redundanten Speicherung soll nun zusätzlich die Implementierung der redundanten Speicherung im Verteilten System betrachtet werden. Neben der beschriebenen redundanten Speicherung der Abhängigkeitsmenge einer Berechnung ist es aus Sicht des Commit-Protokolls auch notwendig, die besuchten Stellen einer Berechnung auf jeder von ihr besuchten Stelle zu kennen.

Um die Information über die Abhängigkeitsmenge und über die besuchten Stellen einer Berechnung B allen von ihr besuchten Stellen verfügbar zu machen, werden alle diejenigen lokalen Recoverygraphen, die zu den von B besuchten Stellen gehören, mit struktureller Redundanz angereichert, wodurch man den redundanten Recoverygraphen erhält [SKMN-89]. Jede Berechnung wird auf jeder besuchten Stelle durch eine Recovery-Unit (RU) repräsentiert. Die Abhängigkeitsmenge einer Berechnung wird in den lokalen Recoverygraphen dadurch redundant gespeichert, daß die entsprechenden RUs und die Daten-Abhängigkeiten, die zwischen diesen RUs existieren, gespeichert werden. Zusätzlich wird in jeder RU die Menge der von der zugehörigen Berechnung besuchten Stellen gespeichert. Existiert für eine Berechnung, die in der Abhängigkeitsmenge enthalten ist, keine RU auf der Stelle, so wird eine spezielle RU, **Dummy RU** genannt, erzeugt. Eine Dummy RU unterscheidet sich von einer herkömmlichen RU durch die Tatsache, daß die Dummy RU keine normale Systemaktivität auf der Stelle beschreibt. Dummy RUs werden nur dazu eingefügt, damit jede Berechnung auf jeder der von ihr besuchten Stellen auch alle Berechnungen kennt, von denen sie abhängt.

Nun soll die dynamische Konstruktion des redundanten Recoverygraphen im Verteilten System beschrieben werden. Dazu ist zu beschreiben, wie die Menge der direkten Vorgänger einer Berechnung ihren besuchten Stellen zugänglich gemacht werden kann. Um diese zu einer Berechnung B gehörende Information nach deren Zustandsüberführung in den Zustand completed zu deren Nachfolgern zu propagieren, müssen Nachrichten gesendet werden. Damit ist neben dem Aufwand zur redundanten Speicherung der Abhängigkeiten ein wesentlicher Teil des Aufwands identifiziert, der für die

Konstruktion des redundanten Recoverygraphen zu leisten ist. Ein Ziel bei der Konstruktion des redundanten Recoverygraphen besteht darin, die Anzahl der zusätzlich zu sendenden Nachrichten zu minimieren, um diesen effizient konstruieren zu können. Deshalb wird möglichst versucht, Information mittels Piggybacking zu Nachrichten zu übertragen, welche sowieso gesendet werden müssen. Im folgenden wird angenommen, daß Prozesse auf entfernte Daten mittels entfernter Prozeduraufrufe (Remote Procedure Call RPC) zugreifen [BiNe-84].

Zur Bestimmung der Menge DepSet(i) und DV(i) einer Berechnung i können Nachrichten ausgenutzt werden, die während des Zugriffs einer Berechnung auf entfernte Objekte als Folge eines entfernten Prozeduraufrufs gesendet werden. Eine Berechnung B startet im Zustand active und führt entfernte Prozeduraufrufe mittels RPCs aus. Am Ende der Ausführung des RPCs auf der gerufenen Stelle wird der lokale Recoverygraph dieser Stelle ausgewertet: es wird die Menge DepSet(B) mit den bestehenden Daten-Abhängigkeiten und die Menge DV(B) bestimmt. Zusätzlich werden alle deren besuchten Stellen bestimmt. Natürlich können wie oben beschrieben in der Abhängigkeitsmenge aktive Berechnungen vorhanden sein, die noch zusätzliche Abhängigkeiten erwerben und zusätzliche Stellen besuchen können. Die eingesammelte Information wird mittels Piggybacking zur RPC-Antwort zur rufenden Stelle übertragen. Auf dieser Stelle wird die gesammelte Information im lokalen Recoverygraphen vermerkt.

Der Zustandsübergang einer Berechnung in den Zustand completed wird aufgrund der synchronen Aufrufe auf ihrer Heimatstelle, derjenigen Stelle, auf die Berechnung erzeugt wurde, angezeigt und allen von ihr besuchten Stellen mittels der sogenannten Completed Nachricht mitgeteilt. Aufgrund dieser Struktur kann die Completed Nachricht dazu benutzt werden, um auf der Heimatstelle eingesammelte Information wiederum mittels Piggybacking allen besuchten Stellen der Berechnung zugänglich zu machen. So werden die Mengen DepSet(B), DV(B) und die Menge der von der Berechnung T besuchten Stellen allen Stellen mitgeteilt, die von T besucht wurden.

Geht eine Berechnung B in den Zustand completed über, so propagiert sie die Mengen DepSet(B) und DV(B) auf dem Pfad zu ihren aktiven Nachfolgern. Dies hat zusätzliche, zu sendende Nachrichten zur Folge. Ist diese Information zu einer Berechnung im Zustand completed zu propagieren, so sind deren besuchte Stellen bekannt und die Nachricht wird zu diesen Stellen gesendet. Wird die Information zu einer aktiven Berechnung propagiert, so sind deren besuchte Stellen zunächst noch nicht bekannt, da diese insbesondere noch neue Stellen besuchen kann. In diesem Fall wird mit der Propagierung der Information so lange gewartet, bis die Berechnung in den Zustand completed übergeht.

Jetzt wird beschrieben, wie die Abhängigkeitsmenge bei der Benutzung von Zwei-Phasen Locking redundant gespeichert werden kann. Das Einsammeln der Abhängigkeiten und der besuchten Stellen geschieht wie oben beschrieben. Das Ereignis, daß eine Berechnung ihren Lockpunkt erreicht, wird auf der Heimatstelle einer Berechnung angezeigt und allen besuchten Stellen der Berechnung mittels der Lockpunkt-Nachricht mitgeteilt [NGJK-85]. Durch Piggybacking von der auf der Heimatstelle gesammelten Abhängigkeitsinformation zur Lockpunkt-Nachricht wird diese Information zu allen besuchten Stellen der Berechnung übertragen. Eine Stelle, die die Lockpunkt-Nachricht erhält, fügt eventuell Dummy RUs zu ihrem lokalen RG hinzu und vermerkt die Daten-Abhängigkeiten zwischen den empfangenen RUs. Erst nachdem die Abhängigkeiten eingetragen worden sind, werden Sperren für Daten freigegeben. Dadurch ist sichergestellt, daß zum Zeitpunkt des Entstehens einer Abhängigkeit die Abhängigkeitsmenge der freigebenden Berechnung vollständig auf der Stelle bekannt ist. An dieser Stelle ist anzumerken, daß bei der Benutzung von (nicht-striktem) Zwei-Phasen Locking weder für das Einsammeln noch für das Verteilten der Abhängigkeitsinformation zusätzliche Nachrichten gesendet werden müssen.

Jetzt sollen **lokale Berechnungen** in Betracht gezogen werden. Dabei versteht man unter einer lokalen Berechnung eine Berechnung, die bisher keine entfernten Stellen besuchte. Erwirbt eine Berechnung eine Abhängigkeit zu einer bis dahin lokalen Berechnung, so kann sich die lokale Berechnung im nachhinein noch zu verschiedenen Stellen ausbreiten. Dies bedeutet in anderen Worten, daß nicht entscheidbar ist, ob eine lokale Berechnung im nachhinein auch lokal bleibt. Wird also eine Berechnung von einer lokalen Berechnung abhängig, so werden ohne weitere Einschränkungen auch Abhängigkeiten zu dieser lokalen Berechnung redundant gespeichert werden müssen. Aus der Sicht der Commit/Abort-Protokolle ist dies jedoch im Prinzip nicht nötig: Bei der Ausführung des Commit-Protokolls muß jede Stelle mittels einer Nachricht über den Commit-Vorgang informiert werden. Mittels Kenntnis der betroffenen verteilten Berechnungen kann die Stelle die betroffenen lokalen Berechnungen durch Auswertung ihres redundanten Recoverygraphen selbst bestimmen. Ein ähnliches Argument gilt für die Ausführung des Abort-Protokolls: Jede Stelle im Verteilten System wird über den Abort-Vorgang mittels einer Nachricht informiert, so daß diese die lokalen Berechnungen, die in den Zustand aborted zu überführen sind, selbst lokal bestimmen kann.

Die Effizienz der redundanten Speicherung bei der Verwendung von Zwei-Phasen Locking wird auch dadurch augenscheinlich, daß Information über lokale Berechnungen nicht redundant gespeichert werden muß: nachdem der Lockpunkt einer Berechnung erreicht ist, ist wie beschrieben die Zugriffsumgebung der Berechnung auf diejenigen Daten beschränkt, für die die Berechnung bereits Locks hält. Unter Ausschluß von Datenmigration ist zusätzlich die Ausdehnungsumgebung der Berechnung auf diejenigen Stellen beschränkt, die schon von der Berechnung besucht wurden. Somit bleiben insbesondere lokale Berechnungen lokal. Deshalb gilt: erreicht eine Berechnung ihren Lockpunkt, so ist zusätzlich auch die Menge der von ihr besuchten Stellen fest. Folglich müssen im Kontext der redundanten Speicherung bei der Benutzung von Zwei-Phasen Locking als Synchronisationsverfahren nur noch verteilte Berechnungen betrachtet werden.

4. Zusammenfassung

In dieser Arbeit wurden zunächst neue Probleme vorgestellt, die bei der Ausführung von Commit/Abort-Protokollen in Verteilten Systemen auftreten können, wenn Abhängigkeiten zwischen Berechnungen zu betrachten sind. Neben einer erhöhten Komplexität der entsprechenden Protokolle ist es sogar möglich, daß diese nicht terminieren. Entstehen Abhängigkeiten zwischen Berechnungen jedoch in einer zweiphasigen Art und Weise, wie dies aus der Benutzung von nicht-striktem Zwei-Phasen

Locking folgt, so kann auf der Basis einer redundanten Speicherung von Abhängigkeiten die Terminierung der Protokolle sichergestellt werden.

5.   Literaturverzeichnis

[ABHM-85]   T. Anderson, P.A. Barrett, D.N. Halliwell, M.R. Moulding: Software Fault Tolerance: An Evaluation, TR. 202, University of Newcastle upon Tyne, 1985.

[BeHG-87]   P.A. Bernstein, V. Hadzilacos, N. Goodman: Concurrency Control and Recovery in Database Systems, Addison Wesley, 1987.

[BiNe-84]   A.D. Birrel, B.J. Nelson: Implementing Remote Procedure Calls, ACM Transactions on Computer Systems, Vol. 2, No.1, Febr. 1984.

[EGLT-76]   K.P. Eswaran, J.N. Gray, R.A. Lorie, I.L. Traiger: On the Notions of Consistency and Predicate Locks, CACM, Vol. 19, No. 11, 1976.

[Gray-78]   J.N. Gray: Notes on database operating systems, LNCS Vol. 60, 1978.

[KiYa-88]   K.H. Kim, S.M. Yang: An Analysis of the Performance Impacts of Lookahead Execution in the Conversation Scheme, 7th Symposium on Reliable Distributed Systems, 1988.

[Mull-89]   S. Mullender: Distributed Systems, Addison Wesley, 1989.

[NGJK-85]   E. Nett, K.-E. Grosspietsch, A. Jungblut, J. Kaiser, R. Kröger, W. Lux, M. Speicher, H.-W. Winnebeck: PROFEMO - Design and Implementation of a Fault Tolerant Distributed System Architecture, GMD - Studien, Nr. 100, Juni 1985.

[NeKK-86]   E. Nett, J. Kaiser, R. Kröger: Providing Recoverability in a Transaction Oriented Distributed System, Proc. of 6th Int: Conf. on Distributed Computing Systems, Cambridge, Mass. 1986.

[Reed-78]   D.P. Reed: Naming and Synchronization in a Decentralized Computer System, PhD thesis, MIT, 1978.

[SKMN-89]   R. Schumann, R. Kröger, M. Mock, E. Nett: Recovery Management in the RelaX Distributed Transaction Layer, 8th Symposium on Reliable Distributed Systems, 1989.

Performance parameters for parallel machines

Hermann Mierendorff and Helmut Schwamborn
Gesellschaft für Mathematik und Datenverarbeitung mbH
Schloß Birlinghoven, W-5205 Sankt Augustin 1, Germany

Abstract. Performance modelling of a real application program which is able to run on a certain real machine begins with the development of abstract models of the application and of the machine. Time cost functions for the primitives of the abstract machine have to be determined which are based on performance and size parameters of the considered configuration. Finally, the run-time of the abstract application has to be evaluated. The present paper shows problems of parameter definition and estimation in a case study using Red-Black SOR as an example of a scientific application on the Parsytec Megaframe as a parallel machine. The parameters are estimated in a constructive way using the machine primitives only, such that the method can be transferred to future transputer systems. Experiments on the real machine have shown which accuracy can be achieved.

Key words: performance parameters, performance modelling, parallel processing, transputer.

1 Introduction

Following a suggestion of Odijk [5], performance modelling can roughly be described as in figure 1.1. The configuration to be modelled consists of a real machine and a real application program of this machine. If both are completely implemented, measurements of run-time are part of the modelling task. Using the real application and the real machine an abstract application and an abstract machine are developed. The abstract application may be considered a program of the abstract machine. In the simplest case, model evaluation means the calculation of some formulas only. In more complex cases, evaluation tools (e.g. simulator, load-analyser [4]) may be required. An experiment is the comparison of measurements for the real configuration and model evaluation. The analysis of an experiment delivers feedback to improve the abstract application or the abstract machine.

This approach is similar to synthetic benchmarks. There are many papers concerning this subject and we refer to some of them. For single node machines there is, e.g., the DHRYSTONE benchmark [9]. For parallel machines we refer to [1] or [7]. The related performance models are based on constant performance parameters. This might be reasonable for some machines. For transputer machines, however, we shall discuss some objections.

Performance parameters can only be discussed on the basis of a model, where they are embedded in. We consider a method of model evaluation which is based on a static view of a program run. The system of processes representing the abstract application is assumed to form a timed Petri-net where the transitions represent primitives of the abstract machine. The transitions are in this case weighted by the time cost of the corresponding primitive.

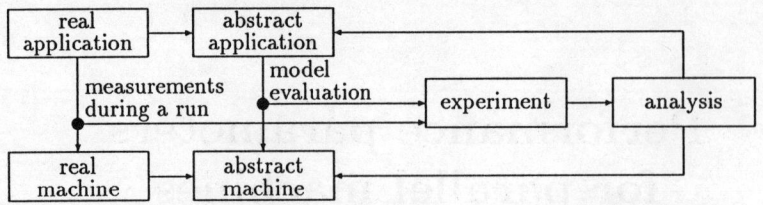

Fig. 1.1 Performance modelling.

Figure 1.2 is such a representation in the case of a simple one-dimensional system of processes. Only alternating steps of computation and message transfer to the left or right neighbour are considered for each process. The abstract machine is here composed of two types of components: processors and links.

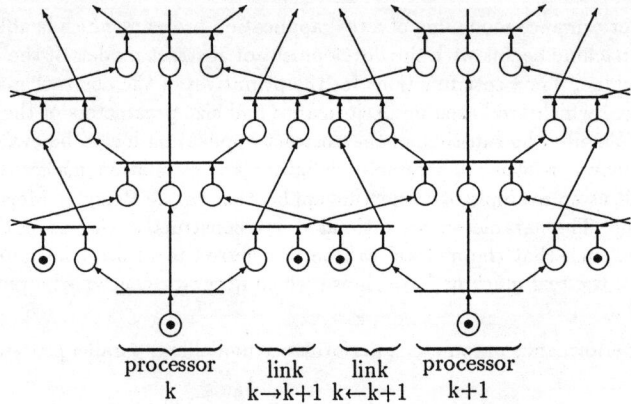

$$
\underbrace{\qquad}_{\substack{\text{processor}\\k}} \quad \underbrace{\qquad}_{\substack{\text{link}\\k\to k+1}} \quad \underbrace{\qquad}_{\substack{\text{link}\\k\leftarrow k+1}} \quad \underbrace{\qquad}_{\substack{\text{processor}\\k+1}}
$$

Fig. 1.2 Example of a one-dimensional process structure.

The run-time T of a real configuration can be estimated by considering an appropriate subset C of all paths through this Petri-net:

$$
T = \max_{c \in C} \sum_i t(c_i) \tag{1}
$$

with $c = (c_1, c_2, c_3, \ldots)$ as a path consisting of the transitions c_i and with $t(c_i)$ for the working time of the corresponding primitive.

Since the primitives $\{\gamma_1, \gamma_2, \ldots\}$ of the abstract machine are composed of primitives of the real machine in a very complex manner, the time value $t(\gamma_k)$ of such an instruction γ_k depends on the application and on the machine. To obtain timing functions which can be applied to applications of different sizes depending on n, a representation by a polynomial is useful:

$$
t(\gamma_k) = \sum_{j=0}^{J} a_{k,j} \cdot n^j \tag{2}
$$

The parameters of these polynomials are considered the performance parameters of our configuration. If only linear approximation takes place ($J = 1$), $a_{k,0}$ is often denoted the *start-up* time and $a_{k,1}$ the reciprocal value of the *peak performance* of the corresponding operation. Equivalent parameters have been introduced by Hockney [2]. Later we shall discuss in which way the parameters depend on n in the case of a simple example. Furthermore, we shall show what consequences for the accuracy we have to expect if constant parameter values are used.

2   Red-Black SOR as an example of a parallel application

As a real application, we discuss Parallel Red-Black SOR. This example is part of a benchmark for parallel computers. It is discussed in more detail in [8]. The application is a PDE-solver for the two-dimensional Poisson equation with Dirichlet boundary conditions in the unit square. The problem is discretised by the ordinary difference star on a regular two-dimensional grid showing n interior grid points per edge. The discrete problem is solved by an iteration method using Red-Black SOR.

The problem is parallelised by a one-dimensional partition of the grid into p subgrids of identical size. A subgrid and all related activities of the user level are comprised in a user process. Then we have $n \times n/p$ grid points per user process. The process structure is a one-dimensional array of processes $P_0, \ldots, P_{p-1}$, where P_{i-1} and P_{i+1} are the left or right neighbour of P_i resp. The boundary between neighbouring processes is containing n interior grid points, because of our one-dimensional partitioning. According to the Red-Black SOR method, a process is able to carry out one half-step (red or black) of the iteration until neighbouring processes have to exchange boundary values to prepare the next half-step. The size of these messages is $n/2$ grid points. Additionally, the local residual is calculated after each iteration step. The program is written in OCCAM. The appendix is containing the kernel parts of that program. All sending and receiving of messages are handled in parallel processes such that the order of message transmission is not known from the beginning.

Besides the user process itself, a system of processes has been developed in OCCAM which is able to transfer all messages occurring during the program execution (loading phase included). Figure 2.1 shows the system of processes which are installed in each node. The user process is accompanied by two switching processes, one for each physical direction (left-to-right and right-to-left). Between user and switching processes there is one buffer process except from a switching to a user process, where we find two buffers. In this way, we have a deadlock free transfer system for our application which is independent of the mapping of user processes to system nodes as long as the nodes form a one-dimensional array of processing elements. In general, a message contains a *tag*, the *header_size*, the *header* itself, the *data_size*, and the *data*. Standard messages between user processes show a header of 3 words.

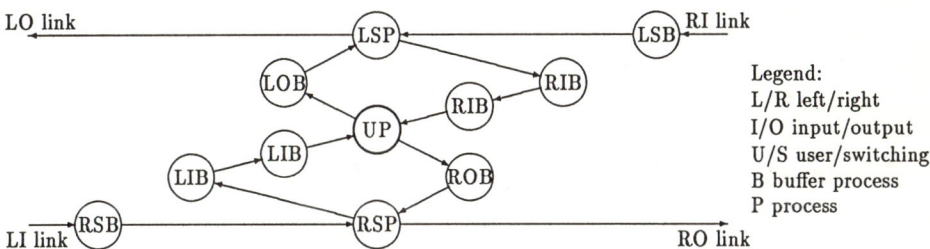

Fig. 2.1 Process system within each node.

These processes do not only consume some time for the transmission of messages. They also need space in the memory. Depending on the location of their data parts in main memory they may influence the run-time of many other activities. Therefore, in figure 2.2, we give a rough idea where the data are located within our experiment. Questions of optimising the run-time by an appropriate location have not been considered.

3   Parsytec Megaframe as a real parallel machine

The considered system is a Megaframe Supercluster Model-64 having 64 processing elements. For a detailed description, we refer to [6]. Each of the processing elements includes a T800 transputer

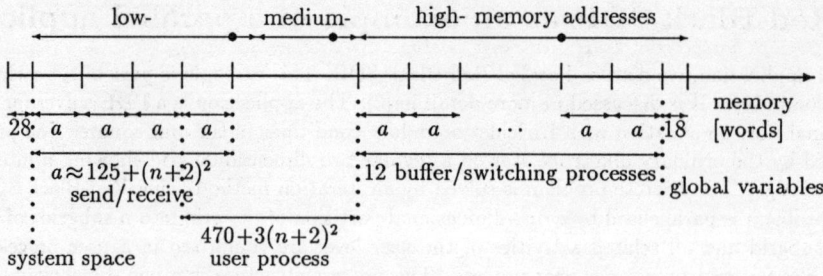

Fig. 2.2 Location of data in the workspace.

running at 20 MHz and 4 Mbytes or 1 Mbyte of external RAM. These elements are grouped into 4 computing clusters of 16 processors each.

Communication within one cluster is performed via a dedicated network connection unit (NCU), which also provides the means for configuring the transputer links to various topologies. For our purpose, we have configured all processors in a one-dimensional array. If the program needs more than one computing cluster, there are two additional top level NCUs connecting a total of 64 processing elements. Our considerations have been restricted to one computing cluster.

The Supercluster is connected to workstations containing T800-transputer boards. One of them has been used as development environment and for several host functions. This workstation contains the MultiTool software system for programming the Supercluster. MultiTool is based on the INMOS Transputer Development System and includes all programs required for the development cycle of OCCAM programs.

The location of program and data is left to the compiler standards. The OCCAM-system allocates variables in the same order as they occur in the program but beginning with the highest memory address. This location plays an important role because of the memory structure. The first 4 Kbytes are realised by the on-chip RAM of the T800 whilst the following memory cells lay in the external RAM.

The accuracy of the clock is 1 μsec within high priority processes and 64 μsec within low priority processes. In our case, only the processes of the routing system are running with high priority.

4 Measuring the run-time of parallel applications

To model the overall run-time, the parallel program is assumed to be subdivided into phases which show a homogeneous program behaviour. For each phase a separate model has to be defined. The overall run-time is then a combination of the run-times estimated for the individual phases.

Our algorithm may roughly be decomposed into four phases: loading, initialising, relaxations, and collection of results. We restrict our consideration to the third phase. Nevertheless, we have to define which combination of the partial run-times will give an estimation for the overall run-time. For this purpose we subdivide our processes P_k into parts $P_{k,i}$, where all $P_{k,i}$ having a fixed i are representing the phase ϕ_i. Let $t_{k,i,0}$ and $t_{k,i,1}$ be the starting or ending time respectively of $P_{k,i}$ in node N_k. Let us assume that subsequent phases are numbered by $i = 1, 2, \ldots$ and

$$t_{k,i,1} = t_{k,i+1,0} \, . \tag{3}$$

In this case, we define the run time T of phase ϕ_i

$$T(\phi_i) = \max_k t_{k,i,1} - \max_k t_{k,i,0} \, . \tag{4}$$

This function T is an additive function for subsequent phases (i.e. $T(\sum_i \phi_i) = \sum_i T(\phi_i)$) as long as (3) holds. We shall not discuss a more general situation, because in our case equation (3) was approximately fulfilled.

To evaluate (4), a global clock is required which does not exist on the Parsytec Megaframe. Therefore, we had to start an additional phase for determining the deviation of local clocks before each measurement. We have performed this phase very carefully, thus we can hope for an accuracy of about $3 \cdot 64$ [μsec]. Therefore, our investigation has been restricted to problem sizes showing a run-time of at least 2 msec for 10 iteration steps.

Table 4.1 is containing the measurements for all problem and system sizes. The additional instructions for measurements and saving the time values are still included.

problem size	system size					
[grid points]	1	2	4	8	16	[nodes]
128×128	710.850	359.170	184.470	96.179	53.050	
64×64	174.840	90.061	48.019	26.464	15.917	
32×32	41.811	22.694	13.216	8.269	5.786	
16×16	10.483	6.669	4.730	3.712	-	
8×8	2.214	2.253	2.246	-	-	
4×4	0.621	1.414	-	-	-	
2×2	0.262	-	-	-	-	

Table 4.1 Measured run-time in msec of one iteration step.

5 Abstract application program and abstract machine

As mentioned above, we restrict the consideration to the relaxation phase of our parallel program. This phase is described in the appendix. In general, the processes start their work with an initial approximate solution which is well known to all processes. Before the red half-step, the old values of the approximative solution are saved for residual calculation. After the black half-step, the local residual is calculated. After each relaxation half-step of the Red-Black SOR method, new boundary values are required from all neighbouring processes for preparing the next half-step. Every data exchange consists of sending 2 messages and receiving 2 messages per process if the corresponding neighbours do exist. A message contains the points of one colour of a boundary face. The work of a process thus consists of alternately executing half-steps of the red-black relaxation and boundary data exchanges.

For our 1-dimensional partitioning, let us denote the neighbouring processes by left and right neighbour. Since the data to be sent are in general stored noncontiguously, they must be collected before and distributed after the transmission. This work is carried out by the processor itself. Even if we assume a concurrent transmission by independent hardware units (links), empirical observation has shown that these activities follow a well determined sequence depending on the process considered. Without loss in generality, we restrict our investigation to one of the possible sequences.

We consider the case of a mapping which is preserving the neighbourhood of processes. Each transmission consists thus of two transmissions between processes within the source node, one transmission via a link, and four transmissions between processes within the target node (cf. figure 2.1). We denote these transmissions as *node_transmit* and *link_transmit*.

The considered part of the abstract application (one iteration step of the relaxation phase) is the following OCCAM-like program:

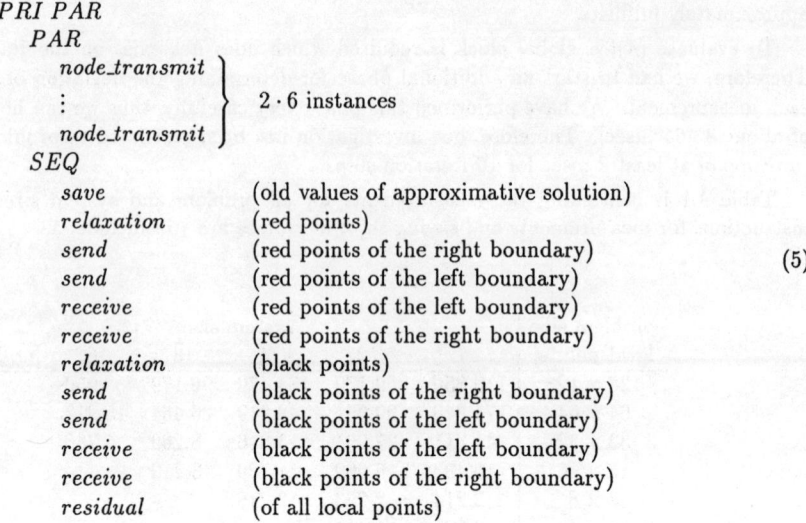

$$PRI\ PAR$$
$$PAR$$

node_transmit	
$\vdots$	$\left.\right\}$ $2 \cdot 6$ instances
node_transmit	

$$SEQ$$

save	(old values of approximative solution)	
relaxation	(red points)	
send	(red points of the right boundary)	
send	(red points of the left boundary)	(5)
receive	(red points of the left boundary)	
receive	(red points of the right boundary)	
relaxation	(black points)	
send	(black points of the right boundary)	
send	(black points of the left boundary)	
receive	(black points of the left boundary)	
receive	(black points of the right boundary)	
residual	(of all local points)	

The *link_transmit* and the elements of (5) form the instruction set of our abstract machine.

6   The performance model

In addition to the Petri-net of figure 1.2, messages have to pass a few processes in the source and target node before or after being transmitted via a link (cf. figure 2.1). These processes are running concurrently to the user process but they show a higher priority.

At first, our model (cf. (1)) includes all paths of the corresponding Petri-net which do not leave a single node. Furthermore, we consider all paths which include two neighbouring nodes where the red half-step is executed by one of these nodes and the black half-step by the other one. Let $|x|$ denote the time cost of a primitive operation x. Let $calc$(cycle) represent the calculations of one iteration step consisting of $save$(old values), $relaxation$ (red points), $relaxation$(black points), and $residual$. The 12 included *node_transmit* operations are activated twice within a complete step. A single cycle of the iteration method (cf. (5)) takes the following average time cost for an interior node:

$$|calc(\text{cycle})| + 4 \cdot |send(\text{half boundary})| + 4 \cdot |receive(\text{half boundary})| +$$
$$24 \cdot |node\_transmit(\text{half boundary})| \qquad (6)$$

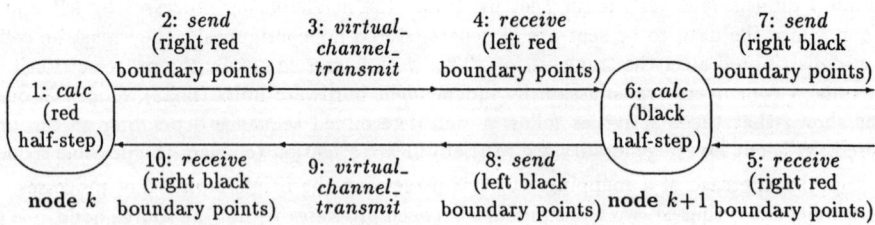

Fig. 6.1 A cycle of two half-steps executed by different neighbouring nodes.

Figure 6.1 is an example of our second sort of paths containing the link time and a part of the node work which cannot be parallelised. The *virtual_channel_transmit* represents the transfer by the routing system consisting of 2 *node_transmits* in the source node, a *link_transmit*, and 4 *node_transmits* in the target node. In this case, we estimate the following average time cost per cycle of the iteration method:

$$|calc(\text{cycle})| + 3 \cdot |send(\text{half boundary})| + 3 \cdot |receive(\text{half boundary})| + \qquad (7)$$
$$(12{+}10) \cdot |node\_transmit(\text{half boundary})| + 2 \cdot |link\_transmit(\text{half boundary})|$$

For the estimation of $|link\_transmit|$, we assume that always bidirectional transfer takes place on the transputer links. The above formula can easily be derived by considering figure 6.1 except the factor $12 + 10$ in connection with *node_transmit*. The 12 is also clear from that figure. Additional *node_transmits* have to be accounted, because step 7 (*send*) initialises 2 *node_transmits* of high priority belonging to another path. Empirical observation has shown that for certain nodes the break between the red and the black half-step is much longer than the break between the black and the red half-step. The neighbouring nodes show just the opposite behaviour. This is the reason why for one of the half-steps, the 8 *node_transmits* for the incoming messages of the following half-step arrive already during the calculation which is then interrupted.

The overall timing model (cf. (1)) is now determined by (6) and (7). The timing functions needed for (2) are the following:

$$
\begin{aligned}
|calc(\text{cycle})| &= a_{1,0} + a_{1,1} \cdot n + a_{1,2} \cdot n^2 \\
|send(\text{half boundary})| &= a_{2,0} + a_{2,1} \cdot n/2 \\
|receive(\text{half boundary})| &= a_{3,0} + a_{3,1} \cdot n/2 \qquad (8) \\
|node\_transmit(\text{half boundary})| &= a_{4,0} + a_{4,1} \cdot n/2 \\
|link\_transmit(\text{half boundary})| &= a_{5,0} + a_{5,1} \cdot n/2
\end{aligned}
$$

The above parameters could easily be estimated by the measurements of table 4.1 and formal mathematical methods. This has in fact been done and the deviation of measurements and model evaluations were less than 10%. In this case, however, the parameter values do no longer represent an identifiable part of work of the real machine such that the model does not help to understand the system behaviour. Furthermore, performance prediction for future systems is impossible in that manner because of the lack of measurements. We try to identify which part of the work is represented by a parameter and estimate the corresponding values by a break down to primitives of the real machine which have a well defined execution time.

7 Performance parameters

For a single processor system (cf. table 4.1), the computing time per grid point increases substantially if the problem edge ($n + 3$ array elements per column in our program realisation) is increasing. Therefore, our parameters are no longer fixed for the whole range of system and problem sizes. There are mainly five reasons for this behaviour.

Large addresses occurring in large programs are generated by using additional `pfix`-instructions (cf. [3]). The `prod`-instruction takes a time depending on the most significant bit of the second operand. The time for a memory access depends on the address. There are some collisions between data accesses and instruction fetches. In the case of a jump, we can observe an additional time of 4 clock cycles if the new instruction is located within the external RAM.

Let us consider the instruction level as the basis for timing considerations. The run-time of single instructions is given in [3]. The work represented by a parameter $a_{k,j}$ is thus estimated by accumulating the basic time values of all related instructions. The result is a constant $\alpha_{k,j,0}$ [clock cycles]. Some of these instructions may belong to classes of instructions which require an additional amount of time because of the reasons mentioned above. If $i = 0, \ldots, I$ different types of time costs are considered in relation to the parameter $a_{k,j}$, we have in general the formula

$$a_{k,j} = \frac{1}{20} \cdot \sum_{i=0}^{I} \alpha_{k,j,i} \cdot \varphi_{k,j,i}(n,p) \quad [\mu sec], \qquad (9)$$

where the $\alpha_{k,j,i}$ represent the number of occurrences of related time costs and the $\varphi_{k,j,i}(n,p)$ are functions representing the number of clock cycles needed for a single occurrence. The φ do not depend on the system size because of our programming style. Therefore, we disregard this argument in the following sections.

The $\alpha_{k,j,i}$ are given by the number of occurrences of type-(k,j,i) elements. These values have been extracted by hand from a disassembler list of the program. This method is not safe and it takes much effort. Therefore, it would be worth to be automated.

As pointed out in figure 2.1, there are several transport processes. Each of them has its own location in the memory. Therefore, we have to expect slightly different parameter values for different processes even if they have to carry out identical work. Since these parameter values differ only a little, we used only average parameter values for such a class of processes to simplify our model. As a further simplification, we consider the same classes of memory accesses as in the case of computing parameters.

In the case of data transfer by an in- or out-instruction, only the basic cycles and extra memory access time has to be considered for the corresponding $a_{k,1}$-parameters. We split these parameters, i.e. $a_{k,1} = a'_{k,1} + a''_{k,1}$ for $k = 2,3,4$, where $a'_{k,1}$ represents the instruction part and $a''_{k,1}$ the channel part. a' and a'' are then calculated as in (9) using α' or α'' constants respectively. We have $a'_{k,1} = 0$ for $k = 4$ because of the above definition. For formal reasons, we define $\varphi_{k,j,0}(n) = 1$.

7.1 Address constants

Address constants of the transputer are restricted to 4 bit. Larger addresses are split into 4-bit parts each of which requires a separate pfix-instruction. The additional size-depending time needed in this case is, therefore, modelled by the functions

$$\begin{aligned}
\varphi_{k,j,1}(n) &= \lfloor \log_{16}(n+3) \rfloor && \text{edge length e.g. in ldc-instructions,} \\
\varphi_{k,j,2}(n) &= \lfloor \log_{16}((n+2)^2 + 120) \rfloor && \text{small addresses for local variables,} \\
\varphi_{k,j,3}(n) &= \lfloor \log_{16}(3 \cdot (n+2)^2 + 440) \rfloor && \text{medium addresses for array-variables,} \\
\varphi_{k,j,4}(n) &= \lfloor \log_{16}(14 \cdot (n+2)^2 + 1800) \rfloor && \text{large addresses for global parameters.}
\end{aligned}$$

The classification of address constants (and later of memory addresses) follows the abstract scheme of figure 2.2. To simplify this presentation, we considered only three classes (low, medium, and high addresses). The value representing each of these classes is marked by a bullet within that figure. Since we identify all *send*, *receive*, and *node_transmit* operations, our classification of addresses is fine enough.

7.2 Index expressions using PROD-instruction

Array elements of multidimensional arrays require a PROD-instruction for address calculation. The second operand is in these cases the size of a subarray. In our case, the edge length is used. In addition to the basic instruction time one cycle per bit of the operand is needed until the most significant bit is reached. Hence, we have

$$\varphi_{k,j,5}(n) = \lfloor \log_2(n+3) \rfloor + 1 .$$

7.3 Memory accesses

We have to distinguish between accesses to the on-chip RAM and to the external RAM. The time for the first sort of accesses is included in our basic instruction time but the second sort requires in general an additional time of 3 clock cycles. We can model these two sorts of accesses by a log_{1024}-function, because the largest word address of the on-chip RAM is 1023. As in the case of address generation, we distinguish only three cases:

$$\varphi_{k,j,6}(n) = 3 \cdot \lfloor \log_{1024}(4 \cdot (n+2)^2 + 528) \rfloor \quad \text{small addresses for local variables,}$$
$$\varphi_{k,j,7}(n) = 3 \cdot \lfloor \log_{1024}(5 \cdot (n+2)^2 + 800) \rfloor \quad \text{medium addresses for array-variables,}$$
$$\varphi_{k,j,8}(n) = 3 \cdot \lfloor \log_{1024}(16 \cdot (n+2)^2 + 2250) \rfloor \quad \text{large addresses for global parameters.}$$

7.4 Memory bottleneck

When the first byte of a memory word is extracted for the actual instruction, a prefetch for the following memory word is initialised. All instructions are located in the external RAM in our case, thus the prefetch occupies the memory for 4 clock cycles. If a data memory access occurs within this period, the access takes an additional amount of time corresponding to the remaining part of this 4-clock-cycles period. A simple statistic model of this influence to the run-time seems to be appropriate.

Let $\sigma_{k,j}$ be the average number of clock cycles per instruction byte within the program part related to $a_{k,j}$. Let $\beta_{k,j}$ be the corresponding number of bytes if the program size is $n = 0$. If an access occurs in the byte i ($i = 0, 1, 2, 3$), we estimate the lost time by $\max(0, 4 - i \cdot \sigma_{k,j})$.

For estimating $\sigma_{k,j}$, we notice that $\sum_{i=0}^{5} \alpha_{k,j,i} \cdot \varphi_{k,j,i}(n)$ represents the clock cycles without additional time for memory accesses and jumps and that $\beta_{k,j} + \sum_{i=1}^{4} \alpha_{k,j,i} \cdot \varphi_{k,j,i}(n)$ represents the number of bytes. Hence, we obtain

$$\sigma_{k,j} = \frac{\displaystyle\sum_{i=0}^{5} \alpha_{k,j,i} \cdot \varphi_{k,j,i}(n)}{\beta_{k,j} + \displaystyle\sum_{i=1}^{4} \alpha_{k,j,i} \cdot \varphi_{k,j,i}(n)}$$

Using this formula, we can estimate the influence of access collisions by

$$\varphi_{k,j,9} = \frac{1}{4} \sum_{i=0}^{3} \max(0, 4 - i \cdot \sigma_{k,j}) .$$

7.5 Jumps

Since in our example all jumps are carried out in the external memory, the related instruction fetch requires an additional time of $\varphi_{k,j,10} = 4$ clock cycles.

7.6 Parameter values

For our performance parameters, we obtain the values of table 7.1. Constant parameter values would lead to about -60% deviation, if they are based on the basic cycle time ($\alpha_{1,j,0}$) only. Average parameter values will cause about 30% deviation for the extreme cases of our sample space. Besides that, average values can be calculated in a constructive way only if the collection of values of the sample has been calculated before. This gives an idea in which cases our rather complex way to determine parameters is of value.

The link parameters were determined by measuring. We obtained $a_{5,1} = 3.85$ μsec/word and $a_{5,0} = 23.1$ μsec for a header of 6 words. These values represent the time needed in one direction if the physical link is used in both directions.

8 Comparison of model evaluation and actual run-time

The tables 8.1 to 8.3 show the deviation of model evaluation from measurements. In the case of our size depending parameters, we are within a range of $\pm 5\%$ except for very small problems on

	$a_{1,2}$	$a_{1,1}$	$a_{1,0}$	$a_{2,1}$	$a_{2,0}$	$a_{3,1}$	$a_{3,0}$	$a_{4,1}$	$a_{4,0}$
basic cycles only	18.05	5.05	85	2.35	13	2.35	10	0.20	19
n=2	27.43	8.47	143	4.72	19	4.67	14	0.50	31
n=4	27.43	8.47	143	4.72	19	4.67	14	0.50	31
n=8	30.23	8.47	151	6.71	24	6.81	18	0.50	31
n=16	39.54	13.3	191	7.46	26	7.61	19	0.50	33
n=32	40.10	13.3	191	7.55	26	7.71	19	0.50	34
n=64	41.95	14.5	203	8.23	28	8.44	20	0.50	35
n=128	42.57	14.5	205	8.33	28	8.53	21	0.50	36
average	35.61	11.6	175	6.82	24	6.92	18	0.50	33

Table 7.1 Values of parameters depending on the edge lengths n in [μsec].

2-node systems. This result is very satisfactory. The exception might be caused by the level of abstraction of our model. If only basic instruction cycles are counted, we see an underestimation of about -50% which is not acceptable. If only arithmetic operations are counted combined with the peak performance rates of the manufacturer, we have to expect an underestimation by an order of magnitude which is not worth to be discussed further. Average parameter values show a deviation which depends on the sample under consideration. In our case we can observe up to -30% or +20% deviation.

		number of processors				
		1	2	4	8	16
	2	2.69				
	4	-0.84	-14.38			
problem	8	-3.04	-5.71	4.12		
edge	16	0.47	-0.34	4.64	-0.77	
length	32	-0.32	0.14	2.14	1.18	0.25
	64	-1.07	-0.59	0.11	0.48	-0.41
	128	-1.61	-1.19	-0.85	-0.47	-1.72

Table 8.1 Deviation from measurements in % using size-depending parameters for run-time estimation.

		number of processors				
		1	2	4	8	16
	2	-36.39				
	4	-36.60	-45.61			
problem	8	-42.35	-43.86	-38.60		
edge	16	-54.32	-53.18	-49.18	-50.81	
length	32	-55.20	-54.60	-53.20	-53.14	-52.99
	64	-57.48	-57.22	-56.93	-56.78	-57.17
	128	-58.30	-58.12	-58.05	-57.97	-58.64

Table 8.2 Deviation from measurements in % using constant parameters based on basic instruction cycles for run-time estimation.

		number of processors				
		1	2	4	8	16
	2	29.85				
	4	27.44	-1.78			
problem	8	14.67	5.38	13.09		
edge	16	-9.55	-9.82	-2.45	-6.40	
length	32	-11.49	-11.84	-7.85	-7.83	-7.66
	64	-16.06	-18.38	-14.65	-14.03	-14.33
	128	-17.70	-20.92	-16.91	-16.45	-17.26

Table 8.3 Deviation from measurements in % using average values for parameters in run-time estimation.

9 Future systems

The performance prediction of future machines has to be based on a sufficiently complete specification of the machine, the system software including compilers, and the application program. In this case, our method can be used for performance prediction and we can expect a good approximation of the run-time. For every method of performance modelling, it seems to be necessary to use problem and system size related parameters. Using appropriate parameter values, even our static modelling technique delivers a realistic performance estimation.

In our case study, we illustrated which details have to be considered for T800 transputers if the parameters should be determined in a constructive way. For future machines, there might be other aspects which have to be discussed.

If the information on the considered system is incomplete, only a very rough performance prediction might be possible. This is independent of the modelling techniques because the parameters are already incorrect. In such cases, we can use constant parameter values. Only a rough impression of the expected performance can be achieved.

References

[1] D. C. Grunwald and D. A. Reed, *Benchmarking Hypercube Hardware and Software*, in M. Health (Ed.), *Hypercube Multiprocessors*, Society for Industrial and Appl. Math., (1987) 169-177.

[2] R. W. Hockney, *Parametrization of computer performance*, Parallel Computing 5, (1987) 97-103.

[3] INMOS Limited, *Transputer Reference Manual*, Prentice Hall, New York etc., (1988).

[4] H. Mierendorff and R. Schwarzwald, *LAPAS: A Performance Evaluation Tool for Large Parallel Systems*, in P. Müller-Stoy (ed.), Architektur von Rechensystemen, VDE-Verlag, Berlin, (1990) 245-253.

[5] E. Odijk, Private communication, Philips Research Laboratories, Eindhoven.

[6] Parsytec, *Supercluster technical documentation - Installation, expansion and maintenance manual*, Parsytec GmbH, Aachen, (1989).

[7] D. A. Poplawski, *Synthetic Models of Distributed-Memory Parallel Programs*, J. Parallel and Distributed Computing 12, (1991) 423-426.

[8] H. Schwamborn and W. Gentzsch, *Solution of Partial Differential Equations on the INTEL iPSC/2 Hypercube*, GMD-Studien Nr. 183, GMD, Sankt Augustin, (1990).

[9] R. P. Weicker, *Dhrystone: A Synthetic Systems Programming Benchmark*, Comm. ACM 27 no. 10, (1984) 1013-1030.

Appendix

Parallel 2D Red-Black SOR using 1D partitioning

```
SEQ ----------------------------------------global variables and declarations
-- n = number of interior grid points per edge, p = number of system nodes
-- n2 = n/p, n1 = n+1, n21 = n2+1, n22 = n2+2
.............................................................something left out here
  PROC bound.send ( VAL INT dir, sp.zl, from, to, inc )
  --u[i][sp.zl], i:=from STEP inc TO to --> NEIGHBOUR dir
.............................................................something left out here
  PROC bound.receive ( VAL INT dir, sp.zl, from, to, inc )
  --u[i][sp.zl], i:=from STEP inc TO to <-- NEIGHBOUR dir
.............................................................something left out here
  --PROC relax performs relaxation operations
  PROC relax ( VAL INT i.from, i.to, i.inc, j.from, j.to, j.inc )
    INT i, j :
    SEQ
      j := j.from
      WHILE (j <= j.to)
        SEQ
          i := i.from
          WHILE (i <= i.to)
          SEQ
            u[i][j] := (om1 * u[i][j]) + (om2 * ((((hh +
                          u[i-1][j]) + u[i+1][j]) + u[i][j-1]) + u[i][j+1]))
            v[i][j] := v[i][j] - u[i][j]
            i := i + i.inc
          j := j + j.inc
    :
.............................................................something left out here
  SEQ --initial phase: initialisation, clock synchronisation, ready messages
.............................................................something left out here
    SEQ it = 1 FOR itend --------------------------------computational phase
      SEQ
        SEQ j = 2 FOR n21-1 -----------------------relaxation of red points
          SEQ i = 2 FOR n
            v[i][j] := u[i][j]
        relax ( 2, n1, 2, 2, n21, 2 )
        relax ( 3, n1, 2, 3, n21, 2 )
        PAR --------------------------exchange boundary data of red points
          bound.send    ( RIGHT, n21, 3, n1, 2 )
          bound.send    ( LEFT , 2  , 2, n1, 2 )
          bound.receive ( RIGHT, n22, 2, n1, 2 )
          bound.receive ( LEFT , 1  , 3, n1, 2 )
        relax ( 3, n1, 2, 2, n21, 2 ) ------------relaxation of black points
        relax ( 2, n1, 2, 3, n21, 2 )
        PAR --------------------------exchange boundary data of black points
          bound.send    ( RIGHT, n21, 2, n1, 2 )
          bound.send    ( LEFT , 2  , 3, n1, 2 )
          bound.receive ( RIGHT, n22, 3, n1, 2 )
          bound.receive ( LEFT , 1  , 2, n1, 2 )
        sum[it] := 0.0(REAL32) ------------------compute local residual sum
        SEQ j = 2 FOR n21-1
          SEQ i = 2 FOR n
            sum[it] := sum[it] + ABS(v[i][j])
        sum[it] := sum[it]/((REAL32 ROUND(n)) * (REAL32 ROUND(n2)))
```

Intelligent Networks: Evolution and Future Trends

Thomas Magedanz

Technische Universität Berlin
Lehrstuhl für Offene Kommunikationssysteme (OKS)
Hardenbergplatz 2, 1000 Berlin 12
Tel.: (030)25499229, Fax.: (030)25499202

Abstract

Intelligent Networks represent an evolving public network architecture for the flexible and uniform provision of future telecommunication services, especially value-added services. Through the definition of functional network elements with defined interfaces on one hand and the provision of a set of generic service independent building blocks on the other this architecture allows for various services to be realized independent of underlying network technologies. This paper gives an overview of the evolution of Intelligent Network architectures and tries to outline the relationships with other ongoing activities in the arena of Open Distributed Processing and standardized management concepts like CCITT's Telecommunication Management Network.

1. Introduction

Since the introduction of new services is still difficult because of the variety of different network types (e.g. PSTN, ISDN, B-ISDN) which generally results in network specific solutions, the evolving *Intelligent Network (IN)* concept seems to be a promising public network architecture for the flexible and uniform provision of future services independent of the underlying network technologies. The main idea of current IN concepts is the provision of an application programming interface on a public network infrastructure, where several competetive service providers can use a common set of service independent building blocks for realizing a variety of different services in an efficient and uniform way independent of the underlying network technology.

On the other hand there are a number of current activities in the field of *Open Distributed Processing (ODP)*, coping with the support of distributed applications in an OSI environment, where the standards arena tries to define a model for structuring distributed applications and develope a supporting environment, providing common functionalities like a Trading Service for distributed applications, based on an object-oriented approach. Comparing the current developments of both the telecommunication and data processing worlds, it becomes obvious, that there is a convergence of views, where the network moves towards an open distributed operating system, connecting several intelligent computing systems with eachother and allows public and private service providers to introduce and manage their own services running on that common infrastructure.

The management in future open multi-service networks driven by IN concepts becomes a crucial task, since network and service management are closely related in this architecture due to the increasing intelligence of network services. The application of standardized management concepts like *Telecommunication Management Network (TMN)* is a prerequisite for the open and uniform provision and management of services. This becomes even stronger in the light of the ongoing worldwide deregulation and liberalization of telecom environments by concepts like *Open Network Provision (ONP)*, which points towards openness, derregulation and growing competition among network and service providers, which will determine crucial conditions and restraints for this target environment.

The present paper focuses on the evolution of IN concepts, shows its relationships to the current activities in the field of ODP and discusses briefly the upcoming management issues of INs and the relationships to current TMN concepts.

2. Intelligent Networks

The Intelligent Network is an evolving service-oriented public network architecture, which represents a basis for the uniform provision of services beyond the basic telephone services in the telecommunication environment. Introducing some basic concepts from the data processing world into the telecommunication environment, the IN approach has three major goals for the defined architecture: *service independence* through the definition of generic service building blocks, representing generic functions that could be used for the construction of many different services, *network independence* through the definition of functional network elements with specific functionality and *vendor independence* through the definition of unique interfaces and protocols between the defined IN network elements.

The term IN service refers to any (telecommunication) service built upon an IN, where these services differ from classical telephone services in a more flexible way of switching and control. Especially value-added service like Freephone or Televoting services are examples for first available IN services. It should be mentioned that any IN service could also be realized in a traditional network, but the way services are built in an IN is much more efficient, since an important issue in the IN concept is the definition of a set of *service independent building blocks (SIBs)*, representing generic functions that could be used for the construction of many different services. A new service can be easily introduced by writing a new script, called *service logic program*, containing the appropriate SIBs.

Note that the term "intelligence" in this context is something misleading, since there is no use of artificial intelligence concepts, but there some network nodes, which are more "intelligent" than others. The main idea of the IN architecture is the separation of service control from traditional call processing functions, resulting in a small number of "intelligent" centralized database systems containing the logic of services, called *service control points (SCPs)*, to control the call processing of the "dump" telephone exchanges, now referred to as. Up to now several IN architectures have been defined or are under development, which have the same concepts in common, but differ in their scope and the terminology and way of description (see figure 1).

The first IN-like architecture was proposed by AT&T in 1976 with the introduction of outband-signalling. This proprietary architecture was based on the definition of an Action Control Point (ACP) and a Network Control Point (NCP), allowing the remote access to centralized services. But the pioneering work on intelligent networks has mostly been done by Bell Communications Research (Bellcore) in the United States with the proposition of the *Intelligent Network-1 (IN-1)* (1984) /Ambrosch-89/, what is now the name for the original IN concept, and *IN-2* (1987) /Bellcore-86/. The major evolution from IN-1 to IN-2 is that the latter is completely service-independent /Hass-88/. The main goal of IN-2 is to design standard interfaces so as to facilitate the introduction of the so called Open Network Architecture (ONA) into the public switched network in the USA. Since migration from IN-1 to IN-2 implies significant changes in the service switching nodes to accommodate new services, Bellcore defined an interim stage between IN-1 and IN-2, called *IN-1+* /Bellcore-88/, which establishes the initial platform required for full realization of the service-independent concepts embodied in IN-2.

In 1989 Bellcore has proposed an *Advanced Intelligent Network (AIN)* concept for the 1995 timescale, which will replace IN-1+ and IN-2 since there was no smooth evolution from the present network equipment to IN-2. AIN will evolve through a series of releases, which will be developed in cooperation with the Multi-Vendor Interaction Forum (MVI). The first of these, AIN Release 0 (1989) /Ameritech-89/ is an evolution of IN-1 and will be first implemented in 1991 to satify particular RBOC strategies and is out of the MVI study and without Bellcore support. The next release, AIN Release 1 (1991) will be targeted for implementation in 1993 and is a set of requirements defined by Bellcore using MVI results /Bellcore-90a/. AIN Release 2 (1993), which will continue the progress of Release 1 and carry AIN even closer to its objectives is targeted for the 1995 implementation /Bellcore-90b/.

A longterm architecture called *Information Networking Architecture (INA)* /Bellcore-90c/ for the time beyond 1995, which will be developed also by the MVI, will focus on the integration of information modeling and information processing in a distributed environment.

Besides these activities the international standardization of Intelligent Networks started late in 1989 in CCITT Study Group XI and XVIII /CCITT-IN/ and ETSI NA6 /ESTI-NA6/, which focus their work on the definition of an Intelligent Network Long Term Architecture and the development of recommendations for a series of upward compatible *Capability Sets (CS)*, where each CS is defined in terms of the services to be supported and the SIBs which support the services. Up to now CCITT has defined CS1 /CCITT-CS1/ for supporting a first range of IN applications. In order to provide a modeling tool for IN architectures, CCITT and ETSI developed an *IN Conceptual Model (INCM)*, which consists of four planes addressing service aspects, global and distributed functionality and physical aspects of an IN.

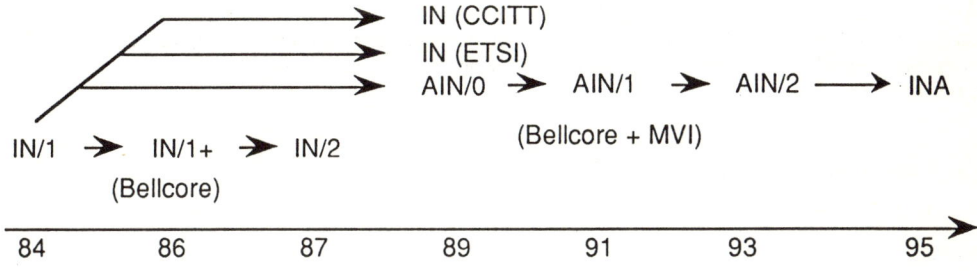

Figure 1: Evolution of Intelligent Networks

The subsequent paragraphs provide more details on Bellcore's IN-1, which represents the basis for all subsequent IN concepts, and CCITT's IN architecture, illustrating the current status of IN standardization.

2.1 Bellcore's Intelligent Network 1

For explaining the key elements of the intelligent network architecture we use the IN-1 architecture terminology as described in /Ambrosch-89/ because it is still in use and seems to be the best way for explaining the IN architecture and basic functionality (see figure 2):

The *Service Switching Point (SSP)* will be the customer's access point to the network, behaving as a local switching exchange. The difference between todays traditional local exchanges and the SSP is that the reaction of the SSP to customers requests for a particular service will be controlled by the regional *Service Control Point (SCP)*, rather than directly by the local switching exchanges. The SSP recognizes IN service calls, resulting in routing of queries to a SCP. SCP commands will be used by the SSP to further process the call. A SSP can address several SCPs if necessary. The heart of the IN is the SCP, the centralized data base. It includes the necessary data base and software to control the SSP and satify those service requests requirering the information stored in the SCP. The service programs and the data are updated from the SMS. The SCP simplifies service implementation, network administration, feature changes and updates of service provider records. SCPs are designed to support multi service operation. Control in the SCP is not only service specific, but it can also be customer specific. An additional *Intelligent Peripheral (IP)* may be connected to a SSP, which provides enhanced services/functions such as anouncements, voice messaging and database information access under the control of a SSP or SCP. The motivation for the introduction of this network element is an economical aspect, because it might be better for several users to share an IP, when the capabilities of the IP are too expensive to be implemented in all SSPs.

As mentioned above the IN concept is based on the separation of signalling and service data transfer. Common Channel Signalling based on *CCITT Signaling System No.7* is the key element in the evolving intelligent network, forming a logical separate out-of-band signalling network, which interconnects the geographical dispersed "islands" of intelligence /Modarressi-90/. The CCS7-network consists of *Service Transfer Points (STPs)*, which switch CCS7-messages to different CCS7-nodes. The CCS7-protocol used for IN will be based on the *Transaction Capabilities Application Part* which provides a remote operations mechanism for e.g. database queries.

The *Service Management System (SMS)* is owned by the network operator and contains the reference service databases. Supervision, remote operations and maintenance of SCPs and (coordinated) software downloading are part of the SMS features. Both network operators and customer terminals or computers can communicate with the SMS to either retrieve service reports or update data. The SMS is integrated in an Operations System which supports network operation, administration and maintenance functions and resides normally in a commercial host computer.

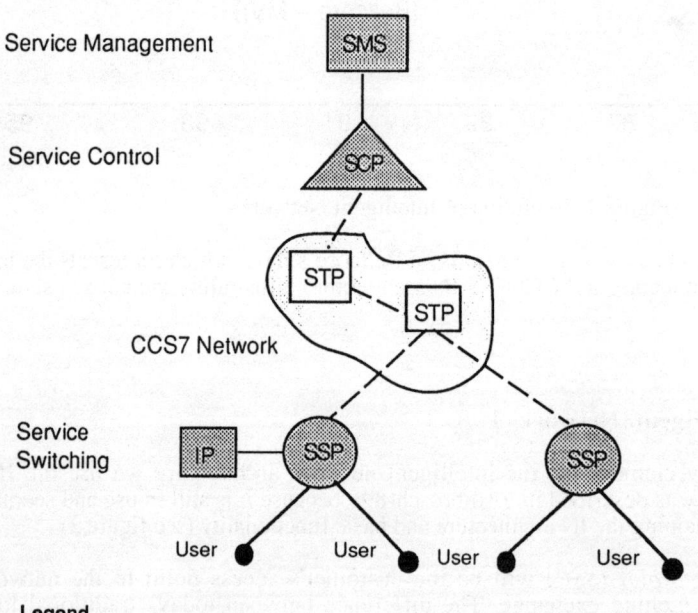

Legend

SMS	Service Management System	IP	Intelligent Peripheral
SCP	Service Control Point	STP	Signalling Transfer Point
SSP	Service Switching Point	CCS7	Common Channel Signalling System No. 7

Figure 2: Intelligent Network-1 Architecture (Bellcore)

2.2 CCITT´s Intelligent Network

In 1989 the process of international IN standardization has started in ETSI NA6 with the definition of an *IN Framework* /ETSI-NA6/ and in CCITT Study Group XI/4 and XVIII with the development of an *IN Baseline Document* /CCITT-IN/. Goal of the standardization process is the definition of a Long Term IN Architecture for the 1995 time scale, whereby there is an integration of technologies developed in other standards activities (i.e. ODP, DAF, TMN, ..). That means the IN will represent an open architecture that is achieved through the integration of computing information and telecommunication technologies.

Focussing on the functional IN architecture the terms used here differ slightly from the Bellcore terminology, because the key elements had been defined in form of *Functional Entities (FEs)*, like Service Switching Function (SSF) instead of SSP, providing a better granularity of functional grouping as shown in figure 3. The already defined functions are related to traditional call handling, service execution and srvice management:

The *Connection Control Function (CCF)* provides call processing for basic telephony services and also advanced, switch-based services and is accessed by the *Call Control Agent Function (CCAF)* representing the user terminal function.

A *Service Switching Function (SSF)* represents additional functionality for controlling switch resources and provides a well-defined, service-independent interface to the *Service Control Function (SCF)* which controls resources in a switch or peripheral based on the own service logic. A *Specialized Data Function (SDF)* contains specialized data (customer and network related data) and provides standardized real time access for SCFs to service data. Additional functions for controlling (intelligent) peripheral resources, i.e. voice prompts and digit collection are represented by a *Specialized Resource Function (SRF)*.

The *System Management Function (SMF)* controls service management, provision and deployment and is accessed by a *Service Management Agent Function (SMAF)* which provides the man-machine interface to the SMF. An additional *Service Creation Environment Function (SCEF)* provides software engineering tools for service logic and data template creation.

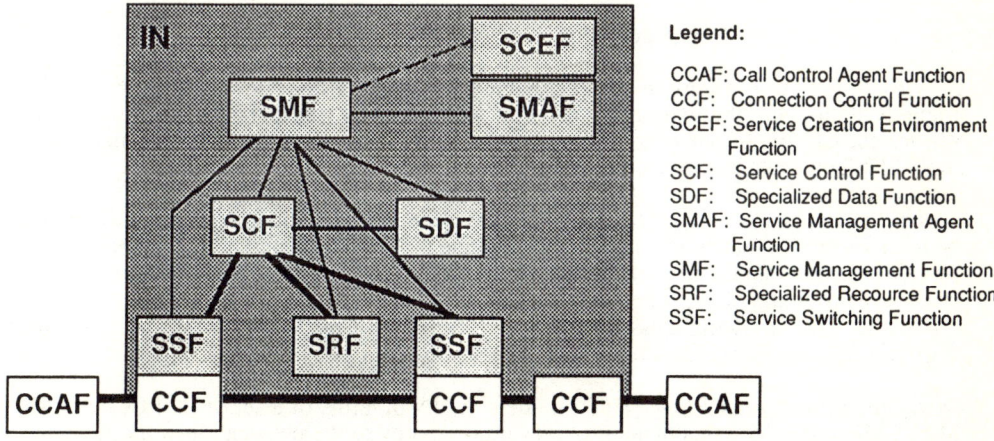

Figure 3: Functional Entities defined in the IN Distributed Functional Plane

In addition to this functional architecture CCITT and ETSI defined a more comprehensive model referred to as *IN Conceptional Model (INCM)* shown in figure 4. The INCM should not be considered as an architecture rather than a modelling tool for designing an IN architecture.

This model comprises four planes, where each plane represents a different logical view of an IN. The model illustrates how IN services will be build in a uniform way be the use of a set of service independent building blocks and how network independence is achieved through the definition of generic IN functional entities mentioned before.

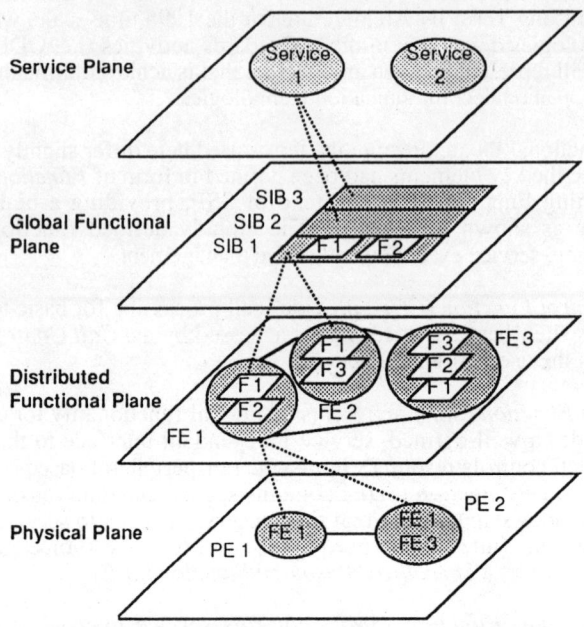

SIB = Service Independant Building Blocks
F = Functional Entity Actions
FE = Functional Entity
PE = Physical Entity

Figure 4: IN Conceptional Model

1. *Service Plane (SP)* represents an exclusively service-oriented view, where the service implementation and the underlying network technology is transparent to the users. Each service consists out of one or more *Service Features (SFs)*, where each SF contains one or more SIBs and could also be a complete service.

2. *Global Functional Plane (GFP)* contains the service independent building blocks, which will be used for service realization. Note that this plane provides distribution transparency to the service programer and models the network as a single programmable entity. That means the possible distribution of the functional entities involved in service provision is not visible at this plane. The following classes of SIBs are foreseen: *Call Control, User Interaction, Charging, Management, Monitoring, Security, Translation.*

3. *Distributed Functional Plane (DFP)* models the IN in terms of a set of IN FEs like SSF, SCF, SMF, etc. where this plane provides transparency to the physical network elements. SIBs are realized in a distributed way by means of special protocols between the corresponding entities. That means different FEs have to cooperate for the provision of SIBs, where FEs provide *Functional Element Actions (FEAs)* for the realization of SIBs.

4. *Physical Plane (PP)* models the physical aspects of an IN and defines different *Physical entities (PEs)* where the relevant FEs from the DFP are located. Note that different FEs can be colocated in one physical entity in different scenarios according to different characteristics

of the underlying network technologies (e.g. penetration of CSS7 network), liberalization decisions based on Open Network Provision /Magedanz-91a/ and service specific access requirements.

3. Intelligent Networks and Open Distributed Processing

The main goal of the IN architectures is the definition of a common set of service independent building blocks in an IN programming platform offering an *application programming interface (API)*, which provides for distribution transparency of the IN network elements and allows potential IN service providers the easy introduction of new services (compare to service plane and global functional plane in figure 4). Thus the different elements identified provide a high level distributed operating system, hiding the specific capabilities of the underlying network technolgy. Thus the IN could be structured into three levels:

1. IN services, based on service logic programs (application level). Note that this level comprises both the Service Plane and Global Functional Plane of the INCM;

2. IN programming platform containing IN support functions (SSF, SCF, SMF, etc.) defined in the INCM Distributed Funtional Plane; and

3. Physical nodes, where the IN functional elements are physically located (SSP, SCP, SMS, etc.) according to underlying network technology.

On the other hand numerous concurrent activities in standardization bodies and research projects for modelling distributed processing and distributed applications with the goal for provisioning an Open System Architecture for future services started in 1988. The most important activities are ISO´s *Open Distributed Processing (ODP)* /ISO-N6079/ /ISO-6080/ standards and CCITT´s *Framework for Distributed Applications (DAF)* /CCITT-DAF/ recommendations, which have the common goal to standardize a framework for structuring distributed applications, which will have a direct impact in the telecommuniction world in the long term, since they focus on the uniform development of future services in the OSI environment. Both studies are based on an object oriented approach for modelling distributed applications and the provision of supporting environments for building distributed applications. ODP relies on the infrastructure provided by different applications in the application layer. Focussing on an ODP system, such system comprises three levels:

1. Distributed applications and their components;

2. *ODP Supporting Environment* /ODP-SE/, which intents to cover support infrastructure for distributed applications, like cômmunication or security support and especially the *Trading Service* defined in /ISO-N6084/;

3. Physical support machines including hardware, operating and communication systems.

Note that this structure looks very similar to the aforementioned IN structure. Focussing on the common ideas of providing a supporting environment for future services and distributed applications, IN services can be compared to distributed applications in ODP, as done in /Chabernaud-90/. This means the Intelligent Network can be considered as a short term case study for the longterm ODP concepts. Important in this context seems to be an integration of both concepts, where i.e. there are several scenarios for using ODP trading concepts in INs for supporting:

- service subscribtion in the IN SP, since in an open world of services, where several private and public service providers offer a variety of similar and different services in a competetive way, finding an appropriate service will not be an easy task for a potential service subscriber;

- service providers in the IN GFP for the creation of services, where services can be build out of existing service features and SIBs; and

- dynamic binding between SSF and SCF in the IN DFP to support software distribution and "load balancing" in the IN network entities.

Some studies have to be done for analysing the relationships between these major concepts in order to achieve a harmonization of these different activities for the realization of common components for both domains, namely the data processing and telecommunication world.

4. Intelligent Networks and Management

For analyzing the management issues in INs, it is important to identify the roles involved in IN service execution, which have different management views in that environment (see figure 5).

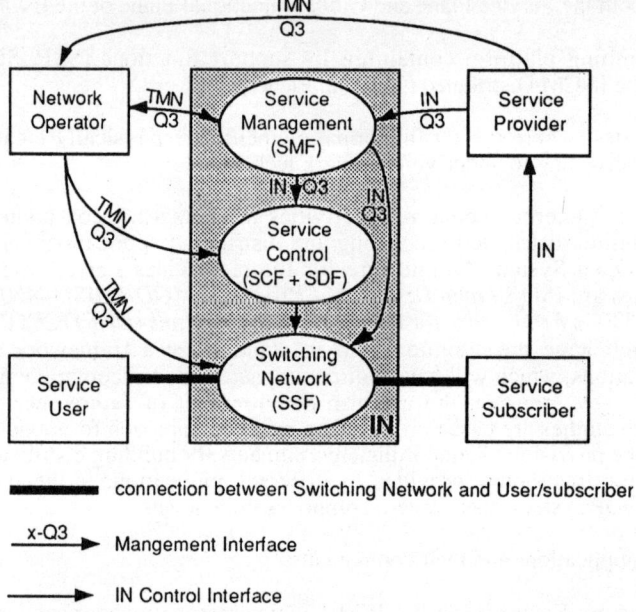

Figure 5: Roles involved in IN Management

The *network operator* is responsible for the provision of the common network infrastructure, which comprises all actions for an effective and errorfree provision of physical network resources and bearer services plus the provision and control of the IN functional entities in the DFP, representing logical network elements. Thus this role focusses on network management and in addition with basic service management.

The *service provider* is the one, who developes and provides the value-added service, based on the common infrastructure and underlying basic services provided by public service providers. This means this role is mainly involved in service management, comprising service creation, service administration (e.g. customer administration) and service operation. Important here is the creation of services by reusing predefined SIBs, service features and also already existing basic and value-added services, where the service provider requires due to the variety of offered services assistance for keeping an overview of available functionality. In addition relations and interactions to other existing services have to be defined (e.g. priorities).

The *service subscriber* is the person, who obtains the service from a service provider and has to pay the charges to that service provider (e.g. the called party in the 800 service). Subscribers of a service may be end-users or value-added service providers, since a service in that open environment can be build by modifying already existing services. Due to the variety of offered services in a liberalized service market the service subscriber requires assistance for selecting an appropriate service according to subscriber-specific serice requirements (e.g. 800 service with lowest tariff). Another important issue in future services is enhanced subscriber control, which comprises the control of subcriber-specific service attributes and the generation of and access to statistics data, representing a special kind of service management.

The *service user* is the person which has access to and makes use of a service, but does not necessarily be the subscriber (e.g. the calling party in the 800 service).

Based on this identification of different roles and their related management requirements it becomes obvious, that these requirements belong to different levels of the INCM. Focussing on service and network management, the IN Distributed Functional Plane seems to be the most important plane, since here both management domains are present. Whereas some of the service management requirements in the Service Plane and Global Functional Plane could be solved by using the upcoming Trading concepts form the Open Distributed Processing world for the dynamic binding between service subscribers and services and in addition for choosing appropriate service features for the realization of new value-added services, the management tasks in the IN DFP are much more complex. Here are management aspects like accounting, security and configuration of network resources and services are present, where services from different public and private service providers can be dynamically introduced and removed into/from the IN network elements, according to predefined service specific Quality of Service requirements.

For solving the upcoming complexity in service and network management, the application of specific management systems is not adequate anymore, since interoperability of different systems in that multi-vendor environment is an important issue for the provision for an integrated management system in the longterm. Overall agreed management concepts and standards for network and service management, like CCITT´s *Telecommunication Management Network (TMN)* /CCITT-M.30/ and ISO´s *OSI System Management* /ISO10040/ should be encompassed for the provision of an integrated management allowing both network and service management based on the same interfaces and protocols as proposed in /Magedanz-92b/. In contrast to the early days of management standardization, where TMN was quite different from OSI Management, both concepts have reached a convergence of views, where a coherent standards framework can be expected within the next years. Both concepts provide a minimum but necessary platform for providing interoperability between different management systems and network components in the short term, and a basis for an integrated management system in the longterm.

Future work in this area, which has just started ETSI /ETSI-NA4x/, will concentrate on the integration of IN and TMN concepts aiming for a common implementation platform, since both architectures have a lot of common goals and properties, where INs deal with generic service provision and TMN focuss on the generic management of services and networks as analysed in /Magedanz-92a/. An integration of both concepts comprises three issues, namely an:

- Integration of the architectures (common interfaces),

- Integration of data (information modelling), and

- Integration of applications (service execution logic & service management logic).

An integration of IN and TMN architectures means an analysis of the functional architectures of the IN and TMN and mapping of the functional entities defined in the IN Distributed Functional Plane to the functional building blocks defined in the *Functional TMN Architecture*. The integration of IN and TMN data means to allow all applications from IN and TMN to use the same data functionaly by means of an appropriate data modelling, since up to now IN and TMN use different ways of information modelling. The integration of IN and TMN applications means to integrate the creation and execution of service execution logic and service management logic from IN and TMN so that both kinds of programs could be supported by a common execution platform, e.g. the IN service execution environment. This is straight forward since management services are also services, which have to be provided in an efficient and uniform way, where these management services should use the same network resources as the networks and services they manage. Focussing on the way of IN service creation, management services should be constructed in the same uniform way as IN services, namely by the use of a predefined set of *Management SIBs (MSIBs)*. This should be the case for all kinds of management services like network and service management applications. Since the IN provides a means for fast service introduction there is the need to create the corresponding management service in the same range of time. Otherwise the bottleneck in the service introduction process will be shifted into the management domain and the time advantage to traditional service provision environments gets lost.

5. Conclusions

The present paper has focused on the evolution of IN-structured telecommunication networks, which support the flexible, uniform and open provision of future telecommunication services offered by several public and private service providers. Focusing on the way services should be built and run in this liberalized telecommunication environment offered by a growing number of competitive service providers, the network will move towards an open distributed information processing system, merging the data processing and telecommunication world. This becomes clearer when one compares the longterm goals of the telecommunications world and the recent developments in the context of ODP, where is clearly a common goal to standardize a framework for structuring distributed applications and providing a common plattform for building future services and applications. Service creation and provision relies on principles similar to distributed system structure, where service logic programs could be compared to application components and the IN programming platform as some kind of ODP supporting environment.

The management of future multi-service networks and in open distributed processing environments in the longterm becomes a major issue for future services and applications in those environments. Focussing on current developments in the TMN arena it seems fruitful to apply these concepts to IN /Magedanz-92b/ and to try to integrate IN and TMN architectures and applications in the longterm /Magedanz-92a/, since the management of a network or services can be considered itself as a service running in that environment.

Acronyms

AIN	Advanced Intelligent Network
API	Application Programming Interface
CCAF	Call Control Agent Function
CCF	Connection Control Function
DAF	Distributed Applications Framework

DFP   Distributed Functional Plane
FE   Functional Entity
GFP   Global Funtional Plane
IN   Intelligent Network
INA   Information Networking Architecture
INCM   Intelligent Network Conceptual Model
INFE   Intelligent Network Functional Entity
MSIB   Management Service Independent Building Block
ODP   Open Distributed Processing
ONP   Open Network Provision
PP   Physical Plane
SCEF   Service Creation Environment Function
SCF   Service Control Function
SCP   Service Control Point
SDF   Specialized Data Function
SIB   Service Independent Building Block
SMAF   Service Management Agent Function
SMF   Service Management Function
SMS   Service Management System
SP   Service Plane
SRF   Specialized Resource Function
SSF   Service Switching Function
SSP   Service Switching Point
STP   Signaling Transfer Point
TMN   Telecommunication Management Network

References

/Ambrosch-89/   W.D. Ambrosch et.al.: "The Intelligent Network", Springer Verlag Berlin Heidelberg, Germany, 1989

/Ameritech-89/   Ameritech Special Report: "Ameritech Intelligent Network Release 0 Architeture Overview", issue 1, July 1989

/Bellcore-88/   Bellcore Special Report: "IN/1+ Network Baseline Architecture", SR-NPL-001052, May 1988

/Bellcore-86/   Bellcore Special Report: "Plan for the second Generation of the Intelligent Network (IN/2)", SR-NPL-00044, issue 1, July 1986

/Bellcore-90a/   Bellcore Special Report: " Advanced Intelligent Network Release 1 baseline architecture", SR-NPL-001555, issue 1, March 1990

/Bellcore-90b/   Bellcore´s Multi-Vendor Interaction Architecture Issue Group: "Advanced Intelligent Network Release 2, Architecture Specification", 1990

/Bellcore-90c/   Bellcore: "Information Networking Architecture, Framework Overview", FA-INS-001134 Issue 1, August 1990

/Chabernaud-90/   C. Chabernaud, B. Vilain: "Telecommunication Services and Distributed Applications", IEEE Network Magazine, November 1990

/CCITT-DAF/   CCITT Study Group VII / Q.19: "Support Framework for Distributed Applications (DAF)", Study Group VII Plenary, Geneva, 1989

/CCITT-CS1/   CCITT Study Group XI/4: "Intelligent Network CS1 Guidelines and Workplan", WD 4-16, Geneva, August 1990

/CCITT-IN/   CCITT Study Group XVIII: "Baseline Document for IN Studies at CCITT", January 1990

/CCITT-M.30/   CCITT Recommendation M.30: "Principles for a Telecommunications Management Network", Blue Book, Vol. IV. Fascicle IV.1, 1989

/ETSI-NA4x/   ETSI Draft Technical Report NA4xxx: "Baseline Document on the Integration of TMN and IN", Version 1, October 1991

/ETSI-NA6/   ETSI Draft Technical Report NA6001: "Intelligent Network: Framework", Version 2, September 1990

/Hass-88/   R. Hass, R.W. Humes: "Intelligent Network/2: A Network Architecture Concept for the 1990`s", Int. Switching Symposium, Phoenix, March 1988

/ISO-10040/   ISO/IEC DP 10040, Information Processing Systems - Open Systems Interconnection - Systems Management: Overview

/ISO-N6079/   ISO/IEC JTC1/SC21 N6079: "Recommendation X.9yy: Basic Reference Model of Open Distributed Processing - Part 2: Descriptive Model", 1991

/ISO-N6080/   ISO/IEC JTC1/SC21 N6080: "Recommendation X.9zz: Basic Reference Model of Open Distributed Processing - Part 3: Prescriptive Model", Status: WG7 Working Document CCITT Q19/VII Report, 31 May 1991

/ISO-N6084/   ISO/IEC JTC1/SC21 N6084: "Working Document on Topic 9.1 - ODP Trader", WG7 Working Document, 31 May 1991

/Magedanz-90/ T. Magedanz et.al.: "Modelling ONP and IN", 1st TINA Workshop, Lake Mohonk, New York, June 1990

/Magedanz-91/ T. Magedanz: "Management in Intelligent Networks", 5th RACE TMN Conference, London, November 1991

/Magedanz-92a/ T. Magedanz: "Integrating Intelligent Networks and TMN", 3rd TINA Workshop, Tokyo, January 1992

/Magedanz-92b/ T. Magedanz: "Modelling an Integrated Management Support System for Intelligent Networks", International Zurich Seminar on Intelligent Networks and their Applications, Zürich, March 1992

/Modarressi-90/ A. Modarressi, R. Skoog: "Signaling System No.7: A Tutorial", IEEE Communications Magazine, July 1990

/ODP-SE/   ECMA Technical Report 49: Support Environment for Open Distributed Processing (SE-ODP), December 1989

Flexibles Design von Hochleistungsprotokollen mittels höherer Petri-Netze

Christian Engel, Bernd Heinrichs

RWTH Aachen, Lehrstuhl für Informatik IV, Ahornstr. 55, W5100 Aachen

Überblick

Zur direkten Herleitung einer Protokollimplementierung aus einer formalen Spezifikation existieren derzeit kaum Verfahren, die eine für Hochleistungsprotokolle adäquat leistungsstarke Implementierung erzeugen. In diesem Papier werden eine Implementierungssprache, die auf höheren Petri-Netzen basiert und eine dedizierte parallele Controller-Architektur vorgestellt. Sie ermöglichen eine geradlinige Implementierung eines Hochleistungsprotokolles aus einer formalen Spezifikation. Da das Markenspiel von Petri-Netzen inhärent parallele Ausführungen aufweist, gewinnt man leicht parallele Implementierungen. Dieses Softwarekonzept wird beispielhaft am eXpress Transfer Protocol (XTP) vorgestellt. Insbesondere in einer Designphase, in der die Protokollarchitektur noch sehr variabel ist (wie bei XTP), aber auch in Hinblick auf die sich rasch ändernden Anforderungen neuer Anwendungen sind Software-Ansätze reinen Hardware-Lösungen vorzuziehen.

Schlüsselworte: Petri-Netze, Hochleistungsprotokolle, Protokollspezifikation, Protokollimplementierung, Netzwerk-Controller, Multiprozessor-Architektur, XTP

1 Einleitung

Heutige Hochgeschwindigkeitsnetze und Medienzugangsprotokolle bieten Übertragungsbandbreiten bis in den Gigabitbereich bei gleichzeitig niedrigen Bitfehlerraten an. Transportsysteme (Ebenen 1-4) der OSI und TCP/IP-Welt sind jedoch für relativ langsame und unzuverlässige Medien konzipiert und ermöglichen eine nur unzureichende Auslastung der Übertragungstechnologien. Gründe dafür sind neben zum Teil überflüssiger Funktionalität ineffiziente Implementierungen und Protokollmechanismen. Infolge zukünftiger Anwendungen, die neben Text und Grafik, Bewegtbilder und Audiosignale integrieren, verändern sich die Anforderungen erheblich (Flexibilität, höhere Bandbreiten, geringere Verarbeitungszeiten, garantierte Übertragungszeiten). Zur Beseitigung des Protokollverarbeitungsengpasses gibt es verschiedene Ansätze, die auch kombiniert eingesetzt werden können:

- Optimierung der Protokollparameter (Timer, Fenster,...)
- effizientere Kommunikationsmechanismen
- Implementierungs-Strategien und effizientere Algorithmen
- Hardware-Unterstützung ausgewählter Protokollfunktionen
- Reduktion des Overheads für die Protokollverarbeitung auf höheren Ebenen → *lightweight protocols*
- Netzwerk-Controller auf Multiprozessor- oder VLSI-Chipset-Basis, die eine parallele Protokollverarbeitung unterstützen

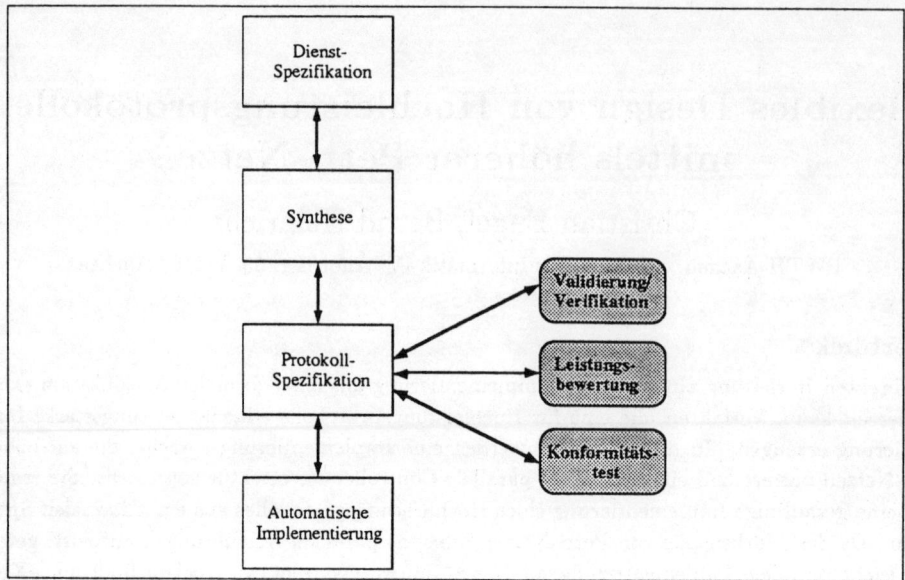

Abb. 1.1: Protokolldesign-Phasen

Insbesondere der letztgenannte Punkt, kombiniert mit einem vollkommen neuen Implementierungs-konzept, ist Kern dieser Arbeit. Die Komplexität heutiger Kommunikationsnetzwerke hat ein Stadium erreicht, in dem formale Methoden zum Protokolldesign benutzt werden sollten. Dazu wäre ein Ansatz vorteilhaft, der in jedem der folgenden Bereiche eingesetzt werden kann:

- Formale Spezifikation,
- Leistungsbewertung und
- Implementierung.

Petri-Netze spielen derzeit in keinem dieser Bereiche eine dominierende Rolle. Der große Vorteil ist jedoch die Möglichkeit der direkten Ableitung eines ausführbaren parallelen Programms aus einer auf Petri-Netzen basierenden Spezifikation. Abb. 1.1 illustriert die verschiedenen Phasen des Protokolldesigns, die komplett mit Petri-Netzen durchgeführt werden können.

Nach einer Beschreibung der dem Protokolldesign zugrundeliegenden Petri-Netze in Kapitel 2 wird im darauffolgenden Kapitel die Sprache PENCIL/C zur Programmierung der Protokolle vorgestellt. In Kapitel 4 wird der Petri-Netz-Ansatz zur formalen Spezifikation und parallelen Implementierung am Beispiel von XTP (eXpress Transfer Protocol [XTP 91]) illustriert. Zwar ist XTP ein Hochleistungsprotokoll[1], das mit dem primären Ziel der Hardware-Realisierung entwickelt wird. Doch gerade in einer Phase, in der die Protokollarchitektur noch sehr variabel ist, bietet sich ein optimiertes Softwarekonzept zur parallelen Protokollverarbeitung als Alternative an. Auch auf längere Sicht werden höhere Protokollebenen in Software implementiert werden und rechtfertigen dieses geradlinige Konzept für die Protokollentwicklung. Kapitel 5 gibt anschließend einen Einblick in die dedizierte Controller-Architektur, bevor Kapitel 6 mit Resümee und Ausblick schließt.

---

[1]Wir bevorzugen die Bezeichnung *Hochleistungs-* gegenüber *Hochgeschwindigkeitsprotokoll*, denn der Begriff *Leistung* deckt weitere zu erbringende Faktoren wie höheren Durchsatz, Flexibilität und geringere Verarbeitungszeit ab.

2 Eingeschränkte Produktnetze

Eingeschränkten Produktnetze sind höhere Petri-Netze. Sie stellen, wie der Name schon andeutet, eine abgewandelte Form der Produktnetze [BuOc 89] dar. Außerdem dienen die Prädikaten/Transitionsnetze [Genr 87] als Vorlage.

Ein eingeschränktes Produktnetz ist ein Petri-Netz mit folgenden Merkmalen:

- Stellen mit individuellen Marken
- Ein- und Ausgabekanten
- Abräumkanten und Verbotskanten
- Kantenbeschriftungen
- Transitionen mit Transitionsprädikaten

2.1 Die wichtigsten Elemente der Eingeschränkten Produktnetze

Um den Umfang diese Papieres nicht zu sprengen, kann hier nur eine informelle Beschreibung der eingeschränkten Produktnetze und ein einfaches Beispiel gegeben werden. Die vollständige Definition in mathematisch exakter Form ist in [EnRu 92] zu finden.

Jede Stelle s eines eingeschränkten Produktnetzes besitzt eine Definitionsmenge D_s, welche eine einfache Menge (z.B. $\mathbb{N}$, $\mathbb{Z}$, $\{'A','B','C',\ldots\}$ u.s.w.) oder aber eine stukturierte Menge (Kreuzprodukt, Durchschnitt, Vereinigung, Teilmenge) über einfachen Mengen sein darf. Jeder Stelle s wird zu jedem Zeitpunkt eine *Markierung* M_s zugeordnet. Sie sagt aus, welche Elemente aus D_s derzeit in der Stelle liegen. Sie werden *Marken* genannt. Einen Sonderfall stellen *Einfachstellen* dar, in denen stets nur genau eine Marke enthalten ist. Sie wurden hinsichtlich der effizienten Ausführbarkeit der eingeschränkten Petri-Netze definiert. Sie stellen einen wesentlichen Unterschied zu den Produktnetzen in [BuOc 89] dar. Die anderen Stellen müssen anderen, hier nicht erläuterten Einschränkungen gerecht werden und heißen *Mehrfachstellen*.

Jede Transition t kann mit einem Prädikat $P(t)$ versehen werden. Die zwischen Stellen und Transitionen verlaufenden Kanten werden mit formalen Summen beschriftet, die als angeben, was über die Kante fließen kann. Wenn eine Transition t *schaltet*, entfernt sie Marken aus den *Vorliegerstellen* (alle Stellen, von denen eine Kante zu t führt) und plaziert Marken in die *Nachliegerstellen* (alle Stellen, zu denen von t eine Kante führt). Dies kann aber nur geschehen, wenn sie zuvor *aktiviert* ist, d.h. wenn in den Vorliegerstellen Marken liegen, die sich konsistent in die Kantenbeschriftungen und das Transitionsprädikat einsetzen lassen und das Prädikat dann bei der Auswertung den Bool'schen Wert 1 liefert. Beim Schalten einer Transition werden genau die Marken, die in die Beschriftungen der zur Transition führenden Kanten (sogenannte *Eingabekanten*) eingesetzt wurden, aus den Vorliegerstellen entfernt. Gleichzeitig muß auch in die Beschriftung der zu den Nachliegerstellen führenden Kanten (sogenannte *Ausgabekanten*) eingesetzt werden. Hierdurch ist festgelegt, welche Marken beim Schalten in die Nachliegerstellen plaziert werden müssen.

Weiterhin gibt es Verbotskanten und Abräumkanten. Erstere können das Schalten einer Transition unterbinden. Letztere führen von einer Transition zu einer Stelle und sorgen dafür, daß beim Schalten der Transition aus der Stelle einfach einige oder alle Marken entfernt werden. Als Schnittstellen zur Außenwelt wurden zwei besondere Typen von Stellen, die *Eingabe-* und *Ausgabestellen*, eingeführt.

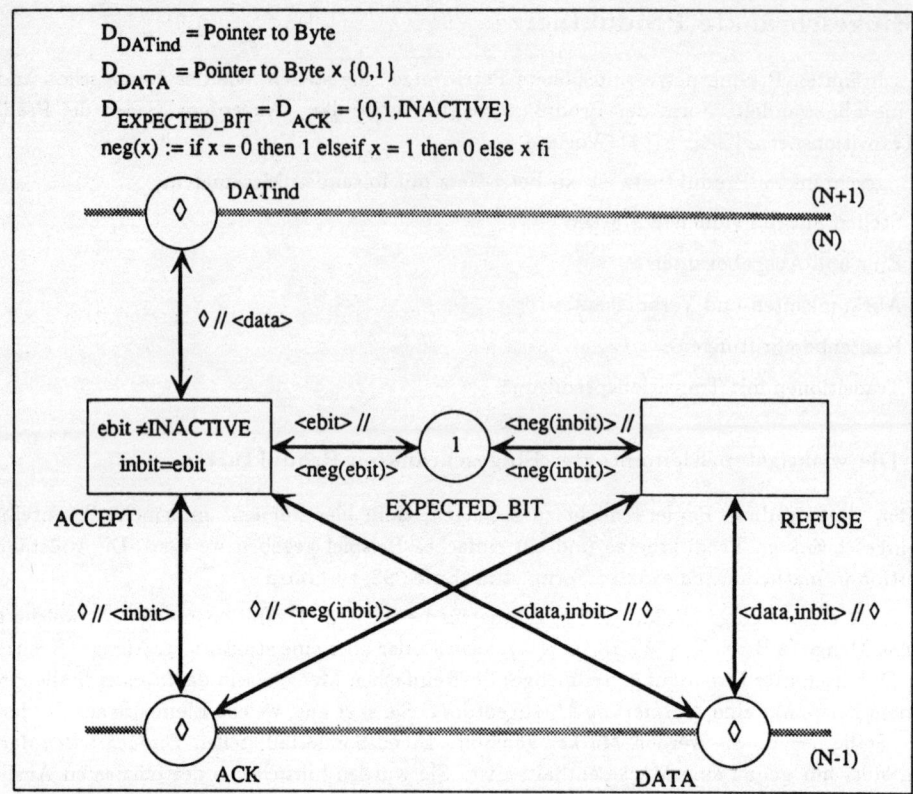

Abb. 2.1: Ein eingeschränktes Produktnetz für den Empfang eines Alternating-Bit-Protokolles

2.2 Graphische Darstellung der Eingeschränkten Produktnetze

Man kann die eingeschränkten Produktnetze zur Verdeutlichung sehr gut graphisch darstellen. Dabei werden Stellen durch Kreise, Transitionen durch Rechtecke und Kanten durch Pfeile dargestellt. In das Rechteck einer Transition wird ihr Prädikat hineingeschrieben und ihr redundanter Name daneben notiert. Kanten werden mit ihrer Beschriftung versehen. Verläuft zwischen einer Transition und einer Stelle sowohl eine Eingabekante als auch eine Ausgabekante, können diese zu einem zweigerichteten Pfeil zusammengefaßt werden. Als Beschriftung erhält er die Beschriftungen der beiden Kanten, die durch // getrennt werden, wobei die Beschriftung der Eingabekante zuerst genannt wird. Eine Stelle, die leer ist, wird explizit durch das Leersymbol ◊ markiert.

2.3 Beispiel für ein Eingeschränktes Produktnetz

In Abbildung 2.1 ist ein eingeschränktes Produktnetz für den Empfangsteil eines Alternating-Bit-Protokolles nach Verbindungsaufbau dargestellt. DATind ist die Schnittstelle zur Schicht (N+1), ACK und DATA die Schnittstelle zur Schicht (N-1). In der Stelle EXPECTED_BIT wird angezeigt, welches Kontrollbit das nächste erwartete Paket tragen muß. Die Transition ACCEPT schaltet genau dann, wenn dies zutrifft (inbit = ebit). Sie entfernt das Paket (Zeiger auf PDU, Kontrollbit) und gibt die PDU an DATind weiter. Gleichzeitig bestätigt sie in ACK den Empfang des Paketes, indem sie das Kontrollbit dorthinschreibt, und negiert die Marke in EXPECTED_BIT. Die

Transition REFUSE schaltet genau dann, wenn ein Paket bei DATA eintrifft, dessen Kontrollbit nicht gleich dem nächsten erwarteten Bit ist. Sie entfernt das Paket aus DATA und wiederholt die Quittung des vorangegangenen Paketes in ACK.

In [Ochs 91] wird ein vollständiges Produktnetz für das Alternating-Bit-Protokoll angegeben, welches sich recht leicht in ein eingeschränktes Produktnetz übertragen läßt.

2.4 Die Vorzüge von Eingeschränkten Produktnetzen und ihre Verwendbarkeit für Protokollimplementierungen

Soweit die eingeschränkten Produktnetze hier beschrieben wurden, stimmen sie weitgehend mit den Produktnetzen aus [BuOc 89] überein. Wie auch schon dort nachgewiesen wurde, sind Produktnetze gut für Spezifikation und Leistungsbewertung von Kommunikationsprotokollen geeignet. Sie erlauben in natürlicher Weise die Beschreibung von Nebenläufigkeit. Die eingeschränkten Produktnetze ermöglichen den Schritt zur Implementierung eines Protokolles. Der Entwickler muß sich mit der Konkretisierung und Verfeinerung der Spezifikation zur Implementierung befassen, hat aber nun dabei nahezu identische Ausdrucksmittel zur Verfügung. Die bis heute äuerst unterschiedlichen und sich fremden Sprachen der Spezifikation und der Implementierung von Protokollen werden weit angenähert. Dies geschieht unter Berücksichtigung der Effizienz, die das implementierte Protokoll aufweisen soll. Die Einschränkungen und Erweiterungen der eingeschränkten Produktnetze sind gezielt gewählt worden, um einerseits dies zu gewährleisten und andrerseits hohe praktische Verwendbarkeit im Rahmen der Implementierungsarbeit zu erzielen.

3 PENCIL: Eine Sprache zur parallelen Programmierung von Kommunikationsprotokollen

Die Sprache PENCIL erlaubt es, ein eingeschränktes Produktnetz zu programmieren. Auf einer entsprechenden Controller-Architektur läßt sich dann in einfacher Weise ein paralleles Kommunikationsprotokoll implementieren.

PENCIL ist keine vollständig neu entwickelte Programmiersprache, sondern basiert auf einer beliebigen aber geeigneten, bereits bekannten Programmiersprache und erweitert diese um einige Elemente. Prädestiniert dafür ist jede imperative Sprache, zu deren Umfang Funktionen gehören. Es wurde hierzu ANSI-C [KeRi 88] verwendet – es könnte aber z.B. auch PASCAL oder MODULA-2 benutzt werden –, weshalb die dabei entstandene Sprache PENCIL/C genannt wurde. Die vollständige Definition und Beschreibung dieser Sprache wird in [EnRu 91] gegeben.

Die in [KeRi 88, p. 234ff] gegebene Grammatik für ANSI-C wird in folgender Weise modifiziert: Die Ableitungsregel für das Nichtterminalsymbol *external-declaration* wird erweitert und die Regeln für die neuen Nichtterminalsymbole *transition-definition*, *transition-header*, *state-definition* und *place-class-specifier* neu eingeführt.

external-declaration:
    function-definition
    declaration
    transition-definition
    state-definition

place-class-specifier:
    splace
    mplace

state-definition:
    place-class-specifier type-specifier init-declarator-list ;

transition-definition:
    transition-header compound-statement

transition-header:
    trans *identifier* (*identifier-list*) (*expression*)

Stellen werden generell auf globaler Ebene definiert (*state-definition*). Dies ähnelt einer Variablen, die global definiert wird. Dem Schlüsselwort **mplace** (bzw. **splace** für eine Einfachstelle) folgt eine Typspezifikation (*type-specifier*) und eine Deklarations- und Initialisierungsliste (*init-declarator-list*).

Im Kopf einer Transition (*transition-header*) werden in der Bezeichnerliste (*identifier-list*), die auch als *Inzidenzliste* bezeichnet wird, alle zur Transition inzidenten Stellen aufgezählt. Der folgende Ausdruck (*expression*) ist das Transitionsprädikat, das in PENCIL auch als *Aktivierungsbedingung* bezeichnet wird. In der dem Kopf folgenden Verbundanweisung, die auch *Anweisungsteil* der Transition genannt wird, können beliebige Anweisungen, Deklarationen und Definitionen in ANSI-C gegeben werden.

Jede Stelle, die in der Inzidenzliste einer Transition angegeben wird, muß zuvor deklariert worden sein. Wenn sie mit der Klasse **splace** deklariert wurde und in der Inzidenzliste einer Transition auftritt, darf sie in der Aktivierungsbedingung benutzt werden. Stellen beider Klassen **splace** und **mplace** dürfen im Anweisungsteil benutzt werden, und es dürfen Zuweisungen an sie gemacht werden, vorausgesetzt sie erscheinen in der Inzidenzliste der Transition.

Die Kanten in PENCIL tragen anders als die Kanten in den eingeschränkten Produktnetzen keine Beschriftungen. Stattdessen können aber Anweisungen, also insbesondere Zuweisungen an die zu einer Transition inzidenten Stellen gemacht werden. Die Kanten ergeben sich implizit aus den Inzidenzen, die in den Inzidenzlisten der Transitionen angegeben werden.

In [Rupp 91] wird ein Verfahren vorgestellt, wie man automatisch aus einem eingeschränkten Produktnetz ein äquivalentes eingeschränktes Produktnetz konstruieren kann. Diese Übersetzung kann maschinell vorgenommen werden. Daher bietet sich die Konstruktion eines graphischen Editors für die Entwicklung von Protokollimplementierungen an.

Durch die Initialisierungen der Stellen ist eine Anfangsmarkierung des Netzes gegeben. Um festzustellen, ob eine Transition zu einem bestimmten Zeitpunkt aktiviert ist, wird ihre Aktivierungsbedingung ausgewertet. Erhält man einen Wert ungleich 0, schaltet sie, und ihr Anweisungsteil wird zur Ausführung gebracht, wobei die Werte aller inzidenten Stellen weitergereicht werden. Die Stellen verhalten sich wie Variablen, die per Verweis (*call by reference*) übergeben werden, d.h. wird eine Zuweisung an einen Bezeichner einer inzidenten Stelle gemacht, so erhält dadurch die entsprechende Stelle eine neue Marke zugewiesen. Die vordefinierte Konstante EMPTY steht für die Leerheit einer Stelle.

Das Beispiel in Abbildung 2.1 sieht als PENCIL-C Programm wie folgt aus:

```
typedef unsigned char Byte;

#define INACTIVE 2

splace Byte   ACK = EMPTY,           /* DATA indication, 0,1 */
              EXPECTED_BIT = 1;      /* next expected control bit */
splace Byte* DATind = EMPTY;
splace struct {
    Byte* data;
    Byte control;
}             DATA = EMPTY;          /* incoming Data with control bit */

Byte neg (Byte x)                    /* function: return negated value of x */
{
    switch (x) {
        case 0:  return (1);
```

```
        case 1:  return (0);
        default: return (x);
    }
}

trans ACCEPT (DATind, ACK, DATA, EXPECTED_BIT) /* accept incoming packet */
(EXPECTED_BIT <> INACTIVE && EXPECTED_BIT == DATA.control)
{
    ACK = DATA.control;                  /* acknowledge packet */
    DATind = DATA.data;                  /* data to (N+1) layer */
    EXPECTED_BIT = neg (EXPECTED_BIT);   /* change next expected control bit */
    DATA = EMPTY;                        /* fetch data from (N-1) layer */
}

trans REFUSE (ACK, DATA, EXPECTED_BIT)  /* refuse incoming packet */
(EXPECTED_BIT <> INACTIVE && DATA.control == neg (EXPECTED_BIT))
{
    ACK = neg (DATA.control);            /* repeat acknowledge of last packet */
    DATA = EMPTY;                        /* fetch and dump PDU from (N-1) */
}
```

4 Formale Spezifikation von XTP

XTP ist ein Hochleistungs-Protokoll mit dem primären Ziel der Hardware-Realisierung als VLSI-Chip-Set. Es umfaßt die Funktionalität von Protokollen der Ebenen 3 und 4 gemäß ISO-Referenzmodell und wird als Transfer-Protokoll bezeichnet. Zu den Standarddiensten, die von XTP erbracht werden, gehören u.a. verbindungsorientierte sowie verbindungslose Technik, Adressierungs- und Routing-Funktionen, Flußkontrollmechanismen und Prüfsummenberechnungen. Um überhaupt eine Hardware-Lösung zu ermöglichen, ist XTP ein Kompromiß zwischen einfachsten *Stop&Wait*-Protokollen und hoch-komplexen Protokollen wie OSI-TP4 oder TCP. Neben der Gewährleistung einer zuverlässigen Ende-zu-Ende-Datenübertragung werden jedoch von XTP einige Funktionen und Mechanismen unterstützt, die von herkömmlichen Transportprotokollen wie TCP oder OSI-TP4 nicht erbracht werden. Dazu gehört vor allem die Integration von Netzwerk-Funktionen. Denn ein noch so effizient arbeitendes Transportprotokoll verliert oberhalb eines leistungsschwachen Netzwerkdienstes viel von seiner Leistungsstärke. Infolge der geringen Fehlerraten auf heutigen Übertragungsmedien erübrigen sich bei Einsatz geeigneter Mechanismen auf Transportebene weitere Fehler- und Flußkontrollmechanismen auf LLC-Schicht. Aus diesem Grund setzt XTP auf einem verbindungslosen LLC-Dienst auf, der nicht zu einem Engpaß innerhalb der Protokollverarbeitung werden kann. XTP zählt aufgrund des Einsatzes möglichst einfacher Algorithmen zu den sogenannten *lightweight protocols*. Einige XTP-spezifischen Merkmale sind:

- Unterstützung von Realzeitkommunikation durch statische oder dynamische Prioritätenvergabe

- Prüfsummenberechnung *on the fly*

- Einteilung von Header und Trailer in Kontrollfelder fester Größe, die an festgelegten Positionen plaziert sind (8 Byte Alignment); es ergibt sich ein geringerer Parsing-Aufwand und eine Reduzierung des internen Pakettransfers sowie die Möglichkeit der Fließbandverarbeitung

- Geschwindigkeitskontrolle ergänzend zu herkömmlichen fensterbasierten Flußkontrollmechanismen

- Unterstützung verschiedener Adreßformate aus der ISO- und Internet-Welt

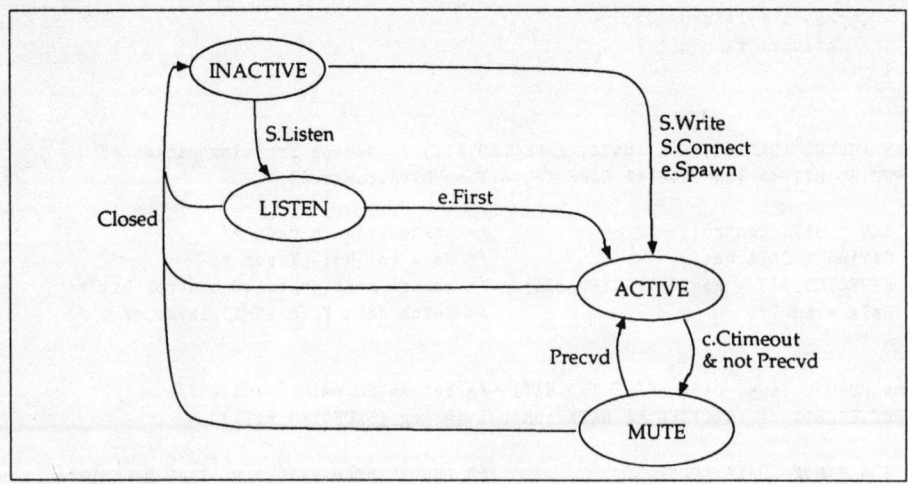

Abb. 4.1: XTP Context Manager State Machine

Die offizielle XTP-Protokoll-Definition basiert auf erweiterten endlichen Automaten. Eine solche Darstellung ist zwar sehr kompakt, kann aber nur als Richtlinie zum Verständnis des Protokolles angesehen werden. Die Zustandsübergangstabelle der Context Manager State Machine [XTP 91] ist in Abb. 4.1 als Automat dargestellt. Die Ausgabesignale sind aus Übersichtsgründen weggelassen.

Bisher existiert kein formaler Ansatz zur Ableitung einer parallelen Implementierung aus einer Automatenbeschreibung. Die eingesetzten Produktnetze bieten jedoch diese Möglichkeit an. Dazu wurde eine formale Technik zur Konvertierung einer Automaten-Spezifikation in eine Produktnetzdarstellung entwickelt [Rupp 91]. Da die Darstellung sämtlicher vier Teilnetze (Zustandsübergänge ausgehend von den vier Zuständen der Maschine: INACTIVE, LISTEN, ACTIVE, MUTE) der Context Manager State Machine den Rahmen des Artikels sprengen würde, zeigt Abb. 4.2 repräsentativ die Produktnetzdarstellung der Transitionen ausgehend vom Zustand INACTIVE ohne die Anfangsbelegung.

Die Stellen in der Produktnetz-Darstellung sind folgendermaßen definiert:
D_{states} = {INACTIVE, LISTEN, ACTIVE, MUTE}
$D_{host\_requests}$ = {S.Write, S.Connect, S.Listen, S.Create, S.Release}
$D_{internal\_signals}$ = {e.Spawn, e.New_context, e.Cntlout, Closed}
$D_{timeout}$ = {e.Ctimeout, e.Wtimeout}
D_{start_timer} = {Ctimer}
D_{alive} = {true, false}
D_{precvd} = {true, false}
$D_{c.SREQ}$ = {true, false}
$D_{create\_context}$ = $\mathbb{N} \times \mathbb{N}$
D_{tsap_lsap} = $\mathbb{N} \times \mathbb{N}$
$D_{release\_context}$ = $\mathbb{N} \times \mathbb{N}$
$D_{spawn\_context}$ = $\mathbb{N} \times \mathbb{N}$
$D_{host\_indication}$ = $\mathbb{N}$

Die Produktnetzdarstellung scheint auf den ersten Blick ziemlich kompliziert. Doch in diesem Falle liegt das daran, daß eine formale Übertragung aus der Autmatenspezifikation und nicht eine direkte Beschreibung vorgenommen wurde. Es existieren eine Vielzahl von Modellierungsoptionen, die zu einer kompakteren Beschreibung der gleichen Modelle führt. In Abb. 4.3 sind die vier Teildarstel-

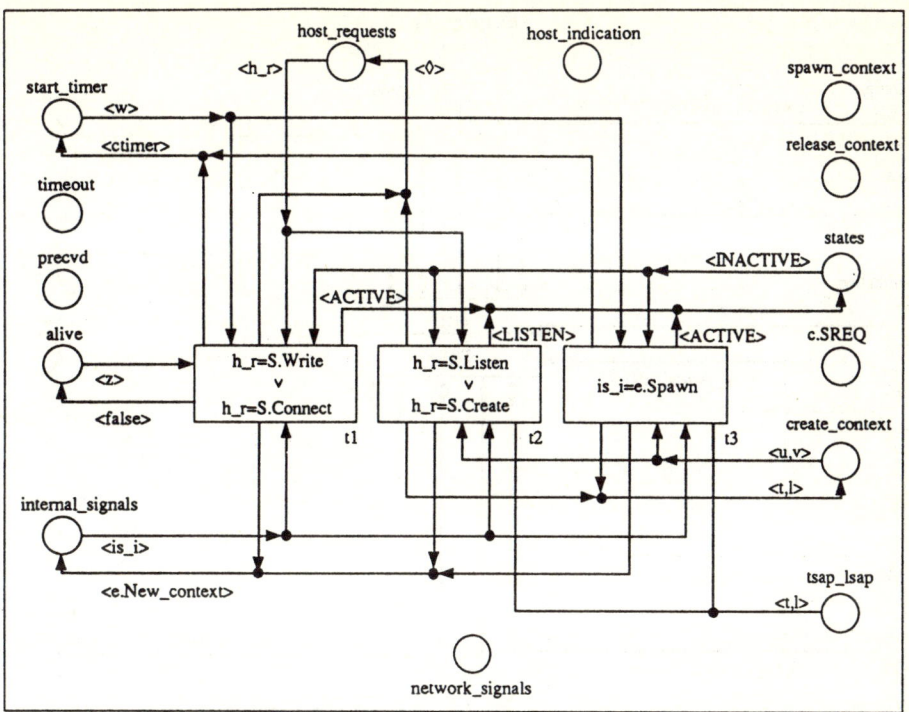

Abb. 4.2: XTP: Darstellung der Übergänge ausgehend vom Zustand INACTIVE

lungen der Context Manager State Machine in eine große Transition verschmolzen. Die resultierende Transition besteht aus einer disjunktiven Verknüpfung der einzelnen Transitionsprädikate und aus einer etwas aufgeblasenen **switch**-Anweisung zur Ausführung der anfallenden Protokollfunktionen. Das Verschmelzen zu einer großen Transition wurde deshalb vollzogen, weil innerhalb einer einzelnen XTP Zustandsmaschine keine parallel ausführbaren Operationen entdeckt werden konnten.

Entsprechend der Produktnetzdarstellung der Context Manager State Machine sind auch die übrigen Zustandsmaschinen spezifiziert. Somit hat eine formale Spezifikation des gesamten Protokolles die in Abb. 4.4 angegebene Form.

Jede Transition entspricht einer kompletten Zustandsmaschine der XTP-Protokoll-Definition. Das hier gewählte Vorgehen bei der Spezifikation des Protokolls resultiert in einem vollständigen bipartiten Graphen, da jede Stelle (außer den nur zu jeweils einer Transition inzidenten Zustandsstellen) zu jeder Transition inzidiert. Aus einer solchen Spezifikation läßt sich direkt ein sequentiell ausführbares Programm herleiten. Da sämtliche Vorliegermengen identisch sind (bis auf jeweils eine Stelle), bleiben sämtliche Stellen solange blockiert, bis die Markierung des Netzes aktualisiert worden ist, d.h. es können keine zwei Transitionen gleichzeitig aktiviert werden. Dem Ziel einer parallelen Implementierung kommt man jedoch durch die folgenden iterativ anzuwendenden Schritte näher:

- Entfernen von Kanten, bei denen die Stellen nicht zur Aktivierung der entsprechenden Transition beitragen.

- Verfeinern von Transitionen und Stellen zur Erzielung der optimalen Granularität (dabei kann die ursprüngliche Einteilung des XTP-Protokolls in die verschiedenen Maschinen durchaus aufgehoben werden).

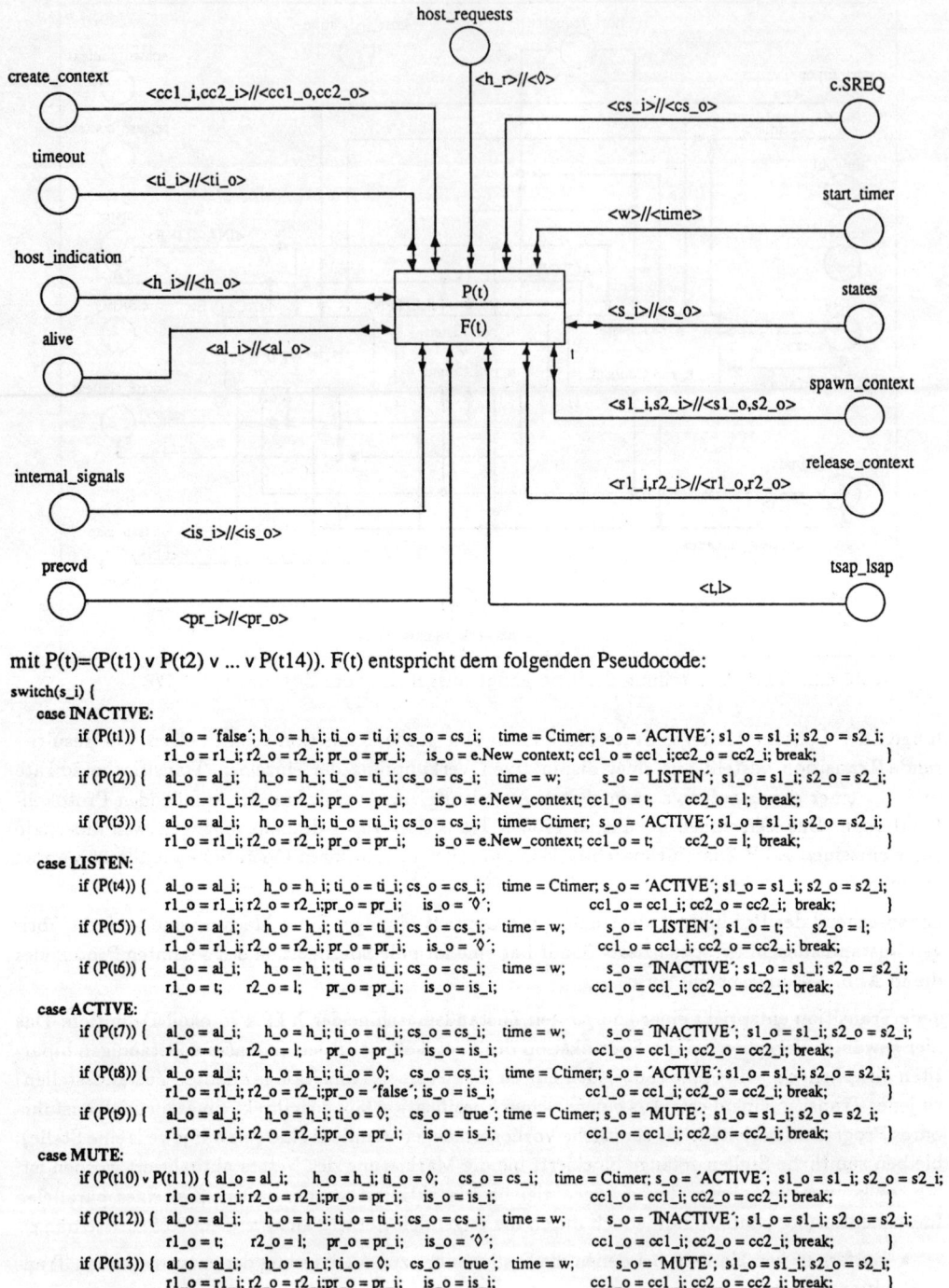

mit $P(t)=(P(t1) \lor P(t2) \lor \ldots \lor P(t14))$. $F(t)$ entspricht dem folgenden Pseudocode:

```
switch(s_i) {
  case INACTIVE:
      if (P(t1)) {  al_o = 'false'; h_o = h_i; ti_o = ti_i; cs_o = cs_i;   time = Ctimer; s_o = 'ACTIVE'; s1_o = s1_i; s2_o = s2_i;
                    r1_o = r1_i; r2_o = r2_i; pr_o = pr_i;    is_o = e.New_context; cc1_o = cc1_i; cc2_o = cc2_i; break;          }
      if (P(t2)) {  al_o = al_i;   h_o = h_i; ti_o = ti_i; cs_o = cs_i;   time = w;        s_o = 'LISTEN'; s1_o = s1_i; s2_o = s2_i;
                    r1_o = r1_i; r2_o = r2_i; pr_o = pr_i;    is_o = e.New_context; cc1_o = t;    cc2_o = l; break;              }
      if (P(t3)) {  al_o = al_i;   h_o = h_i; ti_o = ti_i; cs_o = cs_i;   time= Ctimer; s_o = 'ACTIVE'; s1_o = s1_i; s2_o = s2_i;
                    r1_o = r1_i; r2_o = r2_i; pr_o = pr_i;    is_o = e.New_context; cc1_o = t;    cc2_o = l; break;              }
  case LISTEN:
      if (P(t4)) {  al_o = al_i;    h_o = h_i; ti_o = ti_i; cs_o = cs_i;   time = Ctimer; s_o = 'ACTIVE'; s1_o = s1_i; s2_o = s2_i;
                    r1_o = r1_i; r2_o = r2_i; pr_o = pr_i;   is_o = '0';             cc1_o = cc1_i; cc2_o = cc2_i; break;        }
      if (P(t5)) {  al_o = al_i;    h_o = h_i; ti_o = ti_i; cs_o = cs_i;   time = w;        s_o = 'LISTEN'; s1_o = t;      s2_o = l;
                    r1_o = r1_i; r2_o = r2_i; pr_o = pr_i;   is_o = '0';             cc1_o = cc1_i; cc2_o = cc2_i; break;        }
      if (P(t6)) {  al_o = al_i;    h_o = h_i; ti_o = ti_i; cs_o = cs_i;   time = w;        s_o = 'INACTIVE'; s1_o = s1_i; s2_o = s2_i;
                    r1_o = t;    r2_o = l;    pr_o = pr_i;   is_o = is_i;            cc1_o = cc1_i; cc2_o = cc2_i; break;        }
  case ACTIVE:
      if (P(t7)) {  al_o = al_i;    h_o = h_i; ti_o = ti_i; cs_o = cs_i;   time = w;        s_o = 'INACTIVE'; s1_o = s1_i; s2_o = s2_i;
                    r1_o = t;    r2_o = l;    pr_o = pr_i;   is_o = is_i;            cc1_o = cc1_i; cc2_o = cc2_i; break;        }
      if (P(t8)) {  al_o = al_i;    h_o = h_i; ti_o = 0;   cs_o = cs_i;   time = Ctimer; s_o = 'ACTIVE'; s1_o = s1_i; s2_o = s2_i;
                    r1_o = r1_i; r2_o = r2_i; pr_o = 'false'; is_o = is_i;           cc1_o = cc1_i; cc2_o = cc2_i; break;        }
      if (P(t9)) {  al_o = al_i;    h_o = h_i; ti_o = 0;   cs_o = 'true'; time = Ctimer; s_o = 'MUTE'; s1_o = s1_i; s2_o = s2_i;
                    r1_o = r1_i; r2_o = r2_i; pr_o = pr_i;   is_o = is_i;            cc1_o = cc1_i; cc2_o = cc2_i; break;        }
  case MUTE:
      if (P(t10) v P(t11)) { al_o = al_i;   h_o = h_i; ti_o = 0;   cs_o = cs_i;   time = Ctimer; s_o = 'ACTIVE'; s1_o = s1_i; s2_o = s2_i;
                    r1_o = r1_i; r2_o = r2_i; pr_o = pr_i;   is_o = is_i;            cc1_o = cc1_i; cc2_o = cc2_i; break;        }
      if (P(t12)) {  al_o = al_i;   h_o = h_i; ti_o = ti_i; cs_o = cs_i;   time = w;        s_o = 'INACTIVE'; s1_o = s1_i; s2_o = s2_i;
                    r1_o = t;    r2_o = l;    pr_o = pr_i;   is_o = '0';             cc1_o = cc1_i; cc2_o = cc2_i; break;        }
      if (P(t13)) {  al_o = al_i;   h_o = h_i; ti_o = 0;   cs_o = 'true'; time = w;        s_o = 'MUTE'; s1_o = s1_i; s2_o = s2_i;
                    r1_o = r1_i; r2_o = r2_i; pr_o = pr_i;   is_o = is_i;            cc1_o = cc1_i; cc2_o = cc2_i; break;        }
      if (P(t14)) {  al_o = al_i;   h_o = h_i; ti_o = 0;   cs_o = cs_i;   time = w;        s_o = 'MUTE'; s1_o = s1_i; s2_o = s2_i;
                    r1_o = r1_i; r2_o = r2_i; pr_o = pr_i;   is_o = e.Cntlout;       cc1_o = cc1_i; cc2_o = cc2_i; break;        }
```

Abb. 4.3: Produktnetz-Darstellung der Context Manager State Machine

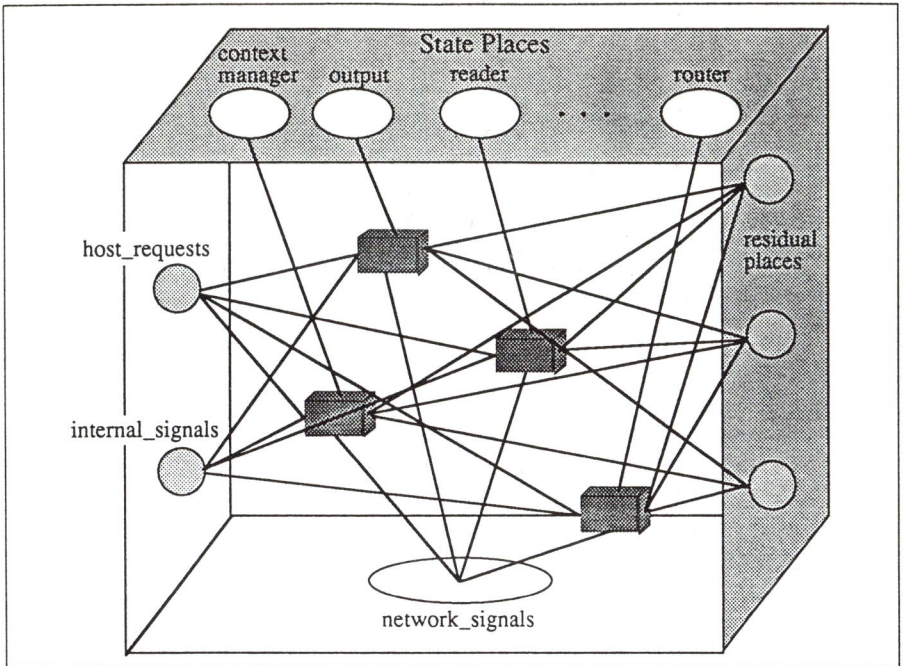

Abb. 4.4: Übersichtsdarstellung der XTP-Protokollspezifikation

Eine weitere Optimierung der Implementierung kann durch Einsatz von identischen Teilnetzen [Rupp 91] erzielt werden. Diese dienen der mehrfachen Realisierung der gleichen Protokollfunktion.

Dies ist vorteilhaft für die Darstellung von Protokollfunktionen, die oft nahezu parallel ablaufen. Die maximale Anzahl von Teilnetzen ist begrenzt durch die Anzahl von Aktionmaschinen der unterliegenden Controller-Architektur oder basiert auf praktischen Erfahrungen und Simulationen der betrachteten Protokolle.

Die Produktnetzspezifikation von XTP hat viele Mechanismen des Protokolles erst deutlich gemacht. Es ist offensichtlich, daß die bisher vorliegenden Zustandstabellen nur als Erläuterungen zum Verständnis des Protokolles zu sehen sind. Näheres zur Implementierung von XTP mittels Petri-Netzen ist in [Hein 92] zu finden.

5 Die MDMA-Architektur: Eine Maschine zur Ausführung von PENCIL-Protokollen

Die MDMA-Architektur (Multiple Decision/Multiple Action) führt das Markenspiel eines in PEN-CIL formulierten, eingeschränkten Produktnetzes durch. Sie soll hier nur skizziert werden, genaueres ist in [Rupp 91,Engb 90] nachzulesen. In Abb. 5.1 ist ein Blockbild der Maschine zu sehen.

Die Entscheidungseinheit stellt fest, welche der Transitionen aktiviert sind. Dazu verfügt sie über den Netzspeicher und den Markenspeicher. Ersterer enthält die statische Beschreibung des eingeschränkten Produktnetzes, letztere die aktuelle Markierung aller Einfachstellen. Wird eine Transition unter der gerade gültigen Markierung des Netzes als aktiviert erkannt, so stellt die Entscheidungseinheit ein Auftragspaket, das neben einer Identifikation der Transition die Markierung sämtlicher zu ihr inzidenten Einfachstellen enthält, in eine Warteschlange.

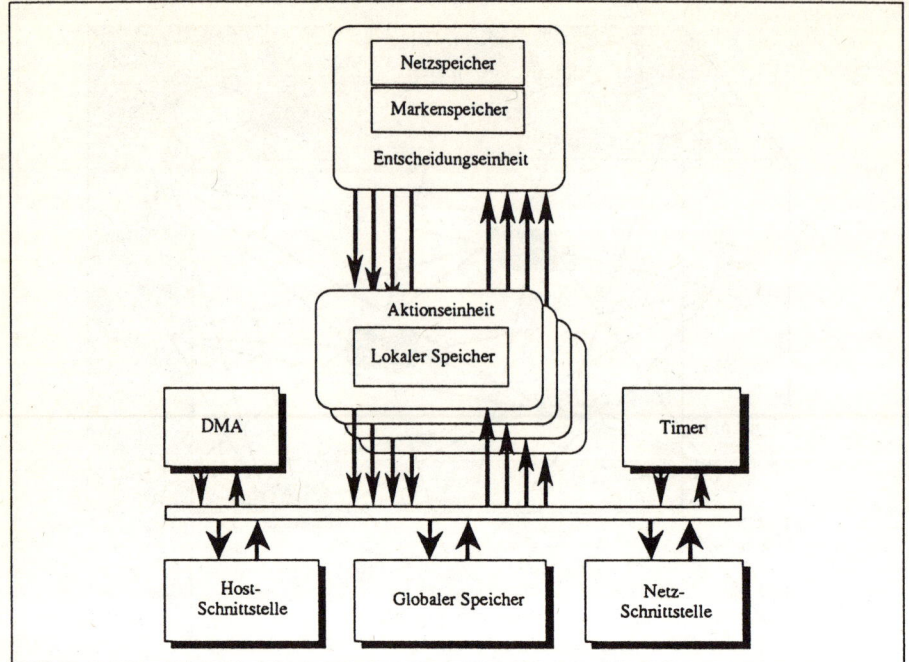

Abb. 5.1: Die MDMA-Architektur

Eine freie Aktionsmaschine holt sich ein Auftragspaket ab, um den Anweisungsteil der darin be-
zeichneten Transition auszuführen. Jede Aktionsmaschine besitzt einen lokalen Speicher, in dem ein
Abzug des Codes der Anweisungsteile aller Transitionen liegt. Im globalen Speicher, ein Multiport-
RAM, befinden sich globale Variablen und die Markierungen aller Mehrfachstellen. Hierauf sowie
auf Schnittstellen, Timer, DMA usw. haben die Aktionsmaschinen freien Zugriff. Ist die Ausführun-
gung beendet, schickt die Aktionsmaschine eine Quittung an die Entscheidungseinheit zurück und
schreibt die neue Markierung in alle Stellen, die zur bearbeiteten Transition inzident sind.

Ein- oder abgehende Pakete an den Schnittstellen und Timer-Ereignisse werden durch eine
Interrupt-Logik auf Ebene der Aktionsmaschinen durchgeführt. Sie lösen die Modifikation von
Eingabestellen aus.

6   Zusammenfassung und Ausblick

Zukünftig werden eine Vielzahl heterogener Protokollwelten koexistieren. Um höchste Flexibilität
zu erzielen, wird nicht nur die Entwicklung von speziellen Protokollmaschinen, sondern insbesondere der Einsatz von Allzweck-Controller-Architekturen wie die MDMA-Maschine eine Rolle
spielen. Der Vorteil dieses dedizierten auf Petri-Netzen basierenden Controllers resultiert aus der
Eignung von Petri-Netzen zur Beschreibung und Aufdeckung von protokoll-inhärenter Parallelität.
Aus diesem Grunde wird sich unsere zukünftige Arbeit u.a. auf die Weiterentwicklung und Optimierung der MDMA-Architektur konzentrieren.

Derzeit werden ein Emulator des MDMA-Controller-Modelles und ein PENCIL/C-Compiler ge-
baut. Die Realisierung der MDMA-Architektur auf Multiprozessor-Basis ist geplant. Die Implementierung von VMTP, TCP/IP, TP4 und insbesondere höherer Protokollebenen sind in Arbeit.
Die resultierenden Produktnetz-Darstellungen werden anschließend mit Hilfe der Produktnetzma-

schine der GMD [Ochs 91] verifiziert. Ein weiteres wichtiges Ziel des Projektes ist es, anhand der Erfahrungen mit den ersten Protokollimplementierungen ein Entwicklungspaket zu erarbeiten, mit dem ein besseres Design und effizientere Implementierungen von Hochleistungsprotokollen erreicht werden. Es entstehen ein graphischer Editor sowie Simulations- und Analysewerkzeuge.

Literatur

[BuOc 89]   H.J. Burkhardt, P. Ochsenschläger, *Product Nets: A Formal Description Technique for Cooperating Systems*, GND-Studien Nr. 165, Gesellschaft für Mathematik und Datenverarbeitung mbH Bonn, Dezember 1989

[Engb 90]   Werner Engbrocks, *Funktionale Simulation der MDMA-Architektur*, Diplomarbeit, RWTH Aachen, 1990

[EnRu 92]   Christian Engel, Michael Rupprecht, *Eingeschränkte Produktnetze*, RWTH-Aachen, 1992

[EnRu 91]   Christian Engel, Michael Rupprecht, *PENCIL: Eine Sprache zur Programmierung von parallelen Kommunikationsprotokollen*, RWTH-Aachen, 1991

[Genr 87]   Hartmann J. Genrich, *Predicate/Transition Nets*, Petri Nets: Central Models and Their Properties, Advances in Petri Nets 1986, Part I, Proceedings of an Advanced Course, Bad Honnef, September 1986, LNCS 254, Springer Verlag 1987

[Hein 92]   Bernd Heinrichs, *XTP Specification and Parallel Implementation*, International Workshop on Advanced Communications and Applications for High Speed Networks, Munich, 16.-19. March, 1992

[KeRi 88]   Brian W. Kernighan, Dennis M. Ritchie, *The C Programming Language, Second Edition*, Prentice Hall, 1988

[Ochs 91]   Peter Ochsenschläger, *Die Produktnetzmaschine*, GMD-Studien Nr. 505, Gesellschaft für Mathematik und Datenverarbeitung mbH Bonn, Januar 1991

[Rupp 91]   Michael Rupprecht, *Implementierung und parallele Verarbeitung von Kommunikationssoftware*, Promotionsarbeit, RWTH-Aachen, 1991

[XTP 91]   *XTP Protocol Definition Revision 3.6*, Protocol Engine Incorporated, October 1991

Portabilität zu welchem Preis ?
— Experimentelle Untersuchungen an einer Linda-Implementierung —

Jean-Daniel Pouget   Helmar Burkhart

Institut für Informatik
Universität Basel
Mittlere Straße 142
CH-4056 Basel

1   Paralleles Programmieren – Parallele Prozesse

Verglichen mit der Zahl von Architekturansätzen und verfügbaren Parallelrechnern, ist die Methodik der Parallelprogrammierung immer noch unterentwickelt. Das zentrale Thema bei der Formulierung eines parallelen Algorithmus ist

- die Erzeugung genügend vieler nebenläufig abarbeitbarer paralleler Prozesse

- sowie die Synchronisation der Prozesse, d.h. die Einschränkungen im Ablaufverhalten der Prozesse untereinander und Konsistenzmaßnahmen beim Zugriff auf gemeinsame Daten.

Die heute dem Programmierer hierfür angebotenen Mechanismen entstammen zum einen Arbeiten auf dem Gebiet der Betriebssysteme, zum andern sind es Erweiterungen, die der Einprozessorwelt entstammen [AS83]. Das Resultat ist einerseits ein Überangebot an Synchronisationskonstrukten, die auf niederer Stufe operieren (z.B. Spin Lock, Semaphor, Fetch&Add), andererseits oftmals ein Fehlen natürlicher Parallelkonstrukte, wie etwa "Barriers" (Warten auf den letzten Prozeß). Tatsächlich existiert aus Systemsicht eine Rechtfertigung für viele Konstrukte, da dadurch eine effizientere Ausführung möglich wird. Allerdings ist der Programmierer aber mit einer solchen Vielfalt überfordert. Er muß sich zuviel mit Details herumschlagen, die mit dem Algorithmus als solchem eigentlich nichts zu tun haben. Diese Arbeitsweise hat gleich mehrere Nachteile:

- Sie setzt ein hohes Wissen über das Zielsystem voraus, nämlich Hardwarekenntnisse und Verständnis für die zugrunde liegende Rechnerarchitektur, die ein anwendungsorientierter Benützer meist nicht erbringen kann.

- Es geht viel Zeit für das Studium der Systemsoftware und der verschiedenen systemnahen Programm-Bibliotheken verloren (die Einarbeitungszeit für ein neues System gar nicht mitgerechnet).

- Je größer das Programm, desto mehr Fehler schleichen sich betreffend der Synchronisation ein.

- Die entstehenden Programme sind nicht portabel, so daß selbst einfachste Programme für einen Transport neu geschrieben werden müssen.

Die Hauptstoßrichtung für die Forschung ist deshalb eindeutig: Wie erhalten wir einfachere und portablere Parallelrechnersoftware ohne entscheidend an Effizienz zu verlieren ? In dieser Arbeit untersuchen wir, ob der in der Literatur viel zitierte Linda-Ansatz hier einen Beitrag liefert. Nach einer kurzen Einführung in Linda und die vorliegende Implementierung werden verschiedene Experimente und Leistungsmessungen gezeigt. Der Beitrag schließt mit einer kritischen Bewertung von Linda.

2 Der Linda-Ansatz

Das Programmierparadigma von Linda führt den Begriff eines gemeinsamen Datenraums ein (sog. Tupel-Raum) [ACG86, BCGL87]. Dieser Tupelraum ist von allen Prozessen aus zugänglich und bildet somit die Basis für das koordinierte Zusammenwirken der Prozesse. Der Tupel-Raum besteht aus einer ungeordneten Sammlung von Tupeln, von denen jedes aus einer geordneten Liste von Datenfeldern besteht. Die Anzahl der Felder ist dabei ebenso beliebig wie ihre Struktur. Es sind diese Eigenschaften, die Tupel eher als Elemente eines Datenbanksystems denn als Programmiereinheiten erscheinen lassen.

Der Linda-Ansatz ist keine eigene Programmiersprache sondern erweitert eine Wirtssprache (in der vorliegenden Arbeit ist dies MODULA-2). Im Sinne eines abstrakten Datentyps werden neben dem Tupelraum auch entsprechende Zugriffsoperationen definiert. In der ursprünglichen Version wurden 4 Operationen vorgeschlagen:

Out: Die Out-Operation fügt ein Tupel in den Tupel-Raum ein. Es können mehrere gleiche Tupel im Tupel-Raum existieren. Das Einfügen eines Tupels führt nie zu einer Prozeßblokkierung.

In: Die In-Operation entnimmt dem Tupel-Raum ein Tupel. Die Auswahl geschieht dabei über ein "Schablonen"-Tupel (sog. Template), bei welchem die Daten-Felder, die für die Auswahl relevant sind, mit Vorgabewerten besetzt werden. Durch den Vergleich dieses Musters mit den Tupeln im Datenraum (sog. Matching), werden die restlichen Felder mit den aufgefundenen Werten besetzt. Ist jedoch kein entsprechendes Tupel vorhanden, welches die Auswahlkriterien erfüllt, so wird der aufrufende Prozeß blockiert. Die Operation In erinnert sehr stark an Query-by-example — einer Abfragesprache für relationale Datenbanken, die in den 70-er Jahren definiert wurde.

Read: Die Read-Operation entspricht der In-Operation, allerdings mit dem Unterschied, daß das ausgewählte Tupel nicht aus dem Tupel-Raum entfernt wird, sondern nur dem "Matching" dient.

Eval: Die Eval-Operation ähnelt der Out-Operation. Im Gegensatz zu den bisher vorgestellten Operationen werden die Parameter allerdings erst nach dem Einfügen in den Tupelraum ausgewertet. Eval erzeugt hierfür implizit einen neuen Prozeß. Nachdem die Auswertung beendet ist, wird aus dem aktiven Tupel ein passives. Eval soll insbesondere eine Lösung für das Prozeßerzeugungsproblem darstellen. Es ist semantisch allerdings mächtiger und bei einigen Implementierungen (auch unserer) nicht realisiert.

Die Autoren von Linda preisen ihre Spracherweiterung als Lösung für verschiedenste Probleme der Parallelprogrammierung an:

Vereinfachung der Programmierung: Alle Synchronisationen erfolgen implizit über den Tupelraum. Eine direkte Kommunikation zwischen den Prozessen entfällt.

Portabilität: Falls die genannten Operationen in verschiedenste Wirtssprachen eingebaut sind, basieren alle Programme auf dem gleichen Grundschema. Der Transport von Programmen wird somit ohne großes Umschreiben von Programmen möglich.

Universalität: Der Ansatz ist sowohl auf Systemen mit gemeinsamem Speicher wie auch auf Systemen mit verteiltem Speicher implementierbar. Insbesondere haben die Autoren auch den Zusammenschluß von Arbeitsplatzrechnern zu einem leistungsfähigen Rechenknoten vorgeschlagen, wobei die Verteilung der Aufgaben über den Linda-Mechanismus erfolgt. TORQUE ist ein derartiger kommerziell erhältlicher Compute- Server, der via Linda in eine Netzwerkumgebung eingebunden werden kann.

Die angeführten Eigenschaften sind wie gesagt zunächst Behauptungen der Autoren von Linda. Insgesamt ist nämlich zu bemängeln, daß verglichen mit dem angeführten Anspruchsniveau recht wenig Leistungsdaten bekannt sind. Die Diskussionen sind eher qualitativ als quantitativ geführt. Portabilität wird aber nie gratis sein; d.h. jeder diesbezügliche Vorschlag muß an Implementierungsdaten gemessen werden. Für eine spezielle Linda-Implementierung auf einem hierarchischen Parallelrechner wurden bereits Leistungsdaten veröffentlicht [BH89]. In unserem Ansatz vergleichen wir die Leistung verschiedener Implementierungsvarianten und bewerten diese. Zum Schluss identifizieren wir aufgrund dieser Bewertung Schwachstellen des Linda-Paradigmas.

3 Linda auf M^3

Das M^3-Projekt wurde in den 80-er-Jahren an der ETH Zürich begonnen [BEK$^+$88]. Im Vordergrund standen Fragen der Gestaltung der Programmierumgebung von Multiprozessorsystemen, insbesondere die Problemkreise Konfiguration [Eig88], Leistungsmessung [Mil86], sowie Betriebssystemfragen [Fis87]. Die letzten beiden Themenbereiche werden gegenwärtig in zwei Dissertationen weitergeführt [Mos91, Sch91].

Die M^3-Hardwarearchitektur ist relativ einfach: Prozessoren sind über eines oder mehrere Busniveaus hierarchisch zusammengeschlossen, wobei an jedem Bus ein Speichermodul existiert, das von den darunter liegenden Prozessoren zugreifbar ist. Arbitrationshardware und Interprozessorkommunikations - Hardware sind dabei die einzigen multiprozessorspezifischen Elemente. Das in Basel aufgebaute System ist einstufig und basiert auf einem VME-Bus. Jedes Prozessormodul enthält einen Mikroprozessor Motorola MC68020 und 4 MByte lokalen Speicher und hat über den VME-Bus direkten Zugriff auf weitere 4 MByte Globalspeicher. Die später beschriebenen Experimente wurden in einer 5-Prozessor Umgebung vorgenommen.

Das Betriebssystem ORION ist eine Eigenentwicklung [Fis87]. Der Kern von ORION strukturiert sich in mehrere Module: Prozeßverwaltung, Synchronisation, Ausnahmebehandlung, Konfiguration, Basis-Ein/Ausgabe, sowie Speicherverwaltung. An dieser Stelle sind insbesondere die verschiedenen Synchronisationstechniken interessant. Spin Lock, Semaphor und Briefkastensynchronisation, die bei unseren Experimenten verwendet werden, operieren auf unterschiedlichen Abstraktionsebenen. Lock/Unlock Operationspaare bieten im Dutzende von Mikrosekundenbereich die Bildung von Kritischen Regionen, wobei keine Prozeßblockierung erfolgt. P bzw. V-Operationen bieten im Einmillisekundenbereich die Funktion allgemeiner Semaphore mit Prozeßblockierung. Send/Receive stellt bei unwesentlich größerem Zeitbedarf die Erweiterung zu einer Nachrichtenkommunikation dar. Bei den Experimenten kann als zentrale Fragestellung somit untersucht werden, was der Verzicht auf diese Vielfalt für Konsequenzen auf die Ausführungszeit hat.

3.1 Spracherweiterung von MODULA-2

Der im Rahmen des M^3-Projekts entwickelte Compiler MODULA-2/68K [BBE$^+$88]diente uns als Basis für die Einbettung von Linda. Da MODULA-2 bekanntlich eine Sprache mit strengem Typenkonzept ist, wurden alle Linda-bezogenen Erweiterungen deshalb so definiert, daß dieses fundamentale Entwurfskonzept auch weiterhin gilt. Tupel werden deshalb vor ihrer ersten Verwendung beschrieben, indem ein Bezeichner sowie die Typen der entsprechenden Datenfelder angegeben werden. Da der Tupel-Begriff zentral für die Linda-Programmierung ist, erschien hierfür eine eigene Definitionseinheit angebracht (Tupel- Deklarationsblock). Die Syntax selbst lehnt sich an die bereits bekannte Deklaration von Variablen bzw. Typen an. Die Linda- Operationen heißen in der vorliegenden Implementation OutL, InL und ReadL. Die Eval-Operation wurde nicht implementiert. Bei jeder Linda-Operation muß die Tupel-Klasse, auf welche sich die Operation bezieht, angegeben werden. Falls bei einer InL- oder ReadL-Operation ein Daten-Feld nicht spezifiziert wird (Angabe eines Template), so muß dies durch Voranstellen des Schlüsselworts **VAR** signalisiert werden. Nach erfolgtem

"Matching" weist dieses Feld dann den Wert des Daten-Feldes des gefundenen Partner-Tupels auf (siehe auch [BHK88]).

Beispiel: Wir werden später am Beispiel der Matrixmultiplikation auf Leistungsvergleiche von Linda eingehen. Im folgenden ist deshalb für den Leser, der noch keine Linda- Erfahrung hat, das algorithmische Gerüst zusammengestellt, das der echten Linda-Implementierung der Multiplikation zweier Matrizen entspricht. Das Programm besteht im wesentlichen aus drei Programmteilen:

- Der erste Block enthält die Konstanten-, Typ- und Tupeldefinitionen. An dieser Stelle sind natürlich besonders die Tupeldefinitionen interessant. Dimension ist ein Tupel, das nur gelesen wird und mit dem der Hauptprozeß den beteiligten Rechenprozessen die Größe des Problems mitteilt. Task ist ein Aufgabentupel; es definiert die Zeile der ersten Matrix die mit allen Kolonnen der zweiten Matrix zu multiplizieren ist. Row und Col sind Tupel die der Verteilung der Zeilen und Kolonnen dienen. Finished schließlich dient für das Erkennen des Programmendes.

- Der zweite Block definiert den Hauptprozeß; dieser legt zunächst die Größe des Problems in den Tupelraum. Anschließend werden alle Zeilen und alle Spalten als Tupel abgelegt. Danach wird der erste Rechenprozeß via Tupelauftrag gestartet. Abschließend erwartet der Hauptprozeß noch die Beendigungsmeldung von jedem Rechenprozeß und terminiert dann.

- Im dritten Block sind die mehrfach identisch vorhandenen Verarbeitungsprozesse definiert; diese entnehmen jeweils eine Aufgabe aus dem Tupelraum und starten anschließend den nächsten Prozeß. Jeder Rechenprozeß holt sich zuerst eine komplette Zeile und multipliziert diese anschließend mit allen Kolonnen. Der Einfachheit halber wird die Resultatmatrix nicht gespeichert. Das Ende des Rechenprozesses wird via parameterloses Ereignistupel Finished abschließend dem Hauptprozeß signalisiert.

Typ- und Tupel-Definitionen:

```
CONST   max = 100;
TYPE    RowT = ARRAY[0 .. max-1] OF REAL;
        ColT = ARRAY[0 .. max-1] OF REAL;
TUPLE   Dimension = (CARDINAL);
        Task = (CARDINAL);
        Row = (CARDINAL,RowT);
        Col = (CARDINAL,ColT);
        Finished = ();
```

Hauptprozeß:	Mehrfache Rechenprozesse

```
OutL(Dimension (dimension));
FOR i := 0 TO dimension-1 DO
  OutL(Row (i,row));
  OutL(Col (i,col))
END; (* FOR *)
OutL(Task (0));
FOR i := 1 TO dimension DO
  InL(Finished ());
END; (* FOR *)
```

```
ReadL(Dimension (VAR dimension));
LOOP
  InL(Task (VAR rowindex));
  nextindex := rowindex+1;
  IF nextindex < dimension THEN
    OutL(Task (nextindex))
  END; (* IF *)
  ReadL(Row (rowindex,VAR row));
  FOR colindex := dimension-1 TO 0 BY -1 DO
    ReadL(Col (colindex,VAR col));
    dot := 0.0;
    FOR index := 0 TO dimension-1 DO
      dot := dot + (row [index] * col [index])
    END; (* FOR *)
  END; (* FOR *)
  OutL(Finished ());
END; (* LOOP *)
```

3.2   Linda Laufzeitsystem

Die zentrale Datenstruktur des Laufzeitsystems, welche den Tupel-Raum repräsentiert, ist ein Feld von linearen Listen. Für jede Tupel-Klasse existiert innerhalb des Felds eine eigene Liste, so daß über den Feldindex eine eindeutige Identifikation der Klassen gewährleistet ist. Genaugenommen sind es 2 Listen, da Tuples und Templates innerhalb jeder Tupel-Klasse getrennt verwaltet werden (Abb. 1).

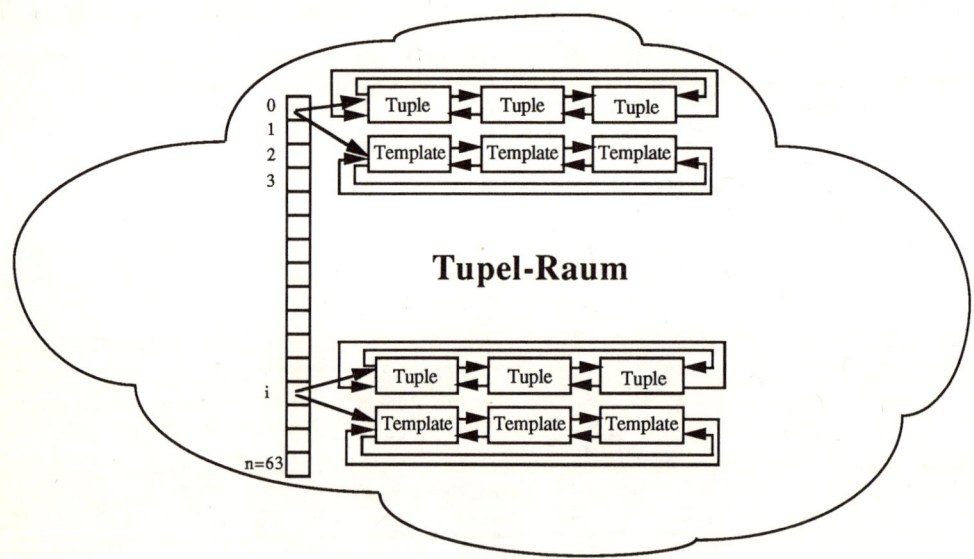

Abbildung 1: Implementation des Tupel-Raums

Die Linda-Operationen bewirken nun unterschiedliche Veränderungen im Tupelraum:

OutL: Da ein Tupel in den Tupel-Raum eingefügt werden soll, wird zuerst in der entsprechenden Template-Liste nach einem Partner gesucht. Wird ein passender Partner gefunden, so wird dieses Template aus der Template-Liste ausgekettet, der Prozeß, der das Template eingefügt hat, aufgeweckt (diese Information ist im Template vorhanden) und unser Tupel diesem Prozeß zur weiteren Verarbeitung übergeben. Falls kein passender Partner gefunden wurde, wird das Tupel in der entsprechenden Tupel-Liste eingefügt.

InL, ReadL: Auch hier wird zuerst in der entsprechenden Tupel-Liste nach einem passenden Partner gesucht. Wird einer gefunden, so wird dieses Tupel aus der Tupel-Liste ausgekettet (nur bei InL) und zur weiteren Verarbeitung mitgenommen. Falls kein passender Partner gefunden wurde, wird das Template in der entsprechenden Template-Liste eingefügt und der Prozeß blockiert sich, nachdem er sich zuvor im Template als dessen Eigentümer eingetragen hat.

3.3 Parameterübergabe an das Laufzeitsystem

Der Code einer einzelnen Linda-Operation entspricht dem eines externen Prozeduraufrufs. Die Parameterübergabe erfolgt teilweise in Registern, teilweise via Stack: Die Angabe der Tupelklasse (Tuple-ClassId), sowie die Anzahl Parameter (Daten- Felder), welche dann auf dem Stack abgelegt werden, erfolgt via Register. Die Reihenfolge wie die Datenfelder auf dem Stack abgelegt werden, ist aus Abb. 2 ersichtlich. Die einzelnen Felder bedeuten dabei folgendes:

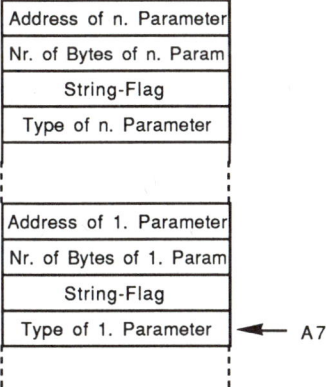

Abbildung 2: Parameterübergabe bei Linda- Operationen

Type of *i.th* Parameter: Gibt den Typ des jeweiligen Parameters an. Falls es sich um ein Tupel handelt, wird hier bei einfachen Datentypen ein Wertparameter angegeben sein. In diesem Fall enthält das Feld "Address of *i.th* Parameter" nicht die Adresse dieses Parameters, sondern dessen Wert. Falls der MODULA-2 Datentyp dieses Parameters eine Record- oder eine Array-Struktur ist (strukturierte Datentypen) wird immer die Adresse des Parameters ins Feld "Address of *i.th* Parameter" geschrieben. Im Falle einer Template Verwendung wird ebenfalls ein Referenzparameter spezifiziert.

String-Flag: Dieses Flag gibt an, ob es sich beim betreffenden Parameter um einen String (ARRAY OF CHAR) handelt oder nicht. Diese Unterscheidung ist notwendig, da beim "Matching" im Falle eines Strings nur bis zum ersten 0C-Zeichen innerhalb des Arrays verglichen werden darf, da dies das Abschlußsymbol von MODULA-2 Zeichenketten ist. Bei der Code-Generierung kann der Compiler aber nicht wissen, wo dieses 0C-Zeichen später beim Programmlauf stehen wird und muß deshalb im Feld "Number of Bytes of *i.th* Parameter" die Größe des gesamten Felds angeben. Das Laufzeitsystem wird in einem solchen Fall die tatsächliche Länge ermitteln und diese dann fürs "Matching" verwenden.

Number of Bytes of *i.th* **Parameter:** Enthält die Größe des MODULA-2 Datentyps des betreffenden Parameters.

Address of *i.th* **Parameter:** Dieses Feld enthält entweder die Adresse oder den Wert des betreffenden Parameters.

3.4 Zusammenspiel Compiler, Laufzeitsystem, Betriebssystem

Es ist die Aufgabe des Codegenerierungsteils des Compilers die Parameterübergabe entsprechend den obigen Angaben vorzunehmen. Die 3 Prozeduren InL, ReadL und OutL, welche ebenfalls im generierten Code referenziert werden, sind in einem Hilfsmodul *SYSTEMLINDA* zusammengefaßt. Beim Aufruf einer dieser 3 Prozeduren werden die Parameter vom Stack heruntergeholt und in einem Beschreibungsblock abgelegt, wobei es wiederum die Unterscheidung nach Tupeln und Templates gibt. Das Laufzeitsystem schließlich (die Operationen, die den Tupelraum verwalten) nimmt mittels einer zentralen Aufrufroutine *CallLinda* je nach Beschreibungsblock die entsprechenden Manipulationen vor. Hierbei werden auch die Kernprimitive des ORION -Betriebssystems aufgerufen (z.B. Block bei einer Prozeßblockierung falls kein Tupel gefunden wurde).

Diese Organisationsform erlaubt es, daß der compilerbezogene Teil noch weitgehend vom zugrunde liegenden Betriebssystem unabhängig ist. Eine Ausnahme stellt sich bei parameterlosen Tupeln. Hier wird statt eines Beschreibungsblocks ein Semaphor für die betreffende Tupel-Klasse kreiert (falls dies nicht bereits bei einem früheren Aufruf geschah). Je nach Linda-Operation wird dann eine von ORION zur Verfügung gestellte Semaphoroperation P (im Falle InL) , V (im Falle OutL), und P gefolgt von V (im Falle ReadL) durchgeführt. Dies ist der einfachste und schnellste Fall, da dabei das Laufzeitsystem gar nicht aufgerufen wird.

4 Was "kostet" Linda ?

4.1 Ausführungszeiten der Tupel-Operationen

Die reinen Ausführungszeiten der Zugriffsfunktionen sind natürlich für jede Leistungsbewertung wesentlich. Wir haben deshalb zunächst Basismessungen vorgenommen. Abb. 3 zeigt die Zeiten, die Linda-Operationen in unserer Umgebung benötigen. Beim Experiment wurde 1000 Mal ein Tupel Test = (CARDINAL, ARRAY) mit OutL in den Tupel-Raum gelegt und die benötigte Zeit gemessen. Danach wurden diese 1000 Tupel mittels ReadL gelesen und schließlich mit InL aus dem Tupel-Raum wieder entfernt. Der einzige Unterschied zwischen der linken und der rechten Grafik ist der, daß das Testprogramm für die Grafik links kein "Matching" durchführte, während rechts das 1. Tupel-Feld als Index für das "Matching" verwendet wurde. Um die Diagramme richtig interpretieren zu können, muß man wissen, daß das Laufzeitsystem die Tupel- und Template-Listen als LIFO- Warteschlangen verwaltet. Das angehängte "down" in der Legende zur rechten Grafik bedeutet nun, daß die InL- bzw. ReadL-Operationen in einer **FOR**-Schleife stehen, deren Laufindex für ein "Matching" verwendet wurde und von hohen zu tiefen Werten geht. Die LIFO-Verwaltung unseres Laufzeitsystems wird dabei optimal unterstützt, da das erste Tupel immer sofort Übereinstimmung findet. Hier zeigt sich eine gewisse implementierungsbedingte Anomalie. Im Grund bewirkt ReadL im Vergleich zu InL weniger interne Verarbeitungsschritte, sollte also schneller ausgeführt werden. Da aber die Tupel im Raum verbleiben, werden alle folgenden Zugriffe dadurch bestraft. Da dies bei InL nicht der Fall ist, ist bei der wiederholten Ausführung der Operationen letztlich InL um Größenordnungen schneller.

Erste Erkenntnisse: Die Messungen bestätigen im Prinzip die Erwartungen bezüglich den Laufzeiten der einzelnen Tupel- Operationen. Die benötigte Zeit pro Linda-Operation wächst linear mit der Größe der Tupel, da die Tupel-Felder kopiert werden müssen. Es zeigen sich aber auch hier Implementierungsabhängigkeiten, die zu mehr oder weniger effizienten Programmen führen können.

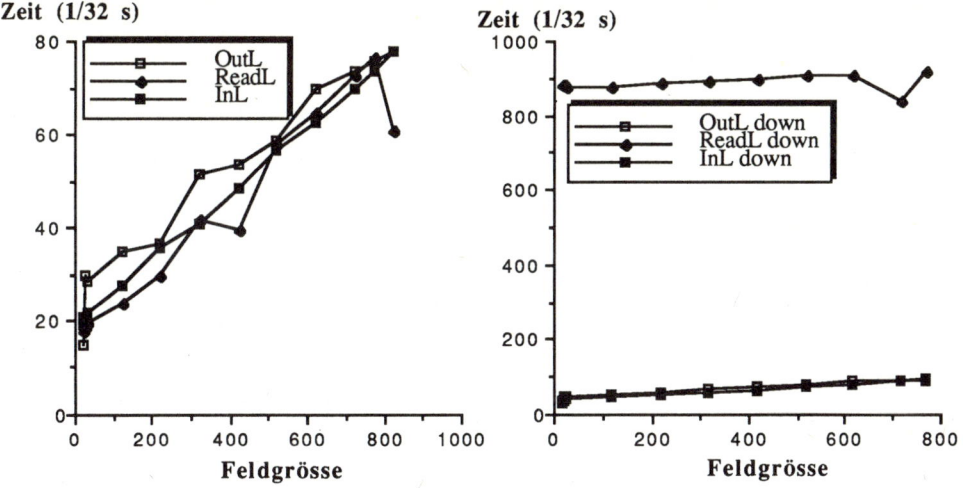

Abbildung 3: Messungen Linda-Operationen: Links ohne "Matching"; Rechts mit "Matching"

Insbesondere ist für die Bewertung des Leistungsverhaltens nicht die Ausführungszeit einer einzelnen Operation, sondern vielmehr die gesamte Folge der Operationen mitentscheidend. Kurzum die Leistungsanalyse von Linda-Programmen ist mitnichten trivial.

4.2 Meßresultate für die Matrix-Multiplikation

Um zu weitergehenden Resultaten zu kommen, haben wir verschiedene Versionen des bereits angesprochenen Matrix- Problems implementiert. Dabei wurde einerseits verglichen zwischen klassischen Lösungen, die ORION anbietet, sowie Variationen innerhalb des Linda-Paradigmas. Insgesamt sind die folgenden 4 Varianten ausgemessen worden:

Linda mit Copy: Dies ist die echte Linda-Lösung gemäß Abschnitt 3.1, bei der alle Zeilen- und alle Spaltenvektoren kopiert werden.

Linda mit Adreßreferenz: Bei dieser und den beiden folgenden Varianten werden die Spalten- und Zeilendaten nicht kopiert, sondern es wird nur jeweils ein Indexpaar (Zeile, Spalte) als Auftrag verschickt. Die eigentlichen Daten hingegen sind im globalen Speicher abgelegt und es wird direkt auf das Feld zugegriffen.

ORION Meldungssynchronisation: Hier werden die Aufträge über sogenannte Briefkästen verschickt. Die Meldungssynchronisation kann als Spezialfall der kommunikationsorientierten Linda-Operationen verstanden werden. Send und Receive – die beiden Zugriffsoperationen – haben nämlich feste Parameterlisten.

ORION "optimal": Bei dieser Variante erfolgt das Verschicken der Spalten- und Zeilen-Indizes über "Fetch-and-Add- Operationen", die softwaremäßig mittels Lock/UnLock- Operationen aufgebaut werden.

Abb. 4 zeigt den Vergleich der gemessenen Ausführungszeiten und Speedup Werte.

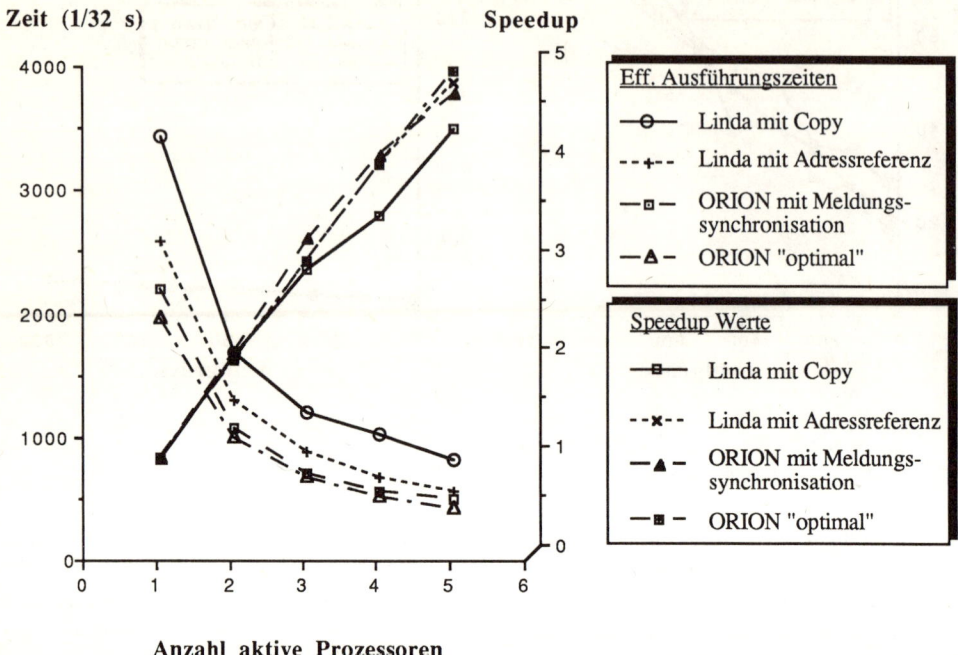

Abbildung 4: Leistungsresultate für die Matrix- Multiplikation

Erkenntnisse: Die genannten 4 Lösungen sind in ihrem Ausführungsverhalten zunehmend leistungsfähiger. Die effektiven Ausführungszeiten, die mit dem *echten* Linda-Programm erzielt wurden, sind ca. 30% höher als für die Lösung Linda mit Adreßreferenz. Die Unterschiede zwischen der Meldungssynchronisation und Linda mit Adreßreferenz sind relativ gering (ca 10% Overhead). Weitere 10% Verlust sind ferner zwischen der Meldungssynchronisation feststellbar. Während die Speedup-Kurven für alle vier Fälle eine nahezu optimale Ausführung suggerieren, ist betreffend der Absolutzeiten die reine Linda-Lösung nahezu nur halb so schnell als die optimale Lösung. Es ist dies ein Preis, der wohl nicht bei allen Anwendungen gezahlt werden kann.

5 Bewertung und Kritik

Die vorliegende Implementierung hat bewiesen, daß Linda relativ schnell auf einem System mit gemeinsamem Speicher realisiert werden kann. Auch hat sich bestätigt, daß die Integration der Linda-Operationen in das strenge Typenkonzept von MODULA-2 verbunden mit der Deklarationspflicht von Tupeln vorteilhaft ist. Wie vorher geschildert sind die Verluste, die sich einstellen, allerdings nicht vernachlässigbar. Genauso wichtig erscheint uns aber eine grundsätzliche Kritik: Der Universalitätsanspruch, den die Entwickler von Linda erheben, ist unserer Meinung nach nämlich nicht gerechtfertigt, da einige Problemklassen damit gar nicht oder nur über Umwege beschrieben werden können. Im einzelnen sehen wir folgende Hauptprobleme:

Mangelhafte Prozeßverwaltung: Wie im Abschnitt 1 angesprochen, sind die Prozeßverwaltung und die Prozeßsynchronisation zwei Themenbereiche, die aufeinander abgestimmt sein müssen. Hierbei ignoriert Linda den Bereich der Prozeßverwaltung. Prozesse können mittels Eval zwar gestartet werden, aber zum Beispiel ein Stoppen von Prozesse oder ein Ändern der Zuteilungsprioritäten ist nicht möglich. Zudem ist die Lösung, die Linda für die Kreierung von Prozessen bietet viel zu mächtig und zu komplex. Viele Linda Implementationen haben deshalb Eval gar nicht implementiert und verwenden einfach direkt Betriebssystemfunktionen, um Prozesse zu starten.

Hoher Bremsverlust möglich: Die effiziente Benutzung von Parallelrechnern muß immer mögliche Verlustquellen im Auge haben. Bei parallelen Programmen (z.B. Suchprobleme) kann dabei folgende Situation eintreten: Zum Zeitpunkt der vollständigen Problemlösung durch einen Prozeß, sind weitere Prozesse auf anderen Prozessoren noch mit der Lösungssuche beschäftigt. Es wird dabei eine gewisse Zeit vergehen, bis das Wissen um die bereits erfolgte Lösung überall vorhanden ist. Diese Zeitspanne des "Herunterbremsens" wird als Bremsverlust bezeichnet [BM89]. Da Linda keine asynchrone Kommunikation kennt, kann dieser Verlust ziemlich hoch ausfallen. Dies ist abhängig davon, wie viele Berechnungschritte ein Prozeß zwischen den einzelnen Kommunikationsoperationen (Tupel-Operationen) ausführt. Die Vermittlung des Wissens kann ja nur über Tupel-Operationen geschehen. Weil effiziente Linda-Programme eine möglichst grobe Granularität aufweisen, ist der Bremsverlust eine bestimmende Größe in Verlustbetrachtungen.

Bis jetzt haben wir nur die Zeit betrachtet, die verstreicht vom Zeitpunkt der Lösungsfindung bis zu dem Zeitpunkt an welchem die übrigen Prozesse die Möglichkeit haben, diesen Zustand zu erkennen. Das neue Wissen wurde aber noch nicht vermittelt. Dies ist auch gar nicht so einfach, da Prozesse meist auf neue Aufträge warten und zur Erkennung eines zweiten Ereignisses (siehe Indeterminismus) nicht vorbereitet sind. Eine mögliche Lösung dieses Problems, welche die Entwickler in Yale anwenden, ist die Verwendung von sogenannten "Poison Tasks". Dabei werden Aufträge mit Parametern versehen, die die betreffenden Aufträge als Meldungen charakterisieren. Prozesse, die solche "Poison Tasks" erhalten, erkennen die möglichen Meldungen und leiten je nach Meldungsart eine andere Aktion ein. Dieser Ablauf kostet jedoch wieder Zeit und erhöht den Bremsverlust noch einmal.

Je nach Algorithmus kann sich diese Problematik nochmals verschärfen. Beispielsweise ist es bei Algorithmen, die sich große Suchbäume aufbauen (jeder Knoten repräsentiert ein Auftrags-Tupel) besonders wichtig, daß nach Erkennen der Lösung die mittlerweile uninteressanten Teilbäume rasch abgebaut werden können. Dies ist mit Linda-Operationen nicht möglich, da globale Veränderungen des Tupelraums (z.B. Löschen ganzer Bereiche) nicht vorgesehen sind.

Fehlendes Konstrukt für Indeterminismus: Es fehlt ein Konstrukt um einen Indeterminismus (siehe z.B. Guarded Commands [Dij75]) auszudrücken. Zu diesem Problem gab es bereits Vorschläge wie die Prädikate Inp und Readp [Car87], welche später jedoch im Hinblick auf verteilte Systeme wieder fallengelassen wurden. Das folgende Beispiel mag den Grund für die Verwerfung darlegen:

```
OutL(Test (x));
IsInTupleSpace := Inp (Test (x));
```

In einem verteilten System kann nach Ablauf der obigen Code-Sequenz *nicht* immer davon ausgegangen werden, daß die Variable "IsInTupleSpace" den Wert "**TRUE**" hat. Dies, weil man a priori nicht weiß, auf welchem Weg eine Meldung in einem verteilten System vom Ursprungs- an den Bestimmungsort geleitet wird. So kann es sein, daß die Meldung, die den OutL-Befehl spezifiziert, nach der Meldung, welche das Inp- Prädikat kennzeichnet, an seinem Bestimmungsort ankommt; in diesem Fall ist das Resultat der Abfrage abhängig vom vorherigen Zustand des Tupel-Raumes. Ein weiterer Nachteil der Prädikate ist, daß sie den Indeterminismus mit einer Polling-Schleife realisieren müssen.

Das Warten auf mehrere Bedingungen ist aber insbesondere dann wesentlich, wenn wie bei Linda die Prozesse sonst nicht beeinflußt werden können.

Inkaufnahme großer Kopierverluste: Linda zwingt den Programmierer zu einer restriktiven Art der Datenverteilung. Daten werden zunächst lokal aufbereitet, danach in den Tupel-Raum kopiert, um dann wieder von einem anderen Prozeß in seinen lokalen Arbeitsbereich kopiert zu werden. Dies sind 2 Kopiervorgänge, die in einer Umgebung mit gemeinsamem Speicher unnötig sind und viel Zeit kosten. Wie schon unser kleines Matrixbeispiel zeigt, gibt es häufig Operanden, die bezüglich Synchronisationsbedingungen unkritisch sind.

Die Situation erinnert uns hier stark an die Architektur von Datenflußrechner. Beim ursprünglich vorgeschlagenen Konzept wurden alle Datentokens immer kopiert. Leistungsmessungen haben dann später dazu geführt, daß spezielle Konstrukte (z.B. I-Storage) eingeführt wurden.

Die Autoren von Linda haben primär eine Spracherweiterung vorgeschlagen. Für den Systembetrieb wesentlich sind aber auch Fragen der Lastaufteilung, des Debugging und der Leistungsmessung. Wie wir gesehen haben, ist das Problem der Leistungsbeurteilung ja nicht zu unterschätzen. Wir versuchen deshalb im Rahmen unserer gegenwärtigen Forschungsarbeiten, die oben genannten Mängel zu beheben und eine Basisumgebung für portables und effizientes Programmieren zu schaffen.

Verdankung: Ein Prototyp eines Linda Laufzeitsystems wurde uns freundlicherweise von der Siemens AG, Zentrale Forschung und Entwicklung, D-8000 München 83 zu Test- und Erweiterungszwecken zur Verfügung gestellt. Wir danken der Firma und insbesondere den Herren Borrmann, Herdieckerhoff und Kober für diese Unterstützung. Michael Moser und Heinz Scholian von der ETH Zürich haben uns bei der Portierung von ORION unterstützt.

Literatur

[ACG86]   S. Ahuja, N. Carriero, and D. Gelernter. Linda and friends. *IEEE Computer*, 19(8):26–34, August 1986.

[AS83]   G. R. Andrews and F. B. Schneider. Concepts and notations for concurrent programming. *Computing Surveys*, 15(1):3–43, March 1983.

[BBE+88] E. Ballarin, H. Burkhart, R. Eigenmann, H. Kindlimann, and M. Moser. Making a compiler easily portable. *IEEE Software*, pages 30–38, May 1988.

[BCGL87] R. Bjornson, N. Carriero, D. Gelernter, and J. Leichter. Linda, the portable parallel. Research Report YALE/DCS/RR-520, YALE University; Department of Computer Science, New Haven, Connecticut. USA, February 1987.

[BEK+88] H. Burkhart, R. Eigenmann, H. Kindlimann, M. Moser, and H. Scholian. The M^3 multiprocessor workstation. In *Conpar 88*, 1988.

[BH89]   L. Borrmann and M. Herdieckerhoff. Parallel processing performance in a linda system. In *ICPP89*, pages 151–158, 1989.

[BHK88]   L. Borrmann, M. Herdieckerhoff, and A. Klein. Tuple space integrated into modula-2, implementation of the linda concept on a hierarchical multiprocessor. In *CONPAR-88*, pages 659–666, 1988.

[BM89]   H. Burkhart and R. Millen. Performance measurement tools in a multiprocessor environment. *IEEE Trans. on Computers*, 38(5):725–737, 1989.

[Car87]   N. J. Carriero. Implementation of tuple space machines. Research Report YALEU/DCS/RR-567, YALE University; Department of Computer Science, New Haven, Connecticut. USA, December 1987.

[Dij75]   E.W. Dijkstra. Guarded commands, nondeterminacy and formal derivation of programs. *Communications of the ACM*, 18(8), August 1975.

[Eig88]   Rudolf Eigenmann. *Programmieren – Konfigurieren – Mensch/Maschine-Dialog : Ein Beitrag zu einer integrierten Programmentwicklungsumgebung für Multiprozessoren*. PhD thesis, ETH, 1988. Diss. ETH Nr. 8577, Reihe *Informatik-Dissertationen ETH Zürich*, vdf-Verlag Zürich.

[Fis87]   R. Fischer. *Konzept und Realisierung des Betriebssystems für ein allgemeines eng gekoppeltes Mehrprozessorsys tem*. PhD thesis, Swiss Federal Institute of Technology Zurich, 1987. Diss. ETH Nr. 8206.

[Mil86]   Roland Millen. *Techniken und Werkzeuge zur Programmüberwachung in Ein- und Mehrprozessorsystemen*. PhD thesis, Swiss Federal Institute of Technology Zurich, 1986. Diss. ETH Nr. 8169.

[Mos91]   Michael Moser. *ELAN — Werkzeuge zur Leistungs- und Verlustanalyse an parallelen Programmen*. PhD thesis, Swiss Federal Institute of Technology Zurich, 1991. Diss. in Vorbereitung.

[Sch91]   Heinz Scholian. *Hardwareoptimierte Prozessverwaltung in Multiprozessorsystemen*. PhD thesis, Swiss Federal Institute of Technology Zurich, 1991. Diss. in Vorbereitung.

Schrittweise Verfeinerung von Konzepten
– Konstruktion Verteilter Systeme
am Beispiel von *OlDiLa* und Mach –

Uwe Baumgarten

Universität Oldenburg
FB 10 – Informatik
Postfach 2503
D - 2900 Oldenburg
Tel.: +49 441 798 4518
E-mail: Uwe.Baumgarten@informatik.uni-oldenburg.de

Überblick

Der Ansatz der *Schrittweisen Verfeinerung von Konzepten* als Methode zur Konstruktion Verteilter Systeme wird motiviert, eingeführt und an Beispielen verdeutlicht. Für Verteilte Systeme wird zwischen einer abstrakten und einer räumlichen Verteilung unterschieden. Die Methode der Schrittweisen Verfeinerung wird am Beispiel der Eigenschaft der räumlichen Verteilung erläutert, indem diese Eigenschaft in einem Verfeinerungsschritt zu abstrakt verteilten Systemen hinzugenommen wird. Ihr Einfluß auf die Vorgehensweise wird dargelegt. Ausgangspunkt des Konstruktionsprozesses ist eine abstrakte Stufe, auf der die räumliche Verteilung von Systemen transparent ist. Auf einer konkreteren Stufe wird eine mögliche Art der Verteilung auf Stellen definiert. Diese Stellenverteilung wird dann auf der konkreteren Stufe in die Konzepte integriert, wobei die Eigenschaften der abstrakten Stufe ausgenutzt werden. Die Stellenverteilung wird als Verfeinerung der Konzepte der abstrakten Stufe eingebracht.

In einem weiteren Verfeinerungsschritt wird aufgezeigt, wie ein gegebener Konzeptevorrat als Basis für das Ziel des Verfeinerungsschrittes eingesetzt werden kann. Dieser Konzeptevorrat ist der eines konkreten μ-Betriebssystemkerns (Mach).

Der erstgenannte Verfeinerungsschritt folgt einer reinen top-down-Vorgehensweise. Der zweitgenannte geht ebenso von der abstrakten Stufe aus, konstruiert aber vorrangig nach einer bottom-up-Vorgehensweise. Beide Schritte, die, vom Vorgehen her gesehen, grundlegend verschieden sind, werden verglichen, und es werden einige Konsequenzen aufgezeigt.

1 Einführung

In diesem Papier wird der Ansatz der *Schrittweisen Verfeinerung von Konzepten* als Methode bei der Konstruktion Verteilter Systeme motiviert, eingeführt und an Beispielen verdeutlicht.

In diesem ersten Kapitel werden eine überblicksartige Einführung und eine Einordung in die Arbeiten gegeben, die im Rahmen des Projektes VERITOS an der Universität Oldenburg durchgeführt werden. Im zweiten Kapitel wird die Schrittweise Verfeinerung ausführlich betrachtet und an Beispielen aufgezeigt. Im abschließenden dritten Kapitel werden die wichtigsten Ergebnisse zusammengefaßt und ein Ausblick auf die Fortsetzung der Arbeiten gegeben.

Die Konstruktion Verteilter Systeme bildet den Schwerpunkt der Aktivitäten im Projekt VERITOS. Die Konstruktion wird hier nur überblicksartig vorgestellt. Detaillierte Betrachtungen sind in [BAU90] und [SPI90] zu finden. Ausgangspunkt für die Konstruktion ist die Festlegung eines Konzeptevorrates, der in der experimentellen Programmiersprache *OlDiLa* konkretisiert worden ist. Dieser Vorrat ermöglicht die Konstruktion kooperierender Komponenten derartiger Systeme. Dabei finden die Prinzipien der Objekt-Orientiertheit, der Klassenbildung und der Schachtelung Anwendung. Es wird zwischen Komponenten (Objekten) im Großen und im Kleinen unterschieden. Zu den Komponenten im Kleinen gehören die Generatoren, die dem Klassenprinzip folgendend Klassen von Komponenten beschreiben. Die Struktur des Gesamtsystems wird im wesentlichen durch die Komponenten im Großen geformt. Aus diesem Grunde werden sie als die wesentlichen Komponenten bezeichnet. Die verschiedenen Systemstrukturen folgen dem Schachtelungsprinzip, so daß für jede dieser Strukturen *"innen"* und *"außen"* hinsichtlich gegebener Komponenten unterschieden werden können. Das Schachtelungsprinzip hat ferner zur Folge, daß jede Komponente in zweierlei Hinsicht betrachtet werden kann. Zum einen kann sie alleine, ohne alle inneren wesenlichen Komponenten betrachtet werden. Als solche weist sie charakteristische Eigenschaften auf. Zum anderen kann sie zusammen mit allen inneren wesentlichen Komponenten betrachet werden, wodurch sie ein Subsystem definiert, dessen Wurzel sie bildet. Vor diesem Hintergrund sind in VERITOS verschiedene Komponentenkonzepte definiert. Betrachtet man die Komponenten im obigen Sinne alleine, so zerfallen sie in aktive und in passive Komponenten. Die aktiven Komponenten sind Akteure, die konzeptionell entweder Kommunikationsoperationen anbieten können (K-Akteure) oder nicht (M-Akteure). Das Konzepterepertoire für passive Komponenten besteht aus dem Konzept des Depots, welches Objekt-orientiert Speicherfähigkeit zur Verfügung stellt, und dem Konzept der Order, welches Operationsausführungen definiert. Bei den Ordern wird zudem zwischen einfachen, sequentiell in die jeweilige Ausführung einzuordnenden S-Ordern und den Kommunikationsoperationen (K-Ordern), die eine Kooperation nach dem Operationen-orientierten Rendezvous-Konzept realisieren, unterschieden. Der oben eingeführten Unterscheidung zufolge sind Depots für sich alleine betrachtet passive Komponenten. Trotzdem können sie als Wurzel eines Subsystems innere aktive Komponenten enthalten.

Alle derartigen Komponenten werden durch entsprechende Generatoren definiert.

Auf dieser Grundlage sind *OlDiLa*-Systeme dynamische Systeme, die sich mit einer Hauptkomponente startend auf der Basis der definierten Generatoren entwickeln. Die Entwicklung spiegelt sich in verschiedenen Strukturrelationen wider. Zu diesen gehören die Definitionsstruktur (δ), die jede wesentliche Komponente mit der Komponente, die ihren Generator enthält, in Beziehung setzt. Die Ausführungsstruktur ist eine zusammengesetzte Struktur. Sie zerfällt in einen sequentiellen Teil (σ), der die S-Ordern einordnet, einen parallelen Teil (π), der die Akteure einordnet, und einen Kommunikations-orientierten Teil (κ), der die Kommunikationsoperationen hinsichtlich ihres Aufrufs (Aufrufers) einordnet. Die Strukturen, die die Benennung von Komponenten einerseits und die Eigenschaft des "Bestehens aus" andererseits verbinden, sind die Lokalitätsstruktur (λ) und die Zeigerstruktur (ζ). Sie bilden die Grundlage für Aussagen über die Sichtbarkeit und die Benutzbarkeit von Komponenten in Ausführungsumgebungen. Auf die zudem existierende Lebenszeitstruktur (ε) wird hier nicht eingegangen.

2 Schrittweise Verfeinerung von Konzepten

Für die Konstruktion von Verteilten Systemen wird ein 2-dimensionales Modell verwendet. Dieses besteht in der ersten Dimension aus einer Menge von Abstraktionsstufen, von denen jede ein Verteiltes System unter gewissen, ausgewählten Aspekten betrachtet. In der zweiten Dimension wird ein System auf jeder Abstraktionsstufe konstruiert auf der Basis eines Konzeptevorrates, der durch die jeweilige Abstraktionsstufe festgelegt ist. Dieses Modell ist damit zum Beispiel vergleichbar mit Ansätzen, zu denen Hierarchien abstrakter Maschinen (vgl. [ROB79]) gehören.

Betrachtet man nun den Zusammenhang zwischen benachbarten Abstraktionsstufen, so kann man diesen durch den Übergang zwischen den jeweiligen Systemen bzw. den Konzeptevorräten charakterisieren. Die diesem entsprechende traditionelle Vorgehensweise ist gekennzeichnet dadurch, daß (a) wenige Abstraktionsstufen existieren, (b) der Übergang nicht für Konzeptevorräte sondern für Systeme bzw. deren Komponenten vorgenommen wird und (c) die Nachbarschaft von Stufen häufig ad-hoc-Entscheidungen widerspiegelt. Im Gegensatz dazu stellt die *Schrittweise Verfeinerung von Konzepten* eine Möglichkeit dar, den Übergang zwischen Konzeptevorräten zielgerichtet durchzuführen, indem die Konzepte in kleinen Schritten verfeinert werden und dadurch einen engen, wohlbegründeten und nachvollziehbaren Zusammenhang aufweisen.

Die Abbildung 1 mit den nachfolgenden Erläuterungen ordnet die Schrittweise Verfeinerung generell ein. Die Systeme, die konstruiert werden sollen, sind allgemeine Verteilte Systeme. Diese sind hier

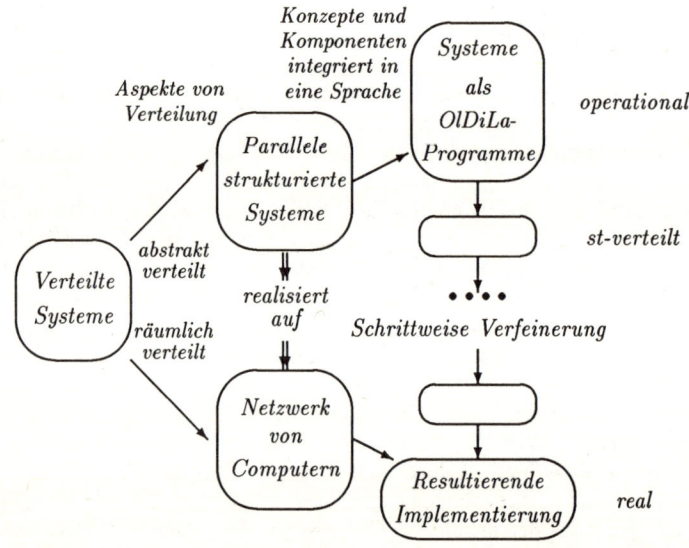

Abbildung 1: Schrittweise Verfeinerung von Konzepten

einerseits abstrakt verteilt, was besagt, daß sie als parallele, strukturierte Systeme zu betrachten sind. Andererseits spielt die räumliche Verteilung von Systemen auf der Grundlage eines Netzwerks von Stellenrechnern (Computern) eine Rolle. Für die Verteilten Systeme, so wie sie im Kontext des Projektes VERITOS betrachtet werden, ist nun von Interesse, wie abstrakt verteilte Systeme auf räumlich verteilten Systemen zu realisieren sind. Im Rahmen des Projektes VERITOS werden die abstrakt verteilten Systeme unter Rückgriff auf das Konzepterepertoire konstruiert, welches in der Einleitung kurz skizziert wurde. Diese Konzepte finden in der experimentellen Sprache *OlDiLa* ein konkrete Ausprägung. Die dadurch gebildete Abstraktionsstufe wird als die operationale Stufe bezeichnet. Durch Schrittweise Verfeinerung entstehen nun die Konzeptevorräte anderer Abstraktionsstufen, zu denen als konkreteste die Implementierung auf der realen Stufe gehört.

Auf die verschiedenen, dazwischenliegenden Abstraktionsstufen, die in den Rahmen von VERITOS gehören, wird hier nicht eingegangen (siehe zum Beispiel [ECK90] hinsichtlich der Speicherverwaltung). Hier interessiert nur ihr grundsätzlicher Zusammenhang sowie die wesentliche Anforderung an den Übergang zwischen Stufen, daß die Eigenschaften abstrakt verteilter Systeme bei der Schrittweisen Verfeinerung erhalten bleiben müssen.

In den nachfolgenden Abschnitten wird eine Stufe zur Konkretisierung des Vorgehens herangezogen, auf der eine mögliche räumliche Verteilung von Komponenten integriert wird. Diese Stufe wird als stellenverteilte Stufe, kurz st-verteilt, bezeichnet. Weitere Erläuterungen dazu sind in [BAU90] zu finden. Als ähnlich gelagerte Ansätze können im Bereich der Softwaretechnik die top-down-Ansätze betrachtet werden. Auf dem Gebiet der Betriebssysteme stellen PSOS [NEU77] und die Methode HDM [ROB79] einen frühen Ansatz dar.

Nach dieser Charakterisierung der Schrittweisen Verfeinerung schlechthin wird im nächsten Abschnitt ein einfaches *OlDiLa*-Beispiel vorgestellt, an dem die Vorgehensweise der Verfeinerung veranschaulicht werden soll. Daran anschließend wird der Verfeinerungsschritt aufgezeigt, durch den rein top-down-orientiert die Stellenverteiltheit zu den Konzepten hinzugenommen wird. Im dritten Abschnitt wird ein bottom-up-orientierter Verfeinerungsschritt eingeführt, bei dem der Konzeptevorrat der Zielstufe vorgegeben ist. Der Konzeptevorrat wird durch einen μ-Betriebssystemkern definiert. Im abschließenden Abschnitt dieses Kapitels werden beide Ansätze der Verfeinerung verglichen und Schlußfolgerungen aus dem Vergleich gezogen.

2.1 Ein einfaches *OlDiLa*-Beispiel

Im folgenden wird anhand eines Beispiels, das aus einem *einfachen Dateiserver* besteht, die Nutzung von *OlDiLa* zur Programmierung abstrakt verteilter Systeme erläutert. Das Beispiel ist einfach gehalten, um die hier interessierenden Eigenschaften deutlich hervortreten zu lassen.

Das Beispielszenario besteht aus zwei Auftraggebern, die einen Dateiserver gemeinsam nutzen. Der Dateiserver soll derart konstruiert sein, daß Aufträge der Auftraggeber parallel bearbeitet werden können. Er bietet nach außen als Dienst nur eine Operation für den lesenden Zugriff auf Dateien an (Read-only Dateiserver). Diese Beschränkung erfolgt hier, um keine Synchronisations- und Konsistenzprobleme lösen zu müssen. Lesende Zugriffe können uneingeschränkt parallel zueinander ausgeführt werden.

Dieser Dienst, den der Server anbietet, kann auf der operationalen Stufe grundsätzlich nach zwei Programmierparadigmen spezifiziert werden. Er kann einerseits mit einer Prozedur-orientierten Aufrufsemantik und andererseits mit einer Nachrichten-orientierten Aufrufsemantik definiert werden. Dieses führt zu zwei verschiedenen Modellen für den Dateiserver mit entsprechend unterschiedlichen Schnittstellen (Operationenangebot, Diensten). In diesem Abschnitt wird zunächst nur das Prozedur-Paradigma aufgegriffen vor dem Hintergrund, daß dieses Beispielsystem der Verdeutlichung der Schrittweisen Verfeinerung von Konzepten, die hier durch die Hinzunahme der Stellenverteiltheit erläutert wird, dienen soll. Das Nachrichten-orientierte Paradigma wird im dritten Abschnitt in einer zweiten Variante kurz aufgegriffen.

Der Prozedur-orientierte Dateiserver, im folgenden als *RORPC*-Dateiserver[1] bezeichnet, ist als eine passive Komponente (Depot) spezifiziert. Er bietet die Operation des Lesens gemäß dem Objekt-Prinzip Objekt-basiert an. Diese Operation ist mit einem Eingabeparameter versehen, durch den die jeweils zu lesende Datei ausgewählt wird, und mit einem Ausgabeparameter, der einen Wert als Ergebnis der Leseoperationsausführung liefert. Wegen der Einfachheit des Beispiels wird dieser Wert mit der entprechenden Datei nicht näher in Beziehung gesetzt, d. h. es wird von Position, Länge, Organisation usw. abgesehen. Die äußere Operation des Lesens ruft innerhalb des Dateiservers *RORPC* ein interne Operationen auf, durch die *innerhalb* des Dateiservers Parallelität entsteht. Da die Paral-

---

[1] *Read-Only Remote Procedure Call*-Server.

lelität konzeptionell von aktiven Komponenten getragen wird, ist diese interne Operation als Akteur (M-Akteur) definiert. Aus der Sicht der Auftraggeber entsteht die gewünschte Synchronisation mit Parameterübergabe, so wie sie dem Programmierparadigma (Prozedur-orientierte Aufrufsemantik) entspricht. Würde die äußere Operation direkt als M-Akteur spezifiziert, so käme die gewünschte Synchronisation nicht zustande. Die Auftraggeber sind ihrerseits aktive Komponenten. Sie sind als einfache M-Akteure spezifiziert.

Das entsprechende *OlDiLa*-Programm ist im Anhang angegeben. Einen Schnappschuß auf das sich dynamisch entwickelnde System zeigt Abbildung 2. Der erste der beiden Auftraggeber nutzt die

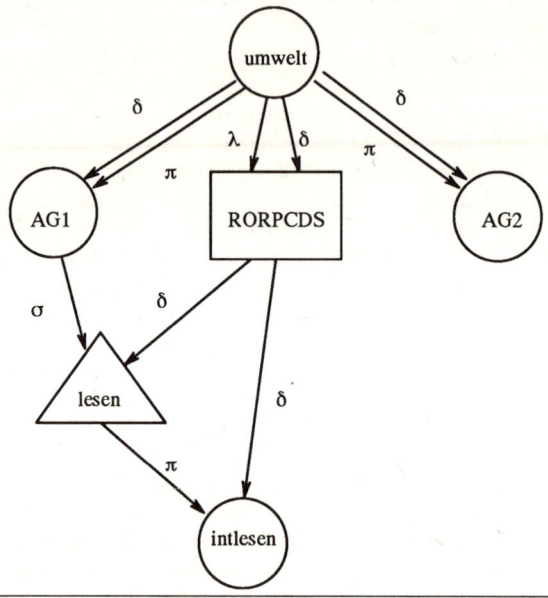

Abbildung 2: Schnappschuß des Systems mit RORPC-Dateiserver

äußere Operation des Dateiservers (*lesen*), deren innere Aktivität (*intlesen*) in Ausführung ist. Die Strukturrelationen sind vollständig wiedergegeben.

2.2 Verfeinerungsschritt am Beispiel der Stellenverteiltheit

Im folgenden wird die *Schrittweise Verfeinerung der Konzepte* an dem oben eingeführten Beispiel erläutert. Dazu werden zunächst die Ausgangsstufe für die Verfeinerung und die Zielstufe kurz charakterisiert. Zudem werden einige Randbedingungen für den Schritt der Verfeinerung angegeben.

Die Ausgangsstufe ist die *operationale* Stufe. Sie stellt die abstrakte Sicht der Verteiltheit dar. In ihr werden Systeme in *OlDiLa* spezifiziert. Die Zielstufe des Verfeinerungsschrittes ist dadurch charakterisiert, daß auf ihr sowohl die Speicher- als auch die Rechenfähigkeit räumlich verteilt sind. Diese Stufe ist in Abbildung 1 bereits als *stellenverteilte* Stufe bezeichnet worden. Komponenten kooperieren in Systemen auf dieser Stufe stellenübergreifend ausschließlich über ein Rendezvous-Konzept. (Wegen der räumlichen Verteilung des Speichers kann es notwendig sein, daß das Rendezvous-Konzept seinerseits auf einer weiteren Stufe Nachrichten-orientiert realisiert wird. Diese weitere Stufe ist hier aber nicht Gegenstand der Betrachtung.) Diese Art der Kooperation findet sowohl für aktive als auch für passive Komponenten Anwendung. Die Konsequenzen, die diese Komponentenarten-einheitliche Betrachtung hat, werden später erläutert. Zudem werden alle Komponenten über systemweit eindeutige Identifikatoren benannt. Generatoren können vervielfacht werden und so auf jeder Stelle mit einer lokalen Kopie vertreten sein.

Für diesen Verfeinerungsschritt werden die folgenden Randbedingungen aufgestellt: **(R-1)** die Sicht, die der *RORPC*-Dateiserver vom Rest des Systems hat und zu der insbesondere die Semantik der Operationen gehört, muß unangetastet bleiben, **(R-2)** die Sicht der Auftraggeber auf den *RORPC*-Dateiserver darf nicht geändert werden, **(R-3)** Transformationen innerhalb des RORPC-Dateiservers sind erlaubt, wobei insbesondere auch *Stubs* integriert werden können, so wie sie aus der Realisierung von entfernten Prozeduraufen (RPC) bekannt sind, und **(R-4)** die Zielstufe wiederum soll im wesentlichen gemäß dem durch die Konzepte von *OlDiLa* definierten Rahmen konstruiert und beschrieben sein, um die Schrittweise Verfeinerung der Konzepte deutlich hervortreten zu lassen.

Der Verfeinerungsschritt, bei dem die räumliche Verteiltheit auf der stellenverteilten Stufe berücksichtigt werden soll, wird nun an dem oben dargestellten *RORPC*-Dateiserver-Beispiel aufgezeigt. Dabei gehören zu den Fragen, die im folgenden zu beantworten sind:

(1.) Was wird verteilt?

(2.) Welche Konzepte werden verfeinert?

(3.) Wie werden diese Konzepte verfeinert?

Bei der Beantwortung dieser Fragen wird einer von mehreren möglichen Wegen aufgezeigt, so wie er im Rahmen des VERITOS-Projektes gangbar ist. Dieser Weg orientiert sich global gesehen daran, die Informationen, die durch die Strukturrelationen festgehalten werden, weitgehend auszunutzen.

Die räumliche Verteilung berücksichtigt, als Antwort auf die erste Frage, vorrangig die oben eingeführten aktiven und passiven Komponenten, so daß der *RORPC*-Dateiserver (Depot) an sich, die Auftraggeber (Akteure) und die Operationenausführungen (Order, M-Akteure) als zu verteilende Komponenten (Verteilungseinheiten) herangezogen werden.

Als weitere Komponenten, die nicht Komponenten im Großen sind, wurden bisher nur die Generatoren und die als Parameter verwendeten einfachen Komponenten eingeführt. Die Generatoren spielen im Hinblick auf die Verteilung nur eine untergeordnete Rolle, da sie Konstanten sind, somit uneingeschränkt parallel benutzt werden dürfen und damit beliebig auf Stellen vervielfacht (kopiert) werden können. Lediglich ihre strukturelle Einordnung bleibt für die Sichtbarkeit und Benutzbarkeit wichtig. Dieses ist aber im Hinblick auf die Verteilung nur nachrangig von Interesse und unproblematisch.

Zur Beantwortung der zweiten und der dritten Frage sind einige Vorüberlegungen notwendig. Da es nach den oben getroffenen Festlegungen möglich sein soll, einzelne *Depots* Stellen zuzuordnen, muß sichergestellt werden, daß sie auch eigenständig, aus ihrem Kontext herausgegriffen (alleine) an einer Stelle existieren können. Dazu wird auf der stellenverteilten Stufe das Konzept des Depots dahingehend verfeinert, daß das jeweilige Depot mit Aktivität ausgestattet wird. Das bedeutet, daß jedem derartigen Depot konzeptionell lokale Akteure zugeordnet werden müssen, die diese Aktivität tragen. Konsequenzen für deren äußere Operationen bzw. deren Definition können existieren. Sie werden an der Verfeinerung des Konzeptes der Order festgemacht und dort aufgezeigt.

Weil auf der stellenverteilten Stufe stellenübergreifend nur eine Rendezvous-artige Kooperation zugelassen ist, müssen die äußeren Operationen geeignet angepaßt werden. Die ursprünglich eingesetzten *S-Ordern*, die der Nutzung des Dateiservers und dem Übergang von außen nach innen relativ zum Dateiserver dienen, müssen um K-Ordern, die das Rendezvous-Konzept widerspiegeln, angereichert oder durch diese ersetzt werden. Da eine Ersetzung der S-Ordern durch K-Ordern wegen der Randbedingung **(R-2)** entfällt (ansonsten würde eine parallele Annahme der Operationen des Dateiservers aufgegeben), muß jede derartige S-Order geeignet mit K-Ordern angereichert werden. Diese K-Ordern sind den oben angegebenen, Depot-lokalen Akteuren zuzuordnen. Damit werden Depot-lokale *K-Akteure* notwendig. Diese Ersetzung ist zunächst eine Verfeinerung einzelner S-Ordern. Wird sie für Klassen von S-Ordern gleichermaßen durchgeführt, zum Beispiel für alle stellenübergreifenden S-Ordern, so führt sie zu einer Verfeinerung des Konzeptes der S-Order.

Wie bereits erwähnt, muß die S-Order-Aufrufsemantik (σ-Einordnung) der Schnittstellenoperation des Lesens und die uneingeschränkte parallele Benutzbarkeit des Dateiservers von außen erhalten bleiben. Dazu wird die Realisierung der Zugriffsoperationen derart geändert, daß die auf der Seite der Auftraggeber ausgeführte äußere Operation des Lesens nur noch den Charakter einer *Vertreter*-Operation hat, die dazu dient, die Prozedur-orientierte Aufrufsemantik mit Nachrichten-orientierten Hilfsmitteln zu realisieren. Die S-Ordern werden also entsprechend ersetzt.

Zur Verfeinerung des Konzeptes der S-Order gehört zudem, daß eine konzeptionelle Aussage über den Ort ihrer Ausführung erfolgt. Diese Aussage tritt auf der stellenverteilten Stufe neu hinzu, da sie auf der operationalen Stufe wegen der Transparenz nicht möglich ist. Die Aussage wird derart getroffen, daß S-Ordern immer an der Stelle ausgeführt werden, an der auch ihr Aufrufer lokalisiert ist, und daß die Akteure, die die Aufrufe ausführen, sich nicht auf andere Stellen begeben. Damit wird der Tatsache Rechnung getragen, daß die sequentielle Einbindung in die Ausführungsstruktur eine sehr enge Bindung dargestellt. Der ausführende Akteur, der ja an eine Stelle gebunden ist, wechselt nur die Operation, die er gerade ausführt. Er muß dabei nicht auf andere Stellen zugreifen und sich insbesondere auch nicht an andere Stellen begeben. S-Orderaufrufe und S-Orderausführungen sind damit stellenlokal. Sie tragen selber nicht zur Überwindung der Stellengrenzen bei.

Aus diesen Überlegungen ergibt sich als Antwort auf die zweite Frage, daß die beiden Konzepte des *Depots* und der *S-Order* zu verfeinern sind. Zudem zeigen die Überlegungen den Weg, auf dem diese Konzepte zu verfeinern sind. Ob darüberhinaus eine Verfeinerung der Akteure notwendig wird, läßt sich aufgrund des Beispiels nicht aufzeigen. Dementsprechend wird eine Akteur-Verfeinerung hier nicht betrachtet.

Die Antwort auf die dritte Frage lautet nach den Vorüberlegungen, daß Depots dahingehend verfeinert werden müssen, daß sie lokale K-Akteure zur Verkörperung der inneren Aktivität und zur Integration der gewünschten stellenübergreifenden Kooperation enthalten. S-Ordern werden im wesentlichen ersetzt durch K-Ordern zusammen mit der Auflage, nur stellenlokal ausgeführt werden zu können. Der Verfeinerungsschritt für S-Ordern beruht damit auf einer expliziten Ersetzung. Die Generatoren sind als zu verfeinerndes Konzept nicht herangezogen worden. Die Konsequenz, die sich für sie ergibt, ist die bereits erwähnte des Vervielfältigens (Kopierens) auf die jeweils benötigten Stellen. Dieses geschieht vor dem Hintergrund, daß die S-Order-Generatoren jeweils auf den Stellen benötigt werden, auf denen Auftraggeber des Dateiservers zur Ausführung kommen können. Auf die Fragen, ob diese Generatoren einzeln oder ggf. in Folge des Kopierens der Depot-Generatoren mehrfach bereitgestellt werden, wird hier nicht eingegangen.

Insgesamt ergibt sich als Resultat der Verfeinerung, daß neben den Konzepten des Depots und der Order, so wie sie in Kapitel 1 für die operationale Stufe eingeführt wurden, auf der stellenverteilten Stufe ein Depot-Konzept für Depots, die als eigenständige Verteilungseinheiten existieren können, und ein Order-Konzept für S-Ordern, die stellenlokal ausführbar sind und Stellenübergreifendes in K-Ordern verlagern, bereitgestellt werden.

Der Randbedingung (**R-4**) zufolge ist das Resultat dieses Verfeinerungsschrittes wiederum im wesentlichen gemäß der *OlDiLa*-Konzepte beschrieben. Ein Schnappschuß auf das sich dynamisch entwickelnde verfeinerte System ist in Abbildung 3 wiedergegeben. Das resultierende *OlDiLa*-Programm ist hier nicht angegeben. Eine mögliche Verteilung auf Stellen ist durch gestrichelte Linien, die die Menge der Komponenten zerlegen, dargestellt.

Wie verhalten sich nun das Depot RORPC-Dateiserver und die zu seiner Verfeinerung herangezogenen K-Akteure strukturell zueinander? In der Lösung, die in Abbildung 3 dargestellt ist, sind die beiden K-Akteure *RPCDSAct*, der als aktive Komponente die Annahme der Aufträge übernimmt, und *AWBuf*, der die Antworten bereithält, lokal zum RORPC-Dateiserver. Sie sind durch die Relation λ eingebunden. Diese Lokalität ist auf der stellenverteilten Stufe so konzeptionell verfeinert, daß diese *lokalen* Akteure auf derselben Stelle wie das Depot *RORPCDS* zu realisieren sind (in Abbildung 3 durch einen Stern dargestellt). Die Einordnung der Akteure hinsichtlich der parallelen Ausführung (π) erfolgt relativ zur Hauptkomponente.

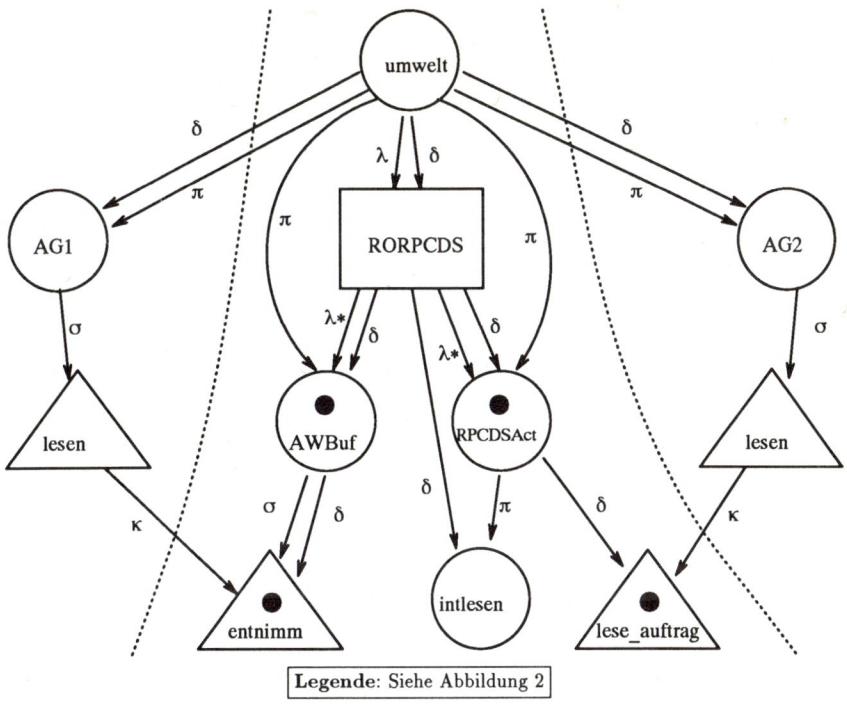

Abbildung 3: Schnappschuß des Systems mit verfeinertem RORPC-Dateiserver

Hinsichtlich der Stellenverteiltheit weist das System, so wie es in Abbildung 3 dargestellt ist, noch einige Besonderheiten auf. Diese bestehen in der noch fehlenden Einordnung der äußeren (Stub-) Operation des Dateiservers in die Definitionsstruktur (δ) sowie einer geeigneten Realisierung der Hauptkomponente. Beiden Besonderheiten wird in Abbildung 4 Rechnung getragen.

Das Depot ist gewissermaßen stellenübergreifend erweitert worden, indem die Generatoren (der Zugriffsoperationen), die auf anderen Stellen benötigt werden, an diese Stellen kopiert werden (gestrichelte Erweiterung).

Von der Hauptkomponente ist hier zunächst die Eigenschaft der Abschlußsynchronisation der von ihr abhängigen Komponenten von Interesse. Dieser Aspekt spiegelt sich in Abbildung 3 in stellenübergreifenden π-Abhängigkeiten wider. Diese Abhängigkeiten können dadurch aufgelöst werden, daß die Hauptkomponente entsprechend vervielfacht wird, die benötigten Generatoren geeignet kopiert und die Menge der so entstehenden *"Pseudo"*-Hauptkomponenten mit einem entsprechenden Synchronisationsprotokoll versehen werden (gestrichelt dargestellte M-Akteure und ihre κ-Abhängigkeiten). Das Protokoll seinerseits hat dann wiederum nur auf dem stellenübergreifenden Einsatz von K-Ordern zu beruhen. Zudem eröffnet sich die Möglichkeit, nun die bereits vervielfachten S-Order-Generatoren, die lokal zum Depot *RORPC* liegen, auf ihrer jeweiligen Stelle mit der Pseudo-Hauptkomponente hinsichtlich der Definitionsstruktur (dargestellt durch δ-Stern) in Beziehung zu setzen, so daß die Definitionsstruktur des Ausgangssystems erhalten bleibt.

2.3 Verfeinerung auf der Basis eines μ-Betriebssystemkerns

Nachdem im vorangehenden Abschnitt die Verfeinerung der Konzepte nach einer top-down-Vorgehensweise aufgezeigt wurde, soll in diesem Abschnitt die Verfeinerung vor einem Hintergrund statt-

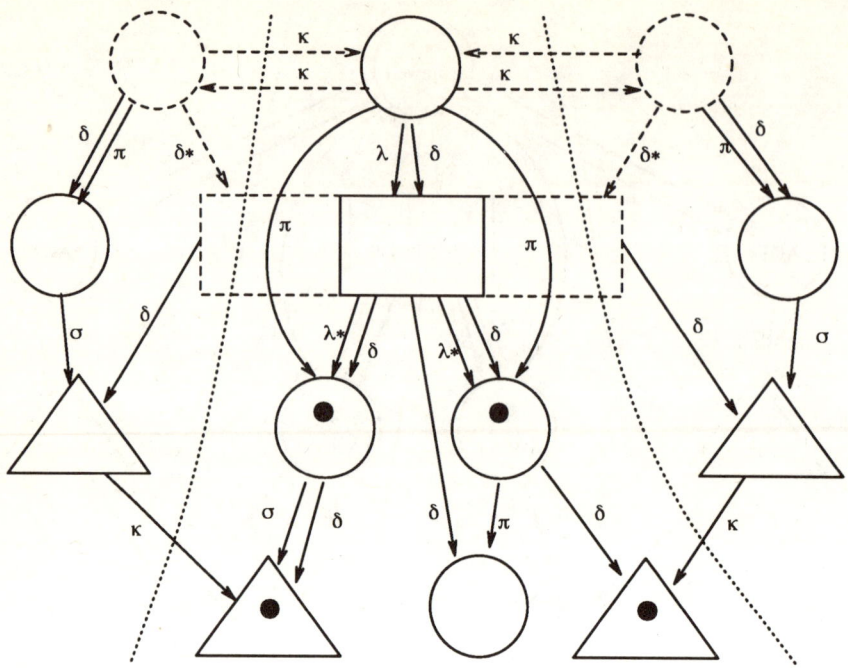

Abbildung 4: RORPC-Dateiserver

finden, bei dem das Konzepterepertoire der eingesetzten Basis vorgegeben ist.

Als Basis wird auf die Konzepte zurückgegriffen, die für den Mach3-Betriebssystemkern als Abstraktionen definiert sind. Zu diesen gehören *Threads* als die Bausteine für parallele Berechnungen, *Tasks* als die Bausteine der Betriebsmittelverwaltung, *Ports* als unidirektionale Nachrichtenpuffer, die der direkten Kooperation der aktiven Komponenten dienen, *Nachrichten* als typisierte Objekte, die über Ports versendet werden können, sowie *Speicher-Objekte* zur Hintergrundspeicherrepräsentation. Die Konzepte werden an dieser Stelle nicht näher erläutert. Eine detaillierte Beschreibung ist in [LOE91] zu finden.

Im folgenden werden drei mögliche Zuordnungen angegeben, die die Verfeinerung der Konzepte anhand des in Abbildung 2 angegebenen Beispiels beschreiben. Auf die Stellenverteiltheit wird zunächst verzichtet, da der μ-Betriebssystemkern an sich die Verteilung noch nicht berücksichtigt. In den anzugebenden Varianten werden drei charakteristische Wege aufgezeigt, wie die Konzepte des Mach3-Betriebssystemkerns zur *Realisierung* der Konzepte der operationalen Stufe (*OlDiLa*) eingesetzt werden können.

Die erste Variante ist geprägt davon, daß ein *OlDiLa*-System insgesamt auf die Betriebsmittel *einer* Task abgebildet wird. Jeder aktiven Komponente wird eine Thread zugeordnet. Für das Beispiel bedeutet das, daß die passive Komponente des Dateiservers im virtuellen Adreßraum der einen Task repräsentiert wird und somit für alle Threads benutzbar ist. Die Autraggeber können die Operationen nutzen. Die internen Aktivitäten haben Zugriff auf den internen Zustand des Depots.

Diese Variante bringt einige Nachteile mit sich. Das Konzepterepertoire der Basis wird nur sehr eingeschränkt ausgenutzt. Auf die Möglichkeiten des Separierens von Rechen- und Speicherfähigkeiten in verschiedene Tasks wird verzichtet. Damit ist keine Möglichkeit gegeben, nicht erlaubte Zugriffe und andere unerwünschte Wechselwirkungen konzeptionell auszuschließen. Jede Thread darf auf alle Komponenten, die in dem gemeinsamen virtuellen Adreßraum repräsentiert sind, zugreifen. Eine

Kooperation über Ports kann zwar genutzt werden, wird aber nicht eigentlich benötigt.

Die zweiter Variante versucht die mangelnde Abgrenzungsfähigkeit zu beseitigen, indem mehrere Tasks zum Einsatz kommen. Jeder aktiven Komponente wird *eine eigene Task* zugeordnet, so daß eine an der π-Struktur orientierte Separation durchgesetzt wird. Damit sind die Objekte, die im virtuellen Adreßraum einer Task repräsentierten sind, konzeptionell vor den Zugriffen anderer Tasks geschützt. Hinzu kommt, daß die Kooperation zwischen aktiven Komponenten, die ja wesentlich von dem oben eingeführten Rendezvous-Konzept geprägt ist, durch den Einsatz des Port-Konzeptes unterstützt werden kann.

Nachteilig ergibt sich in dieser Variante, daß die Task-interne Parallelisierung durch Threads nicht genutzt wird, da die aktiven Komponenten in *OlDiLa* an sich, also unter Herausnahme von lokalen parallelen Aktivitäten, die selber wiederum eigene aktive Komponenten sind, nur einen sequentiellen Kontrollfluß aufweisen. Zudem ergibt sich die Schwierigkeit, passive Objekte, die von mehreren aktiven Komponenten gemeinsam benutzt werden können, wie am Beispiel des Dateiservers (Depot) ersichtlich, in Adreßräumen zu repräsentieren. Hier kann hilfreich die Eigenschaft des Mach-Konzepterepertoires genutzt werden, daß sich Adreßräume von Tasks überschneiden können. Die erforderliche Synchronisation muß dann aber explizit durchgesetzt werden.

Die hier auftretenden Schwächen zeigen, daß diese zweite Variante wesentlich besser dazu geeignet ist, Systeme, die einer Nachrichten-orientierte Aufrufsemantik als Programmierparadigma folgen, zu unterstützen. Dieses ist zum Beispiel bei einer Nachrichten-orientierten Lösung des Dateiservers der Fall, die hier in diesem Papier aber nicht aufgezeigt wird.

Die dritte Variante stellt einen hybriden Ansatz vor, der die beiden ersten Varianten kombiniert und deren Möglichkeiten verbindet. Die Zuordnung orientiert sich sowohl an der Eigenschaft, passive oder aktive Komponente zu sein, als auch an den Strukturrelationen. Damit wird es möglich, der Schachtelungsstruktur Rechnung zu tragen und gezielt, von den Anforderungen der *OlDiLa*-Konzepte geleitet, separieren zu können. So kann jeder der Auftraggeber auf eine eigene Task abgebildet werden. Der Dateiserver wird seinerseits auf eine eigene Task abgebildet, die als Threads die lokalen inneren Aktivitäten enthält. Damit können nur die lokalen Threads, die die Ausführungen der Operationen widerspiegeln, auf den internen Zustand des Dateiservers zugreifen. Zur Kooperation zwischen den Auftraggebern und dem Dateiserver soll das von der Basis bereitgestellte Port-Konzept genutzt werden. Damit die den Dateiserver realisierende Task aber Aufträge von diesen annehmen kann, muß sie mit einer Basisaktivität ausgestattet sein, die die Aufträge annimmt und die Verzweigung in M-Akteure auf der operationalen Stufe nachbildet. In dieser dritten Variante wird also die Zuordnung von Komponenten der operationalen Stufe auf Tasks nicht schlechthin für die Komponentenkonzepte getroffen, sondern geleitet von den Strukturrelationen.

2.4   Vergleich und Konsequenzen

Die im vorangegangen Abschnitt aufgezeigten Verfeinerungsvarianten weisen deutliche Unterschiede auf. Die beiden ersten Varianten orientieren sich bei der Zuordnung alleine an dem Konzeptevorrat der operationalen Stufen. In der dritten Variante hingegen dominiert der Einfluß der Strukturrelationen.

Nun können die beiden grundsätzlich verschiedenen Vorgehensweisen der Verfeinerung, nämlich einerseits die top-down-gerichtete Verfeinerung der Konzepte in kleinen, wohlbegründeten Schritten und andererseits die auf das Mach-Konzepterepertoire ausgerichtete Verfeinerung in einem großen Schritt, miteinander verglichen werden. Dabei zeigt sich, daß das Ergebnis der Zuordnung in der dritten Variante im wesentlichen ein System beschreibt, das zuvor auch in Abschnitt 2.2 Resultat der Verfeinerung war. Die Berücksichtigung der Strukturrelation begründet also die "ähnlichen" Lösungen.

Sowohl bei der Verfeinerung in Abschnitt 2.2 als auch bei den drei Varianten in Abschnitt 2.3 ist die Problematik der *Aufteilung* von Systemen beispielhaft gelöst und aufgezeigt worden vor dem Hintergrund, die Methode der Schrittweisen Verfeinerung zu verdeutlichen. Dadurch darf aber nicht darüber hinweggesehen werden, daß die Aufgabe, abstrakt verteilte Systeme räumlich verteilt zu realisieren, einer grundsätzlicheren Betrachtung bedarf. So kann die Definition von Verteilungseinheiten auf operationaler Stufe von einzelnen Komponenten über Teile von Komponenten bis hin zu Zusammenfassungen von Komponenten reichen. Verteilungseinheiten können aber auch auf ganz anderen Abstraktionsstufen definiert werden. Als Orientierung müssen sich aber alle Definitionen und die darauf aufbauenden Realisierungen danach richten, daß die Eigenschaften, die auf operationaler Stufe gegeben sind, erhalten bleiben müssen und durchzusetzen sind.

Vergleichbares ist in einer Studie über die verteilte Ausführung von Ada-Programmen zu erkennen [SPE90]. Dort treten insbesondere verschiedene Dimensionen von Einflußfaktoren klar zum Vorschein. Diese bestehen zum Beispiel in einer Orientierung an Hardware-Zielkonfigurationen, die für die verteilte Ausführung zur Verfügung stehen. Eine Betonung von sprachlichen Ansätzen – sei sie durch die Definition eigenständiger Sprachen zur Definition von Verteilungseinheiten oder durch die Erweiterung von Ada-Pragmas gegeben – hat ihrerseits ihren Einfluß. Zudem können die Werkzeuge der Verarbeitung, wie Compiler, Transformatoren auf Quellcodeebene und andere einen bedeutenden Einfluß gewinnen.

3 Zusammenfassung und Ausblick

In diesem Papier ist die Schrittweise Verfeinerung von Konzepten als Methode bei der Konstruktion Verteilter Systeme vorgestellt worden. Ausgangspunkt der Verfeinerung ist der Konzeptevorrat, so wie er im VERITOS-Projekt für abstrakt verteilte Systeme definiert ist. Die beiden Vorgehensweisen bei der Verfeinerung haben an einem einfachen Beispiel aufgezeigt, wie eine Verfeinerung der Konzepte vonstatten gehen kann und welche Lösungen dabei erreicht werden können. Die Ähnlichkeit der Lösung in der dritten Variante des Abschnittes 2.3 mit der Lösung aus Abschnitt 2.2 weist dabei darauf hin, daß die Lösung, die in Abschnitt 2.2 abgeleitet wurde, auch auf der Basis eines gegebenen Konzepterepertoires realisiert werden kann. Die Strukturrelationen der Systeme auf operationaler Stufe leiten dabei die Zuordnung. Es zeigt sich aber auch, daß eine weitergehende konzeptionelle Unterstützung durch eine Basis wünschenswert ist, um den Bedürfnissen der operationalen Stufe konzeptionell (noch) besser entgegen kommen zu können.

Überlegungen in dieser Richtung sind im Gange. Dabei gehen sowohl die Erfahrungen ein, die im Kontext der verteilten Ausführung von Ada-Programmen gewonnen wurden, als auch konkrete Überlegungen der Realisierung von *OlDiLa*-Systemen auf vernetzten Hardware-Architekturen, die stellenlokal mit einem μ-Betriebssystemkern veredelt sind.

Danksagung

Für viele hilfreiche Diskussionen und Kommentare bei der Erstellung dieses Papieres möchte ich Frau C. Eckert, Herrn R. Radermacher und Herrn P.P. Spies danken.

Literatur

[BAU90] U. Baumgarten, *Veritos Distributed Operating System Project - An Overview-*, In: Rosenberg, J, Keedy, J.L., Security and Persistence, Bremen 1990, Proceedings of the International Workshop on Computer Architectures to Support Security and Persistence of Information, Springer Verlag, 1990.

[ECK90] C. Eckert, *Homogeneous Memory-Management in the Context of the VERITOS -Project*, In: Rosenberg, J, Keedy, J.L., Security and Persistence, Bremen 1990, Proceedings of the International Workshop on Computer Architectures to Support Security and Persistence of Information, Springer Verlag, 1990.

[LOE91] K. Loepere, Editor, *MACH3 Kernel Principles*, Open Software Foundation and Carnegie Mellon University, 1991.

[NEU77] P.G. Neumann, R.S. Boyer, R.J. Feiertag, K.N. Levitt, L. Robinson, *A Provable Secure Operating System: The System, Its Applications, and Proofs*, SRI Project 4332 Final Report, SRI International, Menlo Park, 1977.

[ROB79] L. Robinson, *The HDM Handbook Vol. I: The Foundations of HDM*, SRI Project 4828, SRI International, Menlo Park, 1979.

[SPE90] U. Baumgarten, P.P. Spies, *Ansätze zu verteiltem Ada und ihre Beiträge zur Konstruktion von Verteilten Systemen*, Interne Berichte, Fachbereich Informatik, Universität Oldenburg, Bericht SA/90/2, November 1990.

[SPI90] P.P. Spies, VERITOS-*Projektbericht*, Interne Berichte, Fachbereich Informatik, Universität Oldenburg, Bericht SA/90/3, Dezember 1990.

Anhang *RORPC*-Dateiserver als *OlDiLa*-Programm

```
process type umgebung is
   type Wert is predefined;          -- Generator fuer den abstrakten Wert
   depot type RORPCDateiServer       -- Generator fuer den RORPC-Dateiserver
      visible lesen,                 -- nur eine Operation nach aussen
            Name; is                 -- und ein Generator fuer Dateinamen
      type Name is predefined;       -- Generator der Dateinamen
      process type intlesen ( n : in Name; w : out Wert) is
                                     -- internes Lesen, erzeugt 'innere'
      begin                          -- Parallelitaet
         null;                       -- (nicht konkretisiert)
         -- w := ...;                -- (nicht konkretisiert)
      end intlesen;
      procedure type lesen ( n : in Name; w : out Wert) is
                                     -- aeussere Operation mit Umsetzung
      begin                          -- in parallele Ausfuehrung
         fork intlesen(n,w);         -- M-Akteur-Aufruf
      end lesen;
   begin
      null;
   end RORPCDateiServer;             -- (Initialisierung nicht konkretisiert)
   depot RORPCDS : RORPCDateiServer; -- Server als passive Komponente
   process type auftraggeber is      -- Generator fuer die Auftraggeber
      var n : RORPCDS.Name;          -- Deklaration eines Namensobjektes
      var w : Wert;                  -- Deklaration eines Wertobjektes
   begin
      RORPCDS.lesen(n,w);            -- (einfachst gehalten)
   end auftraggeber;
begin
   fork auftraggeber;               -- Erzeugen des ersten AG:  AG1
   fork auftraggeber;               -- Erzeugen des zweiten AG: AG2
end umgebung;
```

Rechnerstrukturen und Steuergeräte-Netzwerke im Kraftfahrzeug

Detlef Kaminski

Mercedes Benz AG / Abt. EP/GEOZ
Postfach 60 02 02
7000 Stuttgart

Der Mikrocomputer - Ein Instrument für die Aggregatesteuerung

Vornehmlich Nichtlinearitäten in Steuerungsfunktionen und
mehrdimensionale Abhängigkeiten der Stellfunktionen bewirken
in einem Kraftfahrzeug den Einsatz von Elektronik im allgemeinen und von Mikrocomputern im speziellen. Die elektronische Lösung einer Steuerungsaufgabe in der mechanischen Welt
eines Kraftfahrzeugs ist demnach immer eine aufwendige Lösung, die jedoch als einzige die heute erforderliche Optimierung eines Aggregats überhaupt noch ermöglicht.

Da jedoch der Kunde ein Automobil kauft und kein elektroni-
sches Gerät, ist es für seine Kaufentscheidung und Anwendung im Fahrbetrieb uninteressant, ob eine Funktion elektronisch oder z. B. mechanisch dargestellt wird. Das hat zur
Folge, daß er nicht bereit sein wird, elektronik-spezifische
Mehrkosten zu tragen, was zu extremem Kostendruck auf
Elektronik-Komponenten im Kraftfahrzeug führt. Aufgabe des
Kraftfahrzeug-Elektronikers ist es, Microcomputersysteme bis
zu 3 MIPS pro Steuergerät in mehreren 100.000 Stück pro Jahr
zu einem Preis von wenigen hundert DM in Serie zu bringen,
die über eine Laufzeit von über 10 Jahren sowohl z. B. in
Alaska als auch z. B. in Saudi-Arabien mit einer Ausfallrate
von wenigen ppm im mobilen Einsatz funktionieren.

Dieses Anforderungsprofil bewirkt funktionsorientierte und
kostenoptimierte Steuergeräte-Konzepte mit entsprechend heterogenen Microcomputer-Strukturen, die ausschließlich auf die
jeweilige Applikation im Fahrzeug ausgerichtet sind.

Sowohl 4-bit-low-cost-Microcomputer mit 1 -4K ROM-Byte-
(Bild 1) als auch ein 16-bit-Zweirechner-Verbund mit "detached" Microcomputern für schnelle unterlagerte Regelvorgän-
ge mit insgesamt über 64 K-Byte-ROM/EEPROM (Bild 2) sind
geeignete Rechnerkonzepte, Aggregatesteuerung zu realisieren.

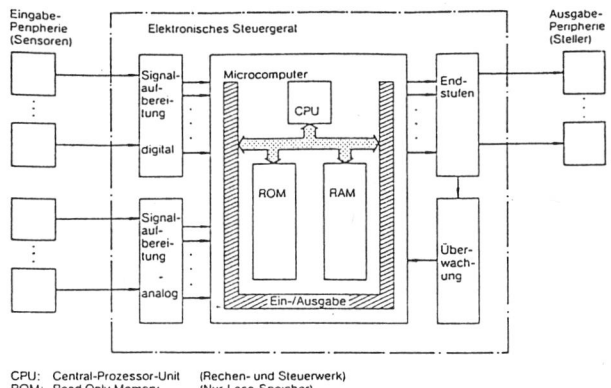

CPU: Central-Prozessor-Unit   (Rechen- und Steuerwerk)
ROM: Read Only Memory   (Nur-Lese-Speicher)
RAM: Random Access Memory   (Schreib-Lese-Speicher)

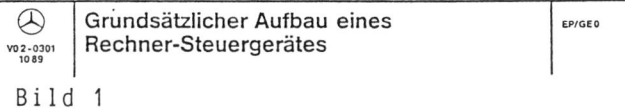

Grundsätzlicher Aufbau eines
Rechner-Steuergerätes   EP/GE0

V02-0301
1089

Bild 1

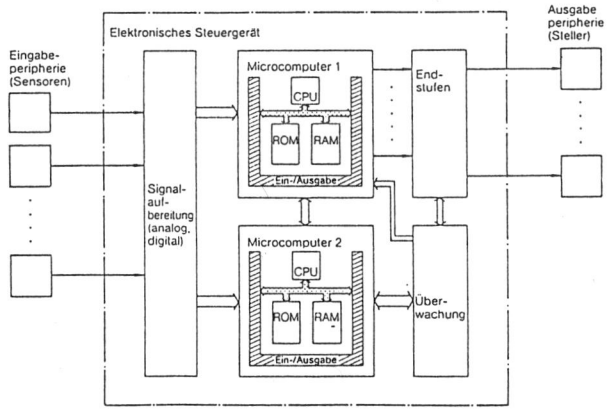

Grundsätzlicher Aufbau eines
2-Rechner-Systems   EP/GE0

V02-0302
1089

Bild 2

In der neuen Mercedes-Benz S-Klasse sind je nach Sonderaus-
stattung bis zu 60 Microcomputer verbaut. Die Fortschritte
der Halbleiterintegration und der neuen Rechnerarchitekturen
werden zur Zeit in verschiedenen Projekten für die Kraftfahr-
zeug-Elektronik umgesetzt, wobei vornehmlich auf dem Gebiet
der redundanten Mehrrechnersysteme sogenannte "sichere Rechner" mit hoher Verfügbarkeit und RISC- und FUZZY Architekturen zur effektiven Signalverarbeitung im Blickfeld der Vor-
entwicklung sind.

Das Steuergeräte-Netzwerk als virtuelle Integration komplexer Steuerungsfunktion

Der individuelle Kundenwunsch bei der Konfiguration eines
Fahrzeuges erfordert ein Höchstmaß an Flexibilität bei Aus-
stattungsvarianten, was eine geeignete Modularisierung, vornehmlich elektronischen Steuerungssysteme, notwendig macht.
Die Komplexität von modernen Steuerungssystemen, die Funktionen realisieren, die nicht mehr aggregatebegrenzt sind,
sondern das Fahrzeug als Ganzes einbeziehen, erfordert eine
Integration der Systeme zur kostengünstigen Ausnutzung von
Fahrzeugsignalen und deren optimaler Verknüpfung in aggregate-übergreifenden Steuerungsalgorithmen. Dieser Zielkonflikt
wird durch die Vernetzung von einzelnen elektronischen Steue-
rungsmodulen mit einem schnellen Datenbus erstmals beim Mo-
tor-Antriebsmanagement in der neuen Mercedes-Benz S-Klasse
gelöst und so eine virtuelle Integration der Systeme geschaffen.

Der schnelle Datenbus zur Kommunikation zwischen elektronischen Systemen

Im Motor-/Antriebsmanagement stellt der schnelle Datenbus eine enge Kopplung der Steuerungssysteme des Motors (Zündung, Kraftstoffzumessung, Drosselklappenverstellung) und des Antriebs (Antriebs-Schlupf-Regelung, Anti-Blockier-System) dar, in dem Daten in Echtzeit zwischen diesen elektronischen Steuergeräten ausgetauscht werden (Bild 3).

Fahrzeug-Netzwerk   Vehicle Networks

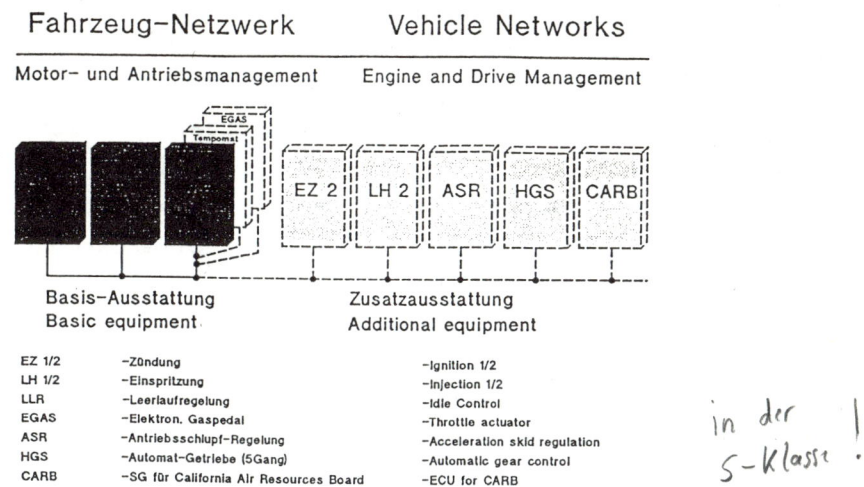

Motor- und Antriebsmanagement   Engine and Drive Management

Basis-Ausstattung   Zusatzausstattung
Basic equipment   Additional equipment

EZ 1/2	–Zündung	–Ignition 1/2
LH 1/2	–Einspritzung	–Injection 1/2
LLR	–Leerlaufregelung	–Idle Control
EGAS	–Elektron. Gaspedal	–Throttle actuator
ASR	–Antriebsschlupf-Regelung	–Acceleration skid regulation
HGS	–Automat-Getriebe (5Gang)	–Automatic gear control
CARB	–SG für California Air Resources Board	–ECU for CARB

in der S-Klasse !

Klima-Bus-System   Climate Bus System

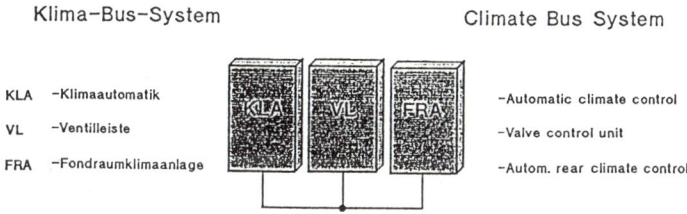

KLA	–Klimaautomatik	–Automatic climate control
VL	–Ventilleiste	–Valve control unit
FRA	–Fondraumklimaanlage	–Autom. rear climate control

Audio-Bus-System   Audio Bus System

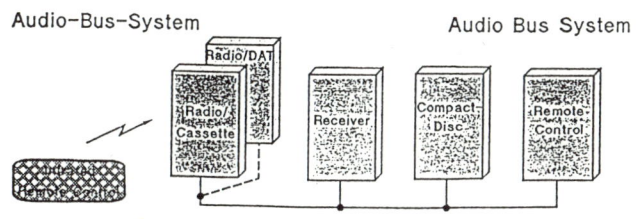

Bild 3

Diese Daten geben Sensor-Meßwerte, Mikrocomputer-Rechenwerte, Stellgrößen für Aktuatoren oder Diagnosewerte wieder, was zu einer Minimierung der Sensoranzahl im Fahrzeug führt, ein konzertiertes Verstellen der Aktuatoren der Datenbus-Teilnehmer erlaubt und die Möglichkeit zur Optimierung von Sicherheitskonzepten durch komplexe Plausibilitätsverknüpfungen und Diagnosefunktionen gibt.

In diesem Zusammenhang stehen 8-16bit breite Datenworte (Bild 4) für z. B. Motordrehzahl, Fahrgeschwindigkeit, Drosselklappenwinkel, Fahrpedalstellung als Sensorsignale, Motormoment, Lastwerte, Katalysatoreffektivität als rechnerinterne Kennwerte, Statusbits zur Drosselklappenzwangsschließung oder Drehzahlanhebung und Befehlsdaten für Sicherheitskraftstoffabschaltung oder Notlaufbetrieb als aktuelle Daten mit der kürzesten Botschafts-Zykluszeit von 10 ms allen Busteilnehmern zur Verfügung.

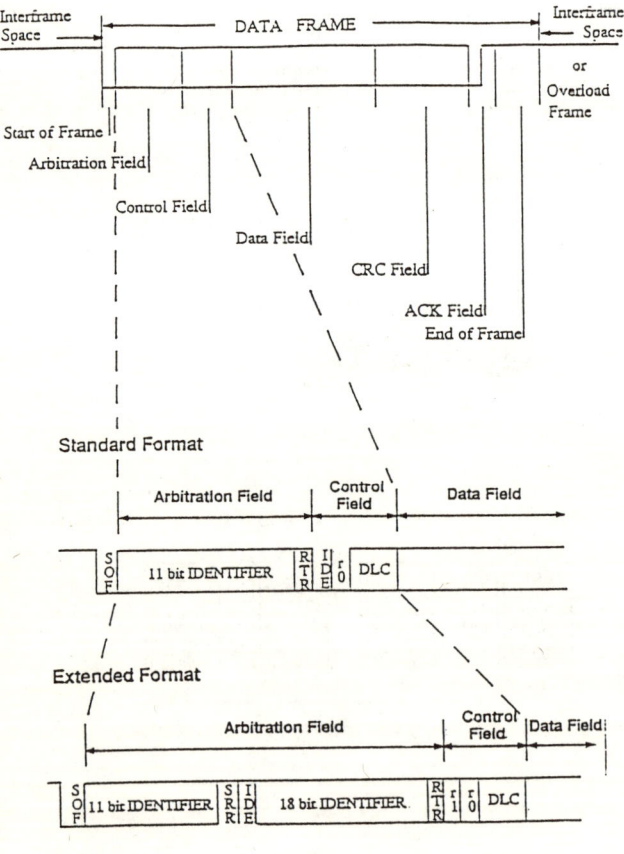

Bild 4

Damit werden sowohl abgasoptimierende Funktionen wie KAT-Heizen, KAT-Schonen und Leerlaufanhebung als auch Funktionen zur Erhöhung der Fahrsicherheit wie Momentenreduktion bei Antriebsschlupfregelung oder Momentenerhöhung bei Schleppmomentenregelung durch das gleichzeitige, dezentrale Verarbeiten der Busdaten und das daraus resultierende koordinierte Verstellen der Aktuatoren realisiert. Durch den Zugriff auf Daten von insgesamt acht Steuergerätemodulen ist eine effektive Diagnose mit aggregate-übergreifenden Plausibilitäten realisiert, was z. Z. vornehmlich zur Diagnose der abgasbestimmenden Komponenten verwendet wird.

CAN - Vom Kabel zur Datenleitung

Die Einführung des schnellen Datenbusses in das Fahrzeug stellt den Schritt von der galvanischen Verbindung zweier Punkte mittels eines Kabels zur Realisierung eines Echtzeit-Datenverbundes von Mikrocomputern nach den Regeln der Computerkommunikation, wie hier nach dem ISO/OSI-Modell dar. Die Realisierung von hochfrequenz-geschirmter, wellenwiderstandabgeglichener Leitung und Steckverbinder trägt dabei der Datenrate von 500 kBaud und den hohen EMV-Anforderungen eines im Fahrzeug verteilten elektronischen Gesamtsystems Rechnung.

Der Einsatz des für die Steuergeräte-Kommunikation zugeschnittenen Protokolls CAN (Controller Area Network), das hinsichtlich Datensicherheit und Echtzeitfähigkeit optmiert ist, wird von einem integrierten Baustein unterstützt und ermöglicht ein Höchstmaß an Funktionssicherheit und Zuverlässigkeit.

Ein Netzwerk-Management (Bild 5), das die "application layer"
realisiert und als Standard-Software in allen im Netzwerk beteiligten Steuergeräten implementiert ist, ordnet die CAN-
Teilnehmer und bietet die Möglichkeit sowohl Diagnose- als
Fehlertoleranz-Algorithmen darzustellen.

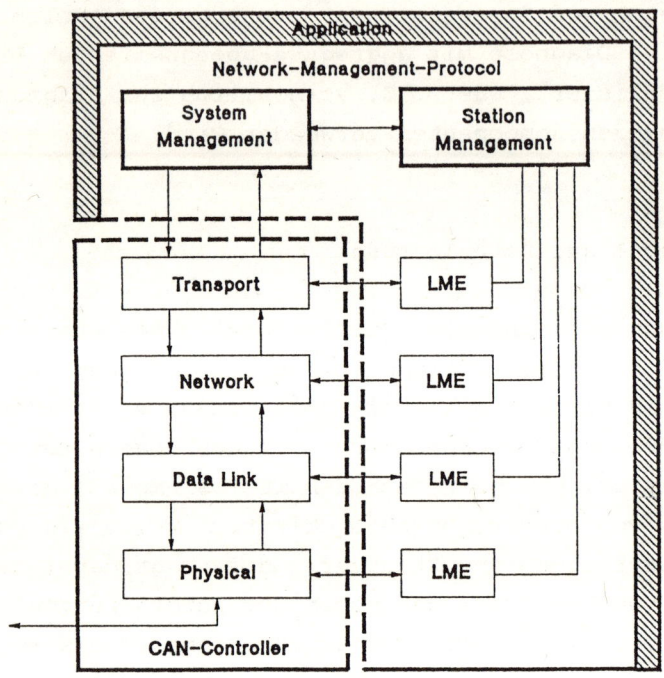

Bild 5

Damit wird erreicht, daß die Verfügbarkeit des Netzwerkes
z. B. bei Konfigurationsänderung über die Verfügbarkeit der
Einzel-Steuergeräte hinaus weiter gesteigert werden kann.

Verteilte Systeme - Die funktionale Ordnung der Kraftfahrzeugelektronik

Durch die Möglichkeit beliebige Eingangsgrößen (vornehmlich aus anderen parallel laufenden Prozessen) zu verknüpfen, werden Steuerungsfunktionen möglich, die durch die Vermischung von Prozessen eine extreme Komplexität erreichen, so daß deren Entwickelbarkeit grundsätzlich sichergestellt werden muß. Dazu ist eine hierarchische Strukturierung der Funktionen notwendig, die durch Ordnung und Abgrenzung von Funktionsumfängen das Ziel verfolgt, integrierbare Module zu schaffen.

Von diesem ganzheitlichen Ansatz aus, werden demnach Funktionsmodule gebildet, die ein Minimum an Informationen aufnehmen und ausgeben. Dadurch wird erreicht, daß die Verbindungen zwischen den Modulen, d. h. deren Vernetzung untereinander gering bleibt. Um eine Komplexitätsbegrenzung zu er reichen und der Parallelität und zeitlichen Asynchronität der Prozesse gerecht zu werden, werden die Funktionsmodule hierarchisch so aufgebaut, daß die jeweils nächste hierarchische Ebene die übergeordneten Funktionen und die Koordination der jeweils unteren Funktionsmodule bewirkt und es zwischen Modulen einer Ebene keine Verknüpfungen gibt. Zukünftige Rechnerstrukturen im Kraftfahrzeug werden sich an dieser Ordnung orientieren müssen, wobei die Parallelität der Prozesse und die Sicherheit der Steuerungen die wichtigsten funktionalen Kenngrößen darstellen. Ziel dieser Arbeiten ist, den Schritt von einzelnen Aggregatesteuerungen zur ganzheitlichen Fahrzeugsteuerung beherrschbar zu machen und für den Kunden einen erfahrbaren Nutzen durch weitere Optimierung von Fahrsicherheit und -komfort zu realisieren.

Eine dienstebasierte Sicherheitsarchitektur für Verteilte Systeme

Matthias Käding

Technische Universität Berlin
Sekr. ZAZ14
Hardenbergplatz 2
D/W-1000 Berlin 12

Überblick

In diesem Beitrag wird eine Sicherheitsarchitektur für Verteilte Systeme vorgestellt, die mit Hilfe von fünf systemweit zur Verfügung stehenden Diensten realisiert ist. Neben der Absicherung der Kommunikation (Geheimhaltung, Authentifizierung) und der Benutzeridentifizierung existieren drei Dienste, die einen Zugriffskontrollmonitor realisieren.

Den Schwerpunkt dieses Beitrags bildet die Zugriffskontrolle. Sie ist regelbasiert und durch eine Sicherheitspolitik definiert. Sie umfaßt die übliche Kontrolle von Subjektzugriffen auf Objekte, wobei eine beliebig feine Festlegung der Granularität von Objekten möglich ist. Darüber hinaus ist eine rollenbasierte Kontrolle der von den Subjekten auf Objekte ausführbaren Funktionen integriert. Der Transport von Objekten innerhalb des Verteilten Systems an unterschiedlich vertrauenswürdige Bearbeitungsorte wird ebenfalls vom Zugriffskontrollmonitor überwacht.

1. Entwicklungsumgebung und Aufgaben der Dienste

Die hier vorgestellten Programmsysteme entstehen an der TU Berlin am Fachgebiet für Offene Kommunikationssysteme. Die Zielsetzungen sind dabei, Sicherheitsmechanismen in eine verteilte Systemumgebung zu integrieren und deren Zusammenwirken auf der Grundlage einer einheitlichen Sicherheitspolitik zu definieren. Die Programmmodule dienen als Plattform, um darauf aufbauend verteilte Anwendungen zu realisieren, die besonderen Sicherheitsanforderungen genügen müssen (z.B. medizinische Anwendungssysteme, [GAYD90]).

Es sind im wesentlichen drei sicherheitstechnisch relevante Bereiche durch die Sicherheitsarchitektur abgedeckt:

– Absicherung der Kommunikation

– Benutzeridentifizierung

– Zugriffskontrolle

Die verwendete Entwicklungsumgebung besteht aus mehreren Arbeitsplatzrechnern und einem Server-Rechnersystem, die über ein Ethernet zu einem Netzwerk zusammengeschlossen sind. Alle Rechnersysteme sind SUN SPARC Station 1 Systeme mit dem UNIX Betriebssystem SUN OS 4.1. Neben den mitgelieferten Systemprogrammen (Network Filesystem, Yellow Pages, Sunview, Remote Procedure Call Mechanismus etc.) und den üblichen Programmwerkzeugen (C Compiler, Make, Debugger etc.) werden keine zusätzlichen Programme eingesetzt. Alle Implementierungen erfolgen in der Programmiersprache C.

Die Konfiguration der Hardware ist der Abbildung 1 zu entnehmen. Die einzige eingesetzte Hardwareerweiterung ist ein Chipkartenlesegerät (CCR) mit Chipkarten (CC), [ORGA89a], [ORGA89b], das u.a. für eine erweiterte Benutzeridentifizierung eingesetzt wird.

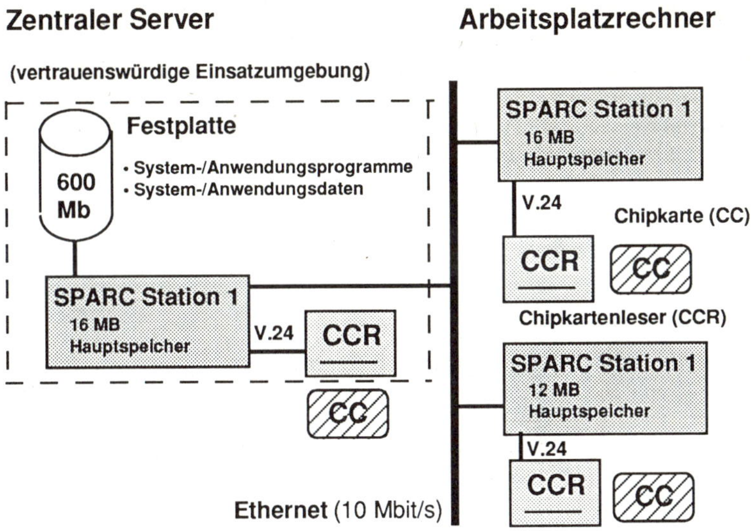

Abb. 1: Hardwarekonfiguration der Entwicklungsplattform

Als Modell zur Realisierung der sicherheitstechnischen Programmodule wird ein Dienstekonzept verfolgt. Alle sicherheitstechnischen Funktionen werden von spezialisierten Diensten (Services) erbracht. Insgesamt sind fünf solcher Dienste realisiert, die alle auf dem zentralen Server-Rechnersystem installiert sind. Der zentrale Server muß hinsichtlich seines Aufstellungsortes und seiner Betriebsweise besonderen Sicherheitsanforderungen genügen, da bei einer Manipulation seiner Programmsysteme (Dienste), die Funktionen zur Absicherung der Kommunikation, Benutzeridentifizierung und der Zugriffskontrolle nicht mehr zuverlässig und vertrauenswürdig erbracht werden können. Die Dienste des zentralen Servers haben folgende Aufgaben:

- **Authentifizierungs-Service (AUS):** Der AUS dient zur Installation eines sicheren Übertragungs-kanals zwischen zwei Kommunikationspartnern innerhalb des Verteilten Systems. Das verwendete Authentifizierungsprotokoll basiert auf einer Variante des Needham-Schroeder Protokolls für eine Dreiparteien-Authentifizierung mittels asymmetrischer Verschlüsselungsverfahren, das um Zeitstempel nach Denning und Sacco erweitert wurde, [NEED78], [DENN81]. Die Authentifizierungsphase des Protokolls wird mittels des asymmetrischen RSA Verschlüsselungsverfahrens vorgenommen, bei der u.a. ein Kommunikationsschlüssel (KS) für das symmetrische DES Verschlüsselungsverfahren (Data Encryption Standard) ausgetauscht wird, der zur Absicherung der späteren Kommunikation zwischen den Kommunikationspartnern dient (hybrides Konzept), [RIVE78], [NBS77].

- **Benutzeridentifizierungs-Service (BIS):** Der BIS hat die Aufgabe festzustellen, ob ein Benutzer, der sich mittels seiner Chipkarte an einem Arbeitsplatzrechner identifiziert, ein autorisierter Benutzer des Verteilten Systems ist.

Der Zugriffskontrollmonitor besteht aus drei zusammenarbeitenden Diensten, die durch eine Sicherheits-politik gesteuert werden:

- **Objektzugriffs-Service (OZS):** Der OZS kontrolliert die Zugriffe von Subjekten auf Objekte, die durch eine Zugriffspolitik gesteuert wird.

- **Funktionskontroll-Service (FKS):** Die Kontrolle über erlaubte Funktionsausführungen von Subjekten auf Objekte wird vom FKS übernommen. Voraussetzung hierfür ist, daß das Subjekt auf das Objekt zugreifen darf. Die erlaubten Funktionsausführungen ergeben sich aus der *Rolle* des Subjektes.

- **Objektflußkontroll-Service (OFS):** Der OFS hat die Aufgabe Ortsveränderungen von Objekten innerhalb des Verteilten Systems hinsichtlich ihrer Zulässigkeit zu kontrollieren.

Aus der Abbildung 2 ist die Benutzthierarchie der Programmodule zu ersehen.

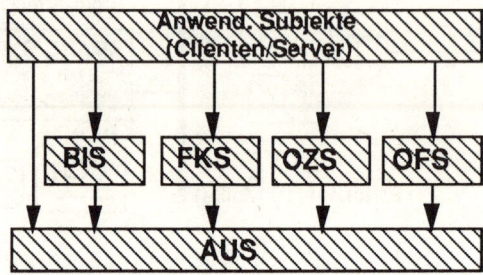

Abb. 2: Benutzthierarchie der Programmodule

2. AUS – Authentifizierungs-Service

Der Authentifizierungs-Service ermöglicht zum einen eine Authentifizierung der Subjekte untereinander und zum anderen die Installation eines sicheren Übertragungskanals zwischen den Subjekten mittels eines Kommunikationsschlüssels (KS). Die einzigen Voraussetzungen für das Protokoll sind, daß jedes Subjekt im Besitz des öffentlichen Teilschlüssels des AUS ist und jedes Subjekt über seine eigenen öffentlichen und geheimen RSA Teilschlüssel verfügt. Die RSA Teilschlüssel der Subjekte, die anstelle eines konkreten Benutzers in einem Rechnersystem arbeiten, werden jeweils aus der benutzerspezifischen Chipkarte übernommen. Die Aufrufstruktur für das eine Kommunikation aufbauende Subjekt ist in Abbildung 3 dargestellt. Bei dem zweiten Subjekt B handelt es sich in der Abbildung um einen Server (z.B. Objektzugriffs-Service). Für die gegenseitige Authentifizierung beliebiger Subjekte bietet jedes Subjekt den Service zum Aufbau einer neuen Verbindung (*auth_newconn_signed()*) an.

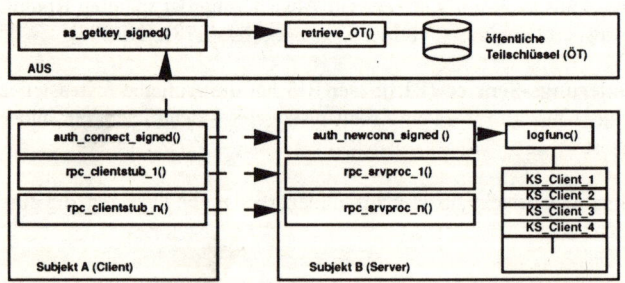

Abb. 3: Aufrufstruktur der Client- und Server-Seite des AUS

Zum Aufbau eines sicheren Kommunikationskanals zwischen den Subjekten A und B wendet sich das Subjekt A mit der Funktion *auth_connect_signed()*, die als Bibliotheksfunktion zur Verfügung steht und in den Client eingebunden ist, an den AUS. Der AUS beantwortet diese Anfrage mit der Funktion *as_getkey_signed()*, die zwei Zertifikate ausstellt, wovon das eine für A bestimmt ist und den öffentlichen Teilschlüssel von B enthält und das andere von A an B weitergesendet wird und den öffentlichen Teilschlüssel von A enthält. Die öffentlichen Teilschlüssel werden von dem AUS mit der Funktion *retrieve_ÖT()* aus der Datenbasis geholt, die alle öffentlichen Teilschlüssel enthält. Nach der Authentifizierung stehen den Funktionen *auth_connect_signed()* auf der Client-Seite und *auth_newconn_signed()* auf der Server-Seite der Kommunikationsschlüssel zur Verfügung. Die Datenver- und Datenentschlüsselung mit dem Kommunikationsschlüssel erfolgt innerhalb der Client- und Server-Programmodule. Das Subjekt B, das selbst die Routine *auth_newconn_signed()* als Server zur Verfügung stellt, speichert mit Hilfe der Funktion *logfunc()* die Kommunikationsschlüssel der einzelnen Client-Subjekte ab, um mehrere Verbindungen gleichzeitig unterhalten zu können. Das Programmodul zur gegenseitigen Authentifizierung von Subjekten verhält sich transparent und verbirgt das eigentliche Authentifizierungsprotokoll, [BUCH90].

3. BIS – Benutzeridentifizierungs-Service

Das System zur Identifizierung von Benutzern besteht im wesentlichen aus drei Komponenten:

1) einem Verwaltungsprogramm (BV) zum Einrichten, Verändern und Löschen von Benutzerbereichen und Ausstellen von Chipkarten
2) einem Programm zum Systemzugang (Login)
3) einem Server (der eigentliche BIS), der nachprüft, ob ein Benutzer einen Arbeitsbereich innerhalb des Verteilten Systems besitzt (Login Client Anfragen)

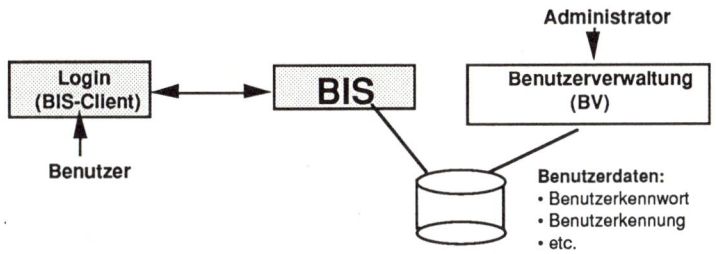

Abb. 4: Benutzeridentifizierungs-Service (BIS) und Benutzerverwaltung (BV)

Die Benutzerverwaltung und der Benutzeridentifizierungs-Service können nur in einer vertrauenswürdigen Server-Maschine betrieben werden (dem zentralen Server der Entwicklungsplattform – s.o.). Die Login Programme arbeiten hingegen auf jedem Arbeitsplatzrechner der Entwicklungsplattform. Zwischen dem Login und dem BIS wird mittels des AUS ein sicherer Übertragungskanal hergestellt.

Die Benutzeridentifizierung basiert in unserem System auf einer Kombination aus Wissen und Besitztum. Jeder autorisierte Benutzer des Verteilten Systems erhält eine Chipkarte, die er für den Systemzugang benötigt und eine vier Dezimalstellen umfassende Personal Identification Number (PIN), die ihn als berechtigter Benutzer gegenüber seiner Chipkarte ausweist. Die Chipkarte wird beim Einrichten eines neuen Benutzerbereichs ausgestellt.

Nach der Authentifizierung des Benutzers gegenüber seiner Chipkarte erfolgt die Authentifizierung gegenüber dem Verteilten System, indem das Login Programm die Kartendaten ausliest und diese mit den zentral abgelegten Benutzerdaten, die es vom BIS anfordert, vergleicht. Besitzt der Benutzer einen Bereich, so wird vom Login das initiale Anwendungsprogramm gestartet. Die Chipkarte und der Systemzugang sind dadurch weitgehend gegenüber einer nicht autorisierten Benutzung geschützt.

Der Vorteil des Chipkarteneinsatzes bei einem Systemzugang liegt in der auf drei begrenzten Anzahl von Fehlversuchen bei der PIN Eingabe und in der Möglichkeit, geschützt benutzerspezifische Daten auf der Chipkarte selbst ablegen zu können. Ein benutzerspezifischer Datensatz umfaßt folgende Informationen:

- Benutzername (Klartext)
- Benutzerkennung (Klartextkürzel)
- benutzerspezifische RSA Teilschlüssel (öffentlicher/geheimer)

- Rollenzertifikat(e)
- PIN
- öffentlicher RSA Teilschlüssel
  des AUS

Der öffentliche RSA Teilschlüssel des AUS wird in jeder Chipkarte abgelegt. Damit ist sichergestellt, daß dieser Teilschlüssel vertrauenswürdig an jeden Arbeitsplatzrechner innerhalb des Verteilten Systems weitergegeben wird. Dies ist die wesentliche Voraussetzung für das Authentifizierungsprotokoll mit dem AUS. Der Login Client liest diesen öffentlichen RSA Teilschlüssel nach einer erfolgreichen PIN Eingabe des Benutzers aus der Chipkarte aus und ist damit in der Lage, einen sicheren Übertragungskanal mittels des AUS zu dem BIS aufzubauen.

Rollenzertifikat

2 Byte	2 Byte	2 Byte	1 Byte	2–7 Byte
Rollen-kennung	HG	UG	SA	DU vom BIS

Abb. 5: Kodierung eines Rollenzertifikates

Die Rollenzertifikate bestehen jeweils aus sieben Byte und sind digital vom BIS mit dessen geheimen RSA Teilschlüssel unterschrieben (s. Abb. 5 digitale Unterschrift – DU vom BIS). In einem Rollenzertifikat sind die Rollenkennung (eindeutig), die Haupt- und Untergruppe (HG bzw. UG) und der Autorisierungsgrad des Benutzers (SA) kodiert. Die Bedeutungen der Angaben in einem Rollenzertifikat werden bei der Beschreibung der Zugriffskontrolle in Abschnitt 4 erläutert.

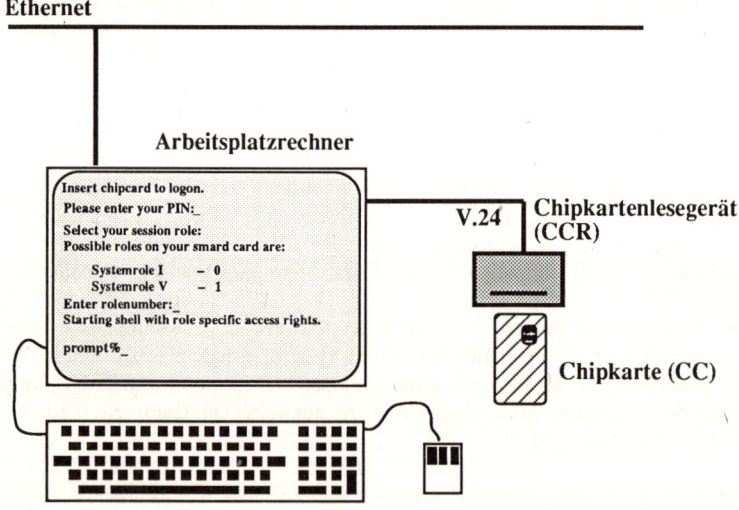

Abb. 6: Systemzugang mit Systemrollenauswahl

Ein Benutzer besitzt in der Regel ein oder mehrere Rollenzertifikate für die Systemebene (Systemrollen) und ein oder mehrere anwendungsspezifische Rollenzertifikate (Applikationsrollen). Nach einem Systemzugang wird von dem Login Programm ein Kommandointerpreter auf der Systemebene für den Benutzer zur Verfügung gestellt. Besitzt ein Benutzer mehrere Systemrollen, so muß beim Systemzugang eine Auswahl für eine dieser möglichen Systemrollen vom Benutzer erfolgen, da er während der Dauer seines Systemzugangs nur die Rechte einer Systemrolle ausüben darf. Der gesamte Systemzugang ist in der Abbildung 6 dargestellt.

Nach einer erfolgreichen PIN Prüfung werden die Systemrollenzertifikate aus der Chipkarte ausgelesen und mit dem öffentlichen Teilschlüssel des BIS, der vom AUS angefordert wird, vom Login Programm überprüft (Überprüfung der digitalen Unterschrift des BIS) und dem Benutzer zur Auswahl am Bildschirm angezeigt. Der Benutzer wählt die Systemrolle aus, die er bei seiner folgenden Systembenutzung ausüben möchte.

Das Login startet nun das initiale Anwendungssystem (hier Kommandointerpreter – Shell) mit der ausgewählten Systemrolle, wodurch die Shell zum einen fest einem Benutzer zugeordnet wird und zum anderen die Benutzerrechte durch die Systemrolle, die nun von der Shell instanziert wird, definiert sind, [SCHA90].

4. Zugriffskontrolle

Die Definition der Regeln für den Zugriffskontrollmonitor, anhand derer dieser die Entscheidung über die Zulässigkeit eines Objektzugriffs durch ein Subjekt trifft, erfolgt entsprechend einer *Sicherheitspolitik*, die innerhalb des Geltungsbereiches des Verteilten Systems definiert ist. Wir unterscheiden drei Kategorien der Sicherheitspolitik:

- **Zugriffspolitik auf Objekte:** Die Aufgabe der Zugriffspolitik ist es, die Subjekte und Objekte in dem Verteilten System in Relation zueinander zu setzen. Durch die Zugriffspolitik wird bestimmt, welches Subjekt Zugriff auf welche Objekte hat.
- **Funktionspolitik auf Objekte:** Die Funktionspolitik beschreibt, welche Funktionen ein Subjekt auf ein Objekt ausüben darf. Zur genaueren Beschreibung verwenden wir hierfür den Begriff der *Rolle* eines Subjektes. Voraussetzung für die Umsetzung der Funktionspolitik ist die Zugriffspolitik, da eine Funktionsausführung auf ein Objekt nur durchführbar ist, wenn das Objekt überhaupt das Subjekt zugreifbar ist.
- **Objektflußpolitik:** Die Objektflußpolitik hat die Aufgabe, die möglichen (zulässigen) Ortsveränderungen eines Objektes innerhalb des Verteilten Systems zu beschreiben. Dies ist erforderlich, da die Einsatzumgebungen der Arbeitsplatzrechner sich hinsichtlich ihrer Vertrauenswürdigkeit voneinander unterscheiden.

4.1. Zugriffspolitik

Grundsätzlich lassen sich Subjekte und Objekte zum einen vertikal in eine hierarchisch geordnete Relation und zum anderen horizontal in Gruppen einordnen. Beide Vorgehensweisen haben Vor- und Nachteile. Das Department of Defense (DoD) fordert für ein sicheres Rechnersystem sowohl die Möglichkeit der Definition einer hierarchischen (s. Mandatory Access Control) als auch einer subjekt- bzw. gruppenabhängigen (s. Discretionary Accesss Control) Zugriffspolitik, [DOD85].

Festlegungen:

- **Gruppen:** Objekte und Subjekte gehören einer Gruppe an. Über diese Gruppenzugehörigkeit definiert sich prinzipiell der Zugriff auf ein Objekt. In bestehenden Zugriffskontrollsystemen wird in der Regel das Eigentümerprinzip für Objekte verwirklicht. Daraus ergeben sich jedoch Probleme bezüglich der Zugriffsrechte, wenn ein Objekt von mehreren Subjekten, die unterschiedliche Zugriffsrechte auf dieses Objekt ausüben dürfen, bearbeitet werden soll. Ferner ist die Aktualisierung von Zugriffsrechten, wenn ein Subjekt oder Objekt kreiert bzw. gelöscht wird, mit einem hohen Aufwand verbunden, wenn für jedes Subjekt bzw. Objekt explizit die neuen Zugriffsrechte einzutragen sind. Wir legen daher fest, daß ein Objekt einer Gruppe gehört und nicht einem einzelnen Subjekt und beim Kreieren eines Objektes die Gruppenzugriffsberechtigungen für das neue Objekt initial gelten. Zur weiteren Unterscheidung unterteilen wir in Haupt- (HG) und Untergruppen (UG). Die Festlegung von Haupt- und Untergruppen ist nicht zwingend und für eine feinere Gruppenunterteilung ließe sie sich noch erweitern. Aus dem Grund der Einfachheit und der Tatsache, daß diese Gruppenunterteilung für Subjekte und Objekte bereits für viele Anwendungsfälle ausreicht, belassen wir sie vorerst so.

Über die Gruppenzugehörigkeit definiert sich zunächst nur die Möglichkeit des Zugriffs auf eine Objekt (oder Subjekt). Mit welcher Funktion dieser erfolgen kann, wird von dieser Entscheidung völlig getrennt.

- **Sicherheitsstufen:** Es wird eine hierarchische Zugriffspolitik innerhalb einer Gruppe ermöglicht. Dazu ordnen wir jedem Subjekt einen *Autorisierungsgrad* (SA) und jedem Objekt einen *Sensitivitätsgrad* (OS) zu, die zusammen allgemein als *Sicherheitsstufen* bezeichnet werden.

Aus den Festlegungen der Gruppenzugehörigkeiten und der Sicherheitsstufen ergibt sich ein Zugriff auf ein Objekt (bzw. Subjekt) durch ein Subjekt nur, wenn die folgende Zugriffspolitik eingehalten wird:

$$\textit{Zugriffspolitik:} \qquad SA \geq OS \;\; \textit{und} \;\; SHG = OHG \;\; \textit{und} \;\; SUG = OUG$$

SHG: Subjekthauptgruppe OHG: Objekthauptgruppe
SUG: Subjektuntergruppe OUG: Objektuntergruppe

4.2. Funktionspolitik

Die Funktionspolitik beschreibt, welche Funktionen von einem Subjekt auf ein Objekt bzw. Subjekt ausgeführt werden können. Zur Beschreibung eines Subjektes und dessen Berechtigungen wird die Zugriffspolitik um eine Funktionsmenge erweitert. Die subjektbezogenen Attribute fassen wir unter dem Begriff der *Rolle* zusammen:

Rolle: *Hauptgruppe (SHG);*
Untergruppe (SUG);
Autorisierungsgrad der Rolle bzw. des Subjektes (SA);
{Funktionen}.

Analog zu der Rollendefinition der Subjekte sind die Attribute der Objekte definiert.

Objektbeschreibung: *Hauptgruppe (OHG);*
Unterguppe (OUG);
Sensitivitätsgrad des Objektes (OS);
{ausführbare Funktionen}.

Grundlage für die Anwendung der Funktionspolitik ist die Zugriffspolitik (s.o.). Die Kontrolle der Einhaltung der Funktionspolitik besteht nun darin, nachzuprüfen, ob die aktuelle Rolle des Subjektes eine Funktion enthält, die auf das Objekt ausführbar ist.

Funktionspolitik: {Funktionen des Objektes} $\cap$ *{Rollenfunktionen}* $\neq$ *{$\emptyset$}.*

Es lassen sich nicht alle von der Systemrolle zugreifbaren Objekte auf der Systemebene ausführen (die Rollenfunktionen ergeben keine Teilmenge der Funktionen des Objektes). Hier werden noch *Subjekt-* und

Objekttypen mit einer entsprechenden Attributierung eingeführt. Diese Attributierung hat jedoch keinen Einfluß auf die Sicherheitspolitik, da diese Typisierung nur Aufschluß für die System- bzw. Anwendungsprogramme darüber gibt, ob eine Bearbeitung des Objekttyps von diesen überhaupt sinnvoll ausführbar ist. Auf der Anwendungsebene lassen sich hingegen beliebig viele Applikationsrollenfunktionen definieren, die vom Sinn und Zweck des Anwendungsprogramms abhängen und jeweils unterschiedlichen Applikationsrollen in frei wählbaren Kombinationen zugeordnet werden können.

4.3. Objektflußpolitik

Es ist nicht sinnvoll, ein Objekt mit einem hohen Objektsensitivitätsgrad an einem Arbeitsplatzrechner zu bearbeiten, der mit einer im Vergleich dazu niedrigeren Vertrauenswürdigkeit behaftet ist. Zur Modellierung und Kontrolle dieser Beziehung dient die Objektflußpolitik.

Ein Bearbeitungsort innerhalb des Verteilten Systems wird selbst als ein Objekt betrachtet. Wir modellieren daher ein solches Objekt in gleicher Weise wie alle anderen (s.o.) mit Haupt-, Untergruppe, Sensitivitätsgrad und ausführbaren Funktionen.

Wir formulieren eine Objektflußpolitik für Objekte, indem wir den Sicherheitsgrad des Bearbeitungsortes (SORT) mit den Objektsensitivitätsgraden (OS) in Relation zueinander setzen und die Gruppenzugehörigkeiten berücksichtigen:

Objektflußpolitik:

$$SORT \geq OS \quad und \quad HGORT = OHG \quad und \quad UGORT = OUG$$

und es muß gelten

$$SA \leq SORT \quad und \quad HGORT = SHG \quad und \quad UGORT = SUG$$

Die Bearbeitung eines Objektes an einem Ort in dem Verteilten System ist demnach nur dann zulässig, wenn der Sicherheitsgrad des Ortes (SORT) mindestens dem Objektsensitivitätsgrad (OS) entspricht, oder der Wert für SORT größer diesem ist, und der Bearbeitungsort der gleichen Haupt- und Untergruppe (HGORT bzw. UGORT) wie das Objekt angehört. Es ist hierbei zu beachten, daß die Objektflußpolitik sich genau umgekehrt zur Zugriffspolitik verhält, da das Subjekt an dem Bearbeitungsort einen niedrigeren oder gleich großen Autorisierungsgrad aufweisen muß, bezogen auf die Vertrauenswürdigkeit des Bearbeitungsortes, die mit dessen Sensitivitätsgrad angegeben wird.

4.4. Vererbungsregel

Die Sicherheitspolitik betrachtet zunächst nur eine statische Menge von Subjekten, Objekten und Bearbeitungsorten. Einige Funktionen verändern diese Menge dahingehend, daß einzelne Elemente hinzugefügt oder aus ihr entfernt werden. Die zentrale Funktion hierbei ist das Kreieren eines Objektes durch ein Subjekt, für die festgelegt werden muß, welchen Sensitivitätsgrad das kreierte Objekt erhält (bzw. diesem vererbt wird) und welcher Gruppe es angehört. Hierfür sind zwei Fälle zu unterscheiden:

Fall 1:   Es wird ein neues Objekt kreiert.

Fall 2:   Es wird ein neues Objekt aus bestehenden Objekten zusammengesetzt.

Für den ersten Fall läßt sich leicht die Vererbungsregel definieren, die dem neuen Objekt den Sensitivitätsgrad zuordnet, der dem Autorisierungsgrad der aktuellen Subjektrolle entspricht. Die Gruppenzugehörigkeit des Objektes ergibt sich ebenfalls aus der aktuellen Subjektrolle und der daraus bestimmbaren Gruppenzugehörigkeit des Subjektes. Im zweiten Fall besteht das Problem, daß alle beteiligten Objekte bereits einen Sensitivitätsgrad aufweisen und das Subjekt einen Autorisierungsgrad besitzt und diese alle unterschiedliche Werte aufweisen können (entsprechend der Zugriffspolitik). Die Gruppenzugehörigkeit ist hingegen für die Objekte und das Subjekt die gleiche, woraus sich unmittelbar auch die Gruppenzugehörigkeit des neuen zusammengesetzten Objektes ergibt. Die Festlegung des Sensitivitätsgrades des zusammengesetzten Objektes kann nach drei Strategien erfolgen.

1. Setzen des Sensitivitätsgrades auf den niedrigsten Wert der Ursprungsobjekte

Dieses Vorgehen führt dazu, daß Objekte eines bestimmten Sensitivitätsgrades für Subjekte mit einem geringeren Autorisierungsgrad mittelbar über das neue zusammengesetzte Objekt zugreifbar werden. Eine solche Strategie stellt eine Verletzung der Zugriffspolitik dar und ist daher ungeeignet.

2. Setzen des Sensitivitätsgrades auf den höchsten Wert der Ursprungsobjekte

Hierbei entsteht die Situation, daß Ursprungsobjekte indirekt in Form des neuen Objektes einen höheren Sensitivitätsgrad erhalten und damit dem Zugriff für Subjekte entzogen werden, denen zuvor ein Zugriff auf die Ursprungsobjekte möglich war. Des weiteren ist bei dieser Strategie zu erwarten, daß nach einer gewissen Zeit alle Objekte dem höchsten verfügbaren Sensitivitätsgrad angehören.

3. Setzen des Sensitivitätsgrades entsprechend dem Wert des Autorisierungsgrades des Subjektes

Für diese Vererbungsstrategie gelten die gleichen Nachteile wie für das Setzen des Sensitivitätsgrades auf den höchsten Wert der Ursprungsobjekte.

Eine Realisierung der Vererbungsstrategie 1 scheidet aufgrund der mittelbaren Umgehbarkeit der Zugriffspolitik völlig aus. Die Umsetzung der Vererbungsstrategie 2 birgt die Problematik in sich, daß stets Klarheit darüber bestehen muß, aus welchen Ursprungsobjekten sich das neu kreierte Objekt zusammensetzt. Da sich die dritte Vererbungsstrategie prinzipiell nicht von der zweiten unterscheidet und den Vorteil bietet, daß anhand der aktuellen Subjektrolle stets eindeutig der Sensitivitätsgrad des neuen Objektes bestimmt werden kann, ist diese Vererbungsstrategie von den betrachteten am geeignetsten. Zur Vermeidung der aufgeführten Nachteile dieser Vererbungsstrategie wird die Möglichkeit eingeräumt, den Sensitivitätsgrad des kreierten Objektes explizit durch das Subjekt herunterstufen zu lassen, was jedoch die Gefahr einer mittelbaren Umgehung der Zugriffspolitik beinhaltet. Es kann aus den aufgeführten Gründen dennoch nicht auf diese Funktion verzichtet werden. Es ergibt sich damit folgende allgemein geltende Vererbungsregel:

Vererbungsregel für das Kreieren eines neuen Objektes:

Objektsensitivitätsgrad := Subjektautorisierungsgrad

Objekthauptgruppe := Subjekthauptgruppe

Objektuntergruppe := Subjektuntergruppe

5. OZS – Objektzugriffs-Service

Der Objektzugriffs-Service (OZS) besteht aus zwei Komponenten, dem eigentlichen Zugriffskontrolldienst (ZKD) und dem Objektspeicherdienst (OSD). Der Zugriffskontrolldienst arbeitet ausschließlich mit eindeutigen Objektbezeichnern und führt für diese die entsprechenden Objektbeschreibungen in Form einer Zugriffskontrolliste an den Objektbezeichnern. Der ZKD implementiert den Zugriffskontrollmonitor entsprechend der definierten Zugriffspolitik. Die Objektbezeichner stellen die Verweise auf die Objekte des Objektspeicherdienstes dar.

Der OSD ist eine Anwendung, die auf der Dateiebene das Erzeugen, Löschen, Lesen etc. von Dateien und Verzeichnissen erlaubt (Funktionalität eines Datei-Servers). Daneben sind noch Datenbankfunktionen enthalten. Für die Dateiobjekte ist ausschließlich der OSD zugriffsberechtigt, (s. Abb. 7).

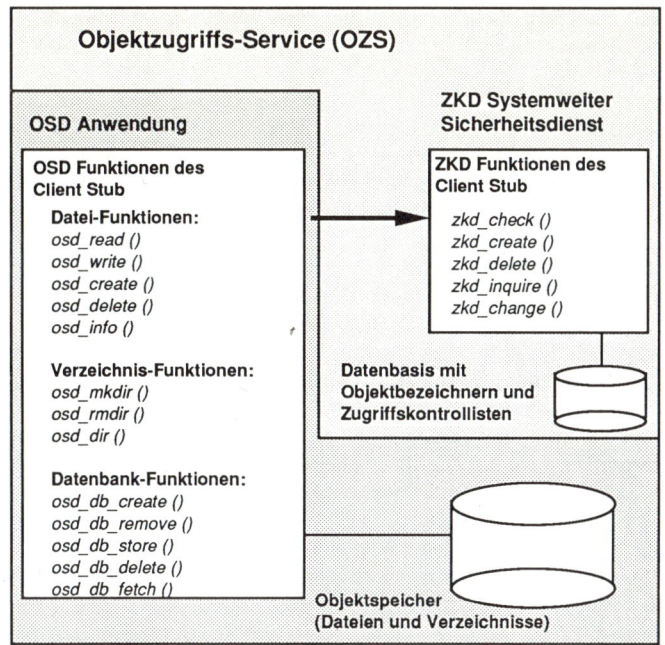

Abb. 7: Objektzugriffs-Service (OZS) mit Zugriffskontrolldienst (ZKD) und
Objektspeicherdienst (OSD)

Der ZKD stellt Funktionen zum Erzeugen, Löschen und Prüfen von Zugriffsberechtigungen auf Objekte zur Verfügung. Beim Erzeugen eines Objektes (*zkd_create ()*) wird nicht das Objekt selbst angelegt, sondern der ZKD liefert einen eindeutigen Objektbezeichner an das aufrufende Subjekt zurück, den er zusätzlich mit einer initialen Zugriffskontrolliste in seiner Datenbasis ablegt.

Die initiale Zugriffskontrolliste erhält die Werte, die der aktuellen Rolle des aufrufenden Subjektes entsprechen (s. Vererbungsregel). Sämtliche Einträge in der Datenbasis des ZKD haben folgende Gestalt:

Einträge der ZKD Datenbasis

4 Byte	4 Byte	2 Byte	2 Byte	1 Byte
Objektbezeichner	Zeitstempel	OHG	OUG	OS
Objektbezeichner	Zeitstempel	OHG	OUG	OS

Abb. 8: Einträge in der Datenbasis des ZKD

Ein eindeutiger Objektbezeichner besteht dabei aus einer fortlaufenden Nummer (Objektbezeichner), die mit einem Zeitstempel kombiniert ist. Die Zugriffskontrolliste besteht aus der Objekthauptgruppe (OHG), der Objektuntergruppe (OUG) und dem Sensitivitätsgrad des Objektes (OS). Die Zugriffskontrolle auf ein Objekt erfolgt nun, indem die Funktion *zkd_check ()* aufgerufen wird, die einen Vergleich der aktuellen Subjektrolle mit den in der Zugriffskontrolliste enthaltenen Daten vornimmt. Wird die Zugriffskontrollpolitik nicht verletzt, so liefert die Funktion den logischen Wert *wahr* zurück (andernfalls *falsch*). Die Funktion *zkd_check ()* kann von jedem Subjekt aufgerufen werden, sie unterliegt nicht der Kontrolle durch den Funktionskontroll-Service.

Zum Erzeugen und Löschen von Objektbezeichnern dienen die Funktionen *zkd_create()* und *zkd_delete ()*. Die Funktion *zkd_inquire ()* dient zum Erfragen von Zugriffsrechten auf ein bestimmtes Objekt und die Funktion *zkd_change ()* zum Verändern bestehender Zugriffsrechte für ein Objekt. Zur Ausführung dieser vier Funktionen müssen die Subjekte durch ihre Rolle berechtigt sein (Funktionskontrolle), und zum anderen muß ein Zugriffsrecht auf das angegebene Objekt, auf das die Funktion ausgeführt wird, bestehen. Da der ZKD nur mit logischen Objektbezeichnern arbeitet, wird eine beliebig feine Granularität der Objekte erreicht, je nach Anwendung der Zugriffskontrolle, [HANS90].

6. FKS – Funktionskontroll-Service

Die Kontrolle von Funktionsausführungen unterliegt dem Funktionskontroll-Service (FKS). Im Gegensatz zum OZS prüft er nicht die Zugriffsberechtigungen auf Objekte, sondern ob eine angegebene Funktion von einem Subjekt ausführbar ist. Dazu muß die Funktion ein Bestandteil der Subjektrolle sein. Der FKS verwaltet die Datenbasis des Verteilten Systems, in der alle System- und Applikationsrollen mit ihren Funktionen abgelegt sind. Die Prüfung erfolgt anhand des Rollenzertifikates. Es ergibt sich eine zum OZS vergleichbare Strukturierung des FKS. Der FKS realisiert den Teil des Zugriffskontrollmonitors, der die Einhaltung der Funktionspolitik kontrolliert, (s. Abb. 9).

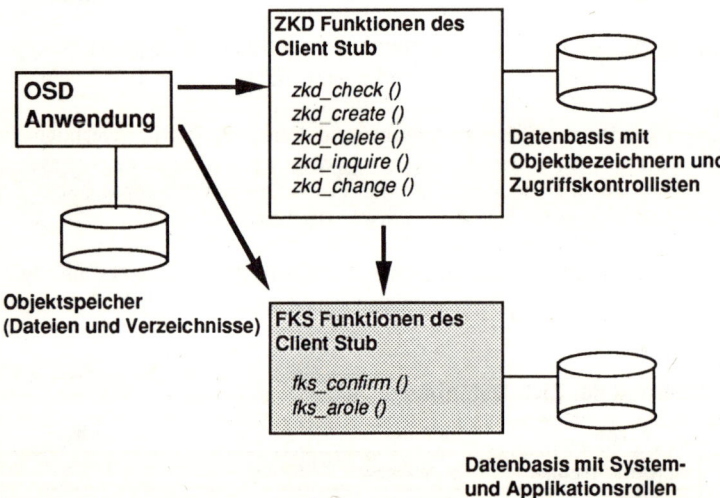

Abb. 9: Benutzung des FKS durch die OSD Anwendung und den ZKD

Die OSD Anwendung benutzt die Funktionen des ZKD zur Kontrolle von Objektzugriffen und die Funktionen des FKS, um die Berechtigungen von Funktionsausführungen auf Objekte mit der Funktion *fks_confirm ()* des FKS überprüfen zu lassen. Die Funktion *fks_confirm ()* kann von jedem Subjekt ohne Kontrolle ausgeführt werden. Die Funktion *fks_arole ()* liefert die Rolle eines Subjektes (den Rollenbezeichner). Die Beschreibung der Datenbasis des FKS, erfolgt mit Hilfe einer eigens hierfür entwickelten Beschreibungssprache für die System- und Applikationsrollen, [HAMM91].

7. OFS – Objektflußkontroll-Service

Für die Implementierung des OFS wurde das Programmsystem des Zugriffskontroll-Dienstes vollständig übernommen. Es ist lediglich die Regelbasis anhand derer der OFS einen Objekttransport innerhalb des Verteilten Systems gestattet oder ablehnt entsprechend der Objektflußpolitik geändert worden (s. 4.3.).

8. Zusammenfassung

Die Vorteile der vorgestellten Sicherheitsarchitektur für Verteilte Systeme liegen vor allem in ihrer Systemunabhängigkeit und ihrer Modularisierung und der damit erzielten leichten Erweiterbarkeit. So können weitere Dienste, die zusätzliche sicherheitsrelevante Vorgänge kontrollieren, hinzugefügt werden (z.B. ein Dienst zur Beweissicherung). Daneben bietet das Rollenmodell für Subjekte und die beliebig fein granulierbare Zugriffskontrolle, einen universell einsetzbaren Mechanismus zur Beschreibung von Zugriffsrechten.

Die Vorteile werden vor allem durch den Nachteil des erhöhten Kommunikationsaufwandes erkauft. Ferner bilden die Sicherheitsdienste erst die Basis, um darauf aufbauend Anwendungssysteme zu implementieren, die sich die umfangreichen Kontrollmechanismen zu Nutze machen. Dies stellt zusätzliche Anforderungen an die Programmierung solcher Systeme.

Eine hier nicht betrachtete Voraussetzung für die Sicherheit der vorgestellten Systeme ist, daß manipulierte Rechnersysteme und Programme automatisch erkannt werden und am normalen Betriebsablauf nicht teilhaben können. Die Sicherstellung dieser Eigenschaft könnte bspw. durch ein in jedes Rechnersystem eingebautes Hardwaremodul erfolgen, das mit einem geheimen Schlüssel versehen ist. Durch den Einsatz eines solchen Moduls könnten dann nur verifizierte und mit einem Zertifikat ausgestattete System- und Anwendungsprogramme zur Ausführung gelangen.

Literatur

[BUCH90]   Buchholz, C.: *Spezifikation der Prozesse und Protokolle zur Authentisierung von Subjekten in einem verteilten Rechnersystem*, Technische Universität Berlin, Studienarbeit am Fachbereich Informatik, 1990.

[DENN81]   Denning, D.E., Sacco, G.M.: *Timestamps in Key Distribution Protocols*, Communications of the ACM, Vol. 24, Nr. 8, Aug. 1981, S. 533-536.

[DOD85]   U.S. Department of Defense: *Trusted Computer System Evaluation Criteria*, DOD 5200.28-STD, Dez. 1985.

[GAYD90]   Gayda, C., Käding, M.: *Integration von Sicherheitsmechanismen zum Schutz von Patientendaten in medizinischen Anwendungssystemen*, GI-20. Jahrestagung Stuttgart, Proceedings Band II, Informatik Fachberichte 258, Springer-Verlag, 1990, S. 222-231.

[HAMM91]   Hammes, A.: *Realisierung eines Operationskontroll-Servers in einem Verteilten System*, Technische Universität Berlin, Diplomarbeit am Fachbereich Informatik, 1991.

[HANS90]   Hansemann, K.: *Entwurf und Realisierung eines Systems zur Zugriffskontrolle auf sicherheitssensitive Daten*, Technische Universität Berlin, Diplomarbeit am Fachbereich Informatik, September 1990.

[NBS77]   National Bureau of Standards (U.S.): *Data Encryption Standard (DES)*, Federal Information Processing Standard Publication 46, National Technical Information Service, Springfield, VA, Apr. 1977.

[NEED78]   Needham, R.M., Schroeder, M.: *Using Encryption for Authentication in Large Networks of Computers*, Communications of the ACM, Vol. 21, Nr. 12, Dez. 1978, S. 993-999.

[ORGA89a]   Intelligenter Chipkarten-Leser ICCR/V24-220, Benutzerhandbuch Version 2.3, ORGA Kartensysteme GmbH, 1989.

[ORGA89b]   Funktionsbeschreibung der ORGA-Chipkarten-Applikation ICC-3/3, Version 1.0, ORGA Kartensysteme GmbH, 1989.

[RIVE78]   Rivest, R.L., Shamir, A., Adleman, L.: *A Method for Obtaining Digital Signatures and Public-Key Cryptosystems*, Communications of the ACM, Vol. 21, Nr. 2, Feb. 1978, S. 120-126.

[SCHA90]   Schaefer, F.-U.: *Entwurf und Implementierung eines UNIX-Systemzugangs mit einer Benutzerauthentifizierung über Chipkarten*, Technische Universität Berlin, Diplomarbeit am Fachbereich Informatik, 1990.

Clans & Chiefs

Jochen Liedtke

German National Research Center for Computer Science (GMD)

W−5205 Sankt Augustin

Germany

jochen.liedtke@kmx.gmd.dbp.de

Abstract:

Clans are introduced as a basic concept of an operating system kernel. They permit full algorithmic control of process interaction in a user definable but secure way. All communication across a clan's borderline is inspected and possibly modified by the clan's so called *chief* task. Thus the mechanism can be used for protection, remote communication, debugging, event tracing, emulation, connecting heterogeneous systems and even process migration. It has been implemented in the operating system L3 where, besides some smaller applications, remote message handling and a multi-level-security monitor rely on clans.

Keywords: Clan, chief, inter-process communication, operating system, protection, L3.

1. Introduction

Offering protection mechanisms is one of the most important tasks of an operating system. Ideally the mechanisms should be very few but powerful, permit arbitrary strong or weak protection policies and restrict the users as little as possible. In modern μ-kernel based system architectures various security policies and high level mechanisms are built on top of the kernel as servers: authentication servers, file servers restricting access by reference monitors or access control lists and others. It is the μ-kernel's job to support the servers by basic protection mechanisms, usually *autonomy* (isolation of tasks/address spaces) and some sort of *process interaction/communication control*. Examples of such existing client/server based systems are Amoeba [15] (tickets/capabilities), Mach [1,14] (controlled channels/port rights) or BirliX [6,7] (message integrity). All these examples are "message-oriented". This model seems to be more convenient in the context of multiprocessors and distribution than the "procedure-oriented" one. Lauer and Needham pointed out "that these two categories are duals of each other and that a system which is constructed according to one model has a direct counterpart in the other" [8]. However, the message-oriented model will be used for reasoning here.

The idea of Clans & Chiefs was influenced by the subject restriction concept of BirliX [7]. Here it is possible to enwall suspicious active entities (subjects) by means of subject restriction lists. Each of these specifies the set of all partners (mostly servers), which are accessible by the corresponding suspicious subject. The clan concept goes beyond this in two aspects:

- It allows full algorithmic control on user level. Arbitrary algorithms can supervise and modify the interactions of active entities.

- Clans form hierarchies of protection as well as of semantic domains.

Reasoning and implementation are based on the operating system L3 [10], which is purely message oriented (like RC4000 [4], Demos [2], Mach [1] and many others). In L3 autonomous tasks with protected address spaces communicate exclusively via messages.[1] In contrast to Demos and Mach messages are transferred directly without intermediate system objects like links or ports (for reasons see section 2).

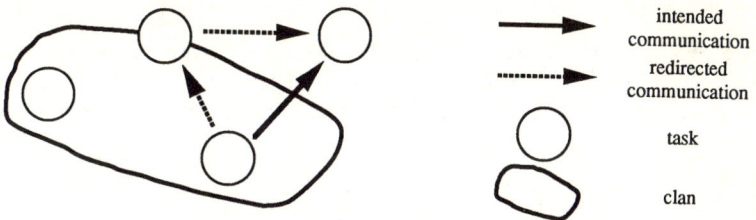

Figure 1. Clan & Chief

In this context a *clan* is defined to be a set of tasks headed by a *chief* task. All messages from clan members to tasks outside the clan are redirected by the kernel to the chief (see figure 1). The same happens to messages coming from outside. Thus the chief controls all communication of the clan with the outer world.

It turned out that the clan concept is not only useful in the area of protection. Besides debugging and tracing, chiefs can be used to forward messages via networks, to en/decrypt messages via suspicious channels, to emulate environments or hide heterogeneity by message transformation. Furthermore they cannot only protect the outer world against suspicious subjects but also their clans against the outer world, independent of application programs.

A simple example using the clan mechanism is the prototype of a virus encapsulator. It uses the following strategy: Each time suspicious software is invoked, it creates a clan with the virus encapsulator as its chief. Inside the clan the suspcious program runs like in a cage:

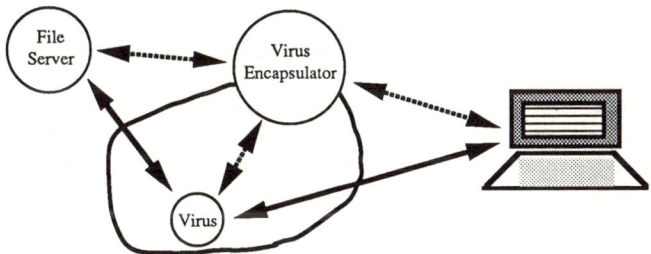

Figure 2. Encapsuled Virus

Here the chief algorithm is not very complicated:

```
virus encapsulator (program, read file list, write file list, terminal) :

    generate and start (clan member, program) ;
    REP
        wait for (message, sender, receiver) ;
        IF incoming message
        OR message to terminal
        OR read access to read permitted file
```

---

[1] Similar to Mach shared objects are realised by external pagers. Thus [18] access to memory objects is also based upon communication.

```
      OR write access to write permitted file
         THEN send deceiving (message, sender, receiver)
         ELSE report illegal message and drop
   FI
ENDREP .
```

Besides this and some further small examples (ipc tracer, driver debugger, version adapter) two larger systems applying Clans & Chiefs have been developed on top of the L3 μ-kernel. The first handles remote inter-process-communication ("ipc") by means of chiefs as shown in figure 3:

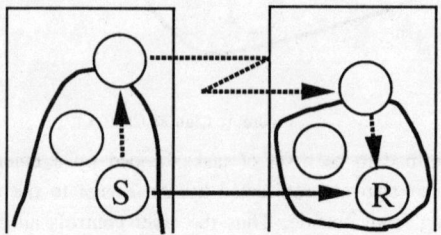

Figure 3. Networks and Clans

The second system implements multi-level security (B3/A1 functionality in [16] or F5 in [19]). Both profit from the fast ipc of L3: 25.0 μs (386, 25 MHz) or 12.3 μs (486, 25 MHz) for short messages. The performance is discussed in more detail in [12].

Section 2 briefly describes L3, which is the basic model used for reasoning. (L3 does exist and is used commercially.) Section 3 defines the concept of clans in detail and discusses security problems related to it. Section 4 describes the current implementation of the clan concept in L3. Section 5 discusses the possibilities implementing the clan concept in operating systems like Demos or Mach.

2. The μ-Kernel Concepts Used for Reasoning (L3)

Nowadays many more or less different kernel philosophies (and terminologies) are in use. To avoid confusion and misunderstanding the argumentational basis used throughout this paper is described briefly. In fact, this is the μ-kernel of an existing and commercially used operating system called L3 [3,9,10].

The L3-kernel is an abstract machine implementing the data type *task*. A task consists of

- at least one *thread*
  A thread (like a Mach thread [1]) is a running program. All threads (actually up to 16384 per station), except resident (unpaged) driver or kernel threads, are persistent objects.

- up to 16383 *dataspaces*
  A dataspace is a virtual memory object of size up to 1 GB. Dataspaces are also persistent objects and are subject to demand paging. Copying and sending is done lazily. Physical copy operations are delayed ("copy on write") like in Accent [17], Mach [1], EUMEL [5] and BirliX [6].

- one address space
  Dataspaces are mapped dynamically into the address space for reading or modifying. For hardware driver tasks the address space is logically extended by the IO ports assigned to the task. (All device drivers are located outside the kernel and run at user level.)

As in Mach paging is done by the default or external pager tasks. So all interactions between tasks and with the outer world are based on inter-process-communication.

The original ipc concept of L3 is quite simple. Active components, i.e. the threads, communicate via messages consisting of strings and/or dataspaces. Each message is sent directly from the sending to the receiving thread. There are neither communication channels nor links, only global thread and task identifiers (ids).[2] Thus opening is not necessary for ipc. Furthermore no additional kernel objects such as links or ports are involved. This simple model differs in two points from most other message oriented systems:

○ absence of explicit binding (opening a channel)
One could expect additional costs, because the kernel must check the communication's validity each time a message is sent. But on the other hand there is no necessity for the bookkeeping of open channels. We consider the simple concept as a bit more elegant and, in fact, communication in L3 is faster than usual [12]. Nevertheless some special types of clans may be realised more efficiently when using explicit binding (see section 5).

○ no message buffering
Due to the absence of channel objects we have synchronous ipc only; sender and receiver must have a rendezvous. But practice has shown that higher level communication objects like pipes, ports, queues and others can be implemented flexibly and efficiently on top of the kernel by means of threads.

For local[3] ipc the kernel guarantees *message integrity*:
- *no deceit:*   A receiver will always get the correct sender id.
- *no wiretapping:*   Only the receiver specified by the sender sees the message.
- *no modification:* Messages will be neither modified nor lost.

Tasks and threads have unique identifiers, unique even in time. Thus a server usually concludes from the sender id of the order message whether the required action is permitted for this client or not.

So the *message integrity* in connection with the *task autonomy* is the basis for higher level protection, always implemented on top of the μ-kernel.

3. Clans & Chiefs

Within the L3 scenario and also other systems based on direct message transfer, e.g. BirliX, protection is basically a matter of message control. For the well known access control lists (acl) this can be done at the server level. But maintenance of large distributed acls becomes hard, when access rights change rapidly. So Kowalski and Härtig [7] propose to complement object (= passive entity) protection by subject (= active entity) restrictions. In this concept the kernel is able to restrict the outgoing message of a task (the subject) by means of a list of permitted receivers.

The clan concept is an algorithmic generalization of this idea, or of reference monitors respectively.

---

[2] How to get the id of a new partner for communication? This is not a job of the kernel but of some name server(s). Usually the creating task implants the id of at least one name server into the new task. By this it can communicate with at least this name server to get further task/thread ids.

[3] The old remote ipc of L3 is no longer relevant here, because first it is not needed for the following argumentation and second it is replaced by an application of the new clan concept described in this paper.

A *clan* is a set of tasks headed by a *chief* task. Inside the clan all messages are transferred freely and the kernel guarantees message integrity. But whenever a message tries to cross a clan's borderline, regardless whether outgoing or incoming, it is redirected to the clan's chief. This chief may inspect the message (sender and receiver as well as contents) and decide whether or not it should be passed to the destination to which it was addressed. As demonstrated in figure 4 these rules apply to nested clans as well.

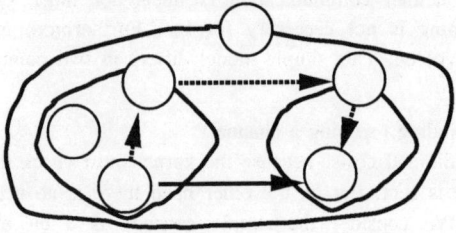

Figure 4. Nested Clans

Obviously subject restrictions and local reference monitors can be implemented outside the kernel by means of clans. Since chiefs are tasks at user level, the clan concept allows more sophisticated and user definable checks as well as active control.

3.1 Creation

The clan concept leads to a recursive data type *task*. Important new operations are

. *create inner task*
. *delete inner task*

If a task creates its first inner task, a new clan with the invoker as its chief is generated. Then the newly created task and the chief are the members of the clan. By further creating inner tasks the chief will extend the clan. Thus chiefs are always members of two clans, the *inner clan* headed by the chief and the *outer clan* containing it as a simple member.

If *delete inner task* is applied to a chief of a clan, all clan members will be deleted implicitly. Deletion could be handled more freely, but this strict method prevents clan members from unrecognized changes of their chief (see 3.5).

It is important to understand that *create inner task* differs significantly from the conventional *create child task* operation. The task tree does not necessarily reflect the clan structure. Creating a child task generates a new member of the invoker's clan and does not generate a new clan. Thus the tree of tasks generated by creation of child tasks is not necessarily kernel based like clan/chief. Usually the task tree is a higher level object. The most natural way for implementation is by using a clan's chief as server for child task creation and deletion. If a task A wants to create a new child task, it sends an appropriate message to *chief (A)*; this one creates a new clan member B by invoking *create inner task* and updates the task tree by entering B as child task of A.

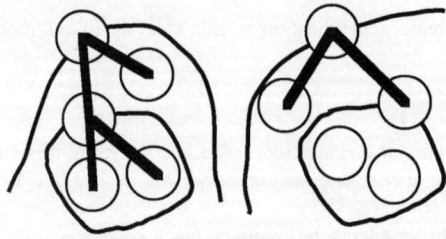

Figure 5. Task Tree and Clan

So task trees are clan dependent. A chief can isolate its inner clan from the outer clan and hide its task tree and name space (figure 5, right). Also complete integration of the inner clan members into the outer clan's task tree and name space is possible by cooperation of the chiefs (figure 5, left).

3.2 Communication

It has now to be considered, whether chiefs can be implemented as tasks or threads, or whether even a new type of object is needed.

Chiefs in general need to protect their autonomy against the objects they supervise. Therefore the given concept hierarchy of thread and task is extended towards clans: clans contain tasks, tasks contain threads. As a consequence chiefs are introduced as tasks, not as threads. To enable redirection of messages to chiefs, ipc to a task is introduced meaning sending to an arbitrary thread of the task:

Let $\mapsto$ denote a message transfer. Given a thread T and a task A, $T \mapsto A$ is defined as $T \mapsto T_A$, where T_A is an arbitrary thread of A.

This allows simple implementations of the clan concept, which always redirect messages to a dedicated thread of the chief. As well, more sophisticated implementations are possible by chosing dynamically the receiving thread of the chief. Correspondingly the chief of a thread T_A being part of task A is defined to be chief (A).

These agreements make it convenient to use variables like S, R, C in the following both for tasks as well as for threads.

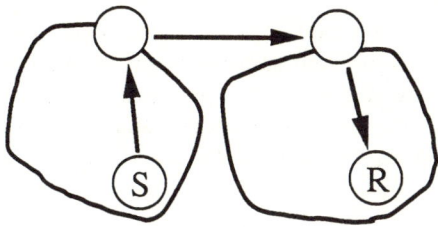

Figure 6. Inter Clan Message Transfer

Messages crossing clan borderlines are redirected to the chief controlling the clan. So sending a message from S to R (figure 6) is split into three steps:

(1)   S $\mapsto$ R   *redirected to* chief (S)
(2)   chief (S) $\mapsto$ R   *redirected to* chief (R)
(3)   chief (R) $\mapsto$ R

To allow such communication, thread ids must be visible outside the clan, where the thread resides. So clans form a hierarchy, but thread and task ids form a flat space as far as visibility is concerned.

For a more formal specification some relations are defined:

A $\approx$ B, *A and B belong to the same clan*, iff[4]

chief(A) = chief(B) $\lor$ chief(A) = B $\lor$ A = chief(B)

---

[4] Unfortunately $\approx$ is no equivalence relation, because chiefs necessarily belong to their inner and outer clans.

A $\prec$ B, *A lies inside B's inner world*, iff[5]

chief (A) = B $\vee$ chief (A) $\prec$ B

The relation $\not\prec$ (*outside* the inner world) is the exact negation of $\prec$. (Thus A $\not\prec$ A holds.)

The kernel's redirection policy applied to an ipc request S $\mapsto$ R can be formally described by:

S $\mapsto$ chief(S)   *if R $\not\prec$ chief (S)*

S $\mapsto$ R   *if S $\approx$ R*

S $\mapsto$ C   *if R $\prec$ C $\approx$ S, C $\neq$ chief(S)*

Due to the strict hierarchy of clans the chief C is unique.

3.3 The Restrictive Model

In the so called restrictive model chiefs are only allowed to

- o inspect a redirected message,
- o throw it away,
- o forward it unchanged to the true destination, which is always informed about the true sender.

Furthermore the chief cannot store messages. (This restriction seems to be unnecessary, if all application level protocols are resistent to replays.) No deceit is possible by chiefs, only suppressing communication and listening.

Thus the kernel guarantees a certain level of security, even when chiefs are involved in ipc. But due to the possibility of secret wiretapping this advantage seems to be rather small. On the other hand the application of clans and chiefs in this model is restricted to protection, consistency checking and tracing. Other possibilities require more liberal features. Moreover, the implementation of messages as protected kernel objects would require a substantial overhead. So this restrictive model is dropped.

3.4 The Liberal Model

The liberal model allows chiefs to deceive in a controlled way. When sending into its clan, a chief may specify itself or any thread of the outer world as the apparent sender. When sending to the outer world, it may specify itself or any thread of its inner world as the apparent sender.

The notation $C|_S \mapsto R$ is used to denote that C sends a message to R simulating S to be the sender. Given S, R and a chief C, *direction preserving deceit* happens if either

$$C|_S \mapsto R \quad S \not\prec C , R \prec C \text{ (incoming)}$$
or
$$C|_S \mapsto R \quad S \prec C , R \not\prec C \text{ (outgoing)}$$

The liberal model allows chiefs to deceive, but only direction preserving. $C|_S \mapsto R$ with S,R $\prec$ C or S,R $\not\prec$ C (S$\neq$C) are not permitted. The latter ones would be undetectable (!) "interventions by a third party" into the inner or outer world, thus corrupting all security policies.

Furthermore chiefs are free to modify or drop messages. So it is no longer necessary to implement

---

[5] $\prec$ is a partial ordering.

messages as protected kernel objects. They can be regarded as simple values. The consequences concerning integrity are discussed in the next section.

Now chiefs are real algorithmic filters usable for checking as well as for adapting and transforming incoming and outgoing messages. They permit using clans more or less transparently concerning the ipc of the other tasks and threads. It is hoped that this is a good basis for building higher level abstractions on top of the clan concept.

3.5 Trustworthiness and Integrity

Within a clan the integrity of messages is guaranteed by the kernel. But as soon as borderlines are crossed, potentially suspicious chiefs are involved. So the sequence of chiefs involved in a particular message transfer determines its integrity.

The sequence of the sender S, the chiefs involved in transfer and the receiver R is called the *communication path* $S \gg R$.

A communication path is determined uniquely by S and R, assuming inter-clan migration of tasks is not supported. The trustworthiness of a communication path is given by the trustworthiness of the chiefs. To simplify argumentation two qualities are defined:

A chief is called *P-trusted*, if it is trustworthy with respect to some given predicate P.
It is called *P*-trusted*, if it is P-trusted and communicates for P-related operations only with other P*-trusted chiefs or within its own clan.[6]

Sometimes the use of P*-trusted chiefs can solve the integrity problems in a very elegant way. But chiefs cannot be P*-trusted for all predicates P and suspicious chiefs are needed, e.g. to represent insecure data channels or less trusted domains. Thus a general method is required which allows sender and receiver to decide about the trustworthiness of the communication path.

For each real transfer $S \mapsto R$ there are the originally requested transfer $S \mapsto R'$, where R' is the receiver specified by S, and the transfer $S' \mapsto R$ as it arrives at the real receiver considering S' as sender. At a first glance it seems to be necessary for R to determine $S' \gg R$ and for S to determine $S \gg R'$ in a secure way. These are symmetric problems; so we will discuss the receiver's part judging about $S' \gg R$.

Obviously an incorruptable kernel function *chief (A)* would do the job. Unfortunately this would require the network handling for the remote case to be part of the μ-kernel. But just the network is a typical application of the clan concept (figure 3).

Instead of the general chief function the kernel is able to provide two simple functions, *rchief*, which is restricted to the function invoker's clan, and *nchief* yielding the chief nearest to the function invoker in the direction of the addressed task. Suppose R has received a message from S. When R invokes the kernel functions, it gets

$$rchief_R (S) = \begin{cases} chief (S) & \textit{if } S \approx R \\ fails & \textit{otherwise} \end{cases}$$

$$nchief_R (S) = \begin{cases} rchief (R) & \textit{if } S \nmid R \\ C \neq chief(S) & \textit{if } S < C \approx R \end{cases}$$

---

[6] At a first glance the restriction to other P*-trusted chiefs seems to be stronger than restricting the complete communication paths to P-trusted chiefs. But in fact this can be adjusted by modifying P.

Due to the clan hierarchy C is unique. *nchief* is counterpart to the function the kernel uses for redirection.

By means of this R can try to parse $S' \gg R$ backwards:

```
determine path (S,R) :
  IF in same clan (S,R)
    THEN S
  ELIF L*-trusted (nchief (S))
    THEN send ("chief(S)?", nchief (S));
         receive (path of chiefs) ;
         nchief (S) CAT path of chiefs
    ELSE nchief (S)
  FI .

L : "uses the above algorithm" .
```

A chief trustworthy with respect to the predicate L is said to be *location trusted*. The algorithm yields the *relevant postfix* of $S' \gg R$ leading back either to the first not location trusted chief or to S, if there is no location suspicious one in $S \gg R$. It is proposed that the receiver classifies all paths, which are not completely location trusted, as suspicious with respect to all other predicate P too. In practice this seems to be no hard restriction. So specific integrity decisions can be done based on the relevant postfix. Some interesting properties of this integrity judgement are:

○ Usually one receiver or one sender has to judge the message transfer integrity only once. If the path from S to R is of integrity, no new chiefs can intrude into this subsystem. This feature is weakened when introducing migration.

○ In many cases a very elegant way for solving the integrity judgement problem may be to use a chief. If the chief drops all messages coming via suspicious paths you have a fairly general solution outside the applications.

○ Of course sometimes suspicious paths have to be used. They can be made secure by use of data encryption techniques. If this is done in trusted chiefs, the domain of P-trustworthiness can be widened.

3.6 Inter-Clan Migration

The model described so far is very static. Once generated a task is fixed in the clan hierarchy. This feature is very convenient when reasoning about security and integrity. But if tasks were permitted to migrate to a different clan, process migration (between computers) could be implemented by means of clans and chiefs.

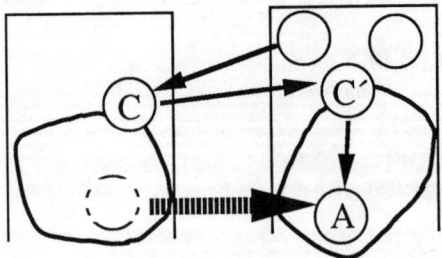

Figure 7. Migration

In figure 7 a task A has migrated to a different station. The messages are redirected automatically by the clan system. The new chief C' cooperates with the old chief C and emulates the original environment for A.

When the migration feature is added to the model, the analysis of communication paths described in 3.5 becomes uncertain. Between or even during message transfer a task may migrate. So previous or subsequent analysis of S $\gg$ R may give invalid results.

These difficulties can be overcome by adding *migration numbers* to task and thread ids, which are incremented at each inter-clan migration. As a consequence the receiver of a message will realise that the source has moved in the meantime and can analyse the new communication path. The problems of finding a task jumping from clan to clan and judging integrity in such a situation are subjects of current research (see [13] for more details).

4. Implementation in L3

Clans & Chiefs were implemented in L3 to prove that the concept can be realised efficiently and to provide experience for further experiments concerning the usefulness, convenience and applicability of the clan concept. This section briefly describes the extent of the implementation and the experience obtained to date.

The clan concept described in section 3 except the migration features was implemented. Migration was dropped, because up to now L3's thread ids are not location independent. We expected significantly higher implementation costs and performance problems. So we decided first to do without migration.

As mentioned in section 2, the original L3 ipc is quite simple. Its primitives are

- . send ($\rangle$dest, $\rangle$message, $\rangle$send timeout, res$\rangle$)[7]
- . receive ($\rangle$source, message$\rangle$, $\rangle$rec timeout, res$\rangle$)
- . wait (message$\rangle$, source$\rangle$, $\rangle$rec timeout, res$\rangle$)
- . call ($\rangle$dest, $\rangle$message$\rangle$, $\rangle$send timeout, $\rangle$rec timeout, res$\rangle$)

Receive accepts only messages from the source specified and *Wait* accepts messages from any source. *Call* works like

```
send (dest,message,sendtimeout,res) ;
IF res = ok
  THEN receive (dest,message,rectimeout,res)
FI
```

but is atomic, in contrast to the above sequence of system calls. This allows a simple Remote Procedure Call (RPC) implementation.

Obviously an extension to the μ-kernel level is necessary to implement clans and chiefs. Besides creation and deletion of inner tasks one new ipc primitive was added to the kernel:

- . send ($\rangle$dest, $\rangle$apparent sender, $\rangle$message, $\rangle$send timeout, res$\rangle$)

Here the kernel accepts direction preserving deceit only. Furthermore the kernel provides

- . rchief ($\rangle$task, chief$\rangle$, success$\rangle$)
- . nchief ($\rangle$task, chief$\rangle$)

---

[7] $\rangle$x denotes an input, x$\rangle$ an output and $\rangle$x$\rangle$ an inout parameter.

Without change of the kernel interface the ipc semantics were extended as described in section 3, i.e. messages crossing clan borders are redirected to the corresponding chief.

This implementation was done during a redesign phase of the μ-kernel. So the manpower needed to implement just the clan concept is hard to isolate, but certainly less than 3 person weeks were needed for pure implementation.

5. Clans in other Message Oriented Operating Systems

Due to its structuring effect and its features related to integrity and trustworthiness, the clan mechanism goes beyond the redirection of messages already available in Demos [2]. But systems like Demos or Mach [14], which permit redirection by kernel level channels (Demos: "link", Mach: "port right") *and* control of the distribution of these channels, should allow the implementation of clans on top of them. This will be outlined using the Mach terminology.

The principle idea is to use alias ports in the chief task for all ports belonging to the outer world. Then the chief controls all outgoing and incoming communication:

a) Whenever a chief task creates a new clan member, the initial port rights of the new task all have to identify ports of the chief. Then requesting new ports will be done via the chief.

b) Whenever a port right is sent to a clan member from outside or sent outside from a clan member, the chief generates an alias port and sends rights on this instead.

c) Whenever a port right is sent from one clan member to another, the chief may forward it. Thus intra-clan communication will not use the chief.

The chief must not pass port rights between its inner and outer clan directly, only by means of aliases. If there is only one connection from the clan to the outer world, which is not controlled by the chief, arbitrary port rights, i.e. new uncontrolled connections, can intrude into the clan. Thus this model also enforces a hierarchical structure of clans. It is not yet clear, whether the judging of integrity in such an implementation can be done similarly to in the original clan implementation.

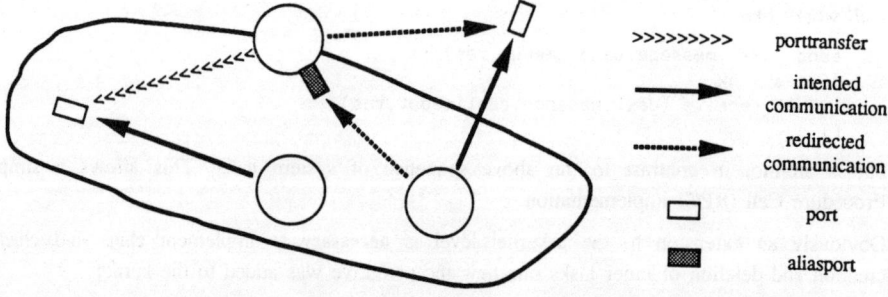

>>>>>>>>	porttransfer
→	intended communication
▪▪▪▪▪▪▪▪►	redirected communication
▭	port
▪	aliasport

Figure 8. Clans in Mach

A picture (figure 8) of this model looks very similar to figure 1. Perhaps performance benefits can be expected for some types of clans: If a chief only decides on the basis of the sender-receiver pair about the communication's legality, the chief is only involved at binding time, not at communication time. But whenever messages have to be inspected or modified or communication rights change dynamically, this bind time bonus disappears.

6. Conclusion

Some conclusions can be drawn but should be regarded as preliminary, because increasing experience of Clans & Chiefs will give new arguments or change the importance of old ones.

- The clan concept can be implemented efficiently.

- Clans & Chiefs are powerful mechanisms for protection.

- They can be used in many other areas too, e.g. debugging, networking, migration, heterogeneous systems. Probably this list will increase with experience of the clan concept.

- Perhaps the clan concept with its hierarchy will turn out to be a usable basis for higher level concepts like distributed protection or semantic domains.

Future work has to be done, especially in the field of inter-clan migration and practical applications of the concept.

References

[1]   M.Accetta, R.Baron, W.Bolosky, D.Golub, R.Rashid, A.Tevanian, M.Young: "Mach: A New Kernel Foundation for UNIX Development", in *Proc. Summer Usenix.* July, 1986.

[2]   F.Baskett, J.H.Howard, J.T.Montague: "Task Communication in Demos", in *Proc. Sith Symposium on Operating System Principles,* Purdue 1977, Operating Systems Review 11,5

[3]   U.Beyer, D.Heinrichs, J.Liedtke: "Dataspaces in L3", in *Proc. MIMI '88.* Barcelona, July, 1988.

[4]   P.Brinch Hansen: "Operating Systems", Englewood Cliffs, 1973

[5]   "EUMEL Benutzerhandbuch", University of Bielefeld. Bielefeld, 1979

[6]   H.Härtig, W.Kühnhauser, W.Lux, H.Streich, G.Goos: "Structure of the BirliX Operating System", in *GMD Jahresbericht 1985.* St Augustin, 1986

[7]   O.Kowalski, H.Härtig: "Protection in the BirliX Operating System", in *Proc. 10th International Conference on Distributed Computing Systems.* 1990

[8]   H.C.Lauer, R.M.Needham: "On the Duality of Operating System Structures", in *Proc. Second International Symposium on Operating Systems,* IRIA, Oct. 1978, reprinted in *Operating Systems Review, 13,2,* April 1979

[9]   J.Liedtke: "An Overview on the L3 Operating System", in *Proc. MIMI '88.* Barcelona, July, 1988.

[10]   J.Liedtke, U. Bartling, U. Beyer, D. Heinrichs, R. Ruland, G. Szalay: "Two Years of Experience with a μ-Kernel Based OS", in *Operating Systems Review 2/91.*

[11]   J.Liedtke: "Clans & Chiefs − A New Kernel Level Concept for Operating Systems", GMD Tech Report No 579. St. Augustin, 1991.

[12]   J.Liedtke: "Fast Interprocess Communication in the L3 Operating System", in preparation.

[13]   J.Liedtke: "Task Migration Using Clans", in preparation.

[14]   K.Loepere (Ed.): "Mach 3 Kernel Interface, Revision 0.5", Open Software Foundation and Carnegie Mellon University, 1990.

[15]   S.J.Mullender, G.van Rossum, A.S.Tanenbaum, R.van Renesse, J.M.van Staveren: "Amoeba − A distributed operating system for the 1990s", Centrum voor Wiskunde en Informatica, Report CS-R9004, Amsterdam 1990.

[16]   National Computer Security Center: "Trusted Computer System Evaluation Criteria" (Orange Book), DOD 5200.28-STD, Washington 1985

[17]   R.Rashid, G.Robertson: "Accent: A communication Oriented Network Operating System Kernel", in *Proc. 8th Symposium on Operating System Principles.* December, 1981

[18]   M.Young, A.Tevanian, R.Rashid, D.Golub, J.Eppinger, J.Chew, W.Bolosky, D.Black, R.Baron: "The Duality of Memory and Communication in the Implementation of a Multiprocessor Operating System", in *Proceeedings of the 11th Symposium on Operating System Principles,* November 1987

[19]   Zentralstelle für Sicherheit in der Informationstechnik: "IT-Sicherheitskriterien" (Green Book), Bundesanzeiger Nr. 99a, Köln, 1989

Security in a Persistent Distributed Operating System

J.L. Keedy and K.Vosseberg
Universität Bremen
Fachbereich Mathematik und Informatik
Postfach 330440, 2800 Bremen 33, Germany

Abstract. The MONADS computer architecture is based on a very large persistent virtual memory which eliminates the need for a conventional file store and filing system. This architecture supports persistent objects (modules) which are protected by capabilities and processes which persist not only between login sessions but also over system shutdowns. These features naturally give rise to a wide range of security advantages which would be very difficult to achieve in conventional systems. In this paper we describe these security advantages and discuss how they can easily be carried over to a distributed environment.

1. Introduction

Persistent programming languages [18, 19] aim to eliminate, as far as possible, the distinctions between mechanisms and constructs which support computational data structures (e.g. arrays, pointer-oriented data structures) and those which support persistent data structures (e.g. files, databases). Their efficient implementation has been hindered by conventional computer architectures and operating systems, since these usually enforce a clear distinction between a computational virtual memory (addressed using virtual addresses) and a filestore (addressed via file system buffers), a distinction which the compiler for a persistent programming language must seek to hide. Consequently, it is now becoming recognised that a fully effective and efficient implementation of persistent programming requires an underlying system which also treats computational and persistent objects and structures in a uniform manner.

The MONADS-PC computer, with its 60-bit virtual addresses [13, 21, 23], offers a sufficient addressing range to allow both computational and persistent information to be directly addressed in the persistent virtual memory, thus eliminating the need for a conventional file system, and providing a straightforward basis for the implementation of persistent programming language concepts. In developing an operating system for the MONADS-PC we have recognised that a persistent virtual memory has considerable potential to improve the efficiency, to simplify the structure and to increase the security of operating systems, compared with operating systems developed to execute on conventional architectures. These benefits have arisen mainly as a result of the decisions to implement both persistent processes and persistent protected objects at the operating system level [12].

In this paper we briefly review the security mechanisms of the architecture and the advantages which accrue as a result of combining persistent protected modules and persistent processes in a single node MONADS system. We then explain how such nodes can be configured into a network and show that with very little additional software the security advantages can be carried over into such an environment. In the concluding section we provide final comments and consider future research directions.

2. The Architecture and Operating System of the MONADS-PC System

As the basic architecture of the MONADS-PC System has been described elsewhere [13, 21, 23], in this context we review only those aspects of the architecture which are directly relevant to an understanding of the rest of the paper. The architecture, which is implemented partly in hardware, partly in microcode and partly by the Kernel software, implements a set of concepts which define the shape of the system in terms of virtual memory, process management, device management, etc. The architecture can be viewed as a fixed collection of mechanisms on which a variety of different operating systems can execute, concurrently if desired. Thus although the Kernel is implemented in software, it is considered as part of the architecture rather than as operating system software.

2.1. The Virtual Memory

The virtual memory is persistent, i.e. its contents are preserved automatically by the Kernel even when the system is inactive or shut down. Techniques have also been proposed, but not yet implemented, to enable it to survive system crashes [2, 4, 13]. Virtual addresses, which are 60 bits long, consist of two parts: a 32-bit address space number and a 28-bit offset. An address space can be viewed as a container for a single major software object or process. Because address space numbers are unique and are never reused, the system may over its lifetime contain up to about four thousand million major objects/processes[1] and an address space number can serve as a unique module or process identifier.

Address spaces are decomposed into 4 K-byte pages. The paging mechanism is described in more detail in [1, 22]. It is only important in the present context insofar as the basic unit of transfer between nodes of a network are pages. This mechanism is orthogonal to the segmentation mechanism on which basic virtual memory protection is based, using a modification of the scheme described in [10]. The effect is that related segments with possibly different protection properties may coexist in a single page and/or that a large segment can span multiple pages.

In the MONADS-PC architecture the "data" part of a segment may be simple data or may be one of several special segment types recognised by the architecture, including semaphores, module call segments (which enable a module to be "opened" and thereafter rapidly accessed) and module capability segments. The latter play a particularly important role in achieving a high level of security, and are described in the next section.

2.2. Modules and Module Capabilities

Modules in the MONADS-PC environment have a uniform basic structure based on the information hiding principle. They are potentially persistent and therefore play a role similar to that of files in conventional systems. However, because they are held in the persistent virtual memory their entry point procedures can be directly invoked and their data directly addressed.

Code modules, corresponding to code files in conventional systems, have multiple entry points. Each code module is uniquely associated with an address space (that which contains its root segment and usually its other segments). The architecture can locate the entry point segments of a code module (given its address space number) from the "red tape" information stored at the beginning of an address space.

Persistent data modules, corresponding to data files or persistent operating system data structures in conventional systems, are each uniquely identified by the address space containing its data segments. The address space red tape of such a module includes the identifier of the code address space (i.e. the type manager) which created the data structure. This is used by the architecture to enforce information-hiding.

The MONADS-PC system enforces the information-hiding principle by ensuring that major objects are only accessed either as a code module (e.g. a program or subroutine library) or, in the case of a persistent data object, via its type manager. Access to a module requires that an appropriate "module capability" is presented as an operand to an inter-module call instruction.

Module capabilities have three parts: a unique module number, a set of module-defined access rights and a set of standard access rights. They can be used either to invoke architecturally defined standard operations (e.g. copying and deleting modules, copying capabilities) or to invoke the entry point routines of modules, subject to appropriate values in the access rights fields.

2.3. Modules and the Operating System

The Kernel, which is viewed as part of the basic architecture rather than the operating system, provides basic functions such as virtual memory management, low level input-output operations and process

---

[1] As a result of a decision to make address space numbers unique on a world-wide basis the address space number field in the 128 bit virtual addresses of the new MONADS-MM system [15, 24] is 96 bits wide.

scheduling. These functions, insofar as they are visible, are also defined as a collection of information-hiding modules and can only be invoked by presenting module capabilities (which for the user are indistinguishable from normal module capabilities).

Above the Kernel the operating system is composed as a set of protected persistent modules in the sense described in the previous sections. As none of the modules above the Kernel is "essential" for the correct functioning of the computer, users can choose whether they wish to use the standard operating system modules or provide their own alternative modules.

2.4. Modules and Directories

Module capabilities are stored in segments protected via segment capabilities such that they can only be manipulated by or used in appropriate operations (e.g. copying with reduced access rights, use as operands for inter-module calls). Consequently they can be stored in the segments of any module.

Users may store their module capabilities, along with symbolic names and other appropriate information, in directories, which in MONADS are just normal modules. Thus the user is at liberty to develop his own directory software. However, the MONADS operating system provides a default directory type manager, a simplified version of which is shown in Figure 1.

```
class Directory

type order = [alphabetic, by_creation, by_user]

proc insert_entry (name: string; cap: modcap; message: string)
proc delete_entry (name: string)
enq get_entry (name: string) returns [modcap, string, user]
...
proc list_entries (output device: modcap; required_order: order)

end_class Directory
```

Figure 1: A simplified Interface Definition for Directory Modules

Basically the directory type manager operations allow new entries to be inserted and removed, capabilities for existing entries to be retrieved (e.g. by a command language interpreter), other information about entries to be retrieved or modified and entries to be listed (e.g. to a printer or a graphics window, depending on the capability provided as the "output device" parameter).

Since a directory is itself a persistent module like any other, its entry points can only be invoked by presenting a module capability, which can of course also be stored in a directory. Hence directory structures can be constructed as trees, directed graphs or arbitrary networks.

2.5. Processes and Modules

Modules are static entities which represent programs and data structures. Processes are active entities which represent computations. This distinction is rigorously preserved in the MONADS system. A process can invoke the entry points of a module as a procedure call (provided that it can present a suitable capability). This may in turn invoke its own internal procedures or the entry points of other modules. Exits from procedures cause the process to resume processing in the calling procedure at the instruction following the call. This procedure-oriented relationship between modules and processes (c.f. [16]) is strictly preserved, also when the services of an operating system module are invoked by an application or other system module.

2.6. Persistent Processes

Because the virtual memory is persistent, the operating system can also implement persistent processes. When a new user is introduced into the system, a process stack is created and this usually persists until the user's accreditation in the system ceases. The process typically begins executing in an operating system module which sets up a suitable environment and then invokes a user-specified module, typically a command language interpreter (CLI). When the CLI is first invoked in a new persistent process it puts the process into the logged out state. Thereafter whenever the user logs in, his terminal is attached to the process; when he logs out it is detached. Detaching a terminal from a process does not imply that the process is deleted: it persists in its most recent state until the next login.

A logged in user can request the CLI to invoke any entry point of any module, including Kernel, operating system and application modules, provided that he can supply a suitable module capability. Thus any operation of the operating system can potentially be regarded as a command. The CLI typically obtains the necessary capabilities to execute commands from user directories. The standard CLI is described in [14].

In practice a user may have several "primary" processes. Usually his initial process will directly or indirectly have access to a Kernel capability which permits the creation of new persistent processes. This facility may be used to introduce new users or to create further processes for the activities of the current user himself. The Kernel and the operating system provide modules which simplify the creation of such processes. These allow a module capability to be passed to a new process, which typically serves as a root directory for that process. This normally contains standard capabilities which the new process needs (e.g. a capability which gives access to public directories and other modules) and may also provide access to capabilities for other private modules and directories.

3. Security Advantages of the MONADS Persistent Architecture

Elsewhere we have recently given a detailed description of the main security advantages of the MONADS persistent architecture and its operating system as they apply to a single node system [12]. Since these can be carried over directly to a local area network of MONADS systems, and since some of the concepts must be understood in order to understand how security functions in the distributed environment, they are briefly summarised at this point.

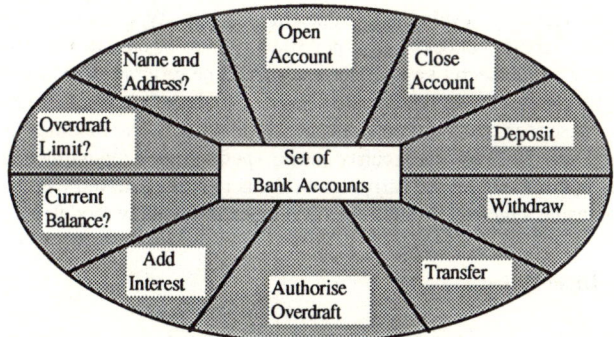

Figure 2: A Bank Accounts File Module

3.1. Semantic Access to Persistent Information

Instead of the typical "filing cabinet" interface of conventional file systems, with open and close, read and write operations and corresponding "read" and "write" access rights to files, in MONADS individual type managers can be designed for persistent structures with *semantically appropriate* interfaces, as is illustrated in Figure 2, using the example of a bank accounts "file".

Routines such as "deposit" and "withdraw" are much more meaningful to bankers than "read record" or "write record", etc. Combined with module capabilities, they can also permit a much finer granularity of access controls. Figure 3 illustrates this with a matrix showing a possible distribution of access rights in terms of the procedures which various (classes of) bank employees (teller, branch manager, head office accountant and head office auditor) may invoke.

	Teller	Branch Manager	H.O. Accountant	H.O. Auditor
Open Account	y	y	n	n
Close Account	y	y	n	n
Deposit	y	y	n	n
Withdraw	y	y	n	n
Transfer	y	y	y	n
Add Interest	n	n	y	n
Authorise Overdraft	n	y	n	n
Name and Address?	y	y	n	y
Overdraft Limit?	y	y	y	y
Current Balance?	y	y	y	y

Figure 3: An Access Matrix for the Bank Accounts File

The columns of this matrix can be viewed as bit lists which represent the access rights that can be made available in module capabilities to the various bank employees. Such a fine grain of access control can only be achieved in conventional systems with the assistance of relatively sophisticated data base systems.

3.2. Security Checks for Individual Files

If he wishes to achieve a very high level of security for his files the user can supplement the basic module capability mechanism in various ways. For example he can take advantage of the flexibility of freely programmable type managers, by developing routines in which the type manager requires a password or carries out some further security checks (on a per file instance basis). In the bank accounts file, for example, checks for passwords (secret keys, PINs, etc.) could be programmed into the interface routines directly relevant to bank customers, such as "deposit" and "withdraw". As an alternative way of achieving more security on files a user can distribute capabilities not directly for the modules to be protected but for shadow modules programmed to perform security checks (perhaps by demanding a password, perhaps by reference to an access control list) before carrying out the access request and then perform the access on behalf of the requestor, using a module capability embedded in the shadow module.

3.3. More Secure Directories

In a conventional file system a major weakness which leads to security breaches is the openness of the directory system. A typical activity of the system penetrator when breaking into a system is to browse through the directories of users in search of useful information and files [25].

The combination in MONADS of module capabilities and persistent memory is particularly effective in overcoming this weakness:

(a)   In a conventional system based on access control list protection, the system must provide some form of *global* directory structure in which users can browse. This is because with access control lists the user of an object (especially an object owned by another user) must first locate the object before the check can be made in the access control list. In contrast capabilities identify objects directly[2], so that the user of an object does not have to find it in a global list. It suffices if he can present a capability, which, as the following points illustrate, need not be stored in a global directory structure. If there is no global structure the penetrator has no standard starting point for browsing.

(b)   Because module capabilities can be stored in any module[3], they need not be placed in directories, but can be stored directly in the modules which need them (e.g. the module capability for a spelling checker could be stored in the text file type manager). This has the security advantage that a system penetrator would find it virtually impossible to discover, and therefore to misuse, such "hidden" module capabilities.

(c)   Individual users can create private directory structures, the root of which can be a hidden capability.

(d)   Because directories can be programmed as normal modules, there need not be a standard interface for all directories, i.e. a user can decide to create a non-standard directory type manager. This further increases the problems facing a penetrator.

In order to avoid the need for directory browsing it must be possible to exchange or transfer capabilities in a secure manner without the need for browsing. This issue is further discussed in section 4.

3.4. Authenticating Users

From the Kernel viewpoint a "login" request involves reactivating an inactive persistent process. This is not a security operation, but merely involves identifying and restarting whatever process is requested by a user at a terminal. (To do this the Kernel maintains a mapping from symbolic names, approximately equivalent to user names in conventional systems, to process numbers; the process numbers are actually address space numbers of the primary process stacks which can be activated by a "login" command.) The task of authenticating the user is the responsibility of the user process itself.

To understand how authentication occurs on login we must begin at the previous logout. A primary process becomes inactive by making a "logout" call to the Kernel. This is an inter-module call which requires a capability for the appropriate Kernel entry point. Reactivation of the process on login is implemented simply as a procedure return to the calling module. The Kernel returns a module capability for the logging in terminal (window, etc.) so that the reactivated module can communicate with the user attempting to log in.

In the MONADS-OS design the module which normally calls the Kernel logout routine is the "standard input-output" module, which, immediately before a process logs out, releases the user's terminal and on login sets up the new terminal as the standard I-O device. Then it returns to its calling module (Figure 4).

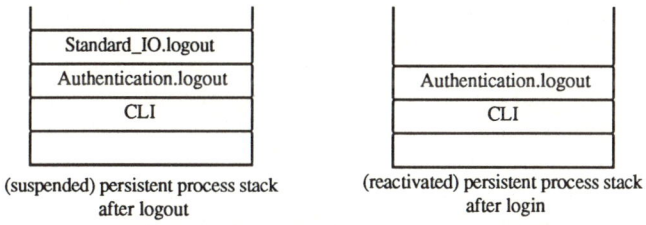

Figure 4: Authentication of Persistent Processes

Assuming that the standard I-O module is trustworthy, the more interesting question from the security viewpoint concerns the module which calls the standard I-O module's logout routine. This determines how authentication happens. There are several possibilities.

---

2   Some capability systems (e.g. Hydra [27, 28], CAP [20, 26]) use special identifiers which are translated into addresses using a mapping table; MONADS uses address space numbers which can be directly used to form virtual addresses [11]. In either case, once a capability is presented the object can be addressed without directory searches, etc.

3   In capability-based systems which distinguish between a computational memory and a file store, considerable difficulty is usually experienced in storing capabilities in files [26]. In MONADS the persistent memory solves this problem.

(a)   If the calling module is a normal module, e.g. the CLI, an editor or an application module, then the process is unprotected. This is a useful situation for processes especially designed to provide unrestricted information (e.g. library enquiries, general project information for students).

(b)   The module may be a user-specified authentication module, the logout routine of which might operate as follows. On receiving a request to log out it simply calls the logout routine of the standard I-O module. When the latter returns control to the authentication module (i.e. after a new login attempt) it will communicate with the user (using the standard I-O routines) in order to authenticate the identity of the user at the standard I-O device. Since the authentication algorithm can be arbitrarily programmed, the user can specify unlimited checks, for example along the following lines:

(a)   it can require a different password for each day of the week; and/or

(b)   only allow the process to log in at certain times or after a previously specified time or date has been reached; and/or

(c)   ask a sequence of questions (and perhaps expects particular wrong answers); and/or

(d)   pretend to allow the user to log in but then monitor the following sequence of commands to determine if they follow a predefined order.

(c)   For users unwilling or unable to provide their own authentication module the system includes a default module which checks passwords in a conventional manner.

Notice that with this approach there is no risk of security leaks via a system manager, operator, etc. but at the same time the user can, without involving the system, devise any arbitrary authentication procedure which he chooses. The absence of a role for a superuser raises a variety of interesting questions, which are discussed in [12].

4. Communication between Users at a Single Node

So far we have shown how users can isolate themselves from each other. Now we consider how controlled sharing is possible without compromising security. We show first how a simple mailing system can be organised, then how users can be sure about the origin and destination of their messages (including capabilities which they send or receive).

4.1. A Simple Mailing System

In principle the directory mechanism described in section 2.4 is all that is required to implement a simple mailing system at a single site or node, i.e. a user can send mail to another user simply by depositing the necessary information in a directory owned by or accessible to the destination user. Thus each user who is interested in receiving mail can create a private mailbox directory. Other users can send him mail by calling the "insert entry" entry point of this directory. The name field can be used as an identifier for the mail item; the module capability (if present) gives access to a "file" module containing the mail; the message can be a short message (if no capability is sent) or can serve as the "subject" for the mail.

The recipient user can read his mail by calling the "get entry" entry point of his mailbox module, which returns the message (subject) and the capability (for the module containing the mail item) and then by calling the appropriate entry points of the mail item module (typically a standard text file). Notice that the same mechanism can be used to send mail or a capability giving the recipient (perhaps restricted) access to a sender's "file" or "program" module. This is how a user obtains capabilities for another user's module.

This mechanism relies on the sender having a module capability allowing him to invoke the "insert entry" entry point of the recipient's mailbox. This must have come from the recipient after he created the mailbox (although a central mailbox would be thinkable, at least in a small local system). This raises the general problem of exchanging initial capabilities: if two users wish to communicate in a capability-based system, then how do they initially share capabilities which will subsequently allow communication to take place? In the MONADS system this is not a problem if a process wishes to communicate with a process which is a parent process, because the parent process can supply a mailbox capability when it creates the child process. In turn the child can then create a mailbox and deposit a capability for this in the parent's mailbox. The problem becomes more difficult when general communication is required in a non-hierarchical process creation framework.

The solution adopted in the MONADS-OS is that the first user at a node (the system manager, operator, workstation owner, etc.) creates yet another directory, the "mail recipients" directory, in which he deposits a capability (with the "insert entry" right only) for his own mailbox, assuming that he wishes to receive mail, with his own user name as the entry name. Any special remarks can be made in the "message" part. He then places a capability for this mail recipients directory in a standard directory which can be made available to all users when they are created. This capability has "insert entry", "list entry" and "get entry" rights. This means that any user who wishes to receive mail can insert an entry for his own mailbox (and thus allow others to send mail to him), can get a list of the users to whom he can send mail and can obtain capabilities to send mail to others.

4.2. Secure Communication between Users

In the last section we have seen how users can communicate and pass capabilities. It remains to show that they can be certain about the identities of partners with whom they communicate. How can the identity of a sender be verified by a receiver? How can the destination mailbox be verified by a sender? There are (somewhat error-prone) algorithmic techniques for solving this problem [5], but MONADS provides a different kind of solution guaranteed by the architecture.

The first issue concerns the certainty that a message has been sent by the right partner, i.e. how can the identity of a sender be verified? The default directory type manager discussed in section 3.4 makes provision for recording the identity of the creator of a directory entry and the time of creation. Neither of these fields rely on user-supplied information. The directory module calls a Kernel interface to obtain the time. The identity of the creator is the unique persistent process number of the process in which the directory module is invoked and is obtained by executing a microcoded instruction which returns the persistent process number of the currently active process. Since a module is invoked in the persistent process of the caller, the architecture can guarantee to provide a module with the unique persistent identifier of the calling process. Thus a mailbox directory can unambiguously ascertain the sending process.

A variant of the same mechanism is also used to guarantee that the sender of mail can be sure of the destination of his mail. In the mail recipients directory there is an entry for each user who is prepared to receive mail, from which other users can acquire a capability for his mailbox. But how can a user be sure that the mailbox actually is for the user listed? The initial answer is that the user himself inserts an entry for his own mailbox, so that the creator field of the directory entry unambiguously identifies him. Figure 5 shows a directory structure for the secure communication between users.

It remains necessary to ensure that the entry cannot be changed or deleted by another user. Here the issue is that a user should be free to change or delete his own entry but should not be permitted to interfere with the entries for other user mailboxes. In order that this can be achieved in a straightforward manner the directory type manager is actually more complicated than is shown in Figure 1. The "delete entry" entry point is complemented by a "delete my entry" entry point which checks the process number of the calling process against that of the creator and deletes the entry only if they match. The module capabilities possessed by normal users for accessing the mail recipients module should provide access to "delete my entry" but not to the more dangerous "delete entry".

The possibilities described in this section are dependent on the fact that users are represented by persistent processes which have unique non-forgeable persistent process numbers and which can therefore be used as a secure identification for the origin of messages. This mechanism is in fact useful for all directories. For example users can program a directory type manager even more securely using the facility to identify the process in which the directory is invoked (access control lists). It is undoubtedly possible to simulate this, with considerable effort, in a security kernel based on a conventional operating system. In MONADS it is extremely efficiently implemented as a natural by-product of supporting persistent processes.

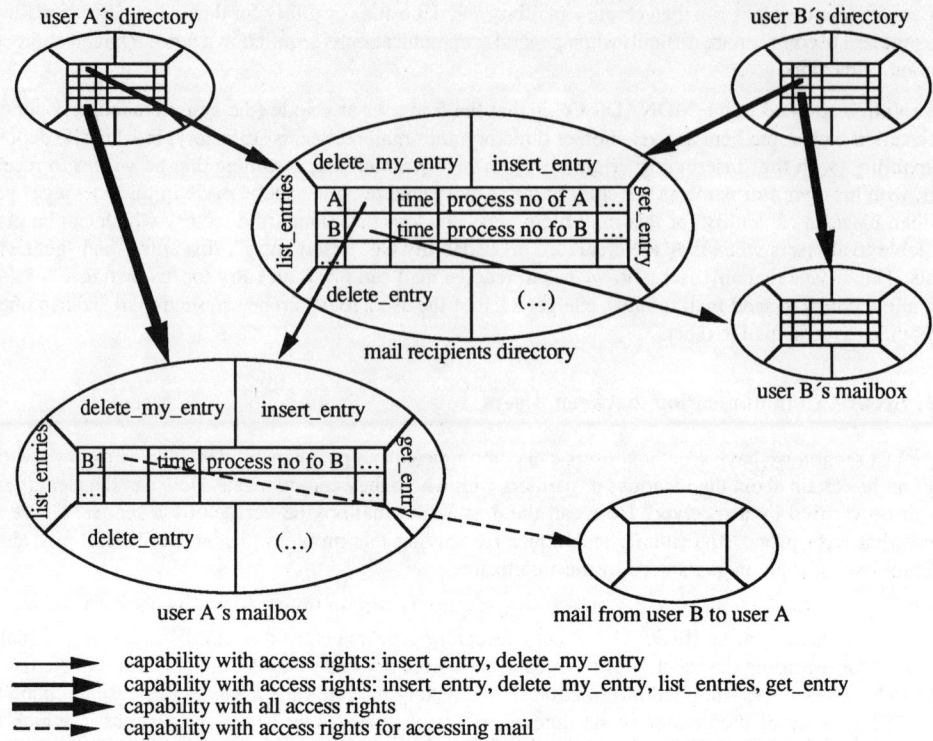

capability with access rights: insert_entry, delete_my_entry
capability with access rights: insert_entry, delete_my_entry, list_entries, get_entry
capability with all access rights
capability with access rights for accessing mail

Figure 5: Directory Structure for Secure Communication between Users

5. Extending the System beyond a Single Node

So far we have described a system which functions at a single site. In this section we show how this can be extended in a straightforward manner to a multiple site environment (either in a local area network of homogeneous nodes or by transferring disks between sites), without loss of functionality or security. This is basically achieved by providing a unique world-wide virtual addressing scheme. Then we discuss how communication is achieved between nodes in a local area network and show how communication between nodes and transfer of disks can also be made secure.

5.1. Networks and the Virtual Memory

The MONADS architecture supports an unusual approach to distributed systems, based on the idea that all the nodes in a homogeneous network share a common virtual memory. This means that virtual addresses (i.e. address space numbers) are unique across the entire network. In fact address space numbers are unique across all MONADS systems worldwide, whether or not they are networked together. This is achieved by viewing an address space number at the Kernel level (but not in the hardware or microcode) as consisting of three parts, as is shown in Figure 6.

Node Number	Disk Number	Address Space Number

Figure 6: Worldwide Address Space Numbers

The <node number, disk number> fields uniquely identify the disk on which the address space has been created (where node number identifies the processor which has initialised the disk), and the address space number field uniquely identifies the address space on the disk.

Each node in a network primarily sees other nodes as remote disk servers which provide individual pages of the virtual memory on request. The techniques used are described in [2] and the further extensions necessary to allow address spaces to be located when not mounted at the node identified in the address space number are discussed in [3]. A fuller discussion of the issues appears in [8], cf. [17].

Above the Kernel the network is not visible to users[4] (or the operating system). This means that the entire operating system software can function in a network situation without modification and without having been especially designed for network operation. Consequently all the security advantages which we have already described are transparently carried over into the network environment.

5.2. Communication in a Local Area Network

As a result of the extended addressing scheme the mailbox directory mechanism can in principle automatically function in a local area network. However, in practice we once again have the general problem of exchanging initial capabilities, this time between nodes. To solve this problem needs only one additional mechanism (at the Kernel level).

The Kernel extension requires that, when two nodes in a network make initial contact with each other, they exchange module capabilities. These are capabilities for the mail recipients directories at the two nodes. These are then reciprocally inserted in the local mail recipients directory (or some other directory organised along similar lines), so that users can gain access to the mail recipients directories of other nodes and thus send mail to users at those nodes. However the Kernel cannot directly place node recipients' capabilities in local directories, since it has no special knowledge of these. Therefore it provides an interface allowing users to request such capabilities. A more sophisticated system can of course be built on these mechanisms, which shields users at a node from detailed knowledge of other nodes. Thus, very little effort is needed to develop an inter-node mailing system, since the underlying virtual memory mechanism naturally carries out most of the work which must be separately programmed to achieve this in other systems.

5.3. Secure Network Communication

It is planned that the Kernel will be modified to encrypt information (i.e. pages of the virtual memory) being transferred in a network. This will be achieved by a combination of public and private key mechanisms, as described in [6]. Interestingly the same scheme can be used to encrypt information on disk and so protect against loss of information when disks are stolen, for example. This extension fits naturally in the design since communication across the network is treated as access to remote disks.

One implication of this is that module (and segment) capabilities (which are stored in normal pages of the virtual memory) will be encrypted so that they too cannot be forged in transit from one node to another or misused on removable disks.

6. Conclusion

In this paper we have described a number of security features of the MONADS-PC system, including (a) the ability for users to define semantic operations on files and use these as a basis for fine-grained protection; (b) the possibility of including arbitrary security checks on individual files; (c) the added security of a directory system not based on a global data structure; (d) the availability of a mechanism by which users can arbitrarily program their own self-authentication checks for logging in; and (e) the guarantee of secure communication in terms of sender/receiver authentication.

---

[4] There is an advisory field in capabilities which allows the user to guide the system regarding the location of his files [3].

These are features which would be very difficult to achieve in conventional systems but which are remarkably straightforward to implement in the MONADS environment. The reasons for this ease of implementation are strongly related to the unusual architecture of the MONADS-PC system, in particular its very large persistent uniform virtual memory and its direct support for persistent protected modules and persistent processes. These make the need for a conventional file system superfluous, and thus not only remove much complex software which is part of the baggage of conventional operating systems, but in doing so also remove many of the inflexibilities of conventional protection mechanisms, leaving the user with the choice of providing his own programmed security checks which in conventional systems would be impossible without making substantial changes to the operating system.

What is perhaps even more remarkable is that with very little additional effort all of these security features can be carried over to a local area network of homogeneous MONADS-PC nodes. This is possible for two reasons. First, all the system protection mechanisms are architectural mechanisms which do not rely on higher level operating software such as a file system. Second, the approach to local area networks has been based on the idea of distributing the architecturally supported virtual memory. Consequently the security features which we have described are based on protection mechanisms which are supported above the level of the network architecture, and so carry over unchanged to this environment. The only additional mechanism needed (apart from encryption, which in MONADS is also relevant to single node systems for protecting discs) is the ability for nodes to exchange initial capabilities for mailbox directories. This is a functionally trivial extension compared with the extensive modifications which must be made to most operating systems to provide a secure network environment.

Finally, we note that the approach to security described here is based primarily on a *discretionary* view of access controls. Government agencies tend, however, to define security requirements in terms of *mandatory* access controls (cf. the US DoD Orange Book, the NATO Blue Book, the German Green Book, etc.). Despite attempts to modify capability based systems so that they can carry out mandatory access rights checking (e.g. [7, 9]), such a system has not yet been designed which can implement arbitrary access rules, including for example the possibility that different registered users of the same system can be subjected to either discretionary access controls or some arbitrary combination of mandatory rule systems. We are currently in the process of defining some extensions to the MONADS architecture, including mechanisms for changing access rights and revoking capabilities and for implementing a solution for the so-called "confinement" problem, which will allow the MONADS Operating System to support such an environment.

References

1.	Abramson, D. A. "Hardware Management of a Large Virtual Memory", Proc. 4th Australian Computer Science Conference, 1981, pp.1-13.

2.	Abramson, D. A. and Keedy, J. L. "Implementing a Large Virtual Memory in a Distributed Computing System", Proc. 18th Hawaii Conference on System Sciences, 1985, pp.515-522.

3.	Brössler, P., Henskens, F. A., Keedy, J. L. and Rosenberg, J. "Addressing Objects in a Very Large Distributed System", Proc. IFIP Conference on Distributed Systems, 1987, pp.105-116.

4.	Brössler, P. and Rosenberg, J. "Transactions in a Segmented Single Level Store Architecture", Security and Persistence, Proc. International Workshop on Computer Architectures to Support Security and Persistence of Information, Bremen, 1990, pp.319-338.

5.	Burrows, M., Abadi, M. and Needham, R. "A Logic of Authentication", Twelfth ACM Symposium on Operating System Principles, ACM Operating Systems Review, 1989, pp. 1-13.

6.	Freisleben, B., Kammerer, P. and Keedy, J.L., "Capabilities and Encryption: The Ultimate Defence Against Security Attacks?", Security and Persistence, Proc. International Workshop on Computer Architectures to Support Security and Persistence of Information, Bremen, 1990, 106-119.

7.	Gong, L. "On Security in Capability-Based Systems", ACM Operating Systems Review, 23, 2, 1989, pp.56-60.

8. Henskens, F. A. "A Capability-Based Persistent Distributed Shared Virtual Memory", Ph.D. thesis, University of Newcastle, 1991.

9. Karger, P. A. "Improving Security and Performance for Capability Systems", Ph.D. thesis, University of Cambridge Computer Laboratory, Technical Report 149, 1988.

10. Keedy, J. L. "Paging and Small Segments: A Memory Management Model", Proc. IFIP-80, 8th World Computer Congress, 1980, pp.337-342.

11. Keedy, J. L. "An Implementation of Capabilities without a Central Mapping Table", Proc. 17th Hawaii International Conference on System Sciences, 1984, pp.180-185.

12. Keedy, J. L. and Vosseberg, K. "Persistent Protected Modules and Persistent Processes as the Basis for a More Secure Operating System", Proceedings of the 25th Hawaii International Conference on System Sciences, 1992, to appear.

13. Keedy, J. L. and Rosenberg, J. "Support for Objects in the MONADS Architecture", Proc. International Workshop on Persistent Object Systems, 1989.

14. Keedy, J. L. and Thomson, J.V. "Command Interpretation and Invocation in an Information Hiding System", IFIP TC-2 Conference on the Future of Command Languages, 1985.

15. Koch, D. M. and Rosenberg, J. "A Secure RISC-based Architecture Supporting Data Persistence", Security and Persistence, Proc. International Workshop on Computer Architectures to Support Security and Persistence of Information, 1990, pp.188-201.

16. Lauer, H. C. and Needham, R.M. "On the Duality of Operating System Structures", ACM Operating Systems Review, 13, 2, 1979, pp.3-19.

17. Li, K. "Shared Virtual Memory on Loosely Coupled Multiprocessors", Ph.D. thesis, Yale University, Report DCS/RR/492, 1986.

18. Morrison, R., Brown, A. L, Carrick, R., Connor, R. C. H., Dearle, A. and Atkinson,M. P. "The Napier Type System", Proc. Third International Workshop on Persistent Object Stores, 1989.

19. Morrison, R., Brown, A. L., Conner, R. C. H. and Dearle, A. "Napier88 Reference Manual", 1989.

20. Needham, R. M. and Walker, R.D.H. "The Cambridge CAP Computer and its Protection System", Proc. 6th ACM Symposium on Operating System Principles, 1977, pp.1-10.

21. Rosenberg, J. and Abramson, D.A. "MONADS-PC: A Capability Based Workstation to Support Software Engineering", Proc. 18th Hawaii International Conference on System Sciences, 1985, pp.515-522.

22. Rosenberg, J. and Keedy, J.L. "Software Management of a Large Virtual Memory", Proc. 4th Australian Computer Science Conference, 1981, pp.173-181.

23. Rosenberg, J. and Keedy, J.L. "Object Management and Addressing in the MONADS Architecture", Proc. International Workshop on Persistent Object Systems, Bremen, 1987.

24. Rosenberg, J., Koch, D.M. and Keedy, J.L. "A Massive Memory Supercomputer", Proc. 22nd Hawaii International Conference on System Sciences, 1989, pp.338-345.

25. Stoll, C. "Stalking the Wiley Hacker", Comm. ACM., 31, 5, 1988, pp.484-497.

26. Wilkes, M. V. and Needham, R.M. "The Cambridge CAP Computer and its Operating System", North Holland, Oxford 1979.

27. Wulf, W. A., Cohen, E., Corwin, W., Jones, A., Levin, R., Pierson, C. and Pollack, F. "HYDRA: The Kernel of a Multiprocessor Operating System", Comm. ACM., 17, 3, 1974, pp.336-345.

28. Wulf, W. A., Levin, R. and Harbison, S.P. "HYDRA/C.mmp: An Experimental Computer System", McGraw-Hill, New York, 1981.

Developing a Processing Node Architecture
for a Parallel Computer

Sabine Canditt, Franz Hutner, Winfried Glaeser
Siemens AG
Department of Research and Development
ZFE ST SN 22
Otto - Hahn - Ring 6
D - 8000 München 90
phone#: +49 - 89 - 636 - 3786
e-mail: gla%christine@ztivax.zfe.siemens.de

Abstract

A massively parallel computer with distributed memory for database, Lisp and Prolog is currently being developed. It provides two different communication mechanisms: explicit message passing and a virtually shared memory. We identify the requirements the system imposes on the design of the single processing node. A node consists of processor(s), local memory, and a communication unit for the communication between the nodes. Possible node architectures are outlined and evaluated with respect to their performance in the parallel environment. We choose an architecture that does not only provide a processor for calculations, but additionally a second processor for communication support. Important criteria for the selection of a suitable processor are the cache coherency protocol and the control interface to the communication unit. We give reasons for our processor choice. Another focus of this paper is the communication unit that is being implemented as an ASIC. We describe the interaction between the different node components that allows fast internode communication.

1.   Introduction

The focus of our current project is to support parallel applications written in declarative languages, namely SQL as the standard interface to database systems, and parallel versions of Lisp and Prolog.

Our goal is to develop a MIMD-style computer which is scalable up to the highest performance range. As a shared store connected to a large number of processing elements via a bus system would be a bottleneck, a distributed memory architecture has been chosen. However, unlike the Butterfly GP1000 [Howe, 1988], the IBM RP3 [Pfister et al., 1987] or the NYU Ultracomputer [Gottlieb, 1987], our machine does not share a common physical address space. It will not only be a pure message passing engine like the Intel iPSC/2 [Nugent, 1988] but will also support a physically distributed, but virtually shared memory. This approach was conceptually described in [Li, 1988].

The hardware implementation developed for our project [Ward et al., 1990] will consist of up to 256 processing elements, each with local memory, that are coupled over a high speed delta network. The network [Holzner, Tomann, 1990] is packet switching with variable packet sizes up to 128 data bytes plus header. It has a full duplex connection to each node.

In this report, we identify the requirements our processing node has to meet in order to deal with parallelism. Some of the criteria can be derived from the implementation of the communication mechanisms which are introduced briefly. We then present some possible node architectures and choose one architecture after qualitative evaluation. We select a processor that seems best suitable among state-of-the-art processors. We outline our node implementation (processor, memory, communication unit) with special focus on the design of the communication unit and show that it meets the requirements stated before.

2. Communication Mechanisms

The different paradigms executing in parallel on our machine rely on quite different communication mechanisms: the database tasks communicate via message passing whereas parallel Lisp and Prolog tasks use the virtually shared memory. Communication protocols are directly embedded in the operating system of the machine. We briefly describe the two schemes in order to show that they can be mapped to the same low level primitives which we intend to support efficiently by hardware.

2.1. Message Passing

Tasks may communicate by sending each other messages, no matter whether they run on the same or on different nodes. The objects to which messages are sent and from which they are received are called *ports*. Each port has an associated input message queue and control block.

A *buffer pool* provides the system with a supply of buffers. A task may create a message in one of these buffers and then call a *send* operation. On the receiving side, the message is placed in a buffer from a pool associated with the receiving port, and is then queued on the port's input message queue. A task may call the *receive* operation to obtain the message from the port queue.

Messages can be of any size. Short messages (< =128 byte) are immediately transmitted, and an acknowledge (*ack*) is returned if the message is added to the port input queue without error. Long messages are announced by a *send_request*, which causes the receiver to allocate sufficient buffer space and to return a *send_grant*. Then the data is sent and an *ack* indicates successful termination. Whenever the receiver detects a problem, a negative acknowledge (*nak*) is sent.

An extensive description of the message passing paradigm is given in [Ward et al., 1990].

2.2. Virtually Shared Memory

In the virtually shared memory scheme, the parallel tasks even on different processing elements see a contiguous virtual address space and need not be aware of the physical distribution of the memory. Each processing element is annotated to be the *owner* of a fraction of the virtual address space. If an application program accesses non-local data, a *copy request* is sent to the owner. *Pseudo-ports* are used for this purpose to make use of the same control structures as message passing. The system software on the owner node performs the virtual to physical address translation and delivers the data in units of *sectors* (128 byte). The whole scheme is in some sense similar to a demand paged virtual memory management. The requested pages (respectively sectors) are not copied from disks, but they are fetched from a remote memory.

A more detailed description of the store copying procedure is given in [Canditt, Hutner, 1990].

The main difference to a standard virtual memory management is imposed through the multiprocessor environment. Challenging consistency problems arise when a processing node modifies data of which there are several local copies distributed among the processing elements. Our solution is described in detail in [Borrmann, Herdieckerhoff, 1990]. It is based on the notion of a *lazy update* strategy: when a processing element updates its local copy, it notifies the *owner*. Coherency is established at certain synchronization events that cause all local copies to be invalidated. For subsequent accesses, each node has to request the latest data version from the *owner*.

2.3.   Common Primitives

The major requirement for the communication subsystem is to provide efficient support for both message passing and remote copying of data. As similar structures are used to control both paradigms, it is possible to transform them to the same low level primitives: physically, *copy_request, send_data, send_request, send_grant, ack*, and *nack* are just packets of different length; all the actions involved in sending or receiving and interpreting such packets are implemented in software. The communication system has to read and interpret the control structures set up by the computing system to initiate remote communication and create the respective network packets including the header. It has to handle arriving packets, notify the computing system of correct or incorrect reception by writing the respective control structures, and support the remote copying. All these actions should have as little impact as possible on the application tasks.

3.   Processing Node Requirements

We will now evaluate criteria for the selection of a processing node starting from the previously mentioned communication mechanisms and general requirements. A node will consist of processor(s), local memory, and a unit that connects the node to the network (Network Interface Unit, NIU), possibly capable of Direct Memory Access (DMA).

3.1.   Performance

The raw computational performance of each node directly influences the performance of the machine. At least for our applications low performance of a single node can hardly be compensated by increasing the number of nodes: there are always parts of a program which cannot be parallelized and their runtime on a single node gives a lower bound for the runtime of the whole program on the parallel machine (see Amdahl's law). A major prerequisite for high performance is a high clock rate. We also definitely need at least one cache level. This requires a mechanism to guarantee data coherency between the cache(s) and the NIU's DMA transfers. This is an issue to be considered in any convential design including DMA, but here the degree of DMA traffic will be especially high due to internode communication and therefore requires an efficient solution for coherency maintainance. Note that in this context the *local coherency* for each node is addressed. The *global coherency* of the entire machine is managed by system software [Borrmann, Herdieckerhoff, 1990].

Bus / memory bandwidth is also crucial for the system performance: the node's local memory bus will have to satisfy needs not only from normal computation but also from communication with remote nodes and an insufficient bus bandwidth will degrade the overall performance as well as low computational performance. The bus bandwidth depends on the protocol, the clock rate, and the width of the data path. It should be possible to load cache lines in a burst mode. The effective memory bandwidth is somewhat smaller than the theoretical bus bandwidth due to memory access times. The memory shall be interleaved to keep the number of wait cycles as small as possible.

As communication latencies should be used for computations of independent tasks, task switches have to be fast. In this context, we consider only the hardware prerequisites for fast context switches. There may be a problem when virtually addressed caches are used: different tasks might access the same virtual address which is mapped to different physical addresses. To avoid flushing the cache with each task switch, it is advantageous if task identifications for every cache line are provided. Another aspect that influences the time for context switches is the number of registers that have to be swapped.

Due to the profile of the expected applications, floating-point support will be a requirement. This is commonly achieved by using a Floating Point Unit (FPU) in addition to the Integer Unit (IU).

3.2. Memory Management

The virtually shared memory concept of our machine requires that our node processor has a large virtual address space. We require a Memory Management Unit (MMU) that performs the virtual to physical address mapping.

3.3. Interprocessor Communication

The processor should be as little involved in communication protocols as possible in order to preserve its computational performance. Ideally, tasks like buffer management, error supervision and perhaps even scheduling should be supported independently of the main processor. We also need an efficient means of control transfer to the Network Interface Unit (NIU). Another requirement are small message latencies, i. e. the time a processor has to wait for an answer to a message or for requested data should be small. The small transfer times made feasible by our high speed network should be increased as little as possible by the communication subsystem. This is especially important for programs (parts of programs) with little parallelism, where message latencies cannot be used to perform necessary computations for other tasks.

3.4. Further Aspects

As our system is planned to be scalable up to hundreds of processing nodes, we require that the node design should be as compact as possible.

Node costs and performance should also be well balanced to guarantee a much better price / performance ratio than e.g. high-performance mainframes. This includes minimization of the design effort.

It is also very important to use compatible standard components wherever possible and therefore be able to upgrade the system when new, faster units become available.

4.   Node Architectures

We now present some possible node architectures based on the given duplex connection to the network. Our main criterium for evaluation is the support of the communication primitives specified under 2.3. The communication tasks can be subdivided in data transfer to/from main memory and control tasks. The latter include handling control structures, packet headers, and errors.

The following abbreviations are used:

PU   :   Processing Unit; main processor for computation,
SSU :   System Support Unit; additional processor for communication,
NIU :   Network Interface Unit; interface between node and network.

4.1.   Presentation of Possible Architectures

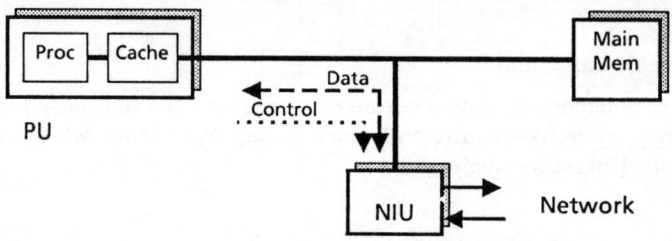

Architecture 1:
In this concept, the NIU mainly consists of buffers for incoming and outgoing packets. The PU actively writes packets to be transmitted to the NIU and reads received packets from the NIU.

Such a passive NIU is simple to build, but the PU spends a lot of time with data transfer. We therefore do not consider this architecture further.

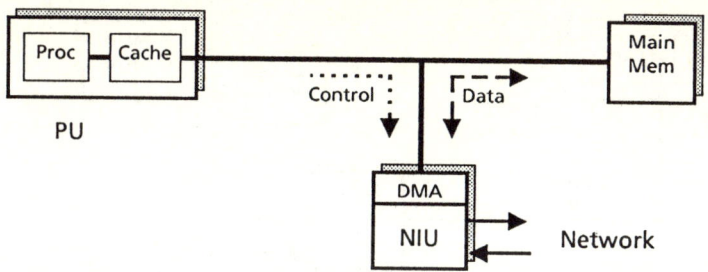

Architecture 2:

The NIU has DMA (Direct Memory Access) capabilities, i. e. it can independently transfer data to / from memory. The PU controls the NIU via the bus.
DMA allows fast reading and writing of large portions of data without PU interaction. Consistency between DMA data and cached data has to be preserved. This is also true for the following architectures.
There is a high load on the bus caused by normal PU memory accesses, NIU DMA, and control transfer between PU and NIU. The bus may easily become a bottleneck.

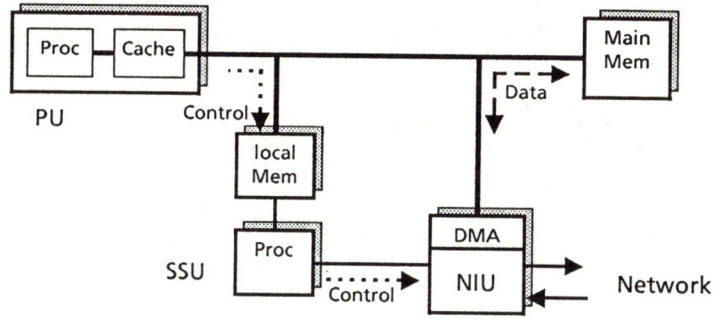

Architecture 3:

A simple SSU controls the NIU DMA and takes care of other low level communication tasks (formatting, error supervision, acknowledges). PU and SSU communicate via a dual port RAM.
The PU is relieved of low level communication control. Bus load is decreased compared to Arch. 2, because parts of the NIU control transfer are handled using the SSU-NIU interface. However, higher protocol levels still have to be performed on the PU. There is also some overhead for PU-SSU communication which increases message latencies if the degree of parallelism is low.

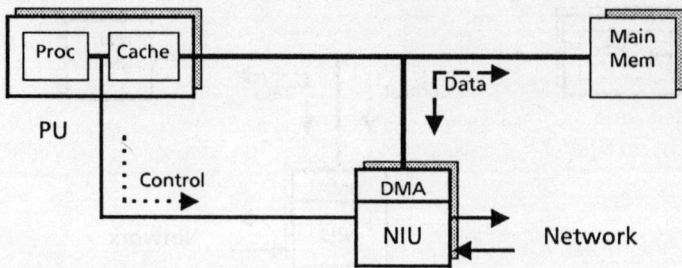

Architecture 4:

The PU has a dedicated interface to control the NIU with its DMA actions.

This completely relieves the system bus of the control transfer and speeds up the PU accesses to the NIU control structures. However, all the tasks concerning communication (even low level tasks) still have to be executed by the PU.

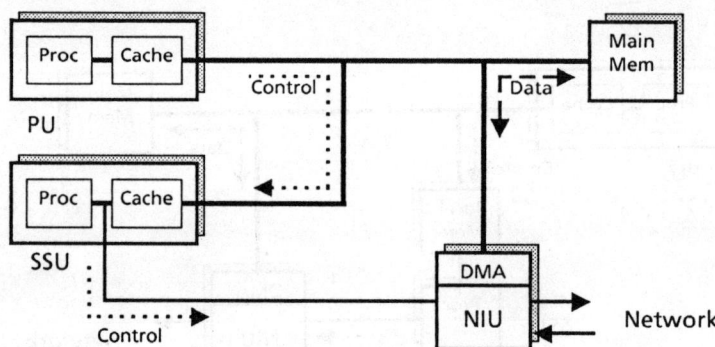

Architecture 5:

The SSU is more complex than in Arch. 3, has its own cache and a dedicated interface to control the NIU. PU and SSU communicate via common control structures in main memory (preferably cacheable).

This solution requires a coherency protocol for the two caches and the DMA unit. The SSU is able to execute complex control tasks. The common view of the memory allows the SSU to possibly take over other kernel tasks (scheduling, load balancing). As with Architecture 3, the additional overhead latency for SSU-PU synchronization has to be taken into accout.

4.2. Selection of an Architecture

Architectures similar to 2 and 5 have been shown in [Ramachandran et al., 1990] and evaluated using simulations with different communication load. Their results show the advantage of a dedicated communication processor. For our purpose, realistic loads are not yet available. We also think that the benefits of the different architectures can be estimated qualitatively quite well. Hence we decided to do without simulation.

Architecture 5 offers efficient support possibilities and flexibility with respect to both software and hardware. Due to the common view of the main memory, software can be distributed freely among PU and SSU. Architecture 5 also offers interesting possibilities for experimentation: it includes Architecture 2 and 4 for the case that either PU or SSU are switched off. This allows validation of different node architectures using a real hardware system which is of great interest for a research project like this.

An argument against Architecture 5 is the additional overhead for SSU-PU communication: if the PU had to wait for the reaction of a single message, the time necessary for control transfer to and from the SSU would have to be added to the message latency. We, however, assume that the degree of parallelism is high, i.e. that the PU can switch to another task instead of being idle.

Another argument against Architecture 5 are the additional cost and physical space of the second processor and cache, but both costs and size of our processing node will be influenced mainly by the memory (64 Mbyte). The processor subsystems will be plugged in as piggy-pack modules and hence increase only the height, but not the size of the PCB.

We are convinced of the benefits of a two processor node and therefore choose Architecture 5. It will influence the processor choice in the way that it presupposes:

- for the SSU an interface for the control transfer
- cache coherency mechanisms for PU, SSU, and DMA that is suitable for this application.

We therefore outline and evaluate different possibilities to implement the control interface and cache coherency.

4.3.   Control Interface

The main feature of the control interface is its physical separation from the memory bus to allow control transfer without imposing additional load on the bus. We sketch three different possibilities to implement this interface.

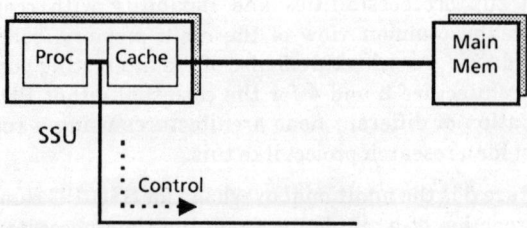

Possibility 1: Processor Bus

The processor bus between processor and cache is separated from the memory bus and can be directly used as control interface. A part of the address space is reserved for the NIU. If processor and cache / cache controller are implemented on the same chip, this bus is usually not accessible.

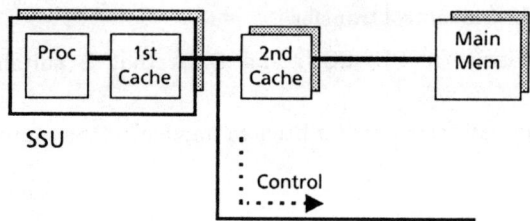

Possibility 2: Second Level Cache System

A (preferably copy-back) second level cache is advisable if the first level cache is too small or if it is write-through. In this case, the connection between the first and second level cache can be used as control interface. We will consider this possibility only if an appropriate cache controller is available because we regard its development as a considerable design effort.

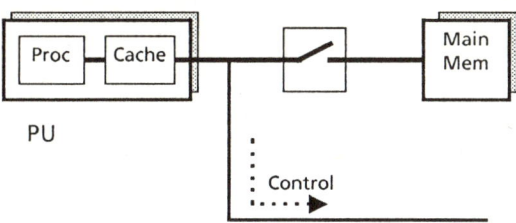

PU

Possibility 3: Separation Stage
A separation between processor and memory bus is enforced by a separation stage
(tri-state buffer). Like a switch, the connection is opened if the NIU is addressed. The
implementation of a two level bus system will result in some performance loss and
possibly (depending on the processor) in some design effort.

We clearly prefer Possibility 1 which requires little design effort and promises the best
performance. However, the high integration of functionality on some processor chips which is
normally regarded as an advantage results in hiding the internal bus.

4.4. Cache Coherency

The node performance depends crucially on the type of coherency mechanism. Again,
coherency is meant *locally* considering the node as a two processor system with a common
bus. In such an environment, there can be several local copies of data in the different caches.
It has to be guaranteed that each processor reads the latest modified data version, even when
this data is only in the other processor's cache (see copy back). We briefly define some terms
that are commonly used in this context.

<u>snooping:</u>

Each cache has a snooping controller that keeps watching the physical addresses on the bus
to detect whether the bus traffic concerns a datum of which its cache has a local copy. It does
that by comparing the higher address bits with a tag field associated with each cache entry
that is selected by the lower address bits and contains the higher bits of the original address
in main memory.

<u>write through:</u>

Each *write* on a cache entry immediately updates the main memory. To guarantee coherency,
each snooping controller has to invalidate its respective local entry in case of a snoop hit. A
write-through protocol causes high traffic on the memory bus especially in multiprocessor
systems.

<u>copy back:</u>

Writes only modify the local cache entry, i. e. the modification is not automatically visible for
other caches. The snooping controller has to watch each *read* on the bus and detect whether
the local copy in its cache is the last modified version of the data. If so, the cache has to
deliver the data instead of the main memory. This can be done either directly (<u>cache-to-cache
copying</u>) or by first updating main memory, from where the requesting processor then gets
the data on re-access.

We prefer a cache-to-cache copy protocol as it reduces bus traffic and read latencies.

It is usually possible even for a copy back cache to make every *write* visible on the bus, when the respective page is declared as *non-cacheable*. This method would have to be used for the control transfer whenever the control interface is not the processor bus as in Possibility 1. It would, however, degrade the bus bandwidth as single word *writes* would have to be used instead of a burst mode that is available only for cacheable data.

5.   Implementation of the Processing Node

5.1.   Processor

To find a suitable processor for our application, we looked at different state-of-the-art processors with sufficient integer and floating-point performance. Although "sufficient" is a fuzzy term, we don't go into details here, because the performance figures quoted by the processor manufactures are hardly comparable. However, we mainly considered RISC processors which we regard as generally more promising in terms of computational performance than CISC processors. As a minimal list of requirements derived from Chapter 3 we state a clock frequency of more than 30 MHz, the availability of a Memory Management Unit MMU, data and instruction cache support, and the availability of compilers and development support.

This is the list of the processor candidates (in alphabetical order):

-   Cypress SPARC CY7C600
-   Intel i486
-   Intel i860
-   MIPS R3000
-   Motorola M88000

We considered the processors' features relevant to meet the requirement stated in Chapter 3 and to implement Architecture 5 with the best possible solution for the cache coherency protocol and the control interface.

The Cypress SPARC is the only one that offers the following features:

-   promising computational performance (40 Mhz units available),
-   high memory bandwidth (64 bit memory bus),
-   copy-back cache protocol with cache-to-cache copying,
-   accessibility of the interface between processor and CMMU as control interface,
-   virtually addressed caches with virtual plus physical tag: simultaneous access of the snoop controller and the processor,
-   Address Space Identifier pins that can be used as additional bits to address the NIU without limiting the address space available for application,
-   compact design (5 chips for Integer Unit IU, Floating Point Unit FPU, Cache and Memory Management Unit CMMU, and two Cache RAMS),
-   possibility to connect future SPARC processors for the PU due to the standardized memory bus (Mbus [SUN, 1989]).

The only other processor that is similarly suitable is the Motorola M88000, but it has some important drawbacks (33 Mhz clock frequency, 32 bit memory bus, no cache-to-cache copying). The context switch for the M88000 may be somewhat faster than for the SPARC, due to the smaller number of registers to be saved. However, the SPARC registers (136) can be configured in 4 banks instead of using the window technique, leading to even lower times for context switches but canceling the performance gains associated with register windows.

For all these reasons we decided in favor of the Cypress SPARC for SSU and PU.

For the PU we use a hardware module combining IU, FPU, CMMU, and cache. Future higher performance processors can be plugged in using pincompatible modules.

5.2.   Local Memory

Each node will have 64 Mbyte of main memory. Memory and memory controller are standard designs like in any monoprocessor system and won't be considered further here.

5.3.   Network Interface Unit (NIU)

The NIU is the link between the processing element and the network. It has to support the communication primitives defined in Chapter 2.3. It contains queues of sufficient length to buffer the various jobs from the SSU and the network packets. It actively performs DMA interfacing the 64 bit / 40 Mhz SPARC Mbus. This makes its design a challenging task with respect to timing and space constraints. We hence decided to implement the NIU as a sea-of-gates gate array ASIC of the latest technology (0.7 μm HCMOS process). As the other node components are standard units, our main design effort is focussed on building the NIU which we describe in some more detail:

The NIU has various control registers. By writing them, the SSU causes the NIU to perform DMA load and stores and to transmit packets. By reading them, the SSU checks transmit and receive queues and detects successful or erroneous completion of NIU jobs. There is a queue (length 8) for transmission commands with their according packet headers (8x16 bytes) and another queue (8x128 bytes) for incoming packets from the network side. Their size reduces the probability of blocking the SSU if packets can't be sent and of blocking the network if packets can't be accepted by the processing element for a short time.

5.4.   Interaction of Node Components in Communication Tasks

The interaction of PU, SSU, and NIU essentially influences communication times and hence the performance of the entire machine. We describe the actions involved in sending and receiving packets particularly emphasizing how communication is accelerated and the PU is relieved of related tasks.

When it is necessary to initiate a remote communication (either message passing or store copying), the PU installs a job for the SSU using shared data structures in main memory. The PU is then free to continue or run another task while communication is independently controlled by the SSU. The SSU formats the packet header and writes it to the NIU's header queue. When there are data to be transmitted, it also writes the physical start address (s-addr) and the number of bytes to the respective NIU registers. The data portion is fetched from store by the NIU itself. The NIU now transmits the packet header and then the data.

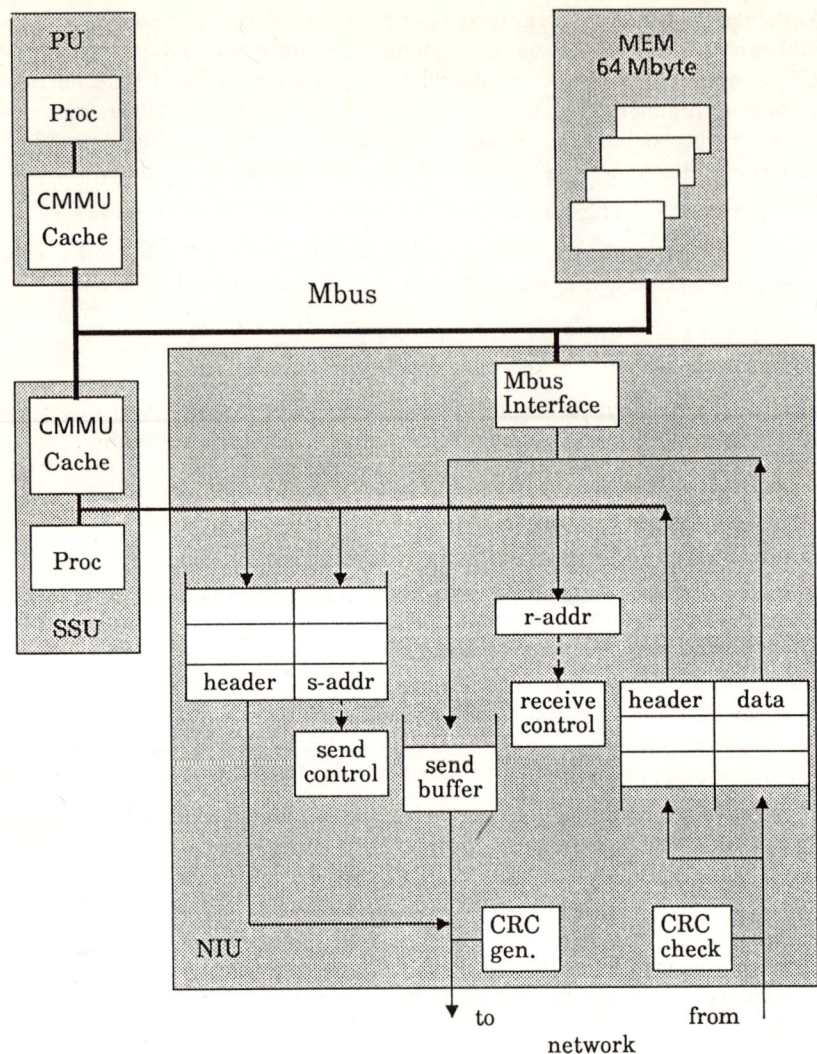

Hardware support for store copying

As one can see in the NIU block diagram, there are different queues for headers (control information) and data of received packets. Therefore it is possible that a newly arrived packet header can immediately be read and processed by the SSU even if the according data has not been received completely. When the packet contains data which have to be stored to main memory, the SSU looks up the physical destination address (r-addr) and writes it to the NIU. The SSU table work can overlap with the transmission time of the data in a packet. As soon as data area is completely received, it can directly be stored to memory by the NIU's DMA facility. Now the SSU informs the PU of completion. Note that this scheme provides a considerable advantage for store copying: on the owner's side, the PU is not involved at all; the SSU can handle the *copy_request* on its own by performing the necessary virtual to physical address translation. Timing estimates for store copying have been given in [Canditt, Hutner, 1990] to illustrate the high performance of our approach.

6. Summary

We have presented and evaluated different hardware architectures for a processing node in a parallel computer that are not only suitable for our envisaged applications but also for other parallel systems. We choose an architecture that consists of two processors: one for general computation and a second dedicated to communication in order to support the main processor. Such a design is advantageous if the application exhibits enough parallelism to keep the main processor busy while the support processor is dealing with communication.

The performance of the node crucially depends on the choice of the processor. If cost and development effort is to be minimized, one has to rely on off-the-shelf components. We have compiled a list of requirements as a general help in making the selection. This list can also be seen as a guideline in case of the development of a special purpose processor.

The pretentious communication tasks suggest the development of a special ASIC as Network Interface Unit. The interaction of the node components supports two quite different communication paradigms (message passing and virtually shared memory) that will coexist on the machine. It promises communication support that minimizes the impact on the computational power of the overall machine.

7. Acknowledgements

This work was done in the framework of the ESPRIT II project EP2025 EDS (European Declarative System). We would like to thank our colleagues at ICL (GB) , ECRC (FRG) and Siemens (FRG) for their contributions to the project and helpful discussions.

8. References

[Borrmann, Herdieckerhoff, 1990]
L. Borrmann, M.Herdieckerhoff, *"A Coherency Model for Virtually Shared Memory"*, Proceedings of the 1990 International Conference on Parallel Processing, pp. II 252-257, August 1990

[Canditt, Hutner, 1990]
S. Canditt, F. Hutner, *"Hardware Supported Store Copying on a Virtually Shared Memory Machine"*, Frontiers in Parallel Computing, V. B. Bhatkar et al., ed., Narosa Publishing House, New Dehli, pp. 31-40, 1990.

[Gottlieb, 1987]
A. Gottlieb, *"An Overview of the NYU Ultracomputer Project"*, Experimental Parallel Computing Architecture, J.J. Dongarra, ed., Elsevier Science Publishers B. V., Amsterdam, pp. 25-95, 1987.

[Holzner, Tomann, 1990]
R. Holzner, S. Tomann, *"Design and Simulation of a Multistage Interconnection Network"*, Proceedings of the CONPAR 90 - VAPP IV Joint Conference on Vector and Parallel Processing, Zurich, pp. 385-396, Sept. 1990.

[Howe, 1988]

C. D. Howe, *"An Overview of the Butterfly GP1000: A Large-Scale Parallel UNIX Computer"*, Proceedings of the Third International Conference on Supercomputing 1988, Boston.

[Li, 1988]

K. Li, *"IVY: A Shared Virtual Memory System for Parallel Computing"*, Proceedings of the 1988 International Conference on Parallel Processing. pp. 94-101, August 1988.

[Nugent, 1988]

S. F. Nugent, *"The iPSC/2 Direct Connect Communications Technology"*, Intel Corporation, pp. 59-68, 1988.

[Pfister et al., 1987]

G. F. Pfister et al., *"An Introduction to the IBM Research Parallel Processor Prototype (RP3)"*, Experimental Parallel Computing Architectures, J.J. Dongarra, ed., Elsevier Science Publishers B. V., Amsterdam, pp. 123-140, 1987.

[Ramachandran et al., 1990]

U. Ramachandran et. al., *"Hardware Support for Interprocess Communication"*, IEEE Transactions on Parallel and Distributed Systems, Vol. 1. No. 3, pp. 318-329, July 1990.

[SUN, 1989]

SUN Microsystems
SPARC Mbus Interface Specification

[Ward et al., 1990]

M. Ward et al., *"EDS Hardware Architecture"*, Proceedings of the CONPAR 90 - VAPP IV Joint Conference on Vector and Parallel Processing, Zurich, pp. 816-827, Sept. 1990.

Implementing Locks
in
Distributed-Memory Multiprocessors

E. Ammann
IBM Deutschland
Schönaicherstr. 220
7030 Böblingen

1. Introduction

Synchronization between cooperating processes in a uniprocessor system has been investigated for many years. Processes compete for common system resources, to which exclusive access must be established. To solve this problem, exclusive access in critical sections of a program must be guaranteed, which requires support in the three major system levels (hardware, system software, and program level). See [1] for an introduction.

With the upcoming of multiprocessor systems, where many processes on many processors compete for system resources, this synchronization need grows substantially. Not only the typical number of processes increases, but also the "communication distance". In order to cooperate, processes on different processors must communicate across the hardware interconnection medium.

The topic of this paper is to describe locking schemes in distributed-memory multiprocessor systems. Hence, from our further discussions we exclude tightly-coupled multiprocessor systems like the IBM 3090 system ([2]) or the ALLIANT FX/80 ([3]). As a consequence, there are no (physically) shared memory locations, where all processors have uniform access to. Instead each memory location is viewed as remote by all but the local processor.

Distributed-memory systems introduce communication overhead for the synchronization of processes, which may lead to contention problems on the interconnection medium.
We do not aim at 'hot spot' contention problems, as investigated and described in [4] and [5] for multiprocessor systems with a hierarchically organized switch network. Instead we assume a single-stage interconnection medium like a crosspoint switch (as in [6],[7]) or a bus.

The typical lock implementation implies a form of busy-waiting. In a distributed system this leads to a high load on the interconnection, because each retry could mean a request to a remote processor which owns the lock.

The main goal of this paper is to propose a scheme, which avoids this extensive communication. The idea is, that in cases, where the probability of successful obtaining the lock is low, communication across the interconnection is avoided and the lock request is locally rejected already.

To this end the next chapter introduces the general concept of a lock and the basic primitives to implement a locking scheme.

Then a straightforward lock implementation scheme is given for a distributed system, which leads to high communication overhead. This scheme is modified afterwards, to avoid most of this communication overhead.

If a distributed shared memory implementation is available on the system (i.e. an internal memory management layer which provides for the illusion of a shared memory in a distributed-memory system, see [8] for an example), this improved lock implementation could be used also, if the lock variable is kept within the processor's internal resources. A lock variable kept in main memory simplifies the programmer's task for the lock handling on the one side, but also introduces major communication overhead on the interconnection medium in typical synchronization situations on the other side.

Finally a comparison of the various implementation schemes is presented, where the alternatives are investigated in terms of communication complexity. The main result is, that the improved lock implementation scheme works with a constant communication complexity (the straightforward scheme behaves with linear complexity).

A summary with an outlook completes the paper.

2. Locks

Let us first consider a uniprocessor system with multiple processes which cooperate with each other. They share common system resources like main memory or I/O devices (printers, tapes, ...). Race conditions (i.e situations, where the result of operations of processes depends on the exact relative timing between them) are to be expected then.

In general those problems are solved by mutual exclusion. If we can guarantee, that in **critical sections** of a program (i.e. in parts, where exclusive access to a system resource is needed) no other process has also access to this resource, we avoid the race condition problem. See [1], Chapter 2, for a discussion on this topic.

For an implementation of the concept of critical sections, three system levels should be distinguished:

1. Hardware-level synchronization mechanism
2. (System-) Software-level synchronization mechanism
3. Program-level synchronization mechanism

On the lowest level, hardware support is needed for **atomic** updates of (lock) variables. While several constructs have been described (see [9],[10],[11]), we here concentrate on the simple lock implemented by a 'Test and Set' instruction (see [12]). With this instruction, the following set of synchronization primitives can be provided (partly adapted from [9]).

```
TESTandSET(x)
  { temp:=x; x:=1;
    Return temp; }

RESET(x)
  { x:=0; }
```

Here x is the lock variable. A lock implementation consists of a repeated call of 'TESTandSET(x)' until a return value of 0. This implies a form of a busy-waiting. Note, that the two assignment operations in the 'TESTandSET' primitive are performed atomically. In general, a value of 0 (1) of a lock variable means, that the lock is free (not free).

The variable x can be either allocated in main memory or be viewed as part of internal processor resources of the system, which are not accessible by normal machine instructions. Internal resources are accessible and controlled only by hardware logic or by microcode.

In the internal memory case, a lock has to be created with an additional 'CREATElock' primitive. 'CREATElock' establishes a lock in internal memory and returns a lock token x, which must be used in later 'TESTandSET(x)' calls; also a 'DELETElock(x)' primitive is needed, which simply deletes a previously created lock with token x. Locating x in internal processor memory has the advantage, that access to it is only possible through the 'TESTandSET' and 'RESET' primitives. Here the administration of a lock is either directly supported by hardware or by microcode.

If x is a normal main memory variable, at least programs with write access permission to the field x could bypass the lock mechanism given by the above primitves (e.g. the operating system's kernel typically would be able to do it).

Locks as described here may be viewed as still part of the hardware-level synchronization, but also already as belonging to the software level.

As typical software-level contructs semaphores have been proposed (see [13]).

A semaphore is a means to control access to a critical region by maintaining an integer variable and ensuring, that checking the value, changing it and possibly going to sleep is an atomic action. Accesses to the waiting list of processes, the list of runnable processes, and test and modification of the integer variable must be protected by a hardware-level synchronization primitive.

While process synchronization could be based on software-level synchronization with semaphores, it is a complex task for a programmer to control his process structure only by this means. In non-trivial environments with the need for multiple semaphores it is very difficult, to correctly organize their usage and to avoid deadlocks.

To make the programming job easier, monitors ([14]) provide for program-level synchronization. A monitor is a collection of procedures, variables, and data structures grouped together. Access to them is only possible through "gateway" procedures declared outside the monitor (see [14],[1]). They are part of the programing language; the compiler introduces the proper synchronizing statements, if monitor routines are to be called.

This paper will concentrate on the implementation of locks for distributed-memory multi-processor systems (see Figure 1). On those systems the operations 'TESTandSET' and 'RESET' may introduce the need for communication across the interconnection medium. To do this, appropriate support is needed in the communication layer of the processors. Also as a second parameter for 'TESTandSET' and 'RESET' a processor address must be provided then.

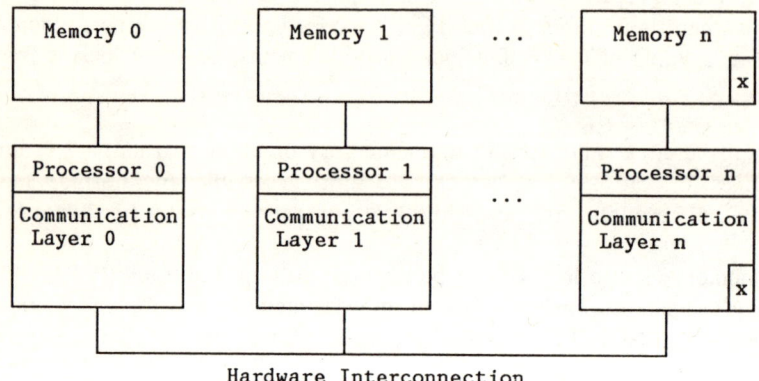

Hardware Interconnection

x: Memory field at Processor n representing a lock
(either in Memory or in the Communication Layer)

Figure 1. Distributed-Memory Multiprocessor System

3. Simple Lock Implementation in a Multiprocessor System

For a distributed-memory multiprocessor system as depicted in Figure 1, a straightforward implementation method for locks is described in this chapter.

It is assumed here, that there exists a processor addressing scheme in the system. Every processor is addressed by an unique identification.

Establishing a lock in a distributed-memory system means to agree on a kind of "home location" for it, i.e a processor and its (main or internal) memory, where the lock variable (or token) is kept. Therefore we must extend the parameter list of sychronization primitives for a lock implementation by a parameter denoting the lock-owning processor in the system. For an internal memory lock implementation, the value x returned by the 'CREATElock' primitive could contain the lock-owning processor address as part of its value.

If we denote the additional set of primitives for the distributed-memory system by 'DistributedTESTandSET' and 'DistributedRESET', then the lock implementation idea can be explained with the following diagram.

```
Processor i                                    Processor j

TESTandSET(x) is unchanged

DistributedTESTandSET(x,proc_j)
  { IF (proc_j = own_proc_addr)
      TESTandSET(x)
    ELSE
      Send request to processor j   ---------->
                                               { Receive lock request
                                                 TESTandSET(x)

      Wait for response                          Send temp value
        (set timeout)                               to processor i }

      Receive temp value            <----------
    FI
    Return temp and
      communication_status }

RESET(x) is unchanged

DistributedRESET(x,proc_j)
  { IF (proc_j = own_proc_addr)
      RESET(x)
    ELSE
      Send request to processor j   ---------->
      Return communication_status
    FI }                                        { Receive reset request
                                                 RESET(x) }
```

Here we assume that a process on processor i tries to obtain the lock x which is owned by processor j (processor addresses are proc_i (=own_proc_addr) and proc_j, respectively). We assume also, that the old non-distributed primitives may be called during the handling of the distributed case. For an implementation of locks in internal memory the two primitives for creation and deletion are taken unchanged from the previous chapter.

A lock implementation in this distributed environment now consists of repeated calls of 'DistributedTESTandSET' for an x owned by another processor, until the return value is 0. Let us call this set of primitives SLI (for simple lock implementation).

Note, that there are no extended assumptions on atomic actions besides those stated for the original 'TESTandSET' primitive.

In the communication_status field a communication problem over the hardware interconnection is indicated. If the wait in the 'DistributedTESTandSET' primitive is synchronous, a consistency problem occcurs for the case, that processor j succeeds in establishing the lock on x but is not able to respond in time. On the other hand processor i cannot wait forever. While processor i reports a missing response and failure in obtaining the lock, in fact lock x has been granted by processor j. A possible solution for this could be, to internally send a reset request for x to processor j, if a delayed response (indicating temp = 0) is received. Internally sending here means, that the Communication Layer itself sends a reset request message to processor j.

If instead of waiting an asynchronous protocol is introduced, there must be system support to suspend the requestor until the response is received finally.

4. Improved Lock Implementation in a Multiprocessor System

The simple lock implementation works functionwise, but it introduces a potential contention problem on the hardware interconnection. A process, which is busy-waiting on a lock at another processor, introduces heavy communication traffic by calling the 'DistributedTESTandSET' primitive repeatedly. In this situation not only the lock-owning processor is hampered by those requests (which must be negatively answered), but also other processors are affected by the load on the interconnection medium. The situation is even worse, if several processes on different processors are trying to obtain the same lock.

For this reason a lock implementation is needed, which tries to avoid communication in situations, where the probability of success (i.e. obtaining the remote lock) is low.
To proceed into this direction, an improved lock implementation is proposed in the following, which delivers a lock request to a remote processor only, if it is the first attempt or there is indication from the lock-owning processor, that this lock has been freed by a 'RESET' or 'DistributedRESET' operation. The differences of this implementation relative to the simple one is best explained with the help of Figure 2.

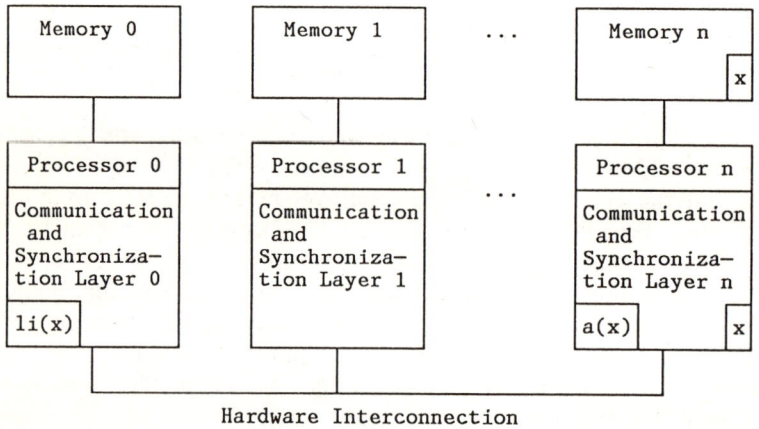

Hardware Interconnection

```
x:     Memory field at Processor n representing a lock
a(x):  Attempt vector for field x (keeps remote lock attempts
       while x is locked)
li(x): Lock Information for field x (prevents lock requests
       for x to Processor n unless x is unlocked)
```

Figure 2. Multiprocessor System with Synchronization Layer

The Communication Layers are extended by Synchronization instances with the following tasks.

1. In the lock-owning processor an **attempt vector** bitmap a(x) is generated, when the first remote lock request is received while the lock is not free. Each rejected lock request for x is stored as a bit in a position indicating the requesting processor. If

a 'RESET' request is processed for x, a "**lock_freed(x)**" message is **multicasted** to all processors, for which the relevant bit in a(x) is on; afterwards a(x) is deleted.

2. In the processor requesting a remote lock, a **lock information** flag li(x) is generated, if the request for lock x is rejected. If li(x) exists, a subsequent 'DistributedTESTandSET(x)' request is **locally** rejected.

3. If a processor finally receives a "**lock_freed(x)**" message, the li(x) flag is deleted and the next request for lock x again will cause communication.

The following diagram shows the new set primitives, named ILI (for improved lock implementation). For 'DistributedTESTandSET' again assume, that it is called on processor i and tries to obtain a lock x owned by processor j. The 'RESET' primitive always runs on the lock-owning processor. A new remote handling routine for "lock_freed(x)" messages is needed. Important changes are highlighted in the diagram.

```
Processor i                                    Processor j

TESTandSET(x) unchanged from SLI

DistributedTESTandSET(x,proc_j)
  { IF (proc_j = own_proc_addr)
      TESTandSET(x)
    ELSE
      IF (li(x))
        temp = 1;
      ELSE
        Send request to processor j  ---------->
                                       { Receive lock request
                                         TESTandSET(x)
        Wait for response              IF (temp = 1)
          (set timeout)                  IF (¬a(x))
                                           Create a(x)
                                         FI
                                         Include i into a(x)
                                       FI
                                       Send temp value
                                           to processor i }
        Receive temp value       <----------
        IF (temp = 1)
          Create li(x)
        FI
      FI
    FI
    Return temp and
      communication_status }

RESET(x)
  { x:=0;
    IF (a(x))
      Multicast "lock_freed(x)"   ---------->
        message according to a(x)
      Delete a(x)
    FI }

DistributedRESET(x) unchanged from SLI

{ Receive "lock_freed(x)" message   <----------
  Delete li(x) }
```

The most important change is, that lock requests are locally rejected after a first unsuccessful attempt, unless a "lock_freed(x)" message indicates a reasonable probability to obtain the lock with the next request. Of course all requestors compete for lock x after it is freed.

This improved lock implementation exploits a multicast capability of the interconnection hardware (i.e. the ability to simultaneously deliver a message to a given subset of the set of all existing remote processors). If this capability is not provided in a multiprocessor system, either a broadcast message to all processors could be sent or single messages to all processors indicated in a(x). For a solution with broadcast, receiving processors without a li(x) flag have to ignore this message. Again there is no need for extended assumptions on atomicity beyond those for the original 'TESTandSET' primitive.

There is a delay, until the li(x) flag is deleted as a consequence of a RESET(x) operation. During that time, those processors, which have not tried it before and therefore do not have a li(x) entry at this point of time, have a better chance to get lock x. That means, that this implementation is **fair** with respect to all lock requestors already waiting for the lock; it prefers first-time requestors, however.

There is a different way to describe the ILI scheme. In the Communication and Synchronization Layer of the processors, the knowledge on a non-free remote lock is **cached** with the lock information flag. If the lock is freed, the attempt vector at the lock-owning location determines, which processors have to receive an **invalidate** message (here the "lock_freed" message) for their lock cache entry.

5. Distributed Shared Memory Lock Implementation

Distributed shared memory on a distributed-memory system means, to have the illusion of a shared memory which is provided by a special memory management layer in the system. This layer administers the availability of data pages on the single processors. If a process tries to access data of this distributed shared memory currently not available in local memory, a page fault occurs, which is handled by transfering the appropriate data page from another processor or, eventually, from disk. In this way, data can migrate between the processors, the main memory takes over the part of a cache for the shared address space. Memory coherence must be ensured by the memory mapping layer. See [8] for a description of one possible scheme, in this case of a user-level virtual shared memory concept for distributed systems.

In a system providing distributed shared memory, there are two totally different schemes for a lock implementation.

1. If the lock variable is part of main memory (i.e. part of the distributed shared memory handling), then there is no need for distributed versions (as in SLI or ILI) of our original primitives at all. A 'TESTandSET(x)' or 'RESET(x)' call transparently leads to communication via the memory management layer, if there is a page fault for x and the page containing x has to be brought over to the requesting processor.

2. If the lock variable is part of the internal resources of the processor, the two implementations of the previous chapter (SLI and ILI) could be taken unchanged. The distributed shared memory feature does not influence the lock implementation.

Only the first case needs further discussion, let us call it DSMLI (for distributed shared memory lock implementation). Here we no longer have a lock-owning processor; the lock variable is kept on the processor which most recently accessed x.

If a lock is held by say processor i, a repeated lock request by another processor j leads to a transfer of the data page of x to processor j on the first attempt. The following retries on j do not cause communication on the interconnection medium. RESETing the lock by processor i causes the data page to be transferred back to i; the final (now successful) 'TESTandSET(x)' given by processor j again transfers the page to j.

If more than one processor is trying to obtain a lock held by another processor, the memory management layers keeps moving the data page of x between the requestors. On the first glance the following modification of 'TESTandSET' would help here.

```
modifiedTESTandSET(x)
  { temp:=x;
    IF (x=0)
      x:=1;
    FI
    Return temp; }
```

Here the assignment of temp and the IF-clause must be performed atomically.
Now, in cases where lock x is not free, there is no write access to location x. Because typical distributed shared memory implementations allow for multiple read-only versions of a data page, each requestor's first call only leads to a data transfer, but not subsequent retry calls. A later 'RESET(x)' call by the lock-holder will request write access to x, therefore dropping the read access rights of all lock requestors. Finally the first successful requestor for x will receive the page of x and hold the lock. While the original situation seems to be improved now, an efficient implementation is impossible. The atomicity requirement on the one side and the write page fault handling (if x=0 originally) on the other side could not be brought together reasonably.

6. Comparison of the Schemes

The lock implementation schemes SLI, ILI, and DSMLI are compared here. As a measure for the comparison we take the number of communication steps (messages or data page transfer) needed in the following two typical synchronization situations.

Situation 1 Lock x held by processor i; i is home-location for x. Processor j tries to obtain it. Finally i frees lock x and j obtains it successfully.

Situation 2 Lock x held by processor i; i is home-location for x. Processors j and k try to obtain it. Now i frees the lock x and j succeeds in obtaining it. Processor k keeps requesting x, until he finally succeeds after j having freed it.

While in the distributed-memory paradigm, the two situations do not generate really different results, the results are different in the distributed shared memory case.

In the following Table 1 and Table 2 we count all communication steps for the different schemes in those two situations. Note, that those 'DistributedTESTandSET' and 'DistributedRESET', which lead to communication, contribute with two steps (request and response message). Always r denotes the mean number of retries in a busy-wait situation (trying to obtain a lock) and m denotes the number of communication steps needed in the distributed shared memory support layer to handle a page fault (m depends on the specific distributed shared memory support and on the chosen algorithms in the memory management layer; m is a constant).

Table 1. Number of communication steps in Situation 1			
	SLI	ILI	DSMLI
1 remote requestor (r retries)	2r	2	m
i frees lock x	-	1	m
j gets lock x	2	2	m
Sum	2r + 2	5	3m

Table 2. Number of communication steps in Situation 2			
	SLI	ILI	DSMLI
2 remote requestors (r retries)	4r	4	2rm
i frees lock x	-	2	m
j gets lock x	2	2	m
k requests lock x (r retries)	2r	2	m
j frees lock x	2	2 + 1	m
k gets lock x	2	2	m
Sum	6r + 6	15	(2r + 5)m

The following Table 3 summarizes the results of those tables, concentrating on the complexity classes of the different situations rather than on single communication steps.

Table 3. Complexity classes			
	SLI	ILI	DSMLI
Situation 1	O(r)	O(1)	O(m)
Situation 2	O(r)	O(1)	O(rm)

In both situations, SLI shows a communication complexity of $O(r)$, while ILI improves that to a constant complexity of $O(1)$. DSMLI has a reasonable behaviour $O(m)$ (which in fact is $O(1)$ with a higher constant) in Situation 1, but is definitely bad in Situation 2 with a complexity of $O(rm)$. This let us recommend a locking scheme with the lock variables being kept in internal memory for this type of systems. Then the constant $O(1)$ result of ILI applies also.

7. Summary and Outlook

Implementation schemes for locks in distributed-memory multiprocessor systems have been presented. Figure 4 summarizes the classification of the alternatives and system types which have been investigated in the paper.

For the distributed-memory paradigm, the recommended improved lock implementation scheme ILI shows a constant communication complexity compared to the linearly increasing one for the simple straightforward solution.
For a distributed shared memory organization, the same constant complexity can be achieved by locating lock variables in internal memory of the processors. Working with main memory lock variables leads to high communication overhead in typical synchronization situations. "Two-party locks" (i.e. locks known and potentially requested by at most two processes) can be supported reasonably, locks requested by more than two processes show unacceptable behaviour.

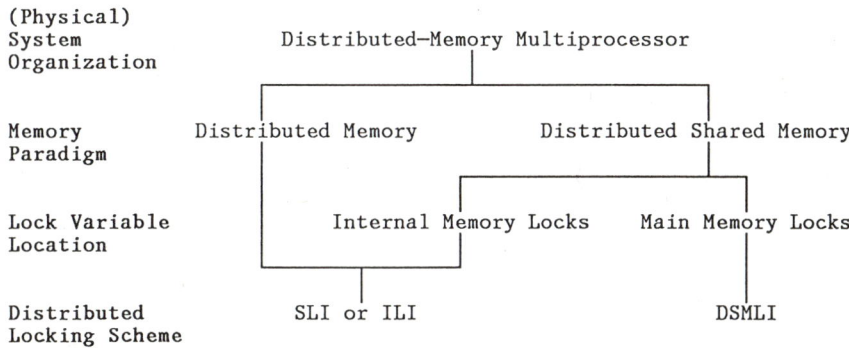

Figure 3. System Types versus appropriate Locking Schemes

Implementations of the schemes on existing multiprocessor systems should confirm these results. A candidate for a distributed-memory system is the Parallel Processing Compute Server ([6], [7]), which has a microcoded communication layer and would lend itself to a rapid exploratory locking scheme implementation. Implementation experience on a distributed shared memory system should verify the conclusions for this system type. The IVY system ([15]), which realizes the ideas of Li and Hudak ([8]), is a good candidate.

As a refinement of our complexity measure, besides the communication overhead itself we could also measure the latency time spent in the processor's communication layers to establish communication. It is a critical implementation item for a (distributed-memory) multiprocessor system to keep the latency time as low as possible. In existing systems, latency times contribute substantially to the overall communication overhead.

References

[1]   A.S. Tanenbaum.
        Operating Systems - Design and Implemen-
        tation.
        Prentice Hall, Englewood Cliffs, NY, 1987.

[2]   S.G. Tucker.
        The IBM 3090 System - An Overview.
        IBM Systems Journal, 25(1):4-19, 1986.

[3]   Alliant Computer Systems Corp..
        ALLIANT FX/Series Product Summary.
        Littleton, MA. 1988.

[4]   G.F. Pfister and V.A. Norton.
        "Hot Spot" Contention and Combining in
        Multistage Interconnection Networks.
        IEEE Trans. Computers, C-34(10):943-948,
        October 1985.

[5]   G.F. Pfister et al.
        The IBM Research Parallel Processing
        Prototype (RP3) - Introduction and Archi-
        tecture.
        Proc. IEEE Int. Conf. Parallel Processing,
        St. Charles, IL, August 1985.

[6]   E. Ammann, R. Berbec, G. Bozman, M.
        Faix, G. Goldrian, J. Pershing, J. Ruvolo-
        Chong, and F. Scholz.
        The Parallel Processor Compute Server.
        To appear in IBM Journal of Research and
        Development, 1991.

[7]   E. Ammann, R. Berbec, G. Bozman, M.
        Faix, G. Goldrian, J. Pershing, J. Ruvolo-
        Chong, and F. Scholz.
        The Parallel Processor Compute Server.
        IBM Laboratory Boeblingen Technical
        Report No. TR-05.463, Boeblingen,
        Germany. December 1990.

[8]   K. Li and P. Hudak.
        Memory Coherence in Shared Virtual
        Memory Systems.
        ACM Trans. on Computer Systems,
        7(4):321-359, November 1989.

[9]   M. Dubois, C. Scheurich, and F.A. Briggs.
        Synchronization, Coherence, and Event
        Ordering in Multiprocessors.
        IEEE Computer, pages 9-21, February
        1988.

[10]   A. Gottlieb, B.D. Lubachevsky, and L.
        Rudolph.
        Basic Techniques for the Efficient Coordi-
        nation of Very Large Numbers of Cooper-
        ating Sequential Processors.
        ACM Trans. Programming Languages and
        Systems, 5(2):164-189, April 1983.

[11]   G.S. Almasi and A.J. Gottlieb.
        Highly Parallel Computing.
        Benjamin Cummings Publishing Inc.
        (Addison Wesley), 1990.

[12]   IBM Order No. SA22-7201-01.
        Enterprise Systems Architecture/390 Princi-
        ples of Operation.
        1990.

[13]   E.W. Dijkstra.
        Co-operating sequential processes.
        In: Programming Languages, F. Genuys,
        Ed., pages 43-112, Academic Press,
        London, 1968.

[14]   C.A.R Hoare.
        Monitors - An operating system structuring
        concept.
        Communication of the ACM, 17:549-557,
        1974.

[15]   K. Li.
        IVY - A Shared Virtual Memory System
        for Parallel Computing.
        Proc. of the Int. Conf. on Parallel Proc-
        essing, pages 94-101, 1988.

UNIX-basierte Betriebssysteme
für Multiprozessoren mit globalem Speicher

- Modellierung und Analyse -

Hermann Jung

Institut für
Mathematische Maschinen und Datenverarbeitung IV
Lehrstuhl für Betriebssysteme
Martensstraße 1
8520 Erlangen

Übersicht

Thema des folgenden Beitrags ist die theoretische Untersuchung verschiedener Parallelisierungsmöglichkeiten des UNIX-Betriebssytems für Multiprozessoren mit globalem Speicher. Ausgehend von einer Beschreibung des UNIX-Betriebssystems wird ein einfaches Modell eines typischen Prozesses entwickelt und mit diesem Modell eine Abschätzung der maximal möglichen Leistungssteigerung hergeleitet.

Die Diskussion der berechneten Durchsatzschranken untermauert die Forderung nach einer Parallelisierung des UNIX-Betriebssystems.

1. Motivation

Die immer größere Komplexität moderner Rechenanlagen und der immer schnellere Zyklus der (Betriebs-) Software-Weiterentwicklung, wie auch der durch Standardisierungsbemühungen immer stärker werdende Konkurrenzdruck, "bestrafen" Fehlentwicklungen sofort und dauerhaft. Ein Software-Entwickler ist nicht mehr in der Lage, Fehlentscheidungen oder Schwachpunkte seines Entwurfes *nach* der Erstinstallation zu korrigieren. Ein Vorgehen nach *"hack now, fix later"* [Ferr 86] kann nicht mehr befriedigen, vielmehr müssen schon im *Entscheidungsvorfeld* die Auswirkungen einzelner Strategiemaßnahmen untersucht werden.

Die unmittelbare Konsequenz der obigen Forderung ist das Versagen der traditionellen Bewertungsmethode *Messung*. Für eine Messung muß das System real vorhanden sein, d. h. jede mögliche Design-Alternative muß implementiert und vermessen werden. Für eine Untersuchung schon in der Entwurfsphase müssen andere Methoden der Leistungsbewertung verwendet werden.

Die Parallelisierung des UNIX-Betriebssystems[1] für Multiprozessoren mit globalem Speicher ist kein triviales Problem. Bedingt durch den monolithischen Betriebssystemkern ist eine Parallelisierung extrem zeitaufwendig und fehleranfällig und muß im Sinne der obigen Ausführungen vorab auf ihre erwartete Leistungsverbesserung untersucht werden.

Auf den folgenden Seiten soll ein einfaches Modell des UNIX-Betriebssystems vorgestellt werden, mit dem verschiedene Parallelisierungsalternativen verglichen und die Befürwortung oder Ablehnung einer Parallelisierung begründet werden kann.

2. Die Struktur des UNIX-Betriebssystems

Um überhaupt ein Modell des UNIX-Betriebssystems entwickeln zu können, soll zunächst dessen interner Aufbau näher beschrieben werden. In Abb. 1 ist der schichtenartige Aufbau des Systems gezeigt, wie er sich einem normalen Benutzer darstellt.

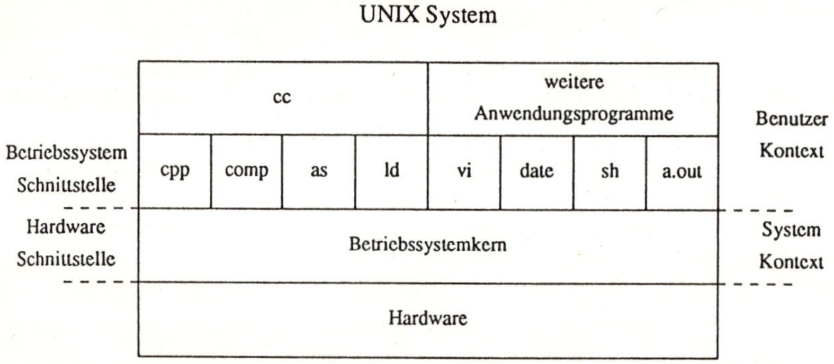

UNIX System

	cc				weitere Anwendungsprogramme			Benutzer Kontext
Betriebssystem Schnittstelle	cpp	comp	as	ld	vi	date	sh	a.out
Hardware Schnittstelle	Betriebssystemkern							System Kontext
	Hardware							

Abb. 1. Aufbau des UNIX-Systems

Das gemeinhin mit UNIX bezeichnete System ist dabei das Gesamtsystem, also der eigentliche Betriebssystemkern plus den mitgelieferten Tools. Alle Aktivität in UNIX geht von diesen und weiteren, selbst verfaßten Programmen (in Abb. 1 als *a.out* angedeutet) aus. Wird ein Programm oder Kommando aufgerufen, so wird vom Betriebssystem ein neuer Prozeß generiert, der den gewünschten Programmcode ausführt. Ein solcher Prozeß läßt sich wie folgt charakterisieren [Bach 86]:

> *"A process is the execution of a program and consists of a pattern of bytes that the CPU interprets as machine instructions (called "text"), data and stack."*

Wie in Abb. 1 zu erkennen, kann ein Kommando (z. B. der C-Compileraufruf *cc*) aus einer Reihe von einzelnen (Sub-) Kommandos bestehen.

---

1. UNIX ist ein eingetragenes Warenzeichen von AT & T

Normalerweise läuft ein Prozeß geschützt in seinem eigenen Adreßraum und mit einem eingeschränkten Befehlssatz ab (*Benutzerkontext, geschützter Modus, problem state*); insbesondere darf der Prozeß im Benutzerkontext keine E/A-Befehle ausführen. Die einzige Möglichkeit für einen Prozeß, seinen Befehlssatz zu erweitern, ist ein Systemaufruf (*Supervisorcall, SVC*), der in UNIX als Aufruf eines Unterprogramms, das der Betriebssystemkern zur Verfügung stellt, realisiert ist. Mit diesem Aufruf ist eine *Rechteerweiterung* verbunden (*Systemkontext, privilegierter Modus, supervisor state*) und der Prozeß hat damit Zugriff auf den vollen Befehlssatz der zugrunde liegenden Hardware und auf alle Datenstrukturen des Betriebssystems. Mit Beendigung des Systemaufrufs werden die Prozeßrechte auf den alten Stand zurückgesetzt und der Prozeß arbeitet wieder im Benutzerkontext.

Um die Konsistenz der Datenstrukturen des Betriebssystems zu garantieren, werden Prozesse im Betriebssystemkern nicht verdrängt, sondern können sich entweder blockieren (z. B. weil ein gefordertes Datum noch nicht im Hauptspeicher vorliegt) oder in den Benutzerkontext zurückkehren und dort verdrängt werden. Problematisch an einer derartigen Vorgehensweise sind die Unterbrechungen der peripheren Geräte, da diese ebenfalls kritische Daten modifizieren können. In der Regel wird vor dem Zugriff auf kritische Daten eine Unterbrechungssperre gesetzt und nach Modifikation der Daten die Sperre wieder gelöst.

Die Aufnahme eines neuen Prozesses wird über Prioritäten gesteuert. Für deren Berechnung wird ein *Multilevel-Feedback*-Verfahren verwendet, in das neben der reinen Rechenzeit auch das E/A-Verhalten der einzelnen Prozesse eingeht. Grundsätzlich gilt aber, daß Prozesse im Zustand Systemkontext immer eine höhere Priorität haben als jeder Prozeß im Benutzerkontext und daß Prozesse im Zustand Systemkontext nicht unterbrochen werden können. Wird ein blockierter Prozeß deblockiert - z. B. weil seine benötigten Daten jetzt im Hauptspeicher abgelegt sind -, so wird er damit im Systemkontext laufbereit und unterbricht einen evtl. laufenden Prozeß im Benutzerkontext.

Zwei typische "Musterprozesse", die sich völlig unterschiedlich verhalten, sind zum einen die Matrizenmultiplikation (Abb. 2a) und zum anderen ein Kopierprogramm (Abb. 2b).

Während im ersten Fall nahezu ausschließlich im Benutzerkontext gearbeitet wird - lediglich *page-faults* führen zu einem (unfreiwilligen) Systemaufruf - wird im zweiten Fall nahezu ausschließlich im Systemkontext gearbeitet und bei hinreichend großen Dateien auch "kräftig" physikalisch ein- und ausgelagert. Schon diese beiden Beispiele lassen vermuten, daß für gewisse Anwendungen eine Parallelisierung des Betriebssystemkerns für eine zufriedenstellende Leistungssteigerung unumgänglich ist. Welche Möglichkeiten einer solchen Parallelisierung existieren, soll im nächsten Abschnitt dargelegt werden.

3. Implementierungsalternativen

Um das UNIX-System auf Multiprozessoren zu übertragen, muß zunächst die mögliche Hardware-Struktur eines Multiprozessors analysiert werden. Nach Enslow [Ensl 77] kann ein Multiprozessor wie folgt charakterisiert werden:

- Ein Multiprozessor besteht aus zwei oder mehr "in etwa gleichwertigen" Prozessoren.

```
...
for (i=1; i<=Dim; i++)
{
   for (j=1; j<=Dim; j++)
   {
      C[i][j] = 0.0;
      for (k=0; k<=Dim; k++)
      {
         C[i][j] += A[i][k] + B[k][j];
      }
   }
}
...
```

(a) rechenintensive Matrizenmultiplikation (Ausschnitt)

```
...
while ((count = read(fd_in, buf, n_bytes)) > 0)
{
                    write(fd_out, buf, count);
}
...
```

(b) systemintensives Kopierprogramm (Ausschnitt)

Abb. 2. zwei typische UNIX-Prozesse

- Alle Prozessoren haben Zugriff zu einem gemeinsamen Hauptspeicher.

- Alle Prozessoren haben Zugriff zu den peripheren Geräten.

- Der Multiprozessor wird - im Gegensatz zu einem verteilten System - von einem einzigen Betriebssystem kontrolliert, das Mechanismen zur Prozessor- und Prozeßkommunikation auf verschiedenen Ebenen bereitstellt.

Ein für die Betriebssystem-Entwicklung wichtiger Aspekt ist der Anschluß der peripheren Geräte. In einem Multiprozessor System mit *symmetrischer E/A-Architektur* sind die peripheren Geräte von allen Prozessoren aus ansteuerbar (Abb. 2a), während bei *asymmetrischer E/A-Architektur* diese entweder nur von einem Prozessor aus ansprechbar (Abb. 2b) oder aber verschiedenen Prozessoren fest zugeordnet sind (Abb. 2c).

Will man das UNIX-Betriebssystem auf die eben eingeführten enggekoppelten Multiprozessoren mit globalem Speicher übertragen, so stößt man auf größere Schwierigkeiten, da im eigentlichen Kern keine Vorkehrungen für das gleichzeitige Arbeiten mehrerer Prozesse getroffen sind [JaAV 86], [RuWa 87]. Analysiert man die Struktur des UNIX-Kerns, so erkennt man zwei relativ klar definierte Schnittstellen:

- die Systemaufruf-Schnittstelle (*system call interface*) und

- die Treiber-Schnittstelle.

Leffler et al. [LMKQ 90] sprechen in diesem Zusammenhang vom *upper kernel* und vom *lower kernel*. Nur für die "obere Hälfte" des Kerns läßt sich eine Zuordnung (ablaufender Code - verursachender Prozeß) finden, der untere Teil des Kerns wird dagegen asynchron durch *Interrupts* der peripheren Geräte

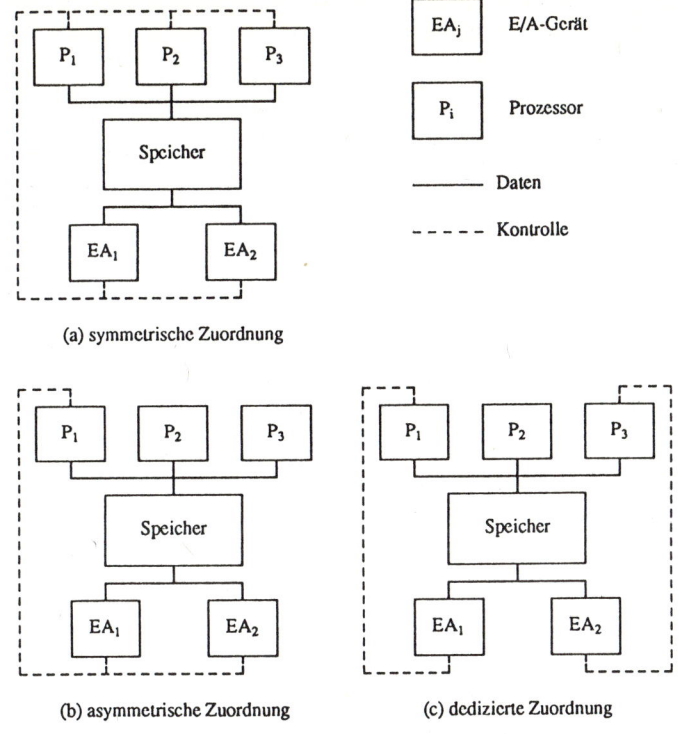

Abb. 3. Multiprozessor Aufbau, Anschluß der E/A-Geräte

angestoßen. Der momentan aktive Prozeß wird dabei praktisch von anderen Prozessen "mißbraucht".

Für eine Parallelisierung bieten sich drei Vorgehensweisen an [Ensl 77], [BaBu 84], [Hofm 86]:

- Der Betriebssystemkern darf nur auf einem Prozessor betreten werden (*Master-Slave*-System, MS-System).

- Der Betriebssystemkern wird vollkommen parallelisiert (*Symmetrisches-System, anonymous treatment of all processors*).

- Es wird der *Upper Kernel* parallelisiert, die Treiberroutinen (und auch die Interrupts) bleiben dagegen einem ausgezeichneten Prozessor vorbehalten (*system with associated processors*, AP-System).

Der *Master-Slave*-Ansatz hat den Vorteil, daß nur an wenigen Stellen des Systemkerns manipuliert werden muß und daß damit relativ schnell ein lauffähiges Multiprozessor-System zu erzielen ist. Enslow bezeichnet dieses Vorgehen als die Basis nahezu jeder Multiprozessor-Betriebssystem-Entwicklung [Ensl 77]:

"*For most multiprocessors, the first operating system available operated in the master-slave mode.*"

Ein nicht zu unterschätzender Vorteil ist die relativ einfache Integration neuer *System-Releases*, da ja nur wenige Code-Stellen - im wesentlichen sind das die Systemaufruf-Schnittstelle und die Interprozessor-Kommunikation [Klei 87] - überprüft werden müssen.

Messungen an existierenden Monoprozessor-Systemen zeigen jedoch, daß das UNIX-System 40-50% seiner Rechenzeit im Systemkontext verbringt [BaBu 84] und damit der *Master*-Prozessor sehr schnell zum Engpaß wird. McLeman [McLe 87] zitiert eine Faustformel, nach der der (n+1)-te *Slave*-Prozessor einen Leistungszuwachs von 80% des n-ten *Slave*-Prozessors erzielt und damit ein *Master-Slave*-Ansatz höchstens die 5-fache Leistung des Monoprozessors erreichen kann.

Diesen Engpaß kann man durch einen parallelen Systemkern "aufweiten". Hat man eine symmetrische Hardware-Plattform, so können auch die *Interrupts* verteilt werden. Allerdings muß, sowohl für ein symmetrisches System als auch für ein System mit parallelem *Upper Kernel*, der gesamte Code des Kerns überprüft und kritische Datenstrukturen gegen gleichzeitigen, mehrfachen Zugriff geschützt werden. Wird eine neue *System-Release* ausgeliefert und soll diese auf den Multiprozessor portiert werden, so muß erneut der gesamte Code überprüft werden.

Man steht damit als System-Entwickler vor der Alternative der schnellen Implementierung eines *Master-Slave*-Ansatzes, dessen Leistungsvermögen wahrscheinlich eingeschränkt sein wird, und der aufwendigen und fehleranfälligen Entwicklung eines parallelen UNIX-Betriebssystem-Kerns, der eine nahezu lineare Leistungssteigerung verspricht, aber mit jeder neuen *System-Release* sorgfältig überprüft werden muß.

Um das Leistungsvermögen der Alternativen *vorab* beurteilen zu können, soll im folgenden ein einfaches, aber doch tragfähiges Modell des UNIX-Betriebssystems entwickelt werden.

4. Ein Modell des UNIX-Betriebssystems

Veranschaulicht man sich die Funktion des UNIX-Betriebssystems, so erkennt man Prozesse, die durch verschiedene Komponenten des Systems wandern und von diesen Dienste, z. B. den Transfer von Daten, anfordern. Fordern von einer Komponente des Systems mehr Prozesse Dienste an, als es hierfür "Diensterbringer" gibt, so kommt es zwangsläufig zur Bildung von Warteschlangen. Ein sich auf natürliche Weise ergebendes Modell des Rechensystems ist somit ein Netzwerk von Bedienstationen mit zugeordneten Warteräumen.

Für ein Modell des UNIX-Betriebssystems wird vom einzelnen Prozeß und seiner speziellen Laufzeit-Struktur abstrahiert. Es wird stattdessen ein typischer Auftrag definiert, der ein Abbild der im System laufenden Prozesse sein soll und dessen Verhalten durch Zufallsgrößen beschrieben wird. Ein Auftrag kann

- im Benutzerkontext rechnen (*user*) oder

- im Kernkontext rechnen (*kern*) oder

- eine E/A-Anforderung absetzen oder deren Ende bearbeiten (*driv*) oder

- auf die Beendigung einer E/A-Anforderung warten (*io*).

In Abb. 4 ist die Modellvorstellung eines Auftrages festgehalten. Ein Auftrag beginnt seinen Lebenslauf im Zustand *kern*. Vom Zustand *kern* wechselt er mit der Wahrscheinlichkeit p_{io} in den Zustand *driv* oder

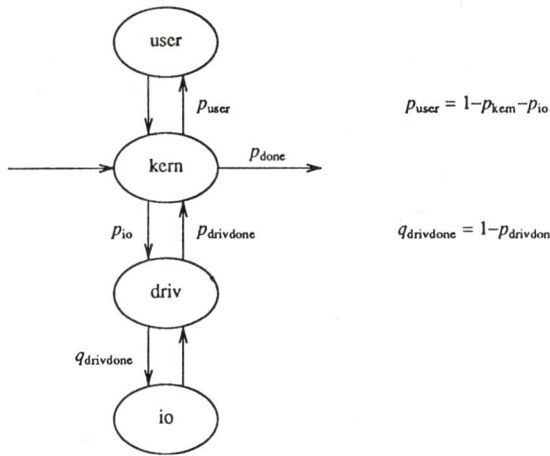

$$p_{\text{user}} = 1 - p_{\text{kern}} - p_{\text{io}}$$

$$q_{\text{drivdone}} = 1 - p_{\text{drivdone}}$$

Abb. 4. Modellvorstellung Auftrag

verläßt mit der Wahrscheinlichkeit p_{done} das System oder wechselt mit der Wahrscheinlichkeit $p_{\text{user}} = 1 - p_{\text{io}} - p_{\text{done}}$ in den Zustand *user*. Die einzige Möglichkeit, den Zustand *user* zu verlassen, ist der Aufruf eines Systemdienstes, wodurch der Auftrag wieder in den Zustand *kern* gelangt. Aus dem Zustand *driv* wechselt ein Auftrag mit der Wahrscheinlichkeit p_{drivdone} in den Zustand *kern* und mit der Wahrscheinlichkeit $q_{\text{drivdone}} = 1 - p_{\text{drivdone}}$ in den Zustand *io*. Vom Zustand *io* kann ein Auftrag nur zurück in den Zustand *driv* wechseln.

In Abb. 5 ist die Modellvorstellung des *Master-Slave*-Systems wiedergegeben. Man erkennt die Warteräume für bereite Aufträge im Benutzer- und im Kernkontext und für anstehende Treiberroutinen und die zugeordneten Bedieneinheiten CPU und APU sowie die peripheren Geräte, bei denen Warteraum und Bedieneinheiten zusammengefasst sind. Die Auswertung des eben skizzierten Modells ist auf zwei Arten möglich. Zum einen kann man aus der obigen Beschreibung ein Simulationsmodell erstellen und auswerten [Grab 91], zum anderen kann man eine Markovkette konstruieren und diese analysieren [Jung 91]. Die effiziente Auswertung über sogenannte Produktformnetzwerke scheitert an den Prioritäten und dem asymmetrischen Multiprozessor.

Im folgenden soll auf die exakte Auswertung des obigen Modells verzichtet werden und lediglich die maximal mögliche Leistungssteigerung verschiedener Systemvarianten untersucht werden. Ein derartiges Vorgehen ist zum einen sehr einfach möglich und fordert zum anderen nur sehr wenige Annahmen an das Verhalten des untersuchten Systems.

Mit den angegebenen Übergangswahrscheinlichkeiten bestimmen sich die mittlere Anzahl von Besuchen v_{state} eines Auftrags in den verschiedenen Bedienphasen wie folgt:

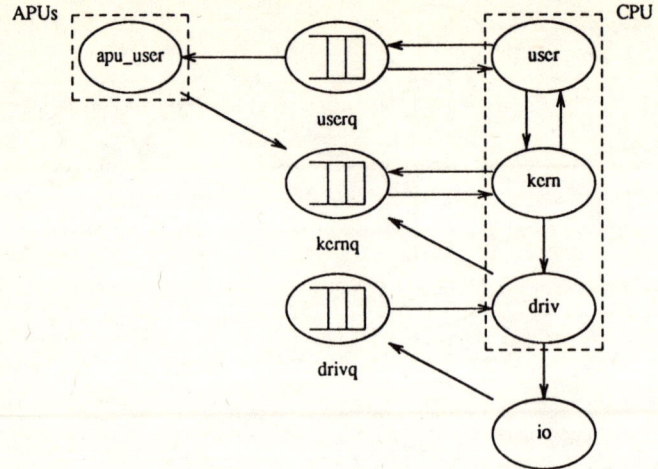

Abb. 5. Modellvorstellung *Master-Slave*-System

$$v_{user} = v_{kern}\, p_{user} = \frac{p_{user}}{p_{done}} \qquad v_{driv} = v_{kern}\frac{p_{io}}{p_{drivdone}} = \frac{p_{io}}{p_{done}\,p_{drivdone}}$$

$$v_{kern} = \qquad = \frac{1}{p_{done}} \qquad v_{io} = v_{driv}\,q_{drivdone} = \frac{p_{io}\,q_{drivdone}}{p_{done}\,p_{drivdone}}$$

(Gl. 1)

Ausgehend von diesen Besuchshäufigkeiten können obere Grenzen für den maximal möglichen Durchsatz der verschiedenen Parallelisierungsmöglichkeiten angegeben werden. Es seien

NO_APU die Anzahl zusätzlicher Prozessoren (*auxiliary processing units, APUs*),

S_{user} die mittlere Bedienzeitanforderung eines Auftrags zwischen zwei Systemaufrufen,

S_{kern} die mittlere Bedienzeit eines Systemaufrufes,

S_{driv} die mittlere Laufzeit einer Treiberroutine,

$S_{io}(n)$ die Bedienfunktion der peripheren Geräte mit lastabhängigem Mittelwert,

p_{io} die Wahrscheinlichkeit dafür, daß ein Auftrag in einer Systemroutine auf eine physische E/A-Anforderung läuft,

p_{done} die Wahrscheinlichkeit dafür, daß ein Auftrag nach Abarbeitung der aktuellen Systemroutine fertig bedient ist und das System verläßt und

$p_{drivdone}$ die Wahrscheinlichkeit dafür, daß die E/A-Anforderung eines Auftrages vollständig bearbeitet ist und der Auftrag damit deblockiert wird.

Nimmt man an, daß alle Bedieneinheiten ständig aktiv sind, so können Abschätzungen für den maximalen Durchsatz gewonnen werden (vgl. z. B. [DeBu 78]). Der Durchsatz entspricht dabei der erledigten Arbeit pro Zeiteinheit, also genau der Systemleistung (vgl. DIN 66 273 [DIN 90]).

Die Größen $\hat{S}_{user}$, $\hat{S}_{kern}$, $\hat{S}_{driv}$, $\hat{S}_{io}$ und $\hat{S}_{proc}$, die die mittlere Gesamtbedienanforderung eines Auftrags pro Bedienphase bzw. insgesamt an den Prozessoren beschreiben, sind wie folgt definiert:

$$\hat{S}_{user} = v_{user}\, S_{user} \qquad\qquad \hat{S}_{driv} = v_{driv}\, S_{driv}$$
$$\hat{S}_{kern} = v_{kern}\, S_{kern} \qquad\qquad \hat{S}_{proc} = \hat{S}_{user} + \hat{S}_{kern} + \hat{S}_{driv} \qquad\qquad \text{(Gl. 2)}$$
$$\hat{S}_{io} = v_{io}\, S_{io}(\hat{n})$$

Dabei ist $\hat{n}$ so gewählt, daß $S_{io}(\hat{n})$ minimal wird. Die lastabhängige mittlere Bedienzeit für einen E/A-Vorgang modelliert zum einen die Verwendung mehrerer E/A-Geräte und zum anderen die Möglichkeit der Optimierung eines E/A-Zugriffes bei größeren Warteschlangenlängen (z. B. SCAN für Plattenspeicher). Eine Wahrscheinlichkeit $p_{drivdone}$ kleiner als 0.5 beschreibt die Tatsache, daß nicht alle E/A-Operationen in einem Schritt abgewickelt werden können. Beispiele dafür sind z. B. Plattenoperationen, die neben der Übertragungsphase auch eine Positionierphase beinhalten oder der Datentransfer über ein lokales Netzwerk.

Für alle Modelle gilt, daß mindestens $\hat{S}_{io}$ Bedienquanten pro Auftrag an den peripheren Geräten angefordert werden und damit diese den maximalen Durchsatz mit $1/\hat{S}_{io}$ beschränken.

Im Monoprozessorfall können die anderen drei Bedienphasen nur auf der CPU abgewickelt werden. Sie ist damit $\hat{S}_{proc}$ Bedienquanten pro Auftrag belegt und für den maximalen Durchsatz λ_{max}^{mono} im Monoprozessormodell gilt:

$$\lambda_{max}^{mono} \le \min\{1/\hat{S}_{io}, 1/\hat{S}_{proc}\} \qquad\qquad \text{(Gl. 3)}$$

Für die Bestimmung des maximalen Durchsatzes im *Master-Slave*-Modell mit NO_APU APUs können zwei Fälle unterschieden werden:

(a) Gilt NO_APU $(\hat{S}_{kern} + \hat{S}_{driv}) > \hat{S}_{user}$, so ist die CPU der Engpaß und die APUs stehen teilweise leer. Der maximale Durchsatz ist damit durch die Bedienanforderung eines Auftrags im Kern- und Treibermodus beschränkt.

(b) Kann dagegen die CPU die durch Benutzercode auf den APUs induzierte Systemlast verarbeiten, so kann man den maximalen Durchsatz wie folgt abschätzen:
Die CPU muß eine Last von NO_APU $(\hat{S}_{kern} + \hat{S}_{driv})$ Bedienquanten während der Zeit $\hat{S}_{user}$, die nach Voraussetzung größer oder gleich der Bedienzeitbelastung der CPU ist, abarbeiten. Gilt in der Voraussetzung das Ungleichheitszeichen, so ist die CPU nicht voll ausgelastet und der "Überhang" $\hat{S}_{user} - $ NO_APU $(\hat{S}_{kern}+\hat{S}_{driv})$ an Benutzerkontext kann auf die APUs und die CPU verteilt werden.

Der maximale Durchsatz λ_{max}^{ms} berechnet sich dann wie folgt:

$$\lambda_{max}^{ms} \le \begin{cases} \min\{1/\hat{S}_{io}, 1/(\hat{S}_{kern}+\hat{S}_{driv})\} & \text{NO\_APU } (\hat{S}_{kern}+\hat{S}_{driv}) > \hat{S}_{user} \\ \min\{1/\hat{S}_{io}, (1+\text{NO\_APU})/\hat{S}_{proc}\} & \text{NO\_APU } (\hat{S}_{kern}+\hat{S}_{driv}) \le \hat{S}_{user} \end{cases} \qquad \text{(Gl. 4)}$$

Für ein AP-System ergibt eine ähnliche Rechnung die folgenden Durchsatzschranken, wobei hier nur Treiberkontext auf der CPU abgewickelt werden muß:

$$\lambda_{max}^{ap} \leq \begin{cases} \min\,\{1/\hat{S}_{io},\ 1/\hat{S}_{driv}\} & NO\_APU\ \hat{S}_{driv} > \hat{S}_{user} + \hat{S}_{kern} \\ \min\,\{1/\hat{S}_{io},\ (1+NO\_APU)/\hat{S}_{proc}\} & NO\_APU\ \hat{S}_{driv} \leq \hat{S}_{user} + \hat{S}_{kern} \end{cases} \qquad \text{(Gl. 5)}$$

und für ein vollkommen symmetrisches System gilt:

$$\lambda_{max}^{sym} \leq \min\,\{1/\hat{S}_{io},\ (1+NO\_APU)/\hat{S}_{proc}\} \qquad \text{(Gl. 6)}$$

Um einen Eindruck der maximal möglichen Systemleistung zu vermitteln, sind in Abb. 6 die Durchsatzschranken der verschiedenen Systemvarianten wiedergegeben. Die verwendeten Werte der Modellparameter wurden dazu an einem realen UNIX-System gemessen [Jung 90]. Als reale Last diente dabei der normale Ausbildungsbetrieb am Lehrstuhl für Betriebssysteme, der gekennzeichnet ist durch die interaktive Entwicklung kleinerer Programme bis zur Modifikation und Neuübersetzung des kompletten UNIX-Kerns.

Hält man bis auf die mittlere Zeit zwischen zwei Systemaufrufen S_{user} alle anderen Modellparameter fest, so steigt mit wachsendem S_{user} auch die Gesamtbedienzeitanforderung und der maximal mögliche Durchsatz geht damit zurück.

Die Ergebnisse zeigen deutlich, daß im Monoprozessormodell die CPU die Systemleistung für alle untersuchten Werte von S_{user} beschränkt (Abb. 6a). Betrachtet man das MS-Modell, so beschränken für große Werte von S_{user}, also für rechenintensive Aufträge, die Anzahl der Prozessoren den maximalen Durchsatz. Wird die SVC-Rate, d. i. der Kehrwert von S_{user}, gesteigert, so werden die peripheren Geräte zum Engpaß. Erhöht man deren Leistung, z. B. durch Hinzufügen weiterer Plattenlaufwerke und damit einer potentiell höheren Parallelität ($\hat{S}_{io}^{fast}$ in Abb. 6a), so wird der *Master*-Prozessor zum Engpaß, der sich mit steigender Zahl an *Slave*-Prozessoren für immer größere Werte von S_{user} auswirkt.

AP-Modell und Symmetrisches-Modell zeigen für die untersuchten Modellparameter keine Leistungsunterschiede (Abb. 6b). Auch hier beschränken die Prozessoren für rechenintensive Aufgaben den maximalen Durchsatz. Für hohe SVC-Raten ist der Engpaß des *Master*-Prozessors verschwunden, durchsatzbestimmend sind die peripheren Geräte, und zwar umso eher, je größer die Zahl der Prozessoren ist.

5. Folgerungen und Ausblick

Aus diesen einfachen Abschätzungen lassen sich eine Reihe von Folgerungen ableiten:

Für eine typische UNIX-Umgebung mit einem Rechenzeitanteil des privilegierten Codes von etwa 40 - 50%, d. h. im betrachteten Parametersatz Werte von 1.5 - 1.0 msec für S_{user}, ist ein *Master-Slave*-Ansatz höchstens für einen Doppelprozessor (1 APU) sinnvoll. Um die größere Zahl an Prozessoren in Form schnellerer Antwortzeiten an den Benutzer weiterzugeben, ist ein paralleler Systemkern zwingend notwendig, wobei mit der Zahl der Prozessoren auch das Leistungsvermögen der peripheren Geräte wachsen muß.

Soll der Multiprozessor als *File-Server* eingesetzt werden - die dann abzuarbeitenden Programme entsprechen im wesentlichen dem Muster aus Abb. 2b und S_{user} nimmt Werte kleiner 0.5 msec an -, so ist

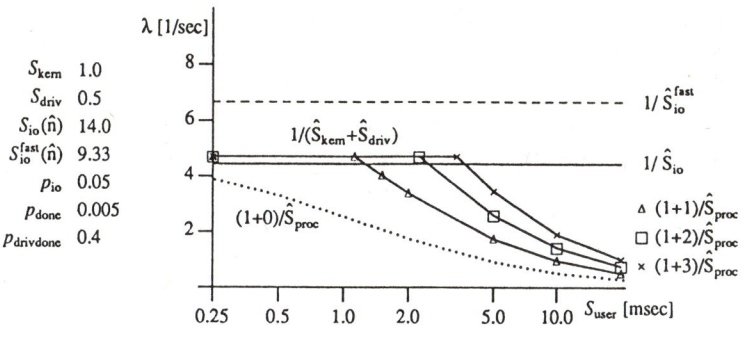

(a) Monoprozessor- und Master-Slave-Modell

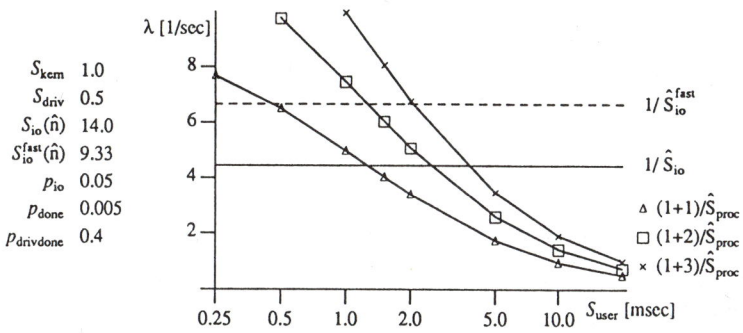

(b) Associated-Processors- und Symmetrisches-Modell

Abb. 6. maximale mögliche Leistung der verschiedenen Systemvarianten in Abhängigkeit der SVC-Rate

nur ein paralleler Systemkern erfolgversprechend. Anderes verhält es sich mit dem Einsatz als *Number-Cruncher*. Hier sind Aufgabenstellungen ähnlich Abb. 2a zu bearbeiten und S_{user} nimmt Werte größer 20 msec an. Wird die Programmentwicklung auf Vorrechner, z. B. auf Workstations, die mit einem schnellen *File-Server* verbunden sind, ausgelagert, so reicht ein einfaches *Master-Slave*-Betriebssystem aus.

Auch für das *Tuning* bereits existierender Multiprozessoren geben die Abschätzungen Hinweise:

Während die Laufzeit einer Systemroutine vorgegeben ist, kann die E/A-Wahrscheinlichkeit - und damit der potentielle Engpaß der peripheren Geräte - durch die hinreichend große Dimensionierung des *Buffer-Cache* verringert werden.

Speziell im MS-System mit dem Engpaß Betriebssystemkern kann durch geschickte Programmierung der Applikationen eine deutliche Leistungssteigerung erzielt werden. Ziel der Programmierung muß es hier sein, die Zahl der Systemaufrufe zu verringern und damit bei unverändert zu erbringender Rechenzeit im Benutzerkontext die Zeit zwischen zwei Systemaufrufen zu vergrößern. Ein erfolgreicher und in UNIX immer möglicher Weg ist das Lesen und Schreiben ganzer Dateiblöcke und der "Feinzugriff" auf die einzelnen Bytes dieser Blöcke auf Benutzerebene, ein Vorgehen wie es im E/A-Paket des UNIX-Systems (z. B. *fread*) realisiert ist.

Die exakte Dynamik des vorgestellten Modells kann mit Markovmethoden untersucht werden. Die Beschreibung eines aus dem vorgestellten Auftragsmodell abgeleiteten Warteschlangenmodells würde den Rahmen dieses Artikels sprengen und muß daher unterbleiben. Eine erste Version ist in [Jung 89] zu finden, ein verbessertes Modell, das auch Prozesswechselzeiten und gegenseitige Behinderungen im parallelen Systemkern modelliert, in [Jung 91].

6. Literatur

[BaBu 84]   Bach, M. J.; Buroff, S. J.; "Multiprocessor UNIX Operating Systems", *AT & T Bell Labratories technical Journal*, vol. 63, pp. 1733-1749, 1984

[Bach 86]   Bach, M. J.; *The Design of the UNIX Operating System*, Prentice-Hall, Engelwood Cliffs, 1986

[DeBu 78]   Denning, P. J.; Buzen, J. P.; "The Operational Analysis of Queueing Network Models", *ACM Computing Surveys*, vol. 10, pp. 225-261, 1978

[DIN 90]   DIN; "Messung und Bewertung der Leistung von DV-Systemen", Entwurf DIN 66 273, Teil 1, Beuth, Berlin, 1990

[Ensl 77]   Enslow, P. H.; "Multiprocessor Organization - A Survey", *ACM Computing Surveys*, vol. 9, pp. 103-129, 1977

[Ferr 86]   Ferrari, D.; "Considerations on the Insularity of Performance Evaluation", *IEEE Transactions on Software Engineering*, vol. 12, pp. 678-683, 1986

[Grab 91]   Grabenbauer, C.; "Simulation von Betriebssystemvarianten für den Multiprozessor MPS 3280", *Studienarbeit am IMMD IV*, Erlangen, 1991

[Hofm 86]   Hofmann, W.; "UNIX für speichergekoppelte Multiprozessoren", *Proceedings Erste Konferenz Parallel Processing*, Markt & Technik, 1986

[JaAV 86]   Janssens, M. D.; Annot, J. K.; Van de Goor, A. J.; "Adapting UNIX for a Multiprocessor Environment", *Communications of the ACM*, vol. 29, pp. 895-901, 1986

[Jess 87]   Jesshope, C. R. (ed.); "Major Advances in Parallel Processing", *Unicom Seminars Ltd*, The Technical Press , Aldershot, 1987

[Jung 89]   Jung, H.; "Numerische Analyse zweier UNIX-Multiprozessor-Betriebssysteme", *Proceedings 5. GI/ITG-Fachtagung Messung, Modellierung und Bewertung von Rechensystemen und Netzen*, Braunschweig, 1989

[Jung 90]   Jung, H.; "Software-Messungen zur Bestimmung von Modellparametern für das Multiprozessor-UNIX des Rechners Concurrent Computer 3280 MPS", *interner Bericht, IMMD IV*, Erlangen, 1990

[Jung 91]   Jung, H.; "Leistungsbewertung UNIX-basierter Betriebssysteme für Multiprozessoren mit globalem Speicher - eine Untersuchung zur Einsatzmöglichkeit analytischer Modellberechnungen -", *Dissertation*, Erlangen, 1991

[Klei 87]   Kleinöder, J.; "Prozessorzuteilungsstrategien in enggekoppelten Mehrprozessorsystemen unter UNIX", *Diplomarbeit am IMMD IV*, Erlangen, 1987

[LMKQ 90] Leffler, S. J.; McKusick, M. K.; Karels, M. J.; Quaterman, J. S.; *Das 4.3 BSD UNIX Betriebssystem - Design und Implementierung* -, Addison Wesley (Deutschland), Bonn, 1990

[McLe 87] McLeman, D.; "A Parallel UNIX System", in [Jess 87], 1987

[RuWa 87] Russell, C. H.; Waterman, P. J.; "Variations on UNIX for Parallel-Processing Computers", *Communications of the ACM*, vol. 30, pp. 1048-1055, 1987

Autonomes mehrstufiges Busverbindungsnetz für einen Multirechner

A. Penningsfeld
Technische Universität München
Lehrstuhl für Datenverarbeitung
Arcisstr. 21
8000 München 2

Überblick:

Die Leistungsfähigkeit eines Multirechnersystems hängt nicht nur von der Summe der Rechenleistungen der einzelnen Knotenrechner ab, sondern ebenso von dem Verbindungsnetz dazwischen und den Interaktionen, die über das Netz übertragen werden. Dieser Beitrag befaßt sich mit dem Konzept eines lose gekoppelten Multirechnersystems mit zwei unterschiedlichen Verbindungsnetzen. Eines davon ist ein autonomes mehrstufiges Busverbindungsnetz und das andere ein globaler Bus. Als Anwendungsbereiche sind einerseits die objektorientierte Simulation und andererseits Protokollimplementierungen für große Verkehrsleistungen vorgesehen. Die Zerlegung einer Anwendung in Prozesse soll von Hand erfolgen.

1. Motivation

Bestimmte Problemstellungen in der Datenverarbeitung können durch parallele Systemarchitekturen effizient bearbeitet werden [HwKai85]. Der Grundgedanke hierbei ist, daß voneinander unabhängige Teilaktionen von verschiedenen oder gleichartigen Systemen gleichzeitig ausgeführt werden, wodurch das Gesamtergebnis entsprechend schneller als bei einer sequentiellen Bearbeitung durch ein einzelnes System vorliegt. Je nach Art der Systeme ist zusätzlicher Aufwand zur Verteilung der Aufgaben und zur Kommunikation zu betreiben, der in ungünstigen Fällen den gewünschten Zeitgewinn wieder zunichte macht. Weiterhin ist es für den Systementwickler und Programmierer oftmals schwierig, die Parallelität einer bestimmten Aufgabenstellung zu erkennen und in geeignete Hard- und Software umzusetzen.

Aus der Vielfalt der Probleme möchte ich mich speziell mit dem Verbindungsnetzwerk eines MIMD-Multirechnersystems für parallele Prozesse beschäftigen. Das Verbindungsnetzwerk ist in Multirechnerapplikationen mit teilweise sehr leistungsfähigen Knotenrechnern oft der Flaschenhals. In diesem Beitrag werde ich ein neuartiges Konzept für ein Verbindungsnetzwerk vorstellen, welches zur Zeit am Lehrstuhl für Datenverarbeitung exemplarisch verwirklicht wird.

2. Multirechner für parallele Prozesse

Zunächst wird auf den prinzipiellen Aufbau und auf die Programmierung der von uns betrachteten Multirechner eingegangen. Im Anschluß daran werden Kommunikationsarten und -bedarf typischer Anwendungen beleuchtet.

2.1. Aufbau

Einen Multirechner definieren wir als eine Anzahl verteilter, eigenständiger Knotenrechner mit lokalen Speichern, die untereinander über ein oder mehrere Verbindungsnetzwerk(e) Daten austauschen können (Bild 1). Die Knotenrechner sind Prozessorsysteme, die Zugang zu diesen Verbindungsnetzen haben. Die Verbindungsnetzwerke können unterschiedlicher Natur sein. Sie bestimmen die Struktur des Multirechners (Topologie). Die Topologie hat keine direkte Auswirkungen auf die logischen Verbindungsmöglichkeiten der Knotenrechner, wohl aber auf die Effektivität der Datenübertragung zwischen den Knotenrechnern in Hinsicht auf bestimmte Aufgabenstellungen.

Da ein Multirechner für verschiedene Aufgabenstellungen geeignet sein soll, müssen die Knotenrechner logisch (virtuell) vollvermascht sein. Bei einer großen Anzahl von Knotenrechnern ist eine physikalische Vollvermaschung kaum möglich.

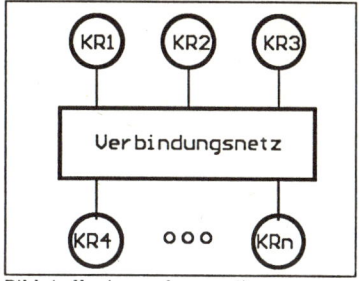

Bild 1: Knotenrechner mit Verbindungsnetz

Das Verbindungsnetz kann statisch oder dynamisch sein. Ein dynamisches Netz stellt einen Vermittlungsdienst mit Vermittlungsfunktion bereit. Ein statisches Netz stellt nur den Übertragungsdienst bereit, und die Vermittlungsfunktion ist von den Knotenrechnern selbst zu leisten. Ein Bus z.B. ist ein dynamisches Netz und eine Vollvermaschung der Knotenrechner ein statisches Netz.

2.2. Programmierung

Auf den Knotenrechnern des vorgeschlagenen Multirechners werden Programme in Form von Prozessen abgearbeitet. Die Prozesse werden auf jedem einzelnen Knotenrechner von einem lokalen Betriebssystem verwaltet. Die Gesamtheit aller Betriebsysteme bildet ein verteiltes Betriebssystem. Vorteilhaft ist es, wenn die lokalen Betriebssysteme nicht zentral organisiert werden, sondern selbstorganisierend die vorhandenen Ressourcen aufteilen.

Der Programmierer muß eigenständig dafür sorgen, daß er sein zu lösendes Problem in entsprechende parallel ablaufende Prozesse zerlegt, die dann im Multirechner gleichzeitig abgearbeitet werden können. Diese kommunizierende Prozesse werden im Multirechner nicht weiter parallelisiert [Ko88].

Als spezielle Anwendung für die vorgeschlagene Art von Multirechnern möchte ich die objektorientierte Simulation von dynamischen Vorgängen nennen. Einzelne Objekte der realen Welt werden als eigenständige Prozesse implementiert, die mit anderen Objekten (Prozessen) in Wechselwirkung treten, und so jedes Objekt für sich auf die Aktionen der Umwelt mit entsprechenden Reaktionen antwortet. Die Berechnung der Reaktionen erfolgt schritthaltend für alle Objekte für einen Zeitschritt gleichzeitig. Nach jedem Zeitschritt ist eine Synchronisation und gegebenfalls ein Datenaustausch zwischen den Prozessen nötig.

Um mit dieser Art von Simulation zu brauchbaren Ergebnissen in endlicher Zeit zu kommen, müssen die erforderlichen Rechenoperationen für einen Zeitschritt in Grenzen gehalten werden. Die Modellierung der Realität mit der notwendigen Abstraktion und Abschätzung der erforderlichen Genauigkeit ist nicht trivial. Ebenso werden an die Rechenleistung der Knotenrechner und an das Kommunikationsnetz hohe Anforderungen gestellt. Ein weiteres Anwendungsgebiet sind Protokollimplementierungen für große Verkehrsleistungen, bei denen Protokolldateneinheiten in sehr kurzer Zeit bearbeitet werden müssen.

2.3. Kommunikationsbedarf

Bei exemplarischer Analyse des Kommunikationsbedarfs der vorgenannten Anwendungsbeispiele, nach dem das Verbindungsnetz dimensioniert werden soll, stellt sich heraus, daß im wesentlichen drei verschiedene Gruppen von zu übertragenden Daten existieren, die verschiedenartigen Merkmalen zugeordnet werden können. In der folgenden Tabelle sind diese drei Gruppen nach Häufigkeit, Länge, geforderte Übertragungszeit und Kommunikationsstruktur qualitativ klassifiziert. Mit Kommunikationsstruktur sind die möglichen Quellen und Senken der Kommunikation der Prozesse untereinander gemeint. In der Spalte 'Art' werden diese vier Gruppen einem einprägsamen Begriff zugeordnet.

Gruppe	Art	Häufig-keit	geforderte Übertra-gungszeit	Länge	Kommunikations-struktur	Beispiel
A	Dateitransfer	selten	lang	lang > 50 kB	Punkt-zu-Punkt	Programme laden
B	Nutzdaten (Blöcke)	oft	sehr kurz	10 Byte - 1 MB	heterogen	Koordinaten, Bilddaten
C	Nutzdaten (Nachrichten), Signale	mittel	kurz	kurz < 100 Bytes	heterogen	kurze Ergebnisse, Synchroni-sation

Tabelle 1: Kommunikationsgruppen

In der Gruppe A sind die Dateifunktionen enthalten, wie z.B. Datentransport von/zu einem Massen-speicher. Diese Funktionen sind eng an einen Benutzerzugangsrechner gekoppelt, bei dem sich ein Massenspeicher befindet. Trotz großer Datenmengen ist diese Gruppe zeitlich als unkritisch zu bewerten und benötigt nicht unbedingt ein besonders leistungsstarkes Netz.

Mit der Gruppe C sind alle Kurznachrichten erfaßt, die zwischen den lokalen Betriebssystemen und den Prozessen ausgetauscht werden müssen. Auf Betriebssystemebene sind dies z.B. Kommandos zur Prozeßverwaltung und Protokollabwicklung für die Daten der Gruppe B (dazu später mehr) und auf Prozeßebene z.B. sogenannte 'events' zur Synchronisation der Prozesse und auch kurze Datenpakete. Wesentlich bei dieser Gruppe ist, daß alle Prozessoren gleichwertig untereinander verbunden sein sollen.

Die Gruppe B beinhaltet die eigentlichen Massendaten, die mit einem Multirechner bearbeitet werden. Die Kommunikationsstruktur dieser Daten ist schlecht zu verallgemeinern und je nach Anwendungsfall andersartig. Gemeinsam aber ist meist eine hohe Datenmenge und der Wunsch diese innerhalb eines Multirechners und zu speziellen Peripherieelementen schnell transportieren zu können. Dabei ist die Kommunikationsstruktur heterogen, was bedeutet, daß sowohl Punkt-zu-Punkt-Verbindungen, als auch Broadcast und Multicast gefordert wird.

Um sich ein besseres Bild der Daten der Gruppe B machen zu können, möchte ich an dieser Stelle zwei konkrete Beispiele für mögliche Anwendungen einfließen lassen:

Anwendungsbeispiel 1:

Bei einer objektorientierten Simulation mechanischer Komponenten im Raum wird jedes Objekt durch einen Datensatz von Ortskoordinaten, räumliche Ausdehnung, sowie eventuell Geschwindigkeitsvektor u.ä. repräsentiert. Eine realistische Größe für diesen Datenblock ist etwa 32 Worte à 16 Bit. Nach jedem Zeitschritt werden alle diese Datensätze unter allen Objekten ausgetauscht, so daß weitere Reaktionen berechnet werden können. Das heißt, daß zwar kurze, aber viele Datenblöcke sehr schnell im gesamten Rechnernetz als Broadcast verteilt werden, womit diese Daten nicht der Gruppe C zugeordnet werden können.

Anwendungsbeispiel 2:

Ein weiteres Beispiel ist die Bearbeitung von Bilddaten in einem Multirechner. Die Bilddaten gelangen über einen Hochgeschwindigkeitsnetzanschluß in den Multirechner, werden dann von den Knotenrechnern bearbeitet und unter Abwicklung bestimmter Protokolle an einen weiteren Anschluß weitergegeben. Bei diesen Transaktionen werden mehrere Megabytes in kurzer Zeit transportiert, wobei an den Netzanschlüssen eventuell Echtzeitbedingungen eingehalten werden müssen.

Bei einigen Anwendungen gibt es auch Prozeßgruppen, die untereinander einen starken Kommunikationsbedarf haben, aber zu anderen Gruppen nur geringen oder gar keinen. Sinnvollerweise werden enger gekoppelte Prozesse derart in einem Multirechner lokalisiert (Mapping), daß die Topologie des Multirechners die Kommunikation der Prozesse möglichst unterstützt. Dies kann einerseits automatisch und dynamisch – mit den damit verbundenen Schwierigkeiten – geschehen oder manuell durch den Programmierer erfolgen, der in einigen Fällen anhand eines Kommunikationsgraphen gewisse Zuordnungen treffen kann [Frie90].

Die Prozesse kommunizieren im einfachsten Fall synchron nach dem Rendezvous-Konzept [We82]. Dies bedeutet, daß sendender und empfangender Prozeß solange angehalten werden, bis die Daten erfolgreich übertragen sind. Im Sendeprozeß wird dazu explizit eine Betriebssystemfunktion 'Send' aufgerufen, welche mit einer entsprechenden Betriebssystemfunktion 'Receive' zusammenpassen muß. Ein zentraler 'Nachrichtenmanager' kann bei hohem Verkehr überlastet werden; daher soll die Prozeßsynchronisation dezentral erfolgen. Grundgedanke zu dieser synchronen, einschränkenden Kommunikationsart ist die Anforderung, im Betriebssystem keine Datenspeicher für Nutzdaten zur Verfügung zu stellen. Diese Datenspeicher können prinzipiell überlaufen, und die Verwaltung erfordert zusätzlichen Aufwand (Flußregelung). Ein Nachteil der synchronen Kommunikation ist die erhöhte Belastung des Netzes durch Synchronisationsnachrichten. Andere Kommunikationsarten können auf die einfache synchrone Kommunikation zurückgeführt werden, indem z.B. 'Mailbox'-Prozesse eingerichtet werden, die diese Funktionen übernehmen.

Es wird vorausgesetzt, daß die Beziehungen der Prozesse zueinander bereits zum Programmierzeitpunkt bekannt sind. Wenn die Prozesse zur Laufzeit nach bestimmten Strategien auf die vorhandenen Prozessoren aufgeteilt werden (was nicht unbedingt vorher festgelegt werden muß), so ist es die Aufgabe des Betriebssystems, eine entsprechende Adressenumsetzung durchzuführen, um die logischen Prozeßnummern den physikalischen Prozessornummern zuzuordnen. Die Prozesse laufen in einer Betriebssystemumgebung, in welcher die tatsächliche Konfiguration nicht berücksichtigt werden muß. Das Betriebssystem mit Kommunikationsnetz ist für die Interprozeßkommunikation transparent. Der Partnerprozeß kann auf dem gleichen Knotenrechner oder einem beliebigen anderen existieren.

2.4. Anforderungen an einen universellen Multirechner

Als Ergebnis des vorherigen Abschnittes können folgende Grundanforderungen an einen universell verwendbaren Multirechner zusammengestellt werden:

* **Parallele Prozesse** werden im Multirechner selbstorganisierend so verteilt, daß die vorhandene Struktur möglichst optimal ausgenutzt wird. Dazu sind Programmkonstrukte vorzusehen, mit denen der Programmierer Prozeßzusammengehörigkeiten angeben kann. Eine dynamische Prozeßrelokalisierung ist aus verschiedenen Gründen nicht vorteilhaft (Bewertung, Echtzeitbedingungen, Änderung der physikalischen Adresse usw.)

* Die Anzahl der Knotenrechner muß zum Zeitpunkt der Kodierung nicht bekannt sein, und es werden nach bestimmten Strategien alle vorhandenen Knotenrechner eingesetzt. Ein Programm soll auch auf einem mit nur einem Knotenrechner bestückten, entarteten Multirechner lauffähig sein.

* Die einzelnen identischen Knotenrechner mit ihren lokalen identischen Betriebsystemen bilden ein globales nicht hierarchisches und nicht zentral verwaltetes verteiltes Betriebssystem. Nur so können Engpässe vermieden werden und eine gewisse Skalierbarkeit erhalten bleiben. Alle Prozesse sind in eine identische Betriebssystemumgebung eingebettet.

* Die Interprozeßkommunikation ist für den Programmierer transparent. Die Adressierung der physikalischen Einheiten geschieht automatisch und dezentral. Die Prozesse sind virtuell vollvermascht.

* Die Verbindungsnetze müssen dem zu erwartenden Leistungsbedarf angepaßt sein. Einerseits besteht der Bedarf kleine Datenblöcke mit hoher Konnektivität zu übertragen und andererseits große Datenblöcke schnell und häufig mit entweder geringer Konnektivität oder als Broadcast.

3. Konzept eines Multirechners

In diesem Teil wird ein Konzept für einen Multirechner mit zwei unterschiedlichen Verbindungsnetzen vorgestellt (Bild 2). Das eine Verbindungsnetz ist ein Bus ('SerNet'), über den Datenpakete der Gruppe A und C seriell übertragen werden, und das andere ein autonomes, mehrstufiges, paralleles Bus-verbindungsnetz ('ParNet') für Daten der Gruppe B. An das SerNet sind alle Knotenrechner gleichberechtigt angeschlossen, wodurch die geforderte hohe Konnektivität gewährleistet ist. Über diesen Bus können zeitlich hintereinander beliebige Verbindungen geschaltet werden. Er ist ein gemeinsames Betriebsmittel und muß in Hinsicht auf die Anzahl der Knotenrechner und dem auftretenden Verkehrsaufkommen angepaßt dimensioniert werden. Die Ankopplung

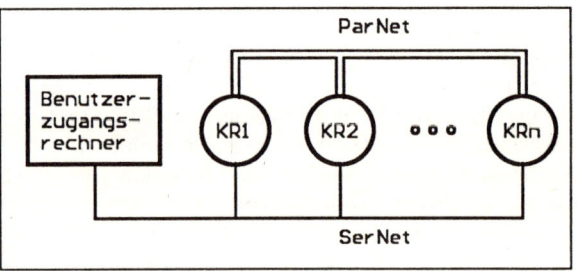

Bild 2: Struktur des Multirechners

der Knotenrechner an den Bus erfolgt durch eigenständige Baugruppen, welche den Bus überwachen, und den Knotenrechner nur dann unterbrechen, wenn ein Datenpaket für ihn vorliegt. Die Anzahl der Knotenrechner, die an den Bus angeschlossen werden können, ist prinzipiell nicht beschränkt; jedoch existiert, bei gegebenen Leistungsdaten des Busses, eine obere Schranke, bei der ein sinnvoller Rechnerbetrieb möglich ist.

Über das ParNet können Datenblöcke von einem Knotenrechner zu einem, mehreren oder allen anderen kopiert werden. Die Daten werden über einen 16-Bit breiten Datenbus parallel übertragen. Um den Datenbus nicht mit nur einer Übertragung zu belegen, sind die Knotenrechner in Gruppen ('Cluster') aufgeteilt, die einen gemeinsamen Bus haben, welche untereinander verbunden werden können. Auf diese Weise wird erreicht, daß das Netz sowohl für Anwendungen, die eine geringe Konnektivität erfordern, geeignet ist, als auch für solche mit hoher Konnektivität. Zentrales Element des Verbindungsnetzes ParNet ist ein Vermittlungsrechner, der von den Knotenrechnern über das SerNet Übertragungsaufforderungen erhält, welche er autonom bearbeitet. Der Vermittlungsrechner und die Auslastung des SerNet sind in Hinsicht auf die Skalierbarkeit des Multirechners begrenzende Faktoren. Bei Anwendungen aber, die eine identische Verbindungsstruktur über einen längeren Zeitraum benötigen, sind diese gemeinsamen Betriebsmittel nicht unbedingt der Engpaß.

An das SerNet ist gleichwertig ein Benutzerzugangsrechner angeschlossen, auf dem die Programme übersetzt werden. Mit entsprechenden Dienstprogrammen (Lader, Debugger usw.) wird die Verbindung zu den einzelnen Knotenrechnern aufrechterhalten.

Um diese Konzept zu untersuchen, wird exemplarisch an unserem Lehrstuhl ein Multirechner aufgebaut. Auf die Details der Realisierung wird in den folgenden Abschnitten eingegangen:

3.1. Knotenrechner

Die Knotenrechner (Bild 3) sind Mikroprozessorsysteme mit Netzanschlüssen zum SerNet und zum ParNet. In der gegenwärtigen experimentellen Anordnung sind 64 Knotenrechner mit dem Mikrocontroller 80186 (10MHz) von Intel vorgesehen. Jeder Knotenrechner verfügt über 128 KB EPROM, 512 KB RAM sowie eine Uhr, die für Zeitmessungen notwendig ist [So91]. Auf die Netzanschlüsse zum SerNet und zum ParNet wird in den nächsten beiden Abschnitten eingegangen.

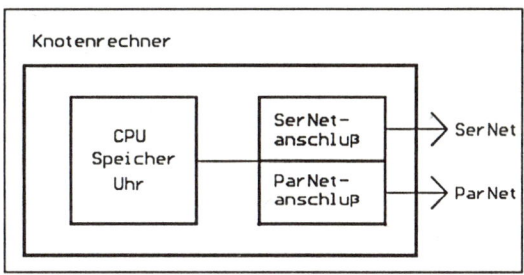

Bild 3: Aufbau eines Knotenrechners

3.2. Der serielle Bus 'SerNet'

Der serielle Bus 'SerNet' besteht aus vier voneinander unabhängigen seriellen, synchronen Datenleitungen und einer Taktleitung, an die alle Knotenrechner angeschlossen sind (Bild 4). In den Knotenrechnern sorgen hochintegrierte Bausteine (verwendet wurden zwei HSCX: High Level Serial Communication Controller Extended) für den Zugang zum Bus (Datenleitungen S0-S3). Diese Bausteine wickeln das HDLC-Protokoll (High Level Data Link Control [Si90]) mit einer Fenstergröße von eins und einer Datenpaketlänge bis zu 32 Byte mit Adreßerkennung und 'Receive Ready'-Meldung autonom ab (auch mit Rahmenwiederholung bei gestörter Übertragung). Der Zugriff auf den Bus erfolgt nach dem CSMA/CR-Verfahren (Carrier Sense Multi Access/Collision Resolution), bei dem sich bei gleichzeitigem Senden zweier Bausteine das Paket mit dem niedrigeren Wert im Adreßfeld durchsetzt. Die Wartezeit zum erneuten Senden bei inaktivem Bus wird nach einer erfolgreichen Übertragung erhöht, so daß jeder Knotenrechner die Chance hat zu senden. Jeder Kanal ist in Sende- und Empfangsrichtung mit einem 64-Byte Wechselpuffer ausgestattet, so daß die CPU genügend Antwortzeit hat. Neben dem adreßorientierten Punkt-zu-Punkt-Betrieb stellen die HSCX-Bausteine auch 'Broadcast'-Funktionen zur Verfügung.

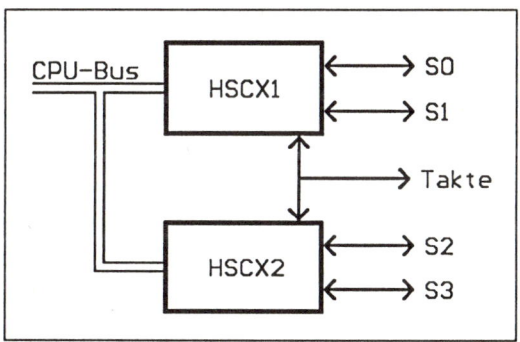

Bild 4: SerNet-Anschluß

Die Bitrate (Takt) kann bis zu 4 MBit/s bei zentralem Takt betragen. Eine PLL (Phase Locked Loop) im HSCX für jeden Kanal sorgt für den Ausgleich der Phasenverschiebung von Takt und Daten, die in einem Multirechnersystem durch unterschiedliche Leitungslängen zwangsläufig entstehen.

Beim HDLC-Protokoll werden zu einem 32 Byte Nutzdatenblock 8 Datenbytes Protokollinformationen zugefügt (Flag: 1 Byte, Adresse: 2 Byte, Steuerfeld: 2 Byte, FCS: 2 Byte und Flag: 1 Byte). Bei einer Fenstergröße von eins antwortet die Partnerstation für jedes Paket mit einem 'Receive Ready' (8 Bytes). Zusätzlich wird nach einem gesendeten Paket mindestens 8 Takte bei inaktivem Bus gewartet, bis ein HSCX wieder sendet. Zusammen dauert also die Übertragung eines 32-Byte Blocks mit insgesamt 50 Bytes mindestens 400 Takte ohne 'Bitstuffing' (Block, warten, Reveive Ready, warten). Die Nettodatenrate ist daher 2,56 MBit/s (Wirkungsgrad 64 %). Bei kürzeren Datenblöcken verschlechtert sich der Wirkungsgrad, da die Anzahl der benötigten Bytes für die Protokollinformation gleich bleibt. Die effektive Datenübertragungszeit für einen 32-Byte-Block beträgt 0,1ms. Daraus folgt, daß im gesamten SerNet insgesamt maximal vier mal 10000 (=40000) 32-Byte-Blöcke pro Sekunde übertragen werden können, vorausgesetzt die Übertragungen sind fehlerfrei. Dies reicht für Daten der Gruppen A und C bei 64 Knotenrechnern vermutlich aus. Die tatsächliche obere Grenze der Anzahl der Knotenrechner werden wir durch Messungen feststellen.

3.3. Das parallele Verbindungsnetz 'ParNet'

Das ParNet ist ein autonomes, mehrstufiges Busverbindungsnetz für 16 Bit breite Datenblöcke der Gruppe B. Autonom steht dafür, daß ein zentraler Vermittlungsrechner den Befehl erhält, einen bestimmten Datenblock von einem Knotenrechner zu einem anderen zu übertragen und dies dann selbständig durchführt. Die Protokolle, die zur Datenübertragung nötig sind, werden dagegen dezentral in den Knotenrechnern abgewickelt, so daß damit der Vermittlungsrechner nicht belastet wird. Es besteht also eine strenge Trennung von Daten und Protokollinformation (Signalisierung).

3.3.1. Prinzip

Auf jedem Knotenrechner befindet sich ein DPR (Dual Ported Ram). Auf dieses DPR kann sowohl von der CPU als auch von außen zugegriffen werden (Bild 5). Alle äußeren 16 Datenleitungen der DPR sind über das mehrstufige Busverbindungsnetz 'ParNet' untereinander verbunden. 16 Bit breite Datenpfadschalter im ParNet werden vom Vermittlungsrechner so eingestellt, daß die gewünschte Verbindung von einem Knotenrechner zum anderen hergestellt wird. Nun werden die Wortadressen, die bei Quelle und Ziel unterschiedlich sein können, angelegt, und ein Datenwort aus dem DPR des Senders ausgelesen und gleichzeitig über das ParNet in das DPR des empfangenden Knotenrechners eingeschrieben. Nachdem ein Wort übertragen wurde, werden die Adressen inkrementiert und das nächste Wort übertragen. Dies wird solange wiederholt, bis ein kompletter Datenblock von einem DPR in den anderen kopiert worden ist. Diese Blockübertragung wird von spezieller Hardware gesteuert und in sehr kurzer Zeit durchgeführt. Nachdem der Vermittlungsrechner die Blockübertragung gestartet hat, nimmt er schon wieder neue Übertragungswünsche von den Knotenrechnern entgegen.

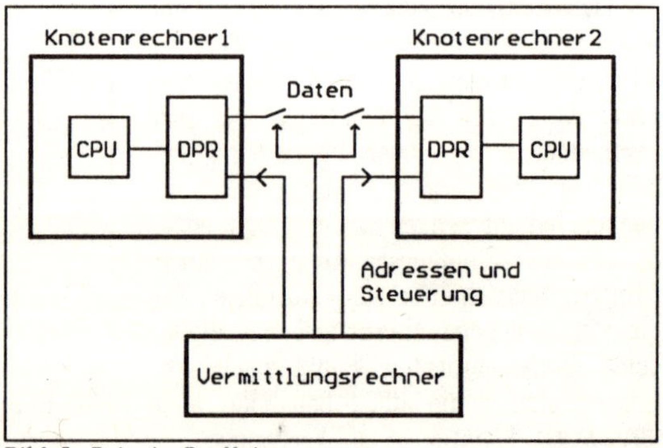

Die Größe des zu übertragenden Datenblocks kann anwendungsbezogen eingestellt werden.

Bild 5: Prinzip ParNet

In unserem Aufbau sind Blockgrößen von 32 Worte bis 2 KWorte in Zweierpotenzschritten möglich. Das DPR ist 2 KWorte groß, so daß die Anzahl der verschiedenen Blöcke pro Knotenrechner zwischen eins und 64 variiert. Der Zugriff auf einen Datenblock darf natürlich nicht von seiten der CPU und des Vermittlungsrechners gleichzeitig erfolgen; das Zugriffsverfahren wird im Abschnitt 'Protokolle' beschrieben.

Die Daten können von einem DPR in einen anderen kopiert werden (Punkt-zu-Punkt) oder bei geeigneten Datenpfadschalterstellungen in mehrere oder alle anderen DPR. Alle möglichen Übertragungen, die gleichzeitig ausgeführt werden können, werden synchron in einer Blockübertragung durchgeführt. Die Datenpfade werden für eine komplette Übertragung eingestellt und bleiben während einer Blockübertragung bestehen.

3.3.2. Datenpfade

Wie schon erwähnt, können eng gekoppelte Prozeßgruppen existieren. Naheliegend ist es daher, Cluster von Knotenrechnern mit einem gemeinsamen Bus zu bilden. Die Cluster können über ein weiteres Netz untereinander verbunden werden. In unserem Versuchsaufbau wurden 8 Knotenrechner zu einem Cluster zusammengefaßt (Bild 6). Wieviele Knotenrechner pro Cluster günstig sind, wird sich bei Messungen zeigen.

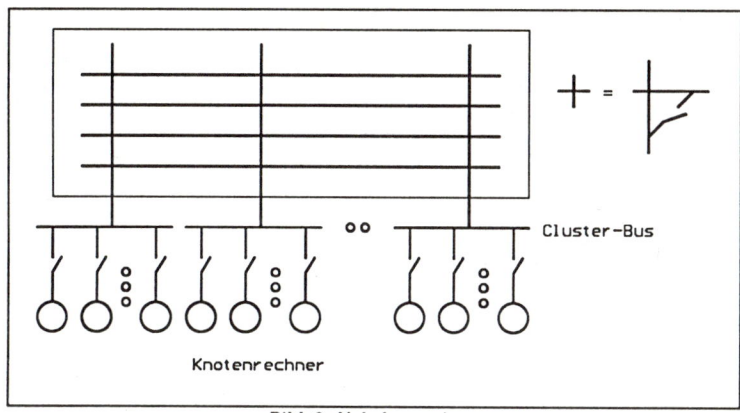

Bild 6: Mehrbussystem

Die Knotenrechner sind über bidirektionale Datentreiber an den Cluster-Bus anschaltbar. Für unseren Versuchaufbau haben wir maximal 8 Cluster vorgesehen (64 Knotenrechner), was aber keine prinzipielle Obergrenze darstellt. Die Clusterbusse sind über ein weiteres Bussystem untereinander verbunden. Die hier gewählte Anordnung ist blockierungsfrei. Auf jedem Cluster kann eine eigene Datenübertragung stattfinden (Bussystem unbenutzt). Wenn Daten von einem Cluster zu einem anderen (oder zu mehreren) übertragen werden, wird ein Bus von dem Bussystem belegt. Bei 8 Clustern werden maximal vier Verbindungen über das Bussystem benötigt. Somit wurden vier 16 Bit Busleitungen mit insgesamt 32 Schaltern (16 Bit bidirektionale Datentreiber) vorgesehen.

3.3.3. Protokolle

Wir betrachten, wie oben besprochen, synchrone Kommunikation nach dem Rendezvous-Konzept. Die beteiligten Prozesse fordern vom jeweiligen lokalen Betriebsystem einen Speicherblock im DPR an (Speicher allokieren). Nun haben die Prozesse ausschließlichen Zugriff auf diesen Datenblock und können dort ihre Daten bearbeiten. Der Sender übergibt den Datenblock an das Betriebsystem mit einem expliziten 'Send-Block'-Aufruf. Nun wird der sendende Prozeß wartend gesetzt, bis der Datenblock erfolgreich übertragen wurde. Die Speicherzugriffe sind somit durch gegenseitigen Ausschluß kontrolliert. Dieser 'Send-Block'-Befehl wird in einer Warteschlange im lokalen Betriebsystem zwischengespeichert bis eine passende 'Receive-Block'-Meldung von einem Prozeß auf einem anderen Knotenrechner über das SerNet eintrifft. Es werden immer die Receive-Block'-Nachrichten verschickt, und der 'Send-Block'-Befehl lokal gespeichert, da dies für Broadcast günstiger ist. Wenn zwei passende Aufrufe vorhanden sind, erhält der Vermittlungsrechner über das SerNet den Befehl, den Datenblock zu kopieren. Nach Eingang einer Fertigmeldung vom Vermittlungsrechner – nach dem erfolgreichen Kopieren der Daten – setzen die lokalen Betriebsysteme die betroffenen Prozesse wieder lauffähig, und die Prozesse dürfen auf die Speicherbereiche im DPR wieder zugreifen.

3.3.4. Vermittlungsrechner

Als Vermittlungsrechner verwenden wir in unserem Versuchsaufbau einen speziellen Knotenrechner mit zusätzlicher Hardware zur Ansteuerung der Datenpfadschalter und zur Blockübertragung (Bild 7) [Ec91]. Er ist als Dienstleistungserbringer für die Blockübertragung zwischen den DPR der Knotenrechner zuständig. Obwohl er ein zentrales Betriebsmittel ist, ist er bis zu einer gewissen Anzahl von Knotenrechnern kein wirklicher Engpaß, denn die Funktionen, die er ausführen muß, sind relativ trivial. Über das SerNet erhält er die Befehle, welche Blöcke er von wo nach wo übertragen soll. Der Vermittlungsrechner ist an dem notwendigen Übertragungsprotokoll und der Synchronisation der Prozesse nicht beteiligt. Er speichert keine Nutzdaten, wohl aber die Übertragungswünsche, die möglichst (s.u.) nach dem First-Come-First-Serve-Prinzip bearbeitet werden. Diese Übertragungswünsche werden zunächst in eine Tabelle (Warteschlange) eingetragen und nach einer Routingstrategie (dazu unten mehr) verarbeitet. Die Datenpfadschalter und verschiedene Register bei den Knotenrechnern werden nun für die gerouteten Verbindungen eingestellt, und ein in Hardware realisiertes Steuerwerk (siehe Bild 7) aktiviert, das die Übertragung steuert. Das Steuerwerk enthält einen Zustandsautomaten, einen Adreßzähler sowie diverse Timer. Dieses Steuerwerk liefert an den Vermittlungsrechner ein Fertigsignal, sobald die Übertragung abgeschlossen ist. Der Vermittlungs-

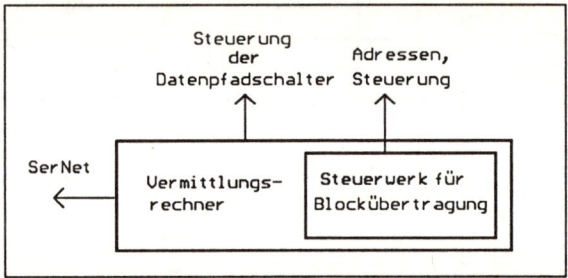

Bild 7: Aufbau und Funktionen des Vermittlungsrechners

rechner leitet dieses Fertigsignal über das SerNet an die Knotenrechner weiter.

Im folgenden möchte ich die Routingstrategie erläutern. In Bild 8 ist für einen Multirechner mit drei Clustern zu je zwei Knotenrechnern eine Blockübertragungsmatrix dargestellt. In diesem Beispiel seien je zwei Blöcke A und B im Dual Ported Ram von jedem Knotenrechner konfiguriert. Die ankommenden Übertragungswünsche werden mit Zeitstempeln in die Tabelle eingetragen. Nun müssen alle möglichen gleichzeitig zu übertragenen Verbindungen herausgefunden werden. Physikalisch ist es nicht möglich, daß innerhalb eines DPR von einem Knotenrechner Daten übertragen werden können. Daher sind in der Hauptdiagonale Kreuze eingetragen.

Die Übertragungen können entweder innerhalb eines Clusters oder über das blockierungsfreie Bussystem zwischen mehreren Clustern stattfinden. Ü1 ist eine Verbindung innerhalb des Clusters 1. Gleichzeitig zu Ü1 kann weder Ü2, Ü3 oder Ü7 stattfinden, weil der Cluster 1 durch die Datenübertragung von Ü1 belegt ist. Anschaulich können die Zeile und die Spalte für Cluster 1 für weitere Verbindungen gestrichen werden. Wenn eine Übertragung über das Bussystem erfolgen soll wie bei Ü5, so müssen sowohl die Zeilen für die beteiligten Cluster (Cluster 2 und Cluster 3) als auch die Spalten für die Cluster (Cluster 2 und Cluster 3) gestrichen werden. In unserem Beispiel kann daher gleichzeitig die Übertragung von Ü4 und Ü6 oder nur Ü5 allein stattfinden. Aus den herausgefilterten Verbindungen kann die Ansteuerung der Datenpfadschalter gefunden werden.

Wie man sieht, ist es recht einfach durch Streichen von Spalten und Zeilen dieser Matrix die möglichen Verbindungen herauszufiltern. Nicht einfach (sehr rechenintensiv) dagegen ist es, die Reihenfolge der Übertragungen korrekt einzuhalten; dazu sind auch keine Bewertungsmöglichkeiten vorgesehen. Anhand der Zeitstempel kann ermittelt werden, wie lange ein Übertragungswunsch in der Tabelle existiert und so eine entsprechende Priorisierung vorgesehen werden. Nicht entscheidbar ist auch, wie ein Broadcast (Multicast) bearbeitet werden soll. Ü3, Ü4 und Ü5 könnten gleichzeitig (mit Belegung aller Cluster) oder in beliebiger anderer Reihenfolge übertragen werden. Denkbar ist, daß ein Broadcast, an dem in der Regel viele Knotenrechner beteiligt sind, sofort ausschließlich durchgeführt wird, und damit ohne Routingprobleme und mit höchster Priorität.

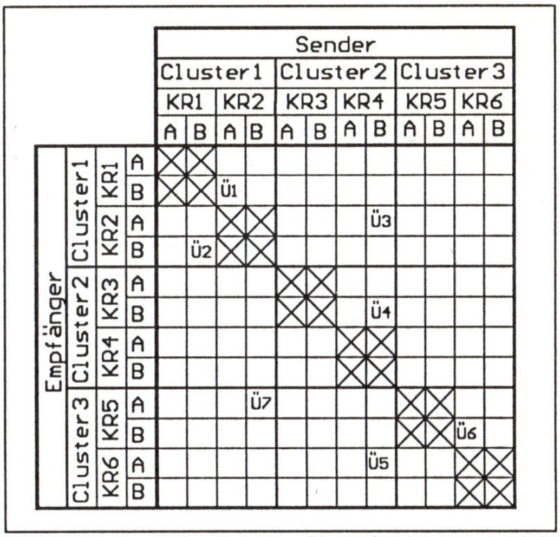

Bild 8: Beispiel für eine Blockübertragungsmatrix

Die Dimensionen dieser Tabelle können gewaltig werden. Bei 8 Knotenrechnern pro Cluster und 64 Blöcke pro Knotenrechner ist die Tabelle eine 4096x4096 Einträge große Matrix. Für den Vermittlungsrechner ist eine derartige Implementierung völlig unrealistisch, so daß Warteschlangenmodelle verwendet werden. Ein äußerst interessanter Ansatz ist auch, die Funktionen des Vermittlungsrechners mit einer speziellen Hardware zu verrichten.

Bei der derzeitigen Implementierung wird der älteste Übertragungswunsch auf jeden Fall ausgewählt und aus der Warteschlange der eingegangen Übertragungswünsche noch diejenigen dazugenommen, die gleichzeitig übertragen werden können. Es wird also nicht immer das Netz optimal ausgenutzt.

3.3.5. Zyklus- und Blockübertragungszeiten

Die Zykluszeit ist definiert als die Zeit, in der die Adresse für ein Datenwort an das DPR angelegt ist, das Datenwort übertragen wird (mit allen dazwischenliegenden Treibern) und der Adreßzähler auf die nächste Adresse inkrementiert wird. Diese Zykluszeit soll natürlich so kurz wie möglich sein. Viele parasitäre Effekte im Netz können verursachen, daß der in der Praxis erreichbare Wert schlechter ist als der theoretisch errechnete Wert. Daher wurden von uns Untersuchungen angestellt, welche Zykluszeit erreichbar ist.

In unserem Musteraufbau konnten wir eine minimale Zykluszeit von 220ns für ein 16 Bit Datenwort von Cluster zu Cluster bei fehlerfreier Datenübertragung erreichen. Diesem Wert steht der theoretische Wert von 190ns entgegen. Bei - allerdings größeren - Veränderungen der Hardware und Einsatz noch schnellerer DPR können Werte von unter 150ns erreichbar sein.

Für die weiteren Betrachtungen nehmen wir für die Zykluszeit den Wert von 250ns an. Bei dieser Annahme könnten 4 MWorte pro Cluster in einer Sekunde übertragen werden; das entspricht einer Bitübertragungsrate von 64 MBit/s pro Cluster. Diese

Blockgröße	Übertragungszeit
32 Worte	8 us
2 KWorte	512 us

Tabelle 2: Blockübertragungszeiten

Bitrate kann für die Nutzdaten nur zum Teil genutzt werden. In der Tabelle 2 sind die Blockübertragungszeiten ohne die vernachlässigbaren zusätzlichen Vorbereitungs- und Nachbereitungszeiten des Blockübertragungssteuerwerks eingetragen.

Bei einer Blockgröße von 2 KWorte beträgt die Übertragungszeit etwa eine halbe Millisekunde. Wenn ein Mikroprozessor im Durchschnitt für eine Instruktion z.B. 8 Takte zu 100ns benötigt, kann er während einer 2 KWorte Übertragung gerade 640 Instruktionen ausführen. In dieser Zeit sollte der Vermittlungsrechner schon die neuen Schalterstellungen berechnet haben. Die Ausgabe an die Schalter erfolgt zur Zeit in maximal 100us. Dieser Wert kann aber durch geeignete Maßnahmen stark verbessert werden. Der technisch maximale Wirkungsgrad beträgt also derzeit etwa 83% ((512us/612us)*100%, ca. 53 MBit/s). Er nimmt prinzipbedingt nach kleineren Blockgrößen hin ab. Vor allem aber bestehen derzeit noch keine Erfahrungen darüber, wieviel Rechenzeit die erforderliche Software auf dem Vermittlungsrechner benötigt.

3.3.6. Sicherung der Datenübertragung

Die Daten werden in unserem Versuchsaufbau ungesichert übertragen. Eine Möglichkeit wäre, ein zusätzliches Paritätsbit mit zu übertragen oder in Echtzeit eine Hardware-Checksumme zu berechnen und zu vergleichen. Ein Berechnen der Checksummen in den Knotenrechnern nach erfolgter Übertragung kommt wegen der überproportionalen Berechnungszeiten (2048 mal Wort lesen und addieren) im Vergleich zur Übertragungszeit nicht in Betracht.

Ein weiterer Ansatz ist es, die Daten zweimal zu übertragen, wobei beim zweitenmal aus dem Empfänger die Daten wieder ausgelesen werden und mittels eines Komparators auf Hardwareebene verglichen werden. Dies kann bei dieser hohen Übertragungsrate durchaus interessant sein.

3.4. Leistungbewertung und Simulation

Die Leistungsbewertung eines Multirechnersystems ist grundsätzlich äußerst schwierig [GoMr89]. Es sind zuviele Parameter zu berücksichtigen, und die Ergebnisse sind je nach Anwendung stark unterschiedlich. Mit Sicherheit sind manche Multirechner für bestimmte Anwendungen besser geeignet als andere.

Die Komplexität eines Multirechners zusammen mit allen Komponenten in den Verbindungsnetzen und der darauf ablaufenden Software, kurzum die Summe aller Interaktionen, ist so hoch, daß mit herkömmlichen Simulationsmethoden in absehbarer Zeit kein realitätsnahes Ergebnis erzielt werden kann. Je unvollständiger die Modellbildung ist, desto schlechter sind im allgemeinen die Resultate.

Tendenzmäßig kann aber gesagt werden, daß die Leistung des im ParNet verwendeten Prinzips zur Blockübertragung im Vergleich zur Rechenleistung der Knotenrechner sehr hoch ist, was aber nicht negativ ist, weil dadurch mehr Knotenrechnern bedient werden können. Um weitere qualitative Aussagen treffen zu können, wollen wir Messungen an einem tatsächlich aufgebauten Multirechner machen. Die dabei gewonnen Erkenntnissen könnten als Grundlage für eine Modellierung des Multirechners dienen.

4. Stand der Arbeiten

An unserem Lehrstuhl wird das vorgeschlagene Multirechnerkonzept in einer Ausbaustufe von 3 Clustern mit insgesamt 12 Knotenrechnern für Messungen beispielhaft aufgebaut. Die Entwicklung und Inbetriebnahme der Hardware ist weitgehend abgeschlossen. Das ParNet wurde probeweise in Betrieb genommen, und die prinzipielle korrekte Funktionsweise nachgewiesen. Der Betriebssystemkern (in Assembler) wurde schon entwickelt. Zur Zeit werden die Betriebssystemteile zur Kommunikation (SerNet und ParNet) sowie die Software für den Vermittlungsrechner implementiert.

Literaturverzeichnis:

[Ec91]   Franz Xaver Eckl: Entwicklung und Test der Interface-Hardware eines Vermittlungsrechners für einen Parallelrechner, Diplomarbeit am Lehrstuhl für Datenverarbeitung, Technische Universität München, 1991

[Frie90]   Michael Friedrich: Entwicklung eines Parallelrechner-Modells ausgehend vom Entwurf paralleler Programme, 11. ITG/GI-Fachtagung München, März 1990

[GoMr89]   M. Gonauser; M.Mrva: Multiprozessorsysteme: Architektur und Leistungsbewertung, Springer 1989

[HePa90]   John L. Hennessy, David A. Patterson: Computer architecture a quantitative approach, Morgan Kaufmann Publishers, 1990

[HwKai85]   Hwang, Kai; Computer Architecture and parallel processing, McGraw-Hill series in computer organization and architecture, 1985

[In90]   Intel: 16-/32-Bit Embedded Processors, 1990

[Jan91]   Dirk Jansen: Entwurf eines Echtzeit-Betriebssystems für die Knotenrechner eines Multiprozessorsystems, Diplomarbeit am Lehrstuhl für Datenverarbeitung, Technische Universität München, 1991

[Ko88]   Rudolf Kober: Parallelrechner-Architekturen: Ansätze für imperative und deklarative Sprachen, Springer, 1988

[Si90]   Siemens: Data Communication ICs, High-Level Serial Communications Controller Extended (HSCX), Data Sheet, 4/90

[So91]   Martin Sonner: Entwicklung, Aufbau und Test eines Knotenrechners für einen Multiprozessor, Diplomarbeit am Lehrstuhl für Datenverarbeitung, Technische Universität München, 1991

[We82]   Weck Gerhard: Prinzipen und Realisierung von Betriebssystemen, Teubner, 1982